PIERRE DES...

Pierre DesRuisseaux est né en 1... a publié une dizaine de recueil... général) et *Journal du dedans*. ... des traditions populaires, il est ... crés à la culture vivante du Québec, dont le *Dictionnaire des proverbes québécois* et, aux Éditions Fides, *Trésor des expressions populaires*. À son *Dictionnaire des expressions québécoises*, qui figure au catalogue de BQ depuis plus de dix ans, s'est ajouté *Le petit proverbier*, choisi par l'Association pour l'éducation interculturelle du Québec comme l'un des ouvrages les plus représentatifs de l'identité collective québécoise. Pierre DesRuisseaux a également publié une anthologie de vingt-cinq poètes canadiens-anglais, *Contre-taille*, mis en nomination pour le Prix du Gouverneur général, et *Hymnes à la Grande Terre*, une anthologie raisonnée de la poésie traditionnelle amérindienne du nord-est de l'Amérique.

DICTIONNAIRE
DES EXPRESSIONS QUÉBÉCOISES

Le *Dictionnaire des expressions québécoises* connaît un succès considérable depuis plus d'une décennie. Cette toute nouvelle édition, issue de la première, s'en distingue par un nombre accru d'énoncés et un remaniement du contenu qui offre une diversité encore plus grande d'extraits et d'exemples, à la fois historiques et contemporains, tirés aussi bien de la littérature que de la presse écrite et parlée. Un index restructuré en rend la consultation facile et efficace. Entièrement remanié et considérablement augmenté, cet ouvrage s'impose comme un outil de référence, de consultation vraiment pratique. Dans cette nouvelle version, le *Dictionnaire des expressions québécoises* captivera encore plus tous ceux et celles qui s'intéressent aux expressions imagées, locutions et comparaisons en usage dans la langue parlée et écrite au Québec.

DICTIONNAIRE
DES EXPRESSIONS
QUÉBÉCOISES

PIERRE DESRUISSEAUX

Dictionnaire des expressions québécoises

Nouvelle édition

BIBLIOTHÈQUE QUÉBÉCOISE

BQ BIBLIOTHÈQUE QUÉBÉCOISE est une société d'édition admi-
nistrée conjointement par les Éditions Fides, les Éditions
Hurtubise HMH et Leméac Éditeur. BIBLIOTHÈQUE QUÉBÉ-
COISE remercie le ministère du Patrimoine canadien du soutien qui lui
est accordé dans le cadre du Programme d'aide au développement de
l'industrie de l'édition. BQ remercie également le Conseil des Arts du
Canada et la Société de développement des entreprises culturelles du
Québec (SODEC).

BIBLIOTHÈQUE QUÉBÉCOISE bénéficie du Programme de crédit d'impôt
pour l'édition de livres du Gouvernement du Québec, géré par la SODEC.

Conception graphique: Gianni Caccia
Typographie et montage: Dürer *et al.* (MONTRÉAL)

Catalogage avant publication de la Bibliothèque nationale du Canada
DesRuisseaux, Pierre, 1945-
Dictionnaire des expressions québécoises
Nouv. éd.
Publ. antérieurement sous le titre: Le livre des expressions québécoises.
LaSalle, Québec: Hurtubise HMH, c1979.
Publ. à l'origine dans la coll.: Ouvrages pratiques.
Comprend un index.

ISBN 978-2-89406-220-3

1. Français (Langue) – Québec (Province) – Idiotismes – Dictionnaires.
2. Français (Langue) – Québec (Province) – Mots et locutions. I. Titre.
II. Titre: Le livre des expressions québécoises.

PC3643.D47 2003   447'.9714   C2002-941947-6

Dépôt légal: 1er trimestre 2003
Bibliothèque nationale du Québec

IMPRIMÉ AU CANADA EN FÉVRIER 2007

AVANT-PROPOS

Pₐᵣᵤ ᴅ'ₐʙₒᵣᵈ ₑₙ 1979 sous le titre de *Livre des expres-sions québécoises*, puis en 1990 sous celui de *Diction-naire des expressions québécoises* dans une édition refondue, le présent ouvrage est une version rema-niée, corrigée et augmentée, qui se veut le prolonge-ment naturel et logique des éditions antérieures. Les succès remportés par le dictionnaire, tant au Québec qu'en Europe, témoignent de l'engouement persistant des lecteurs pour les «manières de dire» imagées et populaires.

Depuis la première édition de ce dictionnaire, il y a plus de vingt ans, le monde a bien changé. Il en est de même des expressions populaires qui, à l'instar des humains, naissent, vivent et meurent. Certains énon-cés, jadis d'usage courant, sont tombés plus ou moins en désuétude; d'autres, inconnus il y a à peine cinq ou dix ans, sont aujourd'hui largement utilisés par une population plus jeune. D'autres encore, issus récem-ment du vocabulaire des sports, de la politique ou de la finance, sont de plus en plus répandus dans la langue de tous les jours.

Pour ma part, j'ai continué dans l'intervalle mes cueillettes lors des rencontres de hasard, des conversations quotidiennes ; j'ai poursuivi aussi le dépouillement des journaux, des revues, la consultation d'une multitude de romans, d'essais, de textes divers dans des publications variées où j'ai pu recueillir une documentation abondante qui venait soit s'ajouter au volumineux corpus déjà constitué, soit appuyer diverses hypothèses, ou encore confirmer ou infirmer certaines acceptions.

Chemin faisant, plusieurs lecteurs, des connaissances, des membres de mon entourage m'ont aimablement et généreusement fait profiter d'informations souvent utiles, parfois précieuses, concernant l'origine, la signification ainsi que les aires d'utilisation de certaines expressions moins connues ou encore plus contemporaines qu'on trouvera consignées dans cette nouvelle version. Il va sans dire que je leur en suis infiniment reconnaissant. Par ailleurs, plusieurs dictionnaires ou glossaires du parler populaire québécois sont parus ces dernières années, notamment le *Dictionnaire québécois d'aujourd'hui*, de Jean-Claude Boulanger, ainsi que le volumineux et instructif *Dictionnaire québécois français : mieux se comprendre entre francophones*, de Lionel Meney, et le *Dictionnaire pratique des expressions québécoises : le français vert et bleu*, d'André Dugas, Bernard Soucy et Robert Gervais, sans oublier le léger et amusant *Petit guide du parler québécois* de Mario Bélanger. Ces ouvrages n'ont pas manqué, on s'en doute, de nourrir ma réflexion et mon sens critique, et de m'aider à éviter d'embrasser un trop large champ d'investigation ou de m'attarder à des détails au détriment de la perspective d'ensemble.

Malgré tout le travail déjà accompli, il reste encore beaucoup à faire. On peut même dire sans se tromper que le sujet du parler populaire québécois a été à peine effleuré, et ce, en dépit de l'intérêt croissant qu'il suscite chez de nombreux chercheurs et spécialistes de la langue. Ainsi, j'ai profité de cette nouvelle édition pour affiner la recherche et, bien évidemment, revoir et augmenter le corpus. Par la même occasion, j'ai éliminé certaines explications trop hasardeuses ou mal fondées, de même que les énoncés ne présentant pas de garanties suffisantes d'authenticité et d'usage.

À la lumière de mes enquêtes et de mes lectures au fil des années, j'ai pu, par contre, ajouter des précisions utiles sur la signification ou l'origine de nombreuses expressions demeurées jusqu'ici problématiques ou obscures. Je ne suis pas mécontent, par ailleurs, d'avoir pu ajouter nombre d'expressions d'usage courant chez les jeunes et dans certains milieux plus ou moins marginaux. D'autre part, j'ai étoffé la majorité des entrées par des extraits d'œuvres littéraires qui viennent mettre en lumière divers aspects des expressions dans leur contexte d'utilisation. Puisse cette nouvelle édition réactualisée du *Dictionnaire des expressions québécoises* procurer au lecteur les plaisirs de la découverte ou de la redécouverte du français québécois dans son usage de tous les jours.

Pierre DesRuisseaux

INTRODUCTION

Le présent ouvrage constitue l'aboutissement de plus de trois décennies de recherches bibliographiques et archivistiques, ainsi que d'enquêtes sur le terrain dans les principales régions du Québec. On y trouvera consignées les expressions, locutions et comparaisons typiques du français québécois utilisées tant dans les régions que dans l'ensemble du territoire.

Ce livre comprend un grand nombre de citations tirées d'une centaine d'œuvres littéraires d'ici — romans, nouvelles, récits, poèmes — qui illustrent et mettent en perspective l'importance de la langue figurée dans la littérature. Issu d'une fréquentation assidue des lettres québécoises, le contenu de cet ouvrage s'inscrit dans une étude plus vaste portant sur le français québécois au sein de la francophonie. On pourra se demander quelle est l'utilité réelle d'un recueil d'expressions québécoises ? La raison d'un tel ouvrage s'explique du fait que les expressions, locutions et comparaisons populaires constituent des entités linguistiques et idéologiques aux éléments indissociables qui, entendus littéralement ou transposés hors de leur contexte d'utilisation, perdent tout sens. Il en est ainsi, par exemple, des expressions *avoir les yeux dans la graisse de bines* et *ne pas se moucher avec des épelures d'oignon*. C'est pourquoi, si l'on désire connaître et comprendre une langue, et les gens qui l'utilisent, il importe d'étudier sa manifestation la plus intime et originale, nommément les expressions, locutions et comparaisons, dont la signification ne ressort pas d'emblée pour une oreille étrangère.

On ne va pas tenter de définir très précisément ici ce que sont les «expressions», les «locutions» et les «comparaisons». Cette tâche incombe bien davantage au linguiste et au lexicologue. Il n'est peut-être pas inutile cependant d'affirmer que d'une manière géné- rale une expression est, sous la forme d'un groupe- ment de mots fixé par l'usage, une façon particulière, et imagée, d'exprimer quelque chose. La locution, quant à elle, s'identifie plutôt à un ensemble de mots formant une entité lexicale fonctionnelle et décrivant une action ou une idée sans connotation morale ex- presse. Il en est ainsi, par exemple, de *se marier obligé* et *avoir la face comme un œuf de dinde*.

Mais qu'est-ce au juste qu'une «expression québé- coise»? Définissons dès à présent qu'il s'agit de toute expression utilisée couramment au Québec et recon- nue comme telle par les utilisateurs, qu'elle soit ou non d'origine étrangère. Il est de fait que la langue change et évolue constamment, et ne connaît guère de frontières: telle expression provient de la nuit des temps, des Grecs, des Latins, est passée par la France, la Suisse, la Belgique, l'Espagne, quand ce n'est par l'Angleterre ou les États-Unis, pour aboutir enfin au

Québec. On parlera ici d'adaptation, de transformation d'un énoncé, qui n'en prendra pas moins une forme témoignant de la culture et de la vision de sa société d'adoption.

Contrairement à l'opinion de certains auteurs qui concluent peut-être un peu trop hâtivement à la pauvreté relative du vocabulaire des Québécois, il faut constater, à la lumière de l'ampleur et de la diversité des énoncés qu'il m'a été donné de recueillir, la vitalité et la richesse considérables de ce registre linguistique. Comme toutes les langues, le français québécois s'est grandement enrichi; et il continue de s'enrichir d'archaïsmes, d'emprunts de langues européennes (français, anglais, espagnol...) et indigènes, sans compter les néologismes qui constituent une partie non négligeable du lexique.

C'est sans doute ce que l'on constatera lors de la consultation de cet ouvrage qui s'adresse à toute personne intéressée de près ou de loin à la langue parlée et écrite au Québec. Étudiants, rédacteurs, journalistes, professeurs ou simples utilisateurs de la langue y trouveront une source quasi inépuisable de réflexion et d'inspiration touchant entre autres à la sociologie, l'histoire, la culture et plus généralement à ce que l'on appelle l'imaginaire collectif.

Illustration concrète du droit à la différence linguistique, cette œuvre a notamment pour but de pallier les lacunes des dictionnaires généraux du français qui, de par leur nature même, ne peuvent la plupart du temps tenir compte des particularités de l'usage de la langue figurée. Le lecteur québécois qui parcourra ces pages constatera sans doute la vitalité linguistique de même que l'abondance sémantique et lexicologique remarquables de la langue populaire québécoise; quant au lecteur étranger, européen ou américain, il pourra s'initier à ce qu'on appelle justement «l'esprit» du français québécois, que l'on retrouve en bonne partie dans ses expressions, locutions et comparaisons populaires.

Un tel ouvrage, malgré qu'il soit nécessairement insuffisant et obligatoirement incomplet, se justifie entre autres par l'intérêt anthropologique du corpus. De plus, puisqu'il s'agit en l'occurrence d'un dictionnaire descriptif plutôt que normatif, je n'ai pas cru bon d'écarter ce que d'aucuns appelleront des énoncés «racistes» ou qui font preuve d'un préjugé évident à l'encontre d'un groupe social ou religieux quelconque. Si, par exemple, l'expression *sentir le juif déculotté* peut paraître déplacée, elle n'en traduit pas moins une opinion tributaire d'une manière de voir et de penser spécifique. Qu'elle ait pour cible la femme, l'homosexuel, le juif, le Noir, l'anglophone, etc., l'expression commune se fait notamment le véhicule des excès et des débordements de l'ethnocentrisme populaire. Qu'elle serve encore à exprimer des sentiments tels que la peur de l'étranger ou le mépris de l'autre, cela ne saurait non plus étonner. Car, depuis toujours, l'expression transporte avec elle à la fois les bons et les mauvais côtés de l'homme (et de la femme). Comme je l'écrivais il y a plus de deux décennies dans l'introduction du *Livre des expressions québécoises*, «la morale évolue et ce qui pouvait paraître offensant hier ne l'est guère aujourd'hui». Et, pourrait-on ajouter, ce qui semble offensant à notre époque paraîtra sans doute bien anodin aux yeux de nos enfants.

La graphie adoptée dans ces pages est celle qu'utilisent en général les écrivains québécois; même si certains mots retrouvés ici s'écrivent parfois de plusieurs façons différentes selon les auteurs, il ne m'a pas paru utile de multiplier les variantes, ce qui n'aurait fait, somme toute, qu'alourdir inutilement le contenu. Cependant, lorsque cela s'avérait utile, j'ai donné la signification, toujours succincte, de l'expression, ainsi qu'une courte explication relative à l'aire d'utilisation ou au contexte.

Ont été volontairement exclues les catégorisations de nature sociologique ou linguistique, par exemple entre langue rurale et langue urbaine, ou entre niveaux de langue (familier, trivial, etc.), sauf lorsque de telles distinctions aidaient à la compréhension générale.

Je tiens à exprimer ici ma profonde gratitude à ceux et celles qui m'ont apporté leur aide, soit en me fournissant des énoncés, soit en corroborant ou infirmant le signification ou l'usage de certains énoncés contenus dans le présent ouvrage.

ABRÉVIATIONS ET
NOTES LIMINAIRES

ANGL.	anglais
CKAC	Réseau Télémédia (radio)
ÉTYM.	étymologie
FR.	France
QQCH.	quelque chose
QQN	quelqu'un
SRC	Société Radio-Canada (radio et télévision)
TQS	Télévision Quatre Saisons
TVA	Réseau TVA (télévision)

À moins d'indication contraire, le genre masculin utilisé dans les énoncés réfère à la fois aux hommes et aux femmes. Ainsi, *gros comme une allumette* se dit aussi bien d'une femme *(grosse comme...)* que d'un homme *(gros comme...)*, tandis que *être habillée comme catau* renvoie naturellement à une femme ou à une jeune fille.

Pour le classement, l'ordre alphabétique des mots clés est suivi. Le mot clé se définit en l'occurrence comme le terme principal ou dominant de l'énoncé, fût-il nom, adjectif ou adverbe. En ce qui concerne l'article renfermant une comparaison, le mot clé est le terme principal qui apparaît dans la dernière partie de l'énoncé, habituellement le substantif qui suit immédiatement «comme» — «hareng», dans *maigre comme un hareng boucané*. Au cas où on ne trouverait pas l'énoncé recherché dans le corps de l'ouvrage, on peut toujours se référer à l'index en fin d'ouvrage.

Les termes entre parenthèses — par exemple, *graisser (remuer, moucher) ses bottes* — renvoient aux variantes usuelles de l'énoncé. Quant aux crochets, à moins qu'ils n'apparaissent entre des parenthèses, où ils jouent le plus souvent le rôle de deuxièmes parenthèses — par exemple, *accouche (qu'on bâtisse [qu'on baptise])!* —, ils font habituellement référence aux emprunts de l'étranger — majoritairement l'anglais — ou renferment la graphie correcte d'un mot apparaissant dans sa prononciation populaire au sein de l'énoncé — par exemple, *être crété* [angl. *crated*, emballé] *en samedi soir* ou *c'est au boutte* [bout].

Les traits obliques séparent les significations différentes, généralement opposées, d'une expression. Ainsi: *passer qqn au bob / se faire passer au bob*. Dans de rares cas, les deux formes, où l'une est utilisée littéralement et l'autre dans un sens ironique, ont une même signification, comme dans: *être bleu (de rire) / ne pas être bleu (de rire)*.

Les données bibliographiques des ouvrages cités sont regroupées en fin de volume.

A

1 **À BLANC.** *Son petit bonhomme tire à blanc.* Il est impuissant, stérile.

2 **À CHEVAL.** *Être à cheval entre (deux réalités, deux personnes).* Hésiter entre (deux réalités ou deux personnes), tergiverser. «J'suis à cheval entre ma blonde et ma sœur qui se détestent.» ♦ *Être à cheval sur... (la morale, les principes, etc.).* Tenir strictement à (des valeurs, des principes, etc.). *Fr.* Tenir mordicus à qqch. «La vieille était tellement à cheval sur les principes qu'elle a chassé son fils qui ne voulait pas l'accompagner à l'église.»

3 **À L'ENVERS.** *Dire des choses à l'envers.* Radoter. ♦ *Virer la place à l'envers.* Mettre tout en désordre, mettre de l'animation quelque part. «Gerry Boulet, dans ses beaux jours, pesait à peu près 135 livres, pas trop emmanché, mais, le feu au cul, il pouvait virer la place à l'envers.» (Daniel LEMAY, «Gerry: des témoins du ciel et de l'enfer», "Télé +", *La Presse*, 29 juin au 6 juillet 1991, p. 3)

4 **À MAIN.** *Être à main (à-main).* Être aimable, obligeant, serviable. «Est-il d'avance à l'ouvrage? demanda Angélique, vivement intéressée. — Des journées il est pas à-main en rien.» (G. GUÈVREMONT, *Le Survenant*, p. 102) «L'école était à main, et les enfants avaient du chaud linge, des bonnes bougrines...» (Y. THÉRIAULT, *Moi, Pierre Huneau*, p. 51)

5 **À PEU PRÈS.** *Pas à peu près.* Formidablement, vraiment. Superlatif. «On parle toujours de ce trio du Canadien qui joue pas à peu près.» (*Le grand bulletin*, CKAC-Télémédia, 19 sept. 2002)

6 **À PIC.** *Avoir l'air (être) à pic.* Avoir l'air (être) irritable, irascible, être en colère. «Judy m'a dit: "Qu'est-ce que t'as à être à pic comme ça?"» (Yvon Deschamps, *Le match de la vie*, TVA, 20 août 1991) ♦ *Avoir le poil à pic.* Être maussade. *Fr.* Être de mauvais poil. ♦ *Être à pic.* Être chatouilleux, colérique. «Ben voyons donc, mon Rosaire, c'est des farces que j'faisais. T'es ben à pic à matin, toé!» (*Frédéric*, téléroman, SRC, 9 mars 1980) ♦ *Mourir (partir, etc.) à pic.* Mourir (partir, etc.) subitement. «Son enfant était mort à pic, sans même laisser les consolations que laissent presque tous les morts...» (F.-A. SAVARD, *Menaud maître-draveur*, p. 87)

7 **À PIED.** *Il n'est (ne se promène) pas à pied.* Il a un beau véhicule, il est fortuné!

8 **À TERRE.** *Être (complètement) à terre.* Être (totalement) épuisé. «Ce travail était épuisant. Ce matin, je suis complètement à terre.»

9 **À TRAVERS.** *Piquer à travers.* Emprunter un raccourci.

10 **ACCOTÉ.** *Être (vivre) accoté.* Vivre en concubinage. «Avant y avait la femme qui s'occupait d'lui. Était accotée avec, ch'pense ben.» (M. LETELLIER, *On n'est pas des trous-de-cul*, p. 136) «... a vivait accotée avec un de mes anciens chums...» (Claude Jasmin, *La petite patrie*, SRC, 18 février 1980)

11 **ACCOTER.** *Accoter qqn, qqch.* Égaler, se mesurer à qqn, à qqch. «Le vieux Arthur pouvait accoter n'importe quel jeune du village.»

12 **ACCOUCHER.** *Accouche (qu'on bâtisse [qu'on baptise])!* Cesse de tergiverser. «Accouche qu'on bâtisse! On n'a pas toute la journée à attendre.»

13 **ACCROIRES.** *Faire des accroires à qqn.* Faire croire des faussetés à qqn, tromper qqn avec des mensonges. *Fr.* Monter un bateau à qqn. «Parce que nos projets nous tiennent à cœur, nous connaissons trop bien ces rôles de mendiants prêts-à-travailler-pour-des-pinottes qu'on nous fait jouer plus souvent qu'à notre tour! Ce n'est pas une raison pour nous faire des accroires.» (Marie CHICOINE, dans une lettre ouverte, *Le Devoir*, 24 mai 1980, p. 14) «Clo y fait remarquer qu'y

ramène la question à des accroires un peu trop commodes...» (J.-M. Poupart, *Chère Touffe, c'est plein...*, p. 149) ◆ *Se faire des accroires.* S'illusionner, se raconter des mensonges. «Si tu penses qu'il t'aime, tu te fais des accroires.»

14 **ACHALÉ.** *Ne pas être achalé.* Ne pas être timide, ne pas avoir peur, avoir du front. Voir *bâdré* (n° 118).

15 **ACHARNÉ.** *Être acharné après qqn.* Être attaché à qqn, tenir de qqn. «Nos enfants sont acharnés après nous... de notre sang d'abord... pis toujours nous avoir.» (P. Perrault *et al.*, *Le règne du jour*, p. 144)

16 **ACHETER.** *Aller acheter.* Devenir enceinte. Autrefois, la future mère disait aux plus jeunes qu'elle allait acheter un bébé aux «Sauvages» (Amérindiens), d'où l'expression. Aussi, *être à la veille d'acheter.* Être à la veille d'accoucher.

17 **ACQUÊT.** *Avoir autant d'acquêt de faire qqch.* Faire (aussi) bien de, avoir avantage à faire qqch. «Vu que ma mère m'attendait avec une brique et un fanal, je me suis dit que j'avais autant d'acquêt de ne pas rentrer à la maison.» «Le père parle de me céder son lopin de terre à l'Îlette. — T'as autant d'acquêt d'accepter.» (G. Guèvremont, *En pleine terre*, p. 82) «T'es trop fatigué pour parler longtemps. Entre nous autres, t'as autant d'acquêt d'aller t'coucher...» (H. Bernard, *Les jours sont longs*, p. 165) ◆ *Avoir de l'acquêt de qqch.* Retirer de la joie, du plaisir de qqch. «Au bon temps de la pêche, on mangeait, on vivait, et même, on avait de l'acquêt de tout ça.» (Y. Thériault, *Moi, Pierre Huneau*, p. 49)

18 **AD VITAM AETERNAM.** *Faire qqch. ad vitam aeternam.* Faire qqch. sans arrêt, indéfiniment. Marque l'exaspération, notamment, à propos d'une requête incessante d'un enfant. «C'est un peu injuste qu'elle doive vivre comme ça, avec ces traitements-là ad vitam aeternam.» (*Le grand journal*, TQS, 6 janvier 1992)

19 **ADON.** *Attendre (guetter) l'adon.* Attendre le moment propice. «La femme à Pierre guettait l'adon depuis longtemps. Elle amena son histoire de loin, puis...» (F.-A. Savard, *Menaud maître-draveur*, p. 97) ◆ *Être (ne pas être) d'adon.*

Être (ne pas être) bon, aimable, de bonne humeur, doux, serviable. «Tu connaîtrais pas un habitant qui aurait un cheval à vendre dans la paroisse? — J'cré qu'Azarias en a un. Un cheval qui est ben d'adon. Y a Clovis qui en a un itou, mais j'me fierais pas à lui. C'est un matignon [maquignon], pis ils disent qu'il a attrapé une morfondure.» (*Le gros Bill*, film de René Delacroix, 1949) «Je l'ai vu dimanche passé à la messe. Il a donc l'air d'un gars d'adon.» (*Le gros Bill*, film de René Delacroix, 1949) «Vous savez à c't'heure comme ça pisse beau, une bête puante, quand elle est pas d'adon et qu'a veut pas s'laisser flatter...» (H. BERNARD, *Les jours sont longs*, p. 92) ♦ *Être d'adon pour faire qqch.* Connaître la manière, être capable de faire qqch. «J'en ai ben jusqu'à fin du jour à toute organiser ça correque dans ma tête. Vous êtes d'adon pour déranger un homme vous, Marianna.» (M. LABERGE, *C'était avant la guerre...*, p. 21) ♦ *Être un adon.* Être un hasard. «C'est un pur adon. Je marchais, comme ça, à l'aventure... quand je t'ai vue.» (F.-A. SAVARD, *Menaud maître-draveur*, p. 119)

20 **AFFAIRES.** *Avoir ses affaires.* Avoir ses règles. ♦ *Être au-dessus de ses affaires.* Avoir plus (de qqch.) qu'il n'en faut. ♦ *Être en affaires.* Se comprendre, partager la même opinion. «On est-tu en affaires, mon Raymond? — Définitivement, on est en affaires.» (*Samedi de rire*, SRC)

21 **AFFILÉ.** *Être affilé.* Être en colère, irrité. «Il est bien affilé ce matin, celui-là, un vrai lion.»

22 **AGACE-PISSETTE.** *Être (une) agace-pissette.* Se dit d'une femme ou d'une jeune fille qui se plaît à aguicher les hommes.

23 **ÂGE.** *Être en âge.* Avoir atteint la majorité légale. «... mais y faisait tellement de trouble que même si y était pas en âge, y l'ont envoyé à Saint-Vincent-de-Paul.» (M. LETELLIER, *On n'est pas des trous-de-cul*, p. 123)

24 **AGNEAU.** *Doux comme un agneau.* Très doux, inoffensif. «Jamais un mot plus haut que l'autre; il est doux comme un agneau, ce garçon.»

25 **AIGUILLE.** *Chercher une aiguille dans un voyage de foin.* Se dit de qqch. de difficile ou d'impossible à trouver. *Fr.* Chercher une aiguille dans une botte de foin. «Ben, ma fille, si tu veux chercher une aiguille dans un voyage de foin, t'as beau.» (G. Guèvremont, *Marie-Didace*, p. 205) ♦ *Plissé à l'aiguille.* Ridé. ♦ *Tirer son aiguille du jeu.* Se tirer d'affaire, se débrouiller. *Fr.* Tirer son épingle du jeu. «Je suis fière d'avoir tiré mon aiguille du jeu dans la vie.»

26 **AIL.** *Baise-moi l'ail!* Injure. *Fr.* Va te faire foutre!

27 **AILES DE MOULIN.** *Rabattre ses ailes de moulin.* Gesticuler en parlant.

28 **AIMER.** *Je t'aime à la folie comme une puce à l'agonie.* Formule plaisante pour taquiner un être cher. S'emploie notamment dans la région des Bois-Francs.

29 **AINSI.** *Être ainsi.* Être peu évolué, simple. Se dit au Lac-Saint-Jean. «J'ai suivi ça tout bêtement avec des pommes de terre. — T'es tellement ainsi!» (Suzanne Lévesque, *Touche à tout*, CKAC-Télémédia, 19 mai 1992)

30 **AIR.** *Faire de l'air sur le poil des yeux.* Déguerpir. ♦ *Fais de l'air!* Déguerpis! *Fr.* Du balai! «Fais de l'air! On ne veut plus te voir ici.» ♦ *Avoir de l'air à partir mais partir tard.* Se dit d'un homme peu pressé, qui manque de dynamisme. ♦ *Avoir l'air mais pas la chanson.* Avoir l'apparence mais pas la capacité. ♦ *Être avide d'air.* Suffoquer, chercher son souffle. «Quand elle s'est couchée le soir, tout essoufflée, elle était avide d'air.» ♦ *Frapper de l'air.* N'aboutir à rien, échouer. «Quand j'ai voulu l'interroger, j'ai frappé de l'air.» ♦ *Pelleter de l'air.* Perdre son temps à des riens.

31 **AIR DE BŒUF.** *Prendre son (un, avoir un) air de bœuf.* Prendre un air renfrogné, maussade. *Fr.* Prendre un air d'enterrement. «T'as-tu eu du fun, avec la neige? — Y avait pas un chat. Y avait juss Cassandre avec son air de beu. Pis c'est une vraie tempête; y commence à venter.» (F. Noël, *Chandeleur*, p. 103)

32 **AIR DE VENT.** *Faire un air de vent.* Venter. «Y faut vous dire qu'y faisait un air de vent et que l'eau tombait par paquet.

Trois gouttes au siau.» (G. GUÈVREMONT, *En pleine terre*, p. 62) ♦ *Prendre l'air de vent.* Prendre l'air, sentir la brise. «... chaque matin, Marie-Amanda, la tête enroulée dans un tablier à carreaux, courait au perron prendre "l'air de vent".» (G. GUÈVREMONT, *En pleine terre*, p. 21)

33 **AIR LOUSSE.** [Angl. *loose*, détaché, libéré] *Prendre son air lousse.* Profiter d'un moment de répit, de solitude.

34 **AIRES DE VENT.** *Ne pas savoir les aires de vent.* Être désorienté, avoir l'esprit dérangé. Aires de vent: directions du vent, par convention, au nombre de trente-deux.

35 **AIRS.** *Avoir un de ces airs.* Avoir un air détestable, inhabituel. «Il avait un de ces airs, une vraie face à fesser dedans.»

36 **AISÉ.** [Angl. *easy*, facile] Prendre ça aisé. Ne pas se presser. «Prends ça aisé! Il n'y a rien qui presse.»

37 **ALGONQUIN.** *Parler algonquin.* Parler d'une manière incompréhensible.

38 **ALLÈGE.** *Aller (partir, etc.) allège.* Aller (partir, etc.) sans contrainte, sans obligation. ♦ *Avoir le cœur allège.* Se sentir léger, libéré. «On s'sentait gai, pis l'cœur allège / Tandis qu'la gris' filait l'galop.» (É. CODERRE, *J'parle tout seul quand Jean Narrache*, p. 128)

39 **ALLEMANDS.** *Les Allemands sont en ville.* Avoir ses règles.

40 **ALLER.** *Se faire aller.* Se remuer, se masturber.

41 **ALLER DE VENANT.** *Labourer aller de venant* [allant et venant]. Labourer dans un sens puis dans le sens contraire, dans un mouvement de va-et-vient. Voir *labourer en Anglais* (nᵒ 61) et *labourer en Français* (nᵒ 1175).

42 **ALLÔ.** *Allô...!* Quel... Exclamation admirative. «Le petit chalet de 200 000 $ de madame Rothschild; allô chalet!»

43 **ALLUCHON.** *Manquer un alluchon.* Manquer de jugement. Alluchon: dent d'engrenage s'adaptant à une roue.

44 **ALLUMETTE.** *Gros comme une allumette.* Très maigre. Se dit d'une personne.

45 **ALLUMETTES.** *Prendre qqch. avec des allumettes.* Prendre qqch. avec une grande précaution.

46 **ALLURE.** *Avoir (bien) de l'allure / ne pas avoir d'allure.* Être

convenable / ne pas être convenable. Se dit d'une personne, d'une situation ou d'un événement. «Cette entente-là, ça a bien de l'allure.» «... ça pas d'allure d'avoir couru à galipote dans toué pays du monde pis d'm'ête réveillée pareil à toués matins au Camp Maria Goretti...» (J.-C. GERMAIN, *Les hauts et les bas dla vie d'une diva*, p. 87)

47 **ALMANACHS.** *Faire des almanachs.* Gesticuler en parlant. En France: se repaître de chimères et de fantaisies.

48 **AMANCHÉ.** *Être bien (mal) amanché [emmanché] (vrai).* Être viril, en mauvaise posture, (très) bien (mal) habillé. «Mon pauvre Tit-Jean. T'es ben mal amanché là; il est ben raide, mon père, mais...» (R. LALONDE, *Contes de la Lièvre*, p. 34) «Si t'es un homme qui est pas bien amanché, t'as un problème, mon gars!» (*Parler pour parler*, Radio-Québec, 4 nov. 1989)

49 **AMANCHER.** *Se faire amancher [emmancher].* Se faire rouler, berner, devenir involontairement enceinte.

50 **AMANDE.** *Goûter l'amande.* Être délicieux. «Quand son talon effleura le seuil, il dit: — C'est vrai qu'il goûte l'amande votre rôti de veau.» (R. CARRIER, *De l'amour dans la ferraille*, p. 29)

51 **ÂME.** *Se tuer l'âme à l'ouvrage.* S'épuiser à la tâche. *Fr.* Se tuer à l'ouvrage.

52 **AMEN.** *Jusqu'à amen.* Sans arrêt, indéfiniment. Ainsi, supplier, travailler jusqu'à amen. En France, l'expression «jusques à amen» ne semble pas avoir été relevée après le XVIIᵉ siècle. «Et toujours prêt à aller en cour. Pour deux pailles en croix, il aurait plaidé jusqu'à amen.» (G. GUÈVREMONT, *En pleine terre*, p. 33) «En ce temps-là, on travaillait jusqu'à amen. Sans s'arracher à plein, mais on prenait rarement le temps de carculer.» (Y. THÉRIAULT, *Moi, Pierre Huneau*, p. 49)

53 **AMITIÉ.** *Prendre amitié sur qqn.* Se lier d'amitié avec qqn. Un homme âgé à un jeune: «Je suis trop vieux pour prendre amitié sur toi.» (Marcel RIOUX, *Description de la culture de l'Île Verte*)

54 **AMOUR.** *Amour de mon cœur, si tu savais comme tu m'écœures, tu t'en irais ailleurs.* Formule plaisante pour inviter qqn,

notamment un garçon trop entreprenant, à cesser d'importuner. ♦ *Faire l'amour en brouette.* Mettre un genou par terre et embrasser l'élue de son cœur assise sur l'autre genou. ♦ *Mon amour s'élance vers toi comme un taureau dans une porte de grange.* Boutade amusante pour évoquer un amour impossible.

55 **AMYGDALES.** *Faire passer les amygdales par les narines à qqn.* Tabasser, battre qqn.

56 **AN QUARANTE.** *S'en ficher comme de l'an quarante.* S'en moquer éperdument. L'expression se rencontre en France où elle aurait d'abord été utilisée par les royalistes qui ne s'inquiétaient guère plus de qqch. que de l'an quarante de la République, qui ne viendrait jamais. Au Québec, une prédiction avait annoncé que l'an 1740 verrait s'accomplir des événements terribles, désastreux, la fin du monde, disaient certains. Or, 1740 passa et l'on s'en moqua. Les mêmes prédictions furent réitérées pour l'année 1840. Dans les poésies de nouvelle année du *Canadien* et de la *Gazette de Québec*, il y est fait allusion (Anonyme, *Bulletin des recherches historiques*, 1887). Voir *vieilles lunes* (n° 2693). *Fr.* S'en foutre comme de l'an quarante. «Le mond' s'en fich' comm' d'l'an quarante; / Dans l'fond y t'trouv' pas mal zazais.» (É. CODERRE, *J'parle tout seul quand Jean Narrache*, p. 113)

57 **ANCRE.** *Être (rester) à l'ancre.* Chômer, rester à attendre; pour une jeune fille, ne pas trouver à se marier. «Pas de travail, j'ai été à l'ancre toute l'année.» ♦ *Être aussi bien à l'ancre comme à la voile.* Être indifférent, amorphe.

58 **ANCRER (S').** *S'ancrer qqch. dans la tête.* S'assurer, se convaincre de qqch.

59 **ÂNE.** *Lâche (vache) comme un âne.* Paresseux.

60 **ANGE.** *Beau comme un ange.* Très beau. Se dit notamment d'un enfant. Maurice Rat (*Dictionnaire des locutions*) attribue l'origine des métaphores ayant «ange» pour terme de comparaison à un certain Ange Vegèce, célèbre calligraphe apprécié sous le règne de François Ier. ♦ *Doux comme un*

ange. Se dit d'une personne très douce, aimable, docile. «Ti-Bi est doux comme un ange, il ne ferait pas de mal à une mouche.» ♦ *Sage comme un ange.* Se dit d'un enfant calme, peu turbulent.

61 **ANGLAIS.** *Avoir l'air Anglais.* Avoir l'air excentrique, penaud. ♦ *Labourer en Anglais.* Labourer du côté vers le centre. ♦ *Les Anglais m'attaquent.* Avoir ses règles. ♦ *Les Anglais sont au port.* Être menstruée. Se dit dans la région de la Mauricie.

62 **ANGUILLE.** *Y avoir anguille sous roche.* Y avoir qqch. de louche. Souligne la méfiance par rapport à une réalité équivoque, douteuse. Se rencontre en France parfois sous un sens un peu différent: y avoir qqch. de caché. «Le vieux Crépu... n'a quand même pas l'autre œil bouché... du moins pas assez pour ne pas voir qu'il y a anguille sous roche et que ça fortille en saint Sicroche.» (S. Rivière, *La s'maine des quat' jeudis*, p. 154)

63 **ANNÉE.** *Battre la vieille année.* Se réunir pour fêter la fin de l'année, le 31 décembre, et le début de la nouvelle année.

64 **ANNÉE DU SIÈGE.** *Dater de l'année du siège.* Ancien, dater de très longtemps. Se dit d'une personne très âgée ou d'un événement ancien. L'année du siège, c'est celle du siège de Québec, en 1759.

65 **ANSE DE CRUCHE.** *Avoir les orteils en anse de cruche.* Avoir les orteils recourbés vers l'intérieur, tituber.

66 **A-ONE.** [Angl. numéro un] *C'est a-one.* C'est parfait, impeccable. «Évidemment, c'était la méthode efficace, a-one... Le plus surprenant que personne y aye pensé avant elle!» (J.-M. Poupart, *Chère Touffe, c'est plein...*, p. 238)

67 **APPARENCE.** *Apparence que...* Parce que (apparemment)... Vieilli. «C'est pas la question d'être plus catholique que l'pape. En seulement la maladie pis la mort, on fait pas d'farces avec ça, apparence que ça peut se r'tourner contr' vous su' les derniers milles...» (S. Rivière, *La s'maine des quat' jeudis*, p. 76)

68 **APPARITION.** *Comme une apparition.* Soudainement, sans avertir. Ainsi: arriver, entrer comme une apparition. *Fr.* En

coup de vent. «Casimir Hurteau entra comme une apparition. C'était un pauvre déshérité, laid et barbu, mais doué d'une âme sensible.» (Vieux Doc [E. Grignon], *En guettant les ours*, p. 143)

69 **APPOINTS.** *Attendre les appoints de qqn.* Attendre la décision, le bon vouloir de qqn. «Puis les autobus vont pas où on va. Encore moins le métro. On est obligé de voyager avec tout chacun, d'attendre les appoints de tout chacun.» (J.-J. Richard, *Faites-leur boire le fleuve*, p. 50)

70 **APPROUVEMENTS.** [Angl. *improvements*, améliorations] *Faire des approuvements.* Faire des améliorations, des réfections. «Elle a fait des approuvements importants sur cette maison qu'elle venait d'acheter.»

71 **ARBRE DE NOËL.** *Avoir l'air d'un arbre de Noël.* Porter des vêtements voyants, détonnants. «Regarde-la, elle a encore l'air d'un arbre de Noël.» (*Le grand jour*, SRC)

72 **ARGENT.** *Avoir de l'argent dans les mites.* Être avare. *Fr.* Être près de ses sous. ♦ *J'en chie pas de l'argent!* Manière grossière de dire: je n'ai pas d'argent, je ne peux payer. ♦ *Viens-t'en) mon argent, va-t'en ma santé.* Formule que l'on dit en parlant du travail, notamment du travail en forêt. La formule est parfois proférée sur le rythme de la scie qui coupe l'arbre. «... les lumberjacks qui revenaient des chantiers à Ludger et Paradis, la queue entre les deux jambes, après un hiver de flacatounage sous le signe de "viens mon argent, va-t'en ma santé" miouné par un buck saw ébréché.» (S. Rivière, *La saison des quêteux*, p. 13)

73 **ARGENT DE LA MESSE.** *Chatouiller la queue du diable avec l'argent de la messe.* Être prêt à toutes les bassesses, accepter toutes les compromissions.

74 **ARGOTS.** *Grimper sur ses argots [ergots].* S'enflammer, se mettre en colère.

75 **ARIA.** *Être (faire tout) un aria (du beau diable).* Être d'une grande complexité, embarrassant (faire tout un scandale). Se dit aussi d'une personne particulièrement laide ou mal habillée. «Au bureau de scrutin, c'était tout un aria, à tel point que je n'ai pas pu voter.»

76 **ARMÉE ROUGE.** *L'Armée rouge est en ville.* Avoir ses règles.

77 **ARMOIRE À GLACE.** *Bâti comme une armoire à glace.* Être musclé, avoir un physique imposant. Voir *pan de mur* (nº 1801).

78 **ARNENAS.** *Faire des arnenas.* Exagérer dans ses propos. Se dit notamment aux Îles-de-la-Madeleine. *Fr.* En mettre dix tonnes.

79 **ARRACHER.** *En arracher.* Avoir de la misère, de la difficulté.

80 **ARRACHEUR DE DENTS.** *Menteur comme un arracheur de dents.* Très menteur. Autrefois, les dentistes, pour calmer les patients récalcitrants, cherchaient à atténuer l'importance de l'opération, d'où l'expression.

81 **ARRANGEMENT.** *Être d'arrangement.* Être de commerce agréable, notamment en affaires.

82 **ARRANGER.** *Arranger qqn en petite culotte / se faire arranger en petite culotte.* Duper, tromper qqn / se laisser duper, tromper. «Dans ce contrat pourri, il s'est fait arranger en petite culotte.»

83 **ARSE.** *Avoir de l'arse.* Avoir du temps, de la place. «Faites de l'arse, là-bas.»

84 **ARTHRITE.** *Faire de l'arthrite derrière les oreilles.* Être sourd à la raison, au bon sens. «Vous n'entendez pas! Faites-vous de l'arthrite derrière les oreilles.» (CHRS radio, Saint-Jean-sur-le-Richelieu, 17 sept. 1985)

85 **AS.** *Aux as.* Complètement, totalement. Ainsi: perdu aux as, paqueté aux as, saoul aux as, etc. «Une noyée, une droguée, saoule aux as, une débarrassée de la vie.» (R. Baillie, *Des filles de Beauté*, p. 37) «... certaine qu'a s'était pas mêlée dans ses papiers, ses flûtes pis ses pilules, qu'à s'retrouverait pas engrossée, pleine aux as, le tit mongol qui gigote déjà.» (J.-M. Poupart, *Chère Touffe, c'est plein...*, p. 110) ♦ *Bourré aux as.* Avoir les poches pleines d'argent. *Fr.* Plein de fric. ♦ *Jouer comme un as.* Jouer habilement, intelligemment.

86 **AS DE PIQUE.** *Dormir comme un as de pique.* Superlatif, dormir à poings fermés. ♦ *Être un as de pique.* Être un phénomène, un personnage; être étonnant, formidable. «Y a

apporté de la bière; c'est un as de pique...» (*L'eau chaude l'eau frette*, film d'André Forcier, 1976) ♦ *Figé (planté là) comme un as de pique.* Superlatif. Se dit d'une personne interdite, pétrifiée. «Elle est restée figée comme un as de pique devant monsieur le curé.»

87 **ASSAUT.** *Pogner [poigner] un assaut.* Tomber malade. «Après sa sortie sous la pluie, tante Alma a pogné un assaut.»

88 **ASSEOIR.** *Se faire asseoir / asseoir qqn.* Se faire remettre à sa place / remettre qqn à sa place.

89 **ASSEOIR (S').** *S'asseoir dessus.* S'arrêter, se satisfaire. «Ça va, la montgolfière, on s'assoit pas dessus. On continue.» (*Samedi de rire*, SRC, 17 déc. 1988)

90 **ASSIETTE.** *Fragile comme une assiette.* Très fragile, geignard. ♦ *Ne pas être dans son assiette.* Être de mauvaise humeur, se sentir mal. En France: ne pas être dans son état normal. ♦ *Se casser une assiette.* Se faire mal au postérieur en tombant.

91 **ATOUT.** *Avoir de l'atout.* Avoir des ressources, être débrouillard. «Ma blonde a de l'atout, elle sait quoi faire pour obtenir ce qu'elle veut.»

92 **ATTELÉ.** *Être mal attelé (attelé croche).* Être mal marié, être en difficulté. Se dit notamment dans la région de Trois-Rivières. «Il y a encore l'expression locale, les couples "attelés croche".» (G. GODIN, *Cantouques et Cie*, p. 160)

93 **ATTELLES.** *Être sur les attelles.* Être maladif, de constitution fragile. ♦ *Tirer dans les attelles.* Faire un effort, forcer. ♦ *Tirer sur les attelles.* Être à la dernière extrémité.

94 **ATTISÉE.** *Donner une attisée.* Redoubler d'efforts. «Pour finir ce travail, Ti-Jos a donné une attisée.»

95 **AU COTON.** *Être rendu (usé, fatigué, etc.) au coton / aller (courir, souffrir, etc.) au coton.* Au maximum, à l'extrême, à bout. Aussi, superlatif: très (fatigué, usé, etc.). Coton: tige d'une plante. *Fr.* Être au bout de son rouleau. «Venez voir, j'pense que ça va faire votre affaire, c'est pas des palaces mais c'est bien confortable. — Les petits sont au coton, vous comprenez.» (C. JASMIN, *Pleure pas, Germaine*, p. 139) «Facile! Aïe! just' grandir, tu n'arraches au coton, tu sais jamais c'qui va

te pousser. Quand est-ce ça va pousser, pis quand est-ce ça va arrêter d'pousser...» (Pierre LABELLE, «L'arbre», dans L. MAILHOT et D.-M. MONTPETIT, *Monologues québécois 1890-1980*, p. 263) «Tu pars à courir pis tu t'essouffles mais t'avances pas. / Mais pendant qu'tu cours, tu t'payes la traite au coton, / Tu manges du crédit pis des T.V. dinners.» (Jacqueline BARRETTE, «Poléon le révolté», dans L. MAILHOT et D.-M. MONTPETIT, *Monologues québécois 1890-1980*, p. 281)

96 **AU PLUS SACRANT.** *Faire qqch. au plus sacrant.* Faire qqch. au plus vite.

97 **AUGE À COCHON.** *Faire danser l'aînée dans l'auge à cochon.* Se dit de la cadette qui se marie avant l'aînée dans une famille.

98 **AUJOURD'HUI.** *Aujourd'hui pour demain.* Du jour au lendemain. «Aujourd'hui pour demain, son attitude a changé du tout au tout, elle n'était plus la même.» «En tout cas moé je te le dis encore une fois : j'ai voté pour Duplessis, pis si y se représenterait un autre Duplessis aujourd'hui pour demain, je revoterais pour lui.» (R. LÉVESQUE, *Le vieux du Bas-du-Fleuve*, p. 47)

99 **AUTANT COMME AUTANT.** *Faire qqch. autant comme autant.* Faire qqch. plusieurs fois.

100 **AUTRE.** *Se prendre pour un autre.* Se croire supérieur, prendre des airs. *Fr.* Se croire.

101 **AUTRE BORD.** *Être sur (partir de) l'autre bord.* Être (devenir) enceinte. Voir *autre côté* (nº 102). ♦ *Passer de (aller sur) l'autre bord.* Mourir. «Ah non, il n'y en aura pas beaucoup, j'cré ben! Il n'y en a pus quasiment! Ils s'en vont toute sur l'autre bord...!» (P. PERRAULT *et al.*, *Un pays sans bon sens*, p. 209) «Ça va lui faire du bien de prendre l'air avant qu'on le braque pour l'autre bord. Y est blême sans bon sens...» (S. RIVIÈRE, *La s'maine des quat' jeudis*, p. 69) «... tu ne le sais peut-être pas, ma petite fille, mais tu as failli passer de l'Autre Bord, je peux te le dire, maintenant que tout est sous contrôle.» (Y. BEAUCHEMIN, *Le matou*, p. 230)

102 **AUTRE CÔTÉ.** *Être sur (partir de) l'autre côté.* Être (devenir) enceinte. ♦ *Passer de (aller sur) l'autre côté.* Mourir.

103 **AVANÇANT.** *C'est pas avançant!* C'est pas avantageux, salutaire! «Des flos aussi pigrasseux, c'est pas avançant.»

104 **AVANCE.** *C'est pas d'avance.* C'est défavorable, désavantageux. «Un homme aussi bête que lui, c'est pas d'avance pour une femme.»

105 **AVANCE À L'OUVRAGE.** *Être d'avance à l'ouvrage.* Être travailleur. «Est-il d'avance à l'ouvrage? demanda Angélina, vivement intéressée. — Des journées il est pas à-main en rien.» (G. Guèvremont, *Le Survenant*, p. 102)

106 **AVIS.** *Je ne t'ai pas demandé ton avis!* Mêle-toi de ce qui te regarde. Voir *heure* (n° 1371). *Fr.* On ne vous a pas sonné!

107 **AVOCAT.** *Propre comme un avocat.* Avoir une mise très soignée. ♦ *Savant comme un avocat.* Érudit. L'avocat ainsi que le curé et le notaire étaient souvent les gens les plus instruits de la communauté. *Fr.* Savant jusqu'aux dents.

108 **AVOINE.** *Faire manger de l'avoine à qqn / manger de l'avoine.* Éconduire un amoureux, supplanter un rival, notamment en amour / se faire éconduire ou être supplanté par un rival, particulièrement en amour. L'expression rappelle une coutume amusante qui existait autrefois dans certaines provinces françaises: la jeune fille qui désirait mettre fin aux fréquentations déposait à la dérobée dans l'une des poches du jeune homme une poignée d'avoine! Celui-ci, comprenant le message, s'abstenait de poursuivre sa cour. «Découragé par cet échec, Charlot résolut de ne plus s'exposer à manger d'avoine.» (A. Laberge, *La scouine*, p. 59) «... il s'était déguisé en loup-garou pour faire peur à son cousin François, qui courtisait la Maritaine en même temps que lui, et se vantait partout de lui faire manger de l'avoine.» (A. Bessette, *Le débutant*, p. 171) «J'te dis qu'elle lui en fait manger de l'avoine à Alphonse, depuis quelque temps.» (*Le grand Bill*, film de René Delacroix, 1949)

B

109 **B.O.** *Sentir la B.O.* Sentir la transpiration.

110 **B.S.** *Être un (sur le) B.S.* Être (un) bénéficiaire du «Bien-être social», de l'assistance sociale. En France : prestataire du RMI, revenu minimum d'insertion. «Mathieu, lui, y'était sur le B.S. pis y'était sur les pilules en même temps.» (J. Doré, *Si le 9-1-1 est occupé!*, p. 99)

111 **BABICHE.** *Se serrer la babiche.* Se priver de qqch., par exemple de manger. Babiche : lanière de peau d'animal sauvage qui servait autrefois à divers usages domestiques, notamment de ceinture. *Fr.* Se serrer la ceinture.

112 **BABINES.** *Se faire aller les babines.* Pérorer.

113 **BABOCHE.** *Prendre (faire, etc.) de la baboche.* Boire (fabriquer) de l'alcool frelaté.

114 **BABOUNE.** *Avoir (faire) la baboune.* Bouder, c'est-à-dire, littéralement, faire la grosse lèvre, comme font souvent les enfants ; autrefois, on disait babouine (de babouin). «C'est-tu vrai, ça, oui ou non ? Le gars faisait la baboune. Y retroussait le nez. Ti-Jean continuait...» (J. Renaud, *Le cassé*, p. 75) «S'il pense me donner des remords en me faisant la baboune, il risque de la faire longtemps!» (Y. Beauchemin, *Le matou*, p. 95) «Même durant le souper, Albertine a continué de faire la baboune, assise à la table, ne levant pas les yeux...» (V.-L. Beaulieu, *L'héritage /*L'automne*, p. 119)

115 **BACON.** *Faire du bacon.* Faire de l'argent. *Fr.* Avoir des ronds. «PPL n'est pas la seule firme biotech qui espère faire du bacon avec le cochon, et certaines ne visent pas la xénogreffe.» (Denis Arcand, «Le porc transgénique fait saliver les investisseurs», *La Presse*, samedi 5 janvier 2002, p. E1)

116 **BACUL.** *Chier sur le bacul.* Démissionner, abandonner. Autrefois, les chevaux pris de panique chiaient souvent sur le

palonnier ou bacul de la voiture, d'où l'expression. «Chaque fois que son père lui demandait quelque chose, Michel chiait sur le bacul.» «V'nez pas m'bâdrer avec Godbout! Y va chier sus l'bacul, ben crère! Y vont nous mener direct à ruine, ces gensses-là.» (M. LABERGE, *C'était avant la guerre...*, p. 88) Se dit souvent à propos d'un travail, d'une tâche que l'on hésite à entreprendre. ♦ *Ruer dans le bacul.* Se révolter, se plaindre. «Quand on lui a interdit d'aller à la danse le samedi soir, je te dis qu'il ruait dans le bacul.» *Fr.* Ruer dans les brancards.

117 **BADDELOQUE.** [Angl. *bad luck*, malchance] *Avoir de la baddeloque.* Être malchanceux. On dit aussi: être baddeloqué. «Je vous disais donc que j'étais sensément décidé, m'a dire comme on dit, à bouger mon camp, rapport que j'avais trop de "bad-luck", et que les amours avec Madame Brunette s'en allaient sur la "bum".» (Albéric BOURGEOIS, «Le retour de Ladébauche», dans L. MAILHOT et D.-M. MONTPETIT, *Monologues québécois 1990-1980*, p. 135)

118 **BÂDRÉ.** *Ne pas être bâdré.* Ne pas être gêné, avoir du toupet, être fonceur. Voir *achalé* (n° 14).

119 **BADTRIPPER.** [Angl. *bad trip*, mauvais voyage, mauvaise expérience] *Badtripper / faire badtripper qqn.* Paniquer / faire paniquer qqn.

120 **BAG.** [Angl. sac] *Être dans le bag.* Être dans le vent, à la page.

121 **BAGOSSE.** *Faire (boire) de la bagosse.* Fabriquer (boire) de l'alcool frelaté; parfois surnommée «chien rouge», autrefois. Celle-ci, à l'époque des sucres, était souvent faite d'orge fermenté puis distillé.

122 **BAGUETTE.** *Passer le minot à la baguette.* Ne pas en mettre, ne pas en faire en faire plus qu'il ne faut. Vieilli.

123 **BAGUETTES.** *Avoir (se faire aller) les baguettes (baillettes, etc.) en l'air.* Gesticuler (de joie, de colère, etc.). «Aussitôt qu'y voient une plage, c'est fatal. Y sont tous dressés, les baguettes en l'air, le doigt pointé, une plage!» (C. JASMIN, *Pleure pas, Germaine*, p. 156) «... Madame, les baguettes en l'air, les yeux sortis de la tête: "Veux-tu te battre?"» (J. FERRON,

34

Rosaire, p. 154) «Lui, o.k., o.k., les baillettes en l'air, t'es ben prime, pogne pas les nerfs, t'as pas besoin de te soulever comme ça...» (J.-M. POUPART, *Chère Touffe, c'est plein...*, p. 54)
♦ *Avoir de grandes baguettes.* Avoir les jambes élancées.

124 **BAISABLE.** *Ne pas être baisable.* Se dit d'une personne détestable, repoussante.

125 **BAISE-LA-PIASTRE.** *Être un baise-la-piastre.* Être avaricieux.

126 **BAL À L'HUILE.** *Aller à (organiser, etc.) un (p'tit) bal à l'huile.* Aller à (organiser, etc.) une fête gaillarde, joyeuse. «La danse a duré jusqu'au p'tit matin, ben, y a eu un bal à l'huile jusque dans la soue quand mes pauv'es gorets m'ont aperçu; c'était naturel, parce que moé, j'suis un vrai père pour mes cochons!» (Armand LECLAIRE, «Le conscrit Baptiste», dans L. MAILHOT et D.-M. MONTPETIT, *Monologues québécois 1890-1980*, p. 111)

127 **BALAI.** *Aller au balai.* Ficher la paix, déguerpir. «Vous pouvez ben aller au balai avec vos menteries.» «Va au balai! Je ne veux plus te voir ici.» ♦ *Avoir le balai bas.* Être démoralisé, triste. Voir *caquet* (n° 436) et *taquet* (n° 2482). ♦ *Envoyer qqn au balai.* Envoyer promener qqn. ♦ *Fou comme (le, un) balai.* Étourdi, écervelé, fou de joie. «Les enfants, ça comprend jamais rien. Y étaient fous comme des balais. On a attendu que l'école finisse. En voiture, mes petits morveux.» (C. JASMIN, *Pleure pas, Germaine*, p. 11) «... il se relève et clac! un autre coup sur l'autre bord de la mâchoire, et voilà le géant, incapable de se tenir debout, fou comme un balai.» (R. LALONDE, *Contes de la Lièvre*, p. 55) «... qu'à c't'âge-là, les jeunesses sont fous comme balais, pis qu'y pensent pas deux secondes à qué cé qu'y font.» (M. LABERGE, *C'était avant la guerre...*, p. 46) ♦ *Jomper* [angl. *to jump*, sauter] *le balai.* Devenir enceinte.

128 **BALLANT.** *Être en ballant.* Être en équilibre instable. «Tit-Pit Vallerand était en ballant sur la clôture pis tout à coup y est tombé comme une poche.» (L. FRÉCHETTE, *Contes de Jos Violon*, p. 119) ♦ *Garder (perdre) le ballant.* Maintenir (perdre) l'équilibre.

129 **BALLE.** *Gelé comme une balle.* Complètement engourdi, transi. Se dit notamment de celui qui, engourdi par la drogue ou l'alcool, reste figé sur place. ♦ *Partir (passer, aller, etc.) comme une balle.* Superlatif : à toute vitesse. Allusion à une balle d'arme à feu. *Fr.* Passer comme un éclair. «J'ai tout vu! Y'a traversé la rue comme une balle, y'a même pas regardé si y'avait un char qui s'en venait!» (M. TREMBLAY, *Le premier quartier de la lune*, p. 127) «Il frise l'une des tours de l'élévateur à grain pour arriver comme une balle avec un hurlement de frein devant l'auto de Chomedey...» (J.-J. RICHARD, *Faites-leur boire le fleuve*, p. 104) ♦ *Rebondir comme une balle.* Rebondir aussitôt, revenir en force, arriver en trombe. «Après avoir entendu ça, il est rebondi comme une balle chez Jos Villeneuve.» ♦ *Sain comme une balle.* En parfaite santé, en parfait état, solide. Allusion au ballot de foin ou de graminées. «... vous ne pensez pas que l'ennuyance... peut être plus supportable à un seul qu'à deux? — Avec une créature qui est saine comme une balle? Jamais d'la vie!» (G. GUÈVREMONT, *Le Survenant*, p. 296) «... tu m'as vendu un cheval garanti cinquante piastres; tu m'as assuré qu'il était sain comme une balle.» (VIEUX DOC [E. Grignon], *En guettant les ours*, p. 135)

130 **BALLE DE GIN.** *Partir comme une balle de gin.* Partir à l'épouvante, déguerpir.

131 **BALLON.** *Crever le ballon de qqn.* Briser le rêve, les illusions de qqn. ♦ *Lancer un ballon.* Lancer une rumeur, notamment une rumeur politique.

132 **BALLOUNE.** [Angl. *balloon*, ballon] *Être en (partir en, poigner la) balloune (baloune).* Être, devenir enceinte. *Fr.* Avoir le ballon. «C'est pauvre pis ça a des enfants; tiens, regarde-la, elle est encore en balloune.» (*Elvis Gratton*, film de Pierre Falardeau, 1985) «Me v'là encore en baloune, en baloune de Ti-Coune, j'voudrais / M'voir au temps où j'savais même pas c'que c'était qu'une bizoune pis une noune.» (J. BARRETTE, *Ça dit qu'essa à dire*, p. 26) ♦ *Être sur la (partir sur la, partir sur une, prendre une) balloune.* Être (se lancer)

dans une beuverie, faire la fête, divaguer. *Fr.* Prendre une biture. «Se faire bardasser. Partir sur une balloune tous les vendredis soirs. On vient qu'on en a plein le casque. J'suis pas le diable fier. J'ai quarante ans. Déjà.» (C. JASMIN, *Pleure pas, Germaine*, p. 11) «Elles pétaient heureuses, saoules, mais elles pétaient, comme un gars parti sur une balloune, fou comme d'la marde, se tue dans un accident de la route.» (J. RENAUD, *Le cassé*, p. 30) ♦ *Faire une balloune (à une femme).* Mettre une femme enceinte. «Non seulement on a pris une balloune ensemble mais il m'en a fait une, balloune.» ♦ *Gros comme une balloune.* Très gros, obèse. ♦ *Monter une balloune (baloune) à qqn.* Dire un mensonge à qqn, tromper qqn. «Encore une fois, on nous a monté une baloune (une montgolfière serait plus juste), nous faisant croire qu'on s'occupait de nous.» (Marie CHICAINE, lettre au *Devoir*, 24 mai 1980, p. 14) ♦ *Péter la balloune de qqn.* Briser les illusions, les prétentions de qqn. «Y avait toujours quelqu'un pour v'nir péter ma balloune.» (M. TREMBLAY, *À toi pour toujours, ta Marie-Lou*, p. 53) «Mais sans s'en rendre compte elle a pété ma balloune... Elle m'a coupé le sifflet, à un moment donné, pour me dire sur un ton très doux...» (M. TREMBLAY, *Des nouvelles d'Édouard*, p. 112) ♦ *Péter la balloune.* Dépasser la limite permise à l'alcootest. «Avec la broue au moins, tu sais quand t'es au bord de péter la balloune.» ♦ *Souffler dans la balloune.* Subir l'alcootest. ♦ *Vivre dans une balloune.* Vivre de chimères. «Tu vois, tu le dis toé-même que tu vivais dans une balloune.» (M. TREMBLAY, *À toi pour toujours, ta Marie-Loup*, p. 54)

133 **BALONEY.** [Angl. saucisson de Bologne] *Se sentir baloney.* Se sentir mal, démuni. «Je me sentais baloney, pis malheureuse, pis je me suis dit que j'essayerais de comprendre des affaires.» (J. DORÉ, *Si le 9-1-1 est occupé!*, p. 79)

134 **BALUSTRADE.** *Mangeux de balustrade.* Bigot. «Gros régenteux! Grosse plug! Mangeux d'balustrade! T'en as d'la chance d'avoir fait ton argent sus l'marché noir!» (Y. THÉRIAULT, *Les vendeurs du temple*, p. 141) ♦ *Sauter la balustrade.* Se faire refuser l'absolution.

135 **BALUSTRE.** *Être (un) mangeux (mangeur, rongeux, rongeur, suceux) de balustre*. Être bigot. *Fr.* Grenouille de bénitier, punaise de sacristie. «J'sus pas un rongeur de balustes, / J'sus pas non plus d'la croix d'S.-Louis, / Mais j'crois qu'y'a un bon Yeu qu'est juste...» (É. CODERRE, *J'parle tout seul quand Jean Narrache*, p. 62) «Y'en a qui restent avec vous, monsieur le curé, mais c'est les brasseurs de chapelets, les rongeurs de bois de balustre... Le reste des gens du village, c'est pas drôle comme y sont montés!» (Y. THÉRIAULT, *Les vendeurs du temple*, p. 61)

136 **BAN.** *Battre un ban*. Convoquer une assemblée, un groupe, etc.

137 **BANDE.** *Faire qqch. par la bande*. Faire qqch. indirectement, de manière détournée. «Le gros Paul, c'est un ancien curé... Lui, le féminisme l'a atteint par la bande.» (J. DORÉ, *Si le 9-1-1 est occupé!*, p. 127)

138 **BANDÉ.** *Être bandé (raide) sur qqn, qqch.* S'enticher de qqn, qqch., se passionner pour qqn, qqch.

139 **BANQUE.** *Bon comme la banque*. Économiquement solvable, fortuné. ♦ *Pouvoir fondre une banque*. Être dépensier. «Même s'il gagnait de grosses gages, ce garçon pouvait fondre une banque.» ♦ *Prendre qqn pour la banque à Jos Violon*. S'imaginer à tort que qqn est riche. Jos Violon: protagoniste de nombreux contes de l'auteur Louis Fréchette.

140 **BAPTÊME.** *En baptême*. Très, beaucoup. Superlatif. «Écoute un peu. Il y a des bicycles à pédales en baptême à part de ça, mon vieux (rires).» (P. PERRAULT *et al.*, *Le règne du jour*, p. 120) «T'es fort en baptême! dit Alexis, en se grattant la tête. — J'ai toujours aimé à prendre mes précautions.» (C.-H. GRIGNON, *Un homme et son péché*, p. 114) ♦ *Être (venir) en baptême*. Être (se mettre) en colère.

141 **BAQUER.** [Angl. *to back*, appuyer, cautionner] *Baquer qqn / se faire baquer par qqn*. Cautionner, appuyer qqn / se faire appuyer financièrement. «Moé, j'avais pas d'argent, ça fait que les gars de bicycle me baquaient.» (*Plusieurs tombent en amour*, téléfilm de Guy Simoneau, 1979)

142 **BARABBAS.** *Connu comme Barabbas dans la Passion.* Très connu. *Fr.* Connu comme le loup blanc.

143 **BARATTER.** *En baratter un coup.* Tousser violemment.

144 **BARBE.** *Faire la barbe à qqn.* Supplanter, vaincre qqn. Viendrait d'une coutume guerrière médiévale consistant à couper la barbe de l'adversaire vaincu. ♦ *Rire dans sa (ses) barbe(s).* Rire à la dérobée. *Fr.* Rire sous cape.

145 **BARBER.** *Barber qqn / se faire barber.* Insulter, importuner qqn / Se faire insulter, importuner.

146 **BARBOTTE.** *Jouer à la barbotte.* Parier au jeu. «J'veux pas qu'y sachent que j'ai joué à la barbotte, y penseraient tout de suite que j'recommence à faire l'imbécile.» (M. RIDDEZ et L. MORISSET, *Rue des Pignons*, p. 256)

147 **BARBOUILLÉ.** *Être barbouillé.* Être ivre.

148 **BARDA.** *Faire du (mener le) barda.* Faire du tapage, du chahut.

149 **BARDEAU.** *Avoir la langue comme un bardeau.* Être assoiffé. ♦ *Avoir un bardeau de levé (en moins).* Être timbré, avoir l'esprit dérangé. Par analogie avec les bardeaux de toiture. «Il doit avoir un bardeau de levé pour qu'il accepte de vendre sa maison à si bas prix.» ♦ *Manquer un bardeau (dans le pignon, à, sur la, sa couverture).* Être timbré, étourdi. *Fr.* Avoir une araignée dans le plafond. «En effet, Je crois qu'il manque un bardeau à sa couverture, hein, le père? — Oui, pis y mouille dans la maison.» (VIEUX DOC [E. Grignon], *En guettant les ours*, p. 133) ♦ *Maigre (sec) comme un bardeau.* Très maigre (se dit d'une personne).

150 **BARDEAUX.** *Dire un chapelet en bardeaux.* Réciter vivement un chapelet. «Certains sont des virtuoses du chapelet, ils font chevaucher avec tant d'aisance les deux versets de l'Ave Maria, qu'ils peuvent diminuer du tiers la durée de la récitation. C'est ce qu'on appelle "dire un chapelet en bardeaux".» (R. CLICHE et M. FERRON, *Quand le peuple fait la loi*, p. 26) ♦ *Manquer des (deux) bardeaux.* Être timbré, avoir l'esprit dérangé.

151 **BARIL.** *Gros comme un baril.* Très gros, obèse (se dit d'une personne).

152 **BAROUCHE.** *Avoir le ventre comme une barouche.* Avoir le ventre plat. Par analogie avec la barouche, sorte de voiture de planches sur quatre roues. ♦ *Lent comme une barouche.* Très lent.

153 **BAROUETTER.** [De «barouette», déformation de brouette] *Se faire (se laisser) barouetter (d'un bord puis de l'autre).* Se faire tromper, se faire renvoyer de l'un à l'autre. Se faire barouetter, c'est se faire raconter toutes sortes d'histoires abracadabrantes. «Moé je me sus tout le temps demandé pourquoi c'est faire que le monde se laissaient barouetter de même d'un bord pis de l'autre par les marchands de linge...» (R. LÉVESQUE, *Le vieux du Bas-du-Fleuve*, p. 62) «J'en peux pus de m'faire barouetter / d'faire rire de moé à cœur d'année / j'en peux pus, chus trop fatigué...» (Y. DESCHAMPS, *Monologues*, p. 123)

154 **BARRE.** *Raide comme une barre.* Rigide, droit, au garde-à-vous. *Fr.* Raide comme un piquet. «Mets-le dans la "shed à hose". — S'il passe la nuitte là-dedans, il va être raide comme une barre, demain matin...» (J. BARBEAU, *La coupe Stainless*, p. 49) «Y a pris Ronald dans ses bras. Le p'tit devient raide comme une barre. C'est à cause de la barbe. Janine, moins farouche, lui donne la main.» (C. JASMIN, *Pleure pas, Germaine*, p. 34)

155 **BARRE DU JOUR.** *Travailler de la barre du jour jusqu'au fanal.* Travailler du matin au soir.

156 **BARRÉ.** *Avoir le corps barré.* Être constipé. ♦ *Être barré / se faire barrer / barrer qqn (sur la liste).* Être évincé, interdit / se faire évincer / interdire qqn (d'un groupe, etc.). «Si elle me fait ça, j'vas la barrer partout, elle pourra pus travailler nulle part!» (*Parlez-nous d'amour*, film de Jean-Claude Lord, 1976) ♦ *Ne pas être barré (à quarante).* Avoir de l'assurance, du toupet, n'avoir aucune inhibition. ♦ *Rire barré.* Rire à contrecœur. *Fr.* Rire jaune.

157 **BARREAU DE CHAISE.** *Raide comme un barreau de chaise.* Très droit, raide. «Elle se tient raide comme un barreau de chaise, jette sur tout un regard méprisant, chipote dans son

assiette en levant le nez et ne regarde jamais sa mère en face.» (M. Tremblay, *Des nouvelles d'Édouard*, p. 86)

158 **BARREAUX.** *Manger les barreaux de châssis.* Se languir d'amour à la fenêtre. «Quand un jeune homme se poussait pour une fille [s'entichait d'une fille] et qu'il n'osait pas le lui dire, on appelait cela manger les barreaux de châssis [fenêtres]. À force de regarder la fille, à force de regarder au châssis, il en a mangé les barreaux.» (J.-C. de l'Orme et O. Leblanc, *Histoire populaire des Îles de la Madeleine*, p. 63)

159 **BARRES.** *Mettre les barres sur les t.* Avoir une explication franche, clarifier un point. *Fr.* Mettre les points sur les i. «Thérèse, pas nécessaire de mettre les points sus les i, les barres sus les t, c'était une femme rétive...» (J.-M. Poupart, *Chère Touffe, c'est plein...,* p. 178)

160 **BARRIÈRE.** *Sauter la barrière.* Passer outre à un interdit. Voir *clôture* (n° 605). «Même si les autorités ecclésiastiques le défendaient, on dansait. Le moment de la confession venue, le prêtre n'accordait pas toujours l'absolution à celui qui s'accusait d'avoir dansé. On disait alors de celui-ci qu'il avait mangé de la bouillie, qu'il avait sauté la clôture ou la barrière.» (H. Vachon, *Corpus des faits ethnographiques québécois*, p. 243)

161 **BARRIQUE.** *Faire barrique.* S'enivrer.

162 **BAS.** *Dans les bas.* Dans le sud, en aval. «Le capitaine roulant sa casquette, de lui répondre qu'il a pensé... — Pensé quoi? — Monsieur, que vous pourriez attendre que je descende dans les Bas et revienne.» (J. Ferron, *La chaise du maréchal-ferrant*, p. 26-27) ♦ *Être bas sur ses roulettes.* Court de taille. ♦ *Manger ses bas.* S'énerver, prendre panique. Aussi, *Mange pas tes bas!* Garde ton calme, ne t'emballe pas.

163 **BAS DE NOËL.** *Tu devrais te mettre un bas de Noël sur la tête!* Tu es niais! Remarque courante chez certains jeunes.

164 **BASCULE.** *Donner la bascule à qqn.* Balancer qqn de droite à gauche en le soutenant par les bras et les jambes. Geoffrion (*Zigzags autour de nos parlers*) y discerne la réminiscence

d'un vieux supplice français encore en usage à la fin du Moyen Âge. *Fr.* Faire un tape-cul à qqn.

165 **BASEBALL.** *Une équipe de baseball.* Un groupe de fiers-à-bras chargé de tabasser les récalcitrants à coups de battes de baseball, chez les motards criminels.

166 **BASSE.** [Angl. *base*, base] *Compresser dans la basse.* Être essoufflé, avoir le souffle court. Par analogie avec un moteur usé, dont la compression s'échappe par les segments.

167 **BASSE MESSE.** *Finir (virer) en (par une) basse messe.* Aboutir à rien, à un cul-de-sac, à un mariage. *Fr.* Finir en queue de poisson. «Cette aventure entre Lucie et Pierre va sûrement finir par une basse messe.»

168 **BATACLAN.** *Tout le bataclan (pataclan).* L'ensemble complet, tout l'attirail, tout le nécessaire. «Des boulons, des vis, des clous de toutes dimensions et de toutes longueurs, tout le bataclan, quoi.» «Moi aussi, j'vis pas mal de même, / D'idéal, de tout l'pataclan...» (É. CODERRE, *J'parle tout seul quand Jean Narrache*, p. 83) «... c'était un soir, qu'était paquetée, a braillait quasiment, a m'disait que j'regrettais jamais rien pis toute le bataclan.» (J.-M. POUPART, *Chère Touffe, c'est plein...*, p. 76) *Fr.* Et tout le reste.

169 **BATCHE.** [Angl. *batch*, fournée] *Faire la batche.* Faire la cuisine, particulièrement pour un groupe, notamment dans un chantier forestier.

170 **BATEAU.** *Manquer le bateau.* Rater l'occasion, ne rien comprendre. «Duplessis lui avait fait comprendre ses intentions à demi-mot, mais il a complètement manqué le bateau.» ♦ *Monter un bateau.* Mystifier, flatter. S'emploie en France. *Fr.* Bâtir des châteaux en Espagne.

171 **BATTE.** [Angl. *bat*, bâton] *Lâcher le batte.* Démissionner, abandonner. «Il faudrait que vous lâchiez le batte, le père, que vous abandonniez la terre.» ♦ *Passer qqn (une femme) au batte (bat).* Faire un mauvais parti à qqn (faire l'amour à une femme). «O.K. le gros? Tu attendras quand y auront passé au bat. Mais attention!» (J.-J. RICHARD, *Faites-leur boire le fleuve*, p. 277) «Si Jacques était rentré dans 'maison

42

pis l'aurait volé, là y aurait passé au bat.» (M. LETELLIER, *On n'est pas des trous-de-cul*, p. 149) ♦ *Se faire passer au batte.* Se faire engueuler, fustiger, se faire faire l'amour (en parlant d'une femme). *Fr.* Prendre une trempe. «Tu voulais t'marier pour passer au batte! Ben tu vas y passer!» (J.-C. GERMAIN, *Mamours et conjugat*, p. 110)

172 **BATTÉE.** *Donner une battée.* Décupler d'efforts (notamment pour terminer un travail).

173 **BATTE-FEU.** *Être en batte-feu.* Être d'humeur maussade. Anciennement, *batte-feu*: briquet. Vieilli.

174 **BATTER.** *Se faire batter.* Se faire critiquer.

175 **BATTURES.** *Être (jouer) dans les battures de qqn.* Chercher à séduire le (la) conjoint(e) d'une autre personne.

176 **BAUCHE.** *Faire qqch. tout d'une bauche.* Faire qqch. en vitesse, rapidement. ♦ *D'une (seule) bauche.* En une étape, d'un seul coup. «J'ai pas retourné la fale basse à la maison, j'vous en réponds! Les quatre milles, on les a faits d'une seule bauche.» (Y. THÉRIAULT, *Moi, Pierre Huneau*, p. 88) ♦ *Donner une bauche à qqn.* Venir en aide à qqn. ♦ *Faire qqch. (travailler) à la bauche.* Faire qqch. (travailler) gauchement, à la hâte. «Tu t'es lavé les oreilles à la bauche; retourne dans la salle de bain.» ♦ *Faire une (bonne) bauche.* Faire un (bon) bout de chemin, un (long) trajet.

177 **BAVER.** *Baver qqn / se faire (se laisser) baver.* Importuner, provoquer qqn / se faire (se laisser) importuner, provoquer. «... pis on n'a pas envie de se faire baver par une vieille sacoche qui fait chier tout le monde par pur plaisir!» (M. TREMBLAY, *Des nouvelles d'Édouard*, p. 17)

178 **BAVEUX.** *Faire le (faire son) baveux.* Faire le fanfaron, plastronner.

179 **BEAU.** *Faire le (son) beau.* Se pavaner, faire l'orgueilleux. «Les Américains ont fini de faire les beaux pis de s'descendre dans la télé. Les bouteilles saignent.» (J. RENAUD, *Le cassé*, p. 50) ♦ *Avoir (porter) du beau.* Avoir (porter) de beaux vêtements. *Fr.* Se mettre en dimanche. «C'est pas le temps de regarder à la dépense... C'est vrai, Azarius. Il faut qu'elle

ait du beau.» (G. Roy, *Bonheur d'occasion*, p. 344) ◆ *Il va faire beau demain, hein?* Pour signifier à un importun de déguerpir. ◆ *Il va faire beau quand tu l'auras.* Autrement dit: tu ne l'auras pas de sitôt. Ne s'emploie que sous cette forme. *Fr.* Attendre belle lurette. ◆ *Y a rien de trop beau pour les boys* [angl. gars]. On n'en fait jamais assez pour les amis. Pour critiquer des passe-droits, des privilèges immérités.

180 **BEAU DOMMAGE.** *Beau dommage.* Bien sûr, évidemment. «... si la maison du voisin brûlait, vous iriez ben y porter secours. — Beau dommage que j'irais...» (G. Roy, *Bonheur d'occasion*, p. 57)

181 **BEAU PARLEUR.** *Être beau (grand) parleur petit faiseur.* Être davantage doué en paroles qu'en gestes concrets, parler plus qu'on agit.

182 **BEAU-PÈRE.** *Envoyer qqn chez (su') l'beau-père.* Envoyer promener qqn. ◆ *Y aller chez (su') l'beau-père.* Aller rapidement, rondement. «Il y va su' l'beau-père avec son petit boghei.»

183 **BEAU POIL.** *Mettre qqn d'un beau poil.* Mettre qqn en colère. «... tu me mets d'un beau poil rien qu'd'en parler, maudit gouvarnement à marde, de pourriture maudite...» (S. Rivière, *La s'maine des quat' jeudis*, p. 79)

184 **BEAUTÉ.** *(C'est) une beauté!* Une merveille. «Cette voiture marche, c'est une beauté!» ◆ *Beauté fatale, quand je te vois, je pédale.* Formule à la fois amusante et ironique pour dire que qqn nous déplaît.

185 **BEAUTÉ DU DIABLE.** *Avoir (être) la beauté du diable.* Avoir une beauté ensorcelante, dangereuse. S'emploie en France. «... Johnny ne pouvait se résoudre à laisser détruire sa crédibilité agronomique plus longtemps pas ces "beautés du diable" qui profitaient de l'ondée du matin...» (S. Rivière, *La s'maine des quat' jeudis*, p. 176) «Un œil qui flambe, une bouche qui rit, une joue pâle, des dents blanches qui doivent mordre ferme, des boucles noires qui se détachent aisément, tout cela lui compose une beauté qui s'appelle la

beauté du diable.» (Pamphile LeMay, «La dernière nuit du Père Rasoy», *Le Monde illustré*, mars 1902)

186 **BÉBÉ LALA.** *Être (un) bébé lala.* Avoir une attitude puérile. «T'es bébé lala, Jean-Sébastien, jouer comme ça avec une balançoire...» (*Pop citrouille*, SRC, 24 avril 1980)

187 **BÉBELLES.** *Tes bébelles (pis) dans ta cour!* Mêle-toi de tes affaires! Titre notamment d'une pièce populaire de Marcel Gamache. «Aïe toi, la mère avec ton enfant malcommode, tes bébelles, dans ta cour.» «Tes bébelles, dans ta cour! / les icônes de fiente ont les dents terreuses.» (G. Langevin, *Les écrits de Zéro Legel*, p. 63)

188 **BEC.** *Avoir du bec.* Être volubile, intarissable. ♦ *Ça m'a passé devant le bec!* J'ai raté ma chance! ♦ *Donner (recevoir) un bec en pincette.* Donner (recevoir) une bise en pinçant, en se faisant pincer les joues. ♦ *Faire le bec fin.* Faire le difficile, le dédaigneux. *Fr.* Faire la fine bouche. ♦ *Faire le bec pincé.* Faire le prétentieux, l'arrogant. ♦ *Faire le gros bec.* Faire la moue. ♦ *Fermer (coudre) le bec à qqn / se faire fermer le bec.* Rabrouer qqn / se faire rabrouer. *Fr.* Clouer le bec. ♦ *Se fermer le bec.* Se taire. ♦ *Se rincer le bec.* Trinquer. ♦ *Taire son bec.* Se taire.

189 **BEC À L'EAU.** *Avoir (rester) le bec à l'eau.* Se retrouver sans rien. *Fr.* Se retrouver le bec dans l'eau.

190 **BEC CARRÉ.** *Avoir le bec carré.* S'exprimer difficilement (en raison du froid, notamment).

191 **BECSIE.** *Jaloux comme un becsie* [bec-scie]. Très jaloux. «L'homme, un bossu, était jaloux comme un becsie.» (Collectif, *Veillées du bon vieux temps*, p. 70)

192 **BEDAINE.** *Être (se mettre, se promener) en bedaine.* Être, se mettre torse nu (se dit d'un homme). «Le gars qui se met en bedaine pis qui fait de grosses farces plates.» (Serge Grenier, *Actuel*, SRC, 26 octobre 1988) ♦ *Faire de la bedaine.* Souffrir d'obésité. ♦ *Flatter la bedaine de qqn (du bon bord).* Amadouer, flatter qqn. *Fr.* Lécher les bottes de qqn. «Quand ils ont loué sa loyauté, on voyait bien que ça lui flattait la bedaine du bon bord.» «Y savent toute quessé qu'tu vas dire /

Mais ça leu' fait un p'tit v'lours / De l'entende encôre, / Ça leu' flatte la bédaine du bon bord / Pis ça leu' donne de quoi faire des cauchemars.» (Jacqueline Barrette, «Poléon le révolté», dans L. Mailhot et D.-M. Montpetit, *Monologues québécois 1890-1980*, p. 278)

193 **BEDAINE DU CURÉ.** *Vrai comme la bedaine du curé.* Évident.

194 **BÉGOPPER.** *Bégopper sur son passé.* Revenir sur, ressasser son passé.

195 **BEIGNE.** *Être beigne.* Être imbécile, benêt. ◆ *Se paqueter le beigne.* S'enivrer, trinquer. ◆ *Se pogner / ne pas se pogner [poigner] le beigne.* Perdre son temps à des occupations inutiles, oiseuses / se démener, se débrouiller.

196 **BEIGNES.** *Passer / se faire passer aux (les) beignes.* Chicaner, gronder qqn / se faire chicaner, gronder. Notamment, à propos d'un enfant. *Fr.* Beigne: bosse. «Oh! j'veux pas insulter personne, c'est pas pour leur dire des bêtises, parce que, comme de raison, ça me regarde pas; les ceuses qui aiment ça se faire passer les beignes par leurs belles-mères, c'est de leurs affaires ça, hein?» (Armand Leclaire, «Titoine en ville», dans L. Mailhot et D.-M. Montpetit, *Monologues québécois 1890-1980*, p. 112) ◆ *Passer aux beignes.* Passer en trombe, à toute vitesse.

197 **BEL AVENIR.** *Avoir un bel avenir.* Avoir une poitrine opulente. *Fr.* Il y a du monde au balcon!

198 **BELETTE.** *Courir comme une belette.* courir rapidement. «Rita avait dû courir comme une belette, quand j'ai passé le seuil du bas-côté j'ai entendu sa porte à elle qui refermait.» (Y. Thériault, *Moi, Pierre Huneau*, p. 100) ◆ *Être belette.* Être hypocrite, curieux. Se dit souvent d'un enfant. ◆ *Passer en belette.* Passer en vitesse. D'un visiteur qui, sitôt arrivé, se hâte de repartir. Par analogie avec le caractère farouche de cet animal. «Le père Jacques passe en belette chaque fois qu'il vient au village.» ◆ *Perdre la belette.* Perdre contenance, perdre la face, rougir. ◆ *Senteux (curieux) comme une belette.* Indiscret, fouineur.

199 **BELLE.** *Bon à faire la belle.* Très bon, délectable. Superlatif. *Fr.* Bon à s'en pourlécher les babines. ◆ *Faire la belle (le*

beau). Se dresser sur son train arrière (se dit d'un animal). Aussi, s'évanouir. «Fais la belle, là, pour notre voisin.»

200 **BELLE MORT.** *Mourir de sa belle mort.* Mourir de mort naturelle. S'emploie en France. «Chez nous, c'est rare qu'on laisse mourir un cheval de sa belle mort. On l'tue avant qu'il meure.» (P. PERRAULT *et al., Le règne du jour*, p. 144)

201 **BELLE PAIRE.** *Faire une belle paire.* Aller bien ensemble, être bien assorti. Dépréciatif: se dit souvent par mépris. «Mais ça m'a l'air qu'Édouard pis toé, vous feriez une belle paire! / Tu m'as l'air d'un gars qui aime le camembert/ Pis Molière.» (Jacqueline BARRETTE, «Poléon le révolté», dans L. MAILHOT et D.-M. MONTPETIT, *Monologues québécois 1890-1980*, p. 279)

202 **BEN RAIDE.** *Ben raide.* Brusquement, abruptement. «Quand j'ai vu ces affreuses bêtes tachetées... j'ai tourné le dos ben raide, la main sur le cœur, et je suis revenu vers la place...» (M. TREMBLAY, *Des nouvelles d'Édouard*, p. 271)

203 **BÉNÉDICTION.** *Comme une bénédiction.* À la perfection, beaucoup. «Même si elle est vieille de dix ans, cette voiture va comme une bénédiction.» «Almanzar chique comme une bénédiction. Les lourds crachats tombent sur le parquet en gaules...» (A. NANTEL, *À la hache*, p. 10-11)

204 **BERNADETTE.** *La vraie nature de Bernadette.* La vérité. D'après le titre d'un film bien connu du cinéaste québécois Gilles Carle: *La vraie nature de Bernadette.* «Monsieur Parizeau s'est prononcé sur la souveraineté plutôt que de se conformer à Charlottetown. On voit la vraie nature de Bernadette!» (Jean Lapierre, *Contact Lapierre*, CKAC-Télémédia, 1er février 1993)

205 **BESACE.** *S'en aller à la besace.* S'en aller avec son baluchon, être réduit à la misère.

206 **BEST.** [Angl. meilleur] *Être le best.* Être le meilleur, le mieux. Calque de l'anglais *It's the best!* «Qu'il soit mort, c'est le best, il était trop malade.» ♦ *Faire son (gros) best / faire de son best.* Faire de son mieux. ♦ *The best in the West.* Meilleur que tout, supérieur à tout. Littéralement le meilleur de tout l'Ouest. Emprunt de l'anglais.

207 **BÊTE.** *Bête à coucher dehors (à faire brailler un veau, à manger de l'herbe, comme ses pieds, etc.).* Stupide, impoli. *Fr.* Bête à manger du foin. Bête à manger des chardons. «J'me su dit : "y va ben dire : est bête comme ses pieds", fait que j'ai réparé /en disant gentiment : "Excusez-moi, j'file pas depuis un bout d'temps."» (J. BARRETTE, *Ça dit qu'essa à dire*, p. 69) ♦ *Rester bête.* Rester interdit, bouche bée. Déformation vraisemblable d'un ancien mot français, bé, qui exprime l'étonnement (GREIMAS, *Dictionnaire de l'ancien francais*).

208 **BÊTE À CORNES.** *Être une bête à cornes.* Brute, imbécile. *Fr.* Bête à manger du foin. «C'était, malgré certains traits d'esprit, une vraie bête à cornes.»

209 **BÊTE NOIRE.** *Chercher la (petite) bête noire.* Chercher fébrilement les erreurs, les manques. *Fr.* Chercher la petite bête. ♦ *Être la bête noire de la famille.* Être la honte de la famille. *Fr.* Le mouton noir (de la famille).

210 **BÊTISES.** *Envoyer (écrire, etc.) / recevoir une lettre de bêtises.* Envoyer (écrire, etc.) / recevoir une lettre injurieuse. ♦ *Abîmer qqn de bêtises.* Abreuver qqn d'injures. ♦ *Chanter (dire, lâcher) des (un paquet de, une poignée de) bêtises (à qqn) / se faire chanter (dire, lâcher) des (un paquet de, une poignée de) bêtises.* Injurier, invectiver / se faire injurier, invectiver. «J'avais le goût de venir te dire un paquet de bêtises en pleine face, mais j'étais trop fier pour venir te voir.» (*Le grand zèle*, téléfilm de Roger Cantin, 1992) «Oh! j'veux pas insulter personne, c'est pas pour leur dire des bêtises, parce que, comme de raison, ça me regarde pas; les ceuses qui aiment ça se faire passer les beignes par leurs belles-mères, c'est de leurs affaires ça, hein?» (Armand LECLAIRE, «Titoine en ville», dans L. MAILHOT et D.-M. MONTPETIT, *Monologues québécois 1890-1980*, p. 112) ♦ *Manger des (des poignées de, un paquet de, le plus beau paquet de) bêtises.* Se faire invectiver (invectiver), se faire injurier (injurier) vertement.

211 **BÉTON.** *Coulé dans le béton.* Définitif, inchangeable. «La constitution du *Devoir* est coulée dans le béton.» (*CBF Bonjour*, SRC, 23 octobre 1989)

212 **BÉTON ARMÉ.** *Avoir une preuve (un argument) en béton armé.* Avoir une preuve (un argument) irréfutable. «J'avais l'impression que la Sûreté avait une preuve en béton armé.» (*La Presse*, août 1987)

213 **BETTE.** *Voir (apercevoir, etc.) la bette de qqn.* Apercevoir la figure de qqn, qqn. «*Mme Wilhelmy*: C'est ça [...] Je vous ai suivi à News World (rires). *M. Tremblay*: Tu nous voyais la bette de temps en temps, là. *Mme Wilhelmy*: Oui, oui. Je vous voyais. Puis j'avais bien de la misère à comprendre.» («La conversation Wilhelmy-Tremblay», *La Presse*, 1er octobre 1992, p. B8) ♦ *Avoir toute une (une drôle de) bette.* Avoir un drôle d'air, une drôle d'allure. ♦ *Rouge comme une bette.* Écarlate (de colère, de timidité, etc.). *Bette*, diminutif de betterave.

214 **BEUGLE.** *Lâcher un beugle.* Lancer un cri.

215 **BEURRE.** *Avoir des mains de beurre.* Être gauche, malhabile de ses mains. S'emploie en France. ♦ *Avoir les yeux dans le beurre.* Avoir le regard perdu, dans le vague. *Fr.* Être dans la lune. ♦ *Bon comme du beurre.* Très bon, candide. ♦ *Fondre (passer) comme du (disparaître comme le) beurre dans la poêle.* Disparaître facilement, être accepté, passer sans difficulté (se dit notamment d'un mensonge, d'une ruse quelconque). «Entre ses mains, l'argent fond comme du beurre dans la poêle.» «Ça passera pas comme du beurre dans la poêle, cette affaire-là d'acquittement.» (Louis-Paul Allard, *Bonjour champion*, CKAC-Télémédia, 1er juin 1991) ♦ *Passer dans le beurre.* Passer à côté, manquer le but. «T'as ben menti, avant un mois tu vas les sentir passer mes poings! (riant) J'va les sentir passer dans l'beurre, oui.» (M. RIDDEZ et L. MORISSET, *Rue des Pignons*, p. 287) ♦ *Pouvoir marcher sur le beurre sans se graisser les pattes.* Se dit de qqn qui traverse toutes les situations sans se compromettre. «Honoré, y a des afféres qu'on peut pas changer au risque d'en pâtir encôr plusse. Y a toujours eu des gensses capables de marcher sus l'beurre sans s'graisser les pattes... pis monsieur connaît l'truc.» (M. LABERGE, *C'était avant la*

guerre..., p. 112) ♦ *Prendre le beurre à poignées.* Dépenser à tort et à travers, gaspiller. «Il prenait encore le beurre à poignées malgré qu'il était au bord de la dèche.» «Prends pas le beurre à poignées de même! Après tout, j'ai autant que toi le droit de venir à l'hôtel.» (V.-L. Beaulieu, *L'héritage /*L'automne*, p. 422) ♦ *Tourner dans le beurre.* Tourner à vide, perdre son temps.

216 **BEURRÉE.** *Attendre une beurrée.* Attendre longtemps. ♦ *Coûter une beurrée.* Coûter cher. «Non, non, docteur, j'vous laisserai pas tomber; c'est juste que ça va me coûter une maususse de beurrée.» (Pauline Martin, *Samedi PM*, SRC, 7 mars 1992) ♦ *Donner une beurrée / se faire donner une beurrée.* Éconduire qqn / être éconduit.

217 **BEURRER.** *Se laisser beurrer.* Se laisser flatter, amadouer. «La petite Josette s'est laissée beurrer par le beau Ti-Jean qui, le lendemain, est allé se vanter de sa conquête devant ses amis.»

218 **BEURRER (SE).** *Le temps se beurre.* Le temps s'assombrit. «C'est trop beau ce matin pour que le temps se beurre pas avant la fin de la journée.» (V.-L. Beaulieu, *L'héritage /*L'automne*, p. 470) «Ô bon Jésus! implora-t-elle, vous voyez que l'temps commence à se beurrer, faites-moé la grâce que ça s'éclaircisse...» (R. Girard, *Marie Calumet*, p. 109)

219 **BI.** *Être bi.* Être bisexuel, autrement dit, entretenir des rapports sexuels autant avec les femmes qu'avec les hommes. ♦ *Faire (aller dans, participer à) un bi.* Organiser (participer à) une corvée collective (notamment, en Abitibi).

220 **BIBERON.** *Boire comme un biberon.* Boire beaucoup (d'alcool), trinquer, s'enivrer.

221 **BIBI.** *C'est (à) bibi.* C'est (à) moi. «Je peux pas croire que c'est bibi, ça, étendu dans le sable, les orteils à l'air. Maudite manufacture, tu me reverras jamais.» (C. Jasmin, *Pleure pas, Germaine*, p. 25)

222 **BIBITE.** *Sentir la bibite.* Sentir l'animal, autrement dit, sentir mauvais, empester. ♦ *Avoir (attraper) la bibite.* Avoir les yeux irrités (notamment, par un éclairage trop intense). ♦ *Avoir*

la bibite aux doigts. Avoir les doigts transis, avoir mal aux doigts. ♦ *Boire (prendre) de la bibite*. Boire de la bière frelatée, de l'alcool frelaté. «Pour boire en mangeant, on a déterré une cruche de biére de bébites que Florent et moi on avait faite un peu après Pâques...» (Y. THÉRIAULT, *Moi, Pierre Huneau*, p. 89) ♦ *Être en bibite*. Être en colère. «Tu m'as ben l'air d'être en bibite, / Quoi c'est qui va pas à ton goût? / As-tu perdu un pain d'ta cuite, / C't'effrayant comm' t'es marabout!» (É. CODERRE, *J'parle tout seul quand Jean Narrache*, p. 26)

223 **BIBLE.** *Va lire ta Bible!* Déguerpis!

224 **BICYCLE.** *Avoir les nerfs en bicycle [bicyclette]*. Être agité. Se dit notamment d'un enfant. ♦ *Faire du bicycle*. Se dit de bœufs en rut qui se chevauchent.

225 **BIDOUS.** *Avoir (dépenser, faire, gagner) des bidous*. Avoir (dépenser, faire, gagner) de l'argent. Vieilli. Viendrait vraisemblablement de bidouches, sous, ou encore de bidoche ou bidet, ancienne pièce française d'un centime. *Fr.* Avoir du pèze. «Non, Egon s'ennuie de sa jeunesse... Mais ne comptez pas sur ses bidous: il est plus séraphin que Séraphin lui-même!» (Y. BEAUCHEMIN, *Le matou*, p. 20)

226 **BIEN.** *Ça fait bien dans les vidanges!* Ça impressionne, ça donne bonne impression. Se dit en boutade. *Fr.* Jeter de la poudre aux yeux.

227 **BIÈRE.** *Baptiser à la bière*. Trinquer. «Pis là, un soir béni que j'avais baptisé à la bière à plusieurs reprises, on m'a passé un Casio.» (J. DORÉ, *Si le 9-1-1 est occupé!*, p. 62)

228 **BIG.** [Angl. gros] *Être big*. Être important. «... les artistes lui téléphonent pour lui passer des commandes, y est rendu big.» (S. DESROSIERS, *T'as rien compris, Jacinthe...*, p. 19)

229 **BIG SHOT.** *Avoir l'air (d'un) (être) big shot*. Avoir l'air (être) riche, important. «Ils se sont loués du linge propre pour avoir l'air de big shots.» (*Bye-Bye 91*, texte de J.-P. Plante, SRC, 31 déc. 1991) «... comme certains mots qui commencent par cette lettre, il donne tous les droits. — Comme ça, c'est un big shot!» (J.-J. RICHARD, *Faites-leur boire le fleuve*, p. 48)

230 **BIJOU.** *Un (vrai) bijou.* Une (véritable) merveille.

231 **BIJOUX.** *Les bijoux de famille.* Les organes sexuels. «Un corps comme celui de Nathalie, c'est comme rien : depuis le temps que Xavier est au sec, ça doit lui chatouiller les bijoux de famille en tabarnance!» (V.-L. BEAULIEU, *L'héritage / *L'automne*, p. 60)

232 **BILL.** [Angl. facture] *Donner son bill à qqn.* Éconduire qqn (notamment un amoureux). *Fr.* Envoyer qqn au bain.

233 **BINE.** [Angl. *bean*, haricot] *Prendre une bine.* Échouer, s'écrouler, essuyer un revers. Voir *débarque* (n° 796). ♦ *Rond comme une bine.* Ivre mort, saoul. *Fr.* Plein comme une huître. ♦ *Tomber sur la bine à qqn.* Apostropher, tomber dessus. «Léopold Lauzon ne nous est pas tombé sur la bine comme il est tombé sur la bine aux autres.» (Pierre Péladeau, à *Montréal ce soir*, SRC, 5 mars 1992) ♦ *Voir la bine de qqn.* Voir l'aspect, le visage de qqn. Voir *fraise* (n° 1170) et *binette* (n° 237).

234 **BINE SAIGNANTE.** *Prendre (manger) une bine saignante.* Avaler (prendre) un bon repas. «... un vrai repas / vite avalé au comptoir / le jour du chèque / ils appellent ça une bean saignante...» (G. GODIN, *Cantouques et Cie*, p. 154)

235 **BINERIE.** *Une binerie.* Un lieu, un commerce négligeable, de peu d'importance. «Personne payait, c'était sa seule clientèle, les gens qui payent pas. Une binerie. C'était la belle époque, celle de la crise.» (C. JASMIN, *Pleure pas, Germaine*, p. 62)

236 **BINES.** *Y aller aux bines.* Filer rapidement, déguerpir.

237 **BINETTE.** *Avoir une (toute une, une drôle de) binette.* Avoir une drôle d'expression, d'allure. ♦ *Voir la binette de qqn.* voir l'aspect, le visage de qqn. Voir *fraise* (n° 1170) et *bine* (n° 233).

238 **BISCUIT.** *Donner son biscuit (à qqn, à une femme).* Éconduire qqn (notamment un amoureux), faire l'amour à une femme. ♦ *Prendre son biscuit.* Échouer, se faire donner une leçon. «Les pères de la retraite sont arrivés... — Les jeunes vont encore prendre leurs biscuits!» (M. FERRON, *La fin des*

loups-garous, p. 78) ♦ *Recevoir (avoir) son biscuit.* Être congédié, éconduit, subir une raclée, se faire faire l'amour (se dit d'une femme).

239 **BITCH.** [Angl. chienne] *Être bitch.* Être salaud, salope. *Fr.* Être rosse. «Je l'ai trouvée bitch mais pertinente. Les p'tites annonces, j'y avais jamais pensé.» (J. DORÉ, *Si le 9-1-1 est occupé!*, p. 49) «Même quand tu es au top, tu as toujours peur que quelqu'un vienne prendre ta place. Mais c'est jamais aussi bitch que ce qu'on voit dans la télésérie québécoise *Diva*.» («La vie de mannequin», *Voir*, du 24 au 30 janvier 2002, p. 2)

240 **BITCHER.** *Bitcher qqn / se faire bitcher.* Faire un coup bas à qqn / se faire faire un coup bas (particulièrement par une femme).

241 **BLACK EYE.** [Angl. œil poché] *Avoir (recevoir, se faire faire) un black eye.* Avoir (se faire faire) un œil poché. *Fr.* Avoir un gnon.

242 **BLACK LIST.** [Angl. liste noire] *Être sur / mettre qqn sur la black list.* Être rejeté, ostracisé, ne plus être le bienvenu / rejeter, ostraciser qqn.

243 **BLAGUE.** *Ça ne vaut pas d'la blague!* Ça ne vaut rien! Ça n'a aucune valeur!

244 **BLANC.** *Se mettre au blanc.* Se livrer, s'exposer au danger. *Fr.* Se mouiller. «Pendant que je me mets au blanc, toi, tu restes tranquillement à la maison.»

245 **BLANC D'ŒUF.** *Avoir l'air d'un blanc d'œuf.* Être blême, pâle.

246 **BLANC DES YEUX.** *Se parler dans le blanc des yeux.* Se parler franchement, sans détour, se dire des vérités désagréables. En France: «se regarder dans le blanc des yeux», ne rien faire ni ne rien dire, flemmarder. *Fr.* Dire ses (quatre) vérités. «On va se reprendre, gériboére de gériboére, pis on va se parler dans le blanc des yeux.» (*Race de monde*, téléroman de Victor-Lévy Beaulieu, SRC, 2 janvier 1980)

247 **BLANCHE.** *Y avoir une blanche.* N'y avoir aucun client. «Au cinéma Royal, il y avait une blanche ce soir-là à cause du match de hockey.»

248 BLÉ. *Battre qqn comme du blé.* Battre, frapper qqn à tour de bras. *Fr.* Battre qqn à bras raccourcis. «Bernadette, furieuse, cria comme une perdue: — Son père! regardez votre beau Eugène, et le dégât qu'il vient de commettre. Il mériterait de manger une bonne volée. À votre place, je le battrais comme du blé.» (G. GUÈVREMONT, *Le Survenant*, p. 178)

249 BLÉ D'INDE. *Enragé comme un blé d'Inde.* Furieux. ♦ *Envoyer (pousser) un blé d'Inde.* Taquiner, formuler une remarque désobligeante, propager une fausse rumeur. «Ti-Gus a envoyé un blé d'Inde pas mal puissant rapport à Ti-Mousse.» ♦ *Ôtez vos pieds de d'dans le blé d'Inde!* Attention! Je vous prie de me croire! «J'vous garantis que depuis ce temps-là les criatures me soignent aux p'tits oignons, parce que c'est moé le berger du troupeau, comme dit mossieu le curé. J'aime mieux ça que d'être soldat, mais c'est une job, ôtez vos pieds de d'dans l'blé d'Inde!» (Armand LECLAIRE, «Le conscrit Baptiste», dans L. MAILHOT et D.-M. MONTPETIT, *Monologues québécois 1890-1980*, p. 111) ♦ *Pousser un blé d'Inde.* Proférer une injure, dire des méchancetés. ♦ *Recevoir un blé d'Inde.* Être semoncé.

250 BLEU. *Donner son bleu à qqn.* Éconduire qqn, notamment un amoureux, donner son congé à qqn, congédier qqn. À une certaine époque, les avis de congédiements étaient rédigés sur du papier bleu, d'où l'expression. ♦ *Recevoir son bleu.* Être congédié. *Fr.* Recevoir son congé. ♦ *Être bleu (de rire) / ne pas être bleu (de rire).* Être en colère, se sentir peu enclin à rire. *Fr.* Rire jaune. ♦ *Se ficher bleu.* Être en furie.

251 BLEUS. *Avoir / donner les bleus.* Être triste, morose / susciter de la tristesse, de la morosité. Calque de l'anglais *to have the blues. Fr.* Broyer du noir. Avoir le cafard. «Il y a des jours comme ça. On voit trop clair... Jusqu'au fond de soi-même. Ça donne les bleus.» (M. RIDDEZ et L. MORISSET, *Rue des Pignons*, p. 309) «Le nouère ça m'donne les bleus! CHFAIS DES SHOWS POUR ÊTE VUE ANTOUENE!» (J.-C. GERMAIN, *Les hauts et les bas dla vie d'une diva*, p. 24) «Marchand riposte : — Archie, tu as été assez longtemps loin de Saint-Michel pour ne pas avoir les bleus ? » (A. NANTEL, *À la hache*, p. 225) ♦ *Tomber dans les bleus.* Perdre la tête, perdre son sang-froid, avoir une crise de rage.

252 **BLIND DATE.** *Avoir (partir sur) une blind date.* Passer une soirée avec un partenaire inconnu. « Emmenez-moi mon chameau parce que j'ai une blind date avec un cheik arabe. » (*La course autour du monde*, Radio-Québec, 28 déc. 1991)

253 **BLOC.** *Avoir un mal de bloc.* Avoir un mal de tête, notamment après une cuite. *Fr.* Avoir la gueule de bois.

254 **BLODDE.** [Angl. *blood*, sang] *Être (bien, faire son) blodde (blod, blode, blood).* Être généreux, charitable. « Tiens, Séraphin, tu vas trouver là-dedans une épaule de cochon, une fesse de veau... — T'es ben blode, dit simplement Poudrier. » (C.-H. GRIGNON, *Un homme et son péché*, p. 113) « Toi, t'as toujours été blode, dit Pitou... Toi, continua-t-il, t'as toujours des cigarettes à prêter. » (G. ROY, *Bonheur d'occasion*, p. 55) « Quand M. le curé a appris la chose, il m'a donné le don de guérir les maladies que le bon Dieu voulait me voir guérir... — À c'te heure, les curés sont moins "blood", ça ne se donne plus, coupa Tit-Blanc, sceptique. » (R. LEMELIN, *Au pied de la pente douce*, p. 283) « Vous êtes blood et je vais vous montrer que je sais reconnaître les amis. » (A. BESSETTE, *Le débutant*, p. 87)

255 **BOB.** *Passer qqn au bob / se faire passer au bob.* Rabrouer qqn / se faire rabrouer.

256 **BOBETTES.** *Mange pas tes bobettes !* Pas de presse, pas de panique ! Se dit particulièrement dans la région du Lac-Saint-Jean. « Mange pas tes bobettes, ce travail peut attendre. »

257 **BOBO.** *Mettre le doigt sur le bobo.* Trouver le problème, la difficulté. ♦ *Becquer bobo.* Expression affectueuse d'une mère qui applique un baiser sur la partie endolorie du corps d'un enfant. « ... pour ce qui était du "becquer bobo", Ti-Jos, hélas, en était quitte pour un point dans le dos qui tenait autant de l'interrogation que de l'exclamation... » (S. RIVIÈRE, *La s'maine des quat' jeudis*, p. 49)

258 **BŒUF.** *Être (se mettre, rester) sur le bœuf.* Être (se mettre, rester) en petite vitesse, (s'efforcer d') avancer lentement mais sûrement. ♦ *Fort comme un bœuf.* Très fort, costaud. S'emploie en France. ♦ *Gueuler comme un bœuf.* Hurler à tue-tête. ♦ *Malade comme un bœuf.* Très malade. ♦ *Malin comme un bœuf.* Colérique, féroce. ♦ *Mettre du bœuf à l'ouvrage.* Donner un surcroît d'effort. «Plus loin on empile les caisses de la première cale : bel avenir! On met de la hâte et du bœuf à l'ouvrage.» (J.-J. RICHARD, *Faites-leur boire le fleuve*, p. 68) ♦ *Prendre le bœuf.* Échouer. ♦ *Saigner comme un bœuf.* Saigner abondamment. ♦ *Travailler comme un bœuf.* S'épuiser à la tâche, travailler d'arrache-pied.

259 **BŒUF À SPRIGNE.** [Angl. *spring*, ressort] *Manger du bœuf à sprigne.* Manger de la viande coriace, mal se nourrir. «Vu qu'on était trop pauvre, on a mangé toute l'année du bœuf à sprigne.»

260 **BŒUF MAIGRE.** *Effronté comme un bœuf maigre.* Insolent, impudent. ♦ *Traître comme un bœuf maigre.* Imprévisible, sournois. «Ce vieux ratoureux était traître comme un bœuf maigre.»

261 **BŒUFS.** *Être dompté comme des bœufs.* Se dit d'un cheval docile, bien dompté. Allusion au bœuf comme animal de trait. ♦ *Fort comme une paire de bœufs.* Très fort, puissant. Évocation du bœuf comme animal de trait. ♦ *Être marié en face des bœufs.* Vivre en concubinage. ♦ *Vent (venter) à écorner (décorner) les bœufs.* Vent très fort, venter violemment ; autrefois, sur les fermes, on attendait un fort vent pour écorner les bœufs, de manière que le sang se coagule aussitôt, cautérisant la blessure. De là, l'expression.

262 **BOGHEI.** *Fatigué du boghei.* Fourbu. Se dit aussi d'une personne qui souffre d'un épuisement chronique.

263 **BOIRE DEBOUT.** *Mouiller (pleuvoir) à boire debout.* Pleuvoir abondamment.

264 **BOIS.** *Aller au bois.* Aller s'engager dans un chantier forestier l'hiver pour y faire la coupe du bois. ♦ *Dur comme du bois.* Très dur. ♦ *Faire son bois.* Couper son bois de chauf-

fage pour l'hiver (souvent sur une partie boisée de la ferme appelée terre à bois). Vieilli. ♦ *Mettre du bois dans les roues.* Dresser des embûches contre qqn, nuire à qqn. *Fr.* Mettre des bâtons dans les roues. ♦ *Être allée au (dans le) bois.* Se dit d'une femme qui a déjà eu des relations sexuelles hors du mariage. ♦ *Le bois est mouillé (le bois est vert).* Se dit des menstruations qui se déclenchent. Dit notamment pour ne pas être compris des enfants. ♦ *Mettre les bois à qqn (à un animal).* Tranquilliser, calmer, raisonner qqn (châtrer un animal). ♦ *Ne pas être sorti du bois.* Ne pas être au bout de ses difficultés, de son infortune. *Fr.* Ne pas être sorti de l'auberge. ♦ *Prendre le bois.* S'enfoncer dans la forêt, prendre la fuite. «Le p'tit ours, vous l'avez pas r'vu? — ... S'il n'est pas mort, il a pris le bois pour de bon.» (H. BERNARD, *Les jours sont longs*, p. 111)

265 **BOIS D'ÉRABLE.** *Franc comme du bois d'érable.* Franc, intègre. Vieilli. «Je l'ai dit déjà, le père Jean-Baptiste Lavictoire était franc comme du bon bois d'érable, mais prompt comme l'éclair...» (VIEUX DOC [E. Grignon], *En guettant les ours*, p. 135)

266 **BOIS DE CABANE.** *Faire du bois de cabane.* Couper du bois pour brûler dans l'évaporateur de la cabane à sucre au temps des sucres.

267 **BOIS DE CALVAIRE.** *Être (ne pas être) du bois de calvaire.* Être (ne pas être) dévot, pieux, irréprochable. «Un Irlandais qu'était point du bois de calvaire plusse qu'un autre... mais qui pouvait pas... sentir un menteur en dedans de quarante arpents.» (L. FRÉCHETTE, *Contes de Jos Violon*, p. 42) «Pit Violon et Tom Caribou n'étaient point du bois de calvaire.» («La lune blanche», dans M. BARBEAU, *L'arbre des rêves*, p. 127)

268 **BOIS FENDU.** *Avoir du bois fendu.* Être disposée à avoir des relations sexuelles. Se dit par la femme au mari de façon à ne pas être compris des enfants.

269 **BOISSON.** *Être porté sur la boisson.* Aimer l'alcool, aimer trinquer. «Elle se pencha en avant, l'œil dilaté, la lèvre

méchante: — C'est qu'elle est pas mal portée sur la boisson elle-même...» (Y. BEAUCHEMIN, *Le matou*, p. 90) ♦ *Se mettre (être) en boisson.* S'enivrer, être ivre. «Si c'est pas un vrai déshonneur de se mettre en boisson, pareil! Et regarde donc mon plancher tout sali, mon plancher frais lavé!» (G. GUÈVREMONT, *Le Survenant*, p. 198) «J'ai pas fini.., pis t'es pas en boisson... — Non, j'sus pas en boisson...» (P. PERRAULT *et al.*, *Le règne du jour*, p. 154) «Pis ça sentait, comprends-tu, ça sentait fort, comme si y était ben en boisson.» (M. LABERGE, *C'était avant la guerre...*, p. 103) «Gardait itou des ourses dans sa cave pour faire peur aux autres ourses en boisson qui boxaient.» (J.-J. RICHARD, *Faites-leur boire le fleuve*, p. 34)

270 **BOÎTE.** *Fermer / ouvrir sa boîte.* Se taire / parler, bavarder. Aussi: *Ferme ta boîte!* Tais-toi! Cette expression viendrait de l'usage des lignes groupées des premiers téléphones, alors que les abonnés devaient «fermer» ou «ouvrir» leur boîte (téléphone) tandis que d'autres devaient faire le contraire. *Fr.* Se la fermer. «Sanctus, t'as ouvert ta grande boîte puis tu nous as laissés tomber. Pourquoi que t'es pas monté au bureau?» (J.-J. RICHARD, *Faites-leur boire le fleuve*, p. 225) «À ce moment je dus lui fermer la boîte et mettre un cadenas à mon orgue de Barbarie.» (VIEUX DOC [E. Grignon], *En guettant les ours*, p. 72) ♦ *Fermer la boîte à qqn.* Faire taire qqn. *Fr.* Clouer le bec à qqn.

271 **BOÎTE À POUX.** *En avoir plein la boîte à poux.* En avoir assez. *Boîte à poux.* Tête, esprit. «J'en ai plein la boîte à poux de tes jérémiades.»

272 **BOLLE.** *Être une (avoir de la) bolle (bol, bole).* Être un premier de classe, une personne supérieurement intelligente. «Mais ne triomphez pas trop fort et admettez avec moi, qu'en ces temps imbéciles, ce n'est pas un si grand exploit d'être une bol...» (Pierre FOGLIA, «Lâchez pas les boys!», *La Presse*, 22 octobre 1980) «Là, la morue pense, c'est une "bole", un cerveau qui avance au fond d'l'eau. Elle réfléchit: — Ah! j'entends "psitt, psitt"...» (Jocelyn BÉRUBÉ, «Les

morues», dans L. MAILHOT et D.-M. MONTPETIT, *Monologues québécois 1890-1990*, p. 347) ♦ *La bolle* [angl. *bowl*, cuvette] *a vu son visage (sa face) plus souvent que ses fesses.* Être souvent ivre. Boutade amusante.

273 **BOLLÉ.** *Être (un) bollé.* Être un premier de classe, être supérieurement intelligent.

274 **BOLT.** [Angl. boulon] *Va pisser une bolt!* Déguerpis!

275 **BOMME.** [Angl. *bum*, voyou, clochard] *S'en aller (être, partir, se ramasser) sur la bomme.* Dépérir, perdre son bien, son avoir, se ramasser sans le sou. Se dit notamment d'une personne à l'allure débraillée. Calque de l'anglais *to be on the bum.* Fr. S'en aller à vau-l'eau, à la débandade. «Y nous ont mis toute la gomme, on s'est ramassé su'a bomme.» (*Bye-Bye 91*, texte de J.-P. Plante, SRC, 31 déc. 1991) «Je vous disais donc que j'étais sensément décidé, m'a dire comme on dit, à bougrer mon camp, rapport que j'avais trop de "bad-luck", et que les amours avec Madame Brunette s'en allaient sur la "bum".» (Aldéric BOURGEOIS, «Le retour de Ladébauche», dans L. MAILHOT, et D.-M. MONTPETIT, *Monologues québécois 1890-1980*, p. 135)

276 **BON.** *Être bon de (des) femmes.* Avoir du succès auprès des femmes. «Pitou, lui, n'avait jamais été "bon des femmes". Comme tout le monde, il avait eu de vagues blondes...» (RINGUET, *Trente arpents*, p. 233) ♦ *Faire du bon.* Consentir un avantage, un rabais, faire du bien. «Le marchand général nous faisait du bon: cinquante pour cent de rabais sur la marchandise défraîchie.» ♦ *Faire qqch. comme un(e) bon(ne).* Faire qqch. avec ardeur. Ainsi: dormir, s'amuser, travailler, rire comme un(e) bon(ne), etc. «... en tout cas, j'étais dans la cabine pis j'forçais comme un bon pis y s'est mis à me dire qu'y fallait que je sorte de d'là...» (M. TREMBLAY, *Le premier quartier de la lune*, p. 192) «... y é resté avec moé tout l'après-midi, y m'a pas lâché... pis moé, j'travaillais comme un bon, pis lui y me r'gardait comme un bon...» (Yvon DESCHAMPS, «Les unions, qu'ossa donne?», dans L. MAILHOT et D.-M. MONTPETIT, *Monologues québécois 1890-1980*, p. 220)

277 **BON À L'OUVRAGE.** *Être bon à l'ouvrage.* Être travaillant. «Ben parfait! Pis soyez pas r'gardante, là, chus bon à l'ouvrage. D'mandez-moé d'fére toute c'qui vous adonne.» (M. LABERGE, *C'était avant la guerre...*, p. 61)

278 **BON BORD.** *Voter du bon bord.* Voter pour le parti gagnant. «Une entrée en asphalte, on rit pas, doivent avoir voté du bon bord. Elle: crains rien, y ont pas besoin de ça pour se payer du luxe...» (J.-M. POUPART, *Chère Touffe, c'est plein...*, p. 71)

279 **BON DIABLE.** *Être (avoir l'air d') un bon diable.* Être (avoir l'air d') une bonne personne, aimable, serviable. «C't'un bon yable, y pas inventé la cassonade brune, c'pas une beauté... mais à ton âge, ça t'frait un mari montrable.» (M. LABERGE, *C'était avant la guerre...*, p. 41)

280 **BON DIEU.** *Être le bon Dieu en patins à roulettes.* Être le bon Dieu en personne, un dieu. «Shumacher, pour plusieurs personnes, c'est le bon Dieu en patins à roulettes.» (Bernard Godin, *Dans la mire*, TVA, Montréal, 13 mai 2002) ♦ *(Pouvoir) donner / ne pas pouvoir donner à qqn le bon Dieu sans confession.* Pouvoir faire / ne pas pouvoir faire confiance à qqn. Employé parfois dans un sens ironique. «Elle avait l'air si innocente qu'on aurait pu lui donner le bon Dieu sans confession.» «Je te dis que dans les artisses, y en a une maudite gagne que je leu' donnerais pas le bon Yeu sans confession.» (R. LÉVESQUE, *Le vieux du Bas-du-Fleuve*, p. 22) ♦ *Que le bon Dieu nous bénisse et que le diable les charisse!* Manière amusante de dire: que le destin se réalise! Que le sort tranche! *Fr.* Que Dieu vous bénisse et vous fasse le nez comme j'ai la cuisse! ♦ *Que le bon Dieu te trotte!* Déguerpis! *Fr.* Va au diable!

281 **BON PAIN.** *Bon comme du bon pain.* Très bon, tendre (se dit surtout d'une personne). S'emploie en France.

282 **BON SENS.** *Ne pas être dans son bon sens.* Avoir perdu l'esprit, être idiot.

283 **BON VISAGE.** *Faire bon visage contre mauvaise fortune.* Accepter sereinement les épreuves. *Fr.* Faire contre mauvaise fortune bon cœur.

284 **BONHOMME.** *S'en aller chez (su') l'bonhomme.* Dépérir. ♦ *Va-t'en (va donc) chez (su') l'bonhomme!* File! Déguerpis! *Fr.* Va au diable!

285 **BONHOMME JOB.** *Pauvre comme le bonhomme Job.* Très pauvre. *Fr.* Pauvre comme Job.

286 **BONJOUR.** *En bonjour.* Beaucoup, très. Superlatif. «Il t'en manque en bonjour, du temps!» (Suzanne Lévesque, *Touche à tout*, CKAC-Télémédia, 27 mars 1992) ♦ *Bonjour la compagnie!* Au revoir! «... il ne reste plus qu'à porter le reste des bagages dans le camion et bonjour la compagnie!» (Y. BEAUCHEMIN, *Le matou*, p. 383) ♦ *Ça va comme bonjour!* Ça va très bien, sans difficultés, sans embûches! ♦ *Simple comme bonjour.* Très simple, très facile. «Enseigner, après tout, c'est simple comme bonjour.» «Parce qu'ailleurs... cé simppe comme bonjour... cé facile...» (J.-C. GERMAIN, *Les hauts et les bas dla vie d'une diva*, p. 134)

287 **BONJOUR LA VISITE.** *Faire qqch. puis bonjour la visite!* Faire qqch., ensuite c'est fini, c'est terminé, ça y est.

288 **BONNE.** *En pousser (en licher, en sortir) une (des) bonne(s).* Proférer une (des) énormité(s). ♦ *S'en passer une (des) bonne(s).* Y avoir des événements inhabituels, des comportements répréhensibles. «Y' s'en est passé des bonnes cette semaine, Marie. J'sais pas si Paul-Henri te les a contées.» (G. RAYMOND, *Pour sortir de nos cages*, p. 33) ♦ *Mettre son bonne.* Mettre son nom sur la liste (des joueurs).

289 **BONNES.** *Être dans ses bonnes.* Être de bonne humeur, dans de bonnes dispositions.

290 **BONNES ANNÉES.** *Saoul comme dans les bonnes années.* Ivre mort.

291 **BONNETER.** *Se laisser bonneter.* Se laisser amadouer, leurrer. Bonneter [étym.] : «donner des coups de bonnet», c'est-à-dire posséder qqn par des bassesses. «La pauvre femme, elle s'est bien laissée bonneter par son sans-cœur de mari.»

292 **BONNETTE.** *Être en bonnette.* Se dit d'une élévation au-dessus de laquelle flottent des nuages. «Il va pleuvoir, le mont Royal est en bonnette.»

293 **BOOST.** [Angl. *to boost*, survolter] *Donner un boost à qqn.* Encourager qqn en lui donnant un regain d'espoir, d'énergie.

294 **BOQUE.** [Angl. *buck*, mâle] *Faire son boque.* Faire son homme, faire le fanfaron.

295 **BOQUÉ.** [Angl. *to buck*, ruer] *Faire le (faire son, être) boqué.* S'entêter, s'obstiner (se dit notamment d'un enfant).

296 **BORD.** *Loucher du bord de qqn.* Bigler, reluquer qqn. ♦ *Prendre le bord.* Disparaître, se défiler, déguerpir. «...il m'appelait pour m'annoncer que mon contrat de publicité venait de prendre le bord...» (Y. BEAUCHEMIN, *Le matou*, p. 359) «Pis r'viens pas me bâdrer cheu nous, j'en ai un fusil moi itou, pis j't'avartis qu'y est chargé c'lui-là! — Là-dessus, j'ai pris le bord.» (Armand LECLAIRE, «Le conscrit Baptiste», dans L. MAILHOT et D.-M. MONTPETIT, *Monologues québécois 1890-1980*, p. 111) ♦ *Prendre son bord.* Aller son chemin, se faire rabrouer. ♦ *Se garrocher d'un bord à l'autre.* Se remuer. *Fr.* Se démener comme un diable dans l'eau bénite, dans un bénitier. ♦ *Se (re)virer de bord.* Changer d'attitude, d'idée.

297 **BORD POUR BORD.** *Revirer (retourner) bord pour bord.* Faire demi-tour, retourner à l'envers. «Y-z-appellent ça un cap... tu parles... une butte... un pet de sœur... un vente de bœuf e rviré bord pour bord...» (J.-C. GERMAIN, *Les hauts et les bas dla vie d'une diva*, p. 136)

298 **BOSS.** [Angl. patron] *Faire le (son, son p'tit) boss (de, des bécosses).* Faire son patron, régenter.

299 **BOSSER.** *Se faire bosser / bosser.* Se faire dominer / régenter. «J'suis donc tanné de me faire bosser par Pierre, Jean, Jacques.» «Il mérite autre chose que se faire bosser par la première fille qu'il rencontre.» (*À plein temps*, SRC, 22 avril 1992)

300 **BOSSU.** *Chanceux comme un bossu (qui perd sa bosse).* Très chanceux. Dans la croyance populaire, le bossu est béni par la chance, chance qu'il peut communiquer à qui le touche. ♦ *Fier comme un bossu.* Très fier, prétentieux. «Tu t'sens pas

fier comme un bossu / À voir les chars z'allégoriques /Avec les noms des marchands d'sus?» (É. CODERRE, *J'parle tout seul quand Jean Narrache*, p. 26) ◆ *Rire comme un (des) bossu(s)*. Rire à gorge déployée.

301 **BOTCHAGE**. [Angl. *to botch*, bousiller] *Faire du botchage*. Accomplir qqch. à la hâte, mal accomplir une tâche, bâcler un travail.

302 **BOTCHE**. [Angl. *to botch*, bousiller] *Faire de (faire qqch. à) la botche*. Bâcler un travail, faire qqch. à moitié. ◆ *Fumer une (des) botche(s)* [angl. *butch*, mégot]. Fumer un (des) mégot(s).

303 **BOTCHER**. [Angl. *to botch*, bousiller] *Botcher une job*. Accomplir un travail à la va-vite. *Fr.* Bousiller un travail.

304 **BOTTE**. *Prendre une (sa, avoir sa) botte*. Coïter, baiser, pour un homme. «Parle-moi-z-en pas, j'ai pas eu ma botte, elle était dans ses crottes.» (A. BOULANGER et S. PRÉGENT, *Eh! qu'mon chum est platte!*, p. 44) «Il prend sa botte. Crottes ou pas crottes. Quand il se la sort sanglante, il se dépêche de la laver.» (J. RENAUD, *Le cassé*, p. 32) ◆ *Être botte*. Être fort à qqch., costaud. ◆ *Être (une) bonne botte*. Être bon baiseur, bonne baiseuse. «Oui, j'ai couché avec pis pour son âge y est encore bonne botte.» (M. LETELLIER, *On n'est pas des trous-de-cul*, p. 94) ◆ *Faire noir comme dans une botte*. Être très obscur. ◆ *Gros comme ma botte*. De très petite taille, minuscule. *Fr.* Haut comme trois pommes. «Même s'il était gros comme ma botte, ce chihuahua jappait comme un vrai bouledogue.» ◆ *Ne pas faire qqch. plus que sa botte*. Faire à peine qqch. «J'avais pas bu plus que ma botte, je venais de déjeuner. — Déjeuner? Aïe! Pas rien qu'au gros lard, hein?» (G. GUÈVREMONT, *Le Survenant*, p. 214) ◆ *Pas plus (fort, grand, gros, etc.) que ma botte*. Très peu, à peine plus. «Il n'était pas plus fort que ma botte et il voulait quand même soulever ce cheval.» ◆ *Plein (saoul) comme la (une) botte*. Ivre mort. *Fr.* Saoul comme un cochon. Saoul comme un âne. Rond comme une balle. «Cherche-le pas, y est couché, ajouta-t-elle. Y vient juste d'arrêter de ronfler. — Est-ce qu'y est malade? — Y est arrivé soûl comme une botte.»

(J. Benoît, *Les voleurs*, p. 88) «Ce qu'on fait pas quand on est à jeun, on le fait pas quand on est soûl comme une botte.» (V.-L. Beaulieu, *L'héritage* /*L'automne*, p. 218) ♦ *Tirer une botte à l'œil.* Se masturber.

305 **BOTTE DE FOIN.** *Avoir la tête en (comme une) botte de foin.* Avoir les cheveux en broussaille.

306 **BOTTES.** *Chier dans ses bottes.* Avoir peur, paniquer. ♦ *Cirer ses bottes.* Se préparer à mourir. ♦ *Connaître qqn, qqch. comme ses bottes.* Connaître parfaitement qqn, qqch. ♦ *Donner ses bottes à qqn.* Congédier, remercier qqn. ♦ *En avoir plein ses bottes.* En avoir assez, être exaspéré. *Fr.* En avoir ras le bol. ♦ *Graisser (remuer, moucher) ses bottes.* Se dépêcher, se hâter. ♦ *Pisser dans ses bottes.* Paniquer, commettre une erreur. *Fr.* Pisser dans son froc. ♦ *Se mouver* [angl. *to move*, bouger, remuer] *les bottes.* Se remuer. *Fr.* Se magner. ♦ *Tomber en bottes.* Tomber en ruine, en décrépitude. *Fr.* Partir en couille. «... on pouvait toujours point rester à se faire craquer les joints et à se licher les babines dans c'te vieille cambuse qui timbait en bottes.» (L. Fréchette, *Contes de Jos Violon*, p. 78) ♦ *Tremper ses bottes.* S'enivrer.

307 **BOTTINE.** *Avoir / ne pas avoir les deux pieds dans la même bottine.* Avoir / ne pas avoir l'esprit engourdi, être / ne pas être niais, maladroit, être / ne pas être débrouillard, éveillé. *Fr.* Avoir les deux pieds dans le même soulier. Avoir les deux pieds dans le même sabot. «Même pas capable de réparer ce petit mécanisme? Vraiment, ce garagiste a les deux pieds dans la même bottine.»

308 **BOTTINES.** *Déménager ses bottines.* Se remuer, être rapide, dynamique. ♦ *Ne pas se pisser sur les bottines.* Ne pas manquer de virilité.

309 **BOTTOM LINE.** *Le bottom line de qqn, de qqch.* Le message, le motif principal, la raison principale. «Qu'est-ce que tu veux, à un moment donné, c'est parti, là hein. On se demandait pendant des mois c'était quoi le bottom line de notre premier ministre, tsé. Aye, ayayaye...» («La conversation Wilhelmy-Tremblay», *La Presse*, 1er octobre 1992, p. B8)

310 **BOUCANE.** *Pelleter de la boucane.* Perdre son temps à des occupations oiseuses.

311 **BOUCHÉ.** *Être bouché (par les deux bouts [bouttes]).* Être (complètement) borné, déraisonnable. « T'es vraiment bouché par les deux bouttes, toé! »

312 **BOUCHERIE.** *Faire boucherie.* Abattre un animal (particulièrement en automne, sur la ferme) et le débiter. « Ben mais... moi, c'que j'trouve de curieux, moi, vous prenez pas la ponce souvent. Quand on fait boucherie, on s'fait une ponce... » (P. PERRAULT *et al.*, *Le règne du jour*, p. 43) « Nous voulions aussi faire boucherie, bien qu'il fût de bonne heure, parce que le lard baissait dans les salois... » (H. BERNARD, *Les jours sont longs*, p. 138)

313 **BOUCHON.** *Avaler le bouchon.* Vivre au-dessus de ses moyens. « Il a fait faillite parce qu'il a avalé le bouchon. »

314 **BOUDIN.** *Faire du boudin.* Bouder (se dit notamment d'un enfant). S'emploie en France. ◆ *Plein comme un boudin.* Fortuné, riche, imbu de soi. *Fr. Plein comme une outre.* Plein comme une huître. « On a pus à s'inquiéter, on est pleins comme des boudins. » (*Ti-Mine, Bernie pis la gang*, film de Marcel Carrière, ONF, 1978)

315 **BOUGRER (SE).** Se bougrer à terre. Se jeter par terre.

316 **BOUILLIE.** *Canner devant la bouillie qui renverse.* Se désister devant les difficultés, les problèmes. « Mais, Jos Violon a pas l'habitude — vous me connaissez — de canner devant la bouillie qui renverse. » (L. FRÉCHETTE, *Contes de Jos Violon*, p. 63) ◆ *De la bouillie pour les chats.* Embrouillé, déconcertant. En France, travail gâché, tâche mal faite. ◆ *Manger de la bouillie.* Passer outre à un interdit, notamment aller danser les « jours gras ». « Même si les autorités ecclésiastiques le défendaient, on dansait. Le moment de la confession venue, le prêtre n'accordait pas toujours l'absolution à celui qui s'accusait d'avoir dansé. On disait alors de celui-ci qu'il avait mangé de la bouillie, qu'il avait sauté la clôture ou la barrière. » (H. VACHON, *Corpus des faits ethnographiques québécois*, p. 243) ◆ *Ne pas être de la bouillie.* Ne pas être facile.

317 **BOUILLIR.** *Bouillir sous la pelouse.* Perdre l'esprit, avoir l'esprit dérangé.

318 **BOULE.** *Arriver comme une boule dans un jeu de quilles.* Arriver mal à propos. *Fr.* Arriver comme un chien dans un jeu de quilles. ♦ *Faire de la boule.* Divaguer. ♦ *Perdre la boule.* Perdre l'esprit, perdre tout bon sens. *Fr.* Perdre la carte. « Mais... mais... mais... perds pas la carte... perds pas la boule. » (P. PERRAULT *et al., Le règne du jour*, p. 154) « Quand j'vois c'te gros paquet de Jacky faire le frais dans l'arène... — Sort humain ! Maurice, tu perds la boule et t'es méchant pour rien. » (M. RIDDEZ et L. MORISSET, *Rue des Pignons*, p. 286)

319 **BOULEAUX.** *Monter dans les bouleaux.* Miser des sommes extravagantes au jeu. « Après être monté dans les bouleaux, il a dû se retirer du jeu. »

320 **BOULECHITTE.** [Angl. *bullshit*, foutaise] *Faire de la boulechitte.* Bâcler un travail, dire des foutaises.

321 **BOULECHITTEUR.** *Être un (faire le, son) boulechitteur.* Être (faire le) fanfaron, faire de l'esbroufe.

322 **BOULEDOGUE.** *Arriver en bouledogue.* Arriver en trombe. *Fr.* Arriver en coup de vent.

323 **BOULES.** *Saoul comme des boules.* Ivre mort.

324 **BOUQUET.** *C'est le bouquet !* C'est le comble ! Dit par celui qui est déconcerté par une situation. Le bouquet, c'était la tête d'un arbre ou l'amas de branches liées que l'on déposait, conformément à une vieille coutume française, au faîte d'un bâtiment ou d'une maison qu'on venait d'achever, et qui était censé porter chance. ♦ *Planter le bouquet.* Mettre un terme à un travail. Allusion à la coutume évoquée précédemment.

325 **BOURREAU.** *Travailler comme un bourreau.* Trimer dur, travailler sans relâche. Bourreau [étym.] : « bourrer », maltraiter. *Fr.* Être un bourreau de travail.

326 **BOURRÉE.** *Donner une bourrée.* Décupler d'efforts (dans l'accomplissement d'une tâche). « Il a fallu donner une bourrée dans le ménage avant l'arrivée de la visite. » « Pensivement

elle s'abandonne à la fatigue. Depuis le commencement des avents, en a-t-elle donné une bourrée à l'ouvrage! (G. Guèvremont, *En pleine terre*, p. 12) «Pour le travail, je veux bien donner une bourrée même si c'est samedi...» (V.-L. Beaulieu, *L'héritage /*L'automne*, p. 148) ♦ *Rien que d'une (dans une) bourrée.* D'un seul coup. «D'autres fois, quand il est d'équerre, le sorcier l'emporte et il peut faire mourir quatre bons hommes rien que d'une bourrée.» (G. Guèvremont, *Le Survenant*, p. 103)

327 **BOURRÉES.** *Travailler par bourrées.* Travailler par à-coups, par périodes intenses.

328 **BOUT.** *Ne pas avoir de bout.* Se dit d'un enfant dont l'espièglerie ou l'agitation paraît sans limite. ♦ *Tenir son bout (de la couverte [couverture]).* Défendre son point de vue, ses intérêts avant tout.

329 **BOUT D'ÂGE.** *Être à bout d'âge.* Arriver au bout de sa vie, être d'un âge avancé. «Des vrés torvisses de folles... mais des torvisses de folles qui sont rendues à bout d'âge. C'est à crère que la maladie imaginaire les consarve, ces deux corneilles-là!» (R. Lévesque, *Le vieux du Bas-du-Fleuve*, p. 137)

330 **BOUT DE BOIS.** *Avoir son bout de bois.* Être saoul. «Après avoir bu deux caisses de vingt-quatre, je pense qu'il commence à avoir son bout de bois.»

331 **BOUT DE CHEMIN.** *Une politique de bout(s) de chemin.* Une politique à court terme, sans suite. Allusion à une pratique jadis populaire chez les politiciens, consistant à entretenir les tronçons de route des villages qui ont favorisé le parti au pouvoir, et à délaisser les électeurs qui n'ont pas «voté du bon bord» (voir n° 278). *Fr.* À la petite semaine.

332 **BOUT DE LA CARTE.** *C'est au (le) bout de la carte.* C'est loin, éloigné, perdu. «Y fait une belle nuit de juin. C'est doux. Le tacot décolle. Je pèse sur le gaz. — C'est loin la Gaspésie, hein, pôpa? — Oui, ma crotte, c'est loin, on est pas rendus, c'est au bout de la carte.» (C. Jasmin, *Pleure pas, Germaine*, p. 13)

333 **BOUT DE LA FOURCHE.** *Traiter qqn au bout de la fourche.* Maltraiter qqn, tenir qqn à distance.

334 **BOUT DE TINETTE.** *Ça ne prend pas bout de tinette.* Déformation de Ça ne prend pas goût de tinette. Voir *goût de tinette* (n° 1271).

335 **BOUTEILLE.** *Être porté sur (poigné par) la bouteille.* Aimer l'alcool, s'enivrer. «Le bon Dieu n'a pas de cœur de laisser vivre un enfant amanché de même... À peine sorti des couches et déjà pogné par la bouteille...» (Y. BEAUCHEMIN, *Le matou*, p. 89) ♦ *Rattraper la bouteille avant qu'elle touche à terre.* Réparer une erreur avant qu'il ne soit trop tard. Voir *théière* (n° 2523).

336 **BOUTEILLES.** *Vendre ses bouteilles.* Gagner, amasser de l'argent (en vendant ses biens). Allusion à la vente, par les enfants, de bouteilles consignées de soda afin d'amasser de l'argent de poche.

337 **BOUTON.** *Casser (manger) son bouton.* S'enivrer.

338 **BOUTONS.** *Casser ses boutons.* Se laisser aller à la joie, à la fête. ♦ *Ne pas avoir inventé les boutons à quatre trous.* Être peu éveillé. Parfois, sous forme de boutade. *Fr.* Ne pas avoir inventé le fil à couper le beurre. Ne pas avoir inventé l'eau chaude. «Il n'a pas inventé les boutons à quatre trous, ce petit Jean Lévesque.» Voir *cassonade brune* (n° 459).

339 **BOUTTE.** *C'est au boutte [bout]!* C'est extraordinaire, formidable! Se dit par les plus jeunes. «Il y a enfin "c'est au boutte" (qu'on disait dans mon temps), avec insistance sur "boutte", version québécoise de "c'est too much" (qu'on dit maintenant). Je n'ai réussi à placer "c'est au boutte" dans aucun poème.» (G. GODIN, *Cantouques et Cie*, p. 160) ♦ *Le boutte [bout] (bout, boute) (de toute [tout], de la marde, de la fin, du boutte, du cul, du monde).* Incroyable, le comble, le fin du fin. *Fr.* C'est la goutte d'eau qui fait déborder le vase. C'est la fin des haricots. C'est le fin du fin. «...le Diable finira dans la peau d'un sénateur, ce qui est le bout d'la marde pour le Malin.» (V.-L. BEAULIEU, *Manuel de la petite littérature du Québec*, p. 217) «C'est le bout! Tonna Augus-

tin. Je tombe sur des vieux vicieux qui s'amusent à faire peur aux enfants...» (R. Carrier, *De l'amour dans la fer-raille*, p. 49) «Mais le boutte du boutte, c'est quand y m'a dit qu'y'était enceinte parce que sa blonde attendait un bébé.» (J. Doré, *Si le 9-1-1 est occupé!*, p. 125) «Ma Murielle avec un bloke, ça serait le bout du monde. On a élevé nos chiots en français pour les voir switcher avec des maudits blokes, batèche!» (C. Jasmin, *Pleure pas, Germaine*, p. 44) «Y suffit qu'on vous dise que vous êtes beaux... que la vie est belle pis que la Main est le boute de la marde!» (M. Tremblay, *Sainte Carmen de la Main*, p. 78) ♦ *Virer boutte pour boutte*. Faire volte-face, perdre la raison. «Y a rviré anglais boutte pour boutte, du jour au lendmain! Y a c-a-p-i-t-u-l-é, Juliette! Y capitulent toutttes!» (J.-C. Germain, *Mamours et conjugat*, p. 52) ♦ *Y a (ben, toujours) un (mau-dit) boutte [bout] (à toute [tout])!* Il y a une limite (à ne pas dépasser)! C'est le comble! «J'me suis tanné en calvaire. J'ai colissé ça là. C'est de même. Y a toujours un maudit bout' d'être tout seul dans l'affaire...» (J. Renaud, *Le cassé*, p. 74) «Les habitants comme toé, ça ferait du bien si y en avait au Parlement, pour le certain —... C'est pas pour ça que j'ai dit ça. Mais j'trouve qu'i' a toujours un bout'...» (Ringuet, *Trente arpents*, p. 72-73) «Y'a vouloir pis vouloir mais y'a aussi un maudit boutte à se virer les sens...» (S. Rivière, *La s'maine des quat' jeudis*, p. 173)

340 **BOZZES.** [Angl. *buzz*, bourdonnement] *Avoir des bozzes.* Souffrir d'étourdissements, de confusion mentale.

341 **BRAIN.** [Angl. cerveau] *Ne pas avoir de brain.* Ne pas avoir de jugement, de bon sens.

342 **BRAKES.** [Angl. freins] *Avoir (faire, laisser) des traces de brakes (dans ses caleçons).* Souiller son caleçon, sa petite culotte. ♦ *Boire sur les brakes.* Boire de l'alcool à crédit, sans payer.

343 **BRANCHE.** *Être grand (long) sur la branche.* Se dit d'une personne de grande taille. «Je te dis que le frère de Claudette était grand sur la branche.»

344 **BRANCHES.** *Écouter (entendre) qqch. à travers les branches.*

Prendre connaissance de qqch. de manière indirecte, par ouï-dire.

345 **BRANCO.** [Angl. *bronco*, étalon] *Têtu comme un branco.* Extrêmement têtu. «Avec ce niaiseux de bedeau qu'on a icitte, et un curé têtu comme un branco, rien à faire!» (B. Lacroix, *Les cloches*, p. 22)

346 **BRANLETTE.** *Avoir la branlette (branlotte).* Trembler (sans arrêt), souffrir de la maladie de Parkinson. Se dit aussi de qqch. qui a du mou. ♦ *Se donner une branlette.* Se masturber.

347 **BRANLEUX.** *Être (faire le, être un) branleux.* Hésiter, lambiner. «C'est un sacré branleux, pas moyen de le convaincre de venir s'amuser avec nous en ville.»

348 **BRAQUE.** *Fou comme braque.* Fou de joie, écervelé. On rencontre cette expression dans le Bassin aquitain (France), avec le sens d'avoir mauvais caractère, d'être revêche, toqué: «aquet omi qu'ey drin brac». *Fr.* Fou à lier.

349 **BRAS.** *Long comme le bras.* Très, beaucoup. Superlatif. Ainsi, avoir un dossier long comme le bras, avoir un dossier chargé. «Il sacrait long comme le bras, à tel point que le curé a dû l'obliger à sortir de l'église.» ♦ *Sur le bras.* Gratuit, sans payer. Ainsi, aller quelque part, manger, etc., sur le bras. «Attention, c'est pas gratuit. On va pas là sur le bras comme on dit. Ça coûte quelque chose pour assister au "Bye-Bye".» (CKAC-Télémédia 28 février 1991) ♦ *Avoir qqch. dans le bras.* Être prêt à faire qqch., sentir intensément, «dans sa peau» que l'on peut accomplir qqch. ♦ *Coûter un bras.* Coûter cher. «Ça ne va pas te coûter un bras, seulement quelques dollars de plus.» ♦ *Gros comme le bras.* Très, beaucoup, gros. Superlatif. Ainsi, aimer, détester, être ami gros comme le bras, etc. «Trois-Rivières, écrit gros comme le bras, à tous les cinq milles. Le soleil se lève à l'horizon, luisant comme de la fonte brûlante.» (C. Jasmin, *Pleure pas, Germaine*, p. 23) ♦ *Tordre un bras à qqn / se faire tordre un bras.* Forcer qqn à céder / être forcé de céder. «J'veux pas te tordre un bras, tu sais, mais j'aurais besoin que tu m'aides.» (*Réjeanne Padovani*, film de Denys Arcand, 1973) ♦ *Travailler à bras.*

Travailler manuellement, avec des techniques rudimentaires. Voir *mitaine* (n° 1643). «Tout le monde, dans la météorologie, travaillait à bras, si vous voulez.» (Alcide Ouellet, en entrevue, SRC, avril 1980)

350 **BRAS LONG.** *Avoir le bras long.* Être voleur. En France: avoir de l'influence. «Ce gars avait le bras long, aussitôt qu'on le laissait seul, quelque chose disparaissait.»

351 **BRASSE.** *À la brasse.* En quantité.

352 **BRASSE-CAMARADES.** *Faire / y avoir du brasse-camarades.* Remuer, secouer les gens (de leur torpeur) / y avoir du remue-ménage, de vives discussions.

353 **BRASSE-CORPS.** *Prendre (poigner) qqn à brasse-corps.* Déformation populaire: prendre qqn à bras-le-corps. «J'avais pas fini de relever mes manches qu'une dizaine de gâs me poignent à brasse-corps, pis m'fourrent dans un p'tit cabanon cousqu'y m'ont oublié queuques' jours avec des croûtons pis un siau d'eau pour manger.» (Armand Leclaire, «Le conscrit Baptiste», dans L. Mailhot et D.-M. Montpetit, *Monologues québécois 1890-1980*, p. 109-110)

354 **BREAK.** *Prendre un break (syndical).* Faire relâche, prendre une pause. «Tu devrais prendre un break pour qu'on aille prendre une broue...» (L.-M. Dansereau, *Chez Paul-ette, bière, vin...*, p. 30)

355 **BRÈCHE.** *Il y a une brèche.* Être timbré.

356 **BRETELLE.** *Attelé rien que sur une bretelle.* Insuffisamment pourvu, équipé.

357 **BRETELLES.** *Se (faire) péter les bretelles.* Se réjouir (de son succès), se complaire. Voir *pétage de bretelles* (n° 1916). «Le père Bastoque se faisait péter les bretelles chaque fois qu'un pauvre diable se cassait la gueule dans la courbe en face de chez lui.» «Si on se pétait les bretelles à ce point... c'est qu'en un beau Jour de l'An "il était né le divine enfant"...» (S. Rivière, *La s'maine des quat' jeudis*, p. 142)

358 **BRETTER.** *Passer son temps à bretter.* Perdre son temps (à bavarder), musarder. Bretter [étym.]: se battre à l'épée.

359 **BRIC-À-BRAC.** *Être amanché [emmanché] en bric-à-brac.* Porter des vêtements mal seyants, avoir de mauvais outils, mal se débrouiller. *Fr.* Être mal foutu.

360 **BRIC ET DE BRAC.** *Marcher de bric et de brac.* Mal fonctionner. Il s'agit vraisemblablement d'une déformation de la locution française de bric et de broc, qualifiant un assemblage hétéroclite d'objets. *Fr.* De bric et de broc.

361 **BRIDE À BRIDE.** *Se rencontrer bride à bride.* Se retrouver côte à côte, se croiser. «... l'habitant (il écrit paysan) du Lac-St-Jean à qui je demandais si l'autobus du Lac et l'autobus de Québec se rencontraient bien à l'heure indiquée à l'horaire. "Mon frère, ils se rencontrent bride à bride".» (P. PERRAULT *et al.*, *Un pays sans bon sens*, p. 194)

362 **BRIDE ABATTUE.** *Courir (aller) à bride abattue.* Courir, faire qqch. à toute vitesse. Issu du vocabulaire équestre. S'emploie en France. ♦ *Recevoir qqn à bride abattue.* Recevoir qqn en grande pompe.

363 **BRIGHT.** [Angl. éveillé, intelligent] *Être un petit bright.* Être un petit futé, un rusé. «C'est un gros bébé mais aussi un p'tit bright qui fait pas chier avec ça.» (Josée BLANCHETTE, «L'insolent de l'info», *Elle Québec*, avril 2001, p. 94)

364 **BRIN.** *Manquer un brin.* Être un peu timbré.

365 **BRIN DE FIL.** *Être un brin de fil.* Être mince. Se dit d'une personne maigrelette.

366 **BRIN-SUR-RIEN.** *Être un brin-sur-rien.* Être très maigre.

367 **BRIQUE.** *Attendre qqn avec une brique puis (et) un fanal.* Attendre qqn en prenant toutes les précautions nécessaires. *Fr.* Attendre qqn de pied ferme. «Vu que ma mère m'attendait avec une brique et un fanal, je me suis dit que j'avais autant d'acquêt de ne pas rentrer à la maison.»

368 **BRIQUES.** *Chier des briques.* Avoir extrêmement peur. ♦ *Sonner comme une tonne de briques.* Avoir l'air sérieux, considérable. «Il faut dire que ça sonne comme une tonne de briques, ce disque, ça sent le cash.» (La chronique artistique, CKAC-Télémédia, 22 mars 2002)

369 **BRISE.** *Faire qqch. d' (dans) une brise.* Faire qqch. en vitesse, en un rien de temps. «Il a réparé ce moteur d'une brise.»

370 **BROCHE.** *Élever qqn à la broche / être élevé à la broche.* Élever qqn / être élevé durement, à la va comme je te pousse.
«À présent la bru, Alphonsine, une petite Ladouceur, de la
Pinière, une orpheline élevée pour ainsi dire à la broche, se
mêle de grimacer sur les corvées avec des manières de
seigneuresse?» (G. GUÈVREMONT, *Le Survenant*, p. 94) ♦ *Être
monté en broche. Avoir les jambes élancées.* ♦ *Se hâler la
broche.* Se masturber. ♦ *Un hiver à une (deux, trois, etc.)
broche(s).* Se dit de la quantité de neige au sol, l'hiver, par
rapport à la hauteur de la clôture de barbelés; ainsi, un
hiver à deux broches signifie que la couche de neige atteint
le deuxième barbelé de la clôture (en partant vers le bas).

371 **BROCHE À FOIN.** *(Une amanchure [emmanchure], qqch.) de
broche à foin.* Qqch. de déglingué, de mal fait. Se dit aussi
d'une personne de peu de valeur. «Qu's qui va trouver son
stock dans un fouillis pareil? C'est une compagnie de broche à foin, ctelle-là.» (J.-J. RICHARD, *Faites-leur boire le fleuve*,
p. 88)

372 **BRONCHES.** *Avoir les bronches.* Souffrir d'une bronchite.

373 **BROSSE.** *Être en (prendre une, partir sur la, s'en aller sur la,
virer une, revirer une, etc.) brosse.* Être en pleine beuverie,
s'enivrer, être ivre. L'expression pourrait venir de brosser
qui, dans les parlers gallo-romains, signifie aller à travers
les broussailles, c'est-à-dire, par extension, errer à l'aventure. Geoffrion (*Zigzags autour de nos parlers*) rappelle à ce
sujet que Rabelais emploie dans son *Pantagruel* le mot
«breusse» dans le sens de coupe de vin, gobelet, et que,
dans le patois angevin d'autrefois, «prendre une breusse»
signifiait prendre un coup, un verre. «Wa! t'es donc laide!
As-tu pris une brosse? — Chut... tu vas réveiller tout le
monde.» (Y. BEAUCHEMIN, *Le matou*, p. 337-338) «À c't'heur',
faudrait êtr' millionnaires / Pour prendre un' bross' dans les
trois X.» (É. CODERRE, *J'parle tout seul quand Jean Narrache*,
p. 81) «Les quelques rares exceptions qui réussissaient à
franchir le cap des trois mois viraient la brosse de leur vie
pour fêter ça.» (S. RIVIÈRE, *La saison des quêteux*, p. 53)

«Parce que c'était le temps de sortir ou bien pour voir les fous. Partis sur la brosse ou la cuite, les fous! La pauvre femme qui va devoir coucher avec ça!» (J.-J. Richard, *Faites-leur boire le fleuve*, p. 298) «Pis là je revirerais une grosse brosse, pis là je pourrais en flusher la moitié.» (J. Doré, *Si le 9-1-1 est occupé!*, p. 19) «Qui a pu, je vous le demande, appeler "prendre une brosse" le fait de s'enivrer?» (Vieux Doc [E. Grignon], *En guettant les ours*, p. 13) ♦ *Passer la brosse.* Oublier, effacer. Allusion à la brosse passée sur le tableau noir. «... pas tout prendre pour du cash, pour c'qui me passe par la tête, ça serait pire que pire, on passe la brosse, Clothilde...» (J.-M. Poupart, *Chère Touffe, c'est plein...*, p. 30) ♦ *Relever d'une brosse.* Se dégriser après une cuite.

374 **BROUCHETEBROUCHE.** *Faire qqch. brouchetebrouche.* Mal faire qqch., faire qqch. négligemment, sans soin.

375 **BROUE.** [Angl. *brew*, brassage (de la bière)] *Aller à la (prendre une) broue.* Aller prendre un coup, boire, aller à la brasserie. «Tu devrais prendre un *break* pour qu'on aille prendre une broue...» (L.-M. Dansereau, *Chez Paul-ette, bière, vin...*, p. 30) ♦ *Avoir la broue au toupet.* Avoir la sueur qui perle sur le front. ♦ *Faire (péter) de la broue (pas de savon).* Se vanter sans raison, faire de l'esbroufe, parler à tort et à travers. Voir *péteux de broue* (n° 1921). *Fr.* Jeter de la poudre aux yeux. Faire du vent. «... des mentons barbus d'artistes, de bommes, de pimmes, de chômeurs. D'la broue. Péter d'la braie. Spéter a yeule. C'est ça. Beaucoup de broue.» (J. Renaud, *Le cassé*, p. 50) «Si tu veux l'savoir, ton Charles est platte comme une barre de savon. La seule chose qu'i' fait c'est d'la broue, O.K.!» (L.-M. Dansereau, *Chez Paulette, bière, vin...*, p. 63) ♦ *Péter une broue à (avec) qqn.* Bavarder, engager une conversation avec qqn. «Sur le chemin du retour, j'ai pété une broue avec un ancien camarade d'école.»

376 **BRÛLÉ.** *Être brûlé / se faire brûler.* Être exténué, vanné, être démasqué / se faire démasquer.

377 **BRUME.** *Perdre qqn dans la brume.* Semer qqn, perdre qqn de vue.

378 **BRUN.** *Faire brun.* Être au crépuscule, faire sombre, faire nuit. «Quand Didace Beauchemin s'éveilla, il faisait encore brun. Il s'était assoupi seulement.» (G. GUÈVREMONT, *Le Survenant*, p. 139) «… comme il faisait brun, déjà, il tâtonna vainement pour retrouver son bougon de chandelle et partit à sacrer contre les mulots.» (F.-A. SAVARD, *Menaud maître-draveur*, p. 102) «On va aller se coucher, j'pense… Y' fait brun depuis six heures sonnées…» (Y. THÉRIAULT, *Les vendeurs du temple*, p. 30) «Fumez donc, fumez donc, insiste mollement le père Branchaud, par politesse. Y est pas tard? — C'est qu'i' commence à faire brun.» (RINGUET, *Trente arpents*, p. 73)

379 **BRUNANTE.** *À la brunante.* Au crépuscule. On dit aussi *à la brune.*

380 **BÛCHE.** *Ronfler (dormir) comme une bûche.* Dormir profondément. «Tu es rentré tard? — Onze heures et demie. Tu dormais comme une bûche.» (*Le diable à quatre*, film de Jacques W. Benoît, 1988) ◆ *Se tirer une bûche.* Prendre place, emprunter une chaise; autrefois, les ménages modestes se servaient de bûches pour s'asseoir, d'où l'expression. «Entre donc, tire-toi une bûche, y a pas de gêne.»

381 **BÛCHERON.** *Manger comme un bûcheron.* S'empiffrer. Voir *quatre* (n° 2169).

382 **BÛCHES.** *Un froid à fendre les bûches.* Un froid intense, mordant.

383 **BUNCH.** [Angl. bouquet, grappe] *Travailler à la bunch.* Couper le bois au tas, être rémunéré au tas. «Au chantier, il aimait mieux travailler à la bunch qu'à la corde.»

384 **BUSINESS.** *Être en business.* Être sérieux, sur la bonne voie, l'affaire est conclue, le sort en est jeté. «Quand on aura compris ici au Québec qu'on n'a pas besoin de consensus, on sera en business.» (*Un gars, une fille*, CKAC-Télémédia, 25 février 2002) «Si madame Simard met la griffe là-dessus, on est en business!» (*Super sans plomb*, SRC, 26 mars 1992)

«En 2001, la compagnie américaine Tyson Foods a connu une très mauvaise année. [...] Or, qu'a-t-on fait pour remercier son grand patron ? On lui a donné 200 000 actions, et un bonus de 2,1 millions de dollars! C'est ce qu'on appelle être en business.» (Richard MARTINEAU, «The full Monty», *Voir*, du 2 au 8 mai 2002, p. 7) ♦ *Être vite en business*. Agir avec précipitation, avec rapidité et témérité. *Fr.* Aller vite en besogne.

385 **BUSY-BODY.** [Angl. affairé] *Être (faire le, son, sa) busy-body*. Être affairé, agité, nerveux. «... quand notre chatte si grouillante, si placoteuse, si busy-body s'est endormie, la patte dodue encore sortie des couvertes...» (M. LABERGE, *Aurélie, ma sœur*, p. 132)

386 **BUTIN.** *Boire son butin*. Dilapider son bien dans l'alcool. ♦ *Faire son butin*. Préparer son trousseau de mariage, préparer ses bagages.

387 **BUTOR.** *Avoir les jambes comme un butor*. Avoir les jambes élancées.

388 **BYE-BYE.** *Bye-bye... (qqch.)*. Adieu... (qqch.) «Ce sera, dit le premier ministre Mulroney, la catastrophe conjuguée à l'apocalypse, l'éclatement du pays, la séparation du Québec — bye-bye le dollar, allô l'écu frappé de la fleur de lys.» (Lysiane GAGNON, «Non au charriage!», *La Presse*, 1er octobre 1992, p. B3) ♦ *Envoyer (faire) des bye-bye*. Saluer de la main. Voir *tata* (nº 2490). «Certain, qu'y m'ont vue... Je leur ai fait des beaux byebye en arrivant... Pi quand même qu'y m'auraient vue, sac... ça me fait rien.» (M. PELLETIER, *Du poil aux pattes...*, p. 100) «Sur le pont, les trois zouaves envoyaient des bye-bye à tour de bras, comme s'ils entreprenaient la traversée de l'Atlantique.» (S. RIVIÈRE, *La saison des quêteux*, p. 33)

C

389 **C'EST DEUX.** *Toi (lui) et... c'est deux!* C'est différent, irrécon-
ciliable. «Toi et l'anglais, c'est deux!»

390 **C'T'AFFAIRE.** *C't'affaire!* Bien sûr, évidemment. «C't'affaire!
Je retiens la prise pour le service que je vous rends. Les bons
comptes font les bons amis. Pas vrai?» (C.-H. GRIGNON, *Un
homme et son péché*, p. 44)

391 **ÇA.** *Avoir ça gros au ras le bras.* Être en érection.

392 **ÇA S'APPELLE.** *Ça s'appelle... (touches-y pas, etc.).* Ça veut
dire... (ne pas y toucher, etc.). Pour appuyer un propos.
«... c'est de l'huile de loup-marin, des peaux de castor et de
marte, et tout ça, ça s'appelle touches-y pas!» (J.-C. TACHÉ,
forestiers et voyageurs, p. 123) «*Paula, bas, indiquant la
porte par où Jos vient de sortir* — Ça s'appelle fais-y ben
attention. (A. RICARD, *La gloire des filles à Magloire*, p. 24)
«Wow! Ça grimpe, ça! Ça s'appelle pour athlète seulement,
cette voiture-là.» (CFGL-FM, 5 nov. 1991)

393 **ÇA SE PEUT PAS.** *Ça se peut pas (ça se peut plus)!* À l'extrême. «Rossini, Bellini, Puccini, Mascagni / L'opéra, j'aillis
ça, j'aillis ça, ça speut pas...» (J.-C. GERMAIN, *Les hauts et les
bas dla vie d'une diva*, p. 126)

394 **CABANE À CHIEN.** *Vivre dans une cabane à chien.* Habiter
une maison délabrée, un taudis.

395 **CABASSÉ.** *Avoir l'air (être) cabassé.* Avoir l'air (être) abattu.

396 **CABICHE.** *Collecter (payer) la cabiche.* Collecter la part du
tenancier d'un tripot auprès des joueurs gagnants. «Tit-
Blanc, que cette prospérité inespérée rendait plus que rarement à son travail, car payant de passer ses nuits à collecter
la "cabiche".» (R. LEMELIN, *Au pied de la pente douce*, p. 151)

397 **CÂBLES.** *Être (se retrouver, etc.) dans les câbles.* Être (se
retrouver, etc.) dans une position, une situation difficile.

L'expression est issue du vocabulaire de la boxe. «Certains disent que le Parti québécois est dans les câbles, mais rien n'est moins sûr.» (Nouvelles TVA, Montréal, 11 nov. 2001) ♦ *Tendre les câbles.* Décupler d'efforts (dans l'accomplissement d'une tâche).

398 **CABOCHE.** *En avoir dans la caboche.* Être intelligent, futé.

399 **CACHE.** *Mettre le bon Dieu (un saint) en cache.* Cacher à Dieu, à un saint ses agissements par une opération quelconque, punir une statue en la recouvrant d'un tissu ou en la retournant face au mur. «Eh ben comme ils ont encore un petit brin de peur du bon Dieu, ils le mettent en cache, à ce qu'y disent.» (L. FRÉCHETTE, *La Noël au Canada*, p. 247)

400 **CADEAU.** *Ne pas être un cadeau.* Être difficile, turbulent (notamment un enfant), difficile à vivre. *Fr.* Ne pas être donné. «Travailler par une chaleur pareille, en juillet, c'est pas un cadeau.» «T'es pas un cadeau, Ti-Blanc! Qu's tu dis là? T'aulais pu te femer [*sic*].» (J.-J. RICHARD, *Faites-leur boire le fleuve*, p. 174)

401 **CADRAN.** *Brasser le cadran à qqn / se faire brasser le cadran.* Admonester qqn / se faire admonester. ♦ *Organiser le cadran à qqn / se faire organiser le cadran.* Violenter, maltraiter qqn / se faire violenter, maltraiter.

402 **CADUC.** *Avoir l'air caduc.* Avoir mauvaise mine. «Coudon Junior, t'as bien l'air caduc, toi à matin! dit Gabriel.» (V.-L. BEAULIEU, *L'héritage /*L'automne*, p. 54)

403 **CAGE.** *Brasser la cage à qqn / se faire brasser la cage.* Semoncer, rabrouer qqn / se faire semoncer, rabrouer. «Saddam se fait "brasser la cage"» (*Le Journal de Montréal*, jeudi 14 janvier 1993, p. 1)

404 **CAILLOU.** *Nager comme un caillou.* Couler à pic, ne pas savoir nager.

405 **CALEÇONS.** *Tourner de côté dans ses caleçons.* Se faire malmener. «Veux-tu tourner de côté dans tes caleçons? Décampe où je te visse dans le mur.»

406 **CÂLER.** [Angl. *to call,* appeler] *Se faire câler ça / câler ça à qqn.* Se faire chicaner, gronder / gronder qqn.

407 **CALIFOURCHON.** *Avoir le califourchon fendu long.* Se dit d'une personne de haute taille, qui a de longues jambes.

408 **CALL.** [Angl. appel] *Être sur (répondre à) un call.* Être sur (répondre à) un appel. «Chus déjà sur un call. — C'est une urgence. — L'urgence attendra.» ♦ *Donner (lâcher) un call.* Lancer un appel. «Si y a une commande, tu m'lâcheras un call.» (L.-M. DANSEREAU, *Chez Paul-ette, bière, vin...*, p. 33)

409 **CALL-DOWN.** [Angl. enguirlander] *Donner son call-down à qqn.* Éconduire, renvoyer qqn.

410 **CALOTTE.** *Faire de la calotte.* Être timbré. *Fr.* Être maboule.

411 **CALVAIRE.** *Être (se mettre) en (beau) calvaire.* Être (se mettre) en colère, en furie. Voir *maudit* (n° 1597).

412 **CAMAIL.** *Avoir l'air (faire le) camail.* Avoir une allure (agir de façon) excentrique, bizarre. Camail: vêtement ecclésiastique; au Québec, autrefois, chapeau excentrique, extravagant. «Il a donc l'air camail avec son chapeau enfoncé jusqu'aux yeux et ses chaussettes jaunes.»

413 **CAMIONS.** *Neiger à pleins camions.* Neiger à grosses bordées.

414 **CAMISOLE DE FORCE.** *Être dû pour la camisole de force.* Être devenu fou. *Fr.* Fou à lier.

415 **CAMP.** *Débarrasser (sacrer, bougrer, crisser, décrisser, lever, maudire, etc.) le (son) camp.* Filer, déguerpir. Parfois, à la forme impérative (fam.), «Sacre ton (débarrasse le) camp!» pour: «Va-t'en, déguerpis!» *Fr.* Débarrasser le plancher. «Nous autres, les gars, on est des pas bons, des pas fins, des têtes croches. J'vas déserter un bon jour; j'vas sacrer le camp dans l'Ontario.» (C. JASMIN, *Pleure pas, Germaine*, p. 61) «Sacrez le camp, Albert sait chauffer le bazou. Je m'étendrai là su' la grève, j'me laisserai crever comme un chien que j'suis.» (C. JASMIN, *Pleure pas, Germaine*, p. 103) «Y avait trop d'enfants dans maison! C'est pour ça qu't'as sacré ton camp! T'as eu des "boss", c'était des pas bons! Faque tu chômes d'l'été au printemps.» (Y. DESCHAMPS, *Monologues*, p. 86) «Si tu réussis à les réveiller, tu les perds parce qu'y crissent leur camp se rendormir ailleurs...»

(M. Tremblay, *Sainte Carmen de la Main*, p. 61) «Sacre ton camp, quand je travaille, c'est tout seul, je n'ai pas besoin de personne. Aussitôt qu'il sera parti, tu penseras à moé.» (R. Lalonde, *Contes de la Lièvre*, p. 36) «On s'en va. Allons-nous-en! Sacrons le camp! On reviendra demain. Faites pas les téteux! Venez-vous-en!» (J.-J. Richard, *Faites leur boire le fleuve*, p. 223) «Même pas moyen de sacrer son camp sur le fleuve en chaloupe, esti!» (V.-L. Beaulieu, *L'héritage /*L'automne*, p 54) «J'ai dit non... comprenez pas? Et sacrez-moé l'camp, si vous êtes pas capables de m'sacrer patience!» (H. Bernard, *Les jours sont longs*, p. 98) «"Vous allez sacrer votre camp, dit Gus en les regardant à tour de rôle. Roger, prends la Ford, va les mener."» (J. Benoît, *Les voleurs*, p. 217) «J'ai assez hâte de décrisser mon camp! dit-il.» (V.-L. Beaulieu, *L'héritage /*L'automne*, p. 54) «C'est ça qu'j'pardonne pas. Y peut être assez lâche pour pas sacrer son camp, pour me conter des menteries à longueur d'année, j'peux l'prendre.» (M. Laberge, *Aurélie, ma sœur*, p. 81) «... aussitôt que j'vas avoir fini de me ramasser une petite fortune en vous chantant la pomme, j'vas sacrer mon camp, j'vas disparaître dans les airs...» (M. Tremblay, *Sainte Carmen de la Main*, p. 78) «Je vous disais donc que j'étais sensément décidé, m'a dire comme on dit, à bougrer mon camp, rapport que j'avais trop de "bad-luck", et que les amours avec Madame Brunette s'en allaient sur la "bum".» (Albéric Bourgeois, «Le retour de Ladébauche», dans L. Mailhot et D.-M. Montpetit, *Monologues québécois 1890-1980*, p. 135) ♦ *Être (tirer) sur le camp*. Être (aller) de travers, croche. Se dit au sens moral et matériel. «Léandre Labbé, c'est un garçon bien avenant. Pas trop, trop intelligent. Ça tire sur l'camp un peu, puis ça marche comme son père...» (Y. Thériault, *Les vendeurs du temple*, p. 101)

416 **CANARD.** *Sentir le petit canard (à) la patte cassée.* Empester. *Fr.* Sentir le hareng saur. Sentir le bouc.

417 **CANARDS.** *C'est pas un temps pour les canards.* C'est froid.

418 CANAYEN. ... *en canayen.* ... de manière compréhensible, civilisée. «Est-ce que j'ai bien compris? murmura monsieur Boissonneault en puissant. — Répète-moi ça en canayen, que je sois sûr d'avoir bien entendu.» (Y. BEAUCHEMIN, *Le matou*, p. 235) ♦ *Avoir une faim de Canayen.* Avoir très faim. «J'ai une faim de canayen et un plat de pork and beans ferait bien mon affaire.» (A. BESSETTE, *Le débutant*, p. 87) ♦ *Ça prend du canayen [canadien] (pour faire qqch.).* Ça prend du courage, de l'audace (pour faire qqch.). ♦ *Se dégourdir le canayen.* Se revigorer, notamment avec de l'alcool, se secouer. «C'est ça qui vous dégourdissait le Canayen, un peu croche!» (L. FRÉCHETTE, *Contes de Jos Violon*, p. 43) «... on n'a pas souvent de petites parties de plaisir comme ça dans les chantiers!... C'est ça qui vous dégourdissait le canayen un peu croche!» (L. FRÉCHETTE, *La Noël au Canada*, p. 225-226) ♦ *Se dévisser le canayen.* Se remuer. «Quand ils se décideront à se dévisser le canayen, ils vont sûrement se sortir du trou.» ♦ *Se faire brasser (se faire passer) le canayen.* Se faire secouer, malmener. ♦ *Se faire maganer (rabattre) le canayen.* Se faire malmener, rabrouer. «Il s'est fait rabattre le canayen par le professeur pour son travail bâclé.» ♦ *Se mouiller le canayen.* Façon plaisante de dire «boire de l'alcool». *Fr.* Se rincer la dalle.

419 CANI. *Sentir le cani.* Sentir le moisi.

420 CANISSE. [Angl. *canister*, contenant] *Brasser la canisse à qqn / se faire brasser la canisse.* Secouer, admonester / se faire secouer, admonester. «J'vas lui brasser la canisse, à Langlois, moi! Je te le promets.» (*Montréal ville ouverte*, texte de Lise Payette, SRC, 12 mars 1992) ♦ *En avoir dans la canisse.* Déborder d'énergie, de ressources, d'espièglerie (se dit notamment d'un enfant).

421 CANNELLES. *Avoir de grandes cannelles.* Avoir de longues jambes. Voir *cannes* (nº 422).

422 CANNES. *Avoir des (de grandes) cannes (sèches, à balai, etc.).* Avoir de longues jambes minces. ♦ *Se faire aller (se mouver) les cannes (cannelles).* Se remuer, se démener.

423 **CANNES À PÊCHE.** *Être monté sur des cannes à pêche.* Avoir les jambes élancées.

424 **CANNES DE QUÊTEUX.** *Avoir des cannes de quêteux.* Avoir les jambes maigres et élancées.

425 **CANON.** *Tirer comme un canon.* Tirer avec force.

426 **CANT.** *Être (se retrouver) sur le cant.* Être renversé, de travers.

427 **CANTER.** *Canter une femme.* Faire l'amour à une femme.

428 **CANTER (SE).** *Aller se canter.* Aller se coucher.

429 **CAPABLE.** *Être (un) capable (sur tout).* Être un phénomène, exceller, étonner (en tout), être fanfaron, fonceur. «Une veuve à l'herbe, capable sur tout, p'is bon cordon bleu à part ça.» «Vous êtes tous des capables, mais pas assez pour dire à un vieux comment faire des enfants.» (H. BERNARD, *Les jours sont longs*, p. 133)

430 **CAPABLES.** *En sortir (en entendre) des capables (de...).* Superlatif: étonnant, invraisemblable. Ainsi, en sortir des capables: proférer des énormités. «Vous dire comment qu'on en entend des capables de *funny*, pis c'est vrai, hein, y avait pas pensé en parler...» (J.-M. POUPART, *Chère Touffe, c'est plein...*, p. 179)

431 **CAPELAN.** *Maigre comme un capelan.* Très maigre. Capelan: petit poisson argenté que l'on pêche sur les rivages notamment de la Gaspésie. On dit d'ailleurs «le capelan qui roule» parce qu'une fois l'an des bancs entiers de ce poisson viennent rouler sur les grèves de Gaspésie, apportant une véritable manne annuelle aux riverains. On s'en sert également comme appât ou «boëtte» pour la pêche à la morue.

432 **CAPINE.** *Porter la capine.* Être religieuse. Aussi, *capine*: surnom de la religieuse. À noter que la «capine» [capeline] n'est plus guère portée de nos jours.

433 **CAPOT.** *Changer (virer) son capot (de bord).* Changer subitement d'idée, d'allégeance politique. Capot: autrefois, épais pardessus d'étoffe ou de fourrure qui allait jusqu'aux genoux. Au Québec, il désigne un paletot à capuchon, jadis

fabriqué en étoffe du pays, qui se porte en hiver. Grand manteau. Ainsi, capot de chats : manteau de fourrure de chat sauvage. Originairement, terme de marine désignant une pièce de toile protégeant les objets de la pluie, et une redingote à capuchon protégeant des intempéries. Étymologiquement, *capot* (XVIᵉ siècle) est un diminutif de cape (Grandsaignes d'Hauterive, *Dictionnaire d'ancien français*). L'expression est légèrement péjorative. Qualifie notamment qqn qui change d'allégeance politique. En effet, autrefois, l'attitude généralement conservatrice de la population ne tolérait guère que l'on s'avisât de changer de parti. D'ailleurs, de celui qui change ou vire son capot de bord, on dira volontiers que c'est un *vire-capot* (voir n° 2703), c'est-à-dire plus ou moins un traître ou un renégat. Qualifie également le religieux qui retourne à l'état civil. *Fr.* Tourner sa veste. Tourner casaque. « Quand il s'est rendu compte que la vie de moine ne lui convenait pas, il a viré son capot de bord. » « Ben moé, j'ai parsonne à influencer, pis j'aimerais autant voter de moi-même, c'est plus sûr. On sait jamais, y en a qui vire leu capot d'bord jusse une fois rendu au pole. » (M. Laberge, *C'était avant la guerre...*, p. 89) « Parthenais était favorable à midi, coupa le maire Lebœuf. Ça m'a choqué de l'voir virer son capot. » (Y. Thériault, *Les vendeurs du temple*, p. 144) ♦ *Virer capot.* Perdre la tête, changer brusquement d'opinion, d'idée. *Fr.* Tourner casaque. « Faut dire qu'il bougeait pas, qu'il surveillait la mer goutte à goutte. Il était peut-être en train de virer capot... » (Y. Thériault, *Moi, Pierre Huneau*, p. 72) ♦ *En avoir plein son capot.* En avoir assez, être à bout de patience, de forces. ♦ *Faire un capot.* N'avoir aucune levée aux cartes.

434 **CAPOTÉ.** *Être capoté.* Être fantasque, timbré.

435 **CAPOTER.** *Capoter (fort, au boutte (bout)).* Déraisonner complètement, dérailler, paniquer (dans la langue de la jeunesse). Aussi : « Capote pas », énerve-toi pas, panique pas. « Eh que j'haïs ça attendre, j'haïs ça ! Pour moi, y fait

exprès pour me faire capoter...» (J. Doré, *Si le 9-1-1 est occupé!*, p. 34)

436 **CAQUET.** *Avoir le caquet bas*. Être abattu, cafardeux. *Fr.* Avoir la mine déconfite. «Qu'est-ce qu'il y a, mon pit, t'as ben le caquet bas.» (*À plein temps*, Radio-Québec, 16 déc. 1988) «En l'écoutant, moi puis les gars, / J'vous dis qu'on avait l'caquet bas!» (É. Coderre, *J'parle tout seul quand Jean Narrache*, p. 57) ♦ *Rabattre le caquet à qqn / se faire rabattre le caquet*. Faire taire qqn, rabrouer qqn / se faire rabrouer. Voir *balai* (n° 127) et *taquet* (n° 2482). S'emploie en France.

437 **CARAMEL.** *C'est le caramel sur la crème glacée!* C'est le comble! C'est l'événement final. Voir *cerise* (n° 480), *crémage* (n° 728) et *glaçage* (n° 1245). *Fr.* C'est le coup de fion.

438 **CARCAN.** *Prendre (attraper) qqn par le carcan du cou*. Mettre la main sur qqn, se saisir de qqn. *Fr.* Mettre la main au collet de qqn.

439 **CARDINAL.** *Avoir le cardinal*. Être menstruée.

440 **CARÊME.** *Avoir une face de carême*. Avoir une mine renfrognée, avoir mauvaise mine. Voir *mi-carême* (n° 1628). *Fr.* Avoir triste mine. «Prends donc pas cette face de carême, sort humain! Ce temps-là est pas tout perdu.» (M. Riddez et L. Morisset, *Rue des Pignons*, p. 307) «Vous avez ben des faces de carême, vous autres! — J'ai pas faite le ménage, à matin.» (*Le gros Bill*, film de René Delacroix, 1949) ♦ *Casser le carême*. Fêter la mi-carême. Diverses festivités marquaient autrefois cette étape de l'année. ♦ *Maigre comme un carême*. Très maigre, décharné.

441 **CARESSES.** *Brûlé (usé) par les caresses*. Usé par manque d'entretien. Se dit ironiquement d'un appareil, d'un véhicule, d'une personne ayant visiblement subi l'injure du temps.

442 **CARILLON.** *Mener le carillon*. Faire du bruit, du tapage.

443 **CARPE.** *Ignorant comme une carpe*. Ignare. ♦ *Silencieux (muet) comme une carpe*. Muet, taciturne.

444 CARRÉ. *Dire (faire) qqch. carré.* Dire (faire) qqch. carrément, abruptement, sans détour. *Fr.* Ne pas y aller par quatre chemins. «Non, je te le dis ben carré, moé si je serais jeune marié aujourd'hui pour demain, je me demande si je ferais des enfants. (R. Lévesque, *Le vieux du Bas-du-Fleuve*, p. 51) «... m'as t'le dire ben carré, sans ni ci ni ça, t'es toute fébrile, tu lâches pas de grouiller, de ravauder...» (J.-M. Poupart, *Chère Touffe, c'est plein...*, p. 139-140) «Je venais de lui dire que je voulais pas être embarqué dans un meurtre, pis y le tue carré.» (Serge Boutin, *Le Journal de Montréal*, 12 juillet 2002, p. 14)

445 CARREAU. *Être (rester) sur le carreau.* Être en attente, laissé pour compte. En France, laissé sur le carreau: être tué ou grièvement blessé. «Moi, ça fait trois ans que chus libre comme l'air, autrement dit, ça fait trois ans que chus sur le carreau.» (J. Doré, *Si le 9-1-1 est occupé!*, p. 48)

446 CARTE. *À côté de la carte.* Complètement dans l'erreur, dans la bêtise totale. *Fr.* À côté de la plaque. ♦ *Perdre la carte.* Perdre l'esprit, divaguer, s'évanouir. Qualifie souvent un comportement inhabituel, des propos erratiques. *Fr.* Perdre le nord. «Ignace, on peut lui donner ça, s'exclama Foviolain galement, une lueur insolite au fond des yeux, c'est pas le gars qui perd la carte.» (J. Benoît, *Les voleurs*, p. 43)

447 CARTE DE MODE. *Ressembler à une (vraie) carte de mode.* Être habillé avec élégance, à la dernière mode (d'une femme).

448 CARTE DE VISITE. *Laisser sa carte de visite.* Se dit à propos d'un animal domestique qui laisse ses déjections à la vue (dans une maison, etc.).

449 CARTE PÂMÉE. *Être / ne pas être une carte pâmée.* Être / ne pas être belle, beau. Se dit particulièrement d'une femme. «Mais eux autres, là... ben eux autres, on dirait qu'y m'aiment pas... Je sais ben que je suis pas une carte pâmée... mais, sac... (Elle a le motton).» (M. Pelletier, *Du poil aux pattes...*, p. 103)

450 **CARTER.** *Se faire carter.* Se faire demander sa carte d'identité à l'entrée d'un établissement où l'on sert des boissons alcoolisées. Se dit à propos d'une personne soupçonnée d'être mineure.

451 **CARTES.** *Mêler les cartes.* Confondre. «On mêle les cartes, on fait son jeu. À qui le tour? Erik voudrait que Yank quitte les bureaux.» (J.-J. RICHARD, *Faites-leur boire le fleuve*, p. 227)

452 **CASAQUE.** *Virer casaque.* Changer du tout au tout d'opinion, d'attitude, perdre l'esprit. *Fr.* Tourner casaque.

453 **CASH.** [Angl. argent comptant] *Sentir le cash.* Sentir l'argent, être prometteur en termes de profits. «Il faut dire que ça sonne comme une tonne de briques, ce disque, ça sent le cash.» (La chronique artistique, CKAC-Télémédia, 22 mars 2002) ♦ *Balancer (compter) le cash.* Compter la recette (en fin de journée, notamment). «Mais avant de s'coucher y dit à Méo: "Compte le cash pis mets-lé dans l'coffre".» (M. LETELLIER, *On n'est pas des trous-de-cul*, p. 118) ♦ *Passer (qqn, faire passer qqn) au cash.* Payer son dû, recevoir sa juste part, son juste châtiment. Curieusement, l'anglais *cash* aurait été emprunté au vieux français «cache» signifiant *caisse*, «Amenez-en des libéraux, on va les passer au cash, nous autres.» (Brian Mulroney, dans un reportage télévisé, SRC, 16 nov. 1988) «Nous allons collaborer, oui, mais c'est pas vrai que nous allons passer au cash, si quelqu'un a à passer au cash.» (Gérald Larose, *Nouvelles*, CKAC-Télémédia, 17 février 1992) ♦ *Prendre qqch. pour du cash.* Prendre (naïvement) qqch. pour la vérité. *Fr.* Prendre qqch. pour argent comptant. «J'vous ai eus, toute la gang, hein, qu'a disait, Carmen, vous avez toute pris c'que j'vous ai dit pour du cash!» (M. TREMBLAY, *Sainte Carmen de la Main*, p. 78) «Pauvre vieille, tu prends toutes les paroles de ta fille pour du cash quand c'est toutes des menteries.» «... pas tout prendre pour du cash, c'qui me passe par la tête, ça serait pire que pire, on passe la brosse, Clothilde...» (J.-M. POUPART, *Chère Touffe, c'est plein...*, p. 30)

454 **CASQUE.** *Avoir du casque.* Avoir du front, de l'audace, être sans gêne. ♦ *Ça me pogne (poigne) le casque!* Ça me force! ♦ *Chauffer le casque à qqn / se faire chauffer le casque.* Réprimander qqn / se faire réprimander vertement. ♦ *En avoir (plein [le]) son casque (de qqch., qqn).* En avoir assez, être exaspéré, à bout de patience, de forces. *Fr.* En avoir ras le bol. En avoir soupé. «Se faire bardasser. Partir sur une balloune tous les vendredis soirs. On vient qu'on en a plein le casque. J'suis pas le diable fier. J'ai quarante ans. Déjà.» (C. Jasmin, *Pleure pas, Germaine*, p. 11) «Ils sont fendants, pis moé, j'en ai mon casque; je veux pus y retourner, chez Louise.» (*Chambre en ville*, TVA, 1er octobre 1991) ♦ *En avoir dans le casque.* Être ivre, être agité, espiègle (se dit d'un enfant). «J'te dis qu'il en a dans le casque, c't'enfant-là, pas moyen de l'arrêter!» ♦ *Parler à qqn dans le casque / se faire parler dans le casque.* Chicaner, chapitrer qqn / se faire chicaner, chapitrer. Voir *toffe* (no 2543). ♦ *Prendre le casque pour faire qqch.* Prendre toute son énergie pour faire qqch.

455 **CASSÉ.** *Être (un) cassé.* Être sans le sou, pauvre. «Y a ben des gars qui veulent jouer au plein mais y sont des cassés.» (*Plusieurs tombent en amour*, téléfilm de Guy Simoneau, 1979)

456 **CASSEAU.** *Sec comme un casseau.* Se dit d'une personne grande et décharnée.

457 **CASSEUX DE PARTY.** *Être (un, faire le) casseux de party.* Être rabat-joie.

458 **CASSEUX DE VEILLÉE.** *Être (un, faire le, son) casseux de veillée.* Être le rabat-joie de la soirée, de la réunion, etc.

459 **CASSONADE BRUNE.** *Ne pas avoir inventé la cassonade brune.* Être simple d'esprit. «C't'un bon yable, y pas inventé la cassonade brune, c'pas une beauté... mais à ton âge, ça t'frait un mari montrable.» (M. Laberge, *C'était avant la guerre...*, p. 41). Voir *boutons* (no 338).

460 **CASSOT.** *Maigre comme un cassot.* Très maigre. Au Québec, cassot: cornet (de crème glacée). *Fr.* Maigre comme un clou. ♦ *Sec comme un cassot.* Se dit d'une personne grande et maigre.

461 **CASSOTS.** *Donnes-y cassots!* Vas-y, remue-toi! Redouble d'efforts!

462 **CASSURE.** *C'est pas une cassure.* Ce n'est pas pressant, urgent. *Fr.* Y a pas le feu! «... c'est pas une cassure, ça peut attendre au moins que t'ayes fini d'essuyer à vaisselle, hein!» (J.-M. POUPART, *Chère Touffe, c'est plein...*, p. 20)

463 **CASTAGNE.** *Se coucher comme Castagne.* Se coucher tout habillé.

464 **CASTONGUETTE.** *Faire marcher la castonguette.* Utiliser la carte d'assurance-maladie du Québec. D'après le nom de l'ex-ministre des Affaires sociales du Québec, Claude Castonguay qui a implanté le régime.

465 **CATALOGNE.** *S'enfarger dans la catalogne.* S'empêtrer, s'enliser dans ses propos, dans ses manières. Catalogne: couverture de lit faite de retailles d'étoffe.

466 **CATAPLASME.** *Être un cataplasme sur une jambe de bois.* Inefficace, inutile. «Quarante millions sur dix ans pour les femmes battues, c'est un cataplasme sur une jambe de bois.» (Pauline Marois, dans un reportage télévisé, SRC)

467 **CATARSES.** [Angl. *gaiters*, guêtres] *Mouve-toi les catarses!* Grouille-toi! Remue-toi!

468 **CATAU.** *Être habillée (attriquée) comme (comme une, en) catau (catoche).* Être mal habillée, mal accoutrée. Catau: fille malpropre (Dictionnaire Bélisle). Voir *Marie-Catau* (n° 1586) et *Suzanne-Catau* (n° 2454). «A dit que je sus-t-habillée propre pis que je vas me salir... A m'a amanchée comme catho, je suppose?» (A. RICARD, *La gloire des filles à Magloire*, p. 125)

469 **CATHOLIQUE.** *Avoir qqch. de (c'est) pas catholique.* Avoir qqch. de (c'est) bizarre, douteux. «C'était un jeune homme curieux. Y avait des idées pas catholiques... Rolande ne l'aimait pas trop.» (C. JASMIN, *Pleure pas, Germaine*, p. 100) ◆ *Pas (l'air) catholique.* Inconvenant, répréhensible. «Pis moé qui étais partie cri du lait... pourvu qu'madame aye rien vu d'pas catholique dans mon affére.» (M. LABERGE, *C'était avant la guerre...*, p. 33) «Faudra faire attention à nos

volailles, Phonsine. Y'a là un rôdeux qu'a pas l'air ben ca-tholique.» (Ringuet, *Trente arpents*, p. 62) ♦ *Être (un, une) catholique à gros grains.* Être catholique de façade, de nom seulement. S'emploie en France. «Es-tu catholique, le jeune? — Oui, à gros grains. — Bon, b'en dis donc pas des niaiseries. Un singe, c'est un singe. Ça a rien d'un humain, ça a pas d'âme!» (C. Jasmin, *Pleure pas, Germaine*, p. 47) ♦ *Être plus catholique que le pape.* Être trop consciencieux, trop honnête. On dit aussi, en manière de précepte: «Il faut pas être plus catholique...» «C'est pas la question d'être plus catholique que l'pape. En seulement la maladie pis la mort, on fait pas d'farces avec ça, apparence que ça peut se r'tourner contr' vous su' les derniers milles...» (S. Rivière, *La s'maine des quat' jeudis*, p. 76) ♦ *Parler catholique.* Parler français, de manière compréhensible. «Qui c'est ça, cet agrès-là, qui parle même pas catholique?» (*Le grand jour*, téléfilm de Jean-Yves Laforce, scénario et dialogues de Michel Tremblay, SRC, 9 octobre 1988)

470 **CATIN.** *Certain ma catin!* Certainement, tu parles! Formulé souvent sur un ton ironique. «Anne enchaîne en disant qu'a veut pas de bébé avant trois ans, certain ma catin...» (J.-M. Poupart, *Chère Touffe, c'est plein...*, p. 81) ♦ *S'habiller catin.* S'habiller de manière voyante, provocante. «Tu t'habilles trop catin, aussi. — Aïe, c'est vrai, j'te vois partir là, le matin, pis...» («Ça fait pas partie de la job», *Avec un grand A*, Radio-Québec, 7 mars 1992) ♦ *Tiens-toi bien, ma catin!* Attention! prends garde!

471 **CATINER.** *Arrête de catiner!* Cesse de t'occuper de choses frivoles, de futilités.

472 **CAUSEUSE.** *Faire de la causeuse.* S'asseoir en amoureux au salon.

473 **CAVE.** *Être (faire le) cave.* Être (faire le) benêt, naïf. «Sois pas cave! Accepte ce qu'il te donne.» (*Le grand jour*, téléfilm de Jean-Yves Laforce, SRC, 9 octobre 1988)

474 **CENNE.** *Arriver à la cenne [cent] près.* Arriver exactement, en matière d'argent. Se dit surtout à propos de la comptabilité.

♦ *Être au bout de la cenne.* Être à court d'argent. ♦ *Gros comme ma cenne.* Minuscule, infime. «Engoncé entre Sainte-Thècle et Sainte-Ursule, ce village gros comme ma cenne possède quand même son centre commercial.» ♦ *Même (ne) pas avoir une cenne (en avant de soi, devant soi, noire, pour s'acheter La Presse, qui l'adore, etc.).* Être démuni, sans le sou. *La Presse*: nom d'un grand quotidien montréalais. *Fr.* Être fauché comme les blés. Ne pas avoir un centime. Ne pas avoir un liard. «Ça se marie, ça se démarie, ça couche avec un pis avec l'autre, ça se montre tout nus sus les théâtres, ça boit, ben souvent ça a pas une cenne qui les adore...» ♦ *(Ne) pas valoir une cenne (noire).* Ne rien valoir. *Fr.* Ne pas valoir un bouton. «Germaine, j'aime autant te le dire, j'suis au bout de ma corde. Au bout! C'est fini Gilles Bédard, fini. T'es mieux de me planter là. T'es mieux de m'barrer sur ta liste. Je vaux pas une cenne.» (C. Jasmin, *Pleure pas, Germaine*, p. 104) ♦ *Pas pour une cenne!* Aucunement, nullement, jamais. *Fr.* Jamais au grand jamais. «Ça d'la musique? Pas pour un' cenne! / Mais c'est comm' ça qu'on s'gât' le goût. / C'est d'la culture américaine / Que l'radio répand partout.» (Jean Narrache, «L'radio», dans L. Mailhot et D.-M. Montpetit, *Monologues québécois 1890-1980*, p. 141) «A s'prend pas pour Sofia Loren, pis pas rancunière pour une cenne...» (J. Barrette, *Ça dit qu'essa à dire*, p. 36) ♦ *Planche comme une cenne.* Maigre, décharnée (se dit d'une femme). Se dit aussi d'une surface, et notamment d'une mer, totalement plane, unie. *Fr.* Une mer d'huile. ♦ *Propre comme une cenne neuve.* Très propre, immaculé.

475 **CENNES.** *Être proche de (être pogné [poigné] après) ses cennes.* Être avare, pingre. «J'sus pas proche de mes cennes, au contraire, mais faut toujours ben pousser égal...» (J.-M. Poupart, *Chère Touffe, c'est plein...*, p. 240) ♦ *Fendre (séparer) les cennes en deux.* Être pingre, radin.

476 **CENT MILLES À L'HEURE.** *(À) cent milles à l'heure.* Nettement, parfaitement. Superlatif. «Ce nouveau malaxeur bat

cent milles à l'heure l'ancien modèle.» «On est endossé à cent milles à l'heure par le gouvernement du Québec.» (*Les cyniques à l'université de l'humour*, SRC, 18 avril 1990)

477 **CENT PIEDS.** *Ça me (lui) passe cent pieds par-dessus la tête.* Ça me (le) dépasse (totalement). «Moé, je le dis ben franchement, je sus pas un grand Jos Connaissant là-dedans. Leu's histoires de budgets pis d'expansion économique pis de Baie James, ça me passe cent pieds par-dessus la tête.» (R. Lévesque, *Le vieux du Bas-du-Fleuve*, p. 40)

478 **CENT WATTS.** *C'est pas une cent watts.* Il est peu perspicace, peu intelligent. Voir *lumière* (nº 1526).

479 **CENTAINE.** *Ne pas avoir de (ne pas trouver la, avoir perdu la) centaine.* Ne pas comprendre, ne plus savoir où on en est, ne pas avoir de jugement. Centaine : brin qui lie ensemble tous les fils d'un écheveau (Littré). Dans la langue maritime : câblot servant à lier des paquets de petits cordages. ♦ *Perdre la centaine.* Perdre le fil (de sa pensée, de la conversation, etc.), s'embrouiller.

480 **CERISE.** *C'est la cerise sur le gâteau (le sundae)!* C'est le comble! Voir *caramel* (nº 437), *crémage* (nº 728) et *glaçage* (nº 1245). ♦ *Faire sauter la cerise (d'une fille).* Dépuceler une jeune fille. Calque de l'anglais *to cop her cherry.* ♦ *L'âge de la (sa) cerise.* La puberté. «... mais Nenan n'a rien à voir là-dedans. Elle a quitté le pays à l'âge de sa cerise.» (J.-J. Richard, *Faites-leur boire le fleuve*, p. 48) ♦ *Perdre / garder sa cerise.* Perdre / conserver sa virginité. «Vous l'crouèrez pas han? Mais à cause de ça... ben ça m'a pris troi-z-ans pour parde ma cerise...» (J.-C. Germain, *Les hauts et les bas d'la vie d'une diva*, p. 69) «Quand c'est un homme, y chante la pomme. Y fait des détours par eksiprès pour gagner du temps. C'est comme ça que Philomène a déjà perdu ben du temps pis sa cerise.» (J. Renaud, *Le cassé*, p. 17) «As-tu peur de perdre ta cerise? Va-t'en donc avec ta gang de pouilleux, maudite droguée!» (*Elvis Gratton*, film de Pierre Falardeau, 1985) ♦ *Péter la cerise à qqn.* Donner une raclée à qqn. ♦ *Se faire péter la cerise.* Se faire tabasser, se faire déflorer. ♦ *Se*

péter la cerise. Tomber, échouer. «Fais attention à ne pas te péter la cerise dans l'escalier!»

481 **CERVELLE.** *Se suer la cervelle.* S'épuiser à penser, à réfléchir. «J'ai des gros os, des gros membres mais là je su en train de me suer la cervelle da tête!» (J.-J. RICHARD, *Faites-leur boire le fleuve*, p. 153)

482 **CERVELLE D'OISEAU.** *Avoir une cervelle d'oiseau.* Être étourdi, vénal.

483 **CHAISE.** *Tomber en bas de sa chaise.* Être estomaqué.

484 **CHAMEAU.** *Avoir l'air chameau.* Avoir l'air nigaud, bête. Se dit notamment d'une femme à l'allure dégingandée.

485 **CHAMP.** *Prendre le champ.* Faire une embardée, quitter accidentellement la route.

486 **CHAMP-DE-MARS.** *Avoir déjà été au Champ-de-Mars après neuf heures.* Avoir une bonne expérience de la vie. Populaire, notamment dans la région montréalaise.

487 **CHAMP DE TRÈFLE.** *Être (jouer) dans le champ de trèfle de qqn.* Tenter de ravir le (la) partenaire de qqn.

488 **CHAMPION.** *C'est champion!* C'est formidable! Épatant! *Fr.* C'est super.

489 **CHANDELLE.** *Devoir une chandelle à sainte Anne.* Être redevable à sainte Anne (pour une faveur obtenue). ♦ *Passer comme une chandelle.* Mourir paisiblement, sans souffrance.

490 **CHANDELLES.** *Donner qqch. pour des chandelles.* Céder qqch. pour presque rien en retour. «J'vas pas donner mes filets pour des chandelles.» (Un pêcheur gaspésien à l'auteur)

491 **CHANGE.** *Avoir son change / donner, rendre son change.* Se faire rabrouer de manière méritée / rabrouer qqn. *Fr.* Recevoir / donner la monnaie de sa pièce. ♦ *Change pour change.* Telle chose contre telle autre. Se dit d'un troc. Aussi, d'une revanche méritée. *Fr.* Troc pour troc. «Je te donne mon manteau change pour change pour ta veste.» «... leur mettre le grappin dessus, les commercer, change pour change, contre des sacs de fleur...» (J.-M. POUPART, *Chère Touffe, c'est plein...*, p. 69)

492 **CHANSON.** *Chanter une chanson / se faire chanter une chanson.* Flatter, amadouer / se faire flatter, amadouer.

493 **CHANTIER.** *Faire chantier (chanquier).* Diriger un chantier forestier, travailler dans un chantier forestier. «Quand ils partent l'automne, pour aller faire chanquier sus le Saint-Maurice, ils sont ben trop vauriens pour aller à confesse avant de partir...» (L. FRÉCHETTE, *La Noël au Canada*, p. 247) «J'ai su que vous aviez fait chantier récemment : vos hommes ont coupé le bouleau d'argent au bout du domaine.» (G. GUÈVREMONT, *En pleine terre*, p. 115) «Vous en avez plusieurs terres à bois comme ça? — ... Une grande à Saint-René où je vais faire chantier et celle-là, plus petite, que je ne vends pas.» (M. FERRON, *La fin des loups-garous*, p. 54) «Je lui en ai obtenu un parce que je connaissais intimement Édouard Lacroix : j'avais fait chantier pour lui dans le temps.» (Doris LUSSIER [Père Gédéon], «Le dentier de ma tante Clara», dans L. MAILHOT et D.-M MONTPETIT, *Monologues québécois 1890-1980*, p. 185)

494 **CHAPEAU.** *Donner son chapeau à qqn.* Éconduire un amoureux. ♦ *Faire du chapeau.* Divaguer. La tradition veut qu'il y eut autrefois une chapellerie montréalaise dont les chapeaux imbibés de produits toxiques causèrent la folie de nombreux clients, d'où l'expression. *Fr.* Travailler du chapeau. ♦ *Parler à travers (au travers de) son chapeau.* Parler à tort et à travers. *Fr.* Raisonner comme un tambour. «Vous savez rien de c'qui s'passe encore là. Vous parlez au travers de vot'chapeau, Honoré.» (M. LABERGE, *C'était avant la guerre...*, p. 87) ♦ *Parler au chapeau.* Allonger indûment la conversation. ♦ *Travailler du chapeau.* Être timbré.

495 **CHAPEAU DE CASTOR.** *(Pouvoir) passer en chapeau de castor sous le poêle (sous le poil).* Être de petite taille.

496 **CHAPELET.** *Puis le pape a pas de chapelet.* Pour interrompre des propos ou des promesses absurdes, invraisemblables. ♦ *Dire le (des) chapelet(s).* Proférer une série de blasphèmes. ♦ *Mettre son chapelet sur la corde à linge.* Espérer qu'il

va faire beau. L'expression vient d'une ancienne pratique populaire.

497 **CHAR.** [Angl. *car*, voiture] *Être greyé [gréé] de char.* Avoir une bonne automobile, une automobile coûteuse. ♦ *Scrapper* [angl. *to scrap*, bousiller] *un char.* Bousiller une voiture. ♦ *Y en avoir un char (et) puis une barge.* Y en avoir beaucoup, abondamment. «Chsais pas comment cé quvou-z-applez ça vou-z-auttes en France mais nou-z-auttes on appelle ça un char pis une barge! (J.-C. GERMAIN, *Mamours et conjugat*, p. 31) «Il en était passé des chars et des barges de "mères-dénichatrices" en mal de viande fraîche...» (S. RIVIÈRE, *La s'maine des quat' jeudis*, p. 132)

498 **CHAR DE CRISSES.** *Mange donc un char de crisses (quatre par banc)!* Déguerpis! Injure.

499 **CHARBON.** *Avoir le charbon.* Souffrir du diabète. ♦ *Noir comme du (un) charbon.* Obscur, noir. «La ruelle était noire comme du charbon. Seule, au loin, une fenêtre à peu près éclairée jetait un peu de lumière entre les deux rangées de bâtiments.» (J. BENOÎT, *Les voleurs*, p. 112-113)

500 **CHARIOT.** *Atteler (mettre) le chariot avant les bœufs.* Faire avant ce qui doit être fait après. *Fr.* Mettre la charrue devant les bœufs. «Ben crère... je l'tiens d'bonne source. On verra ben: on attèlera pas l'chariot avant les bœufs, comme on dit.» (M. LABERGE, *C'était avant la guerre...*, p. 72) Voir *charrue* (n° 506).

501 **CHARITÉ.** *Être (vivre) sur la charité (publique).* Bénéficier de l'assistance sociale.

502 **CHARLOT.** *Prendre un charlot.* Trinquer, prendre un verre d'alcool. «Charlot», plus spécifiquement, alcool fabriqué autrefois de manière artisanale. Jadis, Charlot, c'était Satan, et en France, le surnom que l'on donnait au bourreau. *Fr.* Lever le coude.

503 **CHARNIOLLE.** *Se moucher en charniolle.* Se moucher des doigts.

504 **CHARRETTE.** *Être magané de la charrette.* Être harassé, courbaturé.

505 **CHARRIER.** *Charrie pas!* N'exagère pas! Aussi: Faut pas charrier! Il ne faut pas exagérer! Se dit notamment à celui qui dépasse la mesure. «... j'ai envie de rtrouver dan-z-un verre sque j'ai pardu dan-z-une assiette à troi-z-étouèles! Mon a-m-m-e! — Pis même là faut pas charrier! À deu-z-étouèles!» (J.-C. Germain, *Les nuits de l'Indiva*, p. 49)

506 **CHARRUE.** *Mettre la charrue avant le cheval.* Brûler les étapes, faire avant ce qui doit être fait après. *Fr.* Mettre la charrue devant les bœufs. Voir *chariot* (n° 500).

507 **CHARRUES.** *Les charrues sortent pas juste en hiver.* Se dit à propos d'une braguette ouverte. «Maudite gang de cochons! Vous avez jamais vu ça un zipper qui monte pas?... Comme dit c'te gars: les charrues sortent pas juste en hiver...» (L.-M. Dansereau, *Chez Paul-ette, bière, vin...*, p. 91)

508 **CHARS.** *Aller comme les chars.* Aller rondement, ponctuellement. ◆ *C'est pas les (gros) chars (avec les roues)!* C'est banal, très ordinaire. *Fr.* C'est pas le Pérou! «... pour les petits ouvrages et les petites commissions dans le quartier... Tu vivras pas gras avec ça. — (déçu) Ouais, c'est pas les chars! (M. Riddez et L. Morisset, *Rue des Pignons*, p. 71) «Prends-en! Au moins une petite fiole. C'est pas de l'or en barre. C'est pas les gros chars. C'est pas la mort d'un homme.» (J.-J. Richard, *Faites-leur boire le fleuve*, p. 155)

509 **CHASSE.** *Aller à la chasse pas de fusil.* Se faire prendre au dépourvu, ne pas avoir les outils, les instruments appropriés. «On a oublié le texte, ici on va à la chasse pas de fusil.» (*Ad lib*, TVA, 14 mai 1987) ◆ *Faire la chasse avec un fusil pas de (sans) plaque.* Imposer sa présence là où elle n'est pas désirée.

510 **CHÂSSIS.** *Courir les châssis.* Aller lorgner par la fenêtre des voisins. Pour un jeune homme, aller reluquer les jeunes filles à travers les fenêtres des maisons.

511 **CHÂSSIS DOUBLES.** *Porter des châssis doubles [doubles fenêtres].* Porter des lunettes.

512 **CHAT.** *Acheter un chat dans un sac.* Accepter un argument sans le questionner, sans le critiquer. ♦ *Avoir le dos rond comme un chat.* Avoir le dos voûté. ♦ *Avoir un chat dans la gorge.* Avoir la gorge enrouée. ♦ *Faire le tour du chat.* Trébucher, culbuter. ♦ *Pas un chat.* Personne. *Fr.* Pas âme qui vive. ♦ *Sournois comme un chat.* Hypocrite. ♦ *Vif comme un chat.* Alerte, agile.

513 **CHATTE.** *Avoir une mémoire de chatte.* N'avoir aucune mémoire. ♦ *Chaude (excitée) comme une chatte en chaleur.* Excitée sexuellement. Se dit d'une femme sensuelle. «Avant que le curé n'ait eu le temps de faire un pas, excitée comme une chatte en chaleur, Gertrude-la-très-prude se jette sur le représentant du culte pour lui montrer qu'elle sait ce qu'elle fait.» (S. Rivière, *La s'maine des quat' jeudis*, p. 70) ♦ *Être chatte.* Être sensuelle. ♦ *Inquiet comme une chatte qui pisse dans le son.* Être angoissé, effarouché, sur le qui-vive. ♦ *Jalouse comme une chatte.* Se dit d'une femme très jalouse. *Fr.* Jalouse comme une tigresse. ♦ *Montre-leur où la chatte a mis ça!* Montre-leur ce que tu peux faire! Donne-leur une leçon! Se dit dans le Bas-du-Fleuve. «Fallait bien lui donner une poussée, a expliqué M. Leblanc. C'est une expression du Bas-du-Fleuve. On l'utilise souvent dans la famille. Elle signifie "Montre-leur ce que tu as dans le corps, prouve-leur que tu es le meilleur." Guillaume a entendu mon cri. Il a tourné la tête et je l'ai vu sourire. Moi, je pense que ça l'a encouragé.» (Philippe Cantin, «Le marcheur Guillaume Leblanc gagne l'argent devant ses parents», *La Presse*, 1er août 1992, p. A1) ♦ *Une chatte n'y retrouverait (reconnaîtrait) pas ses petits.* Inextricable, emmêlé. *Fr.* Une poule n'y retrouverait pas ses poussins. «C'est tellement compliqué qu'une chatte y reconnaîtrait pas ses petits.» (René-Daniel Dubois, à l'émission *La grande visite*, SRC, 5 avril 1987)

514 **CHAUD.** *Être (se mettre) chaud (carré).* Être ivre (mort), s'enivrer. «… pour se mettre chaud quand quelqu'un s'amène avec une bouteille de fort, c'est quasi dépareillé,

les chantiers!» (H. Bernard, *Les jours sont longs*, p. 93) «Ch'tais ben chaude. Saül est arrivé pis y m'a enlevé de d'là.» (M. Letellier, *On n'est pas des trous-de-cul*, p. 159) «Jos était chaud, y chantait pouille à Desbiens. Monsieur Tardif a commencé à vouloir y couper le sifflette, mais Jos s'est choqué...» (R. Lévesque, *Le vieux du Bas-du-Fleuve*, p. 49) ◆ *Être chaud de la pipe.* Être coureur, sensuel (se dit d'un homme). ◆ *Être chaud sur sa tire.* Se dit d'un cheval prompt, rétif. ◆ *Faire ni chaud ni frette (fret) [froid].* Laisser indifférent. *Fr.* Ne faire ni chaud ni froid. «De Mon-réa-le, si tu y tiens! Parsque moué, ça mfait ni chaud ni frette! Toutte sque j'ai dbesoin st'un piano!» (J.-C. Germain, *Les nuits de l'Indiva*, p. 55) «Raccroche... racc-croche... tu m'fais pus ni chaud ni frette... Raccroche, cé fini... stait bon, mais cé fini!» (J.-C. Germain, *Les hauts et les bas dla vie d'une diva*, p. 41) «Quant à moé, ça me faisait ni chaud, ni fret, parce que je mange rien de ce qui porte plume. Ça m'est contraire sous tous les rapports.» (G. Guèvremont, *En pleine terre*, p. 62) ◆ *Il fait chaud, ça pue pis on est ben!* On est tout à fait à l'aise, confortable. Façon amusante de dire qu'on a atteint le comble du bonheur.

515 **CHAUD LAPIN.** *Être (un) chaud lapin.* Se dit d'un homme sensuel. «Maudit Ghislain, il avait raison. Aïe, c'est des chauds lapins rares, ça!» (*Le grand zèle*, téléfilm de Roger Cantin, 1992)

516 **CHAUD MATIN.** *Se lever de chaud matin (pour faire qqch.).* Être mieux d'y voir (pour faire qqch.). «S'il veut me faire payer, il est mieux de se lever de chaud matin.»

517 **CHAUDASSE.** *Être (se sentir) chaudasse.* Être gris, éméché. «Allons, dépêchez-vous, mes poulettes, s'écria monsieur Boissonneault, un peu chaudasse, en faisant irruption dans la cuisine.» (Y. Beauchemin, *Le matou*, p. 237) «Tit Tome commençait à être chaudasse et il était ben certain que son cheval pourrait battre la jument du pére tous les jours de la semaine.» (G. Bessette, *Anthologie d'Albert Laberge*, p. 55)

518 **CHAUDIÈRES.** *Mouiller comme des chaudières.* Pleuvoir à verse. *Fr.* Pleuvoir des cordes, des hallebardes.

519 **CHAUSSON.** *Un chausson avec ça?* Quelque chose d'autre? Dit sur un ton ironique, pour souligner qu'on exagère.

520 **CHAUSSONS.** *Gros comme des chaussons.* Très gros.

521 **CHAUSSURE.** *Trouver chaussure à son pied.* Trouver le (la) partenaire qui convient. Se rencontre aussi en France, parfois dans le sens de: trouver qqn pouvant nous affronter.

522 **CHEAP.** [Angl. mesquin] *Être (faire) cheap.* Être (faire) radin, mesquin, pauvre. ♦ *Filer cheap.* Se sentir mal à l'aise.

523 **CHEMIN.** *Ancien comme le chemin.* Très vieux, ancien. ♦ *Être (se retrouver) dans le chemin / mettre qqn dans le chemin.* Être ruiné, se retrouver sans le sou / ruiner qqn. «... la fille du riche bonhomme Marcheterre était maintenant "dans le chemin" et ses cinq terres... avaient été cédées pour la bagatelle de $5,000.» (G. Bessette, *Anthologie d'Albert Laberge*, p. 137) «On va se réveiller un beau matin dans le chemin, avec pus de terre pi pus rien, vendu par le shérif.» (Ringuet, *Trente arpents*, p. 227) «Ben, j'm'en vas te l'dire, moé! Des avocats, c'est bon yen qu'à mett' le monde dans l'chemin. Y s'mettent d'in bureau, avec un shéveur, in notaire et pis in bailli, et pis y attendent le monde, comm' les araignées guettent les mouches.» (Basibi [Joseph Charlebois], «Y f'ra pas un avocat», dans L. Mailhot et D.-M. Montpetit, *Monologues québécois 1890-1980*, p. 66) ♦ *Lever le(s) (un) chemin(s).* Battre un chemin et notamment les sentiers dans l'érablière avec un cheval non ferré, tracer un chemin après une bordée de neige, y passer le premier. «On se faisait des charrues pour... lever le chemin.» (R. Lavallée, «Quelques canadianismes...», p. 80) ♦ *Virer en chemin.* Faire une fausse couche.

524 **CHEMIN DU DIMANCHE.** *Prendre le chemin du dimanche.* S'étouffer en avalant.

525 **CHEMINÉE.** *Fumer comme une cheminée.* Fumer des cigarettes, le cigare, sans arrêt, exagérément.

526 **CHEMINS.** *Casser les chemins.* Autrefois, tracer des sentiers en battant la neige afin qu'elle durcisse (notamment pour se rendre aux érables et à la cabane à sucre). ♦ *Courir les* *chemins.* Rechercher les aventures galantes. *Fr.* Courir la prétentaine, le guilledou.

527 **CHEMISE.** *(Pouvoir) gager sa chemise.* Être assuré, n'avoir aucun doute. «Je te gage ma chemise qu'on va gagner le référendum.» ◆ *Tiens bien ta chemise!* Attention! Prends garde!

528 **CHENAILLE.** *Aller à la chenaille.* Aller à l'aventure.

529 **CHENAILLER.** *Chenailler par là.* Déguerpir, filer à toute vitesse. Chenailler [étym]: faire une vie de chien. ◆ *Chenailler son affaire.* Agir avec célérité. Se dit d'une personne débrouillarde, qui n'a pas «les deux pieds dans la même bottine». Chenailler [étym.]: courir aussi vite qu'un chien. Chienaille: troupe de chien (xiie siècle).

530 **CHENILLE À POIL.** *Être une chenille à poil.* Être laid, repoussant.

531 **CHÈQUE.** *Donner son chèque à qqn.* Éconduire qqn (notamment un amoureux). ◆ *Donner un chèque en blanc à qqn.* Accorder toute liberté d'agir à qqn. *Fr.* Donner carte blanche à qqn.

532 **CHÈQUE RAIDE.** *Être un chèque raide.* Être bénéficiaire de l'assistance sociale. «Nom donné aux assistés sociaux qui reçoivent du gouvernement un chèque mensuel sur lequel est écrit: s.v.p., ne pliez pas — *do not fold.*» (R. CLICHE et M. FERRON, *Quand le peuple fait la loi*, p. 143)

533 **CHER.** *Ne pas valoir cher la toune* [angl. *tune*, air de musique] *(la tonne).* Avoir peu de valeur.

534 **CHERCHER.** *Cherche-moi!* Exclamation de dépit: il ne faut pas y compter, il ne faut pas compter sur lui. «Moi, je lui venais en aide mais, quand j'avais besoin de lui — cherche-moi!»

535 **CHÉRUBIN.** *Dormir comme un chérubin.* Dormir avec un visage serein (se dit notamment d'un enfant). *Fr.* Dormir à poings fermés. «… on dort ban tranquillement sur nos deux oreilles comme des petits chérubins qui viennent de naître.» (A. BOURGEOIS, «Ladébauche en Turquie», *Les voyages de Ladébauche autour du monde*, Montréal, imprimé par M. Pelletier, chez l'auteur, s.d., s.p)

536 **CHESTERFIELD.** [Angl. canapé] *Faire du chesterfield.* Faire la cour, s'asseoir en amoureux au salon.

537 **CHEVAL.** *Capable (fort) comme un cheval (joual).* Très fort, costaud. «Moé je m'attendais à toute, mais pas à ce qui est arrivé. Je savais que Clophas était fort comme un joual, mais je pensais pas qu'y était vite comme un taon.» (R. Lévesque, *Le vieux du Bas-du-Fleuve*, p. 117) ♦ *Dur comme du cheval.* Se dit d'une viande coriace. ♦ *Fou comme un cheval.* Écervelé, étourdi. ♦ *Gros comme un cheval.* Très gros, obèse. ♦ *Habillé comme un cheval de quatre piastres.* Habillé avec recherche, autrefois, les maquignons désirant se départir d'une picouille, c'est-à-dire d'un cheval de quatre piastres, maquillaient si bien la bête qu'elle trouvait invariablement preneur, d'où l'expression. ♦ *Menteur comme un cheval.* Se dit d'un menteur irréductible. Allusion aux ruses des maquignons qui arrivaient à tromper l'acheteur de cheval. ♦ *Un remède de cheval.* Une solution définitive, un remède puissant. *Fr.* Une médecine de cheval : trop forte.

538 **CHEVEU.** *Arriver comme un cheveu sur la soupe.* Arriver inopinément, à l'improviste. «L'oncle Alfred est arrivé comme un cheveu sur la soupe. Imaginez la réception.» ♦ *Pouvoir fendre (couper) un cheveu (les cheveux) en quatre.* Être pointilleux, d'une rigueur excessive. «Il était tellement près de ses sous qu'il pouvait fendre un cheveu en quatre lorsqu'il s'agissait de dépenser.» ♦ *Un froid à couper un cheveu.* Un froid intense, sibérien.

539 **CHEVEUX.** *Avoir mal aux cheveux.* Se sentir cafardeux après un excès de boisson, avoir un mal de tête. *Fr.* Avoir la tirelire en palissandre. «Ben certain qu'on n'aura pas mal aux cheveux demain.» (G. Bessette, *Anthologie d'Albert Laberge*, p. 246) ♦ *Être en cheveux.* Avoir les cheveux en broussaille, emmêlés. «Des soldats sortaient en titubant, accompagnés de femmes en cheveux qui riaient haut et se bousculaient.» (G. Roy, *Bonheur d'occasion*, p. 216) ♦ *Jouer dans les cheveux de qqn / se faire jouer dans les cheveux.* Tromper qqn,

induire qqn en erreur, jouer un vilain tour à qqn / être trompé, dupé. *Fr.* Jouer un sale tour à qqn. «Écoutez, vous, docteur, essayez pas d'nous jouer dans les cheveux! Essayez pas d'nous passer un Québec! Des gars comme vous, ça s'rencontre souvent.» (Y. Thériault, *Les vendeurs du temple*, p. 134) ♦ *Manger les cheveux de la servante.* Avoir peu à manger. ♦ *Se manger les cheveux en salade.* Avoir peu à manger. ♦ *Se pogner [poigner] aux cheveux.* Se quereller. *Fr.* En venir aux poings. «Elle: ah! ben si tu veux qu'on s'pogne aux cheveux, c'est différent! Lui: l'humour, ma vieille, l'humour...» (J.-M. Poupart, *Chère Touffe, c'est plein...*, p. 233)

540 **CHEVILLE.** *Pousser une cheville à qqn.* Faire taire qqn, répliquer du tac au tac. *Fr.* Clouer le bec à qqn.

541 **CHÈVRE.** *Courir la chèvre.* Se dit d'un homme qui recherche la compagnie féminine, d'un coureur de jupons.

542 **CHEVREUIL.** *Marcher en chevreuil.* Marcher à quatre pattes. ♦ *Sauter comme un chevreuil.* Sauter avec agilité, sauter à bonne hauteur.

543 **CHIART.** *C'est un beau chiart (chior)!* C'est un beau gâchis! un beau résultat!

544 **CHIBAGNE.** *Toute la chibagne (shi-bang).* Calque de l'anglais *the whole shibang.* Tout le reste... *Fr.* Tout le bazar. «Tant et aussi longtemps qu'y aura encore un pouce de terre pour faire danser le soleil... Le-z-étoiles... Pis toute la shi-bang!» (J.-C. Germain, *Les hauts et les bas d'la vie d'une diva*, p. 142)

545 **CHIC AND SWELL.** [Angl. convenable] *C'est chic and swell!* Façon plaisante de dire que qqch. est impeccable, parfait. Voir *swell* (n° 2455). «J'vas m'habiller chic and swell pour aller chez grand-père.» (*Au premier rang*, Radio-Québec, 8 juillet 1991)

546 **CHICANE.** *À la prochaine chicane.* Manière plaisante de dire au revoir. «Salut les enfants; à la prochaine chicane.» (Le prof Bof, *Le club des cent watts*, Radio-Québec, 15 avril 1990) ♦ *Il y a de la chicane dans la cabane!* Il y a du chahut,

101

il y a de la bagarre dans l'air, dans la maison! ♦ *Pas d'chicane dans la (ma) cabane (pas d'cochon dans mon salon)!* Façon plaisante de faire cesser une querelle. «On veut pas de chicane, avez-vous compris? Pas d'chicane dans ma cabane, pas d'cochon dans mon salon! Bon!» (J. Barrette, *Oh! Gerry oh!*, p. 120)

547 **CHICANE DE CLÔTURE.** *Faire une chicane de clôture.* Se quereller entre voisins sur une question de clôture.

548 **CHICANEUX.** *Être chicaneux.* Être chicanier.

549 **CHICOT.** *Maigre comme un chicot.* Très maigre, décharné, faible. *Fr.* Maigre comme un clou. «Après deux semaines de jeûne, il était maigre comme un chicot.» «Jacqueline prends 'n course au tré-carré / Emmène ton frère même si i' est chicot / Pour cri' les vaches i' peut t'aider» (Jacques Antonin, «Les noces à ma grande sœur», dans L. Mailhot et D.-M. Montpetit, *Monologues québécois 1890-1980*, p. 285)

550 **CHICOTS.** *Avoir des (de grands) chicots.* Avoir de longues jambes.

551 **CHIEN.** *En chien.* Très, à l'extrême. Superlatif. Ainsi: beau, grand, etc. en chien. «Mais c'est vrai que je m'affaisse vite. C'est humiliant en chien.» (R. Baillie, *Des filles de Beauté*, p. 123) «... ça doit pas chier, ni péter, ni suer, ni sentir mauvais de bouche. Ça doit être complètement aseptisé. / C'est chic mais plate en chien!» (M. Tremblay, *Des nouvelles d'Édouard*, p. 123) «Oui, j'en suis venu à boutte, mais j'ai dû travailler en chien! J'ai pas arrêté pantoute, même pas pour dîner.» (R. Lalonde, *Contes de la Lièvre*, p. 40) ♦ *Avoir du chien (dans le corps, dans le nez, dedans).* Être rusé, plein d'énergie, fonceur, endurant. *Fr.* Avoir du cœur au ventre. «J'aime ça. Y'est combatif. Y'a l'air à avoir du chien. Wroff!» (J. Doré, *Si le 9-1-1 est occupé!*, p. 51) «J'vas dire comme on dit, j'ai du chien dans l'nez; j'vas m'en sortir.» (*Claire Lamarche*, TVA, 24 nov. 1990) «Eh bien, mon garçon, je pensais que tu avais plus de chien que ça... J'ai déjà frappé des nœuds, moi aussi, dans ma carrière.» (Y. Beauchemin,

Le matou, p. 198) «Le boss des gardiens est un ancien débardeur qui a du chien là où il faudrait avoir du bœuf.» (J.-J. RICHARD, *Faites-leur boire le fleuve*, p. 88) ♦ *Avoir un mal de chien (à faire qqch.).* Avoir beaucoup de difficulté (à faire qqch.). ♦ *Avoir une mémoire (un courage, une persévérance, etc.) de chien.* Avoir une mémoire, un courage, une persévérance, etc., remarquable, considérable. *Fr.* Avoir une mémoire d'éléphant. ♦ *Donner (promettre, réserver) à (garder pour) qqn (avoir) un chien de sa chienne.* Apostropher, se venger de (promettre vengeance, promettre un châtiment exemplaire à) qqn. La chienne désignait autrefois le petit banc ou la selle à trois pieds en usage dans les chantiers. *Fr.* Garder à qqn un chien de sa chienne. «Lui, ce salaud, je lui ai donné un chien de ma chienne.» «Y a personne qui me fait peur, trompez-vous pas, hein, les gars! Personne! Mais elle, j'y réserve un chien de ma chienne.» (M. RIDDEZ et L. MORISSET, *Rue des Pignons*, p. 49) «Pis c'est mon amie avec! Pis j'vas trouver l'tour de l'dire au village. Qu'j'en voye un v'nir la dénigrer d'vant moé: y va avoir un chien d'ma chienne.» (M. LABERGE, *C'était avant la guerre...*, p. 111) «Mes deux chums de femmes me parlent pus... De toute façon, je leur prépare un chien de ma chienne pour ce soir.» (M. TREMBLAY, *Des nouvelles d'Édouard*, p. 146) «Je te dis que le Ponce-Pilate aura un chien de ma chienne un de ces jours. C'est le dernier voyage qu'il me fait faire comme ça!...» (L. FRÉCHETTE, *Originaux et détraqués*, p. 239) «... i vivront, mais i me l'paieront, batèche de batèche! J'leur promets un chien de ma chienne!» (R. GIRARD, *Marie Calumet*, p. 264) ♦ *Être comme un chien dans l'eau bénite.* Se retrouver dans une situation inconfortable, être pris au dépourvu. ♦ *Être comme un chien qui jappe après la lune.* S'ennuyer à mourir, trouver le temps long. ♦ *Être (faire le) chien (sale).* Être (agir en) salaud, sans cœur, couard. S'emploie aussi chez les jeunes: «faire le *dog* [angl. chien]». «Fais pas le chien, calvaire, il faut que tu viennes.» (*Six heures au plus tard*, téléfilm de Louis-Georges Carrier, dialogues de Michel Tremblay, SRC, 29 janvier 1989) «Plus dure encore que la tête de cochon à Bouboule. Tant pis pour lui. C'était à lui d'pas faire le chien.» (J. RENAUD, *Le cassé*, p. 70). «Pis c'est surtout pas vrai que c'est des écœurants. Y'agissent en écœurants quand on est chien avec eux autres...» (M. TREMBLAY, *Sainte Carmen de la Main*, p. 65) «Ils se sont tous sauvés. C'est vrai qu'ils sont un peu chiens. Alors Monsieur le Do Boulé, puisque nous restons seuls, embarque dans ma voiture.» (J. FERRON, *La chaise du maréchal-ferrant*, p. 205) «Eh bien, je peux te le dire, maintenant que le malheur m'a déniaisé: c'est toi qui avais raison. Slipskin... c'est un chien sale!» (Y. BEAUCHEMIN, *Le matou*, p. 359) ♦ *Être haut comme un chien assis*. Être de petite taille. ♦ *Être (un) chien mouillé*. Être peureux, pleutre. *Fr.* Une poule mouillée. ♦ *Faire le chien*. À la chasse, rabattre le gibier en aboyant comme un chien. «Toé, tu vas faire le chien, nous autres, on va attendre l'orignal icitte.» (*Frédéric*, téléroman, SRC, 9 mars 1980) ♦ *Foquer (focailler, fourrer)* [angl. *to fuck*, baiser] *le chien*. Perdre son temps, paresser, vivoter, besogner sans but. «Chanteuse, c'est assez, arrête de fucker le chien, viens-t'en chanter.» (Pierre FOGLIA, «Marjo, je t'aime» *La Presse*, 13 juin 1987, p. A5) «Bon ben sa vieille, comme disait son père, y a pas trente-six façons dfourrer lchien! Pis la meilleure st'encore de dormir sus son mal!» (J.-C. GERMAIN, *Mamours et conjugat*, p. 85) «Dans l'intervalle, il remplira divers emplois, au hasard des nécessités journalières. Ce qui s'appelle, en bon français des Laurentides: "fourrer le chien".» (A. NANTEL, *À la hache*, p. 116) «Lui: c'est le restant! Clo: j'fourre pas le chien, moi, j'réfléchis, j'médite.» (J.-M. POUPART, *Chère Touffe, c'est plein...*, p. 138) ♦ *Malade comme un chien*. Très malade. ♦ *Marcher (partir) comme un chien qui s'en va (à) aux vêpres*. Aller, avancer à contrecœur, se défiler après un mauvais coup. ♦ *Noir comme chez le chien*. Dans l'obscurité absolue. ♦ *Pauvre comme un chien*. Très pauvre. ♦ *Regarder qqn comme un chien regarde son maître*. Regarder qqn d'un air languissant. *Fr.* Un chien regarde bien un évêque. «Pas fidèle en monde: avant tes noces déjà, y te r'gardait comme un chien r'garde son maître.» (M. Laberge, *C'était avant la guerre...*, p. 41) ♦ *Son (ton) chien est mort.* Il est (tu es) perdu, condamné. ♦ *Tirer son (le) chien par la queue.* Avoir beaucoup de difficulté à vivre. Voir *diable* (n° 869, p. 157). ♦ *Tuer son chien.* Laisser passer sa chance, abdiquer, abandonner tout espoir. ♦ *Un froid à ne pas mettre un (les) chien(s) dehors.* Très froid. ♦ *Un temps de chien.* Un temps très maussade. ♦ *Y mettre du chien.* Mettre de l'énergie, de l'ardeur (dans qqch.). «Vas-y mon vieux, se dit-il, mets-y du chien et fonce.» (Y. Beauchemin, *Le matou*, p. 78)

552 **CHIEN DE POCHE.** *Faire le (être, suivre qqn comme un) chien de poche.* Suivre à la trace. Se dit notamment d'un enfant, qui est toujours à la remorque d'autrui. *Fr.* Être pendu aux basques de qqn. «Jacques ne nous lâchait pas d'une semelle, un vrai chien de poche.»

553 **CHIEN DE SAOUL.** *Boire son chien de saoul [chien-de-soûl].* Trinquer, s'enivrer. *Fr.* Tout son saoul. «J'aurais bien de la grâce de m'occuper de lui. Qu'il boive donc son chien-de-soûl s'il le veut! Ça peut pas rien me faire.» (G. Guèvre-mont, *Le Survenant*, p. 182)

554 **CHIEN EN CULOTTE.** *Être (faire le) chien en culotte (chie en culotte, chieux en culotte, chiant [en] culotte).* Être couard, poltron. «Sur la même page, j'ai aussi aligné quatre variantes de la même expression pour dire qu'un enfant est peureux: "chien-en-culotte", "chie-en-culotte", "chieux-en-culotte" et "chiant-culotte". J'ai noté les quatre possibilités parce que, là encore, ça me rappelait des souvenirs d'enfance qui ont alimenté mes poèmes de l'époque.» (G. Godin, *Cantouques et Cie*, p. 160) «Il voulait faire partie du coup mais il était trop chien en culotte.» (*Six heures au plus tard*, téléfilm de Louis-Georges Carrier, dialogues de Michel Tremblay, SRC, 29 janvier 1989)

555 **CHIEN JAUNE.** *Attendre le chien jaune.* Attendre l'accouchement, être enceinte.

556 **CHIENNE.** *Avoir (pogner [poigner]) la chienne.* Avoir (prendre) peur, craindre. *Fr.* Avoir la flemme. «J'ai jusse à tvoir là... avec ton air de somnambule traumatisé... la chienne me rpogne pis lshaque me prend... j'ai toujours peur que tu tbarres les deux pieds dans é fleurs du tapis...» (Jean-Claude GERMAIN, «L'opéra», dans L. MAILHOT et D.-M. MONTPETIT, *Monologues québécois 1890-1980*, p. 398) ♦ *Avoir de la misère à porter sa chienne.* Être paresseux, lambin. Chienne: salopette, bleu de travail. ♦ *Avoir la chienne (qui [qui lui] grimpe, monte) sur le dos.* Être amorphe, fainéant. ♦ *Être chienne.* Être couard, lâche. Par contraste, être chien: être salaud. «Il était bien trop chienne pour affronter la foule qui le huait.» ♦ *Être trop chienne pour avoir des petits.* Être paresseux à l'extrême. ♦ *Faire une chienne.* Aux cartes, faire une levée sans marquer de points. ♦ *Mettre la chienne dehors.* Aux cartes, se retirer du jeu. ♦ *Porter sa chienne.* Accepter son sort (sans rechigner).

557 **CHIENNE À GIGUÈRE.** *Habillée comme la chienne à Giguère.* Mal habillée (se dit surtout d'une femme).

558 **CHIENNE À GRAND TEMPS.** *Attriquée comme la chienne à grand temps.* Accoutrée d'une manière ridicule.

559 **CHIENNE À JACQUES.** *Attriquée (habillée, pleine) comme la chienne à Jacques.* Mal accoutrée, remplie. *Fr.* Être mal fagotée. «Quand même la fille aurait les palettes décollées, serait attriquée comme la chienne à Jacques, tu cherches pas à pâmoison!» (J.-M. POUPART, *Chère Touffe, c'est plein...*, p. 172) «Seulement moé, quand c'est habillée comme la chienne à Jacques pis que ça change de teinture de cheveux à tout bout de champ, j'ai pas confiance.» (R. LÉVESQUE, *Le vieux du Bas-du-Fleuve*, p. 22) «La shed est pleine comme la chienne à Jacques. Au lieu de mettre bas, elle en prend encore.» (J-J. RICHARD, *Faites-leur boire le fleuve*, p. 142) ♦ *La chienne à Jacques en (y) perdrait ses petits.* En désordre, désordonné. *Fr.* Une poule n'y retrouverait pas ses poussins. «Ce bureau est tellement à l'envers que la chienne à Jacques en perdrait ses petits.»

560 **CHIENS.** *Dehors les chiens pas de médaille!* Déguerpissez! Dit parfois en boutade, pour éloigner qqn. ◆ *Fourrer les chiens à qqn.* Dominer, contrôler qqn. ◆ *Les chiens vont manger de la boue.* Le temps se refroidit. D'après un dicton bien connu. ◆ *Leurs chiens (ne) chassent pas ensemble.* Ils se détestent. ◆ *Si froid que les chiens se réchauffent à trembler.* Très froid. ◆ *Si pauvre que les chiens jappent après la lune qu'ils prennent pour une galette de sarrasin.* Extrêmement pauvre. ◆ *Si pauvre que les chiens s'accotent après la clôture pour japper.* Extrêmement pauvre. ◆ *Un froid à couper les chiens en deux (à geler les chiens).* Très froid. ◆ *Un vent à couper les chiens en deux.* Un vent violent.

561 **CHIENS DE PLÂTRE.** *Se regarder comme des chiens de plâtre.* Se fixer, s'observer avec méfiance. *Fr.* Se regarder en chiens de faïence.

562 **CHIER.** *Se faire chier.* Accomplir une tâche abrutissante, besogner, s'ennuyer. S'emploie en France. «Au moins, j'me sus promené au grand air toute ma vie, moé! Pis j'ai ri! J'ai passé à travers la vie en ayant du fun, pas en me faisant chier huit heures par jour dans un atelier qui pue l'imprimerie!» (M. Tremblay, *Le vrai monde*, p. 20) ◆ *Envoyer chier qqn.* Envoyer promener qqn. «Y doit être habitué à se faire envoyer chier. Y m'écœure. Je m'écœure... M'en va dormir, dormir en paix.» (J. Renaud, *Le cassé*, p. 114) ◆ *Faire chier.* Exaspérer. Se dit en France. «Là, tu me fais chier, mon Gustave. Il faut que j'appelle.» (*Six heures au plus tard*, téléfilm de Louis-Georges Carrier, dialogues de Michel Tremblay, SRC, 29 janvier 1989) «Yves a peut-être simplement voulu le faire chier. Le niaiser. Yves est un gars comme ça. On dirait qu'il en veut à tout le monde.» (J. Renaud, *Le cassé*, p. 33) «Pis j'me sentais ben coupable d'y en vouloir de même... Mais lui au moins, j'ai pu l'faire chier chaque fois que j'l'ai vu.» (M. Laberge, *Aurélie, ma sœur*, p. 145) «... pis on n'a pas envie de se faire baver par une vieille sacoche qui fait chier tout le monde par pur plaisir!» (M. Tremblay, *Des nouvelles d'Édouard*, p. 17)

563 **CHIER LOIN.** *Ne pas aller chier loin (avec qqch.).* Se dit de qqch. de peu de valeur. «Il ira pas chier loin avec une bagnole pareille.»

564 **CHIEUX.** *Être chieux.* Être poltron, couard. «Quel chieux! Même pas capable de faire face à la musique.»

565 **CHIEUX DE TEMPS.** *(Faire qqch.) sur un chieux de temps.* Faire qqch. en vitesse, en un rien de temps. «Robartine a appris qui c'était, pis que c'te personne-là faésait le marché noér avec les habitants. — Aye! Mais a l'aurait pu la faére pincer! — Su un chieux de temps!» (A. RICARD, *La gloire des filles à Magloire*, p. 136)

566 **CHIGNON.** *Avoir... dans le chignon.* Avoir (une idée, un projet, etc.) caché(e). ♦ *Crêper (se crêper) le chignon (du cou, de qqn).* Agacer, taquiner qqn, se quereller (avec qqn). «Il est arrivé ici à matin en me crêpant le chignon...» (Suzanne Lévesque, *Touche à tout*, CKAC-Télémédia, sept. 1991) «... ben sûr, ça sent le chauffé un peu mais sont pas prêts à s'crêper le chignon du cou.» (J.-M. POUPART, *Chère Touffe, c'est plein...*, p. 226)

567 **CHIGNON DU COU.** *Pogner [poigner] (attraper) qqn par le chignon du cou.* Mettre la main sur qqn. Calque de l'anglais *by the scruff of the neck.* Voir *peau du cou* (nº 1886). «Aussi, pourquoi garder ce survenant de malheur?... Attendez que mon vieux l'attrape par le chignon du cou: il va lui montrer qui c'est le maire de la place.» (G. GUÈVREMONT, *Le Survenant*, p. 186)

568 **CHIONS DONC.** *Être chions donc, faire le chions-donc.* Être (faire l') arrogant, imbu de soi-même. «Qu'il est donc chions donc avec ses airs supérieurs...»

569 **CHIOTTE.** *Faire la chiotte.* Se dit d'une femme qui, même mariée, refuse d'avoir des enfants.

570 **CHIQUE.** *Ne pas valoir une chique.* Être faiblard, n'avoir aucune valeur, aucun courage.

571 **CHIQUE-LA-GUENILLE.** *Être (un) chique-la-guenille.* Être boudeur, rechigneur.

572 **CHIRE.** *Partir sur une chire.* Céder à un engouement, déraper, déblatérer. «Les critiques sont partis sur une chire:
tout ce qui est québécois est maintenant à rejeter.» ◆ *Prendre une chire.* Culbuter, tomber, faire une embardée. Dans
le langage maritime, chirer: faire une embardée. «M'as-t'y
faére prendre une de ces chires, entends-tu... on sera longtemps avant d'y revoèr el museau.» (A. RICARD, *La gloire des
filles à Magloire*, p. 32)

573 **CHNOLLES.** *Pogner [poigner] (tenir) qqn par les chnolles.*
Tenir qqn bien en main, bien maîtriser qqn. Chnolles: tes-
ticules. ◆ *Se brasser les chnolles.* Se remuer. *Fr.* Se magner le
train.

574 **CHNOUTE.** *Ne pas valoir (être) de la chnoute.* Ne rien valoir.
Chnoute: excréments. «Cet emploi, ça vaut pas de la
chnoute.» «C'est de la chnoute si tu veux tout savoir. Avec
ça, il y a pas de quoi écrire vingt lignes qui auraient de
l'allure.» (V.-L. BEAULIEU, *L'héritage /*L'automne*, p. 17)
«Voyons, Flagosse, tu sais ben que ce Tonio, ça vaut pas de
la "chnoute" à côté de Maurice.» (M. RIDDEZ et L. MORISSET,
Rue des Pignons, p. 375) ◆ *Sentir la chnoute.* Sentir mauvais.

575 **CHOCOLAT.** *C'est chocolat!* C'est épatant! Aussi: exclamation de joie. ◆ *L'affaire est chocolat.* Excellent, merveilleux.

576 **CHOPINETTE.** *Boire la chopinette.* Trinquer. Se dit dans la
région de Lanaudière.

577 **CHOTTE.** [Angl. *shot*, coup] *D'une (seule) chotte (shot).* D'un
seul coup, brusquement, soudainement. *Fr.* Faire qqch. en
deux temps, trois mouvements. «Ça finissait pas. J'ai eu
envie de m'étirer le bras, ça aurait parti d'une shot, paf! A
s'serait fermée raide.» (C. JASMIN, *Pleure pas, Germaine*,
p. 60) ◆ *... sur une chotte (shot).* En trombe, à fond de train.
Ainsi: entrer, sortir sur une chotte. ◆ *Boire (s'en verser, etc.)
une chotte (shot)* [angl. *shot*, coup, lampée]. Boire une lampée, un coup. «Le vieux va derrière son comptoir et sort
une petite fiole. Y s'en verse une shot et m'en verse dans un
petit gobelet de carton.» (C. JASMIN, *Pleure pas, Germaine*,

p. 96) «Le fouet, ça civilise un homme! — Vous en voulez une shot, le père? — Il s'est cabré, le père, dans sa dignité.» (J.-J. RICHARD, *Faites-leur boire le fleuve*, p. 215) «Voulez-vous boire une p'tite shot?» (*Les aventures d'une jeune veuve*, film de Roger Fournier, 1974) ♦ *Écoute ben la chotte (shot)!* Le meilleur, le plus étonnant!... «À c't'heure écoute ben 'a shot: ta bouteille t'a jettes dans l'tuyau...» (M. LETELLIER, *On n'est pas des trous-de-cul*, p. 100) ♦ *En (boire, manger, prendre, etc.) une chotte.* Beaucoup, à profusion. Superlatif.

578 **CHOUCHOU.** *Être le chouchou de qqn.* Être le favori, le préféré de qqn (notamment de la maîtresse d'école, du professeur). Se dit en France. «Tu n'es pas le chouchou du coach, hein?» (*Première ligne*, Radio-Québec)

579 **CHOUX.** *Comparer des choux et des navets.* Comparer ce qui ne peut l'être.

580 **CHOUX-FLEURS.** *Avoir les oreilles en choux-fleurs.* Avoir les oreilles abîmées, ramenées vers l'avant (se dit notamment d'un boxeur).

581 **CHRIST.** *Être (se mettre, mettre qqn) en christ.* Être (se mettre, mettre qqn) en colère. «... je le laisserais me pâler sur les doigts pendant deux jours et trois nuits plutôt que de risquer de le mettre en christ.» (Y. BEAUCHEMIN, *Le matou*, p. 460)

582 **CHROMÉ.** *Être (avoir l'air) chromé.* Être superficiel, kitch, porter des vêtements voyants.

583 **CHUM.** [Angl. ami] *Jomper* [angl. *to jump*, sauter] *son chum.* Éconduire son amoureux.

584 **CI.** *C'est pas (ni, il n'y a pas de) ci ni (p'is de) ça.* Trêve de bavardage, soyons clair. «Voyons p'pa qui s'qui t'as raconté ça? Nomme-le donc, voir. — C'est pas des ci pi des ça, on a des j'ouaux, pi c'est pas ça qui les remplacera.» (RINGUET, *Trente arpents*, p. 163) «... m'as t'le dire ben carré, sans ni ci ni ça, t'es toute fébrile, tu lâches pas de grouiller, de ravauder...» (J.-M. POUPART, *Chère Touffe, c'est plein...*, p. 139-140)

585 **CIBOIRE.** *Être en ciboire.* Être en colère. Voir *maudit* (n° 1597).

586 **CINQ CENNES.** *Devoir cinq cennes [cents] au bedeau.* Avoir
la braguette ouverte. ♦ *Ne pas valoir cinq cennes.* Ne rien
valoir. «Tu prends un Anglais, maudit. Dans l'temps passé,
i appelaient ça des "blokes"; ça valait pas cinq cennes...
C'était bon au pic pis à la pelle.» (P. PERRAULT, *Le règne du
jour*, p. 158) ♦ *Pas... pour cinq cennes.* Aucunement, pas le
moindrement. Ainsi: pas riche, pas vargeux, pas clair, etc.
pour cinq cennes. «Tu devrais pourtant être assez vieux
pour savoir qu'on rend pas service à un gars comme
moi. Qu'un gars comme moi, c'est pas fiable pour cinq
"cennes"!...» (M. DUBÉ, *Un simple soldat*, p. 126-127)

587 **CINQ FRÈRES.** *Présenter / recevoir ses cinq frères.* Donner /
recevoir une gifle.

588 **CINQUANTE CENTS.** *Avoir les yeux grands comme des cinquante cents.* Avoir les yeux exorbités.

589 **CINQUANTE-SIX.** *Cinquante-six (milles)...* Beaucoup, des
quantités. Superlatif. «Jésus-Christ s'en va, le grand chien
jaune dans ses bras, comme si c'était une brebis. Y nous a
salués cinquante-six fois, heureux comme un roi.» (C. JAS-
MIN, *Pleure pas, Germaine*, p. 37) «Calvette, les pharmaciens se fendent en quatre pour vendre des pilules, pis cinquante-six affaires pour empêcher la famille... Les femmes
ont ienqu'à s'en sarvir, comme ça y tomberont pas en
famille pis y auront pas besoin de se faire avorter.»
(R. LÉVESQUE, *Le vieux du Bas-du-Fleuve*, p. 124) ♦ *Se mettre
sur son cinquante-six.* Mettre ses plus beaux vêtements.
Voir *trente-six* (nº 2619). *Fr.* Se mettre sur son trente-et-un.

590 **CIRE.** *Faire de la cire.* S'évanouir.

591 **CISEAU.** *En criant ciseau.* Instantanément, en un rien de
temps. Voir *lapin* (nº 1475) et *moineau* (nº 1652). «On a
constaté qu'on ne peut pas monter un projet en criant
ciseaux et qu'on ne peut pas tirer la plogue en criant
ciseaux.» (Manuelle LÉGARÉ, «Le fonds jeunesse à court de
temps», *Le Soleil*, 7 août 2002) «L'électrification rurale, ça
s'est fait presque en criant ciseau.» (*Merveilles rurales*, SRC,
8 sept. 1991) «Yvonne, Yvonne si tu te r'lèves j'te l'dis ben

haut/ Moé j'm'endors en criant ciseau.» (Y. Deschamps, *Monologues*, p. 169) «... le beurre revole, la confiture Raymond baisse, un autre pot se vide en criant ciseau! Un café, et j'sus sur le piton, les yeux clairs.» (C. Jasmin, *Pleure pas, Germaine*, p. 153) «C'est de l'engeance à tuer, ça. Puis nos trois chasseurs sont bien qualifiés pour nettoyer nos bois. — On va nettoyer ça en criant ciseau, dit Lucien Laflamme. Surtout si le conseil se sent d'équerre...» (Y. Thériault, *Les vendeurs du temple*, p. 29)

592 **CITRON.** *Avoir (conduire, acheter, être) un citron.* Avoir (conduire, acheter) une voiture mal conçue, déglinguée, avec des défauts cachés. De l'anglais *lemon*, mauvaise mécanique, cochonnerie. ♦ *Jaune comme un citron.* Très jaune. Superlatif. Se dit aussi d'une personne au teint jaunâtre. S'emploie en France.

593 **CITROUILLE.** *Rond comme une citrouille.* Ivre mort.

594 **CLAIR.** *Être clair.* Être inoffensif, sans danger. Calque de l'anglais *to be clear.* Dans le langage policier, pour dire notamment qu'un suspect n'a pas d'arme sur lui. « "C'est correct, y est clair... Donne ton bras." Les menottes noires brillèrent dans sa main; l'un des bracelet se referma en claquant sur le poignet de Foviolain.» (J. Benoît, *Les voleurs*, p. 121)

595 **CLAIR DE NŒUDS.** *Ne pas être clair de nœuds.* Ne pas être sans défaut, sans faille.

596 **CLAIRER.** *Clairer le chemin (la place) (d'une seule claque).* S'écarter, disparaître (subitement, brusquement). Se dit souvent à l'impératif: «Claire le chemin!» ou encore «Claire la place!» «Ou bien tu oublies la terre de Delphis et tu t'excuses par amont moi d'avoir entraîné Gabriel là-dedans, ou bien tu pactes tes petits et tu claires le chemin! C'est clair!» (V.-L. Beaulieu, *L'héritage /*L'automne*, p. 207) ♦ *Clairer qqn / se faire clairer.* Congédier qqn / se faire congédier, être remercié de ses services.

597 **CLANCHE.** *Avoir la clanche basse.* Être affamé, dépité. ♦ *Être clanche.* Être affamé. «On a halé des trolles tellement lour-

des, une après l'aut', qu'on était clanche tous les deux à force de sauter les repas pour moins manquer pareille manne.» (Y. Thériault, *Moi, Pierre Huneau*, p. 40)

598 CLANCHER. *Clancher (pour vrai).* Démarrer en trombe, y aller à fond de train.

599 CLAQUE. *Arriver avec une claque puis une bottine.* Arriver dans le dénuement complet, avec rien du tout. «Les politiciens, ça arrive avec une claque puis une bottine et ça repart en Cadillac.» ♦ *Attraper (manger, prendre) la (sa, une) claque.* Essuyer un revers, une rebuffade, se faire rabrouer. «J'ai jamais mangé une claque comme ça!» (Jean-Pierre Ferland, aux *Informations*, SRC, Montréal, 21 mars 2002) «La CNP est ben amenché là! — La Fédération des Armateurs va prendre sa claque!» (J.-J. Richard, *Faites-leur boire le fleuve*, p. 247) ♦ *Donner / recevoir, attraper, etc. une claque (sur la gueule, dans la face).* Gifler / être giflé, donner / recevoir une raclée, faire subir / subir un revers, une rebuffade. «Avoir une claque dans la face le matin puis une victoire le soir, ça arrange bien les choses.» (Ron Lapointe, dans un reportage télévisé, SRC, 16 déc. 1988) «... mettons qu'un gars donne une claque sur la gueule à un autre gars. Ça fait mal, ça.» (J. Doré, *Si le 9-1-1 est occupé!*, p. 120) «Avec l'ostensoir, Murielle a eu le grand chien jaune, une cage vide et un petit briquet qui marche même pas. Y voulait aussi lui donner autre chose. Y a reçu une claque sur la gueule.» (C. Jasmin, *Pleure pas, Germaine*, p. 16) ♦ *Donner la claque à qqn.* Éconduire qqn (notamment un amoureux). ♦ *Donnes-y la claque!* Vas-y, fonce! ♦ *Faire qqch. rien que d'une claque.* Faire qqch. promptement, rapidement, en un rien de temps. «Il a chargé le camion rien que d'une claque et il est retourné sur la route dans le temps de le dire.» ♦ *Manger sa claque.* Essuyer une raclée, un revers, goûter à la défaite. ♦ *Y donner la claque.* Fournir un surcroît d'effort.

600 CLAQUES. *Ôte (tchèque* [angl. *to check,* surveiller, vérifier]) *tes claques puis arrive en ville.* Réveille-toi! Déniaise-toi, mets-toi au rythme du jour, à la page! Se dit notamment à celui qui fait mine de ne pas comprendre l'évidence. ♦ *Tchèque tes claques!* Sois prudent, vigilant, surveille-toi.

601 **CLIQUER.** [Angl. *to click*, s'enclencher] *Cliquer / ne pas cliquer (avec qqn).* S'entendre / ne pas s'entendre (avec qqn). «J'étais content de la revoir. Dommage, ça n'a pas cliqué. On retourne à Montréal?» (Y. Beauchemin, *Le matou*, p. 47)

602 **CLIQUES.** *Prendre ses cliques et (pis) ses claques.* Ramasser ses effets personnels et partir, déguerpir. «Louise n'était pas une moumoune comme Joanne et moi. [...] Il y a 25 ans, déjà tannée de Montréal, elle a pris ses cliques et ses claques et déménagé à Sherbrooke.» (Nathalie Petrowski, «La montagne piégée», *La Presse*, mardi 27 nov. 2001, p. C3)

603 **CLOCHE.** *Avoir le cœur qui lui débat comme une cloche.* Avoir des palpitations. *Fr.* Avoir le cœur qui bat la chamade. ♦ *Sauvé par la cloche.* Sauvé à la dernière minute, in extremis. Se sortir d'une situation désespérée par un retournement inattendu et tardif. Allusion à la cloche de l'école. *Fr.* Sauvé par le gong.

604 **CLOS.** *Prendre le clos.* Quitter accidentellement la route en automobile. *Fr.* Entrer dans le décor.

605 **CLÔTURE.** *Être (se tenir) sur la clôture.* Hésiter, tergiverser. Calque de l'anglais *to sit on the fence. Fr.* Nager entre deux eaux. «... il avait reçu instruction de corrompre tous ceux qui se montraient indécis dans leur choix, sur la clôture, selon le terme consacré.» (A. Bessette, *Le débutant*, p. 190) ♦ *Regarder par-dessus la clôture.* Envier les autres. «Toute sa vie, il a regardé par-dessus la clôture et il est mort pauvre comme la gale.» ♦ *Sauter la clôture.* Passer outre à un interdit. Se dit également d'un homme ou d'une femme qui a des relations sexuelles hors du mariage. Voir *barrière* (nº 160). «Même si les autorités ecclésiastiques le défendaient, on dansait. Le moment de la confession venue, le prêtre n'accordait pas toujours l'absolution à celui qui s'accusait d'avoir dansé. On disait alors de celui-ci qu'il avait mangé de la bouillie, qu'il avait sauté la clôture ou la

barrière.» (H. Vachon, *Corpus des faits ethnographiques...*, p. 243)

606 **CLÔTURES.** *Être un senteux de clôtures.* Être don Juan, aimer faire la cour (particulièrement aux femmes mariées).

607 **CLOU.** *Cassé comme un clou (rouillé).* Très pauvre, démuni financièrement. *Fr.* Fauché comme les blés. «... dans la marde jusqu'au cou, cassé comme un clou rouillé, sans espoir aucun d'en arriver un jour à s'élever au rang des parvenus pansus et respectables.» (S. Rivière, *La saison des quêteux*, p. 19) ◆ *Maigre comme un clou.* Très maigre. *Fr.* Maigre comme un coucou. «Maigre comme un clou bien qu'elle mange comme un loup, taillée en fourchette...» (B. Lacroix, *Les cloches*, p. 35) ◆ *Manquer un clou.* Être timbré. ◆ *Ne pas avoir un clou.* Être sans le sou, fauché. ◆ *Ne pas valoir un clou.* Avoir peu de valeur, de force physique. ◆ *Sec comme un clou.* Se dit d'une personne maigre et de haute taille.

608 **CLOUS.** *Cogner (planter) des clous.* Dodeliner de la tête pour lutter contre le sommeil. Voir *piquets* (n° 1999). «En attendant, l'ange du sommeil penchait la tête de Didace à petits coups, puis plus obstinément. Alphonsine poussa Amable, du coude: — Ton père qui cogne des clous!» (G. Guèvremont, *Le Survenant*, p. 151) «Le petit Jean-Marie Soucy s'est mis à cogner des clous, appuyé contre l'épaule de l'homme-cheval...» (V.-L. Beaulieu, *L'héritage /*L'automne*, p. 193) «L'Albert, toujours si dur à coucher le soir, cogne des clous avec le petit, toujours étendu en travers, la bouche ouverte.» (C. Jasmin, *Pleure pas, Germaine*, p. 19) ◆ *Pleuvoir (tomber) des clous.* Pleuvoir à verse. *Fr.* Tomber des cordes. ◆ *Raide comme des (les) clous.* Se dit de cheveux, de poils dressés, rebelles. ◆ *Un froid à arracher (casser, craquer, péter) les clous.* Un froid intense. *Fr.* Un froid de canard.

609 **CLOUS DE CERCUEIL.** *Faire des clous de cercueil.* Rouler ses cigarettes à la main. Voir *taponneuses* (n° 2481).

610 **COAT À QUEUE.** [Angl. *coat*, manteau] *Être (qqch. de) coat à queue.* Être (qqch. de) beau, chic. «On était ben habillés, le bel habit pis toute, queqchose de coat à queue.» (Bobby Hachey, *Au cœur de la légende*, SRC, 29 octobre 1991)

611 **COCHE.** *À côté de la coche.* Dans l'erreur, dévier du droit chemin. ♦ *En avoir une coche.* En avoir beaucoup. ♦ *En payer une coche.* Dépenser beaucoup d'argent, payer un gros montant. ♦ *Faire une (des) coche(s) mal taillée(s).* Faire un (des) mauvais coup(s). Se dit notamment à propos d'un enfant. «Tout le monde fait des erreurs, tout le monde fait des coches mal taillées.» (Janette Bertrand, *Parler pour parler*, Radio-Québec, 28 déc. 1990) ♦ *Faire une coche...* Faire longtemps... «Ça fait une coche qu'on ne vous a pas vu dans les parages.» ♦ *Péter (sauter) la coche.* Perdre la tête, agir comme un idiot. *Fr.* Péter les plombs.

612 **COCHON.** *Acheter un cochon dans un sac.* Accepter une idée sans en connaître la nature exacte ou les aboutissants, compléter une transaction sans en connaître la nature. ♦ *Aller laver son cochon.* Aller se laver. ♦ *Bête comme un cochon.* Stupide, borné. ♦ *Boire (se pacter [paqueter], se pacter la fraise, se soûler) comme un cochon.* S'enivrer. «Tu t'es encore soûlé comme un cochon! Ben, c'est fini, ces affaires-là.» (R. Carrier, *De l'amour dans la ferraille*, p. 46) «T'aurais pas pu avertir que tu t'en allais te paqueter comme un cochon.» (B. Noël, *Les fleurs noires*, p. 69) ♦ *Être cochon (avec qqn).* Être salaud (avec qqn), sale, porté sur le sexe. «Mais anyway, au Québec lè, les politiciens avaient la couenne dure, y'étaient ben assis sur leur jambon pis y'avaient des idées de lard salé faque y'ont été ben cochons avec nous autres.» (J. Doré, *Si le 9-1-1 est occupé!*, p. 173) ♦ *Indépendant comme un cochon sur la glace (en hiver).* Très indépendant. «Vous savez ben qu'un homme de même, c't'indépendant comme un cochon sua glace en hiver...» (M. Laberge, *C'était avant la guerre...*, p. 113) ♦ *Jouer cochon.* Être salaud, ne laisser aucune chance, n'accorder aucune faveur au jeu, en affaires, etc. ♦ *Manger comme un cochon.*

S'empiffrer. *Fr.* Manger comme un goinfre. «... ça jeûne pendant des semaines comme Jésus dans le désert, pis, tout à coup, ça veut manger comme des cochons...» (R. CARRIER, *De l'amour dans la ferraille*, p. 260) «On mange comme des cochons. Y reste plus un seul sandwich. La petite bande part en expédition.» (C. JASMIN, *Pleure pas, Germaine*, p. 27) ♦ *Renvoyer comme un cochon.* Vomir à en être malade. «... a fallu qu'y se couche en arrivant. Y a renvoyé comme un cochon.» (J. BENOÎT, *Les voleurs*, p. 89) ♦ *Saffe [safre] comme un cochon.* Gourmand, goinfre. Aussi, safre : avare, pingre. ♦ *Saigner le cochon.* Autrefois, tirer du rhum d'un barillet. «L'échange faite, nos deux gaillards font halte au bout d'en bas de l'île, pour saigner le cochon, c'est-à-dire pour tirer du rhum de leur petit baril.» (J.-C. TACHÉ, *Forestiers et voyageurs*, p. 94) ♦ *Sale comme un cochon.* Crotté. Se dit notamment d'un enfant. S'emploie en France. ♦ *Saoul comme un cochon.* Ivre mort. ♦ *Se coucher comme un (en) cochon.* Se coucher tout habillé.

613 **COCHONS.** *On n'a pas gardé les cochons ensemble!* Votre familiarité est déplacée! S'emploie en France. Stendhal fait dire à un personnage dans *Lamiel* (1889) : «Où est-ce que j'ai gardé des cochons avec vous, pour me tutoyer?» ♦ *Amis comme cochons.* Très amis. *Fr.* Copains comme cochons. «Ils étaient amis comme cochons avant cette chicane d'héritage.» ♦ *Les cochons sont saouls!* Se dit pour s'excuser d'avoir laissé échapper un rot.

614 **COCO.** *Faire sauter le coco à qqn.* Donner une raclée à qqn, le faire déguerpir. «Le père Labrosse a fait sauter le coco à Tit-Paul, qui l'avait insulté.» ♦ *Becquer coco pour acheter des terres.* Être prêt à toutes les compromissions pour s'enrichir. Voir *bobo* (n° 257). ♦ *Être (un vrai) coco.* Être idiot, imbécile.

615 **COCOLOGIE.** *Prends ta cocologie à deux mains!* Sers-toi de ton jugement! ♦ *Manquer (ne pas avoir) de cocologie.* Manquer de jugement, de bon sens.

616 **COCOMBE.** *Être (avoir l'air) cocombe [concombre].* Être (avoir l'air) niais.

617 **COCUS.** *Se faire jouer des cocus.* Se laisser tromper, berner.

618 **CODINDE.** *Être (avoir l'air, se sentir) codinde.* Être (avoir l'air, se sentir) imbécile, niais. Codinde : cochon d'Inde. *Fr.* Être le dindon de la farce. «... pis des ministres... qu'ont changé leu' sourires pour une boîte de kleenex... pour finir par perdre leu' dépôt comme des codindes.» (S. Rivière, *La s'maine des quat' jeudis*, p. 75-79) «J'tais debout à côté d'elle, j'pouvais pas m'écraser par terre dans ma robe blanche, j'me sentais codinde en maudit.» (M. Laberge, *Aurélie, ma sœur*, p. 142) «Élise est enceinte, que je te dis! Allons, ne reste pas plantée là comme un codinde, viens l'embrasser!» (Y. Beauchemin, *Le matou*, p. 235) ♦ *Prendre qqn pour un codinde.* Prendre qqn pour un niais, un naïf. Voir *dinde* (n° 880). ♦ *Seul comme un codinde [cochon d'Inde].* Être ostracisé, esseulé. «Il était seul comme un codinde dans son coin à faire son petit travail.»

619 **CŒUR.** *Avoir le cœur à la bonne place.* Être plein de bonté, de sollicitude. «Il a peut-être pas eu de chance, comme ça arrive dans le monde. Mais, il avait le cœur à la bonne place.» (*Le curé de village*, film de P. Gury Le Gouriadec, 1949) ♦ *Avoir le cœur où les poules ont (où la poule a) l'œuf.* Être lâche, insensible, dur. «Y t'y avait des assomptions d'eau le long des joues de la coque... Ni moi ni Florent, on avait le cœur où les poules ont l'œuf.» (Y. Thériault, *Moi, Pierre Huneau*, p. 71) ♦ *Avoir le cœur plus gros qu'on est gros.* Être trop généreux, trop charitable. ♦ *Avoir le cœur qui danse la claquette.* Avoir des palpitations. *Fr.* Avoir le cœur qui bat la chamade. ♦ *Beau comme un cœur.* Très beau. Superlatif. «Je la vois plus grande que jamais, belle comme un cœur et j'pense à l'autre et j'veux pas, et j'cours me passer la tête sous la chantepleure de l'évier.» (C. Jasmin, *Pleure pas, Germaine*, p. 152) «Tu me trouves-tu de ton goût? — Ouais, Méo, t'es beau comme un cœur!» (*L'homme de rêve*, de Robert Ménard, ONF, 1991) ♦ *En avoir*

gros sur le cœur. Avoir de nombreux motifs de récrimination. ◆ *Faire lever le cœur.* Dégoûter. «Ce poisson avarié m'a
fait lever le cœur.» ◆ *Rire comme un cœur.* Avoir un rire
angélique (se dit notamment d'un enfant). «La petite Lucie
riait comme un cœur chaque fois que son père la taqui-
nait.» ◆ *S'arracher le cœur.* Faire l'impossible, se désâmer.
Fr. Se fendre en quatre. «Vieille suce-la-cenne, marmonna-
t-il... Sept cents dollars pour s'être arraché le cœur pendant
deux mois!» (Y. BEAUCHEMIN, *Le matou*, p. 328) ◆ *Se chier le
cœur.* Se désâmer (pour qqch.).

620 **COIN.** *En boucher un coin.* Laisser qqn interloqué, pantois.
Ça t'en bouche un coin! «Ouais, on va se marier très bien-
tôt! — Ben, ça nous en bouche un coin, ça, à ta mère et à
moi!» «La politique pis les syndicats, / Pis la pollution, ça
m'intéresse pas. J'vas t'boucher aux aut'coin à part de t'ça.
/ J'suis pus 'a politique depuis Hiroshima.» (Jacqueline
BARRETTE, «Poléon le révolté», dans L. MAILHOT et D.-M.
MONTPETIT, *Monologues québécois 1890-1980*, p. 276) ◆
Entrer un coin. Confondre qqn. *Fr.* Clouer le bec. ◆ *Habillé
rien que sur un coin.* Mal habillé. ◆ *Maigre comme un coin.*
Très maigre. ◆ *Se faire tasser (tasser qqn) dans le coin.* Se
faire bousculer, semoncer (bousculer, semoncer qqn).

621 **COIN DE RUE.** *Avoir le visage comme un coin de rue.* Bouder,
faire mauvaise mine.

622 **COINS.** *Tourner les coins ronds.* Faire qqch. à la hâte, sans se
soucier des détails; avoir des arguments spécieux.

623 **COLLE.** *Lancer (pousser) une colle.* Proposer une devinette.
◆ *Mange de la colle!* Déguerpis! Injure. ◆ *Ne pas valoir de
la colle.* Ne rien valoir (se dit d'une personne ou d'une
chose).

624 **COLLÉ.** *En avoir de collé.* Être riche, fortuné. «... j'en ai pas
de collés, moi, me sers pas d'un bill de vingt pour faire tenir
les autres ensemble!» (J.-M. POUPART, *Chère Touffe, c'est
plein...*, p. 240)

625 **COLLET.** *En avoir plein son collet.* Être à bout, exténué, excédé. ◆ *Prendre (attraper) qqn par le collet du cou.* Mettre la

main sur qqn. *Fr.* Prendre qqn au collet. ♦ *Virer son collet de bord.* Changer de direction, d'orientation. Voir *capot* (n° 433).

626 **COLLET MONTÉ.** *Être collet monté.* Être orgueilleux, prétentieux. S'emploie aussi en France.

627 **COLLIER.** *Prendre le collier.* Se mettre au travail. *Fr.* Reprendre le collier.

628 **COLON.** *Avoir l'air (être) colon.* Avoir l'air (être) mal dégrossi, peu civilisé. «Pour la vue! Pour l'allurrrrre! Pour ête beau!... T'es ben colon, toé!» (J.-J. RICHARD, *Faites-leur boire le fleuve,* p. 179)

629 **COLONE.** *Ressembler à une colone.* Se dit d'une femme mal habillée. Colone: femme de colon, de cultivateur.

630 **COMÈTE.** *Ça bat (ça bite) la comète!* C'est fantastique, extraordinaire! Allusion à la grande comète de 1882, dite comète de Cruls, d'après le nom de son premier observateur brésilien. La queue de la comète brilla longtemps après son passage dans le ciel québécois et elle frappa tellement l'imagination populaire qu'on créa l'expression. D'ailleurs, un opuscule a été publié à son sujet (A. M., *La grande comète de 1882,* Québec, J. N. Duquet éditeur, 1882). «Ça bite la comète. V'là les hibous qui vont m'prendre pour un lièvre, à c't' heure? Raison de plus pour convoler l'an qui vient.» (A. NANTEL, *À la hache,* p. 162)

631 **COMING OUT.** *Faire son coming out.* Dévoiler publiquement son homosexualité. Voir *garde-robe* (n° 1219). *Fr.* Sortir du placard.

632 **COMMENT JE M'APPELLE.** *Tu vas savoir comment je m'appelle!* Tu vas me connaître! Tu vas avoir de mes nouvelles! «Que la chance me fasse tomber sur trois ou quatre belles armoires et tu vas savoir comment je m'appelle!» (Y. BEAUCHEMIN, *Le matou,* p. 385)

633 **COMMOTION.** *Ne pas avoir grand commotion.* Avoir peu d'énergie, de force.

634 **COMPAS.** *Avoir le compas dans l'œil.* Pouvoir juger à vue des mesures. S'emploie aussi en France.

635 **COMPOTE.** *Tomber en compote.* Tomber en ruine, en décrépitude, se disloquer, s'évanouir.

636 **COMPRENURE.** *Avoir de la comprenure.* Être éveillé, comprendre le bon sens, comprendre facilement. ♦ *Dur de
comprenure.* Comprendre difficilement, être difficile à raisonner. «Du côté de la littérature, t'as encore ceux qui sont
contre, les durs de comprenure pas trop vargeux avec les
ans...» (J.-M. POUPART, *Chère Touffe, c'est plein...*, p. 215)
«T'es dur de comprenure, toé. El monde disait que les journaliers allaient sacrer le feu à forat... Y l'ont pas faite encore.
Moé, je te l'arais sacré ça arait pas été une traînerie.»
(A. RICARD, *La gloire des filles à Magloire*, p. 81) ♦ *Être facile
de comprenure.* Ne pas être difficile à convaincre, comprendre rapidement. ♦ *Ne pas avoir grand(e) comprenure.* Être
peu éveillé, être borné. «Le fils de la mère Richard n'a
pas grand-comprenure, il revient toujours malgré mon in-
terdiction.»

637 **COMPTE.** *Partir à son compte.* Ouvrir un commerce indépendant.

638 **CONFESSE.** *Ne pas être à confesse (avec qqn).* Ne pas être
tenu de dire toute la vérité (à qqn). «Après tout, dit-il pour
s'excuser, je suis pas à confesse avec Brassard, il doit me
cacher des petites affaires, comme ça en passant.» (C.-H.
GRIGNON, *Un homme et son péché*, p. 175)

639 **CONFUSIONS.** *Tomber dans les confusions.* Perdre l'esprit,
subir une crise d'épilepsie.

640 **CONNAISSANT.** *Faire son (le) connaissant.* Faire le savant,
l'important. Voir *Jos Connaissant* (n° 1439).

641 **CONNECTIONS.** *Avoir des connections.* Avoir des relations
bien placées. Calque de l'anglais *to have connection.* «... on
n'a pas d'temps à perdre à vous laisser gâter notre affaire.
Pis si vous aviez pas les connections, c'était de pas aller
mêler les cartes là-bas...» (Y. THÉRIAULT, *Les vendeurs du
temple*, p. 185) «T'as des connections. T'es du bord de
ceuses qu'on toute la gagne.» (A. RICARD, *La gloire des filles
à Magloire*, p. 52)

642 **CONSOMPTION.** *Être (tourner) consomption.* Être (devenir) tuberculeux. «Comment sont les p'tits chez vous, tante Mina? Pis vot'bru? Est-tu toujours consomption?» (M. LABERGE, *C'était avant la guerre...*, p. 77)

643 **CONTENT.** *Manger (boire) son content.* Manger (boire) à satiété, à volonté.

644 **CONTES DE FÉES.** *Croire aux contes de fées.* Croire naïvement aux miracles, à des chimères.

645 **CONTRAT.** *Mettre un contrat sur qqn.* Dans les milieux criminels, offrir un montant pour l'assassinat de qqn.

646 **CONTRE À CONTRE.** *Passer contre à contre.* Passer tout contre, tout près. «Nom d'un nom! J'ai passé contre à contre, à la sortie du chenal de l'Île aux Raisins, proche de la "light" à la queue des îlets.» (G. GUÈVREMONT, *Le Survenant*, p. 224)

647 **CONVULSIONS.** *Tomber dans les convulsions.* Subir une crise d'épilepsie. «S'tu elle que tu veux voir? T'as l'air proche de tomber din convulsions. Assis-toé, pis dépâme un peu, Rosalie.» (M. LABERGE, *C'était avant la guerre...*, p. 25)

648 **COOL.** [Angl. frais, qui a du sang-froid] *Être (rester) cool.* Conserver son sang-froid, son calme. ♦ *Prends ça cool!* Ne t'emballe pas! Conserve ton calme! «Prends ça cool, man, prends ça cool... parce que dla manière que t'es parti là, tu vas piquer une crise d'asthme...» (J.-C. GERMAIN, *Les hauts et les bas dla vie d'une diva*, p. 38)

649 **COPPE.** [Angl. *copper*, cuivre] *Ne pas avoir une coppe (cope) devant soi.* Être pauvre, sans le sou. «"Acré fou, t'auras jamais une cope devant toi", disait-elle au quémandeur.» (G. ROY, *Bonheur d'occasion*, p. 35) ♦ *Ne pas devoir une coppe.* Ne rien devoir. «"T'as ben d'ta chance, toé, Charis. Tes affaires vont ben, pi tu dois pas rien à personne", il consentait: "Ça c'est vrai, par exemple, j'dois pas une coppe."» (RINGUET, *Trente arpents*, p. 113) ♦ *Pas... pour une coppe.* Aucunement, nullement. «Ça faisait ben trois heures qui travaillait comme un nègre-noir, y avait sorti cinq ou six grosses pelletées de terre qu'y avait mis en tas à côté de son trou lorsque le contremaître, un homme qu'était pas

avenant pour ane coppe y vint lui dire qui travaillait pas assez fort...» (Paul Coutlée, «Siméon a lâché sa job» dans L. Mailhot et D.-M. Montpetit, *Monologues québécois 1890-1980*, p. 122)

650 **COQ.** *Avoir le coq à terre.* Être fatigué, dépité. ♦ *Batailleur comme un coq.* Querelleur. ♦ *Chanter (faire) le coq.* Crier victoire, se vanter, plastronner. Se dit notamment d'un jeune homme qui se pavane. «Je l'ai vu se battre contre un Irlandais qui menait l'yâble dans l'élection du petit Baptiste, sur la terre de Moïse Rajotte, un dimanche après-midi. Il en avait fait rien qu'une bouchée... je l'ai entendu chanter le coq.» (G. Guèvremont, *Le Survenant*, p. 249) ♦ *Faire son (petit) coq.* Faire le fanfaron, l'important, notamment devant une personne plus âgée. ♦ *Matinal comme le coq.* Très matinal, lève-tôt. ♦ *Rouge comme un coq.* Rouge (de colère, de rage, etc.). «Le v'là rouge comme un coq. C'est jeune pour avoir des coups de sang. Où c'est qu'on s'en va si les jeunes se mettent en train à quinze ans à cet'heure.» (C. Jasmin, *Pleure pas, Germaine*, p. 48)

651 **COQUEL'ŒIL.** [Angl. *cock-eyed*, qui a les yeux qui louchent] *Être coquel'œil.* Être aveugle (littéral et figuré), loucher. «Mon Dieu, je suis coquel'œil aujourd'hui; lis donc ça pour moi!» (Andrée Boucher, *Les coqueluches*, SRC, 3 juin 1980)

652 **COQUETTERIE.** *Avoir une coquetterie dans l'œil.* Se dit d'une femme qui louche légèrement. S'emploie en France. «Elle n'était pas mal tournée, encore qu'elle eût le visage semé à poignées de grains de son et un œil qui biglait un tantinet, une "coquetterie dens l'œil", comme on dit galamment dans les campagnes...» (Ringuet, *Trente arpents*, p. 236)

653 **COQUILLE.** *Sortir de sa coquille.* Sortir de sa gêne, de son mutisme. S'emploie en France.

654 **CORAN.** *Ne pas être fort sur le Coran.* Avoir l'esprit engourdi.

655 **CORBEAU.** *Noir comme un corbeau.* Très noir, obscur.

656 **CORDE.** *Avoir long de corde.* Posséder beaucoup de ressources. ♦ *Chercher la corde à tourner (à virer) le vent.* Désirer, chercher l'impossible. Aussi, envoyer qqn chercher la corde

à tourner le vent: par amusement, demander à qqn de chercher une chimère. ♦ *Être au bout de sa corde.* Être à bout de ressources, épuisé. *Fr.* Être au bout de son rouleau. «Germaine, j'aime autant te le dire, j'suis au bout de ma corde. Au bout! C'est fini Gilles Bédard, fini. T'es mieux de me planter là. T'es mieux de m'barrer sur ta liste. Je vaux pas une cenne.» (C. JASMIN, *Pleure pas, Germaine*, p. 104) ♦ *Tourner la corde avant d'avoir le veau.* Brûler les étapes. S'inspire d'un proverbe bien connu: Il ne faut pas tourner la corde avant d'avoir le veau. ♦ *Traîner sa corde.* Être insupportable (se dit notamment d'un enfant).

657 **CORDE À LINGE.** *Faire la corde à linge / faire le coup de la corde à linge.* S'effondrer après une solide mise en échec au hockey / administrer une solide mise en échec. ♦ *Passer la nuit sur la corde à linge.* Passer la nuit debout, éveillé.

658 **CORDE DE BOIS.** *Chanter comme une corde de bois qui déboule.* Chanter mal.

659 **CORDE DE POCHE.** *Avoir les yeux en corde de poche.* Avoir les yeux bridés, avoir les yeux bouffis de sommeil. ♦ *Habillé en corde de poche.* Habillé pauvrement. ♦ *Raide comme de la corde de poche.* Dressé, rebelle (se dit notamment des cheveux). Allusion à la corde de chanvre qui servait autrefois à lier les ballots. «La petite a les cheveux raides comme de la corde de poche, pas moyen de les friser.»

660 **CORDEAU.** *Dompté au cordeau.* Se dit d'un cheval bien dompté, docile, obéissant à la moindre sollicitation.

661 **CORDEAUX.** *(Un animal) à deux mains dans les cordeaux.* (Un animal) rétif, fringant. «Il a acheté un cheval à deux mains dans les cordeaux, pas moyen de le retenir.» ♦ *Garder les cordeaux.* Conserver le contrôle, l'autorité. *Fr.* Porter la culotte. ♦ *Slaquer* [angl. *to slack,* relâcher] *les cordeaux.* Se relâcher, se détendre. «Bon, tu commences à slaquer les cordeaux mon Mienmien. Dis-moi pas que tu vas m'donner la chance de r'placer mon dentier...» (S. RIVIÈRE, *La saison des quêteux*, p. 71)

662 **CORDON DU CŒUR.** *Avoir le cordon du cœur (la corde du cœur) slaque* [angl. *slack*, relâché] *(trop long, qui traîne, qui trempe dans la marde, dans l'eau, dans les tripes, en bas du lit, etc.).* Être paresseux, apathique, nonchalant. *Fr.* Avoir un poil dans la main. «... il est une expression québécoise plus savoureuse que la française, qui mériterait d'être imprimée en exergue de la charte des droits des enfants, puisqu'ils ont maintenant une charte : ils ont, dit cette expression québécoise un peu oubliée, ils ont le cordon du cœur qui traîne dans la marde.» (Pierre FOGLIA, «Le cordon du cœur», *La Presse*, 12 octobre 2002, p. A5)

663 **CORDONS DU POÊLE.** *Porter les cordons du poêle.* Porter l'un des quatre coins d'un cercueil. Allusion aux quatre poignées servant à porter le cercueil, faites d'un câble dont les deux extrémités passaient à travers deux trous pratiqués aux quatre coins.

664 **CORNEILLE.** *Avoir une corneille à pleumer [plumer] avec qqn.* Avoir une affaire à régler avec qqn. ♦ *Chanter comme une corneille.* Chanter faux. «Il a été accepté dans la chorale, même s'il chantait comme une corneille.» ♦ *Noir comme une corneille.* Se dit d'une personne à la chevelure très noire.

665 **CORNES.** *Avoir des cornes.* Souffrir de jalousie. «Quand la petite bougraise a aperçu son mari qui avait des cornes, elle s'est sauvée chez sa mère.» ♦ *Avoir un mal de cornes.* Avoir un mal de tête. ♦ *Porter des cornes.* En amour, être supplanté par un rival, être cocu. ♦ *Se casser les cornes.* Boire de l'alcool pour se remettre sur pied après une cuite.

666 **CORNICHON.** *Avoir l'air (d'un) (être, être un) cornichon (salé).* Avoir l'air (être) niais. «Il n'est pas aussi cornichon qu'il en a l'air.» ♦ *Être un (beau) cornichon sans vinaigre.* Être niais.

667 **CORPS.** *Aller (venir) au corps.* Rendre visite à un mort, par exemple, au salon funéraire. ♦ *Se tenir le corps raide puis (et) les oreilles molles.* Façon amusante de dire : se tenir à l'attention. Se dit notamment d'une personne à la fois guindée et timide. Voir *oreilles* (n° 1767).

668 **CORPS LÂCHE.** *Avoir le corps lâche.* Souffrir de diarrhée.

669 **CORPS SANS ÂME.** *Être un corps sans âme.* Être indifférent, nonchalant. S'inspire d'un personnage légendaire apparenté au diable. Se dit aussi d'une organisation par trop anonyme.

670 **CORRECT.** *Être (bien) correct.* Être fiable, responsable. «A parlait sûrement pas des dix-huit employés, sont tout' ben corrects.» (J. DORÉ, *Si le 9-1-1 est occupé!*, p. 75)

671 **CORRIVEAU.** *Une vraie Corriveau!* Se dit d'une femme dotée de ruses et de ressorts quasi diaboliques. S'inspire du personnage de la Corriveau, une femme accusée d'avoir tué son mari en 1763 et qui est devenue légendaire.

672 **CORTON.** *Gelé comme un corton [creton], des cortons [cretons].* Geler beaucoup, être transi.

673 **CÔTE.** *Remonter la côte.* Reprendre du mieux. *Fr.* Remonter la pente. «Bonjour, monsieur Brunet. Puis, votre Alphonse, il reprend du mieux? — Ouais, il remonte la côte. Vous viendrez le voir, monsieur le curé?» (*Le curé de village*, film de P. Gury Le Gouriadec, 1949)

674 **CÔTÉ DES MITAINES.** *Le vent est du côté des mitaines.* Le vent est très froid.

675 **CÔTES.** *Avoir les côtes sur le (en) long.* Être paresseux, maigre. ♦ *Avoir les côtes sur le large.* Être paresseux. *Fr.* Avoir les côtes en long. ♦ *Pouvoir voir les côtes de qqn d'un arpent.* Être très maigre.

676 **COTON.** *Aller (être) au coton.* Aller à fond de train, être à bout. *Fr.* Être au bout du rouleau. Être dans le noir. ♦ *Recevoir un coton.* Se faire rabrouer.

677 **COTONS.** *Avoir des cotons de blé d'Inde.* Avoir les jambes élancées.

678 **COUCHE.** *Avoir (encore) la couche aux fesses.* Être trop jeune, inexpérimenté. «Qu'est-ce que vous faites, vous, mademoiselle? Non. Dites-moé le pas. J'le sais... J'le sens... Vous êtes étudiante... "cégépisse"... Ç'a encore la couche aux fesses...» (J. BARBEAU, *La coupe Stainless*, p. 43)

679 **COUCHER DEHORS.** *À coucher dehors.* (Un nom, une histoire, etc.) bizarre, invraisemblable.

680 **COUCHETTE.** *Être marié en face de la couchette.* Vivre en concubinage.

681 **COUDE.** *Être bloqué dans le coude.* Souffrir de constipation.

682 **COUENNE.** *Avoir la couenne dure.* Être entêté, aguerri, persistant. *Fr.* Être dur à cuire. Avoir la peau dure. «L'aliénation à l'étranger chez nous a la couenne dure.» (Alain HORIC, lettre publiée dans *La Presse*, 4 février 1989) «Le fermier Bardas leur fit une verte semonce, mais les fils avaient la couenne dure.» (G. BESSETTE, *Anthologie d'Albert Laberge*, p. 36) «Mais anyway, au Québec là, les politiciens avaient la couenne dure, y'étaient ben assis sur leur jambon pis y'avaient des idées de lard salé faque y'ont été ben cochons avec nous autres.» (J. DORÉ, *Si le 9-1-1 est occupé!*, p. 173) «Y'avaient beau avoir la couenn' dure, /— Ça s'durcit à forc' qu'on n'endure! —» (É. CODERRE, *J'parle tout seul quand Jean Narrache*, p. 55) ♦ *Avoir la couenne épaisse.* Être insensible, grossier, endurci. «On a beau avoèr la couenne épaisse, chose, y a des patarafes qu'on est prêtes à prendre.» (A. RICARD, *La gloire des filles à Magloire*, p. 49) ♦ *Chauffer la couenne à qqn.* Donner une raclée, une fessée à qqn. ♦ *Se faire chauffer la couenne (au soleil).* Se faire donner une fessée (se dit notamment un enfant), se faire réprimander, se faire bronzer au soleil. «Attends d'être de retour à la maison, je te dis que tu vas te faire chauffer la couenne par papa.» «Arthur est là, les pieds étendus sur la rampe du balcon, y se fait chauffer la couenne au soleil.» (C. JASMIN, *Pleure pas, Germaine*, p. 81) ♦ *Tomber sur la couenne.* Tomber sur les nerfs.

683 **COULEUVRES.** *Faire des couleuvres.* Zigzaguer, déraper (en voiture, en marchant, etc.).

684 **COUP.** *Avoir un coup (de trop) dans le corps.* Avoir trop bu d'alcool, être soûl. «Chaque fois que j'allais me plaindre, oui, j'avais un coup de trop dans le corps. C'est dans ces moments-là, à la quatrième bouteille, que j'en pouvais

p'us.» (C. Jasmin, *Pleure pas, Germaine*, p. 20) «Il le voit. Il l'observe à son aise. Y a un coup dans le corps, Bouboule, il est joyeux, il jase, il jase...» (J. Renaud, *Le cassé*, p. 56) ♦ *Prendre un (p'tit) coup (fort, pas mal fort, solide)*. Trinquer (assez, considérablement). «Les hommes prennent un coup pas mal fort. Simon est de plus en plus abattu...» (J.-M. Poupart, *Chère Touffe, c'est plein...*, p. 86) ♦ *Donner le coup (à une femme)*. Faire l'amour à une femme. ♦ *Faire un coup pendable*. Commettre un mauvais coup, commettre une traîtrise. «J'te dis, Mina, que c'est un coup pendable qu'il t'a fait là!» (*Le gros Bill*, film de René Delacroix, 1949)

685 **COUP D'ARGENT.** *Faire un coup d'argent*. Gagner rapidement une grosse somme d'argent. *Fr.* Gagner le magot. «Sans compter que je me serais fait un coup d'argent avec ça. Parce que mon oncle Arsène serait venu certain. Et puis lui, c'est un "flush" : je vous dis que les trente sous, ça frise avec lui.» (Gratien Gélinas, «La fête de Fridolin», dans L. Mailhot et D.-M. Montpetit, *Monologues québécois 1890-1980*, p. 155)

686 **COUP DE COCHON.** *Jouer (faire) un coup de cochon à qqn*. Commettre une bassesse à l'endroit de qqn, trahir qqn. *Fr.* Porter un coup bas. «Je voudrais rien attendre, mais tout vient. Les coups de cochon. Les joies. On se fait prendre au jeu.» (J. Renaud, *Le cassé*, p. 109)

687 **COUP DE CŒUR.** *Donner un coup de cœur*. Décupler d'efforts.

688 **COUP DE FUSIL.** *Partir en coup de fusil*. Partir en vitesse, en trombe. *Fr.* Partir en coup de vent. ♦ *Se tirer un coup de fusil dans le pied*. Se nuire à soi-même. «Monsieur Bourassa se tire un coup de fusil dans le pied en voulant convaincre les Canadiens anglais avec son projet de double gouvernement.» (Jacques Parizeau en entrevue, *Montréal ce soir*, SRC, 6 février 1992)

689 **COUP DE MORT.** *Attraper (donner, frapper) son coup de mort*. Mourir, tomber malade après s'être exposé aux intempéries. «Ne sors pas dehors par un temps pareil! Tu vas

frapper ton coup de mort.» «Tit-Jean descends, lui dit le taureau blanc, viens à moé, je l'ai, je lui ai donné son coup de mort.» (R. LALONDE, *Contes de la Lièvre*, p. 52) «Arrête-moé ça tu suite, saudit, arrête! Veux-tu me faére attraper mon coup de mort?» (A. RICARD, *La gloire des filles à Magloire*, p. 62)

690 **COUP DE PIED.** *Donner un coup de pied à qqn.* Éconduire qqn (un amoureux).

691 **COUP DE POCHE.** *Donner un coup de poche.* Tenter sa chance à mendier, quêter. «C'est curieux... qu'on ne voie plus notre quéteux. / Il sera allé donner un coup de poche dans le nord, répondit indifféremment Didace.» (G. GUÈVREMONT, *En pleine terre*, p. 28)

692 **COUP DE POING.** *Tirer au coup de poing.* Se quereller.

693 **COUP DE SANG.** *Avoir (mourir d') un coup de sang.* Avoir (mourir d') une thrombose, une bouffée de rougeur, de chaleur. «J'pourrais mourir d'un coup d'sang! — A change pas! conclut le métis.» (H. BERNARD, *Les jours sont longs*, p. 165) «Le v'là rouge comme un coq. C'est jeune pour avoir des coups de sang. Où c'est qu'on s'en va si les jeunes se mettent en train à quinze ans à cet'heure.» (C. JASMIN, *Pleure pas, Germaine*, p. 48)

694 **COUP DE TASSE.** *Prendre un coup de tasse.* Se faire rabrouer, se faire remettre à sa place.

695 **COUP DE TÉLÉPHONE.** *Donner (lâcher) un coup de téléphone.* Téléphoner.

696 **COUP DE TROP.** *Prendre un coup de trop.* S'enivrer, être ivre. «Je te dis, Bertine, que ton père s'est pas amusé à Sainte-Agathe. S'il peut pas avoir pris un coup de trop, au moins...» (C.-H. GRIGNON, *Un homme et son péché*, p. 123)

697 **COUP DE VENT.** *Se déguiser en coup de vent.* Partir précipitamment, déguerpir. «Quand il a vu le curé, il a tellement eu peur qu'il s'est déguisé en coup de vent.» Voir *courant d'air* (n° 704).

698 **COUPANT.** *Faire qqch. au plus coupant.* Faire qqch. au plus tôt. Voir *sacrant* (n° 2289). «Il faut sortir cette voiture au plus coupant, le client attend à l'extérieur.»

699 COUPÉ CARRÉ. *Être coupé carré.* Être terminé, abrupt. « Mais si on regarde en bas, c'est coupé carré ; ziing ! À cause du vertige, Marcel fait un pas en retrait. » (J.-J. Richard, *Faites-leur boire le fleuve*, p. 65) « Depuis qu'les messes sont changées, c'est fini... Pas de dimanche, ç'a été coupé sec ! Ç'a coupé carré ! » (P. Perrault *et al.*, *Le règne du jour*, p. 59)

700 COUPS. *Faire des coups.* Faire de mauvais coups, commettre des bêtises. « ... si y s'achète jamais de linge, y'arrive, mais difficilement. Alors y y'arrive de devoir faire des coups pour arriver. » (J. Doré, *Si le 9-1-1 est occupé!*, p. 121)

701 COUPS DE PIED. *(Qqch.) ... à coups de pied.* N'avancer que sous la contrainte, sous les coups. Se dit notamment d'un véhicule qui tombe toujours en panne : une voiture à coups de pied. ♦ *Donner des coups de pied au soleil.* Faire la fête. ♦ *Il y a des coups de pied qui se perdent.* Il faudrait sévir, sanctionner. « Quand on dit qu'il y a maintenant cinq millions de cartes d'assurance sociale en trop au Canada, il y a des coups de pied qui se perdent. » (Réjean Léveillé, *Le grand bulletin*, CKAC-Télémédia, 9 octobre 2002)

702 COUQUERIE. [Angl. *cookery*, cuisine] *Faire la couquerie (cookerie).* Faire la cuisine, particulièrement pour beaucoup de gens, comme dans un chantier forestier, par exemple. « J'sais pas si c'est l'fait d'avoir une criature pour m'faire la cookerie pis me tenir en forme, mais... » (Y. Thériault, *Les vendeurs du temple*, p. 156)

703 COUR. *(N'en jetez plus) la cour est pleine!* (Arrêtez) je ne peux plus en prendre ! S'emploie en France. ♦ *Pas dans ma cour.* Chez les autres plutôt que chez moi, dans mon environnement. Ainsi, on parle, par exemple, du phénomène du « pas dans ma cour » quand on ne veut pas qu'une compagnie polluante ou qu'une institution controversée vienne s'établir dans sa municipalité. ♦ *Pelleter qqch. (faire du pelletage de qqch.) dans la cour (de qqn) du voisin.* Refiler une (des) responsabilité(s) à d'autres. « Le ministre Ryan veut pelleter dans la cour des municipalités la facture des programmes provinciaux. » (André Hains, *L'informateur*, CKAC-Télémédia, 17 déc. 1990)

704 **COURANT D'AIR.** *Il y a un courant d'air.* Boutade pour dire qu'un propos est exagéré ou déplacé. ♦ *Se déguiser en courant d'air.* Disparaître de sa vue, déguerpir. «Déguise-toi en courant d'air, on ne veut plus te voir ici.» Voir *coup de vent* (n° 697).

705 **COURONNE.** *Ne pas porter sa couronne sur la tête.* Ne pas être orgueilleux.

706 **COURT.** *Piquer au plus court.* Abréger, prendre le plus court chemin. «Ce qui fait, pour piquer au plus court, que tout le monde avait commencé par dire le p'tit ange à Johnny Morissette...» (L. Fréchette, *Contes de Jos Violon*, p. 27) «Ils venaient, piquant au plus court, à travers la neige des champs, montés sur leurs raquettes.» (J.-C. Taché, *Forestiers et voyageurs*, p. 23) «J'vous mens pas, j'cré qu'y en avait... hum... une bonne grosse!... Toujours, que pour piquer au plus court, v'là un z'officier qui m'met un fusil dans les mains pis y nous crie: "Attention!"» (Armand Leclaire, «Le conscrit Baptiste», dans L. Mailhot et D.-M. Montpetit, *Monologues québécois 1890-1980*, p. 110)

707 **COUTEAU.** *Aller sur le couteau.* Mourir. ♦ *Brume à couper au couteau.* Brume épaisse, opaque. ♦ *Être taillé au couteau.* Être bien proportionnée, être svelte, avoir une apparence séduisante (se dit d'une femme). ♦ *Passer par (passer sous) le couteau.* Subir une opération chirurgicale.

708 **COUVERT.** *Être viré sur le couvert [couvercle].* Être timbré, rester interloqué. ♦ *Inventer en dessous d'un couvert [couvercle] de chaudron.* Parler à tort et à travers.

709 **COUVERTE.** *Tirer la couverte [couverture] (de son bord).* Sauvegarder ses propres intérêts avant tout, tourner à son avantage.

710 **COUVERTURE.** *Manquer un morceau de couverture [toiture].* Être timbré. ♦ *Mouiller dans sa couverture [toiture].* Être timbré. ♦ *Sa couverture coule!* Il est timbré.

711 **COWBOY.** *Être (faire le, conduire en) cowboy.* Être présomptueux, (faire l') imprudent, conduire imprudemment. «Il n'y en avait que pour le budget Marois hier. La ministre des

131

Finances a-t-elle été "cowboy" en projetant une croissance de 1,7 % en 2002?» (Sophie COUSINEAU, «La formule secrète la mieux gardée en ville», *La Presse,* samedi 3 nov. 2001, p. E5)

712 **CRACHER.** *Cracher court.* Être saoul. S'inspire d'une croyance populaire. ♦ *Faire cracher qqn.* Faire payer, débourser qqn.

713 **CRACHOIR.** *Passer le crachoir à qqn.* Céder la parole à qqn. Autrefois, celui qui avait la parole chiquait souvent du tabac, et avait donc besoin de cracher. C'est pourquoi on lui passait le crachoir, d'où l'expression. ♦ *Tenir le crachoir.* Accaparer la conversation, avoir la parole. Se dit en France. Voir *plancher* (n° 2025). «L'oncle Alfred, emporté par sa jarnigoine, tenait souvent le crachoir deux, trois heures.»

714 **CRAMPÉ.** *Être crampé (au boutte [bout], comme un cheval).* Rire aux éclats, aux larmes. *Fr.* Être crampé de rire. «Cette blague m'a fait cramper comme un cheval.»

715 **CRAMPER.** *Cramper à droite (à gauche).* Bifurquer, tourner le volant à droite, à gauche.

716 **CRAN.** *Entêté comme un cran.* Très entêté, buté.

717 **CRAPAUD.** *Être (un [vrai] petit) crapaud.* Être rusé, espiègle (se dit particulièrement d'un enfant). ♦ *S'ennuyer comme un crapaud.* S'ennuyer beaucoup, à l'extrême. *Fr.* S'ennuyer comme un rat mort. ♦ *Tomber comme un crapaud.* S'étaler par terre, trébucher.

718 **CRAQUE.** [Angl. *crack,* fêlure] *Avoir une craque au cerveau (au plafond, qui court dans la couverture).* Être timbré. *Fr.* Avoir le cerveau fêlé. ♦ *Envoyer (lancer) une craque.* Faire une taquinerie, lancer une remarque désobligeante.

719 **CRAQUÉ.** *Être craqué au plafond.* Être un peu timbré.

720 **CRAQUEPOTTE.** [Angl. *crackpot,* timbré] *Être craquepotte (craq'pot).* Être timbré. «Là j'ai changé d'idée j'ai dit: "C'est jusse qu'est craq'pot. Y y manque une bolt pis un taraud..."» (Y. DESCHAMPS, *Monologues,* p. 211)

721 **CRASSE.** *Être crasse.* Être espiègle, rusé (se dit notamment d'un enfant). ♦ *Faire une crasse.* Trahir qqn, faire un mauvais coup. ♦ *Haler sa crasse.* Se remuer, se démener.

722 **CRASSES.** *Avoir les yeux crasses.* Avoir le regard espiègle (se dit notamment d'un enfant).

723 **CRAVATE.** *Avoir la cravate à terre.* Être épuisé, découragé. «L'immobilier est en chute libre, pis moê, j'ai la cravate à terre.» (*Super sans plomb*, SRC, 26 mars 1992)

724 **CRAYON.** *Faire du crayon.* Frauder en modifiant les entrées dans les livres, tricher en marquant des points aux cartes.

725 **CRÈCHE.** *Être dans la crèche.* Être choyé, bénéficier d'avantages d'un parti politique au pouvoir. ♦ *Tourner le dos à la crèche.* Tourner le dos à qqn, bouder qqn.

726 **CRÉDIT.** *Avoir son crédit plein.* Avoir atteint sa limite de crédit (relativement à la carte de crédit, etc.).

727 **CREDO.** *Avoir credo de...* Avoir envie de, avoir dans l'esprit de... «Seulement, rien de ça peut se faire avec un seul écu en poche et niqse pour le lendemain. J'avais credo de voir le fond des bouteilles, savez-vous?» (Y. THÉRIAULT, *Moi, Pierre Huneau*, p. 17)

728 **CRÉMAGE.** *C'est le crémage sur le gâteau!* C'est le comble!

729 **CRÈME.** *La crème de la famille.* Le meilleur enfant de la famille. ♦ *La crème des crèmes.* La meilleure de toutes, en parlant d'une femme.

730 **CRÉMER.** *Crémer le gâteau (à une femme) / se faire crémer le gâteau.* Faire l'amour à une femme / se faire faire l'amour.

731 **CRÊPE.** *Faire une crêpe (à une femme).* Faire l'amour à une femme.

732 **CRÊPES.** *Finir ses crêpes / ne pas avoir fini ses crêpes.* Finir son travail, son œuvre / ne pas avoir fini son travail, son œuvre.

733 **CRIMINEL.** *... dans le criminel.* Très, extrêmement. Superlatif. Ainsi, être grand, vite, etc., dans le criminel.

734 **CRIN.** *Arracher le crin de qqn.* Faire souffrir qqn, le mettre hors de lui. ♦ *Avoir les yeux dans le crin.* Avoir le regard fuyant, dépité. «Toi, tu as les yeux dans le crin parce que tu vis ça actuellement...» (Janette Bertrand, *Parler pour parler*, Radio-Québec, 30 août 1991)

735 **CRINQUÉ.** [Angl. *to crank*, remonter à la manivelle] *Être crinqué (au boutte [bout])*. Être en (dans une grande) colère.

736 **CRINQUER.** [Angl. *to crank*, remonter] *Faire crinquer qqn.* Mettre qqn en colère. «C'est la semaine des secrétaires, c'est pour ça que j'ai voulu vous faire crinquer.» (Tex Lecor, *Les insolences d'un téléphone*, CKAC-Télémédia, 25 avril 1990)

737 **CRIQUE.** *Malin comme un crique.* Se dit d'un enfant colérique. ♦ *Faire de crique et d'anche.* Faire qqch. sans soin. *Fr.* À la va comme je te pousse.

738 **CRIS.** *Inventer (éventer) les (des, des hauts) cris.* Hurler, crier à tue-tête. ♦ *Lancer (pousser) des cris (un cri) de mort.* Hurler (de rage, de peur, etc.). «En proie à une grande frayeur, elle a poussé des cris de mort qu'on entendait jusqu'aux limites du village.»

739 **CRISE.** *Piquer une crise.* Faire une crise (de colère, etc.).

740 **CRISE DE NERFS.** *Péter (piquer) une crise de nerfs.* Se mettre hors de soi, perdre tout sang-froid.

741 **CRISSE.** *Ça parle au crisse [Christ]!* Exclamation marquant la surprise, l'ahurissement. ♦ *Maigre comme un crisse [Christ].* Très maigre. ♦ *Suer comme un crisse [Christ] en croix.* Suer abondamment.

742 **CROCHE.** *Penser croche.* Prendre tout à double sens, prendre à tort des propos comme étant à caractère sexuel. ♦ *Regarder qqn croche / se faire regarder croche.* Regarder qqn avec méfiance, avec antipathie / se faire regarder avec méfiance, avec antipathie.

743 **CROCHET.** *Tirer au crochet.* S'affronter au jeu de tire-au-doigt.

744 **CROCHETER.** *Crocheter une fille.* Faire l'amour à une fille.

745 **CROIX.** *Se faire une croix dans le front.* Désespérer d'atteindre qqch., déclarer forfait. *Fr.* Faire une croix dessus. «S'il croit me posséder, il ferait mieux de se faire une croix dans le front.»

746 **CROIX DE SAINT-ANDRÉ.** *Ne pas être une croix de Saint-André.* Ne pas être sans reproche, innocent. «Ton personnage de pégreux, là, c'est pas une croix de Saint-André.» (Serge Bélair, CKVL, 30 janvier 1991)

747 **CROIX DE SAINT-LOUIS.** *Ne pas être une (de la) croix de Saint-Louis.* Ne pas être innocent, irréprochable. Allusion à la croix portée par les membres de l'Ordre de Saint-Louis-de-France, créé en 1693 par Louis XIV pour récompenser ses officiers. Les membres devaient obligatoirement être de religion catholique et mener une vie exemplaire, d'où l'expression. «J'sus pas un rongeur de balustes, / J'sus pas non plus d'la croix d'Saint-Louis, / Mais j'crois qu'y'a un bon Yeu qu'est juste...» (É. CODERRE, *J'parle tout seul quand Jean Narrache*, p. 62) «... de gens qui, en dépit de leur allure martiale, n'ont jamais été, que je sache, décorés de la Croix de Saint-Louis.» (VIEUX DOC [E. Grignon], *En guettant les ours*, p. 221)

748 **CROQUECIGNOLE.** *Piéter comme un croquecignole [croquignole].* Se vanter, parader. Apparaît notamment dans «Créquéteux», chanson d'Ovila Légaré.

749 **CROSSAGE.** *Faire du crossage.* Se livrer à des manigances, à des tromperies.

750 **CROSSE.** *Y avoir (monter, faire) une (de la) crosse.* Y avoir (monter, concevoir) un attrape-nigaud, un piège, une tromperie. «Vous vous dites : il y a une crosse dans tout ça, pas vrai?» (Dans un sketch de Rock et Belles Oreilles, TVA)

751 **CROSSER.** [Angl. *to double-cross*, tromper] *Pouvoir (bien) aller se crosser avec une poignée de braquettes.* Pouvoir disparaître, pouvoir se mêler de ses affaires. *Fr.* Aller se faire voir. Aller se faire foutre. «Si il pense que je vais faire cela, il peut bien aller se crosser avec une poignée de braquettes.» (*Parlez-nous d'amour*, film de Jean-Claude Lord, 1976) ♦ *Se faire crosser / crosser qqn.* Se faire tromper / berner, duper qqn.

752 **CROSSETTE.** *Faire / se faire faire une crossette.* Duper, tromper / se faire duper, tromper.

753 **CROSSEUR.** *Être un crosseur.* Façon grossière de dire : malhonnête, fourbe. ♦ *Un crosseur de poules mortes.* Un bon à rien, un incapable.

754 **CROTTE.** *Avoir une crotte (sur le cœur).* Avoir de la rancœur, du ressentiment. *Fr.* Avoir une dent contre qqn. «Marie avait une crotte sur le cœur à cause d'une ancienne chicane apparemment oubliée.» «C'est ainsi que, depuis toujours, le benjamin des Tamine avait une de ces crottes sur le cœur qui sentait moins que bon...» (S. Rivière, *La s'maine des quat' jeudis*, p. 125) ♦ *Avoir une crotte contre qqn.* Avoir du ressentiment contre qqn. ♦ *Être crotte (à mort).* Être (très) mignon. «Bon! Y ont fini de s'arranger. Clotilde est crotte à mort dans sa robe pêche.» (J.-M. Poupart, *Chère Touffe, c'est plein...*, p. 69) ♦ *Manger de la crotte.* Avoir la mauvaise part, être rejeté, abandonné. *Fr.* Laissé pour compte. «Astheure c'est ienque l'argent qui compte, pis les spectateurs y mangent de la crotte. C'est pas surprenant que les Russes viennent nous battre drette icitte au Forum.» (R. Lévesque, *Le vieux du Bas-du-Fleuve*, p. 31)

755 **CROTTE DE POULE.** *Gelé comme une crotte de poule.* Transi.

756 **CROTTÉ.** *Être (un, faire le) crotté.* Être (faire le) bon à rien.

757 **CROTTER FIN.** *Crotter fin.* Se sentir embarrassé, confus, intimidé. Voir *petite crotte* (n° 1945). *Fr.* Ne pas en mener large. Être dans ses petits souliers.

758 **CROTTES.** *Avoir chié ses plus belles crottes.* Avoir eu ses plus belles années (au sens de : n'être plus au sommet de sa forme, ne plus avoir les mêmes capacités — en raison de l'âge, de la maladie). ♦ *Être (se trouver) dans ses crottes.* Être menstruée. «Il prend sa botte. Crottes ou pas crottes. Quand il se la sort sanglante, il se dépêche de la laver.» (J. Renaud, *Le cassé*, p. 32) «Parle-moi-z-en pas, j'ai pas eu ma botte, elle était dans ses crottes.» (A. Boulanger et S. Prégent, *Eh! qu'mon chum est platte!*, p. 44) «A se trouverait dans ses crottes que ça serait guère plus frette, qu'y se dit.» (J.-M. Poupart, *Chère Touffe, c'est plein...*, p. 61)

759 **CROUSE.** [Angl. *cruise*, croisière] *Être (partir) sur la crouse (cruse).* Être (se mettre) en quête d'aventures amoureuses. «... chus parti sur la "cruse" pendant six mois pis j'me suis retrouvé avec une fille...» (A. BOULANGER et S. PRÉGENT, *Eh! qu'mon chum est platte!*, p. 25) «Si ça me plaît, à moi, pis si la fille me plaît, pourquoi moi, je partirais pas sur la crouse.» (*Claire Lamarche*, TVA, 17 mars 1992)

760 **CROUSER.** [Angl. *to cruise*, rouler à la vitesse de croisière] *Crouser qqn / se faire crouser.* Faire la cour à qqn, tenter de séduire qqn / se faire draguer. «J'en ai vu des filles se faire crouser...» (*Coco man* [chanson populaire], CIBL, 26 janvier 1991)

761 **CROÛTE DE PAIN.** *Donner une croûte de pain.* Remplir partiellement ses promesses.

762 **CROÛTES.** *Avoir des (beaucoup de) croûtes à manger (avant de faire qqch.).* Devoir prendre de l'expérience (avant d'accomplir qqch.).

763 **CROYANCE.** *Être léger de croyance.* Être naïf, crédule. «Il y avait un gars des Îles qui était léger de croyance : les gens pouvaient lui faire accroire n'importe quoi, il n'était pas méfiant.» (J.-C. DE L'ORME et O. LEBLANC, *Histoire populaire des Îles de la Madeleine*, p. 32)

764 **CRUSHER.** [Angl. compacteur] *Avoir l'estomac comme un crusher.* Avoir bon appétit, être glouton. Voir *fer* (n° 1065).

765 **CUILLER.** *Ramasser qqn à la (p'tite, petite) cuiller.* À propos d'une personne faible, abattue, démoralisée. S'emploie en France. *Fr.* Être à ramasser à la petite cuillère. «Il était tellement démoralisé qu'on s'est dit qu'on allait devoir le ramasser à la petite cuiller.» «Et je viendrai te ramasser à la petite cuiller quand tu seras tombé à côté de la ouaguine!» (V.-L. BEAULIEU, *L'héritage / *L'automne*, p. 284) ◆ *Se coucher en cuiller.* Se coucher tout habillé.

766 **CUISSE.** *Qqn de la (deuxième, troisième) cuisse gauche (droite).* Un parent (très) lointain. «Tu as vraiment une tante qui travaille ici? — Une tante de la deuxième cuisse gauche, grand gnochon.» (Y. BEAUCHEMIN, *La matou*,

p. 471) ♦ *Se casser une cuisse.* Devenir enceinte (notamment, hors mariage). ♦ *Se faire casser la cuisse.* Devenir enceinte, avoir des relations sexuelles (notamment hors mariage).

767 **CUISSES.** *Ouvrir les cuisses.* Ouvrir la fenêtre. Se dit à propos des anciennes fenêtres qui s'ouvraient verticalement.

768 **CUITE DE PAIN.** *Manger sa cuite de pain avant le temps.* Devenir enceinte avant le mariage.

769 **CUL.** *De mon cul.* De rien du tout. Dépréciatif. Voir *deux fesses* (n° 860). *Fr.* De mes deux. «Hé hé hé! ricana l'employé entre ses dents, t'as la fale basse à soir, hein, beau boss de mon cul?» (Y. BEAUCHEMIN, *Le matou*, p. 464) ♦ *... mon cul!* Tu parles! Tu veux rire! Exprime le doute. «Âge difficile mon cul! Elle est trop gâtée, c't'enfant-lè, c'est tout. Vous la gâtez pas mal, madame Tremblay, avec vos petits plats du midi.» (F. NOËL, *Chandeleur*, p. 136) ♦ *Avoir le cul dans la crèche.* Être en colère, en rogne, de mauvaise humeur, se sentir marabout. Employée notamment dans la région de Trois-Rivières. ♦ *Avoir le cul sur la paille.* Être sans le sou, pauvre, ruiné. *Fr.* Être sur la paille. «Quand un homme a pas de cœur, i' peut pas vivre longtemps. Tu vas te r'trouver comme t'as commencé: le cul sus la paille.» (R. CARRIER, *De l'amour dans la ferraille*, p. 88-89) ♦ *Avoir qqn dans le cul.* Haïr, détester qqn. *Fr.* Ne pas pouvoir blairer qqn. ♦ *Baise-moi le cul!* Déguerpis! Injure. *Fr.* Va te faire foutre! ♦ *Dans le cul (les pains de sucre)!* Assez! Pour mettre fin à une discussion. ♦ *En avoir plein le cul.* En avoir assez. S'emploie en France. *Fr.* En avoir plein le dos. «Moi, aussi, j'en ai plein le cul de l'hiver.» (*Elvis Gratton*, film de Pierre Falardeau, 1985) «... et tout ça à cause de ce maudit commerce... J'en ai plein le cul, comprends-tu? plein le cul!» (Y. BEAUCHEMIN, *Le matou*, p. 134) ♦ *Être sur le cul.* Être par terre, ruiné, ne plus rien valoir. «Le bluff est sus le cul, t'en passes un sacré papier. Pierre replace le paquet dans botte.» (J.-M. POUPART, *Chère Touffe c'est plein...*, p. 87) ♦ *Faire (organiser) une partie de cul.* Faire (organiser) une

partouze. ♦ *Jouer / se faire jouer un cul.* Jouer / se faire jouer un mauvais tour. ♦ *Jouer au cul.* Coïter. Voir *fesses* (n° 1070). «Tu m'as tuée. Va donc jouer au cul avec la grosse Ariette.» (A. FORCIER et J. MARCOTTE, *Une histoire inventée*, p. 36) ♦ *Laid comme un cul.* Très laid. «Y'est laid comme un cul, ton petit vieux. S'il revient ici, je vas lui crisser un coup de pied dans les cannes.» (Y. BEAUCHEMIN, *Le matou*, p. 100) ♦ *Licher [lécher] le cul de qqn.* Flagorner. *Fr.* Lécher le cul. «Et jord'hui, c'est les Japonais que tu liches le cul! — Pas vrai, Ottawa laisserait pas faire ça!» (J.-J. RICHARD, *Faites-leur boire le fleuve*, p. 169) ♦ *Ne pas valoir le cul.* Être de peu de valeur, ne rien valoir. «De toute façon, tout le reste, c'est ben relatif. Tout le reste, comparé à ça, franchement, ça vaut pas le cul.» (J. DORÉ, *Si le 9-1-1 est occupé!*, p. 73) ♦ *Pousser qqn dans le cul.* Pousser, encourager qqn à faire qqch. «Donne-moi du cash / L'amour j'en veux plus / Donne-moi des flashes / Pousse-moi dans l'cul.» (Chanson de Marjolaine Morin, dans Pierre FOGLIA, «Une belle fille», *La Presse*, 24 mai 1980, p. A5) ♦ *Pouvoir (bien) se le (la) fourrer dans le cul.* Être parfaitement égal, indifférent. Trivial. On dit aussi: «Fourre-toi-le dans le cul! Tu peux le garder!» Se dit d'un rejet catégorique. ♦ *Revirer le cul à la crèche.* Abandonner, se désister. «Pis les arbitres, on en parle pas. Eux autres c'en est une bande de maudits innocents. Y sont ienque bons à r'virer le cul à la crèche quand ça serait le temps de faire leu's ouvrage.» (R. LÉVESQUE, *Le vieux du Bas-du-Fleuve*, p. 118) ♦ *Se baiser le cul.* Échouer, manquer son coup. ♦ *Se devoir le cul.* Être criblé de dettes. «Ce pauvre Paul, il n'a plus une cenne et il se doit le cul en plus.» ♦ *Se fendre / ne pas se fendre le cul (en quatre).* Se démener, faire tout en son pouvoir / ne pas se démener. *Fr.* Se mettre / ne pas se mettre martel en tête. ♦ *Se grouiller (se branler, se mouver* [angl. *to move*, bouger]*) le cul.* Se remuer. S'emploie aussi à l'impératif. «Y faut que j'trouve le moyen de faire d'l'argent vite sans trop trop m'branler le cul.» (*Beat*, Radio-Québec, 14 mai 1980) «Pourvu qu'il se grouille le cul, maintenant. Je ne veux pas être six pieds sous terre quand le train va reprendre son service.» (Y. Beauchemin, *Le matou*, p. 430) «C'est fantastique comme il s'exprime bien quand il se mouve le cul. Voilà pour l'exposé théorique.» (J.-M. Poupart, *Chère Touffe, c'est plein...*, p. 134) ♦ *Se ouatcher* [angl. *to watch*, surveiller] *le cul*. Faire attention, prendre garde. *Fr.* Veiller au grain. ♦ *Se faire (se laisser) pogner [poigner] le cul*. Se faire (se laisser) peloter (se dit d'une femme), avoir des relations sexuelles. «Ceux qui nous paient pour se faire pogner le cul, ce ne sont pas des enfants mais des adultes.» («Plus», *La Presse*, 16 février 1985, p. 3) «Je l'aime plus, ma mère... elle est toujours en train de se faire pogner le cul par ses chums...» (Y. Beauchemin, *Le matou*, p. 242) ♦ *Se pogner [poigner] le cul*. Ne rien faire, perdre son temps, se peloter. «... j'ai pas pu m'empecher de crier au gars... : "Allez donc vous pogner le cul ailleurs, ça sent le yable, icitte!"» (M. Tremblay, *Des nouvelles d'Édouard*, p. 210) «... rien que pour avoir le plaisir de se pogner le cul entre quatre murs, point, dans le désert...» (J.-M. Poupart, *Chère Touffe, c'est plein...*, p. 25) «Autour de lui, ça caquette, ça rit, ça s'poigne le cul, ça placote, ça règle le sort du monde...» (J. Renaud, *Le cassé*, p. 58) «... c'était bon dans les débuts sus le sofa ; à s'pogner le cul comme y font à c't'heure...» (J.-M. Poupart, *Chère Touffe, c'est plein...*, p. 102) ♦ *Se traîner le cul (à la journée longue)*. Perdre son temps, flânocher. ♦ *Sentir le cul*. Sentir mauvais. ♦ *Tomber sur le cul*. Être étonné, estomaqué. Se dit en France. *Fr.* Ne pas en revenir. «Quand j'ai vu ce petit bonhomme-là jouer du violon, je suis tombé sur le cul.» (Gerry Boulet, *Star d'un soir*, SRC) «Pour tomber su'l'cul, y'a pas à dire, les tenants du secret tombaient su'l'cul en varice généralisée...» (S. Rivière, *La s'maine des quat' jeudis*, p. 173)

770 **CUL À L'EAU.** *Se retrouver le cul à l'eau.* Se retrouver devant rien. *Fr.* Être (rester) le bec dans l'eau. «... mais ma trouvaille

se r'trouve le cul à l'eau, c'est comme si j'avais rien sorti de drôle...» (J.-M. Poupart, *Chère Touffe, c'est plein...*, p. 41)

771 **CUL DE LA VIEILLE.** *Baiser le cul de la vieille.* Revenir bredouille, échouer, perdre au jeu. *Fr.* Faire chou blanc. Mordre la poussière. L'expression était employée dès le xviiie siècle en France dans le sens de : perdre aux cartes sans même marquer un point. «Et dire que les Américains y dépensent des cent piastres, pour v'nir dans l'Nord, baiser l'cul d'la vieille. C'est nous autres, les vrais tourisses.» (A. Nantel, *À la hache*, p. 166)

772 **CUL DE POULE.** *Parler (avoir) la gueule en (parler en) (trou de) cul de poule.* S'exprimer avec affectation. En France, faire la bouche en cul de poule : prendre des airs mielleux, faire des minauderies. «— Alors, notre Canadien a passé une bonne nuit? / J'ai mis ma bouche en trou de cul de poule pour y répondre : / — Feurmidable! / Et là j'ai eu l'air d'un vrai fou.» (M. Tremblay, *Des nouvelles d'Édouard*, p. 227)

773 **CUL DU DIABLE.** *Baiser le cul du diable quand il est frette [froid].* Agir au moment opportun, au moment propice.

774 **CUL PAR-DESSUS TÊTE.** *Cul par-dessus tête.* Sens dessus dessous, à l'envers. «La jument a fait pirouetter Tit-Jos qui s'est retrouvé cul par-dessus tête dans le champ.» «S'y a du monde, je l'entraîne dans le bazou, cul par-dessus tête. Quelle job je vas y faire! Eh mon Dieu!» (C. Jasmin, *Pleure pas, Germaine*, p. 143)

775 **CUL PLAT.** *Être (s'asseoir) à cul plat.* Être assis (s'asseoir) bien confortablement, se caler (dans un siège). «Les ch'veux en fond d'chai' dépaillée, Est à cul plat su' son perron.» (É. Coderre, *J'parle tout seul quand Jean Narrache*, p. 100)

776 **CULOTTE.** *Faire de la culotte.* Être timbré.

777 **CULOTTES.** *Mets tes culottes puis arrive en ville!* Réveille-toi, ouvre-toi les yeux, affronte la réalité! ♦ *Avoir des culottes [culottes] tôlées (de tôle).* Être effronté, fantasque. «Le premier ministre a des culottes tôlées pour nous présenter un tel (mauvais) budget.» (*Nouvelles*, CKAC-Télémédia, 27 avril

1990) «Portes-tu encor des culottes de tôle? Je t'ai connu adolescent fendant.» (C. DESROCHERS, *La grosse tête*, p. 127) ◆ *Chier (faire) dans ses culottes.* Être saisi de frayeur. *Fr.* Chier dans son froc. «Laisse-moi pas être si bête avec toi! Laisse-moi pas t'faire ça parce qu'un écœurant est pas capable de vivre sans chier dans ses culottes!» (M. LABERGE, *Aurélie, ma sœur*, p. 79) «M'a dire comme ce gars, Tit-Jean en "faisait dans ses culottes", tellement la peur l'avait pogné.» (R. LALONDE, *Contes de la Lièvre*, p. 31) ◆ *Mettre les (ses) culottes.* Réagir, prendre l'initiative. Se dit notamment d'une femme qui se décide à prendre l'initiative dans le ménage. «J'espère que le ministre va mettre ses culottes parce qu'on en a assez d'attendre.» ◆ *Perdre ses culottes / faire perdre ses culottes à qqn.* Être ruiné, perdre ses biens / ruiner qqn. ◆ *Pisser dans ses culottes.* Prendre peur. *Fr.* Trembler dans sa culotte. ◆ *Se faire prendre avec (avoir) les culottes à terre (baissées).* Se faire prendre à l'improviste. «Non, mais c'est la première fois qu'a m'pogne. — Qu'a t'pogne les culottes baissées.» (A. FORCIER et J. MARCOTTE, *Une histoire inventée*, p. 47) ◆ *Virer ses culottes à l'envers.* changer brusquement d'opinion, de point de vue. Voir *capot* (n° 433).

778 **CULOTTES DE BOULOT.** *Avoir (mettre) des culottes de boulot.* Avoir (mettre) une culotte de travail. «Faut mettre tes culottes de boulot pour travailler dans la mécanique.»

779 **CULS.** *Deux culs dans la même chemise.* Deux personnes semblables, deux compères, deux complices.

780 **CULS DE BOUTEILLE.** *Avoir les yeux grands comme des culs de bouteille.* Avoir les yeux exorbités.

781 **CURÉ.** *Parler comme un curé.* S'exprimer avec éloquence. ◆ *Poli comme un curé.* Très poli, civilisé. «Quelle sorte d'homme c'était, y t'a pas achalée au moins? — B'en non, lâchez-moé donc. Poli comme un curé. Aimable.» (C. JASMIN, *Pleure pas, Germaine*, p. 91-92)

782 **CURE-DENTS.** *Gros (maigre) comme un cure-dents.* Extrêmement maigre (se dit d'une personne).

D

783 **D'ARRACHE-POIL.** *Travailler d'arrache-poil.* Travailler sans désemparer, en y mettant toute son énergie. *Fr.* Travailler d'arrache-pied.

784 **DALOT.** *Se rincer le dalot.* Trinquer. Avoir la dalle en pente. «... à la face des hauts dignitaires réunis pour se flatter le nombril tout en se rinçant le dalot, que Ti-Jos à Pit Landry...» (S. Rivière, *La s'maine des quat' jeudis*, p. 50)

785 **DAMNER.** *Faire damner le monde.* Exaspérer autrui. Se dit notamment d'un enfant. «Ce petit démon n'arrête pas de faire damner le monde. Il ne nous laisse aucun répit.»

786 **DANSE DE SAINT-GUY.** *Avoir la danse de Saint-Guy.* Être agité, turbulent. Se dit notamment d'un enfant.

787 **DASH.** [Angl. tableau de bord] *Ça frappe (fesse) dans le dash!* C'est renversant, étonnant, ça surprend... «Wow, des cornes sur le capot de ta voiture, ça fesse dans l'dash!»

788 **DE DÉPENSE.** *Être de dépense / ne pas être de dépense.* Être dépensier / être économe.

789 **DE REBOURS.** *Avoir le poil de rebours.* Être maussade, de mauvaise humeur. *Fr.* Être de mauvais poil.

790 **DE SERVICE.** *Ne pas être de service.* Se dit d'une personne insupportable (notamment d'un enfant).

791 **DE TRAVERS.** *Être (tout) de travers.* Être dans l'erreur, agir de manière erronée, marginale. ♦ *Se passer qqn de travers.* Se moquer de qqn. «Jean, je me le passe de travers. C'est pas lui qui me fait peur.»

792 **DE VALEUR.** *C'est (bien, b'en, ben) de valeur!* C'est (bien) regrettable, dommage, malheureux. «Albert marche dans les vagues hautes de six pieds, à grandes enjambées, les genoux sous le menton. — C'est de la glace, c'est b'en de

valeur. J'ose pas me saucer.» (C. JASMIN, *Pleure pas, Germaine*, p. 157) «Ouan, mais c'est de valeur que tu rises rien que pour des affaires niaiseuses.» (M. TREMBLAY, *Le premier quartier de la lune*, p. 33) «Là, a fallu que j'y explique tranquillement que c'était ben de valeur mais que ça marchait pas sus c'te règne-là...» (J.-M. POUPART, *Chère Touffe, c'est plein...*, p. 122) «J'en connais qui sont pas capables pis je trouve ça de valeur.» (J. DORÉ, *Si le 9-1-1 est occupé!*, p. 88) ♦ *C'est pas de valeur!* Évidemment! Ça va de soi! «C'est pas d'valeur, avec sa fortune, il peut tout se payer.»

793 **DEAL.** [Angl. marché] *Être (faire) un (bon) deal.* Être (conclure) un marché (profitable). «Lui, y me donne le goût de vivre, pis moi, j'y donne à manger, c'est un bon deal, je trouve.» (J. DORÉ, *Si le 9-1-1 est occupé!*, p. 52)

794 **DÉBÂCLE.** *Avoir la débâcle.* Souffrir de diarrhée.

795 **DÉBANDÉ.** *Être débandé.* Être déçu, désillusionné.

796 **DÉBARQUE.** *Prendre sa débarque.* Faire fiasco, perdre la face. «J'te dis que le maire a pris sa débarque quand le gouvernement provincial lui a refusé la subvention.» ♦ *Prendre une (méchante, moyenne) débarque.* Essuyer un (important) revers, faire une chute. «... j'ai pris les jambes à mon cou... Une méchante débarque mais je l'ai quand même échappé belle.» (J. DORÉ, *Si le 9-1-1 est occupé!*, p. 27)

797 **DÉBIFFÉ.** *Être débiffé de la carriole.* Être épuisé, fourbu, ne pas payer de mine. «Ah!... il dit... je suis pus capable!... Trop vieux!... Je commence à être pas mal débiffé de la carriole, tu sais, Gédéon... Je file pas ben, ben...» (Doris LUSSIER [Père Gédéon], «Les maladies de vieux», dans L. MAILHOT et D.-M. MONTPETIT, *Monologues québécois 1890-1980*, p. 186)

798 **DÉBILE.** *Faire qqch. de débile.* Faire qqch. de désopilant, d'absurde, dans la langue de la jeunesse. Se dit également d'un humour absurde: une farce débile.

799 **DÉBOULÉ.** *Avoir déboulé.* Être devenue enceinte.

800 **DÉBOUTONNER.** *Manger à se déboutonner.* S'empiffrer.

801 **DÉBRÊLÉ.** *Avoir l'air (être) débrêlé.* Avoir l'air (être) débraillé.

802 **DÉCAMPE.** *Prendre sa décampe.* Déguerpir.

803 **DÉCHAÎNÉ.** *Sacrer comme un déchaîné.* Blasphémer à qui mieux mieux.

804 **DÈCHE.** *Être (tomber) dans la dèche.* Être (sombrer) dans la pauvreté.

805 **DÉCIS.** *Être en décis de faire qqch.* Songer à faire qqch.

806 **DÉCONCRISSÉ.** *Être (tout) déconcrissé.* Être (tout) démonté, découragé.

807 **DÉCOUSU.** *En avoir long de décousu.* Avoir peu de scrupules. Littéralement, porter une robe échancrée. *Fr.* Avoir la conscience large.

808 **DÉCOUVERTE.** *Partir en découverte.* Se mettre en quête d'une aventure galante.

809 **DÉCULOTTER.** *Déculotter qqn / se faire déculotter.* Voler, tromper, démasquer qqn / se faire voler, tromper, démasquer. *Fr.* Y laisser sa chemise.

810 **DEDANS.** *Y en avoir dedans (d'dans).* Y avoir beaucoup d'énergie, de dynamisme (chez qqn). «J'suis vlimeux, moé, vous savez. J'suis pareil comme poupa, j'suis pas gros, mais y en a dedans!» (Armand LECLAIRE, «Titoine en ville», dans L. MAILHOT et D.-M. MONTPETIT, *Monologues québécois 1890-1980*, p. 112)

811 **DÉFAITE.** *Faire une défaite.* Invoquer un prétexte (pour s'abstenir de faire qqch.). «Jacques a fait une défaite pour ne pas nous aider à monter le foin dans la grange.»

812 **DÉFINTISER.** *Défintiser qqn / se faire défintiser (défuntiser).* Massacrer, tabasser qqn / se faire massacrer, démolir.

813 **DÉFONCÉ.** *Manger comme un défoncé.* S'empiffrer. *Fr.* Manger comme un ogre. Aller à Angoulême. Bouffer comme un chancre. «Il s'est donné juste pour sa nourriture et son tabac. Faut dire qu'il mange comme un défoncé.» (G. GUÈVREMONT, *Le Survenant*, p. 106)

814 **DÉGELÉE.** *Donner une dégelée à qqn / attraper (manger, prendre) une dégelée.* Donner une raclée à qqn / subir une raclée, un revers.

145

815 **DÉGRADÉ.** *Être dégradé.* Être retardé, retenu. Dans la langue maritime, dégrader se dit de l'action de forts vents ou courants qui font dévier le navire de sa course, d'où, par extension, la formule.

816 **DEHORS.** *Être une femme de dehors puis de dedans.* Être une femme aussi habile aux travaux des champs qu'aux tâches ménagères. ◆ *Ne pas regarder dehors l'avant-midi pour savoir quoi faire l'après-midi.* Craindre le travail, chercher le plus possible à s'éviter du travail. «Il y a des fonctionnaires municipaux qui ne regardent pas dehors l'avant-midi pour savoir quoi faire l'après-midi.» (Jean Cournoyer, *Contact*, CKAC-Télémédia, 15 nov. 1991) ◆ *Va donc voir dehors si j'y suis!* Déguerpis! Retire-toi de ma vue!

817 **DÉMANCHE.** *Être en (à la) démanche (démence).* Tomber en ruine, être délabré. «La maison était tellement en démanche qu'on ne s'est même pas donné la peine de la réparer.» «Mais elle est toute en démanche, c'te maison-là! — Elle est pas habitée depuis longtemps, j'sais pas...» (F. LORANGER, *Jour après jour*, p. 47)

818 **DÉMANGEAISON.** *Gratter la démangeaison à qqn.* Amadouer, rassurer qqn. «Y vous a fait parler, y vous a flattés sur le sens du poil, y'a fait semblant de vous gratter la démangeaison, mais y vous l'a pas dit!» (Y. THÉRIAULT, *Les vendeurs du temple*, p. 65)

819 **DEMOISELLE.** *Être demoiselle.* Être hautaine. «C'est ça qu'aurait fait un bon homme à Romaine Castilloux. Mais entre nous elle était un peu demoiselle.» (R. GIRARD, *Rédemption*, p. 127)

820 **DÉMON.** *En démon!* Beaucoup, en grand. Superlatif. «Ça dévore en démon, ces vieilles truies-là, fit-il en tapotant l'énorme fournaise victorienne...» (Y. BEAUCHEMIN, *Le matou*, p. 394) ◆ *Être en (beau) démon.* Être en colère, en furie. ◆ *Jurer comme un démon.* Blasphémer affreusement.

821 **DÉMONE.** *Crier comme une démone.* Se dit d'une femme qui crie à tue-tête.

822 **DÉNIAISÉ.** *Être déniaisé.* Être débrouillard, déluré.

823 **DENTS.** *Avoir les dents mêlées.* Être saoul. «Aïe, Ti-Jos, tu ne devrais pas conduire ton auto avec les dents mêlées!» ♦ *Avoir les dents dans les babines.* Avoir un appétit démesuré. *Fr.* Avoir les yeux plus grands que le ventre. ♦ *Avoir les dents molles.* Être amorphe, apathique. ♦ *Avoir mal aux dents.* Être en rut. Se dit particulièrement d'une chatte en chaleur. ♦ *Passe-toi ça entre les dents!* Prends ça! Avale ça! C'est dit! C'est mon dernier mot! Se dit pour clore un argument.

824 **DÉPAQUETER.** *Se dépaqueter.* Se dégriser.

825 **DÉPAYER.** *Ça me dépayerait pas!* Ça m'arrangerait! «Si tu me donnais ce petit coup de main, ça me dépayerait pas.»

826 **DÉPLANTÉ.** *Être déplanté / se faire déplanter.* Être supplanté, enlevé, retiré / se faire supplanter. «La statue a été déplantée de son socle.»

827 **DÉPÔT.** *Perdre son dépôt.* Être battu à plate couture dans une élection. Le politicien qui se présente aux élections doit verser une caution ou «dépôt», qui ne lui est pas rendue s'il n'obtient pas un minimum de votes. «... pis des ministres... qu'ont changé leu' sourires pour une boîte de kleenex... pour finir par perdre leu' dépôt comme des codindes.» (S. RIVIÈRE, *La s'maine des quat' jeudis*, p. 78-79)

828 **DERNIER DEGRÉ.** *Au dernier degré.* À l'extrême, suprêmement. Superlatif. «Que voulez-vous? Il y a toujours ban quelque chose qui m'a impressionné au dernier degré.» (P. PERRAULT *et al.*, *Le règne du jour*, p. 131)

829 **DERNIER TROU.** *Être attelé au dernier trou.* Être à bout de ressources, de forces.

830 **DERNIÈRE PLUIE.** *Ne pas être né à (avec, de) la dernière pluie.* Avoir l'expérience de la vie. *Fr.* N'être pas né de la dernière fournée. Ne pas être tombé du nid à la récente pluie. Ne pas être tombé de la dernière pluie. Ne pas être né d'hier. «Mais je suis pas né avec la dernière pluie et... je me dis que c'est parce qu'il y a quelque chose qui marche pas quelque part.» (V.-L. BEAULIEU, *L'héritage /*L'automne*, p. 463)

831 **DERNIERS MILLES.** *Sur les (ses) derniers milles.* À bout de forces, de ressources, à la fin, à la dernière extrémité. « C'est pas la question d'être plus catholique que l'pape. En seulement la maladie pis la mort, on fait pas d'farces avec ça, apparence que ça peut se r'tourner contr' vous su' les derniers milles... » (S. Rivière, *La s'maine des quat' jeudis*, p. 76) « ... c'était sus les derniers milles, y m'voulait ben, moi, pus l'yable, j'y explique la patente... » (J.-M. Poupart, *Chère Touffe, c'est plein...*, p. 124)

832 **DÉROUGIR.** *Ne pas dérougir.* Ne pas s'arrêter, ne pas y avoir relâche. « Le travail, ça dérougit pas : je dois même travailler la fin de semaine. »

833 **DÉROUINE.** *Être en dérouine.* Être ivre. « Y laisseront pas des gardiens de cages en dérouine s'endormir avec une cruche de rhum. » (P. de Grosbois, *Les initiés de la Pointe aux Cajeux*, p. 22)

834 **DERRIÈRE.** *Se devoir le derrière.* Être criblé de dettes. « Là tu montes plus haut pis tu prends les provinces, y sont endettées eux autres itou. Tu prends le Canada, y se doit le darriére. Pis toutes les autres pays sont pareils. » (R. Lévesque, *Le vieux du Bas-du-Fleuve*, p. 69) ♦ *Se lever le derrière à la crèche (devant).* Se lever d'humeur maussade. *Fr.* Se lever du mauvais pied. « Comme il s'est chicané avec sa femme hier soir, il s'est levé le derrière à la crèche. »

835 **DERRIÈRE DE LA CRAVATE.** *Se mouiller le derrière de la cravate.* Trinquer. *Fr.* S'en mettre derrière la cravate (signifie à la fois s'empiffrer et trinquer). « Surtout que le soir, de coutume, on avait des veillées de danse, pis qu'entre deux sets y fallait ben se mouiller le darriére de la la cravate pour se refaire des forces un peu. » (R. Lévesque, *Le vieux du Bas-du-Fleuve*, p. 105)

836 **DERRIÈRE DE LA TÊTE.** *Se manger le derrière de la tête.* S'inquiéter, se tourmenter, regretter, s'impatienter. *Fr.* Se ronger les sangs.

837 **DÉSAIRÉ.** *Être désairé.* Ne plus connaître les aires, être désorienté, perdu. « Voyons, je dois être désairé à soir, je ne retrouve plus mon chemin. »

838 **DÉSAMAIN.** *Être à désamain.* Ne pas être à la main, être mal placé, mal disposé. «Ce meuble est bien à désamain. Je m'y frappe chaque fois que je passe!»

839 **DÉSÂMÉ.** *Être désâmé.* Être aux abois, crevé. «Elle était desâmée de voir qu'elle ne pouvait rien pour lui.»

840 **DÉSÂMER.** *Faire désâmer qqn.* Exaspérer qqn, mettre qqn hors de soi (se dit notamment à propos d'un enfant).

841 **DESCENDRE.** *Se faire descendre.* Se faire critiquer, se faire tuer par balle.

842 **DÉSCROUNCHÉ.** *Être (tout) déscrounché.* Être abattu, débiné.

843 **DESSOURE.** *Virer (en) dessoure [dessous] (dessour).* Patiner, faire du surplace, contenir sa rage. «Le grand Pit disait que le Conseil virait en dessoure avec l'aqueduc pis qu'on dépenserait pas deux cents piasses çartain pour aller porter l'eau à ce maudit flanc-mou là...» (R. LÉVESQUE, *Le vieux du Bas-du-Fleuve*, p. 49)

844 **DESSOUS.** *Être en dessous dans ses affaires.* Être déficitaire, en retard dans ses affaires.

845 **DESSUS.** *Assois-toi dessus puis tourne!* Repenses-y! Réfléchis bien!

846 **DÉTELÉ.** *Être dételé.* Être désarçonné, dépourvu de moyens, de ressources. ♦ *Se coucher tout dételé.* Se coucher tout habillé.

847 **DÉTELER.** *Ça (vous) dételle un homme!* Ça (vous) désarçonne, ça (vous) fait perdre contenance! «Se faire recevoir comme un chien dans un jeu de quilles dans la maison paternelle, ça vous dételle un homme.»

848 **DÉTERRÉ.** *Blême comme un déterré.* Blafard.

849 **DÉTORS.** *Avoir le pied détors.* Souffrir d'une entorse.

850 **DÉTOUR.** *Avoir un détour dans les reins.* Souffrir d'un lumbago. «Une fois, à Gros-Cap, un homme était pris avec un détour dans les reins.» (J.-C. DE L'ORME et O. LEBLANC, *Histoire populaire des Îles de la Madeleine*, p. 152)

851 **DÉTOURS.** *Faire (prendre) cinquante-six (trente-six) détours.* Hésiter, prendre beaucoup de précautions, tergiverser.

«... c'est l'hésitation avant de lâcher un point de vue différent, les cinquante-six détours qu'y prend, les précautions infinies... Sous prétexte de pas blesser l'autre.» (J.-M. POUPART, *Chère Touffe, c'est plein...*, p. 117) «... en tout cas, c'est qu'à c't'âge-là, on fait face aux autres sans trente-six détours, on les attaque de front, tu comprends?» (J.-M. POUPART, *Chère Touffe, c'est plein...*, p. 45)

852 **DEUX.** *Être aux deux.* Entretenir des rapports sexuels autant avec les femmes qu'avec les hommes. ♦ *Marcher en deux.* Marcher le dos courbé, plié en deux.

853 **DEUX BOUTS.** *Être bouché des (par les) deux bouts.* Rester sourd à tout argument, ne pas vouloir entendre raison. ♦ *Rejoindre / ne pas rejoindre les deux bouts.* Résoudre / ne pas résoudre ses difficultés financières.

854 **DEUX CENNES.** *Avoir pour deux cennes [cents] (de bonté, de cœur, etc.).* Avoir un peu de... «Le docteur, si i'avait eu pour deux cennes de cœur, i'arait dû s'arranger pour que...» (J. BARRETTE, *Oh! Gerry oh!*, p. 79) ♦ *Pas [...] pour deux cennes [cents].* Pas (triste, gai, etc.) du tout, nullement. «Tu sais, une méson de femmes où ce que es femmes sont pas tristes pour deux cennes; où ce que a misère court pas manger dans main du plus fort...» (A. RICARD, *La gloire des filles à Magloire*, p. 91)

855 **DEUX CENT VINGT.** *Être branché sur le deux cent vingt.* Être énervé, agité. Par allusion à l'intensité du voltage. *Fr.* Être un paquet de nerfs.

856 **DEUX COUPS.** *Partir avec deux coups dans son fusil.* Partir avec tous les atouts en main.

857 **DEUX DE PIQUE.** *Être / ne pas être un deux de pique.* Être peu doué, un incapable / être doué, avoir du talent. «Le Canadien aurait enfoncé cette collection de deux de pique avec facilité» (Louis-Paul Allard, *Bonjour champion*, CKAC-Télémédia, 31 janvier 1991)

858 **DEUX EAUX.** *Être entre deux eaux.* Être ivre. «Oui vot' mari y est là... Y est là mais y est entre deux eaux.» (M. LETELLIER, *On n'est pas des trous-de-cul*, p. 158).

859 **DEUX FACES.** *Avoir (être) un visage (être un homme) à deux faces.* Être (un, avoir l'air d'un) hypocrite. «Chien galeux d'Anglais de visage à deux faces, continua-t-il en pointant maintenant ses canons vers l'heureux propriétaire de la Binerie...» (Y. Beauchemin, *Le matou*, p. 385) «C'est vrai, ce que je dis? Ou ban j'sus un maudit menteur comme toé, un homme à deux faces comme toé?» (R. Carrier, *De l'amour dans la ferraille*, p. 88) «Ceux qui ont un visage à deux faces sont pas bienvenus au bal costumé.» (CIBL, 16 février 1980) «Mirella s'était dressée de toute son autorité. — Des visages à deux faces, nous autres, on n'endure pas ça!» (R. Carrier, *De l'amour dans la ferraille*, p. 40)

860 **DEUX FESSES.** *De mes deux fesses.* Méprisable. Voir *cul* (n° 769, p. 138). *Fr.* De mes deux. «Si tu veux parler de politique, minisse de mes deux fesses, j'vas t'en parler: écoute!» (R. Carrier, *De l'amour dans la ferraille*, p. 203)

861 **DEUX GOUTTES D'EAU.** *Se ressembler comme deux gouttes d'eau.* Se ressembler parfaitement, de manière frappante. Se dit en France. «Je l'ai connu... J'pense ben, du moins; j'en suis pas sûre... Tout est embrouillé dans ma tête... Il me semble que c'était lui... En tout cas, il lui ressemble comme deux gouttes d'eau...» (J. Barbeau, *La coupe Stainless*, p. 129)

862 **DEUX JAUNES.** *Avoir une tête à deux jaunes.* Ne pas être éveillé, être étourdi. Se dit notamment dans la région de La Tuque.

863 **DEUX QUATRE.** *En deux quatre.* Beaucoup. Superlatif. «J'aimerais encore avoir une moto, j'te dis, j'y pense encore en deux quatre.» (Pierre Lalonde, *Action réaction*, TQS, 13 avril 1990)

864 **DÉVIARGER.** *Déviarger qqn / se faire déviarger.* Déflorer, donner une raclée à qqn / se faire déflorer, se faire donner une raclée.

865 **DÉVIDOI.** *Parler comme un dévidoi [dévidoir].* Parler sans arrêt, être intarissable.

866 **DEVINEUX.** *Être devineux.* Savoir prévoir le cours des événements. «J'suis assez bon devineux de nature pis j'sais ben qu'on l'aura pas l'aqueduc.»

867 **DEVOIR.** *Faire son devoir d'État.* Accomplir son devoir conjugal, faire l'amour. ♦ *Faire son devoir de chrétien.* Déféquer.

868 **DIA.** *Labourer à dia.* Labourer, tracer un sillon à gauche.

869 **DIABLE.** *Comme le (en, que le, comme le beau) diable!* Extrêmement, très, beaucoup. Superlatif. Ainsi: tannant comme le beau diable, espiègle comme le diable, etc. Se retrouve dans le Littré. «Y parle en diable. Ça parle un Écossais. Y lâche pas. C'est pire qu'un Canayen.» (C. JASMIN, *Pleure pas, Germaine*, p. 140) «En tout cas, moi, je me trouvais au bord du trottoir, planté là comme un piquet, l'air fin comme le 'iable, ça tu peux le croire.» (G. ROY, *Bonheur d'occasion*, p. 311) «... le gars d'en avant gueulait left, right, on faisait comme lui, on se démenait que le 'iable...» (G. ROY, *Bonheur d'occasion*, p. 312) «Pensez-vous que j'vas être bon pour comprendre c'qui est écrit dans c'livre-là? Ça d'l'air compliqué que l'yable.» (M. LABERGE, *C'était avant la guerre...*, p. 115) «Aussi ben faire venir la police, j'ai pas de temps à perdre, moi. J'suis pressé que l'diable.» (M. RIDDEZ et L. MORISSET, *Rue des Pignons*, p. 21) «Phonsine les a envoyées dans le chaudron à soupe pour leur faire jeter un bouillon. C'était méchant, le yâble!» (G. GUÈVREMONT, *Le Survenant*, p. 112) ♦ *Du (beau) diable.* Fort, important, gros. Superlatif. Ainsi, une raclée, un accident du (beau) diable. *Fr.* Du feu de Dieu. «J'ai une migraine du diable, dit Georges Lévesque.» (L. FRÉCHETTE, *Originaux et détraqués*, p. 80) ♦ *Pas l'diable!* Pas beaucoup, peu. «M'man aime pas le diable les animaux, a peur de toute, même des 'tits chiens mais, p'pa, on pourrait peut-être l'installer dans la remorque, en arrière du bazou!» (C. JASMIN, *Pleure pas, Germaine*, p. 41) «C'est le pain, y était pas frais. — Y a pas assez de touristes encore, y vendent pas l'diable. — C'était peut-être du pain de l'année passée, hein, p'pa?» (C. JASMIN,

Pleure pas, Germaine, p. 129) ◆ *(Pas savoir, puer, etc.) que l'diable.* Aucunement, beaucoup. Superlatif. « Elle est peut-être malade ; pis j'peux pas y aller, j'sais pas l'yable ousqu'elle reste. Elle est déménagée depuis avant-hier à c'qui paraît. » (Armand LECLAIRE, « Titoine en ville », dans L. MAILHOT et D.-M. MONTPETIT, *Monologues québécois 1890-1980,* p. 113) ◆ *(Que) l'diable s'emporte!* Exclamation familière. Marque la surprise, la stupéfaction. « L'diable s'emporte, mes enfants, y avait pas fait trois pas qu'y est tombé raide mort. » (L. FRÉCHETTE, *Contes de Jos Violon,* p. 77) ◆ *Aller (envoyer qqn) chez le diable (avec qqch.).* Disparaître (avec qqch.) (envoyer promener) qqn. *Fr.* Aller au diable. « Ah ! les fusils sont pas chargés ! Eh ben, chargez-les, pis allez donc chez le yable avec ?   Baptiste, que m'dit l'z'officier, t'es mieux d'aller travailler dans tes champs. » (Armand LECLAIRE, « Le conscrit Baptiste », dans L. MAILHOT et D.-M. MONTPETIT, *Monologues québécois 1890-1980,* p. 110-111) ◆ *Aller (s'en aller) chez le (beau) diable.* Aller à la débandade, déguerpir, disparaître. « Ça ou autre chose. Tout s'en va chez le diable, tout fout le camp. » (R. BAILLIE, *Des filles de Beauté,* p. 69) « Si le Bon Parti a décidé d'aller chez le yâbe, y a pas besoin de fendre ma terre en deux pour y aller. » (R. CARRIER, *De l'amour dans la ferraille,* p. 204) « Non, non, il faut plus que j'y pense. Je suis en retard dans mes travaux. Tout traîne. Tout s'en va chez le yable. » (C.-H. GRIGNON, *Un homme et son péché,* p. 178) « T'nez-vous ben, cré yé, m'sieu le curé, on s'en va tout' su' le yâble! crie l'un des rameurs au curé Flavel adossé à la cabane. » (R. GIRARD, *Marie Calumet,* p. 185) ◆ *Au diable au vert.* Très loin. L'expression d'origine (aller au diable Vauvert) remonterait, d'après Maurice Rat (*Dictionnaire des locutions françaises*), à l'époque de Philippe Auguste, dont le château de Vauvert aurait été hanté après l'excommunication de son malheureux propriétaire. *Fr.* Aller au diable vauvert. « Ils disent qu'ils ont des bonn's machines, / Qu'ils peuv'nt entendre au diable au vert, / Aux États, au

Japon, en Chine / Et peut-être encore en enfer.» (Jean NARRACHE, «L'radio», dans L. MAILHOT et D.-M. MONTPETIT, *Monologues québécois 1890-1980*, p. 141) ♦ *Avoir du (le) diable dans le corps.* Posséder des ressources, être espiègle, plein de ruses. *Fr.* Avoir le diable au corps. «Elle, a dit: oui mais j'sais pas si j'devrais. Avec un gros clin d'œil. À l'a l'air d'avoir ben du yable dans le corps.» (J.-M. POUPART, *Chère Touffe, c'est plein...*, p. 16) ♦ *Avoir le cœur au diable.* Être abattu, déprimé. ♦ *Beau comme le diable.* Se dit d'une beauté ensorcelante. ♦ *C'est bien le diable!* Exclamation: c'est incroyable! fantastique! ♦ *Ça parle au diable!* Exclamation courante: c'est incroyable! Fantastique! «I s'en vont toutes chez l'Américain pour essayer de le poigner chez eux. — Ben, ça parle au diable!» (*Le gros Bill*, film de René Delacroix, 1949) «Tiens, bonjour ma belle dame; ça parle au diable, moé pauvre Tit-Jean qui a la chance de veiller avec la princesse.» (R. LALONDE, *Contes de la Lièvre*, p. 165) «Han! Une radio! La bonne idée, une vrée folie! — Ah ben, ah ben, ça parle au yable, Marianna, ça parle au yable.» (M. LABERGE, *C'était avant la guerre...*, p. 83) ♦ *Donner le diable à qqn.* Engueuler, enguirlander qqn. «Je lui ai assez donné le diable pour sa bévue qu'il est parti la queue entre les jambes.» ♦ *Être en (beau) diable.* Être en colère (en furie). «Le vieux roi fut très heureux de revoir sa fille vivante, mais il était ben en diable de voir que Tit-Jean n'ait pas voulu l'escorter jusqu'à lui.» (R. LALONDE, *Contes de la Lièvre*, p. 76) «Y a bien longtemps, j'étais encore à l'âge où c'est que les petites filles, tu peux pas les sentir, puis t'es en diable quand il en vient une se fourrer dans ta bande.» (Gratien GÉLINAS, «La fête de Fridolin», dans L. MAILHOT et D.-M. MONTPETIT, *Monologues québécois 1890-1980*, p. 155-156) ♦ *Être le diable à faire qqch.* Être difficile de faire qqch. Apparaît dans le Littré. «Ça demande des prix fous, les servantes, c'est le diable à trouver, encore plus à garder.» ♦ *Être le diable en peinture.* Être très laid. ♦ *Être le diable tout recopié (tout craché, tout pur).* Se dit particulièrement d'un enfant turbulent, dissipé. ◆ *Faire du (être, faire le, mener le, mener le beau) diable (à quatre)*. Faire du tapage, du chahut, semer le désordre. Certaines variantes s'emploient en France. «Les Anglais ont fait le diable dans l'Acadie et sur les côtes de la Baie. Ils ont tué, pillé, brûlé...» (J.-C. TACHÉ, *Forestiers et voyageurs*, p. 109) «Je l'ai vu se battre contre un Irlandais qui menait l'yâble dans l'élection du petit Baptiste, sur la terre de Moïse Rajotte, un dimanche après-midi.» (G. GUÈVREMONT, *Le Survenant*, p. 249) «Les tambours résonnaient, ça menait le diable, ça morvait sur un torrieu de temps.» (R. LALONDE, *Contes de la Lièvre*, p. 74) ◆ *Faire peur au diable*. Être très laid, d'un grand courage. «La maîtresse d'école, Mlle Jolicœur, fait peur au diable, un vrai phénomène.» ◆ *Fort comme le (que l') diable*. Très fort. Superlatif. ◆ *Inventer le diable*. Se dit d'un enfant qui ne cesse de faire des mauvais coups. ◆ *Laid comme (sept fois) le diable*. Très laid. Fr. Laid comme les sept péchés capitaux. ◆ *Le diable bat sa femme (pour marier sa [ses] fille[s], pour avoir des crêpes)*. Se dit lorsqu'il pleut et fait soleil en même temps. S'emploie aussi en France. ◆ *Le diable est aux vaches*. La discorde, le chaos s'instaure, le temps se gâte. Allusion à l'agitation des vaches dans l'étable qui, croyait-on, était causée par le diable mais aussi par le mauvais temps imminent. L'expression apparaît dans le Littré. «Comment! Vous ne savez pas? Mais le diable est aux vaches dans le Toa!... Y a peut-être cinquante personnes de rendues dans l'étable à Baptiste.» (Un opuscule populaire) «Vous savez pas! L'diable est aux vaches dans les vieux pays. Y sont tous poignés les uns avec les autres.» (RINGUET, *Trente arpents*, p. 153) «Cé dans l'air! Le yabbe est aux vaches! Y faudrait mette des serres au ciel pour empêcher ça!» (J.-C. GERMAIN, *Mamours et conjugat*, p. 79) «Les études, zéro! Les chansons, zéro! Je me suis engueulé avec mon père, j'ai fait chialer ma mère, le diable est aux vaches!» (M. RIDDEZ et L. MORISSET, *Rue des Pignons*, p. 284) ◆ *Le diable est pas pire!* C'est extraordinaire! Exclamation.

Fr. Sans blague! ♦ *Le diable l'emporte.* Il file à vive allure (d'un animal ou d'un homme). ♦ *Le diable n'y reconnaîtrait pas les siens.* Se dit à propos d'une situation enchevêtrée, inextricable. *Fr.* Une chienne n'y retrouverait pas ses chiots. ♦ *Le diable va te chauffer le cul!* Tu seras puni, châtié! ♦ *Malin comme un diable.* Colérique. ♦ *Mettre le diable (aux vaches, dans la cabane).* Susciter la discorde, la mésentente, le chaos (dans la maison, dans un ménage). «Partout où il passait, l'oncle Alfred mettait le diable, de sorte qu'on ne l'invitait plus nulle part.» «Si je faisais comme Édouard, si je me soûlais tous les soirs, continua-t-il, voyant qu'elle ne répondait pas, là, je dis pas, là, t'aurais de quoi mettre le diable dans la cabane!» (J. BENOÎT, *Les voleurs*, p. 93) ♦ *Ne pas être (le) diable... (possible, faisable, etc.).* Ne pas être vraiment (possible, faisable, etc.). «Moi, ce que je veux, c'est mon bonheur. C'est pas l'diable possible, mais n'empêche que c'est rien que ça que je cherche.» (J. RENAUD, *Le cassé*, p. 108) ♦ *Noir comme chez le diable.* Totalement obscur, noir. «Augustin avait déboulé les marches de l'escalier de terre pour se retrouver au milieu des cages de ses lapins affolés. — Il fait noir comme chez le diable, ici-dedans!» (R. CARRIER, *De l'amour dans la ferraille*, p. 47) «À c'temps d'l'année, passé huit heures, il fait noir comme chez l'yable, dans l'bois.» (H. BERNARD, *Les jours sont longs*, p. 87) ♦ *Pogner [poigner] le diable.* S'énerver, s'exciter, se mettre en colère. ♦ *Que le diable bénisse qqn, qqch.* Que le diable vienne en aide à qqn, qqch. *Fr.* Aller au diable. «Ces animaux-là, dit Amédée, c'est des démons à plumes... Que l'yable les bénisse, mais c'est pas moi, j'vous l'jure! qui dépensera mes plombs sur eux.» (H. BERNARD, *Les jours sont longs*, p. 24) ♦ *Que le diable (l') emporte... !* Peu importe... *Fr.* Aller au diable. «On fit repartir la machine. mais ouiche, un demi-tour de roue, et pi crac!... Pas d'affaires. ça voulait pas aller. — Que le diable emporte la boutique! vociféra Joachim Crête. Allons-nous-en!» (L. FRÉCHETTE, *La Noël au Canada*, p. 272) «Tiens...! lui dit-il, si tu veux la

rose, garde-la, moé je m'en vais, que l'diable les emporte.»
(R. Lalonde, *Contes de la Lièvre*, p. 44) ◆ *Que le diable le*
(me) charrisse [charrie]! Que le diable lui (me) vienne en
aide. «Je le jure!» «... vous êtes prêts à vous laisser traire
jusqu'à darniére goutte sans n'en voir la couleur... Hourra
pour nobis, que le bon Dieu vous bénisse pis que l'yable
vous charisse, bordel à bras.» (S. Rivière, *La saison des*
quêteux, p. 72) «En tous cas, si j'ai pas coupé trois cordes
c'te nuitte, que l'yable me charrisse...» (S. Rivière, *La*
s'maine des quat' jeudis, p. 96) ◆ *Que le diable te trotte!* Va
au diable! Déguerpis! ◆ *Se débattre (se démener, s'agiter)*
comme un diable dans l'eau bénite. Lutter, se démener avec
la dernière énergie. «Au bout de la ligne, le poisson se dé-
battait comme un diable dans l'eau bénite.» ◆ *Sentir (puer)*
le diable. Empester. «... j'ai pas pu m'empêcher de crier au
gars... "Allez donc vous pogner le cul ailleurs, ça sent le
yable, icitte!"» (M. Tremblay, *Des nouvelles d'Édouard*,
p. 210) ◆ *Tirer le diable par la queue.* Arriver difficilement
à boucler son budget. Voir *chien* (n° 551, p. 105). S'emploie
en France. «Une grande partie des jeunes gens (...) instruits
ne vivent, suivant l'expression populaire, qu'en "tirant le
diable par la queue".» (A. Gérin-Lajoie, *Jean Rivard*, p. 74-
75) «Ils ont tell'ment un' peur bleue / Qu'le mond' les
pense encor dans l'trou / Puis à tirer l'yâbl' par la queue...»
(É. Coderre, *J'parle tout seul quand Jean Narrache*, p. 50) ◆
Va chez le diable! Déguerpis! «C'est ça, mon Didace, travaille. L'ouvrage sauve. — Va chez l'yâble! riposta vivement
Didace.» (G. Guèvremont, *Le Survenant*, p. 232) ◆ *Vendre*
qqn au diable. Maudire qqn.

870 **DIABLE À QUATRE.** *Le diable à quatre.* Toutes sortes de choses. «Tit-Jean voyait des choses lui passer le long du visage,
toutes sortes de belles affaires, comme des bras d'or, des
bagues d'or et des bijoux qui lui filaient sous le nez, pis
l'diable à quatre.» (R. Lalonde, *Contes de la Lièvre*, p. 135)

871 **DIABLE BLEU.** *Avoir le diable bleu.* Avoir le vague à l'âme.
«Ne me parle point si sérieusement, Tancrède, disait

Pauline: j'ai une forte disposition au diable bleu.» (E. d'O. d'ORSONNENS, *Une apparition*, p. 104) «Le diable bleu avec son cortège de nuages a disparu, la gaieté a repris son empire.» (W. LAROSE, *Variétés canadiennes*, p. 66)

872 **DIABLE COULEUR DE ROSE.** *Avoir le diable couleur de rose.* Être rasséréné, réjoui. «Je te la communiquerai [la nouvelle importante] lorsque tu auras le diable couleur de rose.» (E. d'O. d'ORSONNENS, *Une apparition*, p. 104)

873 **DIABLE EN CALÈCHE.** *Avoir l'air du diable en calèche.* Être mal fait, être mal accoutré.

874 **DICHE.** [Angl. *ditch*, fossé] *Monter sur la diche.* faire le prétentieux, l'arrogant. «Monte pas sur la diche, t'as pas un poste si important que ça.» ♦ *Passer la diche à qqn.* Admonester qqn. ♦ *Passer la diche.* Offrir la tournée.

875 **DICTIONNAIRE.** *Parler comme un dictionnaire.* Parler en termes recherchés. «Tu parles comme un dictionnaire, mon Gustave, mais tu te trompes.» (*Six heures au plus tard*, téléfilm de Louis-Georges Carrier, dialogues de Michel Tremblay, SRC, 29 janvier 1989)

876 **DIEU.** *Le bon Dieu le sait ([et] le diable s'en doute).* Boutade familière, pour dire qu'on a compris une évidence. ♦ *N'avoir peur ni de (ni) Dieu ni (du) diable.* N'avoir peur de rien ni de personne. «Y bûchait du gros bois comme si ça avait été des r'poussis' d'épinette! Ça avait peur de ni yeu ni yable...» (Y. THÉRIAULT, *Les vendeurs du temple*, p. 95) ♦ *Ne croire ni à Dieu ni à diable.* N'avoir aucune crainte, aucun respect de quoi que ce soit. ♦ *Pour l'amour du bon Dieu!* Exclamation courante. Pour marquer la surprise, le dépit, appuyer une prière. «Pour l'amour du bon Dieu, mon p'tit gars, ne va pas faire l'erreur de te marier aussi tôt dans la vie!» ♦ *Que le bon Dieu nous (les, vous) bénisse (et que le diable les, nous, vous) charisse [charrie])!* Que le destin en décide! Boutade familière. Se dit souvent pour mettre un terme à une discussion. *Fr.* À la grâce de Dieu! «... vous êtes prêts à vous laisser traire jusquà darniére goutte sans n'en voir la couleur... Hourra pour nobis, que le

bon Dieu vous bénisse pis que l'yable vous charisse, bordel à bras.» (S. Rivière, *La saison des quêteux*, p. 72)

877 **DIGUIDI HA HA.** *Faire des diguidi ha ha.* S'exalter, faire des folies. «À mon âge, faire des diguidi ha ha? Très peu pour moi.» (Roger Joubert en entrevue à la SRC, 11 nov. 1988)

878 **DIGUIDOU.** *Aller diguidou (tiguidou).* Aller admirablement, parfaitement. Voir *tiguidou* (n° 2532). «Quand, à la maison, ça va pas diguidou, il y a quelque chose qui se passe, suggère-t-elle de son œil malin.» (Magazine *Présent*, déc. 1988, p. 10)

879 **DIMANCHE.** *Être habillé (s'habiller, se mettre) en dimanche.* Être habillé (s'habiller) proprement, s'endimancher. «En ville? ben c'est des maisons des deux côtés de la rue; et y en a de même des rues pi des rues. Et tout le monde est tout le temps habillé en dimanche.» (Ringuet, *Trente arpents*, p. 92) «... Simone, qui touchait l'organe pas pour rire, habillée en dimanche sept jours par semaine...» (J.-M. Poupart, *Chère Touffe, c'est plein...*, p. 180)

880 **DINDE.** *Prendre qqn pour une dinde / se faire prendre (passer) pour une dinde.* Prendre une femme pour une demeurée, une niaise / être considérée comme une demeurée, une niaise. Voir *codinde* (n° 618). «J'ai pas le goût, Alex, d'avoir une explication avec toi, si tu savais... Mais... Chus tannée de passer pour une dinde... C'est rendu que j'me prends moi-même pour une dinde, Alex, pis ça, j'peux pas...» (M. Tremblay, *Le vrai monde*, p. 20)

881 **DINDON.** *Imbécile comme un dindon.* Stupide, idiot.

882 **DIRE.** *Avoir pour son dire que...* Être d'avis que... se dire que... «... j'ai pour mon dire que rendu là où c'est que t'es, ça serait aussi bien que tu t'habilles d'une grande robe et que tu te mettes à prêcher.» (V.-L. Beaulieu, *L'héritage /*L'automne*, p. 282) «Maintenant, ajouta-t-il d'un ton plus confidentiel, j'ai pour mon dire que c'est le pont qui retient la cathédrale.» (R. Carrier, *De l'amour dans la ferraille*, p. 146) ♦ *C'est (bien) pour dire...* On peut dire que... Qui l'aurait cru... C'est étonnant, incroyable. «Si les Québécois

ne fumaient pas, Pierre, ce serait le peuple le plus en santé sur la planète... C'est bien pour dire, hein?» (Claude Charron aux *Nouvelles TVA*, Montréal, 1er sept. 2002) «C'est pour dire que si on connaissait l'avenir, souvent on licherait, ou ben on prendrait le roule aisé, vous savez, la côte moins raide, l'effort moins suant.» (Y. Thériault, *Moi, Pierre Huneau*, p. 117) ◆ *Il faut le dire vite!* C'est peu fondé, peu croyable! *Fr.* C'est vite dit.

883 **DIRTY LOOK.** [Angl. litt. (jeter) un sale œil] *Jeter (lancer) un dirty look.* Lancer un regard méchant, chargé de reproche. «L'oncle Léo... en a sorti une "cochonne" pour mes jeunes oreilles... J'ai ri sans honte. Mon père m'a jeté un "dirty look"!» (C. Jasmin, *Pointe-Calumet boogie-woogie*, p. 129)

884 **DISABLE.** *C'est pas disable.* C'est incroyable, affreux. «On a mangé de la misère c'est pas disable: un petit morceau de viande par deux mois.»

885 **DISCOURS ÉCARTÉS.** *Faire des discours écartés.* Parler en état d'ivresse, de manière décousue.

886 **DIX CENNES.** *Atterrir (s'arrêter, tourner) sur un dix cennes.* Atterrir (s'arrêter) sur un courte distance (en avion ou en voiture), faire volte-face instantanément. Voir *trente sous* (n° 2620).

887 **DIX DOIGTS.** *Être habile de ses dix doigts.* Être habile de ses mains, pouvoir accomplir du travail manuel. ◆ *Ne pas savoir quoi faire de ses dix doigts.* Être paresseux, ne pas savoir faire quoi que ce soit.

888 **DIX-HUIT.** *Se mettre sur son dix-huit.* Mettre ses plus beaux vêtements. Voir *trente-six* (n° 2619).

889 **DJOBINE.** *Faire une (des, s'occuper à des) djobine(s).* Faire une tâche inintéressante, inutile, faire des petits travaux. «Perdu ma d'job de vidangeur parsque j'avais pas ma 12e année, / Couraille des d'jobines, rendu journalier...» (J. Barrette, *Ça dit qu'essa à dire*, p. 82)

890 **DOCTEUR.** *Écrire comme un docteur.* Écrire de manière illisible. Voir *pharmacien* (n° 1961).

891 **DODO.** *Faire dodo.* Avoir des relations sexuelles.

892 **DOIGT.** *Gros (maigre) comme mon (un) doigt.* Fluet, très maigre. «C'est gros comme mon doigt et ça veut faire peur au monde!» ♦ *Se mettre (se fourrer) le (un) doigt dans l'œil (dans le nez) (et l'autre dans le cul, dans le nez, jusqu'au coude, jusqu'au cou, etc.).* Se fourvoyer (grossièrement). *Fr.* Se mettre le doigt dans l'œil. «Or, nous nous mîmes le doigt dans l'œil, dans les yeux, la corde aux cous.» (R. BAILLIE, *Des filles de Beauté*, p. 15) «J'peux m'tromper. J'peux me fourrer un doigt dans l'œil jusqu'au coude, mais j'croirais que c'est une affaire de politique, pis que ça vient des libéraux tout ça.» (Y. THÉRIAULT, *Les vendeurs du temple*, p. 112) «Si tu pensais que je m'en doutais pas, dis-toi bien que tu te fourrais un doigt dans l'œil.» (V.-L. BEAULIEU, *L'héritage* /*L'automne*, p. 123) «Pour me faire abîmer de bêtises devant le monde... Tu peux te rentrer le doigt dans le nez jusqu'au coude...» (J. BARBEAU, *La coupe Stainless*, p. 23) ♦ *Se passer un doigt.* Se masturber. «Lancement-lecture du numéro 46 de la revue littéraire *Steak Haché,* carnet de santé littéraire où "la vérité se passe un doigt" avec Jack Drill à l'animation et aux chansons et plusieurs poètes à la lecture.» (Carton d'invitation pour le lancement d'un numéro de revue littéraire *Steak Haché,* mai 2002) ♦ *Vivre un doigt dans l'œil et l'autre dans le cul.* Mal se débrouiller dans la vie.

893 **DOIGTS.** *Avoir les doigts croches.* Être porté à voler. ♦ *Ne pas avoir les doigts dans le nez.* Ne pas être dénué de ressources, être débrouillard, habile. ♦ *Se mettre les doigts dans la porte.* Se mettre dans une situation difficile, inconfortable. *Fr.* Se mettre le doigt entre l'arbre et l'écorce. ♦ *Se mettre les doigts dans le tordeur.* Se mettre dans une position, une situation difficile.

894 **DOIGTS DE FÉE.** *Avoir des doigts de fée.* Se dit d'une femme habile de ses mains, notamment pour des travaux délicats (tricot, broderie, etc.). S'emploie aussi en France.

895 **DONNER.** *Y donner ça!* Foncer, donner toute son énergie, fournir un surcroît d'effort (pour accomplir une tâche).

896 **DONNER (SE).** *Se donner à qqn (son fils, son gendre, etc.).* Céder ses biens, et notamment sa ferme, à un parent moyennant une rente. Cette cession se faisait quand la personne ne pouvait plus s'occuper de sa terre en raison de son âge. Expression vieillie. Voir *enculotter* (n° 971). «Mais il regrettait presque de déserter ainsi. Son neveu saurait-il tirer de la terre bonne mesure? Saurait-il surtout ne pas la fatiguer, la tarir? Il s'était donné à son neveu, selon l'expression consacrée.» (RINGUET, *Trente arpents*, p. 23)

897 **DONNEUX.** *Ne pas être donneux.* Ne pas être généreux, être radin, pingre.

898 **DOPES.** *Fumer des dopes.* Fumer des cigarettes roulées à la main. Voir *taponneuses* (n° 2481).

899 **DORMIR.** *Dormir au gaz.* Dormir profondément, être totalement inconscient, être lambin. Voir *switch* (n° 2456).

900 **DORT-DANS-L'AUGE.** *Être un dort-dans-l'auge.* Être un fainéant.

901 **DORT-DEBOUTE.** *Être un dort-deboute.* Être un fainéant, un paresseux.

902 **DOS.** *Avoir qqn dans le dos.* Ne pas pouvoir souffrir qqn. ♦ *Chier dans le dos de qqn.* Trahir, ridiculiser qqn derrière son dos. «C'était un hommage que je rendais à mon père en refusant de lui chier dans le dos.» (J. Bernard FAUCHER, «Tremblay», [paroles de Michel Tremblay] *Voir*, vol. 1, n° 19, du 9 au 15 avril 1987, p. 5) ♦ *Flauber sur le dos.* Tomber à la renverse, trébucher. ♦ *Jouer dans le dos de qqn.* Tromper, berner qqn. «À moins que je me trompe, ça m'a tout l'air que t'es en train de me jouer dans le dos, mon Delphis.» (V.-L. BEAULIEU, *L'héritage /*L'automne*, p. 290) «C'est des manigances, tout ça. Moi, j'veux savoir qui c'est l'maudit qui nous joue dans l'dos.» (Y. THÉRIAULT, *Les vendeurs du temple*, p. 136) ♦ *Monter sur le dos de qqn.* En imposer à qqn, soumettre qqn à sa volonté. ♦ *Se baiser le dos.* Échouer, manquer son coup.

903 **DOSE.** *Pogner [poigner] une dose.* Attraper une maladie vénérienne, une blennorragie.

904 DOSÉ. *Être dosé.* Souffrir de blennorragie. «Le pire dans tout ça, c'est qu'c'est contagieux pas-pour-rire... As-tu quelqu'un dans tes connaissances qu'arait été dosé dernièrement, apparence.» (S. RIVIÈRE, *La s'maine des quat' jeudis*, p. 78)

905 DOUBLURE. *Revirer sur la doublure.* Perdre l'esprit, la raison.

906 DOUCHE. *Prendre sa douche sans se mouiller les pieds.* Avoir une poitrine bien développée (se dit d'une femme). *Fr.* Il y a du monde au balcon!

907 DOUTANCES. *Avoir des doutances.* Avoir des doutes, se douter. «Ah, j'sais pas... il en a peut-être ben une, mais je l'ai pas vue. — J'ai des doutances que... qu'elle est partie!» (P. PERRAULT *et al.*, *Le règne du jour*, p. 139)

908 DOUX. *Filer doux.* Adopter une attitude soumise, humble. «À midi tu filais doux, tu faisais le p'tit chien! Mais t'es rien qu'un flanc-mou! Un maudit torriible de menteur!» (Y. THÉRIAULT, *Les vendeurs du temple*, p. 139) «Viens la sentir. 10 piastres et je te la donne. Je file doux pour ça!» (J.-J. RICHARD, *Faites-leur boire le fleuve*, p. 89) ♦ *Mal filer doux.* Se sentir mal à l'aise.

909 DOUZAINE. *Faire qqch. à la douzaine.* Bâcler qqch.

910 DOWN. [Angl. bas] *Être (se sentir, se sentir dans un) down.* Être (se sentir) déprimé, épuisé. «Bien soûle, elle avouait sa peur: "J'ai essayé, quequ'fois... ça me met down. Ça exagère c'que j'ai de plus laid..."» (M. TREMBLAY, *Des nouvelles d'Édouard*, p. 27)

911 DRAP. *Blanc comme un drap.* Blême, livide. *Fr.* Blanc comme un cachet d'aspirine. «Imaginez-vous que not' Tom Caribou était braqué dans la touche d'un gros merisier, blanc comme un drap, les yeux sortis de la tête...» (L. FRÉCHETTE, *La Noël au Canada*, p. 230)

912 DRAVE. [Angl. *to drive*, conduire] *Faire la drave.* Travailler au flottage du bois. «Oui, monsieur, j'ai ben travaillé, à faire de la terre neuve... À faire la "drave" dans l'eau glacée jusqu'à la ceinture...» (VIEUX DOC [E. Grignon], *En guettant les ours*, p. 121)

913 **DRETTE-LÀ.** *Faire qqch. drette-là.* Faire qqch. sur-le-champ, aussitôt. «C'est toffe. Je te dis que si je connaissais un mantra, je te le réciterais drette-là.» (J. Doré, *Si le 9-1-1 est occupé!*, p. 71) «... j'ai tout de suite eu ben confiance en lui parce qu'y'a saisi le trouble drette-là.» (J. Doré, *Si le 9-1-1 est occupé!*, p. 34)

914 **DRING-DRING.** *Être dring-dring.* Être timbré.

915 **DRÔLE.** *Faire du drôle.* Faire des pitreries (en état d'ivresse).

916 **DRU.** *Pousser dru.* Nombreux, en abondance. «Tout' c'te marmâill'-là qui pouss' drue, / C'est encor' d'la grain' de quêteux...» (É. Coderre, *J'parle tout seul quand Jean Narrache*, p. 100)

917 **DÛ.** *Ne pas être dû à...* Ne pas être donné à... «C'est pas dû à tout un chacun de s'enrichir.»

918 **DUR.** *Aller en dur.* Aller déféquer. ♦ *Coucher sur le dur.* Coucher sur le sol, le plancher. ♦ *Être dur à son corps.* Ne pas se ménager physiquement. ♦ *Faire dur.* Être affreux, laid, difficile. «... le temps qu'y'avaient de l'argent pis que c'était ouvert... quèques mois là, tsé, c'était correct. Mais astheure, c'est pus de même. Ça fait dur.» (J. Doré, *Si le 9-1-1 est occupé!*, p. 101) «Et pourquoi ne veux-tu pas mon argent, petit frimousse? — Parce que tu fais dur! lança l'enfant» (Y. Beauchemin, *Le matou*, p. 107) «Vous faites dur, les gars! — Ah! pour dire qu'on fait dur, on fait dur...» (A. Boulanger et S. Prégent, *Eh! qu'mon chum est platte!*, p. 51) «Il n'y ayait ni poêle ni réfrigérateur. Seulement quelques meubles qui faisaient dur.» (Gilles Saint-Germain, «Un après-midi sordide», *La Presse*, 23 mai 1987, p. A3) ♦ *Prendre ça dur!* Prendre qqch. au tragique. ♦ *Tripper* [angl. *trip*, voyage] *dur.* Se dit d'une personne aux gestes ou aux sentiments excessifs.

919 **DUR À L'OUVRAGE.** *Être dur à l'ouvrage.* Être travaillant, endurant. «Chez les Bérubé, ce sont les femmes qui ont toujours dominé, aussi dures à l'ouvrage que dans les affaires qu'elles doivent traiter.» (V.-L. Beaulieu, *L'héritage /*L'automne*, p. 58)

920 **DUR À LA MISÈRE.** *Être dur à la misère.* Pouvoir endurer la misère, la pauvreté. «Il n'y a pas à dire, marmonnait-il, c'est pas dur à la misère, ces poulettes-là. Pourtant, elle avait l'air forte quand je l'ai mariée.» (C.-H. GRIGNON, *Un homme et son péché*, p. 54)

921 **DUR DE GUEULE.** *Être dur de gueule.* Être difficile à vivre, à raisonner, ne payer qu'à contrecœur et avec beaucoup de protestations ce qui est dû. Aussi d'un animal, notamment d'un cheval, difficile à contrôler. *Fr.* Être dur à la détente.

922 **DUR DE PAYE.** *Être dur de paye.* Ne payer que sous la contrainte, la menace.

E

923 **EAU.** *Avoir (y avoir) de l'eau dans sa (dans la) cave.* Porter un pantalon trop court. «Tout le monde dit que "j'ai de l'eau dans ma cave". Je dis pas que cet habit-là est usé, il est encore tout beau. mais les manches, la veste, la longueur des pantalons...» (M. RIDDEZ et L. MORISSET, *Rue des Pignons*, p. 281) ♦ *L'eau est haute!* Ton pantalon est trop court! ♦ *Aller à (lâcher de, tomber de) l'eau.* Aller uriner. «Bon ben c'est ben beau tout ça, mais moé j'ai envie de lâcher de l'eau. Toé itou? Tiens, vas-y, c'est la porte au fond du corridor.» (R. LÉVESQUE, *Le vieux du Bas-du-Fleuve*, p. 65) ♦ *Amener (mettre) de l'eau au (sur le) moulin.* Réaliser des gains, fournir des arguments favorables à une position. *Fr.* Apporter de l'eau au moulin. ♦ *Changer l'eau (des patates).* Uriner. ♦ *Changer son poisson d'eau.* Uriner. *Fr.* Changer ses olives d'eau. «Tu peux avoir mes vingt-cinq cents, Gus. Ah! va changer ton poisson d'eau, répondit celui-ci.» (M. RICHLER, *Rue Saint-Urbain*, p. 109) ♦ *Faire de l'argent comme de l'eau.* Faire beaucoup d'argent, faire facilement de l'argent. ♦ *Faire l'eau.* Avoir l'esprit dérangé. À l'origine : *faire eau.* ♦ *Jeter de l'eau à la rivière.* Apporter une aide inutile. ♦ *Ne pas savoir brûler l'eau.* Ne pas être habile (se dit d'une femme). ♦ *S'en aller à l'eau.* Aller à la débandade, disparaître, finir. *Fr.* S'en aller à vau-l'eau. ♦ *Se donner de l'eau.* Accélérer. Provient vraisemblablement du vocabulaire marin. ♦ *Y avoir assez d'eau pour noyer le poisson.* Y avoir assez de diversions pour faire oublier la question principale.

924 **EAU CHAUDE.** *Être dans l'eau chaude.* Se trouver dans une situation difficile. *Fr.* Être sur le gril, dans de beaux draps.

925 **EAU DE ROCHE.** *Clair comme de l'eau de roche.* Évident, incontestable. S'emploie aussi en France. «Monsieur le

166

maire, dit-il enfin d'une voix qui témoignait d'une profonde détermination, vous nous avez bien résumé la situation. L'affaire est claire comme de l'eau de roche.» (R. CARRIER, *De l'amour dans la ferraille*, p. 147)

926 **EAU DE VAISSELLE.** *Tourner en eau de vaisselle.* Tourner, n'aboutir à rien. ♦ *Ne pas se mettre les sangs en eau de vaisselle.* Ne pas s'inquiéter, ne pas se tracasser.

927 **EAU SALÉE.** *Être teint dans l'eau salée.* Être né marin, connaître la mer d'instinct. «Un peu folkloriques, les Dunn font la fierté de ce petit village du nord de la Gaspésie qui a déjà été le port d'attache de 400 morutiers. "Chez les Dunn, on est teint dans l'eau salée", lance fièrement Rosario.» (Tristan PÉLOQUIN, «Une famille "teinte dans l'eau salée"», *La Presse*, 3 août 2002, p. B5)

928 **EAUX GRASSES.** *Jeter ses eaux grasses.* Gaspiller son bien, se départir de l'essentiel. Eaux grasses: eau qui a servi à la cuisson des aliments. *Fr.* Jeter ses choux gras.

929 **ÉBARROUI.** *Être (tout) ébarroui.* Être défoncé, déglingué, abasourdi.

930 **ÉCALE D'ŒUF.** *Gratter une écale d'œuf deux fois avant de la jeter.* Être extrêmement avaricieux.

931 **ÉCARTÉ.** *Être écarté.* Être timbré.

932 **ÉCARTILLÉ.** *Être (tout) écartillé.* Avoir les jambes écartées, être déchiré moralement.

933 **ÉCHALOTE.** *Maigre (petit) comme une échalote.* Très maigre, de petite taille. *Fr.* Être comme un grand échalas. ♦ *Pousser comme une échalote.* Se dit d'un enfant qui grandit rapidement et seulement en hauteur.

934 **ÉCHAROGNÉ.** *Être écharogné.* Être usé, détérioré, avoir les cheveux mal coiffés, en broussaille. «Son complet était si écharogné qu'il passait presque à travers.»

935 **ÉCHAROGNER.** *Se faire écharogner la tête.* Se faire donner une mauvaise coupe de cheveux.

936 **ÉCHARPES.** *Se planter des écharpes [échardes] (à tout moment).* Commettre des fautes (à tout bout de champ).

937 **ÉCHASSES.** *Être monté sur des échasses.* Avoir les jambes élancées.

938 **ÉCHINE.** *En avoir plein l'échine.* Être criblé de dettes.

939 **ÉCHO.** *Un temps écho.* Un temps radieux, splendide. «C'était un temps radieux, un temps écho, comme disent les Canadiens.» («Chouinard», lu par Paul Hébert, *Les livres et nous*, Radio-Québec, 22 février 1980)

940 **ÉCLAIR.** *Prompt (vite) comme l'éclair.* Très rapide, vif. *Fr.* Rapide comme l'éclair. «Je l'ai dit déjà, le père Jean-Baptiste Lavictoire était franc comme du bon bois d'érable, mais prompt comme l'éclair...» (VIEUX DOC (E. Grignon], *En guettant les ours*, p. 135)

941 **ÉCLAT.** *Sec comme un éclat.* Se dit d'une personne grande et mince.

942 **ÉCŒURANT.** *Être (un, faire l') écœurant.* Être (faire le) salaud, mesquin. «Franchement, je m'en serais occupé. Me prends-tu pour un écœurant?» (*Six heures au plus tard*, téléfilm de Louis-Georges Carrier, dialogues de Michel Tremblay, SRC, 29 janvier 1989)

943 **ÉCRIAUCHÉ.** *Être (tout) écriauché.* Marcher le corps croche (en raison d'un mal quelconque).

944 **ÉCUREUIL.** *Agile comme un écureuil.* Très agile. Se dit notamment d'un enfant. ♦ *Avoir les joues bourrées comme un écureuil.* Avoir la bouche pleine. ♦ *Smatte* [angl. *smart*, intelligent] *comme un écureuil de la patte.* Vif, éveillé. «Le petit Luc est smatte comme un écureuil de la patte, on ne lui fait pas prendre des vessies pour des lanternes!»

945 **EFFACE.** *Passer l'efface [gomme à effacer].* Oublier le passé, recommencer à neuf. *Fr.* Passer l'éponge.

946 **EFFORT DE GUERRE.** *Fournir (avoir fourni) son effort de guerre.* Avoir contribué, avoir participé.

947 **ÉGAL.** *Pousse mais pousse (il faut pousser) égal!* Il ne faut pas exagérer! C'est invraisemblable! «J'sus pas proche de mes cennes, au contraire, mais faut toujours ben pousser égal...» (J.-M. POUPART, *Chère Touffe, c'est plein...*, p. 240)

948 **ÉGAROUILLÉ.** *Être égarouillé.* Être énervé, agité. «Quand il voit des étrangers, cet enfant est tout égarouillé, pas moyen de le retenir.»

949 **ÉGOÏNE.** *Jouer de l'égoïne.* Se masturber.

950 **ÉJARRER (S').** *Il n'y a pas de quoi s'éjarrer!* Il n'y a rien là d'extraordinaire, de remarquable! *Fr.* Il n'y a pas de quoi fouetter un chat.

951 **ÉLASTIQUE.** *Avoir l'esprit élastique.* N'avoir guère de moralité.

952 **ÉLÉPHANT.** *Marcher comme un éléphant.* Marcher d'un pas lourd.

953 **EMBARQUER.** *Se faire (se laisser) embarquer.* Se faire tromper, berner, se faire ramasser par la police. «"Y est pas cave, Ti-Louis. Si les chiens nous poignent, c'est toé qui vas te faire embarquer, pas lui."» (J. BENOÎT, *Les voleurs*, p. 192)

954 **EMPISSETTER.** *Se faire (se laisser) empissetter / empissetter qqn.* Être trompé (se laisser tromper) / tromper qqn. «Empissetter», de pissette: pénis.

955 **EMPLÂTRE.** *Être emplâtre.* Être empêtré, paresseux. «Est assez emplâtre, pas capable de rien faire, ben jusse bonne pour se déménager d'place quand j'm'adonne à ballier en d'sour de sa chaise.» (M. LABERGE, *C'était avant la guerre...*, p. 25) «Celui-là, si son frère tire sus l'camp, y tire sus les deux bords à la fois. C'est pas emplâtre ordinaire.» (Y. THÉRIAULT, *Les vendeurs du temple*, p. 101)

956 **EMPLIR.** *Se faire (se laisser) emplir.* Se faire (se laisser) duper, se faire (se laisser) raconter des balivernes.

957 **EMPOTÉ.** *Être empoté.* Être niais, engourdi. «Il est tellement empoté que, tous les matins, il oublie son sac d'école à la maison.»

958 **EN AIR.** *Être en air.* Être dispos, gai, de bonne humeur.

959 **EN BAS.** *Aller par en bas (et par en haut).* Souffrir (à la fois) de diarrhée (et de vomissements). ♦ *Descendre (par) (venir d') en bas.* Sortir de la forêt après un hiver au chantier, venir du sud. Pour les gens habitant les régions nordiques, aller en direction du sud. «J'viens d'en bas, de Saint-Nil, derrière

Matane en Gaspésie, pis là ben, j'viens m'établir par icitte, voir si i'mouille, pis m'instruire un peu...» (Jocelyn Bérubé, «Les morues», dans L. Mailhot et D.-M. Montpetit, *Monologues québécois 1890-1980*, p. 345) ♦ *En bas de...* Moins de (un dollar, etc.). «Eux-aut' ça leur coûte pas cher: c'est en bas d'la piasse.» (M. Letellier, *On n'est pas des trous-de-cul*, p. 98)

960 **EN BEAU.** *Avoir (bien) en beau (de faire qqch.).* Avoir avantage à faire qqch., pouvoir faire qqch. «Malchanceux comme tu es, tu as bien en beau d'acheter des billets, je serais surpris que tu gagnes.»

961 **EN BELLE.** *Avoir (bien) en belle (de faire qqch.).* Être en droit de, avoir beau jeu de, bien pouvoir. «... I'a dit encore que lâcher la terre, c'est comme qui dirait mal tourner. — Ah! ouais! I'a en belle à parler. C'est pas lui qui...» (Ringuet, *Trente arpents*, p. 136) «Quand tu seras le boss, t'auras en belle à faire ça à ta façon.» (V.-L. Beaulieu, *L'héritage /*L'automne*, p. 79) «Y est pas encôr là... j'vois pas c'que tante Mina pouvait ben en dire... encore que... tant qui est pas là, les gensses ont ben en belle d'en parler.» (M. Laberge, *C'était avant la guerre...*, p. 19) «... tu reviendras, t'as ben en belle, on déguerpit demain matin, enfin là v'là qui s'décide...» (J.-M. Poupart, *Chère Touffe, c'est plein...*, p. 204)

962 **EN CHEVAL.** *En cheval.* Très. Superlatif. «Elle est belle en cheval, cette maison.»

963 **EN HAUT.** *Aller par en haut par en bas.* Avoir des haut-le-cœur, vomir, avoir la diarrhée.

964 **EN L'AIR.** *Être (toujours) en l'air.* Être (constamment) agité, frivole. «Ti-Gus est toujours en l'air, il arrête pas de bouger.» ♦ *Une promesse en l'air.* Une promesse farfelue, qui ne sera pas tenue. «J'aurais accepté n'importe quel mensonge gros comme le bras plutôt que de m'avouer que c'était une promesse en l'air...» (M. Tremblay, *Le vrai monde*, p. 62)

965 **EN MASSE.** *En masse.* Très, beaucoup. Superlatif. «... il a déchiré mon pantalon, il était vraiment malade. Il a eu de

la misère parce que je me suis débattue en masse.»
(S. Desrosiers, *T'as rien compris, Jacinthe...*, p. 37) «Pourtant, j'ai fait de l'exercise en masse hier soir avant de me coucher, crime.» (J. Doré, *Si le 9-1-1 est occupé!*, p. 13) «Rien que pour le lit, l'oreiller derrière les reins, le bol de soupe fumante, les tranches de pain Weston beurrées en masse. Le visage de la mère.» (C. Jasmin, *Pleure pas, Germaine*, p. 43)

966 **EN PEINTURE.** *Être qqn en peinture.* Être le parfait sosie de qqn. «Ne viens pas me parler de ton frère. Je connais mon fils, c'est moi en peinture. Quand y veut prendre, y prend.» (R. Lemelin, *Au pied de la pente douce*, p. 258)

967 **EN TRAVERS.** *Être en travers des autres.* Agir (penser) à contre-courant, différemment des autres.

968 **EN VEUX-TU.** *En veux-tu, en v'là.* À profusion, beaucoup. *Fr.* En veux-tu, en voilà! «C'est fait. Ça tient. De la corde, en veux-tu, en v'là. Des bouts de câbles, des bouts de cravates, des ceintures de cuir fixés ensemble.» (C. Jasmin, *Pleure pas, Germaine*, p. 12)

969 **EN VOITURE.** *Être en voiture (avec...).* Être bien pourvu, comblé (avec...), avoir ce qui convient. «Tu es en voiture avec une femme pareille. Vraiment, tu n'as pas à te plaindre.»

970 **ENCOTILLONNER.** *Se faire encotillonner.* Se laisser séduire par une femme.

971 **ENCULOTTER.** *Se faire enculotter.* Se «donner» à son fils, son gendre. L'expression est vieillie. Voir *se donner* (n° 896). «Il arrive qu'un père qui n'a pas de fils se donne à son gendre. On dira alors de ce dernier qu'il s'est "fait enculotter".» (R. Cliche et M. Ferron, *Quand le peuple fait la loi*, p. 31)

972 **ENDÊVER.** *Faire endêver qqn.* Faire s'emporter qqn, irriter qqn. «Aussi, Brassard préférait-il avoir affaire à Poudrier plutôt qu'à son cousin, qui sentait souvent la tonne et la femme, et qui le faisait endêver.» (C.-H. Grignon, *Un homme et son péché*, p. 172)

973 **ENDORMITOIRE.** *Avoir l'endormitoire.* Avoir sommeil, avoir envie de s'assoupir.

974 **ENFANT.** *Pleurer comme un enfant.* Pleurer à chaudes larmes.

975 **ENFANT D'ÉCOLE.** *Ne plus (ne pas) être un enfant d'école.* Ne plus (ne pas) être innocent, dénué d'expérience. «Les Irakiens ne sont plus des enfants d'école...» (Bernard Derome, *Montréal ce soir*, SRC, 18 janvier 1991)

976 **ENFANT DE CHIENNE.** *Avoir le sourire en enfant de chienne.* Avoir un sourire, un air hypocrite. ♦ *Être (un, faire l') enfant de chienne.* Être (un, faire le) salaud, une ordure. «C'est lourd à supporter sur le plan, au plan psychologique, tout le monde contre toi. Et ils sont tous contre nous. Et les Ontariens là, c'est les plus enfants de chienne que tu puisses imaginer.» («La conversation Wilhelmy-Tremblay», *La Presse*, 1er octobre 1992, p. B8)

977 **ENFANT DE CHŒUR.** *Être enfant de chœur.* Être innocent, inexpérimenté. «Je sus pas si enfant de chœur que vous pouvez crère. — Je te place, moé, crains pas. L'homme qu'a vu l'homme qu'a vu l'ours.» (A. Ricard, *La gloire des filles à Magloire*, p. 137)

978 **ENFANT DE COUVENT.** *Propre comme un enfant de couvent (comme des enfants de couvent).* Très propre, immaculé.

979 **ENFANT DE MARIE.** *Se marier enfant de Marie.* Se marier en blanc.

980 **ENFANT DE NANANE.** *En enfant de nanane.* Très, fortement. Superlatif. «Pour être bizarre c'était bizarre en enfant de nanane qu'une femme qu'il n'avait jamais vue veuille le marier jeudi en trois sans gueligneguelagne ni farfinage...» (S. Rivière, *La s'maine des quat' jeudis*, p. 17) ♦ *Un enfant de nanane.* Un être détestable, difficile, un salaud. *Fr.* Être un (bel) enculé. «René Lévesque a qualifié, à Granby, "d'enfants de nananes", de "cas criminels", ceux qui, "présumément défenseurs du régime actuel", s'activaient à rendre insécures les gens...» (*Le Devoir*, 17 mars 1980, p. 1)

981 **ENFANT DE SAINTE ANNE.** *Être un enfant de sainte Anne.* Se dit d'un enfant né d'une mère relativement âgée. Allusion au récit biblique voulant que sainte Anne ait enfanté à un âge avancé.

982 **ENFANT JÉSUS DE CIRE.** *Être un Enfant Jésus de cire.* Être innocent, pur. «C'est du bon monde au fond, les bûcheux, mais c'est pas des enfants Jésus d'cire...» (H. BERNARD, *Les jours sont longs*, p. 94)

983 **ENFANT JÉSUS DE PRAGUE.** *Être un Enfant Jésus de Prague.* Être innocent, pur. Allusion à l'air ingénu d'une statuette très populaire autrefois dans les maisons. «Puis les gars avec une belle façon, à la veille d'une fête, c'est presque-ment rien que ça qu'il y a dans les hôtels. Et c'est pas tous des enfant-jésus-de-prague.» (G. GUÈVREMONT, *Le Surve-nant*, p. 217)

984 **ENFANTS.** *Ça fait pas des enfants forts!* Ça augure mal! Ça donne un résultat médiocre. «Greyée comme elle est là, ça fera pas des enfants forts.» (*Le grand jour*, téléfilm de Jean-Yves Laforce, scénario et dialogues de Michel Tremblay, SRC, 9 octobre 1988) «Parsque vous croyez que notre union pourrait produire des enfants? — Ah pour ça! Ça frait pas dé-z-enfants forres, forres, han! (J.-C. GERMAIN, *Mamours et conjugat*, p. 67) ◆ *Jeter des enfants.* Avoir des relations sexuelles avec une femme.

985 **ENFIROUAPER.** *Se faire enfirouaper / enfirouaper qqn.* Se faire tromper, berner / tromper, berner qqn par de belles paroles, des promesses trompeuses. Allusion aux Anglais qui, autrefois, portaient des manteaux de fourrure (enfi-rouapé: *in fur wrapped*) contrairement aux Français qui, eux, portaient habituellement des vêtements de lin gros-siers. Ainsi, quand les Français se faisaient duper par les Anglais, ils employaient cette expression qui, par la suite, s'est généralisée (voir *L'enfirouapé*, roman d'Yves Beauche-min). «... c'est ce que lui reproche Xavier: de s'être laissé enfirouaper par une intrigante...» (V.-L. BEAULIEU, *L'héri-tage / *L'automne*, p. 59) «Ben quoi? — Ben, il a qu'un soir

qu'i était chaud, i' s'est laissé enfirouaper et pi i' a signé. Le lendemain i' s'est réveillé en kaki. Soldat!» (Ringuet, *Trente arpents*, p. 176)

986 **ENLIGNER.** *Enligner qqn.* Dévisager, fixer qqn, surveiller qqn. «Tout y'a passé, y'ont rien oublié, pis d'un coup, y m'ont enlignée...» (J. Barrette, *Ça dit qu'essa à dire*, p. 48)

987 **ENRAGÉ.** *Avoir faim comme un enragé.* Avoir très faim, être affamé. ◆ *Beugler comme un enragé.* Crier à tue-tête. ◆ *Être enragé noir.* Être furieux.

988 **ENTERREMENT.** *Faire (organiser) un enterrement de première classe (à qqch.).* Faire oublier qqch. en douce. Voir *funérailles* (n° 1197). *Fr.* Remettre aux calendes grecques, mettre aux oubliettes.

989 **ENTREPRENDRE.** *Entreprendre qqn / se faire entreprendre.* Surveiller qqn de près, taquiner qqn / se faire surveiller de près, se faire taquiner. Se dit notamment à propos d'un enfant.

990 **ÉPAIS.** *(En) beurrer épais.* En rajouter à profusion, beaucoup, amplifier à satiété. Se dit notamment à propos de quelqu'un qui se plaint à l'excès. ◆ *Être épais (dans le plus mince).* Être nigaud, stupide (au superlatif). «Tout est parfait quand t'es niaiseux, / Quand t'es épas, tu peux pas être mieux...» (Y. Deschamps, *Monologues*, p. 222) «Si en plus de me trouver folklorique elle se met à me prendre pour un épais! Je suis peut-être un gros naïf mais y'a quand même des limites!» (M. Tremblay, *Des nouvelles d'Édouard*, p. 138) ◆ *Ne pas en avoir épais sur les côtes.* Être très maigre. «Quand il est arrivé ici, il n'en avait pas épais sur les côtes. Il n'avait que la peau et les os.»

991 **ÉPAULES CARRÉES.** *Avoir les épaules carrées.* Adopter une attitude fausse, hypocrite. «On dirait que lorsque Bourassa dit que le Québec va rester francophone, on n'est pas convaincu. On dirait qu'il a les épaules carrées.» (*Le téléjournal*, SRC, février 1989)

992 **ÉPÉE DU ROI.** *Franc (droit) comme l'épée du roi.* Intègre, d'une parfaite franchise. *Fr.* Avoir son franc-parler.

993 **ÉPELURES.** *Ne pas se moucher (se torcher) avec des épelures [pelures] d'oignon (de banane).* Se donner de l'importance, ne pas être pauvre, ne pas lésiner sur les moyens. *Fr.* Ne pas se moucher du coude, du pied. «Le médecin du village, on ne peut pas dire qu'il se mouche avec des épelures de bananes, il n'arrête pas de dépenser à droite et à gauche.»

994 **ÉPICERIE.** *Ne pas tenir épicerie.* Ne pas avoir de disponibilité. «La fille qui sert m'a dit qu'a tenait pas épicerie. A l'a dit à Murielle et a dit qu'un vieux bonhomme y a offert de l'amener au village, pas loin, dans son char.» (C. Jasmin, *Pleure pas, Germaine*, p. 90)

995 **ÉPINES.** *Mettre qqn sur les épines.* Faire souffrir qqn. «Pauvre Simon, a l'a quasiment mis sus les épines tout le temps qu'a l'a été là...» (J.-M. Poupart, *Chère Touffe, c'est plein...*, p. 205)

996 **ÉPINETTE.** *Passer / se faire passer une épinette.* Tromper, duper qqn / se faire tromper, duper. Voir *Québec* (n° 2177) et *sapin* (n° 2316).

997 **ÉPINGLES.** *Avoir des épingles dans le fessier.* Être agité, turbulent. Se dit notamment d'un enfant.

998 **ÉPINGLETTE.** *Être (habillé) comme une épinglette.* Être bien habillé, avoir une tenue irréprochable.

999 **ÉPONGE.** *Boire comme une éponge.* Trinquer beaucoup.
♦ *Plein comme une éponge.* Saoul.

1000 **ÉQUARRI.** *Équarri à la hache.* Peu raffiné, fruste. *Fr.* Être un ours mal léché.

1001 **ÉQUERRE (D').** *Être (se sentir) d'équerre / ne pas être (ne pas se sentir) d'équerre.* Être (se sentir) en forme, prêt à, capable de, fiable, s'entendre, s'accorder / ne pas être (se sentir) en forme, diverger de l'avis commun. «C'est un bonhomme d'équerre, tu peux lui faire confiance.» «On dirait qu'i' sont pas d'équerre, / Y'ont d'l'air r'chigneux pis fatigué...» (É. Coderre, *J'parle tout seul quand Jean Narrache*, p. 128) «C'est de l'engeance à tuer, ça. Puis nos trois chasseurs sont bien qualifiés pour nettoyer nos bois. — On va nettoyer ça en criant ciseau, dit Lucien Laflamme. Surtout si le conseil se sent d'équerre...» (Y. Thériault, *Les vendeurs du temple*, p. 29) «... ben si vous êtes décidée à faire vot' peinturage aujourd'hui, j'serais d'équerre pour en fére un boutte. — En quel honneur? Êtes-vous off aujourd'hui, Honoré?» (M. Laberge, *C'était avant la guerre...*, p. 59) «... pour s'abîmer un brin, ça, sont toujours d'équerre, font ça sans efforts du moment que c'est en jasant.» (J.-M. Poupart, *Chère Touffe, c'est plein...*, p. 105) «Il y a aussi Éphrem, le jeune, presquement pris comme un homme et qui a que treize ans d'âge. Lui et son père sont pas toujours d'équerre, il s'en faut.» (G. Guèvremont, *En pleine terre*, p. 32) «Des journées il est pas à-main en rien. D'autres fois, quand il est d'équerre, le sorcier l'emporte...» (G. Guèvremont, *Le Survenant*, p. 102) «... tu te jetteras sur moi quand j'te l'dirai, quand j'voudrai, quand j'serai d'équerre, comme y disent icitte...» (J.-M. Poupart, *Chère Touffe, c'est plein...*, p. 20)

1002 **ÉQUIPÉE.** *Une fille (femme) équipée.* Se dit d'une fille (femme) à la poitrine opulente.

1003 **ÉRABLE.** *Avoir le nez qui coule comme un érable.* Avoir le nez qui coule abondamment (en raison notamment d'un rhume).

1004 **ÉRABLES.** *Courir les érables.* Aller recueillir l'eau d'érable et la transporter à la cabane à sucre.

1005 **ERRE D'ALLER.** *Donner l'erre d'aller.* Donner le bon exemple. «Son père lui a donné l'erre d'aller. Aujourd'hui, il se débrouille bien dans la vie.» ♦ *Donner un erre d'aller à qqn.* Venir en aide à qqn. «Il faisait tellement pitié. Charles lui a donné un erre d'aller.» ♦ *N'avoir plus (n'avoir rien, ne plus rester) que l'erre d'aller.* Être épuisé, à bout de force. «Mais le bandit qui s'attaquerait au père Drapeau maintenant qu'il ne lui reste plus que l'erre d'aller... oui, ça serait bien le restant des écus.» (G. Guèvremont, *En pleine terre*, p. 126)

1006 **ESCARRES.** *Faire des escarres.* Gesticuler en parlant. Escarre: pièce en forme d'équerre.

1007 **ESCOUSSE.** *Attendre un escousse [secousse].* Attendre un moment. Déformation probable de attendre une secousse.
♦ *Prendre son escousse.* Prendre son élan, prendre son temps.

1008 **ESPRIT DE BOTTINE.** *Faire de l'esprit de bottine.* Lancer des plaisanteries niaises, grossières, proférer des insanités. «Au cours de cette émission débile, l'animateur n'arrêtait pas de faire de l'esprit de bottine.»

1009 **ESPRIT DE PAROISSE.** *Avoir un (l') esprit de paroisse (une mentalité de paroisse).* Voir aux intérêts de son groupe, de ses proches avant tout, avoir l'esprit borné. *Fr.* Avoir l'esprit de clocher.

1010 **ESTÈQUE.** *Faire l'estèque.* Effectuer une dernière levée aux cartes. De l'allemand *sieken*: bitun, outil dont le potier se sert pour terminer ses pièces, d'où, par extension, la formule.

1011 **ESTOMAC.** *Ne pas cailler sur l'estomac.* Ne pas lambiner. «Je te dis que ça lui a pas caillé sur l'estomac, au bonhomme Lavigueur. Deux jours et tout le village le savait.»

1012 **ESTOMAC FRETTE.** *Être un (avoir l') estomac frette.* Faire la commère, le rapporteur.

1013 **ÉTAMPER.** *Étamper qqn.* Frapper, tabasser qqn.

1014 **ÉTEINDRE (S').** *Ça vient de s'éteindre!* C'est assez! Le sujet est clos! C'est terminé! «Ça vient de s'éteindre, j'en ai assez. Je m'en vais de la maison.»

1015 **ÉTERNUER.** *Il n'y a pas de quoi éternuer.* Il n'y a pas de quoi s'en faire, se tracasser.

1016 **ÉTHIOPIEN.** *Se sentir comme un Éthiopien dans une épicerie.* Rester interdit, interloqué devant un trop grand choix, une trop grande abondance.

1017 **ÉTOFFE DU PAYS.** *De l'étoffe du pays.* D'un bon naturel, d'une constitution robuste. L'étoffe du pays, c'était le gros drap ou la grosse étoffe de laine ou de lin avec laquelle on confectionnait des vêtements chauds. Cette appellation qualifiait également à une époque le «Canayen», c'est-à-dire l'habitant authentique.

1018 **ÉTOILE.** *D'une étoile à l'autre.* De l'aube jusqu'au crépuscule. «... l'écume à la gueule comme un déchaîné, d'une étoile à l'autre MINETTE-LA-PIASSE venait à bout de battre tous les records de coupe...» (S. RIVIÈRE, *La s'maine des quat' jeudis*, p. 34) «D'une étoile à l'autre, ils doivent dégager les billes encavées dans la glace, courir sur le bois en mouvement...» (F.-A. SAVARD, *Menaud maître-draveur*, p. 56) ♦ *En étoile.* Très vite. Ainsi: filer en étoile, courir en étoile, etc.

1019 **ÉTOILES.** *Faire ses étoiles.* S'évanouir.

1020 **ÉTOUPE.** *Revenir chercher son étoupe.* Retourner au bercail.

1021 **ÉTRIVER.** *Faire étriver qqn.* Taquiner, mettre qqn en colère. «Parce qu'elle prisait, la vieille peau d'chien. Thophile Campeau la faisait étriver, il lui disait qu'elle chiquait par le nez!» (Doris LUSSIER [Père Gédéon], «Le dentier de ma tante Clara», dans L. MAILHOT et D.-M. MONTPETIT, *Monologues québécois 1890-1980*, p. 185)

1022 **ÉVANGILE.** *C'est pas l'Évangile.* C'est pas la vérité absolue. «C'est pas jeune pour se mettre à penser à mal, quand on a été tranquille comme il l'a été depuis si longtemps. Quoique ça, c'est pas l'Évangile...» (Y. THÉRIAULT, *Moi, Pierre Huneau*, p. 94)

1023 **EVEN.** [Angl. quitte] *Être (se trouver) even (avec qqn).* Être quitte (avec qqn).

1024 **EXTRAVAGANT.** *Fais pas ton extravagant!* N'exagère pas.

F

1025   **FACE.** *En pleine face.* Directement, sans détour. «J'avais le goût de venir te dire un paquet de bêtises en pleine face, mais j'étais trop fier pour venir te voir.» (*Le grand zèle*, téléfilm de Roger Cantin, 1992) ♦ *Casser (fendre, péter) la face (en quatre) à qqn.* Donner une raclée à qqn. «J'vous dis, chu venu prêt d'y dire: "Tu mériterais que j'te fende la face en quatre!" Bûcher sur un être sans défense...» (J. Barrette, *Ça dit qu'essa à dire*, p. 20) ♦ *Fendre la face à qqn.* Exaspérer qqn. «Ça me fend la face de le voir perdre son temps.» ♦ *Faire la face à qqn.* Avoir une expression maussade, être maussade. «C'est pas parce que tu t'es planté avec l'hôtel que tu dois nous faire la face!» (*Les boys III*, film de Louis Saïa, 2001) ♦ *Pouvoir arracher la face à qqn.* Être en colère contre qqn, détester qqn. «L'homme a haussé les épaules en faisant un bruit moqueur avec sa bouche. Avoir eu des ongles, je lui aurais arraché la face.» (M. Tremblay, *Des nouvelles d'Édouard*, p. 291) ♦ *S'arracher la face pour faire qqch.* Faire son possible pour accomplir qqch., se démener, se remuer. *Fr.* Faire des pieds et des mains. «A porte, tu suite! — On a beau s'arracher a face pour vous faére plaésir, on se fait traiter comme des chiens!» (A. Ricard, *La gloire des filles à Magloire*, p. 45) ♦ *Se barbouiller la face.* Prendre de l'alcool, s'enivrer. «Le Nouveau-Brunswick a été plutôt long à traverser mais on s'est barbouillé la face au gros gin.» (M. Dubé, *Un simple soldat*, p. 19) ♦ *Se montrer la face.* Se montrer, se présenter. ♦ *Se parler (parler à qqn) dans la face.* Se parler (parler à qqn) franchement, sans détour. *Fr.* Ne pas y aller par quatre chemins. ♦ *Sauter dans la face de qqn.* Engueuler qqn, lui donner une raclée. ♦ *Se sauter dans la face.* Se quereller, s'engueuler. ♦ *Tomber dans la face de qqn.* Engueuler qqn.

1026 **FACE À CLAQUES.** *Avoir (être) une face à claques.* Être détestable, déplaisant. *Fr.* Tête à claques.

1027 **FACE À DEUX TAILLANTS.** *Être (avoir) une face à deux taillants.* Avoir un air hypocrite.

1028 **FACE À FESSER DEDANS.** *Être (avoir) une face à fesser dedans.* Être détestable, avoir une figure détestable. «Ses cheveux sont noirs sales, grisâtres, des poils follets au menton, sur les joues, une tête à mourir bientôt, une face à fesser d'dans.» (J. RENAUD, *Le cassé*, p. 49)

1029 **FACE D'ENTERREMENT.** *Avoir une face d'enterrement.* Avoir une figure inexpressive, triste, morne. *Fr.* Avoir une figure de croque-mort. «Émilie se prend une face d'enterrement, l'hypocrite! Ça y est, Germaine s'écrase sur une chaise et se met à pleurer, la tête basse.» (C. JASMIN, *Pleure pas, Germaine*, p. 69)

1030 **FACE DE BŒUF.** *Avoir (prendre) une face de bœuf.* Avoir un air renfrogné, maussade. «Les agents ont pris une face de bœuf: eux aussi ils connaissaient la loi...» (J. FERRON, *Rosaire*, p. 74)

1031 **FACE DE BOIS.** *Avoir (faire) une face de bois (franc).* Avoir (prendre) un air renfrogné, dur. «Miville, je voudrais d'abord savoir pendant combien de temps encore tu vas faire la face de bois.» (V.-L. BEAULIEU, *L'héritage /*L'automne*, p. 86)

1032 **FACE DE BOIS BLANC.** *Prendre sa face de bois blanc.* Prendre un air imperturbable.

1033 **FACE DE PET.** *Avoir une face de pet.* Être laid, avoir une figure peu engageante.

1034 **FAÇON.** *Avoir (faire) de la (une, une belle) façon (à en revendre).* Avoir (prendre) un air aimable, engageant. «Toi aussi, fifille, greille-toi. Tu vas voir ça, les gars de la campagne s'ils vont t'en faire de la façon!» (G. ROY, *Bonheur d'occasion*, p. 176)

1035 **FAÇONS.** *Faire cinquante-six façons.* Faire des courbettes, des manières.

1036 **FADASSE.** *Avoir l'air (être) fadasse.* Avoir l'air (être) blême, pâle.

1037 **FAFLAS.** *Faire des faflas [flaflas].* Faire des manières, se donner des airs.

1038 **FAILLETTE.** *Avoir une faillette.* Perdre conscience, s'évanouir.

1039 **FAILLIE FRIMOUSSE.** *Avoir une faillie frimousse.* Avoir l'air maladif.

1040 **FAILLITE.** *Avoir une faillite.* S'évanouir.

1041 **FAIRE.** *Se faire faire.* Se faire tromper, duper.

1042 **FAISEUX D'ALMANACH.** *Être un faiseux d'almanach.* Faire le prophète de malheur.

1043 **FAITE.** *Être faite [fait] (à l'os).* Être perdu (à jamais), battu, avoir été possédé. *Fr.* Être cuit. «Si j'arrêtais au milieu de la côte, je savais que j'étais faite, je ne pourrais plus repartir.» «Si elle a laissé sa brosse à dents chez toi, t'es faite...» (*Les boys III*, film de Louis Saïa, 2001)

1044 **FAITTE.** *Conter son faitte [fait] à qqn.* Dire franchement ce que l'on pense de qqn. *Fr.* Dire ses quatre vérités à qqn, dire son fait à qqn. «Siméon y s'a fâché là-d'sus pis y a conté son faitte au contremaître: — Comment, qui dit, de qu'est-ce que vous avancez: que j'travaille pas.» (Paul COUTLÉE, «Siméon a lâché sa job», dans L. MAILHOT et D.-M. MONTPETIT, *Monologues québécois 1890-1980*, p. 122*)

1045 **FAKE.** [Angl. truqué, faux] *C'est (faire) du fake (feak).* C'est (faire) de la frime (faire des feintes, faire semblant de). «Toute c'que tu m'as conté, c'est du fake.» (*Ti-Mine, Bernie pis la gang*, film de Marcel Carrière, ONF, 1978) «Vous pensez! Des lutteurs de Montréal, qui luttent au Forum. C'est distingué. Et puis, c'est du "fake".» (R. LEMELIN, *Au pied de la pente douce*, p. 191) «Pis c'est pas vrai, j'fais du feak, parce que dans le fond, y a pas plus sincère que moi...» (J.-M. POUPART, *Chère Touffe, c'est plein...*, p. 119)

1046 **FALE.** *Avoir la fale (falle, phalle) à l'air (ouverte).* Avoir la chemise ouverte, le torse nu. «... parles-tu en connaissance de cause...? — C'est a phalle à l'air qu'on s'expose à pogner le rhume...» (J.-M. POUPART, *Chère Touffe. c'est plein...*, p. 78)

♦ *S'emplir la fale.* S'empiffrer.

1047 **FALE BASSE.** *Avoir la fale (falle) basse.* Avoir l'air dépité, triste, être affamé. «J'ai pas retourné fale basse à la maison, j'vous en réponds! Les quatre milles, on les a faits d'une seule bauche.» (Y. THÉRIAULT, *Moi, Pierre Huneau*, p. 88) «Pour tout de suite, tu vas aller chez Marsouin nous chercher à manger. Je commence à avoir la "fale" basse.» (M. RIDDEZ et L. MORISSET, *Rue des Pignons*, p. 106) «Pis là, y a commencé à parler d'Florent... pis y trouvait ça drôle, y disait qu'j'avais la fale basse parce qu'y était pas venu...» (M. LABERGE, *C'était avant la guerre...*, p. 103) «J'ai la fale basse aujourd'hui. Si je m'écoutais, je pense que je me soûlerais.» (V.-L. BEAULIEU, *L'héritage /*L'automne*, p. 424) «Hé hé hé! ricana l'employé entre ses dents, t'as la fale basse à soir, hein, beau boss de mon cul?» (Y. BEAUCHEMIN, *Le matou*, p. 464) «Si vous dites comme moé, les gars, on va prendre une bouchée! J'ai la falle basse depuis longtemps...» (H. BERNARD, *Les jours sont longs*, p. 145) «Du café, tu pourrais peut-être en servir à Miville et Junior... ils ont l'air à avoir la falle basse en tabarnance!» (V.-L. BEAULIEU, *L'héritage /*L'automne*, p. 39)

1048 **FAMILLE.** *Empêcher la famille.* Employer des moyens contraceptifs. ♦ *Être en (partir en, partir pour la, tomber en) famille.* Être (devenir) enceinte. *Fr.* Être passée chez Michelin. «Calvette, les pharmaciens se fendent en quatre pour vendre des pilules, pis cinquante-six affaires pour empêcher la famille... Les femmes ont ienqu'à s'en sarvir, comme ça y tomberont pas en famille pis y auront pas besoin de se faire avorter.» (R. LÉVESQUE, *Le vieux du Bas-du-Fleuve*, p. 124) «Philomène, ma moitié, m'a envoyé un mot par l'gars à Narcisse Doyon, qu'est monté l'autre jour. A'm'dit: "Jos, j'sus en famille. Tu s'ras fier, hein?... On aura un autre fiston pour cultiver."» (A. NANTEL, *À la hache*, p. 82) «... puis se tournant vers Élise avec un sourire apitoyé: — Eh bien, madame Boissonneault, il est temps que vous partiez pour la famille...» (Y. BEAUCHEMIN, *Le matou*, p. 87) «Ça faisait treize ans qu'avait pas eu de p'tit pis l'année passée, est partie pour la famille... pis a l'a eu le plus beau des bébés...» (J. BARRETTE, *Oh! Gerry oh!*, p. 70) «Gilles parle d'une petite "cochonne" qui fait cela à son cousin... Et on discutera longtemps des risques qu'elle court, ou qu'elle ne court pas, de se retrouver "en famille", enceinte!» (C. JASMIN, *Pointe-Calumet boogie-woogie*, p. 93) ◆ *La famille nous (te, lui, etc.) grimpe.* La famille augmente, grandit.

1049 **FANAL.** *Travailler d'un fanal à l'autre.* Travailler du lever au coucher du soleil.

1050 **FARAUD.** *Faire son (le) faraud.* Faire le fanfaron, plastronner, se vanter. *Fr.* Faire sa sucrée. «Je m'rappelle c'gars de Sorel qui était v'nu icite et qui faisait son faraud.» (G. BESSETTE, *Anthologie d'Albert Laberge*, p. 60)

1051 **FARAUDER.** *Farauder les filles.* Courtiser. «Le fignoleux, i faraude toutes les filles du village et des paroisses d'en haut et d'en bas.» (R. GIRARD, *Marie Calumet*, p. 101)

1052 **FARCE.** *Sans farce.* En réalité, sérieusement... Se dit pour appuyer un propos. *Fr.* Sans blague. «Non, mais, sans farce, qu'est-ce qu'il connaît au hockey, celui-là!» (CKAC-Télémédia, 20 sept. 1989) «On arrive à son camp à Pine Beach, j'te r'garde la bébelle, aye, c'tait pas un camp, c'tait un château... pas d'farces, aye la plus grosse maison en pierres naturelles de toutes les couleurs que j'ai jamais vue d'ma vie!» (Yvon DESCHAMPS, «Les unions, qu'ossa donne?», dans L. MAILHOT et D.-M. MONTPETIT, *Monologues québécois 1890-1980*, p. 221) «Avez-vous remarqué les microphones fièrement suspendus au-dessus des caisses des dépanneurs Couche-Tard? [...] Sans farce. On est dans un dépanneur ou dans une boîte de télémarketing?» (Stéphanie PERRON, «Holà les micros!», *La Presse*, 24 août 2002, p. A14)

1053 **FARCES PLATES.** *Faire des farces plates.* Faire des plaisanteries de mauvais goût, qui tombent à plat. «Arrête donc de faire des farces plates comme ton oncle Édouard!» (L.-M. Dansereau, *Chez Paul-ette, bière, vin...*, p. 20) «Louise lui a dit qu'elle pouvait venir demeurer chez elle durant environ deux semaines. Mais pas de farces plates. Amène-z-en pas d'autres que Ti-Jean.» (J. Renaud, *Le cassé*, p. 23) «On fait des farces plates mais dans le fond, l'histoire du fauteuil roulant, ça nous a dérangés dans notre euphorie bleue du samedi.» (F. Noël, *Chandeleur*, p. 127)

1054 **FARDOCHES.** *Être dans les fardoches.* S'empêtrer.

1055 **FARFINAGE.** *Faire du farfinage [fafinage].* Attendre, hésiter, tergiverser. «Pour être bizarre c'était bizarre en enfant de nanane qu'une femme qu'il n'avait jamais vue veuille le marier jeudi en trois sans guelingueguelagne ni farfinage...» (S. Rivière, *La s'maine des quat' jeudis*, p. 17)

1056 **FARINE.** *Mettre qqn sous farine.* Sortir qqn de la misère.

1057 **FAUCHER.** *Ne pas en faucher large.* Être peu intelligent, peu éveillé.

1058 **FAUX AIRS.** *Avoir les faux airs de qqn.* Ressembler à qqn.

1059 **FAUX CORDEAU.** *Avoir un faux cordeau.* Être mal ajusté.
♦ *Obéir au faux cordeau.* Obéir parfaitement, sans protester. *Fr.* Obéir au doigt et à l'œil.

1060 **FÉFESSE.** *Jouer féfesse.* Jouer prudemment, chichement (notamment aux cartes).

1061 **FÊLÉ.** *Avoir le cerveau (la tête) fêlé(e).* Être timbré. S'emploie aussi en France.

1062 **FEMMES.** *Aller aux femmes.* Se mettre en quête de femmes, d'aventures galantes. «Ils ont fêté ensemble, ils ont fumé du haschisch ensemble, ils sont allés aux femmes ensemble.» (J.-J. Richard, *Faites-leur boire le fleuve*, p. 255) «Quand les gars vont aux femmes, c'est des femmes qu'y ont envie, pas des pèteuses de broue!» (A. Ricard, *La gloire des filles à Magloire*, p. 48) ♦ *Être aux femmes.* Préférer (sexuellement) les femmes. «Théo! Ben oui Théo, t'es aux femmes pis après?» (J. Doré, *Si le 9-1-1 est occupé!*, p. 60)

1063 **FENDANT.** *Être (avoir l'air, avoir un air) fendant.* Être (avoir l'air) insolent, mal poli. «Moi, je la trouve un peu jeune pis fendante sur les bords, mais je peux imaginer qu'on ait envie de se rapprocher d'elle...» (J. Doré, *Si le 9-1-1 est occupé!*, p. 72) «Nous autres, on l'appelle toute Ti-Bum, à cause de son air fendant sur la patinoire. Y'est-y beau à voir aller à votre goût?» (J. Barbeau, *La coupe Stainless*, p. 13) «Misère! Que la vie te bardasse, mon Gilles. Et ce petit baveux qui me dévisage avec son air fendant.» (C. Jasmin, *Pleure pas, Germaine*, p. 55) «Ben, ça commence à faère! Tu viendras pas jouer au jars icitte, mon vinyenne de petit fendant!» (A. Ricard, *La gloire des filles à Magloire*, p. 27)

1064 **FENTES.** *Marcher sur les fentes.* Ne pas arriver à marcher droit sous l'effet de l'alcool. «Le père Joseph marchait sur les fentes hier soir, une bouteille à la main, il s'est rendu de peine et de misère chez lui.»

1065 **FER.** *Avoir un estomac de fer.* Pouvoir avaler n'importe quoi. Voir *crusher* (n° 764). *Fr.* Avoir un estomac d'autruche. ♦ *Avoir une santé de fer.* Être de constitution robuste. ♦ *Battre le fer quand (tandis qu')il est chaud.* Profiter du moment opportun. «Vous ne serez de si tôt en état de profiter de la préférence momentanée que vous accorde mademoiselle Pérault et, comme l'on dit vulgairement, battre le fer tandis qu'il est chaud.» (E. d'O. d'Orsonnens, *Une apparition*, p. 32) ♦ *Tomber fer.* S'ajuster parfaitement. «En gossant un peu plus, la cheville va tomber fer dans le madrier.»

1066 **FER À REPASSER.** *Nager comme un fer à repasser.* Ne pas savoir nager. *Fr.* Nager comme un chien de plomb.

1067 **FERRÉ.** *Ferré sur qqch.* Connaissant dans qqch. (les langues, les mathématiques, etc.). Par allusion aux fers des chevaux. «On a beau être ferré sur les chiffres, quand qu'y s'agit de compter des enfants, sé pu la même chose, c'est pu difficile qu'on le cré.» (Paul Coutlée, «Le recensement», dans L. Mailhot et D.-M. Montpetit, *Monologues québécois 1890-1980*, p. 121)

1068 **FESSAILLE.** *Se pousser la fessaille.* Se remuer.

1069 **FESSE.** *Avoir la tête comme une fesse.* Être chauve. ♦ *Être (sur la) fesse.* Être usé. «... à part les freins qui sont sur la fesse.» (*Super sans plomb*, SRC, 4 octobre 1990) ♦ *Freiner (juste) sur une fesse.* Freiner brusquement, sur une courte distance.

1070   **FESSES.** *Avoir (se tenir) les fesses serrées.* Être gêné, intimidé, essayer de ne pas attirer l'attention sur soi. ♦ *Coucher (les) fesses nu-tête.* Façon plaisante de dire : coucher tout nu. Boutade pour expliquer que qqn a attrapé un rhume. ♦ *Jouer aux fesses.* Avoir des relations sexuelles. *Fr.* Jouer aux jeux interdits. Voir *cul* (n° 769, p. 139). «... je la paye pour surveiller mon p'tit gars et elle joue aux fesses dans son litte avec tous les bums du coin.» (Y. Beauchemin, *Le matou*, p. 380) ♦ *Passer sur les (sur la peau des) fesses.* Réussir, de justesse. «Avec 60 p. cent dans son examen de biologie, ma fille a passé sur les fesses à la fin de l'année.» ♦ *Se mouver* [angl. *to move*, bouger] *les fesses.* Se remuer.

1071   **FESSES DE SŒUR.** *Doux comme des fesses de sœur.* Très lisse, doux. «Mon père, qui était menuisier, disait souvent, après avoir bien sablé une pièce de bois : "Hum ! c'est doux comme des fesses de sœur !"»

1072   **FEU.** *Avoir le feu (au cul).* Être en colère, en furie, être pressé de partir, être sensuel, en quête d'aventures amoureuses. *Fr.* Jeter feu et flamme. «Gerry Boulet, dans ses beaux jours, pesait à peu près 135 livres, pas trop emmanché, mais, le feu au cul, il pouvait virer la place à l'envers.» (Daniel Lemay, «Gerry : des témoins du ciel et de l'enfer», "Télé +", *La Presse*, 29 juin au 6 juillet 1991, p. 3) «Il y a eu un incendie à Pointe-aux-Trembles ce matin mais, vous savez quoi, ce sont les citoyens qui ont le feu.» (*Le téléjournal*, SRC, Montréal, 15 sept. 2002) ♦ *Avoir le feu au passage.* Être de mauvaise humeur. ♦ *Être dans le (être au) feu.* Être pressé de partir. «Vous êtes pas au feu ! Pas besoin de partir si vite.» ♦ *Faire du feu.* Passer en trombe, à toute vitesse. ♦ *Mettre le feu (au cul) à qqn.* Faire enrager qqn. «Je l'sais ben qu'trop, Marianna, mais ça m'met l'feu quand même : quand j'pense qu'y en pâtira même pas, lui...» (M. Laberge, *C'était avant la guerre...*, p. 113) ♦ *Mettre le feu aux étoupes.*

Faire éclater qqch., dévoiler un scandale. *Fr.* Mettre le feu aux poudres. ♦ *Ne pas être assez fou pour mettre le feu, et pas assez fin pour l'éteindre.* Se dit d'une personne abrutie, niaise. «Au demeurant, et avec beaucoup de générosité, les plus indulgents avançaient qu'il n'était pas assez fou pour mettre le feu et pas assez fin pour l'éteindre...» (S. Rivière, *La s'maine des quat' jeudis*, p. 121) ♦ *Passer au feu.* Être incendié, accoucher. ♦ *Péter le feu.* Être en furie, être débordant d'énergie. ♦ *Prendre le feu.* Se mettre en colère.

1073 **FEU ROUGE.** *Avoir le feu rouge.* Être menstruée.

1074 **FEUILLE.** *Être dur de la feuille.* Être sourd, sénile. S'emploie en France. «Vous savez, à mon âge, on dit qu'on est un peu dur de la feuille.» (Paul Boutet, *CBF Bonjour*, SRC, mars 1984) ♦ *Trembler comme une feuille.* Trembloter.

1075 **FEUILLE DE PAPIER.** *Blanc comme une feuille de papier.* Très pâle, livide. ♦ *Maigre comme une feuille de papier.* Très maigre.

1076 **FEUTRES.** *Lever les feutres.* Partir, déguerpir.

1077 **FIAT.** *Donner son fiat à qqn.* Accorder sa confiance à qqn, donner son accord, l'assurance de qqch. à qqn. ♦ *Ne pas avoir de fiat à avoir.* Ne pas pouvoir faire confiance (à qqn). «Avec des gens comme ça, i a pas de fiatte à avoir et, si j'étais de m'sieu le curé, je l'laisserais seulement pas aborder le presbytère.» (R. Girard, *Marie Calumet*, p. 101)

1078 **FIEL.** *Se ronger le fiel.* Maugréer, ravaler sa colère. *Fr.* Ronger son frein.

1079 **FIER PET.** *Faire son (être) fier pet.* Faire l'orgueilleux, le fanfaron, le prétentieux. *Fr.* Fier (glorieux) comme un pet.

1080 **FIFARLAGNE.** *Être en (beau) fifarlagne.* Être en colère, en furie.

1081 **FIFERLOT.** *Être en fiferlot (contre qqn).* Être en colère contre qqn. *Fr.* Être en rogne (contre qqn).

1082 **FIFRE.** *Être en (beau) fifre.* Être de mauvaise humeur, en colère contre qqn. «Je comprends, mais si j'appelle la police, tous les voisins vont être en beau "fifre" contre toi. Et tes voisins, c'est aussi tes clients à la quincaillerie.» (M. Riddez et L. MORISSET, *Rue des pignons*, p. 67) «"Les fusils sont pas chargés" que m'souffle mon voisin. En apprenant ça, moé, comme de raison, me v'là en fifre! Pour quosque vous m'prenez donc? Pensez-vous que j'ai l'temps de jouer aux fous, moé?» (Armand LECLAIRE, «Le conscrit Baptiste», dans L. MAILHOT et D.-M. MONTPETIT, *Monologues québécois 1890-1980*, p. 110)

1083   **FIL.** *Dans le (fin) fil*. Dans le détail, parfaitement. «Si vous savez pas ce que c'est que la chasse-galerie, les enfants, c'est moi qui peux vous dégoiser ça dans le fin fil, parce que je l'ai vue, moi, la chasse-galerie.» (L. FRÉCHETTE, *La Noël au Canada*, p. 220-221)

1084   **FILE ÉPOUVANTE.** *Partir à la file épouvante (à la fine épouvante)*. Partir en trombe, déguerpir.

1085   **FILLE.** *Faire sa fille*. Recevoir des garçons, sortir avec des garçons. «À l'âge de quatorze ans, elle s'est mise à faire sa fille rapport qu'il y avait des garçons aux alentours.»

1086   **FILS.** *Les fils se sont touchés*. Avoir l'esprit dérangé. Par analogie à un court-circuit électrique.

1087   **FILS D'ARAIGNÉE.** *Avoir des fils d'araignée dans la gorge*. Avoir soif, avoir la gorge enrouée.

1088   **FIN.** *Faire son fin (sa fine)*. Se vanter, faire le connaissant, pavaner. «Y est à quatre pattes à terre pour essayer de réparer le radio du char. Y fait le fin. Y sait rien faire, mais y est plein d'entreprise; la bonne volonté, c'est Albert.» (C. JASMIN, *Pleure pas, Germaine*, p. 14) ♦ *Se mettre sur son (plus) fin*. Mettre ses plus beaux vêtements. ♦ *Filer fin*. Être aimable. «Mais l'enfant de la grosse femme n'avait pas envie que Claude file fin et le repoussa.» (M. TREMBLAY, *Le premier quartier de la lune*, p. 111)

1089   **FIN DU MONDE.** *C'est pas la fin du monde!* C'est pas catastrophique, c'est pas si extraordinaire!

1090   **FIN FIN.** *Ne pas être fin fin*. Ne pas être intelligent, perspicace. «C'est comme de partir en pleine nuit, c'est pas fin fin. Mes amies doivent se demander ce qui se passe. On est pas des bandits, après tout.» (C. JASMIN, *Pleure pas, Germaine*, p. 60)

1091 **FINAL BÂTON.** *C'est final bâton!* C'est terminé! C'est définitif! «... final bâton, dit-il à son passé, / je passe une porte vent debout.» (P. MORENCY, *Torrentiel*, p. 8)

1092 **FINANCE.** *Être (pris, payer) sur (payer, rembourser) la finance.* Acheter à crédit, payer par versements, payer la société de crédit. «C'est pus que le petit calvette de gaspillage, mon gars! Quand tu penses à ça comme faut, c'est pas surprenant que tout le monde soient sus la finance!» (R. LÉVESQUE, *Le vieux du Bas-du-Fleuve*, p. 58) «Ça me fait penser à une affaire: sais-tu que rendu à mon âge y en a une maudite gagne qui ont pas fini de payer la finance?» (R. LÉVESQUE, *Le vieux du Bas-du-Fleuve*, p. 67) «Ça fait qu'on est allé au White Furniture Credit Store... Parce que nous autres, on l'achetait, c'était sur la finance qu'on achetait ça.» (Gilles PELLERIN, «La télévision», dans L. MAILHOT et D.-M. MONTPETIT, *Monologues québécois 1890-1980*, p. 172)

1093 **FINE COURSE.** *Aller à la fine course.* Aller à toute vitesse.

1094 **FINESSES.** *Faire des finesses.* Finasser, faire des finasseries. «"Ce n'est pas pour moi que vous avez travaillé!" lança l'évêque vivement, tout en se rapprochant... — "Vous faites des finesses."» (J. BENOÎT, *Les voleurs*, p. 230)

1095 **FINFIN.** *Faire le (jouer au) finfin.* Faire le (jouer au) malin. *Fr.* Jouer au plus fin, faire le finaud. «Et puis... n'essayez pas de jouer au finfin avec moi... Je vous ai à l'œil.» (Y. BEAUCHEMIN, *Le matou*, p. 179) «Si Tioxyde a pu faire son finfin avec le ministre Paradis, en Louisiane, on l'attend de pied ferme.» (*SRC Bonjour*, SRC, 5 février 1993)

1096 **FINGER.** *Faire un finger.* Lever un doigt d'honneur.

1097 **FINS.** *En avoir pour les fins pis (pour) les fous.* En avoir à profusion, pour tous les goûts. «Le vieux commence un chapitre: en masse, on en a pour les fins pis les fous...» (J.-M. POUPART, *Chère Touffe, c'est plein...*, p. 47)

1098 **FIOLE.** *Péter (petter) la fiole à qqn / se péter la fiole.* Tabasser, frapper qqn / tomber, se tuer. «Tu risques de te péter la fiole dans les escaliers.» (Rock et Belles oreilles) «Quand je me petterai la fiole avec une balle de .38, je les allumerai tous les deux [cierges] avant de m'étendre sur le tchesteur-filde.» (J. Renaud, *Le cassé*, p. 107) «Réveillez-vous, bonyeu! Y'a pas quelqu'un qui aurait le goût de péter la fiole de quelqu'un d'autre là, pour mettre un peu d'ambiance?» (M. Tremblay, *Des nouvelles d'Édouard*, p. 16) ♦ *Se faire sauter la fiole*. Faire la fête, se suicider. *Fr.* S'éclater. «... chaque fois que j'me fais sauter à fiole avec ma trois cent trois, immanquablement, c'est pour la mettre dans marde, elle...» (J.-M. Poupart, *Chère Touffe, c'est plein...*, p. 30)

1099 **FION.** *Avoir du fion*. Avoir du front, de l'aplomb, être effronté. «Il en avait du fion pour parler comme ça pendant une heure devant la classe.» ♦ *Mettre (placer) son fion*. Donner son avis, son opinion (sans qu'on y soit invité). *Fr.* Mettre son grain de sel. ♦ *Pousser son (un) fion*. Dire une malice, insulter qqn.

1100 **FIONS.** *Faire des fions*. Plastronner, se donner des airs, faire des figures de style, enjoliver son écriture.

1101 **FITTE.** *Avoir (partir sur, prendre) une fitte*. Partir sur une toquade, refuser d'entendre raison.

1102 **FITTÉ.** *Ne pas être fitté (fitté fitté)*. Être (un peu) timbré. «Il faut pas être fitté fitté pour avoir fait ce cambriolage au poste de police.»

1103 **FIXE.** *Pogner [poigner] le fixe (sur qqn)*. Se mettre à fixer longtemps qqn ou qqch. (s'amouracher, s'enticher de qqn ou de qqch.). *Fr.* Être (tomber) dans la lune. «Y fixent encore. Y'ont dû pogner le fixe à fixer de même.» (J. Doré, *Si le 9-1-1 est occupé!*, p. 142)

1104 **FLACHE.** [Angl. *flash*, éclair] *Avoir (donner) un (le) flache*. Avoir (donner) une vision, faire penser à qqch. *Fr.* Avoir un éclair de génie. «Moué, d'un coup, ça m'a donné lflache dla vache de Gan-dhi!» (J.-C. Germain, *Mamours et conjugat*, p. 123)

1105 **FLANC-MOU.** *Être (un, faire son) flanc-mou*. Être (faire le) paresseux, nonchalant. «A midi tu filais doux, tu faisais le p'tit chien! Mais t'es rien qu'un flanc-mou! Un maudit torriâble de menteur!» (Y. THÉRIAULT, *Les vendeurs du temple*, p. 139)

1106 **FLANCS LONGS.** *Avoir les flancs longs.* Être paresseux.

1107 **FLANELLE.** *Rouge comme de la flanelle.* Très rouge.

1108 **FLANELLETTE.** *Rouge comme (de) la flanellette.* Cramoisi.

1109 **FLASAGE.** *Faire du flasage.* Parler sans rien dire, éviter d'aborder un sujet délicat, tergiverser. «J'ai l'impression que le savant ministre fait du flasage au lieu de répondre franchement à la question.» (Rodrigue Biron devant l'Assemblée nationale, 12 octobre 1979)

1110 **FLAT.** [Angl. crevaison] *Faire un flat.* Tomber douloureusement à plat sur l'eau en plongeant.

1111 **FLAT CAR.** [Angl. wagon plate-forme] *Partir / arriver sur un flat car.* Partir / arriver à toute vitesse, en trombe. Allusion aux wagons plate-forme de chemin de fer sur lesquels on sautait autrefois pour voyager clandestinement. *Fr.* Partir sur les chapeaux de roues. «Je pars sur un flat car en Espagne rejoindre ma fille qui étudie là-bas, sur les chapeaux de roues, comme on dit en France.» (Yves Corbeil, *La roue chanceuse*, TVA, 29 octobre 1991)

1112 **FLATTE.** [Angl. *flat*, crevaison] *Partir sur un flatte.* Trinquer, s'enivrer.

1113 **FLAYE.** [Angl. *fly*, braguette] *Avoir la flaye à l'air.* Avoir la braguette ouverte, le torse nu.

1114 **FLÈCHE.** *Droit comme une flèche.* Très droit, rectiligne, dressé.

1115 **FLEUR.** *Blanc (blême) comme de la fleur.* Pâle, livide. Fleur de farine: farine très fine et très blanche. «Faut t'habiller plus à fraîche, avec les chaleurs qu'y fait... Cout'donc, ça file pas? T'es blanche comme de la fleur...» (A. RICARD, *La gloire des filles à Magloire*, p. 46) ♦ *Conserver (garder) sa fleur.* Conserver sa virginité.

1116 **FLEURS.** *Envoyer qqn péter dans les fleurs.* Chasser, envoyer promener qqn. ♦ *Va (donc) jouer (péter) dans les fleurs!* Déguerpis! Voir *trèfle* (n° 2616). ♦ *Être dans ses fleurs.* Être menstruée. ♦ *S'enfarger (s'accrocher) dans les fleurs du* *tapis*. S'empêtrer, faillir pour un rien. *Fr.* Se prendre les pieds dans le tapis. «C'est pas qu'ils s'accrochent les pieds dans les fleurs du tapis; les libéraux cherchent les fleurs où s'accrocher.» (Jacques Parizeau dans une allocution, CKAC-Télémédia, 17 déc. 1991)

1117 **FLEXER (SE).** *Se flexer.* Partir, s'en aller.

1118 **FLIC À FLAC.** *Aller flic à flac.* Aller comme ci comme ça. *Fr.* Aller cahin-caha.

1119 **FLOP.** *Être le flop... (de la soirée, du party, etc.).* Être (le) rabat-joie. «On veut pas aller quelque part et être le flop de la soirée, alors on se retire.» (Gérald Godin, *Parler pour parler*, Radio-Québec, 4 octobre 1991) ♦ *Faire un flop.* Échouer. «Il a fait un flop avec son magasin de vêtements usagés...»

1120 **FLOUC.** *Faire le flouc.* Avoir des relations sexuelles.

1121 **FLUSH.** [Angl. plein aux as] *Être (un) flush.* Généreux, libéral. «Sans compter que je me serais fait un coup d'argent avec ça. Parce que mon oncle Arsène serait venu certain. Et puis lui, c'est un "flush": je vous dis que les trente sous, ça frise avec lui.» (Gratien GÉLINAS, «La fête de Fridolin», dans L. MAILHOT et D.-M. MONTPETIT, *Monologues québécois 1890-1980*, p. 155)

1122 **FLÛTES.** *Préparer ses flûtes (pour partir).* Se préparer (à partir), faire ses bagages. ♦ *Se mêler dans ses flûtes.* Se tromper, se fourvoyer. «... certaine qu'a s'était pas mêlée dans ses papiers, ses flûtes pis ses pilules, qu'à s'retrouverait pas engrossée, pleine aux as, le tit mongol qui gigote déjà.» (J.-M. POUPART, *Chère Touffe, c'est plein...*, p. 110)

1123 **FLUX.** [Angl. *flue*, diarrhée] *Avoir le flux.* Avoir la diarrhée. *Fr.* Avoir la foire.

1124 **FLYE.** [Angl. *flag*, drapeau] *Lever le (partir sur un) flye.* Partir, déguerpir. Allusion au cerf de Virginie qui lève le flye, la queue lorsqu'il prend la fuite. *Fr.* Lever le camp. «Le lendemain matin à l'aube, il levait le flye dans un concert de sabots poussiéreux, pour une brosse du St-Sichrist qui durerait dans le petit moins une grosse semaine.» (S. RIVIÈRE, *La saison des quêteux*, p. 82)

1125 **FLYÉ.** [Angl. *to fly*, voler] *Être (avoir l'air) flyé.* Être (avoir l'air) hors de l'ordinaire, bizarre. «C'est assez flyé le goût d'avoir un enfant, là! Moi pis mon chum, on en voulait un fort fort...» (J. Doré, *Si le 9-1-1 est occupé!*, p. 52-53)

1126 **FLYER.** [Angl. *to fly*, voler] *Flyer (sur un vrai, sapré, etc., temps).* Filer, déguerpir (à toute vitesse).

1127 **FOFOLLE.** *Être (faire sa) fofolle.* Être (faire l') efféminé (pour un homme), être superficielle, frivole, faire des manières (pour une femme).

1128 **FOIN.** *Avoir (faire) du foin.* Avoir (faire) de l'argent, être riche. *Fr.* Avoir du foin au râtelier; avoir du foin dans ses bottes. ♦ *Avoir du (le) foin (dans ses bottes).* Avoir de l'argent. «"On devait être payés, nous autres, dit Foviolain négligemment. — Ti-Dré a le foin", fit Gus en les poussant dehors de ses bras musclés.» (J. Benoît, *Les voleurs*, p. 218) ♦ *Avoir du foin à vendre.* Avoir la braguette ouverte. ♦ *Être en foin.* Être fortuné, avoir de l'argent dans ses poches. «Si vous êtes en foin, comme on dit, vous pourriez vous rendre aux floralies au Japon.» (*CBF Bonjour*, SRC, 19 déc. 1989) ♦ *Fou comme un foin.* Étourdi, écervelé, turbulent, agité (notamment en raison d'une grande joie). *Fr.* Fou à lier. «Dans son jeune temps, Mme Germina Émond-Fournier, de Portneuf, était folle comme un foin.» (Denise Perrault, «Contre vents et marées», *Châtelaine*, octobre 1983, p. 182) ♦ *Être un foin fou.* Être timbré, écervelé. ♦ *Maigre comme un foin.* Très maigre.

1129 **FOIN D'ODEUR.** *Être un foin d'odeur.* Être écervelé, sans scrupule.

1130 **FONÇURE TRAÎNANTE.** *Être une fonçure traînante.* Être lambin, paresseux.

1131 **FOND DE BOUTEILLE.** *Avoir des verres en fond de bouteille de Coke.* Porter des verres très épais, être aveugle, ne pas voir l'évidence.

1132 **FOND DE CANISSE.** [Angl. *canister*, contenant] *Avoir la patience qui sonne le fond de canisse.* Être à bout de patience, exaspéré.

1133 **FOND DE CHAUDIÈRE.** *Rousselé comme un fond de chaudière rouillée.* Avoir beaucoup de taches de rousseur.

1134 **FOND DE COUR.** *De fond de cour.* De pacotille, de rien du tout. «Reconnaissez Pulchérie Trousseau. C'est elle qui a sorti le cancer de madame Letiec. — Oui, une sorcière de fond de cour.» (R. LEMELIN, *Au pied de la pente douce*, p. 282)

1135 **FOND DE PENOUILLE.** *Avoir son fond de penouille.* Connaître la tranquillité après une vie agitée.

1136 **FOND DE TONNE.** *Sentir (goûter, puer) le fond de tonne.* Empester (goûter, sentir) l'alcool, le moisi.

1137 **FONDS DE SOUCOUPE.** *Avoir les yeux grands comme des fonds de soucoupe.* Avoir les yeux exorbités.

1138 **FONTAINE.** *Pleurer comme une fontaine.* Pleurer à chaudes larmes. *Fr.* Pleurer comme une Madeleine.

1139 **FOOTBALL.** *Une équipe de football.* Un groupe de tueurs, chez les motards criminels.

1140 **FORÇAIL.** *Au forçail.* À la limite, au pire. «Au forçail, j'peux endurer un ingénieur, ben que j'les haïsse pire que les ours et les loups...» (H. BERNARD, *Les jours sont longs*, p. 22) «... le suicide, c'est pas une action, c'est une pensée. Au forçail, une pensée poussée un peu trop loin.» (J.-M. POUPART, *Chère Touffe, c'est plein...*, p. 143)

1141 **FORÇURE.** *Avoir la face comme une forçure.* Avoir le visage enflé, adipeux. ♦ *Rouge comme de la (une) forçure (forsure)* [fressure : foie animal]. Très rouge, écarlate. «El vieux phoque était jouqué su'le banc de crin, rouge comme de la forçure, avec les cordeaux ben raides...» (A. RICARD, *La gloire des filles à Magloire*, p. 15) «... il y avait là le garde-chasse en personne. Trempé jusqu'aux os, la face rouge comme une forsure. Son ciré dégouttait.» (G. GUÈVREMONT, *En pleine terre*, p. 62)

1142 **FORGERON.** *Avoir le dos rond comme un forgeron.* Avoir le dos voûté ♦ *Être un vrai forgeron.* Être un mauvais médecin. Allusion à l'époque où le forgeron soignait à la fois les bêtes et les personnes. ♦ *Fort comme un forgeron.* Costaud, très fort. ♦ *Parler aux chevaux comme un forgeron.* Se faire obéir des chevaux par la parole.

1143 **FORMANCE.** *Avoir formance de qqch.* Ressembler à, avoir l'aspect de qqch. «... habillé de même dans ton butin de tous les jours. T'as presquement plus formance de monde.» (G. Guèvremont, *Le Survenant*, p. 131)

1144 **FORT.** *C'est dans le (très) fort!* C'est inouï, (très) inattendu! ♦ *C'est-y assez fort?* Est-ce assez ? N'est-ce pas extraordinaire ? Se dit souvent pour appuyer ses propos. ♦ *Prendre (boire) du fort.* Boire de l'alcool. «J'pense qu'il reste une bouteille d'orangeade... De toute façon, j'prends pas de "fort" à cause de mon entraînement.» (M. Riddez et L. Morisset, *Rue des Pignons*, p. 315)

1145 **FORT EN GUEULE.** *Être fort en gueule.* Être hâbleur, bavard, autrefois, on disait aussi: haut en gueule. *Fr.* Avoir du bagou. «Avec le temps, les forts en gueule parlèrent d'aller déloger ce vieillard paresseux...» (S. Rivière, *La saison des quêteux*, p. 44)

1146 **FORTILLON.** *Avoir le fortillon.* Être agité, turbulent. Se dit particulièrement d'un enfant.

1147 **FORTY-FIVE.** [Angl. quarante-cinq] *Se mettre sur son forty-five.* Enfiler ses plus beaux vêtements. Voir *trente-six* (n° 2619). *Fr.* Se mettre sur son trente-et-un.

1148 **FOSSE.** *Creuser sa fosse.* Agir à l'encontre de ses propres intérêts, susciter soi-même sa perdition.

1149 **FOU.** *Conduire en fou.* Conduire un véhicule de manière imprudente, trop vite. Voir *malade* (n° 1551) et *braque* (n° 348). ♦ *Faire le fou.* Faire l'idiot. ♦ *Faire un (vrai) fou de soi.* Faire l'idiot, se conduire en idiot. Calque de l'anglais *to make a fool of oneself.* «Je me suis dit qu'en traversant trois ou quatre rues par la droite je finirais par retomber sur la rue du Faubourg Saint-Denis... Pas besoin de vous dire que j'ai fait un fou de moi...» (M. Tremblay, *Des nouvelles d'Édouard*, p. 255) ♦ *Jouer au fou.* Finasser, faire le finaud. *Fr.* Faire le mariolle. «"Les fusils sont pas chargés" que m'souffle mon voisin. En apprenant ça, moé; comme de raison me v'là en fifre! "Pour quosque vous m'prenez donc? Pensez-vous que j'ai l'temps de jouer aux fous, moà?"» (Armand LECLAIRE, «Le conscrit Baptiste», dans L. MAILHOT et D.-M. MONTPETIT, *Monologues québécois 1890-1980*, p. 110) ♦ *Lâcher son fou.* Se défouler, faire des pitreries. «Je souuis vieux et j'ai besoin de la chaleur de ton grand démone. (*Elle revient à sa voix normale*) — Tout ça pour me dire qu'y voulait que j'lâche mon fou...» (Jean-Claude GERMAIN, «L'opéra», dans L. MAILHOT et D.-M. MONTPETIT, *Monologues québécois 1890-1980*, p. 400) ♦ *Passer son fou.* Traverser sa période d'étourderies (se dit notamment d'un adolescent). «Attends qu'il ait passé son fou. Tu verras, après, il va se calmer.» ♦ *Rire comme un fou.* Rire à gorge déployée. ♦ *Un fou dans une poche...* Il faut être idiot, stupide... «Un fou dans une poche, les deux oreilles à l'air... Quand un fonctionnaire vient de prendre une décision, ce n'est pas le moment d'aller le questionner!» (Y. BEAUCHEMIN, *Le matou*, p. 392)

1150 **FOUET.** *Faire péter son fouet.* Faire des fanfaronnades, agir pour être remarqué.

1151 **FOUETTER.** *Commencer à fouetter.* Se mettre à tituber (d'ivresse).

1152 **FOUILLE.** *Prendre une fouille.* Faire une chute, trébucher, essuyer un échec.

1153 **FOUILLER.** *Fouille-moi!* Qui sait? «"Où y vont, tu penses? demanda Agnès. — Fouille-moé... Attention pour pas qu'y te voient! ajouta ma tante en s'éloignant de la fenêtre."» (J. BENOÎT, *Les voleurs*, p. 63)

1154 **FOUL BALL.** [Angl. *fall ball*, balle fausse] *Faire foul ball (fall-ball) (sur toute la ligne).* Échouer, se tromper (complètement). *Fr.* Être Gros-Jean comme devant. «S'il pense m'amadouer avec ses simagrées, il fait foul ball.» «Ouais, ben là, chpense qu'on est fall-ball encore une fois pour le smoke meat!» (J.-C. GERMAIN, *Les nuits de l'Indiva*, p. 91) «Hier soir, tout à fait fall ball. Faudrait pas que ça s'reproduise trop souvent, des veillées de même...» (J.-M. POUPART, *Chère Touffe, c'est plein...*, p. 125)

1155 **FOULEDRESSE.** [Angl. *full-dress*, grande tenue] *Être habillé fouledresse*. Porter ses plus beaux vêtements. Voir *dimanche* (n° 879).

1156 **FOULEPINE.** [Angl. *full pin*, à pleine vitesse] *Aller (faire qqch.) foulepine*. Filer (faire qqch.) à toute vitesse, à fond de train, au maximum. *Fr.* À pleins tubes, à pleins gaz. «... j'répondais quasiment toujours qu'on était allé un peu plus loin que ça, qu'on s'entreprenait full pine...» (J.-M. POUPART, *Chère Touffe, c'est plein...*, p. 119)

1157 **FOULESPIDE.** [Angl. *full speed*, à pleine vitesse] *(Aller, rouler, etc., à) foulespide (full speed)*. (Aller) à toute vitesse. «La remorque bourrée en a des soubresauts, comme les hoquets d'un ivrogne qu'on entraînerait à full speed.» (C. JASMIN, *Pleure pas, Germaine*, p. 57)

1158 **FOUR.** *Chauffer le four*. Avoir des relations sexuelles. Dit notamment pour ne pas être compris des enfants. ♦ *Envoyer qqn sous le four*. Envoyer promener qqn.

1159 **FOURCHE.** *Cracher dans la fourche*. Avoir des rapports sexuels avec une femme. ♦ *Se gratter la fourche*. Se masturber, se caresser les organes génitaux.

1160 **FOURCHETTE.** *Être taillée en fourchette*. Avoir une belle taille (se dit d'une femme). «Maigre comme un clou bien qu'elle mange comme un loup, taillée en fourchette...» (B. LACROIX, *Les cloches*, p. 35)

1161 **FOURMIS.** *Avoir des fourmis dans le ventre*. Être intimidé, mal à l'aise (et ressentir des fourmillements dans le ventre).

1162 **FOURRÉ.** *Être fourré*. Être déconcerté, décontenancé.

1163 **FOURRER.** *Fourrer qqn / se faire fourrer*. Tromper, berner qqn / être trompé, berné. *Fr.* Se faire baiser. «Maman, c'est pas parce qu'on vient de l'Est qu'on est obligé de se faire fourrer.» (*Les aventures d'une jeune veuve*, film de Roger Fournier, 1974) «Un zou c'est la place pour se faire fourrer. Les questions les plus vicieuses m'arrivent depuis qu'on est là-dedans.» (C. JASMIN, *Pleure pas, Germaine*, p. 45)

1164 **FOURREUR.** *Être un fourreur*. Façon grossière de dire : malhonnête, fourbe.

1165 **FOUTREAU.** *Éveillé comme un foutreau.* Se dit d'un enfant agité. Vieilli.

1166 **FOXER.** *Foxer l'école.* Ne pas se rendre en classe, sécher l'école. *Fr.* Faire l'école buissonnière.

1167 **FRAÎCHE.** *Prendre (faire, faire la) sa fraîche.* Prendre froid, faire la prétentieuse. ♦ *Prendre la fraîche.* Prendre l'air frais (notamment le soir). «Les soirs d'été, c'est l'coin d'ombrage /pour v'nir prendr' la fraîch' pis s'promener.» (É. Coderre, *J'parle tout seul quand Jean Narrache*, p. 123) ♦ *S'habiller à (la) fraîche.* S'habiller légèrement, porter des vêtements amples. «Faut t'habiller plus à fraîche, avec les chaleurs qu'y fait... Cout'donc, ça file pas? T'es blanche comme de la fleur...» (A. Ricard, *La gloire des filles à Magloire*, p. 46)

1168 **FRAÎCHE-PETTE.** *Être (une, avoir l'air [d'une], faire sa) fraîche-pette [pet].* Être (avoir l'air, faire son) arrogante, infatuée. Se dit surtout d'une femme. «Quand je l'ai revue, elle était aussi fraîche-pette qu'avant.» (*Parler pour parler*, Radio-Québec, 31 mars 1990)

1169 **FRAIS.** *Être (faire son [le]) frais (à chier, chié).* Faire le prétentieux, l'arrogant, le fanfaron. «Quand j'vois c'te gros paquet de Jacky faire le frais dans l'arène...» (M. Riddez et L. Morisset, *Rue des Pignons*, p. 286) «... l'Américain par exemple arrêtera d'aller faire le frais chié dans le monde.» (C. Péloquin, *Mets tes raquettes*, p. 89) «Pis c'est pas des p'tits frais chiés comme vous aut'/ qui vont les empêcher d'boire, ciboère!» (Jacqueline Barrette, «Poléon le révolté», dans L. Mailhot et D.-M. Montpetit, *Monologues québécois 1890-1980*, p. 280)

1170 **FRAISE.** *Péter la fraise à qqn / se faire péter la fraise.* Donner une raclée à qqn / se faire donner une raclée. ♦ *Se bourrer la fraise.* S'empiffrer. «Je me bourre la fraise quand j'ai de la peine. / Si je vis rien, chus frustrée, je me bourre la fraise.» (J. Doré, *Si le 9-1-1 est occupé!*, p. 15) ♦ *Se montrer la fraise.* Se montrer, se faire voir. *Fr.* Ramener sa fraise. ♦ *Se pacter la fraise.* S'enivrer. *Fr.* Se rincer la dalle. «Avec toué quyé glé dans ton coin! Pis moué qui spac-que la fraise dans

l'autte!» (J.-C. Germain, *Mamours et conjugat*, p. 137)
«... Quand c'est que tu m'as vu me pacter la fraise à part
hier? Hein? Quand c'est? — Ça fera! gronda-t-elle. Regarde
ta télévision, pis arrête de parler.» (J. Benoît, *Les voleurs*,
p. 93-94) ♦ *Se sucrer la fraise*. Manger des sucreries, des pâ-
tisseries. ♦ *Voir la fraise de qqn*. Voir l'aspect, le visage de
qqn. Voir *bine* (n° 233) et *binette* (n° 237). «Comme on dit à
Causapscal, au Festival de la fraise, on veut vous voir la
fraise.» (*Les coqueluches*, SRC, 6 juin 1980) «Depuis que
j'i'ai vu la fraise, à elle, je l'ai casée!» (J. Barrette, *Oh!
Gerry oh!*, p. 66) «Je suis content de te voir la fraise, mon
jeune, reprit monsieur St-Onge, tout en passant le torchon
sur le comptoir.» (Y. Beauchemin, *Le matou*, p. 23)

1171 **FRAISÉ.** *Être fraisé*. Être ivre.

1172 **FRAME DE CHAT.** [Angl. *frame*, châssis] *Être fait sur un
frame de chat*. Être fragile, délicat.

1173 **FRANC.** *Être franc dans le manche*. Être bon travailleur, une
personne de confiance. ♦ *Être franc pour la tire*. Être docile,
robuste, fort (se dit d'un cheval).

1174 **FRANC DU COLLIER.** *Être franc du collier (franc dans le collier)*. Être bon travailleur.

1175 **FRANÇAIS.** *Labourer en Français*. Labourer dans un sens
puis dans l'autre. Voir *aller de venant* (n° 41).

1176 **FRANÇAISE.** *Parler à la française*. Parler avec affectation,
avec un accent français. «Parle-nous donc à la française un
peu. En un mois, tu dois avoir appris à parler à la française!» (P. Perrault *et al.*, *Le règne du jour*, p. 122)

1177 **FRAPPE-À-BARRE.** *Faire le (petit) frappe-à-barre*. Faire le fendant, le polisson, le fanfaron.

1178 **FREE GAMES.** [Angl. parties gratuites] *Faire des free games*.
Divaguer, perdre l'esprit. Allusion aux machines à sous qui,
parfois, s'emballent et accordent sans raison des parties
gratuites.

1179 **FRÉMILLES.** *C'est pas lui qui a corsé les frémilles [fourmis]
(parce qu'il les aurait étouffées)!* Il est abruti, niais.

1180 **FRÈRE ANDRÉ.** *Ne pas être le frère André.* Ne pas pouvoir accomplir l'impossible, ne pas pouvoir accomplir des miracles, avoir des ressources limitées. Vouant une grande dévotion à saint Joseph, le frère André, né Alfred Bessette (1845-1937) à Saint-Grégoire-d'Iberville, au Québec, passe pour avoir accompli de nombreux miracles.

1181 **FRESSURE.** *Avoir la face comme une fressure.* Avoir la figure grêlée de variole.

1182 **FRET.** *Sauter un fret.* Sauter clandestinement dans un train de marchandises (en marche). À une certaine époque, pour voyager, on sautait souvent dans les wagons de marchandises, d'où l'expression. « Et, tout à coup, il souhaita l'évasion... Il "sauterait un fret", il irait s'embaucher dans les mines. » (G. Roy, *Bonheur d'occasion*, p. 163)

1183 **FRETTE.** *Il fait plus frette [froid] l'hiver qu'en campagne.* Boutade, pour dire qu'une question est importune, oiseuse. ♦ *Prends ça frette [froid] !* Calme-toi ! Ne t'énerve pas ! Aussi : Il faut prendre ça frette ! ♦ *Rester frette [froid].* Rester figé sur place, interloqué. En France, *rester froid :* rester indifférent. « Je rouvre, pis que c'est que j'aperçois ? Une vré apparition, mon gars ! Une tôrvisse de belle femme, entends-tu ?... Ça fait que tu te figures ben que je reste frette. » (R. LÉVESQUE, *Le vieux du Bas-du-Fleuve*, p. 89)

1184 **FRICASSÉE.** *Payer qqn en fricassée.* Payer mal, resquiller. *Fr.* Payer en monnaie de singe.

1185 **FRIGIDAIRE.** *Bâti (pris) comme un frigidaire.* Costaud, qui a une forte carrure.

1186 **FRIGIDAIRES.** *Pouvoir vendre des frigidaires aux Esquimaux.* Pouvoir convaincre, s'attirer la sympathie de n'importe qui. « Il y a des vendeurs itinérants qui viennent chez nous et qui sont vraiment des as ; franchement, ils pourraient vendre des frigidaires aux Esquimaux. » (Mathias Rioux, *L'art de vivre*, SRC, 30 octobre 1991)

1187 **FRIMAS.** *Avoir le frimas.* Avoir froid.

1188 **FRIME.** *Prendre une frime.* Trinquer, s'enivrer.

1189 **FRIPE.** *Être sur la (sur une, prendre une) fripe.* S'enivrer. *Faire qqch. (rien que) sur une (d'une) fripe (frip).* Faire
qqch. en un éclair, à toute allure, en un rien de temps. «J'le
paye sans le regarder, j'laisse deux piasses de tip, j'sors
s'une frip!» (J. BARRETTE, *Ça dit qu'essa à dire*, p. 33) ♦ *Partir sur la fripe.* Partir sur une chimère, se lancer dans une
beuverie, déguerpir. *Fr.* Prendre une biture. «Tu m'croyais
parti sus la frippe avec eux aut'. Mais j'ai rien pris, j'ieur ai
laissé les femmes.» (Y. THÉRIAULT, *Les vendeurs du temple*,
p. 200) ♦ *Tomber sur la fripe de qqn.* Enguirlander, tabasser
qqn. «Quand il est retourné à la maison, sa mère lui est
tombée sur la fripe. Imagine-toi, il ne s'était pas rendu à
l'école de toute la semaine.» «J'aimerais que monsieur
Lauzon ne nous tombe pas trop sur la fripe.» (Pierre
Péladeau, à *Montréal ce soir*, SRC, 5 mars 1992) ♦ *Tout
d'une fripe.* Tout à coup, brusquement.

1190 **FROMAGE.** *Faire du fromage.* Se masturber.

1191 **FRONT.** *Avoir du front tout le tour de la tête (et une grande
lisière [de front] dans le dos).* Être effronté, fanfaron. ♦ *Avoir
un front de bœuf (maigre).* Avoir de l'audace, un sans-gêne
inouï, être effronté, fonceur, avoir une figure maussade.
Fr. Avoir des couilles. «Ça prend pas un front de bœuf pour
r'passer à même place.» (M. LETELLIER, *On n'est pas des
trous-de-cul*, p. 121) «Comment, écœurant? Faut avoir un
front de beu, pour demander ça!» (VIEUX DOC [E. Grignon],
En guettant les ours, p. 232) «Pis là ça t'prend toute ton p'tit
change pour te plisser l'bec. / Pis tu nous lâches un beau
/ "Bonsoir, mesdames et messieurs." / Tu nous fais un front
d'bœuf.» (J. BARRETTE, «Poléon le révolté», dans L. MAILHOT
et D.-M. MONTPETIT, *Monologues québécois 1890-1980*,
p. 276)

1192 **FUCK FRIEND.** [Angl. *fuck friend*, ami(e) de baise] *Avoir
un fuck friend.* Entretenir une relation essentiellement
sexuelle.

1193 **FULL.** [Angl. plein] *Être full... (beau, content, etc.).* Être très,
extrêmement... (beau, content, etc.).

1194   **FUMIER.** *Avoir du fumier dans les turn-up* [angl. revers de pantalon] *(dans ses bottes).* Être niais, fruste, mal dégrossi. ♦ *Un terrain comme du fumier de mouton.* Un terrain inculte et peu perméable.

1195   **FUN.** [Angl. plaisir] *Avoir du (un, se faire) un fun (fonne) (bleu, comme dix, comme quand on se tue, noir, vert, etc.).* S'amuser (follement). *Fr.* Avoir un plaisir fou. « C'est à cause du rythme, du jazz, de la blancheur des dents... du fun noir, du rire aigu. » (*Le Devoir*, nov. 1985) «... la duchesse n'avait été qu'un rôle de composition qu'il avait eu un fun noir à tenir pendant toutes ces années. » (M. TREMBLAY, *Des nouvelles d'Édouard*, p. 26) « On a eu un fun noir. On 'tait toutes à même table. » (M. LETELLIER, *On n'est pas des trous-de-cul*, p. 153) « Avant, ça s'est allumé sur l'écran : "Spectacle pour adultes". Moé j'ai rien compris, mais les enfants y'ont eu un fun noir par exemple. » (Gilles PELLERIN, « La télévision », dans L. MAILHOT et D.-M. MONTPETIT, *Monologues québécois 1890-1980*, p. 173) « Je faisais semblant de dormir, mais j'avais un fun vert à les regarder se peloter. À poussait des râles, des soupirs profonds... » (C. JASMIN, *Pleure pas, Germaine*, p. 63) « On installe les petits par terre, dans le foin. Ronald a du fun comme dix, Janine fait des bonds, lance du foin en l'air. » (C. JASMIN, *Pleure pas, Germaine*, p. 118) ♦ *Casser le fun.* Mettre fin à la fête (par des propos sérieux), faire le rabat-joie. Se dit à propos d'un trouble-fête, notamment. *Fr.* Une douche écossaise. ♦ *Être (qqn, qqch.) (ben) d'le (de, le) fun.* Être (qqch., qqn d') amusant, d'une compagnie agréable. « Hier, on est allés dans un cabaret ben le "fun", le genre de monde "dur à cuire", tu sais ? » (M. RIDDEZ et L. MORISSET, *Rue des Pignons*, p. 283) ♦ *Mener le fun.* Être, faire le boute-en-train. « Comment t'aime mon frère ? Ah, dans un party, il mène le fun... » (*O.K... Laliberté*, film de Marcel Carrière, 1973) ♦ *Partir en (sur le) fun.* S'enivrer, partir en fête. *Fr.* Faire une virée.

1196   **FUN D'ÉLÉPHANT.** *Se faire un fun (fonne) d'éléphant.* Se faire un plaisir fou.

1197 **FUNÉRAILLES.** *Faire des funérailles de première classe (à un projet).* Enterrer en douce un projet. Voir *enterrement* (n° 988).

1198 **FUSE.** [Angl. fusible] *Lâcher une fuse.* Laisser aller un gaz, péter. ♦ *Sauter une fuse.* Perdre la tête, l'esprit. *Fr.* Sauter les plombs. «C'est peut-être un mari frustré qui a sauté une fuse et qui a abattu sa femme.» (Claude Poirier, *Nouvelles TVA*, Montréal, 11 mars 2002)

1199 **FUSEAU.** *Avoir le fuseau.* Se sentir souffrant, malade.

1200 **FUSÉE.** *Être (se rendre) au bout de sa (la) fusée.* Être à bout de forces (épuiser ses derniers arguments, ses dernières forces, ressources). *Fr.* Être (aller) au bout du rouleau.

1201 **FUSIL.** *Changer son fusil d'épaule.* Changer son approche, changer radicalement d'opinion. S'emploie en France. ♦ *Être en (beau) fusil.* Être en colère, en furie. ♦ *Faire la chasse avec un fusil pas de plaque.* Aller là où on n'est pas le bienvenu.

G

1202 **GABAROT.** *Faire sauter le gabarot à qqn.* Donner une raclée à qqn. Originalement, en langage maritime, gabarot ou gabarottes : sorte de bateau non ponté à voiles et à rames. L'expression est vieillie.

1203 **GADAYE.** *Avoir l'air (être) gadaye.* Avoir l'air ridicule. Se dit notamment d'une femme mal habillée.

1204 **GADELLE.** *Avoir (faire) les yeux à la (en) gadelle.* Plisser les yeux d'un air coquin, avoir un regard langoureux, faire les yeux doux (se dit notamment d'un enfant).

1205 **GAFFE.** *Connaître la gaffe.* Avoir de l'expérience, connaître les combines. Voir *game* (n° 1213) et *gamique* (n° 1214). *Fr.* Connaître la musique. « Je connais la gaffe, fit-il après un moment. S'y nous prennent, y vont te mettre de la complicité su'l'dos. Ça va te coûter cher, mon chien... » (J. BENOÎT, *Les voleurs*, p. 192) « C'est pas des fous ces gars-là, ils viennent de Bordeaux, y ont leur costume. Ils connaissent la gaffe. » (Gilles PELLERIN, « Le football américain », dans L. MAILHOT et D.-M. MONTPETIT, *Monologues québécois 1890-1980*, p. 179) ♦ *Faire (être dans) la gaffe.* S'adonner à (travailler dans) la prostitution. *Fr.* Faire le tapin. « Y savaient que j'étais dans la gaffe. » (*Plusieurs tombent en amour*, téléfilm de Guy Simoneau, 1979) « À 55 ans, dehors les têtes fortes et les reins faibles. On sera obligé de faire la gaffe pour vivre. » (J.-J. RICHARD, *Faites-leur boire le fleuve*, p. 160-161) ♦ *Tchéquer* [angl. *to check*, vérifier, surveiller] *la gaffe.* Surveiller les opérations, les choses, voir ce qui se passe. « Va tchéquer la gaffe en d'dans, o.k. ? »

1206 **GAFFER (SE).** *Se gaffer après qqn.* Empoigner, saisir qqn. Dans la langue maritime, gaffe : longue perche munie d'un crochet à une extrémité.

1207 **GAGNE.** *Faire de la gagne.* Faire (gagner) de l'argent, travailler. «Y en aurait même pas de village, si es Anglas seraient' pas venus faére de la gagne dans le boutte.» (A. Ricard, *La gloire des filles à Magloire*, p. 36) «Les jours de pluie, c'était de grosses journées de gagne pour les forgerons, puis de flânage aussi, parce que ça s'emplissait de monde.» (J.-C. Dupont, *L'artisan forgeron*, p. 260)

1208 **GALE.** *Pauvre comme (de) la gale.* Très pauvre. *Fr.* Pauvre comme Job.

1209 **GALETTE.** *Avoir la galette.* Être riche. *Fr.* Avoir de la galette. ♦ *Faire la galette.* Faire de l'argent. *Fr.* Faire du fric. «Pendant ses six mois de travail dans le Grand Nord, il a fait la galette sans bon sens.» ♦ *Plate (plat) comme une galette.* Mince, plat, maigre. ♦ *Se mettre à la galette.* Se mettre à gagner sa vie. *Fr.* Gagner son sel.

1210 **GALETTE DE SARRASIN.** *Vivre à la galette de sarrasin.* Vivre pauvrement. *Fr.* Vivre chichement.

1211 **GALIPOTE.** *Courir la galipote (galipotte).* Faire la fête, rechercher les aventures galantes. Une croyance (ci-dessous) donne une interprétation de l'énoncé. *Fr.* Courir la prétentaine, la galipette. «Père de huit enfants, c'était un paysan par atavisme, travaillant comme une bête, courant souvent la galipote et dépensant comme un fou...» (C.-H. Grignon, *Un homme et son péché*, p. 49) «... "au pays du Québec rien ne doit mourir et rien ne doit changer", des traditions séculaires, des croyances anciennes entretenues par les ancêtres, telles celles qui guettent les mécréants qui n'ont pas fait leurs pâques depuis sept ans et qui, de ce fait, sont condamnés à... "courir la galipotte"...» (M. Ferron, *La fin des loups-garous*, p. 5) «... ça pas d'allure d'avoir couru à galipote dans toué pays du monde pis d'm'ête réveillée pareil à toués matin au Camp Maria-Goretti...» (J.-C. Germain, *Les hauts et les bas dla vie d'une diva*, p. 87) «C'est pas de ma faute, moi, si y court la galipotte depuis qu'y est là.» (M. Pelletier, *Du poil aux pattes...*, p. 130) «... qu'est-ce qui s'est passé, au juste? Pourquoi Rosine t'a-t-elle quitté? Tu courais ta galipotte, ou quoi?» (Y. Beauchemin, *Le matou*, p. 466)

1212 **GALOCHES.** *Se mouver* [angl. *to move*, bouger] *les galoches.* Se remuer, se démener.

1213 **GAME.** *Connaître la game* [angl. jeu]. Avoir de l'expérience, connaître les ficelles. Voir *gaffe* (n° 1205) et *gamique* (n° 1214). *Fr.* Connaître la musique. ♦ *Être game* [angl. avoir du cran] *pour faire qqch.* Être prêt à faire qqch. «Lui, je vous dis que l'homme enceint, y serait game pour essayer ça.» (J. Doré, *Si le 9-1-1 est occupé!*, p. 53) ♦ *Faire son (le) game* [angl. courageux]. Faire le brave, le fanfaron. ♦ *Pas un mot sur la game* [angl. partie, match]*!* Pas de réplique! Pas un mot de plus à ce sujet (à personne)! «Prends ça, toé, pis pas un mot sur la game!» (*Ti-Mine, Bernie pis la gang*, film de Marcel Carrière, ONF, 1976) «Eh ben, à matin, j'ai pas dit un mot sur la "game"! Même que m'man m'a demandé si j'étais malade.» (Gratien Gélinas, «La fête de Fridolin», dans L. Mailhot et D.-M. Montpetit, *Monologues québécois 1890-1980*, p. 153)

1214 **GAMIQUE.** [Angl. *gimmick*, combine] *Connaître la gamique (gemmick).* Connaître la combine, les ficelles. Voir *gaffe* (n° 1205) et *game* (n° 1213). *Fr.* Connaître la musique. «Mais faut-y être effronté et corrompu pour venir faire leur gemmick à la face du monde!» (J.-J. Richard, *Faites-leur boire le fleuve*, p. 130)

1215 **GANG.** [Angl. bande] *Arriver / partir en gang (gagne).* Arriver / partir en groupe, en nombre. «J'enlève ma chemise et je manque mon coup, la chemise tombe à l'eau. Je m'en sacre. Y arrivent tous en gang. Y m'entourent. On se donne la main.» (C. Jasmin, *Pleure pas, Germaine*, p. 26) ♦ *Avoir la gang sur le (les) bras.* Travailler manuellement. «À force d'avoir la gagne sur le bras du matin jusqu'au soir... Que'que bon matin tu risques de te retrouver à moitié folle.» (Bernard Noël, *Les fleurs noires*, p. 80)

1216 **GANSE.** *Prendre qqn par la ganse.* Guider, conseiller qqn. «Après la faillite, son père l'a pris par la ganse et l'a aidé à se remettre sur pied.» ◆ *Tenir qqn par la ganse.* Suivre qqn comme son ombre.

1217 **GARCETTES.** *Envoyer (avoir, se faire aller) les garcettes (en l'air).* Gesticuler. «Si tu sais pas ce que t'as fait, reprit l'agent sans bouger, t'as pas besoin de te faire aller les garcettes, pis ta grande gueule... Charlie!» (J. Benoît, *Les voleurs*, p. 120)

1218 **GARÇON.** *Du blé d'Inde resté garçon.* Du maïs qui n'a pas atteint sa pleine maturité.

1219 **GARDE-ROBE.** *Sortir de la garde-robe.* Se montrer sous son vrai jour, se dévoiler, notamment par rapport à son orientation sexuelle. Voir *coming out* (n° 631). *Fr.* Sortir du placard.

1220 **GAROUAGE.** *Être (partir) en garouage.* Rechercher les aventures galantes. L'expression a vieilli.

1221 **GARS.** *J'va(i)s dire comme c'te gars...* Comme on dit... Se dit devant une expression ou pour appuyer un propos moralisateur. «J'vas dire comme c'te gars, il avait la fale basse.»

1222 **GARS DE FUN.** [Angl. *fun*, plaisir] *Être un gars de fun (fonne).* Être un fêtard, une personne qui aime le plaisir.

1223 **GARS DES VUES.** *Arrangé avec le gars des vues.* Se dit d'un événement apparemment truqué et dont l'issue est prévisible. «... mais tu savais qu'y crèveraient pas l'écran puisque t'étais arrangé avec le gars des vues.» (J.-M. Poupart, *Chère Touffe, c'est plein...*, p. 243)

1224 **GAU.** [Angl. *gully*, rigole] *Se rincer le gau.* Trinquer.

1225 **GAZ.** *Donner du (peser sur le) gaz.* Accélérer, appuyer sur l'accélérateur (en automobile). Calque de l'anglais *to step on the gas.* «Y fait une belle nuit de juin. C'est doux. Le tacot décolle. Je pèse sur le gaz. — C'est loin la Gaspésie, hein, pôpa? — Oui, ma crotte, c'est loin, on est pas rendus, c'est au bout de la carte.» (C. Jasmin, *Pleure pas, Germaine*, p. 13)

1226 **GAZÉ.** *Être gazé.* Être ivre, être dégoûté. «Moé ch'tais gazée pis j'dansais comme une folle.» (M. Letellier, *On n'est pas des trous-de-cul*, p. 155)

1227 **G.B.** *Donner son G.B. à qqn.* Éconduire qqn (notamment un amoureux).

1228 **GEAI.** *Noir comme un geai.* Très noir.

1229 **GEAR.** [Angl. engrenage] *Avoir une gear d'usée (de lousse* [angl. *to be loose,* y avoir du jeu, être lâche]*).* Être timbré.

1230 **GÉNÉRAL ROUGE.** *Le général rouge est en ville.* Être menstruée.

1231 **GÉNIE.** *Ne pas avoir de (ne pas avoir tout son) génie.* Être (un peu) timbré. «C'est pas dit que j'vas clairer la place aussi vite, parce que j'ai une bru qui a pas d'génie.» (M. LABERGE, *C'était avant la guerre...,* p. 35).

1232 **GÉNIE D'OUVRAGE.** *Ne pas être un génie d'ouvrage.* Ne pas être porté sur le travail.

1233 **GENOU.** *Chauve comme un genou.* Entièrement chauve.

1234 **GENOUX.** *Ne pas s'user les genoux.* Être peu enclin à la pratique religieuse, à la prière. «On ne peut pas dire qu'il s'use les genoux, on ne le voit jamais à l'église.»

1235 **GENOUX DE VEUVE.** *Ne pas couper plus que des genoux de veuve.* Se dit d'un outil, d'un instrument au tranchant émoussé.

1236 **GÉRIBOIRE.** *Être en (beau) gériboire.* Être en colère, en furie.

1237 **GESTES SIMPLES.** *Faire des gestes simples.* Aguicher par des gestes (se dit d'une femme).

1238 **GIBARS.** *Faire des gibars.* Gesticuler en parlant.

1239 **GIGOTS.** *Avoir de grands gigots.* Avoir les jambes élancées. Voir *gigues* (n° 1242).

1240 **GIGUE.** *Danser / faire danser la gigue.* Se faire donner une raclée / donner une raclée (à qqn).

1241 **GIGUE DE L'OURS.** *Danser la gigue de l'ours.* Sauter de joie.

1242 **GIGUES.** *Avoir de grandes gigues.* Avoir les jambes élancées. Voir *gigots* (n° 1239).

1243 **GINO.** *Être (avoir l'air) gino.* Être (avoir l'air) débraillé, être accoutré de manière ridicule, voyante.

1244 **GIRAFE.** *Grand comme une girafe.* Très grand (se dit d'une personne).

1245 **GLAÇAGE.** *C'est le glaçage sur le gâteau!* C'est le comble! Voir *caramel* (n° 437), *cerise* (n° 480) et *crémage* (n° 728). *Fr.* C'est le pompon!

1246 **GLACE.** *Froid comme de la glace.* Se dit d'une personne particulièrement froide, distante. «Quand je l'ai vu à cette fête, il était froid comme de la glace, comme si nous ne nous étions jamais rencontrés auparavant.» ♦ *Mettre qqch. sur la glace.* Mettre qqch. (indéfiniment) en attente, en suspens.

1247 **GLACES.** *Aller aux glaces.* Partir chasser le phoque sur la glace. «... puis quand les chasseurs allaient aux glaces, si les corbeaux ne venaient pas les rencontrer, c'était un triste signe.» (J.-C. DE L'ORME et O. LEBLANC, *Histoire populaire des Îles de la Madeleine*, p. 66)

1248 **GLACIÈRE.** *Mettre qqn dans la glacière.* Mettre qqn en prison. *Fr.* Mettre qqn en tôle, au violon.

1249 **GLOIRE.** *Partir pour la gloire.* S'enorgueillir au point de déraisonner, s'enivrer, faire la fête, tomber enceinte, s'évanouir. «Quand il a gagné à la loterie, il est parti pour la gloire. Il n'était même plus parlable.»

1250 **GNANGNANGNANS.** *Y avoir (faire) des gnangnangnans.* Y avoir (lancer) des propos frivoles, inutiles. En France, *gnangnan*: qui est mou, sans dynamisme. «Il y avait trop de gnangnangnans, pas moyen de glisser un mot sensé.»

1251 **GO.** *Être (partir) sur un (une, la) go.* Être (partir) en fête, à l'aventure, partir en trombe, divaguer. Calque de l'anglais *on the go.* «Tant mieux!... Nous conviendrons du jour, de l'heure, car je suis toujours on the go.» (A. BESSETTE, *Le débutant*, p. 94) «Thelma et Louise, deux filles qui décident de partir sur la go pour une fin de semaine, comme on dit.» (*Le grand journal*, TQS, 13 juin 1991) ♦ *Être sur la go.* Être sur son départ. ♦ *Se donner une go.* S'offrir une partie de plaisir, se donner un allant. «Toute la nuitte, on s'est donné une go. C'est bien simple, ça a pas dérougi.»

1252 **GODENDARD.** *Son godendard a du chemin!* Se dit de celui qui marche les jambes écartées ou qui est de grande taille.

1253 **GODILLE.** *Lever godille.* Partir, notamment sur l'eau. Godille: aviron à l'arrière d'une embarcation et servant à la propulsion. «Comme elle racontait, elle était jeune, elle était sûre que mon pére lèverait facilement godille le dimanche venu, ou craindrait pas la glace d'hiver. » (Y. Thériault, *Moi, Pierre Huneau*, p. 14)

1254 **GOÉLAND.** *Avoir les jambes comme un goéland.* Avoir les jambes élancées.

1255 **GOGAILLE.** *Être à la gogaille.* Tomber en ruine, en décrépitude.

1256 **GOGO.** *À gogo.* Se dit d'une fille frivole, à la page.

1257 **GOMME.** *Changer de gomme.* Se dit à propos d'un baiser enflammé. ♦ *Envoyer qqn à la gomme.* Envoyer promener qqn. Aussi : *Va (donc) à la gomme !* Déguerpis ! Allusion à la cueillette de la gomme d'épinette. ♦ *Perdre sa gomme.* Perdre la vie, mourir.

1258 **GONDOLE.** *Être en gondole.* Tituber. Se dit aussi d'un lieu en désordre.

1259 **GOOD TIME.** [Angl. partie de plaisir] *Avoir un good time.* S'enivrer, s'amuser follement.

1260 **GORGE.** *Parler de la gorge.* Parler en grasseyant. En évoquant notamment les gens de la région de Québec. ♦ *Prendre une gorge.* Caresser.

1261 **GORGOTON.** *Se chauffer (se mouiller, se rincer, se graisser, se gratter, etc.) le gorgoton.* Trinquer. *Fr.* Se rincer le gosier. Se rincer le bec. Se rincer la cornemuse.

1262 **GORLOT.** *Avoir l'air (faire le) gorlot.* Avoir l'air (faire le) niais. ♦ *Être gorlot.* Être pompette, légèrement enivré. «Chomedey qui ne parle presque jamais dit : — Excuse, j'ai bu, je suis pas mal gorlot ! » (J.-J. Richard, *Faites-leur boire le fleuve*, p. 164)

1263 **GOSIER.** *Se mouiller (se graisser, se gratter, etc.) le gosier.* Trinquer. *Fr.* Se rincer le gosier.

1264 **GOSSE.** *Arriver (rien que) sur une gosse / partir, faire qqch., s'en aller (rien que) sur une gosse.* Arriver en trombe / partir, faire qqch., s'en aller en trombe, à toute vitesse. Au Québec, gosse : testicule. Voir *flat car* (n° 1111).

1265 **GOSSER.** *Gosser autour.* Tourner en rond, tergiverser, perdre son temps. *Fr.* Tourner autour du pot.

1266 **GOSSES.** *Avoir des gosses [testicules].* Avoir du courage, du dynamisme. ♦ *Avoir des grosses gosses.* Avoir de l'ardeur, de l'assurance. ♦ *Pogner [poigner] (tenir) qqn par les gosses.* Tenir qqn bien en main, sous sa férule. «J'aurais tué Bouboule si Philomène m'aurait pas tenu par les gosses. C'est d'sa faute! Ou la faute que chus maquereau.» (J. RENAUD, *Le cassé*, p. 73.) ♦ *Se lâcher (se sasser) les gosses.* Se remuer.

1267 **GOTTE.** *Avoir la gotte.* Avaler de travers.

1268 **GOUGOUNE.** *Être gougoune.* Être niaise, peu éveillée. *Fr.* Être bébête.

1269 **GOULOT.** *Se rincer le goulot.* Trinquer. Voir *gorgoton* (n° 1261). *Fr.* Se rincer le gosier.

1270 **GOURGETS.** *Amarrer ses gourgets.* Attacher (lacer) ses chaussures.

1271 **GOÛT DE TINETTE.** *Ne pas prendre goût de tinette.* Ne pas tarder, ne pas traîner. Anciennement, tinette: tonnelet contenant du beurre fondu. Plus près de nous, baquet servant à contenir les matières fécales. «À votre aise, consentit Bernadette qui avait déjà arrêté son plan. C'est vrai que ça prendra pas goût de tinette pour qu'on danse.» (G. GUÈVREMONT, *Le Survenant*, p. 179) «... si on a pas de bons hommes qu'ont pas fret aux yeux pour nous défendre à Québec, ça prendra pas goût de tinette que les Anglais d'Ottawa nous mangeront la laine su' le dos.» (RINGUET, *Trente arpents*, p. 70) «Les enfants ont été couchés de bonne heure par Angèle, et nous aut', pas habitués à boire qu'on était, ça l'a pas pris goût de tinette qu'on a monté...» (Y. THÉRIAULT, *Moi, Pierre Huneau*, p. 89)

1272 **GOÛTER.** *Y goûter.* Essuyer une raclée, un revers. *Fr.* En prendre pour son rhume. «Tu vas y goûter, ma petite maudite...» (*L'eau chaude, l'eau frette*, film d'André Forcier, 1976)

1273 **GOUTTE.** *Prendre une goutte.* Boire de l'alcool, trinquer. «Ce n'est pas de prendre une goutte qui est mauvais, c'est de prendre une goutte de trop.» (Publicité télévisée d'Éduc-Alcool, TQS, Montréal, 17 juillet 1992)

1274 GRAIN. *Avoir le grain fin.* Être gêné, intimidé. *Fr.* Ne pas en mener large. «Jacques avait le grain fin quand il est venu me voir après m'avoir insulté.» ♦ *Avoir le grain serré.* Avoir peur, être gêné, intimidé. ♦ *Se forcer le grain.* Se remuer, faire des efforts. «Il ne se force pas le grain pour descendre les poches de patates.» ♦ *Serrer le grain (la graine) à qqn.* Gronder, semoncer (un enfant notamment). ♦ *Serrer le grain.* Avoir peur, être intimidé. ♦ *Voir venir le grain.* Appréhender un revers, un danger, un malheur. Issu du vocabulaire maritime. Grain: mauvais temps accompagné de pluie.

1275 GRAIN DE SEL. *Pouvoir tondre sur un grain de sel.* Être avaricieux.

1276 GRAINE. *Avoir la graine serrée.* Être intimidé. ♦ *Monter à la (monter en, rester à) graine.* Ne pas trouver à se marier, rester célibataire, pour une jeune fille. «Qu'est-ce que tu fais, Marie-Louise, que t'es pas capable de trouver chaussure à ton pied? Si ça continue, tu vas monter en graine, pi faire une vieille fille!» (Ringuet, *Trente arpents*, p. 236) «Tu viendras pas m'faire accrère qu'on choisit d'être rien, pis à parsonne: ni à Dieu, ni à homme? Voyons donc, Marianna: monter en graine, c'pas un bute, ça, dans vie!» (M. Laberge, *C'était avant la guerre...*, p. 36) ♦ *Se saucer la graine.* Coïter. «Lui: rien que pour me saucer à graine, mouiller nos soirées creuses, tu vas tellement aimer le goût...» (J.-M. Poupart, *Chère Touffe, c'est plein...*, p. 57) ♦ *Serrer la graine à qqn.* Discipliner qqn (notamment un enfant).

1277 GRAINS. *Se mêler de ses grains (graines).* S'occuper de ses affaires.

1278 GRAISSE. *Étouffer dans sa graisse.* Être trop gras, souffrir d'embonpoint. «J'te r'gard'; t'as l'ventr' collé aux fesses; /Ben sûr, t'étouff's pas dans ta graisse!» (É. Coderre, *J'parle tout seul quand Jean Narrache*, p. 55) ♦ *Être dans toute sa graisse.* Se dit d'une personne qui meurt subitement. ♦ *La graisse ne l'étouffe pas.* Être maigre.

1279 **GRAISSE DE BINES.** [Angl. *beans*, fèves] *Avoir les yeux dans la graisse de bines [fèves au lard].* Avoir le regard absent, perdu, extasié, les yeux larmoyants, rouges, notamment après une cuite. *Fr.* Avoir les yeux comme des capotes de fiacre ; avoir les yeux comme des crapauds amoureux. « Elle : couche-toi si tu veux, t'en empêche pas ! Y reste assis, les yeux dans graisse de beans (J.-M. POUPART, *Chère Touffe, c'est plein...*, p. 239) « Courtemanche est dans graisse de bines... La critique va être dithyrambique. » (A. FORCIER et J. MARCOTTE, *Une histoire inventée*, p. 24)

1280 **GRAISSE DE VEAU.** *Avoir les yeux dans la graisse de veau.* Avoir le regard perdu. Voir *graisse de bines* (n° 1279).

1281 **GRAISSER.** *Se faire graisser.* Se laisser soudoyer.

1282 **GRAND.** *Tirer du grand.* Se donner de l'importance, faire le pédant. « C'est parce que c'est des gensses de leu milieu, c't'un parent d'la famille de madame. — Pis après ? Tout l'monde tire pas du grand comme eux aut'. » (M. LABERGE, *C'était avant la guerre...*, p. 31) « J'sus pas la servante enrouée... J'tire pas du grand plusse qu'admis, j'pète pas plus haut que le trou. » (J.-M. POUPART, *Chère Touffe, c'est plein...*, p. 164)

1283 **GRAND « A ».** *Aimer avec un (le) grand « A ».* Aimer passionnément. « Pour moi, VIVRE, avec le grand "V", c'est aimer avec le grand "A". » (J. BARRETTE, *Oh ! Gerry oh !*, p. 37)

1284 **GRAND FANAL.** *Être un (avoir l'air d'un) grand fanal.* Se dit d'un homme grand et mince.

1285 **GRAND FOIN.** *Être un grand foin.* Être dégingandé. Se dit d'un homme. « Le barbu a fini son histoire. Janine l'embrasse sur la joue pour le remercier... Et mon grand foin d'Albert joue dans le sable mouillé comme un bébé ! » (C. JASMIN, *Pleure pas, Germaine*, p. 36)

1286 **GRAND-GUEULE.** *Avoir (être) une grand-gueule (grande gueule).* Être hâbleur, plastronner. *Fr.* Avoir du bagou.

1287 **GRAND JACK.** *Être un grand jack.* Être un grand gaillard. « Hé là-bas, dis-don, l'grand Jack, qu'ost-ce que t'as à r'garder par icitte ? » (R. GIRARD, *Rédemption*, p. 85) « J'veux ben croire : elle a pris ce grand jack-là trop à cœur. » (*Le gros Bill*, film de René Delacroix, 1949) « Si c'était toutes des bons hommes comme c'te grand jack d'Américain, on aurait pas besoin d'engager des fainéants comme vous autres ! » (*Le gros Bill*, film de René Delacroix, 1949)

1288 **GRAND-LANGUE.** *Avoir (être) une grand-langue.* Être bavard, mouchard.

1289 **GRAND LIVRE.** *Parler comme un grand livre.* Parler avec sagesse, érudition. *Fr.* Parler comme un livre ; parler comme un dictionnaire vivant. « Merci, Louis-Paul, tu parles comme un grand livre. » (Jean-Marc Chaput, *Des gens heureux*, TVA, 19 avril 1991)

1290 **GRAND-MÈRE.** *Des histoires de (à) ma grand-mère.* Des sottises, des balivernes, des propos désuets. « Ça va faire là, les histoires de ma grand-mère... » (*Ti-cul Tougas*, film de Jean-Guy Noël, 1975) « Non, non... Hey ! C'est rien que des histoires à ma grand-mère... Philomène a pas de raisons de faire ça. » (J. Renaud, *Le cassé*, p. 34) ♦ *Faire l'amour à sa grand-mère.* Faire une chute, trébucher.

1291 **GRAND SLAQUE.** [Angl. *slack*, mou] *Être un grand slaque.* Être dégingandé. *Fr.* Être une asperge montée. « Y sait rien faire, mais y est plein d'entreprise ; la bonne volonté, c'est Albert. Y a des bruits, des petits grognements. Y va finir par l'avoir, le grand slack. » (C. Jasmin, *Pleure pas, Germaine*, p. 14) « Souvent aussi, dans le restaurant, la bataille éclatait. Des grands slacks, des gars de six pieds. Tout revolait dans le "joint". » (C. Jasmin, *Pleure pas, Germaine*, p. 62)

1292 **GRAND TRAIN.** *Filer (le) grand train.* Filer à toute allure. Se dit notamment d'un cheval qui file au grand trot. *Fr.* Aller grand train.

1293 **GRANDE.** *Partir en grande.* S'emballer en paroles, en pensée. ♦ *Se mettre (être) en grande.* Enclencher le rapport supérieur (dans un véhicule), se mettre à filer à toute allure.

1294 **GRANDE DEMANDE.** *Faire la grande (grand') demande.* Faire une demande en mariage. « Et voilà maintenant que l'autre rôdait, rôdait autour de la belle et même autour de

Menaud pour faire la grand'demande...» (F.-A. Savard, *Menaud maître-draveur*, p. 69)

1295 **GRANDE EAU.** *Laver à grande eau.* Laver avec beaucoup d'eau. «Pis quand t'allais à confesse, oh donc! Je t'en passe un papier que tu y allais pas pour des pinottes. Le curé te lavait à grande eau.» (R. Lévesque, *Le vieux du Bas-du-Fleuve*, p. 94)

1296 **GRANDE OPÉRATION.** *Avoir (subir) la grande opération.* Subir une hystérectomie. «... une fois y avait dit aux enfants que j'avais eu la grande opération parce que ch'tais toute pourrite en-d'dans...» (M. Letellier, *On n'est pas des trous-de-cul*, p. 173) «La mére Thophil'e contait quand elle avait pardu son troisième... pis quand a s'était faite opérer pour la grande opération, pis comment c'est que ça faisait mal...» (R. Lévesque, *Le vieux du Bas-du-Fleuve*, p. 136)

1297 **GRANDE VIE.** *Faire la grande vie.* Mener un grand train de vie, ne pas voir à la dépense. *Fr.* Mener la vie à grandes guides.

1298 **GRANDS CHEVAUX.** *Monter sur ses grands chevaux.* Se laisser gagner par la colère. En France: s'emporter, le prendre de haut. ♦ *Partir sur ses grands chevaux.* Déguerpir, dérailler.

1299 **GRANDS MOTS.** *Avoir (se servir, etc.) de(s) grands mots.* Employer des mots savants, un langage châtié. «J'l'ai dit à ma femme avant d'partir. J'vas me faire enterrer de grands mots que j'y ai dit! J'va m'faire chanter une romance!» (Y. Thériault, *Les vendeurs du temple*, p. 69)

1300 **GRANDS PRIX.** *Gagner dans les Grands Prix.* Entièrement, incontestablement. *Fr.* Battre à plates coutures. «Joseph a gagné la course dans les Grands Prix.»

1301 **GRANGE.** *Mouiller dans la (sa) grange.* Être timbré.

1302 **GRAPPE.** *Manger sa (une, une sacrée) grappe.* Essuyer une raclée, des remontrances.

1303 **GRAPPINS.** *Mettre les grappins sur qqn.* Mettre la main sur qqn, rattraper qqn. *Fr.* Mettre le grappin sur qqn.

1304 **GRAS.** *Couper (trancher) dans le gras.* Couper dans le super-flu. «L'appareil gouvernemental est trop étendu, il va falloir couper dans le gras.» ♦ *Être gras à fendre avec l'ongle.* Être obèse, faire de l'embonpoint. ♦ *Parler gras.* Blasphémer, injurier. «Pis y riait quant y'est revenu. Sauf vot' respect, y parlait gras à part de ça.» (Y. THÉRIAULT, *Les vendeurs du temple*, p. 95) ♦ *Piquer qqn dans le gras.* Blesser, insulter vivement qqn.

1305 **GRAS DUR.** *Être gras dur.* Être comblé, prospère. *Fr.* Être au septième ciel.

1306 **GRATTE.** *Donner (faire manger, faire prendre) une gratte à qqn / attraper (manger, prendre, recevoir) sa (la, une) gratte.* Chicaner qqn, donner une raclée, une leçon à qqn / se faire chicaner, rabrouer, se faire donner une raclée. «Ça jette un frette. Simon se demande comment qu'y doit prendre ça, c'est ce qu'on appelle manger sa gratte...» (J.-M. POUPART, *Chère Touffe, c'est plein...*, p. 72)

1307 **GRATTEUX.** *Acheter (prendre) / vendre un gratteux.* Acheter (prendre) / vendre un billet de mini-loto. Allusion à la section qu'il faut gratter pour découvrir le lot inscrit sur le billet. «C'est l'capitaine qui est v'nu acheter un gratteux après-midi, ça? (L.-M. DANSEREAU, *Chez Paul-ette, bière, vin...*, p. 129) ♦ *Être gratteux.* Être avare, grippe-sou.

1308 **GRAVE.** *Être (un beau) grave (aux portes).* Être extravagant, fanfaron, hors de l'ordinaire. *Fr.* Être extra.

1309 **GRAVY.** [Angl. sauce] *C'est le gravy sur les patates!* C'est le comble! Voir *cerise* (n° 480).

1310 **GRÊLOU.** *Habillé comme un grêlou.* Mal habillé, habillé en misérable. Grelu (étym.); misérable, gueux (XVIIIe-XIXe siècles). *Fr.* Habillé comme un fagot.

1311 **GRENIER.** *Il mouille dans son grenier.* Il est timbré.

1312 **GRENOUILLE.** *Gelé comme une grenouille.* Transi. ♦ *Tight* [angl. serré, radin] *comme une grenouille.* Avaricieux.

1313 **GREYÉ.** *Être greyé.* Se dit souvent d'une femme à la poitrine opulente, être bien fourni, être pourvu du nécessaire. De gréé, muni de tout son grément (se dit d'un bateau).

1314 **GRIBOUILLE.** *Être en gribouille avec qqn.* Être brouillé avec qqn. ♦ *Se mettre en gribouille.* Se mettre en colère.

1315 **GRICHE-POIL.** *Être griche-poil.* Être en rogne, de mauvaise humeur. Déformation de *rebrousse-poil,* dans le sens contraire du poil.

1316 **GRIMACES.** *Avoir une face à grimaces.* Avoir une figure qui porte à rire. ♦ *Faire qqch. à la grimace.* Faire qqch. à la main.

1317 **GRIPETTE.** *Avoir du gripette dans le corps.* Avoir de la vitalité à revendre, être haïssable, coquin. *Fr.* Avoir le diable au corps. «C'est comme ça, parce que je l'ai fréquentée pendant six mois, qu'à sait que j'ai du gripette dans le corps.» (Ringuet, *Trente arpents,* p. 121) ♦ *Être (faire son, sa) gripette.* Être (faire son) espiègle, n'en faire qu'à sa tête, être d'humeur maussade. Se dit notamment d'un enfant. «Mon petit frère est très gripette, maman n'arrive à le mettre au lit que très difficilement.» «Lui aussi, notre chef d'orchestre, il est gripette.» (Nicole Leblanc, émission *Michel Jasmin,* TVA, 14 octobre 1980) ♦ *Mauvais comme un gripette.* Colérique.

1318 **GRIPPE.** *Faire qqch. de grippe et de branche (de grippe et de grappe).* Faire qqch. de peine et de misère. «Il avait réalisé une centaine de dollars, de grippe et de grappe, et avait fondu le tout dans un commerce de ferronnerie et de réparation...» (G. Roy, *Bonheur d'occasion,* p. 162)

1319 **GRIVE.** *Chaud comme une grive.* Ivre mort.

1320 **GROS.** *Gros comme le bras.* Grossier, de manière éhontée, sans arrêt. Superlatif. «J'aurais accepté n'importe quel mensonge gros comme le bras plutôt que de m'avouer que c'était une promesse en l'air...» (M. Tremblay, *Le vrai monde,* p. 62) ♦ *Aller au gros.* Aller déféquer. ♦ *Faire son gros.* Faire l'important. ♦ *Il est aussi gros comme il est long!* Il est costaud! ♦ *Ne pas se sentir (ne pas être) gros dans ses bottines.* Se sentir (être) craintif, intimidé.

1321 **GROS ARGUMENTS.** *Avoir de gros arguments.* Avoir une poitrine opulente (se dit d'une femme). *Fr.* Il y a du monde au balcon!

1322 **GROS BOUT.** *Dormir le gros bout dans l'eau.* Dormir d'un sommeil profond. ♦ *Se lever (du lit) le gros bout le premier.* Se lever de mauvaise humeur. *Fr.* Se lever du mauvais pied; Se lever du pied gauche. «Ce matin-là, notre curé s'était, comme disent nos campagnards, levé du lit le gros bout le premier.» (R. GIRARD, *Marie Calumet*, p. 41)

1323 **GROS CASQUE.** *Être un gros casque.* Être une personnalité importante, un notable. *Fr.* Être un gros bonnet.

1324 **GROS CHARS.** *Avoir (déjà) vu passer les gros chars.* Avoir l'expérience de la vie.

1325 **GROS CUL.** *Finir gros cul.* Manquer son coup, échouer.

1326 **GROS FIL.** *Être cousu de gros fil.* Être trop évident pour tromper quiconque. *Fr.* Être cousu de fil blanc.

1327 **GROS NERF.** *Jouer (tomber) sur (tomber à ras, etc.) le gros nerf.* Agacer, irriter, fatiguer. «Pour être juste, y a quèques fois qu'a m'a tombé à ras le gros nerf, moi avec.» (J.-M. POUPART, *Chère Touffe, c'est plein...*, p. 205) «Viens pas m'jouer su'l'gros nerf avec ton constipé de Charles Guillemette, compris! (L.-M. DANSEREAU, *Chez Paul-ette, bière, vin...*, p. 112) ♦ *Pile-toi pas sur le gros nerf!* Ne te presse pas trop! Par dérision, pour se moquer de celui qui prend tout son temps pour accomplir une tâche. ♦ *Prendre le gros nerf.* S'énerver, s'impatienter. *Fr.* Prendre la mouche. «Prends pas le gros nerf! dit Junior. Je suis juste venu vous dire que c'est le temps de souper.» (V.-L. BEAULIEU, *L'héritage /*L'automne*, p. 66)

1328 **GROS NEZ.** *Bonne année, gros nez! — Pareillement, grandes dents!* Façon amusante de se souhaiter «bonne année» au jour de l'An.

1329 **GROS ORTEIL.** *Piler sur le gros orteil.* Mettre en colère, faire enrager qqn. «C'est pas le temps de me piler sur le gros orteil, Bernard!» (*Graffiti*, SRC, 19 janvier 1992) ♦ *Se lever le gros orteil au nord.* Se lever de mauvaise humeur. *Fr.* Se lever du pied gauche.

1330 **GROS ZÉRO.** *Un gros zéro.* Inutile, incompétent, nul (se dit d'une personne); échec. *Fr.* Faire chou blanc. «C'était jour de chasse aux oies, lundi dernier, sur les terres du groupe Sarcel, à Baie-du-Febvre. Résultats; un gros zéro.» («Chasse aux oies; un gros zéro», *La Presse*, 28 octobre 1991, p. H4)

1331 **GROSSE.** *Faire qqch. à la grosse.* Faire qqch. à la hâte, à la va-vite.

1332 **GROSSE DENT.** *En avoir / ne pas en avoir (assez) pour sa grosse dent.* En avoir assez / ne pas en avoir assez pour se rassasier, pour combler son appétit, son désir. *Fr.* Ne pas en avoir pour son petit déjeuner.

1333 **GROSSE FORGE.** *Être (faire la) grosse forge.* Être (faire l') idiot, imbécile. Se dit notamment dans la région du parc de la Vérendrye.

1334 **GROSSE TORCHE.** *Être une (avoir l'air d'une) grosse torche.* Se dit d'une femme obèse, empêtrée.

1335 **GROSSE VIE.** *Faire la grosse vie.* Se donner du bon temps. *Fr.* Mener une vie de château. «Tu sais, Mario, qu'un jour, on va faire la grosse vie.» (*Féminin pluriel*, TVA, 9 mai 1980)

1336 **GROSSEUR.** *Rendre à sa grosseur.* S'occuper de qqch., de qqn, jusqu'à sa maturité.

1337 **GUÉDILLE.** *Avoir la guédille au nez.* Avoir de la morve au nez.

1338 **GUEDINE.** *Ne pas valoir une guedine.* Ne rien valoir.

1339 **GUEDOUCHE.** *Habillée en guedouche.* Mal habillée, habillée en catin. Guedouche: catin.

1340 **GUÉLIGNE-GUÉLAGNE.** *Pas de (sans) guéligne-guélagne (gueligneguelagne).* Sans cérémonie, sans hésitation, sans tergiversation. «Pas de guéligne-guélagne, elles ont sauté dans la voiture et l'ont laissé là, Gros-Jean comme devant.» «Pour être bizarre c'était bizarre en enfant de nanane qu'une femme qu'il n'avait jamais vue veuille le marier jeudi en trois sans guelogneguelagne ni farfinage...» (S. Rivière, *La s'maine des quat' jeudis*, p. 17)

1341 **GUENILLE.** *Avoir les jambes comme de la (en) guenille.* Avoir les jambes flageolantes. ♦ *Avoir les mains en guenille.* Être maladroit, laisser tout échapper. ♦ *Chiquer la guenille (guénille, sur qqn).* Maugréer (après qqn), argumenter, rechigner. Calque de l'anglais *to chew the rag. Fr.* Ronger son frein; casser du sucre sur le dos de qqn. «Je m'ennuie des soirs où on allait chiquer la guenille chez l'un et chez l'autre.» (Gérard Pelletier, *Le point*, SRC, 2 déc. 1988) «Il faut tout leur montrer. Avec ça, qu'ils grognent, ces gars-là. Ils sont pas contents. "Qu'est-ce que vous avez à chiquer la guenille? que je leur ai demandé à soir..."» (G. Roy, *Bonheur d'occasion*, p. 184) «On dirait toujours des p'tits gars tout excités ou des vieilles filles au désespoir qui chiquent la guenille!» (M. Riddez et L. Morisset, *Rue des Pignons*, p. 287) «Dans le moment, a chique la guénille, mâchouille le boutte de son mouchoir, pour elle c'est fréquent comme attitude...» (J.-M. Poupart, *Chère Touffe, c'est plein...*, p. 227) ♦ *Mou comme de la (comme une) guenille*. Flasque, lâche. *Fr.* Mou comme une chiffe. ♦ *Se sentir (tout) en guenille*. Se sentir fébrile, faible.

1342 **GUENILLES.** *Mouver* [angl. *to move*, bouger] *ses guenilles*. Se remuer. ♦ *Neiger comme des guenilles*. Se dit d'une neige qui tombe lentement. «... suivant une expression vieille de quatre-vingts ans, puisque c'était celle dont se servait un vieil oncle de quatre-vingt-cinq hivers, il neigeait "comme des guenilles".» (*Almanach de l'Action sociale catholique*, 1927, p. 56)

1343 **GUERLOUTE.** *Se chauffer la guerloute*. Se chauffer le postérieur près du poêle.

1344 **GUERRE DE QUATORZE.** *Dater de la guerre de quatorze*. Dater d'il y a longtemps, être désuet, dépassé. Guerre de quatorze: guerre de 1914-1918.

1345 **GUEULARD.** *Être (un, faire son) gueulard*. Hurler à tort et à travers, être chicanier.

1346 **GUEULE.** *Avoir de la gueule*. Être convaincant, bavard, fonceur (verbalement), être beau. *Fr.* Avoir du bagou. ♦ *Avoir la gueule fendue jusqu'aux oreilles*. Faire un grand sourire, rire aux éclats. ♦ *Avoir la gueule pendante*. Être exténué, fatigué. «Y disent dans les courriers du cœur qu'avec un soir off par semaine tu reviens avec la gueule pendante.» ♦ *Casser (péter) la gueule à qqn / se faire casser, se faire péter,* *se faire taper (sur) la gueule*. Donner une raclée à (tabasser) qqn / se faire donner une raclée, se faire tabasser, tuer. «Je le sais, moi, ce qu'il veut dire, lança l'enfant, très sérieux. Il lui a pété la gueule, c'est toute!» (Y. BEAUCHEMIN, *Le matou*, p. 480) «La bataille sortait du restaurant. Ça se pétait la gueule à tous les coins de rue. Les grands zazous aux habits roses, verts, se faisaient battre au sang...» (C. JASMIN, *Pleure pas, Germaine*, p. 64) «Et si LeMail avait envie de casser la gueule à Paulo, il ne le ferait pas de peur de se salir.» (J.-J. RICHARD, *Faites-leur boire le fleuve*, p. 99) «... des mentons barbus d'artistes, de bommes, de pimmes, de chômeurs. D'la broue. Péter d'la broue. Spéter a yeule. C'est ça... Beaucoup de broue.» (J. RENAUD, *Le cassé*, p. 50) «... dix jours de permission pis une petite pension pour la madame pendant que le gars va se faire casser la gueule pour payer ses noces.» (G. ROY, *Bonheur d'occasion*, p. 62) «Si tu te la fermes pas, tu vas te faire taper la gueule!» (*Vie d'ange*, film de Pierre Harel, 1979) ♦ *Se péter la gueule*. Se faire mal en tombant, trébucher, essuyer un revers. «Notre existence, depuis ce lot d'années, sur la rue Drolet. Salut, deuxième étage en marde! Salut, escalier de cul où on se pétait la gueule tous les hivers, marches branlantes, rampes branlantes, salut p'tite rue Drolet.» (C. JASMIN, *Pleure pas, Germaine*, p. 12-13) ♦ *Danser sur la gueule*. Danser au son de la voix (plutôt qu'au son d'un instrument de musique). L'expression est aujourd'hui un peu désuète. «Dans la maison du pauvre, où l'on ne pouvait se payer le luxe d'un violoneux, on dansait "sur la gueule", c'est-à-dire que la musique ressemblait un peu à la danse de guerre des Indiens.» (H. BERTHELOT, *Le bon vieux temps*, p. 57) «La danse était également bien estimée quand il se trouvait quelque bûcheron musicien qui avait emporté son instrument. S'il n'y avait pas de musique "on dansait sur la gueule".» (É.-Z. MASSICOTTE, «La vie des chantiers», *Mémoires et comptes rendus de la Société royale du Canada*, p. 37) ♦ *Le ciel est bleu, la mer est calme, ferme ta gueule pis rame!* Se dit pour interrompre une personne trop volubile. ♦ *Se battre la gueule (de qqch.).* S'emporter verbalement, se vanter (de qqch.).

1347 **GUEULE DE FER-BLANC.** *Avoir une gueule de fer-blanc.* Être hâbleur.

1348 **GUEULE DE PLÂTRE.** *Avoir une gueule de plâtre.* Avoir le menton en galoche.

1349 **GUEUX.** *Pauvre comme un gueux.* Très pauvre.

1350 **GUIDE.** *Dompté à la guide.* Se dit d'un cheval docile, obéissant.

1351 **GUIDES.** *Tenir les guides.* Diriger, guider (qqch., qqn). Par allusion aux guides du cheval. *Fr.* Tenir la barre.

1352 **GUIDONS DE BROUETTE.** *Avoir les jambes en guidons de brouette.* Avoir les jambes arquées.

1353 **GUILIGUILIS.** *Faire des guiliguilis ([guili-guili], guilis guilis) ah! ah!* Taquiner du doigt un bébé, lutiner, caresser qqn. «Nous autres, on est pas payés pour vous faire des guilis guilis ah! ah! rien que pour vous recrinquer le paroissien. On est pas un CLSC, gonnebitche!» (V.-L. BEAULIEU, *L'héritage /*L'automne*, p. 76)

1354 **GUTS.** [Angl. cran] *Manquer (ne pas avoir) de guts (gottes) / avoir [ben] du guts (gottes).* Manquer de courage, de persévérance / avoir [beaucoup] de courage, de persévérance. «Elle a ben du guts, la p'tite fille, pis a veut.» (*Parlez-nous d'amour*, film de Jean-Claude Lord, 1976)

H

1355   **HABITANT.** *Avoir l'air (être, faire l') habitant.* Avoir l'air (être, faire le) niais. «On fait sablant de les importer pour ne pas avoir l'air habitant.» (R. Baillie, *Des filles de Beauté*, p. 121)

1356   **HABIT À QUEUE.** *Dire des mots en habit (en coat) à queue.* S'exprimer en termes savants.

1357   **HACHE.** *Aller dans le bois sans hache.* Entreprendre qqch. sans préparation, sans connaissances suffisantes. ♦ *C'est ma hache!* C'est ma spécialité! «Faire du pain doré? C'est ma hache! Personne pour m'égaler dans ça.» ♦ *Être à la hache.* Gagner sa vie comme bûcheron, être miséreux. ♦ *Mettre la hache dans qqch.* Détruire, mettre un terme à qqch. «Les gens se disent: Faut-il mettre la hache dans ce stade-là? Et ça, c'est dramatique.» (Claude Charron, *Le match de la vie*, TVA, 10 déc. 1991)

1358   **HADDOCK.** [Angl. églefin fumé] *Rousselé comme un haddock.* Avoir beaucoup de taches de rousseur.

1359   **HAÏSSABLE.** *Être (faire l') haïssable.* Être (faire l') espiègle, (le) turbulent. Se dit particulièrement d'un enfant.

1360   **HALF AND HALF.** [Angl. moitié-moitié] «Half and half, un lièvre, un cheval! Partage équitable? Tu veux rire!»

1361   **HARENG BOUCANÉ.** *Maigre comme un hareng boucané.* Très maigre.

1362   **HARMONIE.** *Être tout en harmonie.* Être embêtant, ennuyeux.

1363   **HART.** *Maigre comme une hart.* Très maigre. *Hart:* lien d'osier ou de bois flexible pour attacher les fagots. «Lucile est rendue maigre comme une hart, c'est vrai, pis tes lumber jacks l'aiment moins. Est pas leu' genre, est mieux que ça.» (A. Ricard, *La gloire des filles à Magloire*, p. 45)

1364   **HAUT.** *Être haut sur pattes.* Avoir les jambes élancées.

1365 **HAUTE GOMME.** *Être (faire partie) de la haute gomme.* Être une personne importante, faire partie des gens importants, des notables.

1366 **HAUTS.** *Dans les hauts.* En amont, dans les hauteurs, au nord, loin. Cependant, pour les habitants de l'extrême nord du Québec, aller «dans les hauts» veut dire aller dans les grandes villes du centre et du sud du pays. «Tu me fais penser aux vieux Sauvages qu'il y avait dans les hauts quand j'étais jeune.» (V.-L. BEAULIEU, *L'héritage* / **L'automne*, p. 324) «Mais après, on monterait dans les hauts où c'est que c'est plein de petites rivières qui sont restées encore bien sauvages...» (V.-L. BEAULIEU, *L'héritage* /**L'automne*, p. 451)

1367 **HÉLAS.** *Faire des hélas.* Gesticuler en parlant.

1368 **HERBE.** *Mettre qqn à l'herbe.* Éconduire qqn (notamment, un amoureux).

1369 **HÉRODE.** *Être en Hérode.* Être en colère, en furie.

1370 **HERSE.** *Voler en herse.* Voler en formation triangulaire. Se dit d'un voilier d'oiseaux qui volent en formation de herse, c'est-à-dire triangulaire. «Deux ou trois jours plus tard un immense voilier d'outardes traversa la barre pourpre du soleil couchant... Elles volaient en herse par bandes de cinquantaine...» (G. GUÈVREMONT, *Le Survenant*, p. 136)

1371 **HEURE.** *Donner l'heure à qqn.* Dire sa façon de penser à qqn. *Fr.* Dire ses quatre vérités à qqn. ♦ *On t'a pas demandé l'heure (je t'ai demandé l'heure ?)!* On ne t'a rien demandé! Autrement dit, mêle-toi de ce qui te regarde! *Fr.* On ne t'a pas sonné! Je te demande pas si ta grand-mère fait du vélo. Je ne vous demande pas l'heure qu'il est. «Vicky — Ah ben bâtard! Toé, la bouteille d'Aspirine, on t'a pas d'mandé l'heure!» (L.-M. DANSEREAU, *Chez Paul-ette, bière, vin...*, p. 40)

1372 **HEURE DES POULES.** *Se coucher à l'heure des poules.* Se coucher tôt. S'emploie en France.

1373 **HEURE JUSTE.** *Donner l'heure juste.* Dire la vérité, dire sa façon de penser. «Le meilleur moyen d'éviter les bombes est de les désamorcer à l'avance en donnant l'heure juste au départ.» (Claude PICHER, «Le flop des géants», *La Presse*, 20 juillet 1991, p. A11) «Ici Alain Cornot; je vous ai toujours donné l'heure juste dans le sport...» (CKAC-Télémédia, 10 février 1992)

1374 **HIGH.** [Angl. haut] *Être (se sentir) high.* Être (se sentir) exalté, galvanisé.

1375 **HIT.** *Faire un hit.* Dans la langue du milieu criminel, assassiner qqn à la demande d'une tierce personne, d'une organisation criminelle. Aussi: faire un succès. Vient de l'anglais *to make a hit*: remporter un succès. ♦ *Ne pas être (faire) un hit.* Ne pas être un succès. «Ma mère avait fait ma connaissance. Pis moi, j'avais faite celle de ma mère! C'tait pas un hit.» (M. LABERGE, *Aurélie, ma sœur*, p. 144) ♦ *Prendre un hit.* Prendre une dose d'héroïne. Se dit surtout dans le milieu de la drogue. «Tout ce à quoi ils pensent, c'est prendre un hit.» (*24/24*, TQS, 22 avril 1990)

1376 **HIVER.** *Il ne va pas passer l'hiver!* Il n'en a plus pour longtemps (se dit d'une personne)! ♦ *Qu'est-ce que ça mange en hiver?* Qu'est-ce que c'est? C'est bizarre! «Clacmax! — "Clacmax" Qu'est-ce que ça mange en hiver, ça?» (A. RICARD, *La gloire des filles à Magloire*, p. 65) «Médiatexte, lit-elle. Que c'est que ça mange en hiver, un mot pareil?» (V.-L. BEAULIEU, *L'héritage /*L'automne*, p. 425)

1377 **HOLÀ.** *Mettre le holà.* Interrompre, mettre de l'ordre (dans qqch.). S'emploie aussi en France. «Mis au courant de l'affaire, le père Labrisse voulut mettre le holà et faire cesser les rendez-vous...» (G. BESSETTE, *Anthologie d'Albert Laberge*, p. 234-235) «... et il n'hésitait pas à mettre le holà, quand cela devenait nécessaire.» (H. BERNARD, *Les jours sont longs*, p. 94)

1378 **HOMME.** *Faire son (faire l') homme.* Faire son (le) fanfaron, se gourmer. «À quatorze ans, on est pas bon pour les niaiseries d'enfants d'école. Y fait l'homme, mais y manque pas un mot. Murielle l'écoute sans le regarder, le visage tourné vers le fleuve.» (C. JASMIN, *Pleure pas, Germaine*, p. 35)

♦ *Frapper (rencontrer) son homme.* Affronter qqn à sa mesure, qqn de plus costaud que soi. «Quand il a aperçu ce colosse, il a su qu'il venait de rencontrer son homme.»

♦ *L'homme qui a vu l'homme qui a vu l'ours!* Se dit pour se moquer d'un ouï-dire, d'une chimère, de celui qui les colporte. «Ce qui prend aussi, ce sont les portraits de curés, de policemen, de pompiers, de vénérables jubilaires, de marguiliers, de conseillers municipaux, enfin de l'homme qui a vu l'homme qui a vu l'ours.» (A. Bessette, *Le débutant*, p. 44) «Je sus pas si enfant de chœur que vous pouvez crère. — Je te place, moé, crains pas. L'homme qu'a vu l'homme qu'a vu l'ours.» (A. Ricard, *La gloire des filles à Magloire*, p. 137)

1379 **HOMMES.** *Être aux hommes.* Préférer les hommes, notamment sexuellement. ♦ *Manger comme deux (quatre) hommes.* S'empiffrer. *Fr.* Manger comme un ogre.

1380 **HONNEURS.** *Être dans les honneurs.* Être institué parrain ou marraine, laisser dépasser son jupon. «Tu vas être dans les honneurs, ou tu vas aller aux noces, signifie: "ton jupon dépasse".» (M. Hogue, *Un trésor dans la montagne*, p. 201) «La première fois qu'on est dans les honneurs, si l'enfant est une petite fille, signe de bonheur pour le parrain, si c'est un petit garçon, signe de bonheur pour la marraine.» (Sœur Marie-Ursule, *Civilisation traditionnelle des Lavalois*, p. 163)

1381 **HONTEUX.** *Avoir le honteux tout trempe.* Avoir le front en sueur.

1382 **HORLOGE.** *Régulier comme une horloge.* Ponctuel, d'une régularité irréprochable.

1383 **HORLOGES.** *Crier à démonter les horloges.* Crier à tue-tête. *Fr.* Pousser des cris de paon. «Aussitôt qu'il s'est aperçu qu'il avait gagné la partie de cartes, il s'est mis à crier à démonter les horloges.»

1384 **HORMONES.** *Relaxe tes (calme-toi les) hormones!* Calme-toi! Détends-toi! Pas de panique.

1385   **HOROSCOPE.** *Tirer l'horoscope à qqn.* Dire toute la vérité à qqn. *Fr.* Dire ses quatre vérités à qqn.

1386   **HOSTIE.** *Être en hostie (estie, estique, etc.).* Être en colère, en furie.

1387   **HOULE.** *Y avoir de la houle.* Se dit à propos d'une personne ivre qui titube.

1388   **HUE.** *Aller à hue et à dia.* Errer, agir de façon imprévisible. Se dit d'une personne inconstante, à laquelle on ne peut faire confiance. ♦ *Labourer à hue.* Labourer à l'endos, c'est-à-dire en creusant un sillon dans le sens contraire du précédent.

1389   **HUILE.** *Ça roule dans l'huile!* Ça va rondement. *Fr.* (Ça baigne) dans l'huile. ♦ *Manquer d'huile.* Mourir.

1390   **HUILE DE COUDE.** *Dépenser (mettre) de l'huile de coude dans qqch.* Mettre beaucoup d'effort, d'énergie dans qqch.

1391   **HUÎTRE.** *Bouché comme une huître.* Borné, fermé à la raison, aux arguments. *Fr.* Se fermer comme une huître.

I

1392 **I.** *Droit comme un I.* Dressé, rectiligne, au garde-à-vous.

1393 **ICI.** *Long comme d'ici à demain.* Long, ennuyant, sans fin. «Le député a prononcé un discours long comme d'ici à demain. Plusieurs personnes bâillaient dans la salle.»

1394 **IDÉE.** *Il change d'idée comme il change de chemise.* Il change souvent d'idées, il change d'idées pour tout et pour rien.
♦ *Perdre l'idée.* Perdre l'esprit.

1395 **IDÉES.** *S'enfarger dans ses idées.* Bafouiller, s'exprimer de manière confuse, embrouillée.

1396 **ÎLE.** *Être pris comme une île.* Avoir une stature imposante.

1397 **IMAGE.** *Sage comme une image.* Se dit d'un enfant sage.

1398 **IMPATIENCES.** *Avoir des impatiences.* Être agité, ne pas tenir en place.

1399 **INFIRME.** *Être infirme avec ses deux bras.* Être malhabile, maladroit. «Il est infirme avec ses deux bras, pas moyen de lui faire réparer une poignée de porte.»

1400 **INSTRUIT.** *Parler instruit.* S'exprimer de manière châtiée, savante. Se dit notamment en Beauce.

1401 **INVENTION.** *Marcher comme une invention.* Marcher rondement, parfaitement. «L'horloge marche comme une invention, elle n'est jamais tombée en panne depuis sa mise en fonction il y a dix ans.»

1402 **IRLANDAIS.** *Rousselé comme un Irlandais.* Avoir beaucoup de taches de rousseur sur la figure.

J

1403 **JACASSE.** *Avoir de la jacasse.* Être bavard, volubile. Se dit notamment d'un enfant. *Fr.* Être fort en gueule.

1404 **JACASSEUX.** *Être jacasseux.* Être mouchard, délateur, bavard.

1405 **JACK.** [Angl. cric] *Se passer un jack.* Se masturber. ◆ *Tomber de (en bas de) son jack.* S'effondrer moralement, perdre l'esprit, contenance, conscience, subir une crise d'épilepsie.

1406 **JACK-IN-THE-BOX.** [Angl. boîte à surprise] *Être un Jack-in-the-box.* Être un boute-en-train, un farceur imprévisible. «Y prépare en même temps son stock de jokes pour la veillée, parce que c'est un farceur dans les réunions mondaines, un vrai Jack-in-the- box!» (J.-M. POUPART, *Chère Touffe, c'est plein...*, p. 70)

1407 **JACKÉ.** [Angl. *to be jacked*, être juché] *Être jacké (en l'air).* Être juché. «Elle était jackée en l'air sur ses talons hauts.»

1408 **JACKPOT.** [Angl. gros lot] *Frapper le jackpot.* Atteindre le but, avoir la meilleure part. Aussi, par dérision, pour dire que l'on a décroché la pire part.

1409 **JACQUES.** *Faire le Jacques.* Se gourmer. En France: faire l'imbécile. «Elle coudrait le bec aux gars du canton toujours prêts à faire le jacques devant les belles filles de Sorel, mais qui se gaussaient d'elle...» (G. GUÈVREMONT, *Le Survenant*, p. 275)

1410 **JALOUSERIES.** *Faire des jalouseries.* Se laisser aller à des scènes de jalousie, exprimer de la jalousie. «Écoute, Clarina, t'es ma blonde. J'aime pas ben ça que tout le village te voie avec lui. — Écoute, Alphonse, c'est pas le temps de faire des jalouseries!» (*Le gros Bill*, film de René Delacroix, 1949)

1411 **JALOUX.** *Se boutonner en jaloux.* Passer les boutons dans les boutonnières non correspondantes. «... le curé, alerté par la vieille chipie mal mise de Ménal à Mick, fait irruption dans la salle de bal improvisée, la soutane boutonnée en jaloux, les yeux pochés comme des panses de vache débordante.» (S. Rivière, *La s'maine des quat' jeudis*, p. 70)

1412 **JAMAIS.** *Jamais au grand jamais (jamais dans cent ans).* Vraiment jamais. *Fr.* Jamais de la vie.

1413 **JAMBE.** *Avoir de la jambe.* Se dit à propos d'une boisson qui a du goût. ♦ *Partir (rien que) sur une jambe.* Déguerpir, filer en oubliant toute civilité. *Fr.* Filer à l'anglaise. «Ne pars donc pas comme un sauvage, rien que sur une jambe. Tiens, je vais te servir une autre lampée de mon vin de rhubarbe.» (R. Girard, *Marie Calumet*, p. 38) ♦ *Se casser une jambe.* Accoucher. D'après l'explication que l'on donnait autrefois aux enfants quand la mère accouchait.

1414 **JAMBES.** *Ne pas se casser les jambes à travailler.* Lambiner sur la tâche, paresser. ♦ *Se garrocher les jambes.* Courir rapidement.

1415 **JAMBES DE POIL.** *Ne pas avoir des jambes de poil.* Ne pas être peureux, couard.

1416 **JAMBETTE.** *Donner une jambette à qqn.* Donner un croc-en-jambe, jouer un sale tour à qqn. ♦ *Faire qqch. à la jambette.* Faire qqch. négligemment, en vitesse. ♦ *Tirer de la jambette.* Se dit d'un jeu où deux personnes couchées tête-bêche et côte à côte par terre, tentent de se culbuter de la jambe. «On se tiraillait avec mes deux frères. On tirait de la jambette.» (R. Lavallée, «Quelques canadianismes...», p. 77)

1417 **JAMBON.** *Être (rester) assis sur son jambon.* Rester à ne rien faire, ne pas réagir. Voir *steak* (n° 2430). «Mais anyway, au Québec là, les politiciens avaient la couenne dure, y'étaient ben assis sur leur jambon pis y'avaient des idées de lard salé faque y'ont été ben cochons avec nous autres.» (J. Doré, *Si le 9-1-1 est occupé!*, p. 173)

1418 **JARNIGOINE.** *Avoir de la jarnigoine / ne pas avoir de jarnigoine.* Avoir du jugement, de l'esprit / ne pas avoir de jugement, d'esprit, la parole facile; être plein de ressort

/ manquer de ressort. «J'avais aussi sûrement défaut de jarnigoine, jeune de même. Le vouloir mou, les promesses faciles, mais l'exécution retardée.» (Y. Thériault, *Moi, Pierre Huneau*, p. 17) «Je ne dis pas le contraire, mais vois-tu, il est marié; et j'aime mieux un garçon, vacarme! C'a plus de jarnigoine.» (L. Fréchette, *Originaux et détraqués*, p. 229)

1419 **JARRET.** *Avoir du jarret.* Être bon marcheur.

1420 **JARRETS.** *Avoir de grands jarrets.* Avoir les jambes élancées.

1421 **JARS.** *Faire le (faire son, jouer au) jars (jar).* Faire son pédant, son prétentieux, se vanter. «Ben, ça commence à faère! Tu viendras pas jouer au jars icitte, mon vinyenne de petit fendant!» (A. Ricard, *La gloire des filles à Magloire*, p. 27) «Fais donc pas le "jars", Maurice, tu sais bien que, de toute manière, il va falloir régler cette affaire.» (M. Riddez et L. Morisset, *Rue des Pignons*, p. 49) «Un des Mercure, enrôlé en ville, était venu une ou deux fois exhiber son uniforme dans le rang et "faire le jars" devant les filles du canton...» (Ringuet, *Trente arpents*, p. 174)

1422 **JASANT.** *Être jasant.* Aimer causer, bavarder. «T'étais trop jasante pour ça.» (R. Lavallée, «Quelques canadianismes...», p. 78)

1423 **JASE.** *Piquer une jase.* Bavarder. «... pis ça te donnera une chance de piquer une jase avec la Gisèle.» (G. Bessette, *La bagarre*, dans W. M. Miller, «Les canadianismes...», p. 220)

1424 **JASETTE.** *Avoir de la (être plein de) jasette.* Être volubile, bavard. Se dit notamment d'un enfant qui parle sans arrêt. «Elle est pleine de jasette, cette enfant-là.» (Tex Lecor, *Les insolences d'un téléphone*, CKAC-Télémédia, 6 février 1992) ♦ *Faire (piquer) une jasette.* Bavarder, converser. «Pourtant, quand j'veux faire un' jasette à Saint-Joseph ou Notr'-Seigneur, / C'est curieux comm' j'ai d'la parlette...» (É. Coderre, *J'parle tout seul quand Jean Narrache*, p. 64)

1425 **JAUNE.** *Être jaune.* Être crédule, naïf.

1426 **JEAN LÉVESQUE.** *Faire son petit Jean Lévesque (Jean-Lévesque).* Faire son connaissant, son important. *Fr.* Faire le gendarme.

« Ça fait que Tipite Vallerand ayant plus d'ordre à recevoir de personne, nous en donnait sus les quatr'faces, et faisait son petit Jean-Lévesque. » (« Tipite Vallerand » dans L. FRÉCHETTE, *Contes de Jos Violon*, p. 16)

1427 **JEANNE-D'ARC.** *Être / ne pas être Jeanne-d'Arc*. Pouvoir / ne pas pouvoir prendre d'alcool (se dit d'une femme). Allusion à un mouvement de tempérance pour femmes, fort populaire autrefois. Voir *Lacordaire* (n° 1464).

1428 **JEANNETTE.** *Faire pleurer Jeannette*. Manière plaisante de dire uriner, pour un homme.

1429 **JELLO.** *Avoir les jambes en jello*. Avoir les jambes flageolantes. Jell-o : marque de gelée du commerce. « Il était tellement intimidé devant le groupe qu'il avait les jambes en jello. »

1430 **JEU DE CHIEN.** *Tourner en jeu de chien*. Tourner à la violence, à la querelle. Se dit de jeux d'enfants qui dégénèrent en violence. *Fr.* Tourner au vinaigre.

1431 **JEUNE POULET.** *Ne pas être un jeune poulet du printemps*. Avoir l'expérience de la vie. « Les sénateurs, on n'est pas des jeunes poulets du printemps, alors, on trouve ça très dur. » (Solange Chaput-Rolland, en entrevue télévisée, Ottawa, 11 octobre 1990)

1432 **JEUNESSE.** *Être une jeunesse*. Être (encore) jeune, costaud, un enfant. « Ici, on est une jeunesse tant qu'on est pas marié. On peut être âgé de quatre-vingts ans et être encore une jeunesse, seulement, on est alors une vieille jeunesse. » (R. GIRARD, *Rédemption*, p. 51-52) « Il faut que je pense à mes vieux jours, se défendit monsieur Berval. Je ne suis plus une jeunesse, vous savez… » (Y. BEAUCHEMIN, *Le matou*, p. 41-42) ♦ *Faire sa jeunesse*. Faire le fanfaron, le casse-cou.

1433 **JIB.** [Angl. foc] *Lâcher le jib*. Se détendre, se décontracter, s'exprimer sans retenue. Expression issue du vocabulaire maritime.

1434 **JOB.** [Angl. travail] *Faire la job à qqn*. Faire un mauvais parti à qqn, donner une raclée à qqn. « Avant qu'y (l'ours) mange mes cochons, j'y ai fait la job. Y pesait dans les quatre cents livres.» (H. Bernard, *Les jours sont longs*, p. 60) ◆ *Faire une job*. Soulager ses besoins naturels. ◆ *Travailler à la job*. Travailler à forfait, à la pièce. ◆ *Vêler sur la job*. Rechigner à l'ouvrage. ◆ *Faire une job de bras*. Tabasser qqn, régler son compte à qqn, régler le compte de qqch. «Il n'est absolument pas question de faire une job de bras à l'option souverainiste.» (Gil Rémillard devant l'Assemblée nationale, 14 juin 1991) «Ils auraient dû trouver les moyens pour s'assurer que Robert Gillet n'utilise pas de politiciens en ondes pour faire une job de bras sur moi.» (Kathleen Lavoie, «André Arthur limogé», *Le Soleil*, 7 nov. 2001)

1435 **JOB.** *Pauvre comme Job*. Très pauvre. D'après le personnage biblique. S'emploie en France. «... pourvu qu'un homme eût un peu d'instruction et un assez bon jugement, fût-il pauvre comme Job, il pouvait s'asseoir sur le petit banc.» (Vieux Doc [E. Grignon], *En guettant les ours*, p. 230) «... non seulement très souvent on est pauvres comme Job mais en plus, on est pauvres en jobs.» (J. Doré, *Si le 9-1-1 est occupé!*, p. 27-28)

1436 **JOIE.** *Se tâter de joie*. Exulter.

1437 **JOIES.** *Faire des joies (à qqn)*. S'exalter, faire des démonstrations intempestives de joie (se dit notamment d'un enfant), faire plaisir (à qqn). «Elle l'arrêta d'un geste, pâlissant d'émotion, de trop de surprises... — Fais-moi pas des joies, dit-elle.» (G. Roy, *Bonheur d'occasion*, p. 172)

1438 **JOINT.** *Fumer un joint*. Fumer une cigarette de marijuana.

1439 **JOS CONNAISSANT.** *Être un (grand, faire son, faire son p'tit) Jos connaissant (Jos Connaissant)*. Faire son connaissant, son savant. Voir *connaissant* (n° 640). «Moé, je le dis ben franchement, je sus pas un grand Jos Connaissant là-dedans. Leu's histoires de budgets pis d'expansion économique pis de Baie James, ça me passe cent pieds par-dessus la tête.» (R. Lévesque, *Le vieux du Bas-du-Fleuve*, p. 40)

1440 **JOSEPHTÉ.** *Perdre sa josephté*. Perdre sa virginité, pour un homme.

1441 **JOUAL.** *Avoir l'air d'un beau joual.* Avoir l'air d'un bel imbécile, d'un beau niais. ◆ *Parler en joual.* Parler dans un langage affecté, pompeux. ◆ *Parler joual.* Mal parler, mal s'exprimer.

1442 **JOUAL DE CARTES.** *Prendre un joual de cartes.* Jouer aux cartes.

1443 **JOUAL VERT.** *Être (se mettre) en (beau) joual vert.* Être (se mettre) en colère, en furie. *Fr.* Sortir de ses gonds.

1444 **JOUEUR.** *Perdre un joueur.* Perdre un membre, un sympathisant, s'aliéner une personne. «S'ils pensent m'embarquer dans leurs manigances, ils vont perdre un joueur.» «On a appris hier soir que l'Union nationale venait de perdre un joueur.» (*Nouvelles*, SRC, 12 sept. 1979)

1445 **JOUQUÉ.** *Être jouqué quelque part.* Être monté quelque part, être disparu quelque part.

1446 **JOUR.** *Bon comme le jour.* Très bon, d'une grande bienveillance. ◆ *Clair comme le jour.* Limpide, évident. «C'était clair comme le jour qu'il était coupable, le procès l'a d'ailleurs démontré hors de tout doute.» ◆ *Être (comme) le jour et la nuit.* Être opposé, le contraire de... «Ça a changé la face des choses immédiatement en arrivant à bord du "France". — *Voix d'Alexis*: C'a été le jour et la nuit avec New York.» (P. Perrault *et al.*, *Le règne du jour*, p. 15) «Ces deux-là, c'est le jour et la nuit; l'un est un couche-tard et l'autre a une vie réglée comme une horloge.» ◆ *Il fait (ça prend) jour (par la couverture, par le toit).* Être timbré.

1447 **JOUR DE SA FÊTE.** *Être venu au monde le jour de sa fête.* N'avoir aucune expérience, n'avoir aucun jugement.

1448 **JOURNÉE.** *Avoir sa journée dans le bras (dans le corps).* Être fourbu après une journée de travail.

1449 **JOURS GRAS.** *Ne pas avoir été nourri les jours gras.* Être très maigre.

1450 **JUIF.** *Être (faire le) juif.* Être (faire le) pingre, avare. ◆ *Sentir le juif déculotté.* Empester.

1451 **JUMENT.** *Senteuse comme une jument.* Fouineuse, commère (se dit d'une femme).

1452 **JUPE.** *Baisse ta jupe, les jambes te gèlent!* Façon caricaturale de dire à une femme ou à une jeune fille: Habille-toi plus chaudement!

1453 **JUPES.** *Rester sous les jupes de sa mère.* Avoir une attitude puérile, être timide, dépendant de sa mère (se dit notamment d'un enfant).

1454 **JUPONS.** *Courailler (courir) les jupons.* Rechercher les aventures galantes. *Fr.* Courir le jupon.

1455 **JURÉ CRACHÉ.** *Juré craché!* Juré, parole d'honneur! «Elle a dit que, si tu réparais ce que tu as fait, tu reviendrais peut-être à la tribu. — Elle a dit ça? — Juré, craché!» (R. CARRIER, *De l'amour dans la ferraille*, p. 41) «Germaine, voyons on gèle à soir. J'aurais pas le front, Germaine. P'is j'ai pas le cœur à fourrer, j'te le jure! — Juré? — Juré, craché, la mère.» (C. JASMIN, *Pleure pas, Germaine*, p. 102)

K

1456 **KAPOUTTE.** [Allemand *kaputt*, perdu, fichu] *Faire (être)*
kapoutte (kaput). Se tromper, échouer (être fichu). «S'il
pensait me faire changer d'idée, il a fait kapoutte.»

1457 **KETCHUP.** *C'est fort en ketchup!* C'est incroyable, épous-
touflant! ♦ *Être (bon en) ketchup.* Être hors de l'ordinaire,
fameux. ♦ *L'affaire est ketchup.* Tout va pour le mieux, formidable. Voir *pinotte* (n° 1987).

1458 **KICK.** [Angl. coup de pied] *Avoir (pogner) [poigner] le kick*
(kik)(pour, sur qqn). S'amouracher, s'enticher (de qqn).
Fr. Avoir le béguin pour qqn. «Elle a le kick, je pense. Tu
devrais l'inviter à danser.» (*T'es belle, Jeanne*, film de Robert
Ménard, ONF, 1988) «C'est vrai! Qu'chus niaiseuse. Moi,
quand j'ai l'kik, j'ai l'quotient qui m'descend din deux chiffres.» (M. LABERGE, *Aurélie, ma sœur*, p. 22) «J'ai jamais
compris comment ça se fait que j'ai pogné le kik sur toi.»
(A. BOULANGER et S. PRÉGENT, *Eh! qu'mon chum est platte!*,
p. 65) ♦ *Avoir un (gros) kick (de qqch., à faire qqch.).* Ressentir un plaisir (intense) (de qqch., à faire qqch.) «Comme
policier j'aime les gens qui ont peur, ça me donne un
kick de les sentir en bouillie rien qu'à se penser en mon
pouvoir.» (J.-J. RICHARD, *Faites-leur boire le fleuve*, p. 194)
♦ *Être son (un) kick.* Être son (un) plaisir. «Même quand y
avait d'l'argent dans ses poches, y volait. C'était son kick.»
(M. LETELLIER, *On n'est pas des trous-de-cul*, p. 123) ♦ *Faire*
qqch. pour le kick (kik). Faire qqch. par plaisir. «... j'ai
comme l'impression que tu voulais essayer ça pour le kik,
pis que là, le kik, tu trouves qu'y va s'étendre un peu trop
longtemps à ton goût...» (J.-M. POUPART, *Chère Touffe, c'est*
plein..., p. 112) ♦ *Perdre le (son) kick.* Ne plus prendre plaisir (à faire qqch.), perdre son entrain, son allant. «Avec un

gars de ton genre, ce serait bang! Ah, Nitch! Tu me fais perdre mon kick!» (J.-J. Richard, *Faites-leur boire le fleuve*, p. 16) ◆ *Se donner un kick (kik).* Se donner de l'exaltation, du plaisir. «Y m'ont rentrée dans leur gamique, jusse pour se donner un kik.» (J. Barrette, *Ça dit qu'essa à dire,* p. 47)

1459 **KIT.** [Angl. nécessaire] *Le gros (tout le) kit.* Avoir tout ce qui est souhaitable, nécessaire, toute la panoplie, l'ensemble complet. «Est greyée dans tête de tusortes d'affaires le fun, toute le kit y est, j'pense, à part du plomb.» (J.-M. Poupart, *Chère Touffe, c'est plein...*, p. 205)

L

1460   **LÀ.** *Ne pas être toute [tout] là.* Être un peu timbré.

1461   **LABOURS D'AUTOMNE.** *Faire du (des) labour(s) d'automne.* Tomber enceinte avant le mariage. «Quand la jeune fille qui se marie est enceinte, les gens disent couramment de ce mariage que c'est du "labour d'automne".» (C. Asselin et Y. Lacasse, *Corpus... : Saguenay-Lac-Saint-Jean*, p. 203)

1462   **LACETS DE BOTTINES.** *Mange pas tes lacets de bottines!* Garde ton calme! Ne t'énerve pas!

1463   **LÂCHEUX.** *Être (un) lâcheux.* Être porté à abandonner, à abdiquer.

1464   **LACORDAIRE.** *Être / ne pas être Lacordaire (lacordaire).* Être astreint / ne pas être astreint au régime sec. Allusion à un mouvement de tempérance pour hommes, fort populaire autrefois. Voir *Jeanne-d'Arc* (n° 1427). «Oui, un jus d'orange... — T'es devenu lacordaire, mon Pierrot... — C'est pas drôle l'affaire...» (J. Renaud, *Le cassé*, p. 119)

1465   **LAINE.** *Filer de la laine.* Ronronner. ♦ *Se faire (laisser) manger la laine sur le dos.* Se faire (se laisser) abuser, exploiter. S'emploie en France. «Charitable... charitable. Y a toujours ben une limite de se laisser manger la laine sur le dos.» (*Le gros Bill*, film de René Delacroix, 1949) «Le monde est fou! Ça s'laisse voler, ça s'laisse manger la laine sus l'dos.» (Y. Thériault, *Les vendeurs du temple*, p. 80) «Je tiens à mettre en garde les fédéralistes que nous ne nous laisserons pas manger la laine sur le dos.» (René Lévesque, allocution de la Campagne référendaire, 20 mai 1980)

1466   **LAIT.** *Blanc comme du lait.* Très blanc, immaculé. ♦ *Faire cailler le lait.* Sert à qualifier une personne très laide. ♦ *Retenir son lait.* Se laisser désirer, se faire attendre.

1467 **LAMES DE RASOIR.** *Pisser des lames de rasoir.* Souffrir de blennorragie. En France: endurer des choses pénibles. *Fr.* Avoir la chaude-pisse.

1468 **LANGUE.** *Donner sa langue au chat.* Avouer son ignorance, renoncer. S'emploie en France. ♦ *La chatte t'a mangé la langue?* Tu es muet? Parle! «Pourquoi ne réponds-tu pas? La chatte t'a mangé la langue?»

1469 **LANGUE DE VIPÈRE.** *Être (avoir) une langue de vipère.* Aimer médire, dénigrer autrui. S'emploie en France

1470 **LANGUE FOURCHUE.** *Avoir la langue fourchue.* Aimer colporter des ragots, aimer médire.

1471 **LANGUE RAIDE.** *Avoir la langue raide.* Colporter des ragots.

1472 **LANGUE SALE.** *Être (une) langue sale.* Être commère, aimer dénigrer, colporter des ragots. «Mon Dieu, je suis donc langue sale à matin.» (*Touche à tout*, CKAC-Télémédia, 15 octobre 1991) «T'es vraiment une langue sale, j'en reviens pas! — Je suis peut-être une langue sale, comme tu dis, mais moi, je suis normale, moi, je suis pas une LESBIENNE!» (M. PELLETIER, *Du poil aux pattes...*, p. 120)

1473 **LANGUETTE.** *Marcher sur la languette.* S'efforcer de ne pas tituber (en état d'ivresse), avoir une démarche guindée.

1474 **LANTAYA.** *Être comme Lantaya.* Aimer jouer des tours. Lantaya: d'après la tradition, Indien qui aimait jouer des tours.

1475 **LAPIN.** *Chaud comme un lapin.* Affectueux, sensuel. ♦ *Crinqué comme un lapin.* Émoustillé, excité. «On sait ben, vous autres, les hommes, le matin, vous êtes crinqués comme des lapins.» (*Les aventures d'une jeune veuve*, film de Roger Fournier, 1974) ♦ *En criant lapin!* En un rien de temps, sur-le-champ! *Fr.* En un tour de main. Voir *ciseau* (n° 591) et *moineau* (n° 1652). «Commençons d'abord par l'avocat, fit Picquot. J'en ai connu un... qui nous aurait tiré d'affaire en criant lapin.» (Y. BEAUCHEMIN, *Le matou*, p. 496) ♦ *Manger comme un lapin.* S'empiffrer.

1476 **LAPINE.** *Chaude comme une lapine.* Sensuelle, affectueuse.

1477 **LARD.** *Faire du (son, son gros) lard.* Ne rien faire, paresser, engraisser à ne rien faire. «Mais, non, toi t'es t'un artistique... Au lieu d'êtr' comm' ces gens pratiques / Pétant d'santé à s'fair' du lard.» (É. CODERRE, *J'parle tout seul quand Jean Narrache*, p. 26) ♦ *Mettre du lard sur les épingles.* Engraisser. «Tiens, v'là ton plat de pinottes... Comment ça, non marci? Envoie, envoie, calvette, ça va te mettre un peu de lard sus les épingles.» (R. LÉVESQUE, *Le vieux du Bas-du-Fleuve*, p. 87)

1478 **LARGE.** *En mener large.* Jouir d'une grande influence, d'une grande latitude. ♦ *Pousser qqn au large.* Pourchasser qqn. ♦ *Prendre le large.* Partir, déguerpir. Provient de la langue maritime. «Mais, comme s'il avait eu peur de faiblir, il s'avisa de prendre le large une seconde fois, pour bien mûrir son prône à la fiancée.» (F.-A. SAVARD, *Menaud maître-draveur*, p. 110) ♦ *Va te crisser au large!* Disparais! Déguerpis! Injure.

1479 **LARGUER.** *Larguer qqn.* Laisser qqn en paix. En France: laisser tomber qqn. «Veux-tu bien le larguer, on a d'autres chats à fouetter.»

1480 **LARMES DE CROCODILE.** *Avoir (verser, pleurer) des larmes de crocodile.* Feindre la peine, verser des larmes sans repentir réel (se dit notamment d'un enfant). S'emploie en France.

1481 **LAST CALL.** [Angl. dernière tournée] *Être le last call.* Être la dernière chance, la dernière tournée (notamment dans un bar), le dernier appel. «Pour moi, la ménopause, c'est le "last call", ça veut pas dire que t'as pas le droit de prendre un coup avant.» (J. DORÉ, *Si le 9-1-1 est occupé!*, p. 54)

1482 **LAVAGE.** *Faire son lavage à la main.* Se masturber.

1483 **LAVER.** *Se faire laver.* Se faire dépouiller de tous ses biens, de tout son argent. *Fr.* Se faire lessiver. «Celui qui vend pis qui se fait pas payer ses vaches pis... sa machinerie, y court une grosse chance de se faire laver.» (R. LAVALLÉE, «Quelques canadianismes...», p. 80)

1484 **LAVETTE.** *Être mouillé (trempé, se mettre) en (comme une) lavette (navette).* Être (se mettre) en nage, trempé. Lavette:

morceau de linge servant au lavage de la vaisselle. «Ouf! Bonjour m'sieur! (il est essoufflé) Excusez-moi, je suis trempé en lavette.» (Pierre MORENCY, «Naaaiiiaaah!», *Estuaire*, n° 3, février 1977, p. 31) «Enlevant son veston mouillé, il reste un moment le bras en l'air, distrait... — Ça a-t-y du bon sens, te v'là trempé comme une lavette. D'ousque tu d'sors?» (RINGUET, *Trente arpents*, p. 16) «J'ai beau suer à m'mettre en lavette, / j'sais pas l'tour d'en fair' des plus beaux.» (É. CODERRE, *J'parle tout seul quand Jean Narrache*, p. 67)

1485 **LAVEUSE.** *Habillée comme une laveuse.* Mal habillée.

1486 **LÈCHE.** *Passer la lèche.* Flatter qqn, flagorner.

1487 **LENDEMAIN.** *Le lendemain de la veille.* Se dit du difficile lendemain d'une cuite.

1488 **LEVÉE.** *La levée du corps.* Le lever du lit le matin. Originellement: transport du cercueil hors du salon mortuaire.

1489 **LÈVRES.** *Se lécher les lèvres.* Perdre son temps, ne rien faire, paresser.

1490 **LIBERA.** *Avoir (chanter, etc.) son Libera.* Mourir, démissionner, abandonner. «Des fois, une semaine plus tard, ils avaient eu leur Libera et ils étaient enterrés dans un cercueil en satin.» (R. CARRIER, *De l'amour dans la ferraille*, p. 211)

1491 **LICENCE.** *J'ai pas ma licence pour porter les cochons!* Je ne t'autorise pas à t'appuyer sur moi! Se dit à quelqu'un qui s'appuie effrontément sur son épaule.

1492 **LICHE-LA-PIASTRE.** *Être un liche-la-piastre.* Être avaricieux.

1493 **LIEUTENANT GOUVERNEUR.** *Aller voir le lieutenant gouverneur.* Manière plaisante de dire qu'on va à la toilette.

1494 **LIÈVRE.** *Blanc comme un lièvre.* Très blanc, d'une blancheur immaculée, irréprochable. Allusion à la blancheur du lièvre en hiver. ◆ *Faire l'amour à son lièvre.* Ravaler son amour-propre, se faire repousser. Se dit de qqn dont l'avis ou le service est repoussé. ◆ *Fou comme un lièvre dans les avents.* Agité, nerveux. ◆ *Frileux comme un lièvre.* Très frileux.

◆ *Peureux comme un lièvre*. Craintif, timoré. ◆ *Plumer son lièvre*. Vomir (en état d'ivresse).

1495 **LIFT.** [Angl. monter, faire monter qqn en voiture] *Donner (offrir) un lift à qqn / prendre un lift*. Offrir à qqn de monter dans sa voiture / accepter de monter dans une voiture, faire de l'auto-stop. Calque de l'anglais *to give someone a lift*. Voir *pouce* (n° 2117).

1496 **LIGNE.** *Sur toute la ligne*. Entièrement, jusqu'au bout. «Y'était tellement doux qu'il ne pouvait pas comprendre que les autres hommes soient hypocrites. À moins que... à moins qu'il m'ait trompée sur toute la ligne...» (J. BARBEAU, *La coupe Stainless*, p. 143) ◆ *Fermer / se faire fermer la ligne (au nez)*. Raccrocher / se faire raccrocher brusquement le téléphone. ◆ *Taper* [angl. *to tap*, brancher] *une ligne*. Brancher une ligne téléphonique (faire brancher sa ligne téléphonique) sur table d'écoute. ◆ *Tirer une ligne*. Pêcher. Allusion à la ligne à pêche. Aussi, plus récemment, dans un tout autre contexte : aspirer une dose de cocaïne disposée sur une ligne. «J'ai pris mon congé moé itou. J'avais ben dans l'idée d'aller tirer une ligne, mais y fait trop chaud : l'poisson voudra pas.» (M. LABERGE, *C'était avant la guerre...*, p. 60)

1497 **LIGNES.** [Angl. *lines*, frontières] *Traverser (passer) les lignes*. Traverser la frontière, passer à la douane.

1498 **LIGUE DE GARAGE.** *Jouer du hockey (du baseball, etc.) de ligue de garage, appartenir à (jouer dans) une ligue de garage*. Mal jouer au hockey (au baseball, etc.), appartenir à (jouer dans) une ligue sportive amateur.

1499 **LIGUE DU VIEUX POÊLE.** *Entrer (rentrer) dans la ligue du vieux poêle*. Prendre sa retraite, entrer dans la catégorie des vieillards. Allusion à une chronique sportive très populaire animée au milieu des années 1950 par Jean-Maurice Bailly à la télévision d'État. «Pis spour ça qu't'as accroché tes patins pis quté rentré dans a ligue du vieux poêle!» (J.-C. GERMAIN, *Mamours et conjugat*, p. 103)

1500 **LIGUES MAJEURES.** *Jouer (passer) dans les ligues (lignes) majeures.* Passer aux choses sérieuses, en affaires, pouvoir concurrencer les grandes entreprises. Provient du vocabulaire du hockey.

1501 **LIGUES MINEURES.** *Être (travailler, etc.) dans les ligues (lignes) mineures.* Se trouver dans une position peu importante, au bas de l'échelle. Dépréciatif. Provient du vocabulaire du hockey.

1502 **LIMONEUX.** *Être un (beau) limoneux.* Être plaignard, pleurnichard, peu fiable.

1503 **LINGE.** *Il ne mange pas de linge, les boutons l'écœurent.* Il ne fait pas de bêtises de crainte des conséquences. ♦ *Renipper son linge.* Rafraîchir ses vêtements.

1504 **LION.** *Fort comme un lion.* Très fort, costaud.

1505 **LISTE.** *Barrer qqn sur la liste / être barré sur la liste.* Écarter, éliminer qqn / être écarté, éliminé. «Germaine, j'aime autant te le dire, j'suis au bout de ma corde. Au bout! C'est fini Gilles Bédard, fini. T'es mieux de me planter là. T'es mieux de m'barrer sur ta liste. Je vaux pas une cenne.» (C. JASMIN, *Pleure pas, Germaine*, p. 104)

1506 **LISTE NOIRE.** *Être sur la liste noire.* Être fiché, surveillé. «... faut p'us qu'y s'fasse pogner parce que ça va être la prison à vie. C'tune nouvelle loi pis y est s'a liste noire.» (M. LETELLIER, *On n'est pas des trous-de-cul*, p. 123)

1507 **LIT DE MORT.** *Être sur son lit de mort.* Être mourant. «Quand j'ai lâché école à 13 ans, mon vieux pére, y était sus son lit d'mort, y dit... mon p'tit garçon, j'peux pas t'laisser d'héritage...» (Yvon DESCHAMPS, «Les unions, qu'ossa donne?», dans L. MAILHOT et D.-M. MONTPETIT, *Monologues québécois 1890-1980*, p. 218)

1508 **LIVRE.** *Dans mon livre (à moi)...* À mon avis, d'après moi. Calque de l'anglais *in my book.* «Charlebois a toujours raison dans mon livre à moi. — Renaud a exagéré durant son spectacle.» (Yves Quenneville, *CBF Bonjour*, SRC, 6 février 1989) ♦ *Épais comme un livre.* Très épais, littéralement. ♦ *Parler comme un (gros, être comme un vrai) livre.*

Parler en termes savants. «Tu parles comme un livre, c'est assez achalant. J'ai pas l'impression de t'entendre, j'ai l'impression de te lire.» (*Six heures au plus tard*, téléfilm de Louis-Georges Carrier, dialogues de Michel Tremblay, SRC, 29 janvier 1989) «Son bras brûlant était collé sur mon épaule; elle écoutait, je me taisais, mon cœur battait encore plus fort. Soudain elle se tourna vers moi: — Tu parles comme un livre.» (R. Carrier, *De l'amour dans la ferraille*, p. 425) «C'est pas surprenant, dit-elle, que vous parliez comme un gros livre à lire des affaires comme ça...» (G. Roy, *Bonheur d'occasion*, p. 17)

1509 **LOCHE.** *Avoir le ventre comme une loche.* Être gros, pansu.

1510 **LÔDE.** [Angl. *load*, charge] *Avoir son lôde.* En avoir assez, être à bout de forces, de patience. Voir *voyage* (n° 2719).

1511 **LÔDÉ.** [Angl. *loaded*, chargé] *Être lôdé (au boutte [bout]).* Être (très) riche. *Fr.* Riche à craquer.

1512 **LOGES.** *Fou à mener aux loges.* Fou, idiot. Loges: asile d'aliénés. Vieilli. *Fr.* Fou à lier. «... Je la trouve folle à mener aux loges, elle, de verser des larmes pour un fend-le-vent qui prenait son argent et qui allait le boire avec des rien-de-drôle.» (G. Guèvremont, *Le Survenant*, p. 285)

1513 **LOGIQUE.** *Prends ta logique à deux mains!* Sers-toi de ton jugement! Se dit notamment chez les adolescents.

1514 **LOIN.** *Revirer loin / ne pas aller revirer loin (avec qqch., qqn).* Partir loin, aller loin dans la vie / ne pas aller loin, ne pas pouvoir compter sur qqch., qqn.

1515 **LONG.** *Avoir les côtes sur le long.* Être maigre. «Au cours de ses pérégrinations, il avait vu à peu près toutes sortes de choses... en passant par une jument qui avait les côtes sur le long...» (S. Rivière, *La saison des quêteux*, p. 75) ♦ *Expliquer qqch. sur le long puis sur le large.* Expliquer qqch. en détail. *Fr.* En long et en large.

1516 **LONG DE CORDE.** *Laisser long de corde à qqn.* Laisser de la liberté à qqn. «... sont ben trop civilisés pour se sauter dans face. On peut leur laisser long de corde, y s'détruiraient pas, certain!» (J.-M. POUPART, *Chère Touffe, c'est plein...*, p. 105)

1517 **LOOK.** *Avoir (jeter, lancer, etc.) un look.* Jeter, lancer un regard. Se dit notamment d'un regard méchant. «Murielle me jette un look, fière de son don Juan. — Mais si y en a pas de chars, de trucks, de tracteurs...» (C. JASMIN, *Pleure pas, Germaine*, p. 50) «Venez, monsieur Bédard. On va discuter argent entre hommes. Germaine me jette un look. Le comptable s'inquiète!» (C. JASMIN, *Pleure pas, Germaine*, p. 141) ♦ *Avoir le look* [angl. allure]. Avoir l'allure (grande dame, etc.). «La bague des grandes dames. Celle des femmes fatales en robe du soir qui descendent pour dîner... J'ai pus tellement l'âge, pis j'ai jamais vraiment eu le look!» (M. LABERGE, *Aurélie, ma sœur*, p. 27)

1518 **LOUIS-PHILIPPE.** *Se passer un Louis-Philippe sur la glace.* Se masturber. Se dit notamment dans la région de Charlevoix.

1519 **LOUP.** *Manger comme un loup.* Manger goulûment. ♦ *Noir comme chez le loup.* Totalement obscur. «Tout était noir comme dans le fond d'un four, noir comme chez le loup.» (L. FRÉCHETTE, *Contes de Jos Violon*, p. 91)

1520 **LOUP-GAROU.** *Sacrer comme un loup-garou.* Blasphémer beaucoup, sans arrêt. Par allusion à la croyance populaire voulant que le blasphémateur fût transformé en loupgarou après sa mort. «Et puis, il m'a reconnu certain, parce que je l'ai aperçu qui me reluquait dans sa porte, avec sa grosse face de cochon de lait... en sacrant comme un loup-garou!» (Gratien GÉLINAS, «La vitrine brisée», dans L. MAILHOT et D.-M. MONTPETIT, *Monologues québécois 1890-1980*, p. 157)

1521 **LOUPS.** *C'est là que les loups jappent après la lune pour avoir de la galette.* C'est loin, un coin perdu, reculé.

1522 **LOUSSE.** [Angl. *to be loose,* y avoir du jeu, être lâche] *Avoir du lousse.* Avoir une marge de manœuvre, avoir une marge de liberté. ♦ *Être (se sentir) lousse.* Être large d'esprit, être (se sentir) prodigue, généreux. «Mettons que je me sente lousse p'is que j'invite la petite secrétaire du bureau au restaurant.» (*Samedi de rire*, SRC) «Y'en a par icitte qui sont mauditement poignés après leurs cennes. Même quant' y'en ont à pas savoir quoi en faire, y se sentent pas lousses c't'effrayant!» (Y. Thériault, *Les vendeurs du temple*, p. 217) ♦ *Laisser du lousse à qqn.* Accorder de la liberté à qqn. ♦ *Prendre (avoir) du (prendre ça) lousse (dans sa corde)*. S'offrir du bon temps, se détendre, s'accorder (avoir) un peu de liberté. «Mais tu pourrais prendre ça lousse de temps en temps ... il y a jamais moyen de te parler vraiment.» (V.-L. Beaulieu, *L'héritage / *L'automne*, p. 16) «Je bloque toujours au même endroit. Je pense qu'y faudrait que j'aye plus de lousse dans ma corde.» (J. Doré, *Si le 9-1-1 est occupé!*, p. 30) ♦ *Lâcher du lousse*. Laisser aller les choses, ne pas s'accrocher inutilement, faire des concessions. *Fr.* Jeter du lest. «C'est très difficile de lâcher du lousse, et ce sont ces renoncements-là qui sont difficiles.» (Claire Lamarche, «Les idées claires», CKAC-Télémédia, 26 août 2002) ♦ *Se lâcher lousse*. Perdre toute retenue, se laisser aller (à dépenser, à fêter, etc.). «C'est en plein le temps que vous vous lâchiez lousse pour acheter cette voiture.» (CIEL-FM, 10 nov. 1991) «On a l'impression que Serge Ménard s'est lâché lousse et qu'il a été trop loin dans ses propos.» (Commentaire de Jean Lapierre à *Bonjour Montréal*, CKAC-Télémédia, 16 août 2002)

1523 **LOUTRE.** *Grasse comme une loutre*. Obèse (se dit d'une femme).

1524 **LUCK.** [Angl. chance] *Pousser sa luck*. Abuser de sa chance. «Mario Dumont doit pas pousser sa luck trop trop parce que les autres partis sont encore passablement forts.» (Jean Lapierre à *Bonjour Montréal*, CKAC-Télémédia, 23 octobre 2002)

1525 **LUETTE.** *Se mouiller (se rincer) la luette*. Trinquer, s'enivrer. *Fr.* Se rincer (s'arroser) la dalle.

1526 **LUMIÈRE.** *Être en lumière contre qqn*. Être fâché contre qqn. ♦ *Ne pas être une lumière*. Ne pas être éveillé, très intelligent, perspicace. Voir *cent watts* (n° 478). Se dit en France. ♦ *Perdre la lumière*. Perdre conscience.

1527 **LUMIÈRES.** *Allume tes lumières (puis arrive en ville)!* Ouvre-toi les yeux, réveille-toi! «Allume tes lumières, Tit-Paul, on est en train de te manger la laine sur le dos.» ♦ *Peinturer les lumières [feux de circulation].* Brûler un feu rouge.

1528 **LUNCH.** *Porter le lunch.* Être à la remorque d'autrui. *Fr.* Être pendu aux basques de qqn; ramasser les balais.

1529 **LUNE.** *Attendre (faire) une lune.* Attendre (faire) longtemps, indéfiniment. *Fr.* Y avoir une paye; y avoir un bail. «Tit-Gus va attendre une lune avant que je lui remette son boghei.» ♦ *Pisser par-dessus la lune.* Uriner à bonne distance (d'un homme). ♦ *Tomber dans la lune.* Être (se mettre) à rêvasser. *Fr.* Être dans la lune. «Je connais ça, moi aussi, avoir la tête ailleurs, tomber dans la lune.» (B. NoëL, *Les fleurs noires*, p. 91)

1530 **LUNES.** *Être dans ses lunes.* Être menstruée.

M

1531 **MÂCHEMÂLO.** [Angl. *marshmallow*, guimauve] *Avoir les jambes en mâchemâlo.* Avoir les jambes flageolantes.

1532 **MÂCHE-PATATES.** *S'ouvrir le, se faire aller le, ouvrir son / fermer son, se fermer le mâche-patates.* Parler, parler sans arrêt / se taire. *Fr.* Se la fermer. «Depuis ce qui est arrivé l'autre soir à la table à cause de la Bérubé, c'est à peine si t'ouvres ton mâche-patates de temps en temps.» (V.-L. BEAULIEU, *L'héritage /*L'automne*, p. 86)

1533 **MACHINE.** *Ouvrir la machine.* Décupler d'efforts.

1534 **MACHINE À COUDRE.** *Parler comme une machine à coudre.* Parler sans arrêt.

1535 **MÂCHOIRES.** *Se barrer les mâchoires / se débarrer les mâchoires.* Garder silence, s'abstenir de parler / se mettre à parler. *Fr.* Se la fermer.

1536 **MADELEINE.** *Brailler comme une Madeleine.* Pleurer abondamment. *Fr.* Pleurer comme une Madeleine. «"Vas-tu sortir, espèce de petite gueuse?"... J'arrive à méson, me crés-tu, en braillant comme une Madeleine...» (A. RICARD, *La gloire des filles à Magloire*, p. 90)

1537 **MAGANÉ.** *Avoir l'air (être) magané.* Avoir l'air (être) atterré, fatigué.

1538 **MAGASIN.** *Partir magasin.* Inaugurer un commerce.

1539 **MAIGRE.** *Piquer qqn au (dans le) maigre.* Vexer, froisser qqn. *Fr.* Piquer au vif. «... pas besoin de le remarquer en pensant m'piquer au maigre, pas besoin de le répéter.» (J.-M. POUPART, *Chère Touffe, c'est plein...*, p. 159)

1540 **MAIGRE DES FESSES.** *Le maigre des fesses lui en tombe (tremble).* Il est pris d'effroi.

1541 **MAIN.** *Avoir la main dure.* Infliger de sévères corrections. «Comme de raison, le père avait la main dure, mais il nous

aimait et nous le savions.» (J. FERRON, *Rosaire*, p. 147)
♦ *Avoir la main souple.* Être prompt à frapper, gifler, corriger (notamment un enfant). *Fr.* Avoir la main leste. ♦ *Avoir la main voyageuse.* Aimer peloter les femmes. ♦ *Baiser la main de qqn.* Se faire gifler. ♦ *Connaître qqch. comme sa main.* Connaître parfaitement qqch. «Bah! y'a pas de danger, je connais la forêt comme ma main d'un boutte à l'autre...» (R. LALONDE, *Contes de la Lièvre*, p. 71) ♦ *Être porté à la main.* Être plein d'égards. ♦ *Être reçu sur la main / recevoir qqn sur la main.* Être bien reçu / bien recevoir qqn, avec tous les égards. «À partir de la ville de Moréal, j'ai toujours suivi la grand'rivière. Et tout le monde me recevait sur la main.» (VIEUX DOC [E. Grignon], *En guettant les ours*, p. 143) ♦ *Faire qqch. une main dans le dos.* Faire qqch. avec la plus grande facilité, sans efforts.

1542 **MAINS.** *Chier dans les mains de qqn.* Insulter, abandonner qqn.

1543 **MAINS DE LAINE.** *Avoir des mains de laine.* Être maladroit. *Fr.* Avoir des mains de beurre.

1544 **MAISON.** *Boire sa maison.* Dilapider son bien dans l'alcool. ♦ *Casser maison.* Cesser d'entretenir un foyer, se disperser (se dit d'une famille). «Les Onias Barrette ont cassé maison icitte. I's sont allés vivre chez des cousins en ville...» (RINGUET, *Trente arpents*, p. 283)

1545 **MAÎTRESSE D'ÉCOLE.** *Corsée (corsetée) comme une maîtresse d'école.* Avoir la taille fine. ♦ *Savant comme une maîtresse d'école.* Érudit.

1546 **MAL.** *Dormir (coucher) sur son mal.* Oublier son désir (son malheur) dans le sommeil, se coucher insatisfait (en particulier sexuellement). «Bon ben sa vieille, comme disait son père, y a pas trente-six façons dfourrer lchien! Pis la meilleure st'encore de dormir sus son mal!» (J.-C. GERMAIN, *Mamours et conjugat*, p. 85) «Quand t'as la piqûre t'as ben beau prend' ta pilule pis coucher su' ton mal y'a toujours des frissons qui t'passent...» (S. RIVIÈRE, *La s'maine des quat' jeudis*, p. 80) ♦ *Se coucher sur le mal d'une femme.*

Faire l'amour à une femme. ♦ *Être (se sentir) mal dans ses culottes*. Se sentir mal à l'aise, intimidé. *Fr.* Être mal dans sa peau. ♦ *Ne pas penser à mal / penser à mal*. Ne pas avoir de mauvaises intentions, de mauvaises pensées / avoir de mauvaises pensées, penser mal de qqn, de qqch. «C'est pas jeune pour se mettre à penser à mal, quand on a été tranquille comme il l'a été depuis si longtemps.» (Y. Thériault, *Moi, Pierre Huneau*, p. 94) ♦ *Tomber d'un (dans un, dans les) mal(s) [maux]*. Avoir une crise d'apoplexie, défaillir, rester interloqué, sidéré. «Quand elle a vu ça, elle est tombée dans un mal.» (Suzanne Lévesque, *Touche à tout*, CKAC-Télémédia, 5 juin 1987) «La picouille qu'y aurait payé du trente pour un! — S'était pas tombée dans é mals en sortant dla piste!» (J.-C. Germain, *Les nuits de l'Indiva*, p. 50)

1547 **MAL À MAIN.** *Être (faire son) mal à main (malamain)*. Être (faire le) malcommode, manquer d'entregent, de délicatesse, être détestable. «I m'a répond: "Fais pas ton mal à main ni ton fort à bras, ou je m'en vas t'flanquer une mornife."» (R. Girard, *Marie Calumet*, p. 71) «Ah! il avait ses qualités, renchérit Marie-Amanda: il était ni malamain, ni ravagnard. Et franchement il était beau à voir.» (G. Guèvremont, *Le Survenant*, p. 283) «De son côté, pour ne pas se montrer malamain, Didace lui offrit d'aller vivre avec eux, comme le garçon de la maison.» (G. Guèvremont, *En pleine terre*, p. 82) «Tancrède, c'était un garçon accommodant, pas malamain du tout, qui entendait raison.» (G. Bessette, *Anthologie d'Albert Laberge*, p. 180)

1548 **MAL DE CORNES.** *Avoir (soigner, etc.) un mal de cornes*. Avoir un mal de tête (particulièrement après une cuite). «Le jour de son arrivée, il demeure au lit, soignant un mal de cornes, digne d'un député. Trop de rasades, au cours du voyage.» (A. Nantel, *À la hache*, p. 32)

1549 **MAL DE VENTRE.** *Être comme un mal de ventre*. Se dit d'une personne insupportable.

1550 **MAL ENGUEULÉ.** *Être mal engueulé*. Être grossier.

1551 **MALADE.** *C'est malade!* C'est fantastique! C'est fou! Chez les jeunes, exprime l'émerveillement. «C'est malade, ça, le rouli-roulant!» (Jean-Marc Coallier, *Le club des cent watts*, Radio-Québec, 15 juin 1990) ♦ *Faire le malade.* Faire l'imbécile. ♦ *Rouler en malade.* Conduire un véhicule de manière imprudente, à trop grande vitesse. Voir *fou* (n° 1149)

1552 **MALADES.** *Aller aux malades.* Aller aider à un accouchement. Se dit notamment aux Îles-de-la-Madeleine, à propos de la sage-femme.

1553 **MALADIE SÈCHE.** *Faire une maladie sèche.* Souffrir de complications après un accouchement.

1554 **MALHEUR.** *Avoir le malheur facile.* Être enclin à la neurasthénie.

1555 **MANCHE.** *Au temps qu'on se mouchait sur la manche.* Il y a très longtemps ♦ *Avoir qqn dans sa manche.* Être dans les bonnes grâces de qqn. *Fr.* Avoir qqn à la bonne. ♦ *Branler dans le manche.* Hésiter, tergiverser, être timbré. *Fr.* Se tâter. Attesté en France aux xviie et xviiie siècles au sens de: être peu solide, mal assuré. «Le ministre de Belleval nous a pas donné de réponse encore... J'vas dire comme on dit, y branle dans le manche.» (*Nouvelles*, TVA, 13 mai 1980) «Mais j'hésite, je branle dans le manche comme dit Monkémile qui ne sait pas ce que le verbe branler veut dire pour les Français de Radio-Québec.» (R. BAILLIE, *Des filles de beauté*, p. 126) ♦ *Sentir le manche au ras la cognée.* Sentir la sueur. D'après l'odeur caractéristique du bois près de la cognée d'une hache longtemps utilisée.

1556 **MANCHE À BALAI.** *Avoir jompé* [angl. *to jump*, sauter] *le manche à balai.* Avoir eu des relations sexuelles hors du mariage. Se dit d'une femme. ♦ *Gros (maigre) comme un manche à balai.* Très maigre, filiforme.

1557 **MANCHE D'ALÊNE.** *Ne pas être un manche d'alêne.* Ne pas tergiverser, aller droit au but. «Vous savez pas? Y a Bourassa qu'a parlé à Montréal... Et pi i' leur-z-a dit que les Canadiens iraient pas. — Bourassa! dit Euthérius, c'est pas un manche d'alêne!» (RINGUET, *Trente arpents*, p. 176)

1558 **MANCHE DE HACHE.** *Couper comme un manche de hache.* Mal couper, avoir le tranchant émoussé. «Le hache-viande coupait comme un manche de hache, on a dû finalement le faire aiguiser.»

1559 **MANCHE DE PELLE.** *Maigre comme un manche de pelle.* Très maigre.

1560 **MANCHES À BALAI.** *Avoir les jambes comme des manches à balai.* Avoir les jambes élancées, minces.

1561 **MANCHES DE PARAPLUIE.** *Avoir les jambes comme des manches de parapluie.* Avoir les jambes élancées.

1562 **MANCHON.** *S'endormir sur le manchon.* S'endormir aux commandes d'un véhicule, d'un appareil. Allusion au manchon de la charrue.

1563 **MANCHOT.** *Ne pas être manchot (manchote).* Ne pas être dépourvu de moyens, être habile, débrouillard.

1564 **MANGE-D'LA-PELLE.** *Je m'appelle mange-d'la-pelle (manche de pelle)!* Réplique à l'endroit de celui qui, sans raison, demande son nom à qqn. Injure. «Comment t'appelles-tu, mon p'tit morveux? — Moi, je m'appelle mange-d'la-pelle.»

1565 **MANGEUX DE MARDE.** *Être un mangeux de marde.* Être un bon à rien, un bluffeur.

1566 **MANQUE.** *Y en avoir ben manque.* Y en avoir beaucoup, à profusion.

1567 **MANTEAU.** *Virer son manteau de bord.* Changer d'idée, d'attitude, trahir. Voir *capot* (n° 433), *collet* (n° 625) et *culottes* (n° 777).

1568 **MAPPE.** [Angl. *map*, carte] *Disparaître de la mappe / éliminer, faire disparaître qqn de la mappe.* Disparaître, déguerpir / évincer qqn, éliminer qqn, tuer qqn. ♦ *Être (mettre qqn, qqch.) sur la mappe.* Être reconnu (faire reconnaître, mettre qqn, qqch. en évidence), renflouer qqn financièrement. «Le gaz naturel, ça va apporter de quoi, ça va mettre Saint-Simon sur la mappe, comme on dit.» (*Dimensions*, CKAC-Télémédia, 6 avril 1992)

1569 **MARABOUT.** *Être (filer) marabout.* Être (se sentir) maussade.

1570 **MARBLES.** [Angl. billes] *Tomber comme des marbles.* Pleuvoir à verse.

1571 **MARBRES.** *Emporte-les les marbres (marbles)* [angl. *marbles,* billes] *!* Assez! Tu as gagné! Pour clore une discussion devenue oiseuse.

1572 **MARCHANDISE.** *Livrer / ne pas livrer la marchandise.* Calque de l'anglais *to deliver the goods.* Remplir ses engagements, tenir ses promesses / ne pas remplir ses engagement, ne pas tenir ses promesses. «Maintenant que le parti est au pouvoir, il va devoir livrer la marchandise.»

1573 **MARCHE.** *Faire prendre une marche à ses tires* [angl. pneus]. Euphémisme amusant pour: rouler trop lentement sur la route.

1574 **MARCHER.** *Il parle comme il marche (puis [et] il marche mal).* Parler grossièrement. Se dit de qqn qui tient un langage déplacé.

1575 **MARCHÉS.** *Prendre qqn dans les marchés.* Rouler qqn en affaires, dans une transaction.

1576 **MARDE.** *À (en) marde.* Manqué, de pacotille. *Fr.* De mes deux. «Maudit philosophe à marde. Tu veux rien comprendre. Tu grossis toutte.» (A. Boulanger et S. Prégent, *Eh! qu'mon chum est platte!,* p. 56) «Notre existence, depuis ce lot d'années, sur la rue Drolet. Salut, deuxième étage en marde! Salut, escalier du cul où on se pétait la gueule tous les hivers, marches branlantes, rampes branlantes, salut p'tite rue Drolet.» (C. Jasmin, *Pleure pas, Germaine,* p. 12-13) «... ch'te rouvrirais ça les bordels, les barbottes pis les machines à sous... Mais a'ec Drapeau à marde pis le cardinal, Kid Kodack, c'est toute fermé ça.» (M. Letellier, *On n'est pas des trous-de-cul,* p. 113) «Maudit Pit à marde! Y nous a ben faite rire avec ça. Mais faut dire qu'y avait quèque chose à détenir: son pére, le Gédéon Thériault, c'était un moyen marle lui itou.» (R. Lévesque, *Le vieux du Bas-du-Fleuve,* p. 128) «... tu me mets d'un beau poil rien

qu'd'en parler, maudit gouvarnement à marde, de pourriture maudite...» (S. Rivière, *La s'maine des quat' jeudis*,
p. 79) ♦ *C'est de la marde!* C'est de peu de valeur, rien du
tout. «La Gaspésie, c'est de la marde! Vous autres, vous
venez comme ça, en touristes, c'est b'en en beau. Mais
restez, passez un hiver. Vous rirez jaune, vert! Tout le
monde en arrache.» (C. Jasmin, *Pleure pas, Germaine*, p. 95)
♦ *D'la marde!* Au diable! *Fr.* Tu parles, Charles! ♦ *Donner
de la marde / prendre de la marde*. Engueuler, injurier qqn
/ se faire injurier, chicaner. Calque de l'anglais *to give
someone shit*. «...y s'prom'nait d'même dans l'apparte-
ment en nous donnant d'la marde.» (M. Letellier, *On n'est
pas des trous-de-cul*, p. 172) ♦ *Être dans la marde / mettre
qqn dans la marde*. Être en difficulté / mettre qqn dans une
situation délicate, difficile, embarrassante. *Fr.* Être dans la
mouise. «Au fond, tu m'en veux parce que je t'ai aidé
quand tu étais dans la marde!» (*Comme un voleur*, téléfilm
de Michel Langlois, 1990) «Si la première chose qu'un enfant voit en venant au monde c'est le cul de sa mère, de-
mandez-vous pas pourquoi c'que le monde est dans
'marde!» (M. Tremblay, *Sainte Carmen de la Main*, p. 16-17)
«...chaque fois que j'me fais sauter à fiole avec ma trois
cent trois, immanquablement, c'est pour la mettre dans
marde, elle...» (J.-M. Poupart, *Chère Touffe, c'est plein...*,
p. 30) ♦ *Être (un gros) plein de marde*. Incapable, impuissant, bluffeur, menteur. «Je les devine presque réjouis par
la disparition de ce qu'ils doivent considérer comme le
fleuron de cette culture d'abrutissement: La Soirée du
hockey. Eh bien les clercs sont pleins de marde comme
d'habitude.» (Pierre Foglia, «Le mépris de la culture populaire», *La Presse,* 22 juin 2002, p. A5) ♦ *Faire (brasser) (de)
la marde*. Mettre le désordre, causer des ennuis, ressasser
de mauvais souvenirs. «I'se brasse d'la marde chez
l'dépanneur / Même la coiffure d'Réjeanne tient pus.»
(L.-M. Dansereau, *Chez Paul-ette, bière, vin...*, p. 76) ♦ *Fou
comme (de) la marde*. Étourdi, écervelé, turbulent, agité

(notamment en raison d'une grande joie). *Fr.* Fou à lier. «Elle pétaient heureuses, saoules, mais elles pétaient, comme un gars parti sur une balloune, fou comme d'la marde, se tue dans un accident de la route.» (J. RENAUD, *Le cassé*, p. 30) «Pocheton, t'es fou comme de la marde... toffe de même trois quatre ans pis y t'enferment.» (J.-M. POUPART, *Chère Touffe, c'est plein...*, p. 156) ♦ *Il y a de la marde dans l'air!* C'est incroyable, inattendu! Exprime l'étonnement. ♦ *Mange de la ([mange donc] un char, un siau [sceau] de) marde!* Déguerpis! Disparais! Insulte grossière. ♦ *Manger de la marde.* Traverser des épreuves, essuyer des difficultés. «T'avouerai-je, mon amour, que j'ai mangé pas mal de marde avant de te connaître.» (J.-M. POUPART, *Chère Touffe, c'est plein...*, p. 259) ♦ *Mettre la marde.* Mettre le chaos, la discorde, engendrer des différends, la chicane, faire du grabuge. «Ils ont leur quartier; ils viennent icitte puis mettent la marde.» (*Le grand journal*, TQS, 5 juillet 1991) ♦ *Ne pas valoir (de) la marde.* Ne rien valoir.

1577 **MARDE DE PAPE.** *Rare comme de la marde de pape.* Très rare, précieux. «Ah, la force pour moé c'est rare comme d'la marde de pape... J'en ai pus...» (L.-M. DANSEREAU, *Chez Paul-ette, bière, vin...*, p. 44) «Les "tourisses" étant plus rares que de la marde de pape en hiver en Gaspésie, Minette se dit...» (S. RIVIÈRE, *La s'maine des quat' jeudis*, p. 34)

1578 **MARDE DE TÊTE.** *Se faire aller la marde de tête.* Penser, se creuser l'esprit, méditer.

1579 **MARDEUX.** *Être mardeux.* Être chanceux. «... j'ai été ben mardeuse, pour une fois.» (Jean Barbeau, *La débâcle*, SRC, octobre 1979)

1580 **MARDI GRAS.** *Enterrer le Mardi gras.* Fêter la fin du carnaval. ♦ *Se déguiser (être déguisé) en Mardi gras.* Porter des vêtements voyants, extravagants. «Un nouveau costume!... C'est déjà déguisé en Mardi gras tous les jours et c'est pas encore content!» (V.-L. BEAULIEU, *L'héritage /*L'automne*, p. 55)

1581 **MARÉE.** *Faire marée.* Faire la cueillette d'algues à marée basse, marcher sur le rivage au reflux de la marée, traverser à marée basse et revenir à la marée suivante. «J'me promenais sus l'écore à matin, l'soleil est bon, mais c'est pas l'été. Y a pas grand'monde encôr pour faire marée.» (M. Laberge, *C'était avant la guerre...*, p. 42)

1582 **MARÉE HAUTE.** *Avoir les culottes (des pantalons) à marée haute.* Porter une culotte trop courte.

1583 **MARGOT.** *Manger comme un margot (margau, margault).* S'empiffrer. Margot : fou de Bassan.

1584 **MARGOULETTE.** *Casser la margoulette à qqn / se faire casser la margoulette.* Donner une raclée à qqn / se faire donner une raclée. En France, dans la langue populaire, margoulette : bouche, mâchoire. En Normandie, margouiller : manger salement. «... pis qu'a t'avait répondu qu'a l'aurait aimé t'casser à margoulette mais qu'a savait qu'était pas capable...» (J.-M. Poupart, *Chère Touffe, c'est plein...*, p. 228) «Mais, mon vieil aigrefin, par exemple, si tu m'aides pas à payer mes dettes cette année, je te casserai la margoulette.» (C.-H. Grignon, *Un homme et son péché*, p. 51) ♦ *Se casser la margoulette.* Échouer, se faire mal en tombant, manquer son coup. ♦ *Se faire aller la margoulette.* Parler, déblatérer. «Y a pas arrêté de se faire aller la margoulette. En dix coins de rue, y a raconté toute sa vie, un vrai film comique.» (C. Jasmin, *Pleure pas, Germaine*, p. 80)

1585 **MARIE CACA.** *Habillée comme Marie Caca.* Mal habillée. «Elle était habillée comme Marie Caca!»

1586 **MARIE-CATAU.** *Être une Marie-Catau (Marie-Catoche, Marie-Catouche).* Être mal habillée. Voir *catau* (n° 468) et *Suzanne-Catau* (n° 2454).

1587 **MARIE-QUAT'POCHES.** *Être une (habillée comme) Marie-quat'poches.* Marie quat'poches : vendeuse itinérante. Se dit d'une femme mal habillée ou d'une femme désordonnée, qui ne tient pas bien la maison. «Je m'en rappelle, dans les hauts du comté, y avait une grosse criature qui se faisait des culottes de même avec des poches de farine, pis

le monde disaient qu'elle était assez grosse que ça y prenait quatre poches pour se faire une paire de culottes. Ça fait qu'y l'appelaient Marie-quat'-poches.» (R. Lévesque, *Le vieux du Bas-du-Fleuve*, p. 59)

1588 **MARIONNETTE.** *Danser comme une marionnette.* Danser avec entrain, en se contorsionnant. Marionnette : aurore boréale.

1589 **MARMOTTE.** *Croquer marmotte.* Attendre, languir, ronger son frein. «Rendue vieille, elle croquait marmotte toute la journée devant la fenêtre.» ♦ *Dormir comme une marmotte.* Dormir d'un sommeil profond. S'emploie aussi en France. *Fr.* Dormir comme un loir. ♦ *Éveillé (réveillé) comme une marmotte.* Très éveillé, agité. Se dit particulièrement d'un enfant.

1590 **MARS EN CARÊME.** *Arriver comme mars en carême.* Arriver irrémédiablement, fatalement. S'emploie également en France.

1591 **MASSE.** *Descendre (tomber) comme une masse.* Descendre (tomber) lourdement.

1592 **MASSES.** *Avoir (s'envoyer) les masses en l'air.* Gesticuler (de colère, de joie, etc.).

1593 **MASTIC.** *Dur comme du mastic.* Très dur.

1594 **MATAMORE.** *Faire son (p'tit) matamore.* Faire son (petit) fanfaron. Se dit notamment d'un enfant qui veut faire son homme. ♦ *Fort comme un matamore.* Très fort, costaud.

1595 **MATCHÉ.** *Être matché avec qqn / se matcher avec qqn.* Être uni à qqn, habiter avec qqn / s'unir à qqn, se mettre en ménage avec qqn. «Si y a appelé à quatre heures pour sortir à soir, c'est parce qu'y est matché avec qqn.» (*Le soleil se lève en retard*, film d'André Brassard, 1976)

1596 **MATIÈRE GRISE.** *Ta matière grise fait de la chaise longue!* Tu as l'esprit engourdi, tu es peu éveillé!

1597 **MAUDIT.** *Comme le maudit.* Très, à l'excès. Superlatif. «C'était un bon petit gars... Tannant comme le maudit, mais plein de cœur.» (Y. Beauchemin, *Le matou*, p. 567-568) ♦ *Du maudit.* Grand, important. Superlatif. «Les vidangeurs

viennent de passer. Un remue-ménage du maudit qui a
secoué tout le quartier.» (M. Tremblay, *Des nouvelles
d'Édouard*, p. 301) ◆ *Ça parle au (beau) maudit!* Exclamation: c'est incroyable, étonnant! Indique la surprise, l'ahurissement. «Si je peux pas rencontrer Destreilles, toujours.
S'il fallait qu'il me remette mon argent, ça parlerait au
maudit.» (C.-H. Grignon, *Un homme et son péché*, p. 170)
«Consternés, les trois hommes se regardèrent. — Y en a
deux, dit Lucien Laflamme. — Ça parle au beau maudit!
proféra Cormier.» (Y. Thériault, *Les vendeurs du temple*,
p. 52) «Un inspecteur!... Ça parle au maudit! Première
nouvelle que j'en ai, Hector!» (Y. Beauchemin, *Le matou*,
p. 391) ◆ *Être (se mettre) en (beau) maudit.* Être (se mettre)
en colère, en furie. Voir *calvaire* (n° 411). ◆ *Faire qqch. au
plus maudit.* Faire qqch. au plus vite, au plus pressant. ◆ *Il
y a du maudit là-dedans!* Il y a de la sorcellerie, quelque
chose d'incompréhensible, un mystère là-dedans. Maudit:
Satan. ◆ *Sentir le maudit.* Sentir mauvais, empester.

1598 **MAUVAIS.** *Se mettre au mauvais.* Se dit du ciel qui s'assombrit, annonçant du mauvais temps. «Ça se met au mauvais,
le temps se morpionne!»

1599 **MAUVAIS BORD DU LIT.** *Se lever du mauvais bord du lit.* Se
lever de mauvaise humeur. *Fr.* Se lever du pied gauche. «Il
y a rien qui change, tout est aussi monotone... — Tiens, tu
t'es levé du mauvais bord du lit aujourd'hui?» (M. Riddez
et L. Morisset, *Rue des Pignons*, p. 205)

1600 **MAUVAIS BOUT.** *Se lever du mauvais bout.* Se lever de mauvaise humeur. *Fr.* Se lever du pied gauche. «La mère s'est
levée du mauvais bout ce matin, pas moyen de lui faire
entendre raison.»

1601 **MAUVAIS COTON.** *Filer un mauvais coton.* Être maussade,
se sentir de mauvaise humeur. En France, l'expression
signifie: prendre une mauvaise voie dans la vie, perdre la
santé. *Fr.* Être de mauvais poil. «Vaut mieux ne pas lui
parler, à Ti-Jos, aujourd'hui, parce qu'il file un mauvais
coton.»

1602 **MAUVAIS JOURS.** *Être dans ses mauvais jours.* Être menstruée.

1603 **MAUVAIS TOUCHERS.** *Faire des mauvais touchers.* Faire des attouchements sexuels. «À l'âge de dix-onze ans, elle se faisait déjà des mauvais touchers, assise dans la balançoire, la main sour le tablier.» (Y. Thériault, *Moi, Pierre Huneau*, p. 109)

1604 **MAUVAISE ADRESSE.** *Avoir la mauvaise adresse.* Se tromper sur la personne. *Fr.* Frapper à la mauvaise porte.

1605 **MAUVAISE HERBE.** *Pousser comme de la mauvaise herbe.* Pousser abondamment, en quantité. «Mozusse! Quand il y a des élections, les jobs poussent comme la mauvaise herbe.» (R. Carrier, *De l'amour dans la ferraille*, p. 30)

1606 **MAUVAISE PASSE.** *Être (traverser) une mauvaise passe.* Connaître un mauvais moment, une période difficile.

1607 **MAUVAISES PENSÉES.** *Avoir des mauvaises pensées.* Avoir des pensées érotiques.

1608 **MAUX.** *Avoir (attraper) les maux qui courent.* Souffrir de diarrhée.

1609 **MÉCHANT.** *Un méchant... (gars, contrat, etc.).* Un (gars, contrat, etc.) sérieux, important, hors de l'ordinaire.

1610 **MÈCHE.** *Attendre une mèche, ça fait une mèche, en avoir pour une mèche (à attendre).* Attendre longtemps, ça fait longtemps, en avoir pour longtemps (à attendre). Allusion à la mèche du fanal à huile. «Viens t'asseoir, viens t'asseoir! Ça fait une mèche qu'on s'est vu!» (Y. Beauchemin, *Le matou*, p. 353) «Tous les espoirs de leur jeunesse, / Ça fait un' mèch' qu'i' sont foutus.» (É. Coderre, *J'parle tout seul quand Jean Narrache*, p. 101) ◆ *Avoir la mèche courte.* Avoir un tempérament prompt, avoir peu de patience.

1611 **MEILLEURES FAMILLES.** *Ça arrive dans les meilleures familles.* C'est dans l'ordre des choses, c'est le destin. Pour excuser une erreur, expliquer un état de fait. «Eh bien! oui ça y est, avoua celui-ci en se levant piteusement. Ça arrive dans les meilleures familles.» (R. Girard, *Marie Calumet*, p. 265)

1612 **MÊLANT.** *C'est pas mêlant...* C'est sûr, c'est évident. *Fr.* C'est pas compliqué. «J'aurais dû naître ailleurs à un autre moment, c'est pas mêlant.» (J. DORÉ, *Si le 9-1-1 est occupé!*, p. 14)

1613 **MÉLASSE.** *Mettre de la mélasse sur les pattes de qqn.* Tromper qqn (notamment son amoureux) avec un rival.

1614 **MÉLASSE EN CARÊME.** *Être reçu comme (la) mélasse en carême.* Être reçu à bras ouverts. «Et, comme Fifi Labranche avait pas oublié son ustensile, je vous garantis qu'on fut reçus comme la m'lasse en carême.» (L. FRÉCHETTE, *Contes de Jos Violon*, p. 87)

1615 **MÊME.** *Être du même et du pareil.* Être égal, équivalent. *Fr.* Être du pareil au même.

1616 **MÉNÉ.** [Angl. *minnow*, vairon] *Ne pas être un petit méné.* Être une personne importante.

1617 **MENTAL.** *Être mental.* Être fou, idiot. «Juin, un aut' affaire que j'aime pas d'lui, c'est qu'y déparle quand y boit... Ben y a été mental plus jeune.» (M. LETELLIER, *On n'est pas des trous-de-cul*, p. 141) «"J'sais pas comment j'ai pu faire mon compte pour pas rire avant, dit Foviolain. — Tu dois être mental, fit oncle Juvu. — En Christ!" hurla Ignace.» (J. BENOÎT, *Les voleurs*, p. 150)

1618 **MENTERIE(S).** *Conter (forger) une (des) menterie(s).* Raconter, inventer des mensonges. *Fr.* Raconter des balançoires. «C'est ça qu'j'pardonne pas. Y peut être assez lâche pour pas sacrer son camp, pour me conter des menteries à longueur d'année, j'peux l'prendre.» (M. LABERGE, *Aurélie, ma sœur*, p. 81) «Les forgerons ont toujours eu la réputation de "forger les menteries" et d'être mauvaises langues.» (J.-C. DUPONT, *L'artisan forgeron*, p. 263)

1619 **MENTIR.** *Mentir comme on respire.* Mentir sans arrêt. «C'est une seconde nature chez lui, il ment comme il respire.» ♦ *Mentir plus que ses bottes.* Mentir beaucoup, à profusion. *Fr.* Mentir comme un arracheur de dents.

1620 **MÈRE.** *Écoute ta mère quand ton père te parle!* Manière amusante de dire: Écoute tes parents! ♦ *S'ennuyer de sa* *mère*. Avoir très hâte que qqch. se termine, être aux abois, désemparé. «Il s'est fait brasser le canayen au cours de son enterrement de vie de garçon. On sentait qu'il s'ennuyait de sa mère.»

1621 MÈRE MOUTONNE. *Ne pas barrer qqn pour une mère moutonne.* Ne pas vouloir échanger la compagnie de qqn contre celle d'une autre personne.

1622 MERLE. *Être un beau (être tout un) merle.* Être un (beau) salaud, une belle ordure, un phénomène. «Il chante comme un radio. — Ouais, c'est un beau merle! — Il va se faire plumer, ça prendra pas de temps.» (*Le gros Bill*, film de René Delacroix, 1949) ♦ *Fin comme un merle.* Perspicace, intelligent, rusé.

1623 MESOUNE. *Avoir (faire) de la mesoune.* Avoir (faire) de l'argent.

1624 MESSE. *Beau comme la messe après les vêpres.* Très beau, magnifique.

1625 MESSIE. *Attendre le messie.* Être enceinte, attendre l'impossible, attendre qqn ou qqch. qui ne viendra jamais. Aussi, à la forme interrogative : *Attends-tu le messie?* Grouille-toi! Remue-toi!

1626 METTABLE. *Être (trouver une femme) mettable.* Être (trouver une femme) désirable, aguichante. «... ça te donnera l'occasion de rencontrer une de mes nouvelles plottes... Tu me diras si tu la trouves mettable.» (Y. BEAUCHEMIN, *Le matou*, p. 493)

1627 METTRE. *Mets-en!* Tu parles! Encore plus que tu penses! «Tu t'amuses beaucoup? — Mets-en!» ♦ *Mets-en, c'est pas de l'onguent!* Tu peux difficilement exagérer! Mets-en beaucoup, ce n'est pas assez.. «"Femme qui a la grâce et les qualités d'une princesse désire rencontrer son prince charmant." Woo! mets-en, c'est pas de l'onguent!» (J. DORÉ, *Si le 9-1-1 est occupé!*, p. 51) ♦ *Se mettre / se faire mettre.* Faire l'amour à un homme, une femme / se faire faire l'amour. «On se met jamais sur les marches d'église, nous autres.» (*Le grand jour*, téléfilm de Jean-Yves Laforce, scénario et dialogues de Michel Tremblay, SRC, 9 octobre 1988) «T'as rien qu'à modeler des hommes pis des femmes qui s'mettent ou ben deux tapettes ensemble...» (M. LETELLIER, *On n'est pas des trous-de-cul*, p. 99) «C'est de sa faute si Johnny McRead est à sec, s'il est plus capable de faire son sperme, si je suis obligée de sortir pour me faire mettre.» (J.-J. RICHARD, *Faites-leur boire le fleuve*, p. 115) «C'est plein de femmes su'a rue Sainte-Catherine p'is su'a rue Saint-Denis qui veulent se faire mettre.» (*Plusieurs tombent en amour*, téléfilm de Guy Simoneau, 1979) ♦ *Se mettre dans la main.* Se masturber. ♦ *Tu peux (bien) te le mettre (mets-toi-le) où je pense (où tu penses)!* Trivial. Garde-le pour toi! Je n'en veux pas! Je n'ai que faire de ton avis (de ton opinion, etc.).

1628 **MI-CARÊME.** *Avoir une face de mi-carême.* Avoir une mine renfrognée, avoir mauvaise mine. Voir *carême* (n° 440). «Puis, retrouvant leurs faces de mi-carême, les endeuillés reprennent leur rôle là où ils l'avaient laissé la veille, à une réplique près.» (S. RIVIÈRE, *La s'maine des quat' jeudis*, p. 71) «J'me r'tourne pis j'vois c'te face de mi-carême-là. Me v'là tout pâmée...» (M. LABERGE, *C'était avant la guerre...*, p. 28) ♦ *S'habiller (se déguiser) en (comme un) mi-carême.* Mal s'habiller, s'habiller de manière ridicule. «Pis à part de d'ça, ienqu'à voir on voit ben regarde leu' les accoutrements, aux artistes: y s'habillent ben souvent comme des maudits mi-carêmes.» (R. LÉVESQUE, *Le vieux du Bas-du-Fleuve*, p. 21) «Dans les écoles on n'en parle pas: c'est rendu, ma foi du bon Yeu, que les enfants... s'habillent comme des mi-carêmes...» (R. LÉVESQUE, *Le vieux du Bas-du-Fleuve*, p. 45) «... après l'école, les enfants se déguisaient en mi-carêmes, en portant des masques de tissu, de vieux manteaux, de vieilles culottes et passaient par les portes en demandant des friandises.» (H. VACHON, *Corpus des faits ethnographiques québécois: Région de Beauce-Dorchester*, p. 246)

1629 **MICMAC.** *C'est du micmac!* C'est incompréhensible, embrouillé. *Fr.* C'est du chinois. ♦ *Faire un (beau) (du) mic-*

mac. Causer un embrouillamini. En France : manigance, intrigue. « Ça va vous faire un beau micmac, tout ça, cette loi sur l'affichage bilingue. » (Guy Bouthillier, président du mouvement Québec français, dans une allocution publique)

1630 **MIDI.** *Être midi à quatorze heures.* Être lambin, toujours en retard. ♦ *Ne pas attendre midi (à) quatorze heures.* Ne pas attendre longtemps. En France, chercher midi à quatorze heures : compliquer les choses. « Il n'a pas attendu midi à quatorze heures : il est parti avant que l'autre ne revienne. »

1631 **MIDI EN CARÊME.** *Maigre comme midi en carême.* Extrêmement maigre, par allusion aux dîners frugaux qu'on servait durant le carême.

1632 **MIETTE.** *Pas (...) une miette.* Pas (...) du tout, aucunement, nullement. « Oh ! c'est vous qui êtes fâchée, dit Emmanuel avec douceur. — Moi ! Pas une miette. Pas gros comme ça. » (G. Roy, *Bonheur d'occasion*, p. 114) « ... j'ai vu leurs catins de cire, avec des belles robes de bal sur le dos, pis d'autres, qui sont pas habillées une miette. » (G. Roy, *Bonheur d'occasion*, p. 59-60)

1633 **MILLE.** *Courir son mille.* Déguerpir, courir à toute vitesse.

1634 **MILLE VINGT.** *Chaussée en mille vingt.* Avoir une poitrine opulente (se dit d'une femme). Se dit dans la région de Québec.

1635 **MINE.** *Ça vous met (ça donne) de la mine dans le crayon !* Ça vous revigore (particulièrement sur le plan sexuel). « À voir toutes ces jolies femmes, ça vous met de la mine dans le crayon. » « Du homard, ça donne de la mine dans le crayon, comme on dit. » (Antonio Landry, pêcheur, *Bonjour champion*, CKAC-Télémédia, 9 mai 1991) ♦ *Faire pisser mine.* Uriner.

1636 **MINOUCHE.** *Faire minouche.* Avoir des relations sexuelles avec une femme, caresser, flatter.

1637 **MINOUNE.** *Farder une minoune.* Maquiller une guimbarde, un tacot. S'emploie notamment chez les vendeurs d'automobiles d'occasion. Voltaire (XVIIIe siècle) emploie *farder sa* *marchandise.* «Il a fardé cette minoune afin de la revendre le double du prix qu'elle lui avait coûté.»

1638 **MINUIT MOINS CINQ.** *Être minuit moins cinq.* L'instant ultime, la dernière chance. *Fr.* Moins cinq. «Il est minuit moins cinq dans les négociations, vous comprenez? Qu'allez-vous faire, là?» (Anne-Marie Dussault, *Aujourd'hui dimanche*, SRC, 29 mars 1992)

1639 **MINUTE.** *Une minute et quart.* Longtemps. «Mais vous êtes chanceux qu'a vous a pas attrapé dans les yeux, parce que ça chauffe une minute et quart, c'te liquide-là...» (H. BERNARD, *Les jours sont longs*, p. 92)

1640 **MISE.** *Mettre la mise au boutte [bout] du fouette [fouet].* Exagérer. «Tu penses p'têt' ben que je sus en train de nous vanter pis que je mets la mise au boutte du fouette? Si tu me crés pas, prends le cornet du téléphone...» (R. LÉVESQUE, *Le vieux du Bas-du-Fleuve*, p. 53)

1641 **MISÈRE.** *Comme la misère (qui fond) sur le pauvre monde.* Se dit de qqch. d'inéluctable, d'inévitable, de très courant. *Fr.* Comme (de) la vérole sur le bas clergé. Comme la pauvreté sur le monde. ♦ *Annoncer la misère.* Avoir l'air maladif. ♦ *Être mangé (rongé) par la misère.* Être rongé, submergé de malheurs. ♦ *Manger de la (grosse) misère.* Subir beaucoup de malheurs, traverser beaucoup d'épreuves.

1642 **MISÈRE DU DIABLE.** *Avoir une misère du diable (à faire qqch.).* Avoir beaucoup de difficulté (à accomplir qqch.). «J'ai eu une misère du diable à le sortir de l'eau, il était coincé dans les roches.»

1643 **MITAINE.** *Aller comme une mitaine.* Se dit d'un vêtement seyant. *Fr.* Faire comme un gant. ♦ *Faire qqch. à la mitaine.* Faire qqch. manuellement, de façon artisanale, sans instruments, sans outils. Voir *bras* (n° 349). ♦ *Sonner la mitaine à qqn.* Éconduire qqn (notamment, un amoureux).

1644 **MITAINE CARRÉE.** *Être une mitaine carrée.* Être honnête, suivre sans faille le droit chemin. «Mes deux frères, c'est des mitaines carrées, pas comme moé...» (*Le coq de Mont-réal*, Télé-Québec, 9 mai 2002)

1645 **MITAINES.** *Ramasser des trente sous avec des mitaines.* Accomplir une tâche inefficace, ne rien gagner à faire qqch.

1646 **MITAN.** *Au beau mitan.* En plein milieu, au moment même où l'on fait qqch.

1647 **MITRAILLE.** *Partir en mitraille.* S'égailler, se disperser en s'envolant. «Tous les moineaux sont partis en mitraille, Monsieur le curé n'a pu terminer son De Profundis.» (B. Lacroix, *Les cloches*, p. 52)

1648 **MITT.** [Angl. gant] *Ça tape dans la mitt.* C'est déplaisant, laid.

1649 **MODE.** *Arranger qqch. à la mode.* Conclure un arrangement à la pleine satisfaction de la personne, bien arranger qqch. «Vous lui direz que c'est moi qui vous envoie. Vous allez voir, il va vous arranger ça à la mode.»

1650 **MOELLE.** *Vider l'os de sa moelle.* Épuiser. «Monter toutes ces poches au grenier, ça vide l'os de sa moelle.»

1651 **MOINE.** *Se faire aller (se poigner) le moine.* Perdre son temps à des futilités, se masturber. ♦ *Tourner (aller) comme un moine.* Tourner (aller) à la perfection. «Ce moteur tourne comme un moine, une vraie merveille de mécanique.»

1652 **MOINEAU.** *C'est tout un (c'est un beau, un sacré, un sapré) moineau!* C'est (tout) un phénomène! ♦ *Le temps de crier: moineau!* Aussitôt, en un rien de temps. Voir *ciseau* (nº 591) et *lapin* (nº 1475). *Fr.* En un tour de main. «Le temps de crier: moineau, on était parti rien que sur une frippe.»

1653 **MOLLO.** *Prends ça mollo!* Pas de panique, ne t'emballe pas, ne t'énerve pas! *Fr.* Vas-y mollo.

1654 **MON ONCLE.** *Tasse-toi, mon oncle!* Enlevez-vous de mon chemin, arrière les vieux! Formule qui témoigne souvent du mépris des plus jeunes envers les adultes.

1655 **MONDE.** *C'est pas du monde!* Cette personne est détestable, insupportable, dissipée (se dit notamment d'un enfant). «C'est pas du monde, ce petit démon. Pas moyen de le retenir.» ◆ *Faire qqch. comme du monde.* Faire qqch. d'une manière convenable. ◆ *Il y a (ça fait) du monde à la messe (à la shop* [angl. atelier]*).* Il y a beaucoup de monde, il y a foule. ◆ *Il y a trop de monde pour faire la soupe!* Il y a trop de monde d'impliqué! *Fr.* Trop de cuisiniers gâte la sauce. ◆ *Se déguiser en monde.* S'habiller proprement (pour une sortie notamment), enfiler de beaux vêtements.

1656 **MONEYMAKER.** [Angl. faiseur d'argent] *Être un money-maker.* Aimer gagner de l'argent, faire de l'argent.

1657 **MONSIEUR.** *Avoir l'air (être) monsieur.* Avoir l'air (être) digne, guindé, respectable. «Toé, t'as l'air trop monsieur pour être un 22, tu dois être un 33.» (J.-J. RICHARD, *Faites-leur boire le fleuve*, p. 69) «Il voulait vous montrer qu'il y avait du monde en arrière qui méritait d'être icitte autant que vous autres. À part de ça, il a dit qu'il était aussi monsieur que le roi...» (R. LALONDE, *Contes de la Lièvre*, p. 78) ◆ *Faire qqch. (agir) en monsieur.* Bien faire qqch. (agir), faire qqch. (agir) courtoisement, convenablement. *Fr.* Se comporter en gentleman. «S'y faut que je prenne une souince à méson, autant que ça soèye pour quèque chose. — Ça c'est parler en monsieur!» (A. RICARD, *La gloire des filles à Magloire*, p. 123) ◆ *S'habiller (être habillé) en monsieur.* Bien s'habiller, s'habiller convenablement. «J'm'habille en monsieur, comme Céline, c'est bien mieux.» (*Bye-Bye 91*, texte de J.-P. Plante, SRC, 31 déc. 1991) ◆ *Y aller en monsieur!* En vitesse, à toute vitesse. Superlatif.

1658 **MONTÉ.** *Être monté.* Être prétentieux, faire l'important. «Il dit que vous n'êtes pas monté, comme la plupart des citadins.» (H. BERNARD, *Les jours sont longs*, p. 150) «Y'en a qui restent avec vous, monsieur le curé, mais c'est les brasseurs de chapelets, les rongeurs de bois de balustre... Le reste des gens du village, c'est pas drôle comme y sont montés!» (Y. THÉRIAULT, *Les vendeurs du temple*, p. 61)

1659 **MONTER (SE).** *Se monter.* Se mettre en colère, s'énerver. «Tu te montes pour rien, dit-il. — C'est bien ce que je disais!» (V.-L. BEAULIEU, *L'héritage /*L'automne*, p. 206)

1660 **MOPPE.** [Angl. *mop*, serpillière] *Avoir (faire) la moppe*. Faire la moue, bouder.

1661 **MORFONDURE.** *Avoir (attraper) la morfondure*. Être transi, frappé d'épuisement. «Tu connaîtrais pas un habitant qui aurait un cheval à vendre dans la paroisse? — J'cré qu'Azarias en a un. Un cheval qui est ben d'adon. Y a Clovis qui en a un itou, mais j'me fierais pas à lui. C'est un matignon [maquignon], pis ils disent qu'il a attrapé une morfondure.» (*Le gros Bill*, film de René Delacroix, 1949)

1662 **MORNIFE.** *Flanquer une mornife [mornifle] à qqn*. Donner une gifle, une raclée à qqn.

1663 **MORPIONNER (SE).** *Le temps se morpionne*. Le temps se gâte, se couvre. «Quand le temps se morpionne, que l'air s'enmalice, que grogne le tonnerre... il nous prend de ces peurs folles...» (B. Lacroix, *Les cloches*, p. 56)

1664 **MORS.** *Ronger son mors*. S'impatienter. *Fr.* Ronger son frein.

1665 **MORS AUX DENTS.** *Prendre le mors aux dents*. S'emballer, prendre panique, s'énerver. Provient du vocabulaire équestre. S'emploie en France dans le sens de: s'emballer, se mettre énergiquement au travail. «Grouillez-vous donc disait maman / Pressez-vous donc o'a pas grand temps / Aline, énarve-toé donc pas tant / Faut pas qu'tu prennes l'mors aux dents...» (Jacques Antonin, «Les noces à ma grande sœur», dans L. Mailhot et D.-M. Montpetit, *Monologues québécois 1890-1980*, p. 285)

1666 **MORT.** *C'est pas la mort d'un homme!* C'est pas si difficile, si mauvais que ça! *Fr.* Ce n'est pas la mort. «Prends-en! Au moins une petite fiole. C'est pas de l'or en barre. C'est pas les gros chars. C'est pas la mort d'un homme.» (J.-J. Richard, *Faites-leur boire le fleuve*, p. 155) «Cent dix piastres pour la classe et la pension pendant dix mois... C'est raisonnable. C'est pas la mort d'un homme.» (G. Bessette, *Anthologie d'Albert Laberge*, p. 191) ♦ *Ennuyant comme la mort*. Très ennuyant, lassant. *Fr.* D'un ennui mortel. ♦ *Faire le mort*. Se taire, s'abstenir d'agir, ne pas se faire remarquer. *Fr.* Ne pas donner signe de vie, se tenir coi. «Y vont m'étouffer. Je fais le mort. Je rentre sous l'eau. Germaine se met à crier. L'énervée! Je fais le mort. Y me tirent.» (C. JASMIN, *Pleure pas, Germaine*, p. 27) ♦ *Fort comme la mort*. Très fort. ♦ *Lent comme la mort*. Extrêmement lent. ♦ *Maigre comme un mort en vacances*. Très maigre. ♦ *Pâle comme la mort*. Très blème, pâle. ♦ *Tiens ça mort!* N'en parle pas! Garde ça pour toi! «Tiens ça mort, il ne faudrait pas qu'Arthur apprenne la mort de son cheval.» ♦ *Tranquille comme la mort*. Très calme, tranquille, silencieux. «Cette maison est tranquille comme la mort. Je n'ai rien entendu de tout l'après-midi.»

1667 **MORT DE RIRE.** *Être mort de rire*. Jubiler, être au comble de la joie, de la satisfaction, exulter. «Les libéraux sont morts de rire : plus de 4 millions de dollars en caisse et l'assurance que la prochaine élection...» (*La Presse*, 8 juin 1984, p. A10)

1668 **MORUE.** *Boire comme une morue*. Boire beaucoup, trinquer. Se dit notamment d'une personne qui boit beaucoup d'alcool.

1669 **MOSSELLE.** [Angl. *muscle*, muscle] *Avoir de la mosselle (molson)*. Être musclé, fort. *Fr.* Avoir des biscoteaux.

1670 **MOSUSSE.** [Angl. *Moses*, Moïse] *Être (se mettre) en mosusse (mosus)*. Être (se mettre) en colère.

1671 **MOT.** *C'est pas le mot!* C'est peu dire! «Gorille que tu es, je te hais... Superbe! / C'est pas l'mot.» (J. BARRETTE, *Oh! Gerry oh!*, p. 102) «Surprendre, c'est pas l'mot! Une vraie claque! On s'attendait pas personne à c't'affaire-là.» (Y. THÉRIAULT, *Les vendeurs du temple*, p. 107) «... il arrivait d'une année à l'autre à produire le plus beau blé jamais fauché en Gaspésie de mémoire d'homme... — Beau c'était pas l'mot...» (S. RIVIÈRE, *La s'maine des quat' jeudis*, p. 169) «Il est têtu, votre garçon? — Têtu, c'est pas l'mot!» (H. BERNARD, *Les jours sont longs*, p. 93) ♦ *Dans la force du mot*. Au maximum, vraiment. *Fr.* Jusqu'au bout des ongles. «A s'appelle Nicole... C't'une dame dans la force du mot.» (A. FORCIER et J. MARCOTTE, *Une histoire inventée*, p. 69)

1672 **MOTEURS.** *Wo (wow) les moteurs!* Ça suffit! C'est assez! C'en est trop! «Stop! Wow les moteurs! L'impression d'être charriée, bâillonnée. L'impression que les gouvernements nous cachent des choses. L'impression qu'ils nous prennent pour des imbéciles.» (Lysiane GAGNON, «Non au charriage!», *La Presse*, 1er octobre 1992, p. B3)

1673 **MOTS.** *Avoir des mots avec qqn.* Argumenter avec qqn, engueuler qqn.

1674 **MOTS CARRÉS.** *Dire qqch. en mots carrés.* Dire qqch. platement, carrément. *Fr.* Ne pas mâcher ses mots. «J'ai déjà essayé de vous le dire gentiment. Maintenant, je vous le dis en mots carrés: vous n'avez aucune chance avec moé. C'est Lionel que j'aime!» (*Le curé de village*, film de P. Gury Le Gouriadec, 1949)

1675 **MOTTE.** *Se faire couper la motte.* Se faire coiffer, se faire couper les cheveux.

1676 **MOTTON.** *Avoir (faire) le (gros) motton.* Avoir de l'argent faire beaucoup d'argent. *Fr.* Avoir (gagner) le magot, du fric. Voir *palette* (n° 1796) et *paquet* (n° 1813). ♦ *Avoir le motton (dans la gorge).* Avoir le cœur gros, la gorge serrée. «Mais eux autres, là... ben eux autres, on dirait qu'y m'aiment pas... Je sais ben que je suis pas une carte pâmée... mais, sac... *(Elle a le motton)*» (M. PELLETIER, *Du poil aux pattes...*, p. 103) «On a toutes le motton un peu; ça fait tellement plaisir de leur faire une fête, à ces enfants-là!» (*Le grand journal*, TQS, 20 déc. 1991)

1677 **MOUCHE.** *Faire de l'enculage de mouche.* Compliquer inutilement une situation. ♦ *Fin(e) comme une mouche.* Rusé, perspicace, espiègle. «Elle est fine comme une mouche, pas moyen de l'amadouer par de belles paroles.» ♦ *Ne pas pouvoir faire de mal à une mouche.* Être inoffensif, sans malice. ♦ *Prendre mouche (prendre les mouches).* Se mettre en colère, s'emporter. *Fr.* Prendre la mouche. ♦ *Tomber dru commme mouche(s).* Pleuvoir fortement, à verse. ♦ *Vif comme une mouche.* Vif, agile, espiègle (se dit notamment d'un enfant). «Le petit Charles, qui est vif comme une mouche, s'est rapidement sauvé après avoir volé des pommes chez le voisin.»

1678 **MOUCHE À MARDE.** *Être une (être comme une, faire sa, collant comme une) mouche à marde.* Être raseur, importun. Se dit particulièrement d'un enfant. «C'est vrai qu'astheure c'est pus comme avant: les gardes-pêches sont rendus comme des mouches à marde, torrieu!... y sont auras toé pour te compter tes truites à mesure que t'en pognes!» (R. LÉVESQUE, *Le vieux du Bas-du-Fleuve*, p. 17) «Tooth Pick est une mouche à marde, Maurice, mais les mouches à marde transportent des maladies...» (M. TREMBLAY, *Sainte Carmen de la Main*, p. 23)

1679 **MOUCHE À MIEL.** *Être (faire sa) mouche à miel.* Ne pas aborder un sujet directement, tergiverser.

1680 **MOUCHE À PICARD.** *Être comme la mouche à Picard.* Être excité, énervé.

1681 **MOUCHE À TROIS CULS.** *Être une mouche à trois culs.* Être compliqué, embarrassant.

1682 **MOUCHER.** *Se faire moucher.* Se faire rabrouer, se faire donner une leçon.

1683 **MOUCHES.** *Coller les mouches au plafond.* Se masturber. ♦ *Mettre les mouches à qqn / se faire mettre les mouches.* Corriger, tromper qqn / subir une correction, se faire semoncer. Allusion aux «mouches de moutarde». ♦ *Tomber comme des mouches.* Tomber en quantité, nombreux. «Une bonne fois, je me décide à dégraisser mon fusil. Mes vieux! ça tombait comme des mouches: des pluviers dorés, de la sarcelle...» (G. GUÈVREMONT, *En pleine terre*, p. 61) ♦ *Venir (arriver, etc.) comme des mouches sur le fumier.* Venir (arriver) en grand nombre, nombreux. «C'est pas étonnant, que les compagnies s'en viennent ici comme des mouches sur le fumier.» (André Arthur, *L'informateur*, CKAC-Télémédia, 17 avril 1991)

1684 **MOUILLER.** *Mouiller dedans.* Être timbré.

1685 **MOUKMOUK.** *Avoir l'air (être) moukmouk.* Avoir l'air (être) niais, bizarre.

1686 **MOULE.** *Être faite au moule.* Être bien proportionnée, avoir un beau corps. «À Joliette encore, mes vieux, y avait ane coureuse, faite au moule, mais sainte Nitouche comme tout devant l'monde.» (A. NANTEL, *À la hache*, p. 199)

1687 **MOULE À PLOMB.** *Rousselé comme un moule à plomb.* Avoir beaucoup de taches de rousseur sur le visage.

1688 **MOULIN À BATTRE.** *Parler comme un moulin à battre.* Parler beaucoup, sans arrêt. *Fr.* Parler comme une pie.

1689 **MOULIN À COUDRE.** *Parler comme un moulin à coudre.* Parler d'abondance, sans arrêt, être intarissable. *Fr.* Être un moulin à paroles.

1690 **MOULIN ÉLECTRIQUE.** *Ronfler comme un moulin électrique.* Ronfler beaucoup, bruyamment. «Mon oncle ronfla comme un moulin électrique toute la soirée et toute la nuit et fila sans broncher jusqu'au lendemain matin.» (J. BENOÎT, *Les voleurs*, p. 90)

1691 **MOUMOUNE.** *Être (une) (faire la) moumoune.* Être faible, (faire le) geignard, délicat, être femmelette. «Louise n'était pas une moumoune comme Joanne et moi. Ce n'était pas non plus une fille de la ville même si elle y était née.» (Nathalie PETROWSKI, «La montagne piégée», *La Presse*, mardi 27 nov. 2001, p. C3)

1692 **MOUSSE DE COMBINE.** *Ne pas être fait en mousse de combine [caleçon].* Ne pas être fragile, pouvoir en prendre, en supporter.

1693 **MOUTON.** *Doux comme un mouton.* Doux, inoffensif, pacifique. Se dit également en France. ♦ *Être mouton.* Se conformer à l'opinion d'autrui, manquer de caractère. ♦ *Frisé comme un mouton.* Se dit d'une chevelure très frisée. Notamment à propos d'un enfant. «Dans le défilé de la Saint-Jean, le petit saint Jean-Baptiste était comme toujours frisé comme un mouton.» ♦ *Partir comme un mouton.* Mourir, s'éteindre doucement, calmement, sans éclat. «Il est parti comme un mouton, on ne s'est même pas aperçu qu'il venait de mourir.» ♦ *Se coucher en mouton.* Se coucher tout habillé.

1694 **MOUVE.** [Angl. *move*, mouvement] *Faire un (des) mouve(s)*. Poser un (des) geste(s), agir. «... chus mieux. Je me sens prête pis je fais des moves... J'ai mis une petite annonce...» (J. DORÉ, *Si le 9-1-1 est occupé!*, p. 118)

1695 **MOYEN MERLE.** *Être un moyen merle*. Être hors de l'ordinaire, un phénomène. «Maudit Pit à marde! Y nous a ben faite rire avec ça. Mais faut dire qu'y avait quèque chose à détenir : son pére, le Gédéon Thériault, c'était un moyen merle lui itou.» (R. LÉVESQUE, *Le vieux du Bas-du-Fleuve*, p. 128)

1696 **MOYEN MOUSSE.** *Être un moyen mousse*. Être tout un personnage, haut en couleur, coquin, fonceur (se dit notamment d'un enfant).

1697 **MOYEN MOX.** *Être un moyen mox*. Être rude, costaud, brave.

1698 **MOYENNE AU BÂTON.** *La moyenne au bâton*. Expression issue du vocabulaire du baseball, signifiant : la moyenne, le rendement moyen. «C'est vrai que cette année, la Caisse de dépôt et placement a fait un flop mais sa moyenne au bâton dans les dix dernières années a été assez bonne.»

1699 **MOYENS.** *Être en moyens*. Avoir de l'argent, être fortuné. «Soyez pas inquiètes, les petites filles : je vous laisse en moyens.» (G. GUÈVREMONT, *En pleine terre*, p. 117) «Quiens, regardez le père Barrette! C'est vrai qu'il est pas mal en moyens, lui. — Le père Barrette? Ben, j'ai autant les moyens que lui.» (RINGUET, *Trente arpents*, p. 229)

1700 **MULE.** *Être mule*. Être têtu, obstiné. Se dit notamment d'un enfant. *Fr.* Têtu comme une mule.

1701 **MUR.** *Visser qqn dans le mur*. Malmener, tabasser qqn. «Veux-tu tourner de côté dans tes caleçons? Décampe où je te visse dans le mur.»

1702 **MUR À MUR.** *Une assurance (garantie, etc.) mur à mur*. Une assurance (garantie, etc.) complète, absolue, qui assure une couverture complète, qui prévoit toutes les éventualités. Calque de l'anglais *wall-to-wall carpet*, moquette

1703 **MÛRE.** *Noir comme une mûre*. Très noir.

1704 **MURS.** *Raser les murs.* Être très timide, gêné. ♦ *Y a pas d'quoi se pitcher* [angl. *to pitch*, lancer] *sur les murs!* Il n'y a pas de quoi s'énerver, trop se réjouir, il n'y a rien là de très extraordinaire.

1705 **MUSIQUE.** *Aller plus vite que la musique.* Trop préjuger des événements, trop précéder les événements. Voir *violon* (n° 2700). *Fr.* Aller trop vite en besogne. ♦ *Faire face à la musique.* Affronter les événements, les conséquences. Calque de l'anglais *to face the music*, faire face à la situation. « Sylvie était très calme, elle avait hâte de partir en Italie, de faire face à la musique. » (*Nouvelles*, CKAC-Télémédia, 13 avril 1992)

1706 **MY EYE.** [Angl. mon œil] *My eye!* Tu rigoles! *Fr.* Mon œil! « Un service, my eye! Il voulait que je lui donne dix fois plus en retour de son aide. »

N

1707 **NARINES.** *Parler à qqn / se faire parler dans les narines.* Chapitrer qqn / se faire chapitrer, engueuler. Voir *nez* (n° 1720).

1708 **NAVETS.** *Avoir des navets dans les mollets.* Avoir les jambes flageolantes.

1709 **NÈGRE.** *Déculotter un nègre.* Se dit quand deux personnes prononcent les mêmes paroles en même temps. ♦ *Malade (manger, etc.) comme un nègre.* Très, beaucoup. Superlatif.

1710 **NÈGRE NOIR.** *Travailler comme un nègre noir.* Travailler beaucoup, excessivement. *Fr.* Travailler comme un nègre. «Ça faisait ben trois heures qui travaillait comme un nègre noir, y avait sorti cinq ou six grosses pelletées de terre qui avait mis en tas à côté de son trou lorsque le contremaître, in homme qu'était pas avenant pour ane coppe y vint lui dire qui travaillait pas assez fort...» (Paul COUTLÉE, «Siméon a lâché sa job», dans L. MAILHOT et D.-M. MONT-PETIT, *Monologues québécois 1890-1980*, p. 122)

1711 **NEIGE.** *Blanc comme neige.* Très blanc, innocent. S'emploie en France. «À l'entendre devant le tribunal, il était blanc comme neige. D'après lui, il n'avait strictement rien à se reprocher.»

1712 **NEIGER.** *Avoir (déjà) vu neiger (avant aujourd'hui).* Avoir l'expérience de la vie. Souvent, pour répondre à qqn qui table sur la naïveté d'autrui.

1713 **NERF.** *Dur sur le nerf.* Éprouvant, énervant. «Ça doit être dur sur le nerf de s'occuper de ces gens-là qui vont mourir.» (René Homier-Roy, *Touche à tout*, CKAC-Télémédia, 13 déc. 1990) ♦ *Être sur le (gros) nerf.* Être (très) nerveux, tendu, agité. «Elle était "sur le gros nerf" comme on dit! Tendue, anxieuse, agitée.» (Russell CALVERT, «Le piège des perceptions», *La Nouvelle*, vol. 6, n° 44, du 26 juin au 2 juillet 1988, p. 30) «"... décrochez-moé donc la cuiller que j'ai dans l'bord d'la gueule que j'puisse dire autre chose... c'est fatiguant d'être su'l'gros nerf..." Là vous lui enlevez le "d'gigueux".» (Jocelyn Bérubé, «Les morues», dans L. Mailhot et D.-M. Montpetit, *Monologues québécois 1890-1980*, p. 347)

1714   **NERFS.** *Avoir (être sur) les nerfs.* Être nerveux, irritable. ♦ *Les nerfs!* Du calme! «Toi et tes ci et tes ça! — Aïe, toé, les nerfs!» ♦ *Pogner [poigner] (perdre, prendre) les nerfs.* Se mettre hors de soi, perdre son sang-froid. «Cher papa, s'il te plaît, ne prends pas les nerfs.» («Cher papa...», *La Presse*, 29 août 1987, p. D1) «Rock envol prend les nerfs.» (*Montréal ce soir*, SRC, 17 mai 1987) «Prends pas les nerfs, tabarnance! Je dis plus rien, 1à.» (V.-L. Beaulieu, *L'héritage /*L'automne*, p. 40) «Lui: O.k., o.k., les baillettes en l'air, t'es ben prime, pogne pas les nerfs, t'as pas besoin de te soulever comme ça...» (J.-M. Poupart, *Chère Touffe, c'est plein...*, p. 54) «Ça arrive des fois que Julie poigne les nerfs pour rien.» (V.-L. Beaulieu, *L'héritage /*L'automne*, p. 367) «"Je t'ai dit de t'ôter! cria-t-elle. — Perds pas les nerfs, ma Jeannine, fit Agnès, apparemment très calme. C'est pas nécessaire."» (J. Benoît, *Les voleurs*, p. 64) ♦ *Tomber sur les nerfs.* Agacer, irriter. *Fr.* Taper sur les nerfs.

1715   **NET FRET SEC.** *Faire qqch. net fret sec!* Faire qqch. d'un coup sec, subitement, d'un seul coup. *Fr.* Faire qqch. en deux temps, trois mouvements; de but en blanc. «Des jours, y prend des résolutions, y se dit que c'est fini, net fret sec, qu'y va être sérieux.» (J.-M. Poupart, *Chère Touffe, c'est plein...*, p. 28) «Même quand on leur parlait poli, ni Marine ni Chomedey n'avaient l'air de saisir un mot. Et d'un mot perdu à l'autre, Arsène leur a dit net, fret, sec!» (J.-J. Richard, *Faites-leur boire le fleuve*, p. 274)

1716   **NEUF HEURES.** *Sortir (être sorti) après neuf heures.* Rechercher les aventures amoureuses, avoir déjà eu des aventures amoureuses, avoir l'expérience de la vie.

1717 **NEUF HEURES EN DIX.** *Être neuf heures en dix.* Être la fin, terminé. Se dit pour signifier la fin d'un travail, d'une activité. Dans les camps forestiers, autrefois, tout devait cesser à cette heure — neuf heures moins dix — pour permettre aux bûcherons de ranger leurs effets, les lumières du camp devant s'éteindre à neuf heures.

1718 **NEUTRE.** *Être (se mettre, tomber) au (sur le) neutre.* S'arrêter, devenir amorphe, passif, cesser toute activité. «J'ai entendu parler d'un policier qui était tombé au neutre. Il ne s'était pas présenté au travail depuis deux semaines.»

1719 **NEWFIE.** *Être newfie.* Être nigaud, niais. Newfie: Terre-Neuvien, dans la langue populaire.

1720 **NEZ.** *Faire baisser le nez à qqn.* Faire honte à qqn, réprimander qqn. «Le professeur lui a fait baisser le nez en raison de ses mauvaises notes le mois dernier.» ♦ *Mettre le nez de qqn dedans.* Faire prendre conscience à qqn de ses erreurs, de ses responsabilités. ♦ *Parler à qqn dans le nez / se faire parler dans le nez.* Réprimander vertement qqn / se faire engueuler. Voir *narines* (n° 1707). *Fr.* Dire à qqn ses quatre vérités / se faire dire ses quatre vérités. ♦ *Péter (tordre) le nez à qqn / se faire péter (tordre) le nez par qqn.* Donner une raclée à qqn / se faire donner une raclée. ♦ *Puer au nez.* Dégoûter, horripiler. «La période de l'impôt, c'est un temps qui, personnellement, me pue au nez.» (Jean-Luc Mongrain, *Mon grain de sel*, TVA) ♦ *Respire par le nez!* Prends ton temps! Calme-toi! «Y a pas de presse. Il peut attendre. Bon, respire par le nez! Raconte-moi toute l'histoire... ♦ *Se manger le nez.* Faire tout ce qui est en son pouvoir, faire l'impossible.

1721 **NI CIEL NI TERRE.** *Poudrer à ne voir ni ciel ni terre.* Neiger à gros flocons, y avoir une bourrasque de neige.

1722 **NIAISE.** *Attraper sa niaise.* Déchanter, perdre contenance. «Quand elle va nous voir arriver, je te jure qu'elle va attraper sa niaise.»

1723 **NIAISER.** *Niaiser ça.* Retarder, tergiverser. «Des fois, on n'a pas le temps, alors, on niaise ça.» ♦ *Niaiser qqn (ben raide)*

/ *se faire niaiser (ben raide)*. Se moquer (cruellement) de qqn / faire rire (cruellement) de soi. «Elle est en train de me niaiser ben raide avec ses excuses niaiseuses pour ne pas sortir avec moi.» «J'me suis tanné en calvaire. J'ai colissé ça là. C'est de même. Y a toujours un maudit bout' d'être tout seul dans l'affaire... J'ai jamais aimé m'faire niaiser...» (J. Renaud, *Le cassé*, p. 74)

1724 **NIAISERIE.** *C'est pas une niaiserie*. Aussitôt, ça ne tarde pas, en un rien de temps. *Fr.* En un tour de main. «Il t'a fait ce travail, mon homme, c'était pas une niaiserie.» ♦ *Dire (faire, entendre) une (des) niaiserie(s)*. Dire (faire, entendre) une (des) stupidité(s). «Je lui souris: "Si je suis pas mort d'ici là, m'man, on sait jamais." Ma mère déteste ce genre de propos fatalistes, elle fait un signe de croix bâclé. "Dis donc pas de niaiseries, t'es plus un enfant."» (C. Jasmin, *La sablière*, p. 16) «Es-tu catholique, le jeune? — Oui, à gros grains. — Bon, b'en dis donc pas des niaiseries. Un singe, c'est un singe. Ça a rien d'un humain, ça a pas d'âme!» (C. Jasmin, *Pleure pas, Germaine*, p. 47)

1725 **NID DE GUÊPES.** *S'asseoir sur un nid de guêpes*. Faire face à des ennuis, à des difficultés imprévues.

1726 **NIOCHON.** *Être (faire le) niochon (gnochon)*. Être (faire le) niais, naïf, imbécile. Autrefois, niochon: dernier-né de la famille. Voir *piochon* (n° 1991). «Il fallait rattraper 30 à 40 ans de pauvres colons primaires, niochons et primitifs pris dans un frigidaire épouvantable.» (Félix Leclerc en entrevue, *L'actualité*, janvier 1979, p. 12) ♦ *Faire un (du) travail de niochon (gnochon)*. Faire du travail bâclé, mal faire un travail.

1727 **NIPPES.** *Se mouver* [angl. *to move*, bouger] *les nippes*. Se remuer.

1728 **NO WAY.** *No way!* Pas question! Aucunement! «Parce que, entre toi pis moi, comme premier ministre du Québec avec les demandes historiques du Québec, puis tout ce qu'il y avait comme pression ici, il pouvait très bien dire no way.» («La conversation Wilhelmy-Tremblay», *La Presse*, 1er octobre 1992, p. B8)

1729 **NOCES.** *Aller comme à des noces.* Se dérouler parfaitement, sans anicroche. ♦ *Être aux noces.* Être comblé. *Fr.* Être au septième ciel. ♦ *Gai comme aux noces.* Très gai, joyeux. ♦ *Je te servirai le jour de tes noces!* Je te le rendrai bientôt, un jour! *Fr.* Renvoyer l'ascenseur. Un barbier rase l'autre. «Aide-moi donc à transporter ce baril, je te servirai le jour de tes noces.» ♦ *N'avoir jamais été à de telles noces.* N'avoir jamais été traité de la sorte. Expression vieillie. ♦ *Ne pas être aux noces.* Ne pas être dans une situation facile. ♦ *Ne pas (ne plus) s'en sentir (s'en ressentir) le jour de ses noces.* Ne plus en souffrir, ne plus s'en souvenir après un certain temps. «Rien de grave, m'avait-elle dit, s'efforçant de sourire. Je ne m'en sentirai pas le jour de mes noces.» (H. BERNARD, *Les jours sont longs*, p. 152-153) «Eh! Zéphirin, viens donc prendre ma place... — Ah! va donc, lui dit la jeune fille en se levant, tu t'en sentiras pas le jour de tes noces.» (R. GIRARD, *Marie Calumet*, p. 148) ♦ *Ne pas s'en aller aux noces.* Ne pas se hâter, autrement dit, rien ne presse. «Modère donc, la blonde! Modère, la Gaillarde. Tu t'en vas pas aux noces, à matin. Prends ton pas de tous les jours. On a du temps en masse.» (G. GUÈVREMONT, *Le Survenant*, p. 163)

1730 **NOCES DE CHIEN.** *Faire noces de chien.* Se marier pour des motifs sexuels. Désuet.

1731 **NOCES DE PAPIERS.** *Faire des noces de papiers.* Contracter un faux mariage, c'est-à-dire se marier seulement pour obtenir sa citoyenneté. *Fr.* Faire un mariage blanc. «Lui, il avait préféré payer une femme pour la marier, c'est-à-dire faire des noces de papiers, comme ça c'était moins de trouble pour lui... Il s'est servi de moi, au cas où ça ne marcherait pas avec ses noces de papiers.» (Émission *Claire Lamarche*, TVA, 29 janvier 1993)

1732 **NŒUD.** *Frapper un (gros) nœud.* Rencontrer un obstacle (important), une (grosse) embûche. Sur le métier à tisser, s'il y a un fil en chaîne — un nœud — le fil casse, d'où l'expression. Aussi, quand un bûcheron frappe un nœud dans le bois, la coupe est plus difficile. *Fr.* Tomber sur un os. «Eh bien, mon garçon, je pensais que tu avais plus de chien que ça... J'ai déjà frappé des nœuds, moi aussi, dans ma carrière.» (Y. BEAUCHEMIN, *Le matou*, p. 198) «Simon grouille pas encore, y a pas envie de frapper un nœud, y attend que ça soye sûr...» (J.-M. POUPART, *Chère Touffe, c'est plein...*, p. 31)

1733 **NOIR.** *Coucher au noir.* Coucher dans le bois, à l'affût. Se dit à propos de la chasse. ♦ *Se ficher noir.* Se mettre dans une grande colère.

1734 **NOIR DE MONDE.** *Être noir de monde.* Y avoir foule. «C'est samedi aujourd'hui. C'est noir de monde le samedi soir à l'Hôtel de la Gare.» (V.-L. BEAULIEU, *L'héritage / *L'automne*, p. 442) «C'était donc là qu'y étaient tous, les gens de Rimouski! C'est noir de monde Sainte-Luce-sur-mer.» (C. JASMIN, *Pleure pas, Germaine*, p. 85)

1735 **NOIR DE RIRE.** *Être noir de rire.* Exulter, jubiler. *Fr.* Rire à gorge déployée. «Mais les autres étaient noirs de rire.» (G. GUÈVREMONT, *Le Survenant*, dans W. M. MILLER, «Les canadianismes...», p. 222)

1736 **NOIX.** *Tomber sur la noix de qqn.* Exaspérer qqn, semoncer qqn.

1737 **NOMBRE.** *Avoir son nombre.* Se dit d'une mère qui a le nombre d'enfants qui convient dans une famille.

1738 **NOMBRIL.** *Avoir encore le nombril vert.* Être encore trop jeune, trop peu expérimenté. Dit notamment par un adulte à un plus jeune. *Fr.* Voir le monde par le trou d'une bouteille. «Tu devrais awoire honte, parler d'même, un Ti-cul qu'a encore le nombril vert comme toé.» (S. RIVIÈRE, *La s'maine des quat' jeudis*, p. 76) ♦ *Même (ne) pas avoir le nombril sec (mûr) (ne pas être sec du nombril).* Être encore trop jeune, trop peu expérimenté. «Mouais! C'est à croère! Ça a pas le nombril sec, chose!» (A. RICARD, *La gloire des filles à Magloire*, p. 9) «... mais c'est pas non plus une place pour un garçon d'son âge, qu'a pas l'nombril sèche...» (H. BERNARD, *Les jours sont longs*, p. 93) «Et danger était de me retrouver avec un vieux bousiat, ou un jeune pas sec du nombril qui s'arait déclaré le mal de terre un mille au large.» (Y. Thériault, *Moi, Pierre Huneau*, p. 34) ♦ *Se flatter le nombril.* Se réjouir, se féliciter, se flatter. «... à la face des hauts dignitaires réunis pour se flatter le nombril tout en se rinçant le dalot, que Ti-Jos à Pit Landry...» (S. Rivière, *La s'maine des quat' jeudis*, p. 50) ♦ *Se laisser sécher le nombril.* Prendre de l'expérience, vieillir. «Si on est trop gêné pour en parler avec son père trop savant, on est mieux de se laisser sécher le nombril.» (R. Baillie, *Des filles de Beauté*, p. 153) ♦ *Se prendre pour (se croire, se penser) le nombril du monde.* Se donner une importance exagérée. «Ti-Gus se prenait toujours pour le nombril du monde, il n'arrêtait pas de régenter tout un chacun.»

1739 **NOMS.** *Crier des noms à qqn / se faire crier des noms.* Injurier qqn / se faire injurier.

1740 **NONO.** *Être (faire le) nono.* Être (faire l') imbécile, idiot.

1741 **NOTICE.** *Donner sa notice à qqn.* Envoyer promener, chasser, congédier qqn. Calque de l'anglais *to give someone his notice*. «Simon: pis Guillaume, lui?; y peut quand même pas y donner sa notice, vu qu'y est marié avec...» (J.-M. Poupart, *Chère Touffe, c'est plein...*, p. 200)

1742 **NOUNOUNE.** *Avoir l'air (être, faire la) nounoune.* Avoir l'air (être, faire l') idiote. «... c'est du vol, c'est trente piasses pour faire les nounounes... Carrément, c'est du vol direct!» (J. Barrette, *Oh! Gerry oh!*, p. 45) «Ma gang! Y sont même pas là. Y a juss Cassandre. Shit que j'ai l'air nounoune!» (F. Noël, *Chandeleur*, p. 59)

1743 **NOUVELLES.** *Avoir des (p'tites) nouvelles pour qqn.* Avoir qqch. à dire, à révéler à qqn. «*J'ai des p'tites nouvelles pour vous autres*» (Titre d'un livre de Clémence DesRochers, Montréal, L'Aurore, 1974)

1744 **NOWHERE.** [Angl. nulle part] *Aller (partir) dans (sur) (prendre) un nowhere (no-where).* Partir à l'aventure, faire une escapade amoureuse, en ignorant sa destination et, parfois, l'identité du ou de la partenaire. «... toutte sque ça tdonne le goût dfaire, cé dprendde un nowhere pis djamais y rmettre les pieds!» (J.-C. GERMAIN, *Mamours et conjugat*, p. 115) «... Six-Pintes le robineux attelait sa vieille picasse au boghei et larguait pour un nowhere de plusieurs semaines, en terre étrangère.» (S. RIVIÈRE, *La saison des quêteux*, p. 81) «On aurait pu partir sur un no-where! En public, j'ai une femme qui s'révèle discrète. Pas à en sortir.» (J.-M. POUPART, *Chère Touffe, c'est plein...*, p. 125)

1745 **NU-BAS.** *Marcher (être) nu-bas.* N'être chaussé que de ses bas. Voir *pieds de bas* (n° 1975). «Il y a aussi "nu bas": quelqu'un qui est nu bas est quelqu'un qui a ses bas et pas de souliers, qui se promène en pieds de bas comme on dit.» (G. GODIN, *Cantouques et Cie*, p. 160)

1746 **NUMÉRO.** *Avoir le numéro de qqn.* Bien connaître qqn, avoir jaugé qqn. Pour dire qu'il faut s'en défier. ♦ *Être (frapper) un (un moyen, un drôle de) numéro.* Être (rencontrer) un phénomène, un énergumène, une personne hors de l'ordinaire. «Dans ce métier-là, on peut parfois frapper un numéro, mais on se débrouille...» «Vous êtes un moyen numéro. — Ah oui, je suis un moyen numéro tout court.» (Pierre Péladeau à Suzanne Lévesque, *Touche à tout*, CKAC-Télémédia, 7 mai 1992)

1747 **NUMÉRO UN.** *C'est numéro un!* C'est parfait, impeccable. Calque de l'anglais *number one!* ♦ *Un... numéro un.* Un... authentique, parfait. «Quel Simon? — Le Cyrénéen! Un véreux qui m'a pas aidé pour la peine. Un feignant numéro un, j'te le dis!» (L. FRÉCHETTE, *Originaux et détraqués*, p. 238)

O

1748 **OBLIGÉ.** *Se marier obligé.* Se marier par obligation (parce que la femme est enceinte). Voir *pressé* (n° 2144). «C'est une compagne de travail qui s'appelait Solange pis qui s'était faite faire un p'tit. Pas question de se marier obligée.» (J.-M. POUPART, *Chère Touffe, c'est plein...*, p. 52)

1749 **ODEUR DE SAINTETÉ.** *Ne pas avoir qqch., qqn en odeur de sainteté.* Ne pas aimer, apprécier qqch., qqn. *Fr.* Ne pas avoir qqch., qqn à la bonne. «Pauvre vous, l'assurance-chômage, vous devez pas la porter en odeur de sainteté!» (Jean Lapierre, *Contact Lapierre*, CKAC-Télémédia, 2 février 1993)

1750 **ŒIL.** *Avoir un œil qui se crisse bien de l'autre.* Loucher. *Fr.* Avoir un œil qui dit merde à l'autre. Avoir un œil qui joue au billard. ◆ *Ça se voit comme un œil dans le front.* C'est évident. *Fr.* Ça crève les yeux; ça saute aux yeux. «Il est misogyne; de toute façon, ça se voit comme un œil dans le front.»

1751 **ŒIL DE GOÉLAND.** *Avoir un œil de goéland.* Avoir la vue perçante. *Fr.* Avoir un œil de lynx.

1752 **ŒUF.** *Donner un œuf pour avoir un œuf.* S'attendre à recevoir autant qu'on a donné. ◆ *Pacté [paqueté] (plein, rond) comme un (comme l') œuf.* Ivre mort. «Après avoir ingurgité douze bières, il était paqueté comme un œuf.» «J'vas t'montrer c'que t'as l'air, mon cochon, quand t'es rond comme un œuf.» (H. BERNARD, *Les jours sont longs*, p. 83) ◆ *Plein comme un œuf.* Rempli, comblé, fortuné. «Bombardier, en fait, est plein comme un œuf pour 2002-2003.» (André Hains, *La chronique économique*, CKAC-Télémédia, 12 mars 2002) ◆ *Tomber gros comme un œuf.* Se dit de la pluie qui tombe à verse ou de la neige qui tombe en gros flocons.

1753 **ŒUF DE DINDE.** *Avoir la face (être rousselé) comme un œuf de dinde.* Avoir de nombreuses taches de rousseur sur la figure.

1754 **ŒUFS.** *Donnes-y des œufs!* Vas-y, tiens bon! Formule d'encouragement. ♦ *Faire ses œufs.* Être menstruée.

1755 **OFF.** [Angl. libre] *Être (avoir, prendre son jour, sa semaine, etc.) off.* Être libre, en repos, en congé; avoir, prendre son jour (sa semaine, etc.) de congé, de relâche. «... ben si vous êtes décidée à faire vot' peinturage aujourd'hui, j'serais d'équerre pour en fére un boutte. — En quel honneur? Êtes-vous off aujourd'hui, Honoré?» (M. Laberge, *C'était avant la guerre...*, p. 59)

1756 **OFFICIEL.** *C'est officiel!* C'est certain! C'est reconnu! «... on va le faire d'abord, le flash-back dans l'enfance, c'est officiel, qu'a suive, qu'a suive pas.» (J.-M. Poupart, *Chère Touffe, c'est plein...*, p. 21)

1757 **OIGNON.** *Être habillé (s'habiller) comme un oignon.* Porter plusieurs épaisseurs de vêtements pour se protéger du froid. ♦ *Se coucher en oignon.* Se coucher tout habillé.

1758 **OIGNONS.** *Mêle-toi (occupe-toi) de tes oignons!* Occupe-toi de tes affaires! *Fr.* Occupe-toi de tes fesses! «Mêle-toi de tes oignons, petit écornifleux.» ♦ *Transplanter ses oignons.* Mourir.

1759 **OISEAU.** *Être comme un oiseau sur une branche.* Être en situation instable, ne pas tenir en place. *Fr.* Être comme l'oiseau sur la branche. ♦ *Libre comme l'oiseau dans l'air.* Totalement libre. ♦ *Manger comme un oiseau.* Manger peu. *Fr.* Manger comme un moineau.

1760 **OISEAUX.** *Être aux oiseaux.* Être comblé, parfaitement heureux. Voir *petits oiseaux* (n° 1955). *Fr.* Être aux anges; être au septième ciel. «Y en manquent pas un. C'est un vrai film, un vrai. Y sont aux oiseaux, y battent des mains.» (C. Jasmin, *Pleure pas, Germaine*, p. 121)

1761 **OMBRE.** *Ne pas voir l'ombre du bout (du quart) de qqch.* Ne voir rien du tout de qqch. «Et les contribuables du Québec n'ont pas vu l'ombre du bout du quart d'une réduction d'impôt.» (Jean Blouin, «Les camouflés, les invisibles et les disparus», *L'actualité*, mai 1985, p. 46) ♦ *Lent comme l'ombre du midi.* Très lent, lambin (se dit d'une personne). «Pépère était lent comme l'ombre du midi à s'habiller, il fallait toujours l'attendre pour aller à la messe.»

1762 **ONGLES.** *Avoir les ongles courts.* Ne plus avoir, manquer d'argent. *Fr.* Être à sec.

1763 **OPÈNE.** [Angl. *open*, ouvert] *Être opène.* Avoir l'esprit ouvert, être généreux, libéral.

1764 **OR EN BARRE.** *C'est / c'est pas de l'or en barre!* C'est / ce n'est pas précieux! «On en reparlera, v'là ta mère, parle pas de ça, ça pourrait y faire de la grosse peine. Tu sais, ses enfants, c'est de l'or en barre!» (C. Jasmin, *Pleure pas, Germaine*, p. 133) «Cette femme-là, c'est de l'or en barre dans une maison!» «Prends-en! Au moins une petite fiole. C'est pas de l'or en barre. C'est pas les gros chars. C'est pas la mort d'un homme.» (J.-J. Richard, *Faites-leur boire le fleuve*, p. 155)

1765 **ORDINAIRE.** *Faire l'ordinaire.* Accomplir les tâches quotidiennes (sur la ferme, dans la maison, etc.), faire la cuisine. «C'est une fille ben smatte. Elle fait l'ordinaire chez eux.» (*Le gros Bill*, film de René Delacroix, 1949) «À moins qu'y s'contente d'une femme capable de faire l'ordinaire, de la bonne ordinaire comme y sortent par icitte.» (J.-M. Poupart, *Chère Touffe, c'est plein...*, p. 178)

1766 **OREILLE.** *Apprendre par oreille.* Apprendre en écoutant les autres, par imitation, sans suivre d'enseignement. «Elle a appris le français "par oreille" en écoutant la radio et elle prend parfois le ton et l'accent des autres personnages.» (F. Noël, *Chandeleur*, p. 12)

1767 **OREILLES.** *Entre les deux oreilles.* Dans la tête, l'esprit. «Les problèmes de digestion, c'est entre les deux oreilles que ça se passe avant tout.» ♦ *Avoir les oreilles chromées.* Être peu raffiné, d'une élégance criarde, être pomponnée (se dit d'une femme). ♦ *Avoir les oreilles dans le crin.* Maugréer, prendre un air sournois, être irrité. «Les oreilles dans le crin, les gars du 5 ont suivi la marche des recherches… De plus, le gibier de police, on ne regarde pas ça…» (J.-J. RICHARD, *Faites-leur boire le fleuve*, p. 72) ♦ *Avoir (se tenir) les oreilles molles.* Se tenir penaud, ne pas soulever de controverse, être paresseux, lambin. Allusion aux oreilles molles d'un mauvais cheval ou d'une bête trop âgée. Voir *corps* (nº 667). «Ce gars a les oreilles molles, pas moyen de lui faire déplacer les poches de patates.» ♦ *Ça sort par les oreilles!* C'est bon, délicieux! Compliment. ♦ *Chauffer les oreilles de qqn / se faire chauffer les oreilles.* Agacer, irriter qqn / se faire gronder. «Toi, mon p'tit morveux, tu commences à me chauffer les oreilles… Décidez-vous vite ou j'demande la police.» (M. RIDDEZ et L. MORISSET, *Rue des Pignons*, p. 22) ♦ *Coucher (canter) les oreilles.* Se mettre en colère. *Fr.* La moutarde lui monte au nez. ♦ *Faire chauffer les oreilles à qqn.* Punir physiquement qqn, semoncer vertement qqn, notamment un enfant. ♦ *Se faire baisser les oreilles.* Se faire couper les cheveux. ♦ *Se faire retrousser les oreilles.* Entendre des propos renversants, étonnants, choquants. «Ce que tu me racontes là, Pierre, ça me fait retrousser les oreilles!» ♦ *Se tenir droit et avoir les oreilles molles.* Façon plaisante de dire: se tenir au garde-à-vous. ♦ *Sonner (tirer) les oreilles de qqn / se faire sonner (tirer) les oreilles.* Donner une correction à qqn (notamment à un enfant) / subir une correction. *Fr.* Frotter les oreilles de qqn.

1768 **OREILLES DE LAPIN.** *Droit comme des oreilles de lapin.* Dressé.

1769 **ORÉMUS.** *Faire des orémus.* Réciter des prières, gesticuler. *Fr.* Marmonner des orémus.

1770 **ORGUEIL.** *Monter en orgueil.* Se dit d'une plante qui pousse sans produire de fruit. Aussi, d'un enfant qui grandit tout en restant d'allure frêle.

1771 **ORIGNAL.** *Câler (caller)* [angl. *to call*, appeler] *l'orignal (à côté de la bolle).* Se dit d'une personne ivre qui, gémissant à côté de la cuvette avant de vomir, évoque le cri de l'orignal. ◆ *Devenir orignal*. Devenir excité sexuellement. Se dit d'un homme.

1772 **OS.** *Jusqu'à l'os.* Jusqu'au bout, au maximum. Superlatif. Ainsi, profiter jusqu'à l'os, se moquer jusqu'à l'os de qqn, etc. «Il y a des commerçants qui vont en profiter jusqu'à l'os.» (Jacques Parizeau, *Montréal ce soir*, SRC, août 1989) ◆ *Chier des os.* Accoucher.

1773 **OS GRAS.** *Jeter ses os gras.* Gaspiller, dilapider son bien. *Fr.* Jeter ses choux gras.

1774 **OSSELETS.** *Serrer les osselets à qqn.* Rudoyer qqn. Voir *ouïes* (n° 1779).

1775 **OSTINEUX.** *Être (bien) (faire l') ostineux [obstineur].* Aimer contredire, être chicanier.

1776 **ÔTER (S').** *Ôtez-vous (d'là)!* Attention! croyez-moi! «La petite Julie, c'est de la dynamite, ôtez-vous d'là!»

1777 **OUAC.** [Angl. *wack*, cri] *Lâcher un ouac (ouaque, wak).* Lancer un cri. «Si tu as besoin d'aide, t'as juste à me lancer un ouac.» «Simon lâche un *wack* à tout casser: ÇA VA FAIRE!» (J.-M. POUPART, *Chère Touffe, c'est plein...*, p. 226) «Je ne pouvais même pas lâcher un *wak*: il m'avait bien averti que si je chialais trop fort, la bonne femme à la maison en apprendrait des vertes et des pas mûres.» (Y. BEAUCHEMIN, *Le matou*, p. 359)

1778 **OUATE.** *Être / ne pas être élevé dans (la) ouate [l'ouate].* Être / ne pas être élevé avec sévérité, durement. «C'est pas des petits peureux, vos deux mômes? — Non, c'est pas des peureux. On les a pas élevés dans ouate.» (C. JASMIN, *Pleure pas, Germaine*, p. 116)

1779 **OUÏES.** *Serrer (soincer) les ouïes de qqn / se faire serrer (souincer) les ouïes.* Savonner, corriger qqn / se faire savonner, corriger. Se dit notamment d'un enfant. *Fr.* Frotter les oreilles à qqn.

1780 **OUISTITI.** *Sentir le ouistiti.* Sentir mauvais, empester.

1781 **OURS.** *Avoir faim comme un ours.* Être affamé. ◆ *Avoir mangé de l'ours.* Être maussade, irritable, être enceinte. ◆ *Capable (fort) comme un ours.* Très fort, costaud. «Louis

Cyr était capable comme un ours et bâti comme un pan de mur.» ♦ *Dormir comme un ours.* Dormir d'un sommeil profond. *Fr.* Dormir comme un loir. ♦ *Guetter (watcher)* [angl. *to watch*, guetter] *les ours.* Attendre l'accouchement, aider à l'accouchement. «Les colons, habitués à faire le guet dans les ténèbres... appelaient également "watcher" ou "guetter les ours" le fait d'attendre l'arrivée de ces pauvres innocents.» (Vieux Doc [E. Grignon], *En guettant les ours*, p. 10) ♦ *Manger (se bourrer) comme un ours.* S'empiffrer. ♦ *Voir l'ours.* Se livrer à des ébats sexuels.

1782 **OUVRAGE.** *Je n'ai pas le temps de travailler, j'ai trop d'ouvrage!* Réplique amusante proférée à qqn qui paresse. ♦ *Pas regarder l'ouvrage.* Être travaillant, ne pas compter ses efforts. Voir *regardant* (n° 2221).

1783 **OVERALLS.** [Angl. salopette] *Enfirouaper ses overalls.* Enfiler sa salopette.

1784 **OVERTIME.** [Angl. heures supplémentaires] *Faire de l'overtime.* Travailler en heures supplémentaires, en faire plus que nécessaire, faire la bombe.

P

1785 **PACAGE.** *Mettre qqn au pacage.* Éconduire qqn (notamment un amoureux). Expression désuète.

1786 **PAILLE.** *Avoir (mourir) le derrière (le cul) sur la paille.* Être (mourir) pauvre, dans le dénuement. «Après avoir tout donné à ses enfants, il est mort le derrière sur la paille.» ◆ *La paille est cassée.* L'idylle est rompue, terminée. Se dit de deux amoureux qui se séparent. ◆ *Tomber dru comme paille.* Pleuvoir abondamment, à verse.

1787 **PAIN.** *Bon comme du (bon) pain, c'est du bon pain.* Très bon, charitable. En France : excellent (en parlant d'une chose). «Le curé Gagnon, c'est bon comme du pain. Le plaisir qu'il prendra à la bénir, ta maison, tu ne peux pas le comprendre...» (J. Ferron, *Rosaire*, p. 110) «Pauvre Donalda, c'était du bon pain, mais elle menaçait de me coûter cher.» (C.-H. Grignon, *Un homme et son péché*, p. 141) ◆ *Enfourner le pain.* Avoir des relations sexuelles. Dit notamment pour ne pas être compris des enfants. ◆ *Faire du pain (à une femme).* Faire l'amour (à une femme). ◆ *Marcher comme si on avait perdu un pain de sa fournée.* Marcher le dos voûté. ◆ *Perdre un pain de sa cuite (de sa fournée).* Perdre en partie son bien, essuyer un revers, subir une déception. «Tu m'as ben l'air d'être en bibite, / Quoi c'est qui va pas à ton goût? / As-tu perdu un pain d'ta cuite, / C't'effrayant comm' t'es marabout!» (É. Coderre, *J'parle tout seul quand Jean Narrache*, p. 26) «T'es ben jongleuse, Angélina. As-tu perdu un pain de ta fournée? / Surprise, Angélina rougit.» (G. Guèvremont, *Le Survenant*, p. 235) ◆ *Pouvoir manger un pain sur la tête de qqn.* Être de plus grande taille que qqn. «Il avait cessé d'agiter la machine et fait une couple de pas en avant, parlant presque sous le menton de Marie Calumet. Celle-ci, pour employer la vieille locution canadienne, pouvait lui manger un pain sur la tête.» (R. GIRARD, *Marie Calumet*, p. 151) ♦ *Prendre en pain*. Figer, être paralysé, intimidé. ♦ *Ôter le pain de la bouche de qqn*. Priver qqn de l'essentiel. *Fr*. Retirer le pain de la bouche à qqn. «Ce spéculateur a ôté le pain de la bouche de ce pauvre père de famille et l'a jeté, lui et les siens, à la rue.» ♦ *S'ôter le pain de la bouche*. Se priver de l'essentiel (souvent en faveur d'autrui ou plus particulièrement de ses enfants).

1788 **PAIN BÉNIT.** *Ambitionner sur le pain bénit*. Abuser de qqn, qqch. Se dit souvent à l'impératif: «Ambitionne pas sur le pain bénit!» «On pourrait semer du trèfle dans la vieille prairie. En amendant la terre, comme de raison... — Aïe! Ambitionne pas sur le pain bénit. Qui c'est qui s'occupera des cageots, des casseaux, du cueillage?» (G. GUÈVREMONT, *Le Survenant*, p. 223) «J'prendrais ben la ménagère avec, tant qu'à faire. — Là j'trouve que vous ambitionnez sus l'pain béni, Honoré.» (M. LABERGE, *C'était avant la guerre...*, p. 20) ♦ *Bon comme du pain bénit*. Très bon, aimable, compatissant. En France, (c'est) pain bénit: bien mérité.

1789 **PAIN BLANC.** *Manger son pain blanc*. Profiter de la prospérité, de l'abondance, du bonheur. Voir *pain noir* (n° 1792). «Ça se pourrait bien qu'on soit en train de vouloir manger notre pain blanc trop vite, mon homme, mais bon Dieu du ciel, le pain blanc, on l'a pas tous les jours, on fait p't-être mieux d'y goûter quand il passe.» (G. ROY, *Bonheur d'occasion*, p. 181)

1790 **PAIN CHAUD.** *Comme du pain chaud*. Facilement, sans difficulté. «Duplessis, il est rentré ici comme du pain chaud.» (Une résidante de l'île d'Orléans, *Première ligne*, Radio-Québec, 19 déc. 1988)

1791 **PAIN DES NOCES.** *Le pain des noces dure encore*. L'amour dure encore. Se dit de conjoints qui témoignent de leur amour après plusieurs années de mariage.

1792 **PAIN NOIR.** *Manger son pain noir.* Connaître la misère, le malheur, subir des épreuves. Pain noir : malheur, par opposition au pain blanc (bonheur). Voir *pain blanc* (n° 1789). « Le fallait : el pére nous envoèyait pus rien... — M'as dire comme on dit : vaut mieux manger son pain noèr de bonne heure. » (A. RICARD, *La gloire des filles à Magloire*, p. 88)

1793 **PAIN SEC.** *Manger son pain sec.* Subir, affronter l'épreuve. « Le député en fut quitte pour manger son pain sec et cracher les cadeaux demandés... » (S. RIVIÈRE, *La s'maine des quat' jeudis*, p. 50)

1794 **PAIR.** *Faire son pair (per, pis).* Mettre bas (se dit d'une vache), se décider, arrêter une décision. ♦ *Mettre (prendre) du temps à faire son pair (per, pis).* Lambiner, tarder à accomplir qqch.

1795 **PAIRE DE BRETELLES.** *C'est une autre paire de bretelles!* C'est autre chose, une autre question. *Fr.* C'est une autre paire de manches !

1796 **PALETTE.** *Avoir (faire) la (grosse) palette.* Avoir (faire) beaucoup d'argent. *Fr.* Avoir (faire) le magot. Voir *motton* (n° 1676) et *paquet* (n° 1813). ♦ *Se faire prendre la palette.* Se faire chicaner. ♦ *Se licher [lécher] la palette.* Garder une rancune tenace.

1797 **PALETTE DU GENOU.** *Avoir la palette du genou plate.* Inventer des prétextes pour ne pas travailler, ne rien faire. ♦ *Se licher (se gratter) la palette du genou.* Perdre son temps à des riens.

1798 **PALISSADE.** *Passer par-dessus la palissade.* Transgresser un interdit. Se dit particulièrement d'un enfant.

1799 **PÂMANT.** *Être pâmant.* Être drôle, hilarant. « Des bouttes, a s'adonne à être pâmante sus le vrai temps... » (J.-M. POUPART, *Chère Touffe, c'est plein...*, p. 205)

1800 **PÂMER (SE).** *Se pâmer violette.* Rougir, s'extasier. « ... aime moins son prodige enrubanné de bleu qui se pâme violette en tirant sur ses boucles d'oreilles. » (R. BAILLIE, *Des filles de Beauté*, p. 10)

1801 **PAN DE MUR.** *Bâti comme un pan de mur.* Avoir une carrure imposante. Voir *armoire à glace* (n° 77).

1802 **PANIER.** *Porter le panier.* Être constamment aux trousses de qqn.

1803 **PANIER DE CRABES.** *Ouvrir le panier de crabes.* Dévoiler une affaire louche. En France, panier de crabes : gens qui cherchent à se nuire mutuellement.

1804 **PANIER PERCÉ.** *Être (un) panier percé.* Être un mouchard, un délateur. Employé notamment entre enfants. En France, panier percé : personne prodigue. «Cesse de parler en paraboles! Me prends-tu pour un panier percé?» (Y. Beauchemin, *Le matou*, p. 345)

1805 **PANIERS.** *Porter les paniers.* Moucharder. Se dit particulièrement d'un enfant. Voir *porte-panier* (n° 2105).

1806 **PANSE.** *Ouvrir les yeux grands comme la panse.* Écarquiller les yeux. «R'garde comme faut, on va prendre "la route en l'air", t'aimes tant ça. — Ronald se secoue et ouvre les yeux grands comme la panse.» (C. Jasmin, *Pleure pas, Germaine*, p. 14)

1807 **PAON.** *Être reçu comme un paon.* Être reçu en grande pompe, avec tous les honneurs. ♦ *Fier (orgueilleux) comme un paon.* Très orgueilleux, poseur. Voir *prince* (n° 2149). «Fier comme un paon, Cyprien ne venait dans son comté éloigné de Bonaventure que pour cabaler...» (S. Rivière, *La s'maine des quat' jeudis*, p. 46)

1808 **PAPE.** *Je suis le pape Jean-Paul II, j'ai deux antennes puis un œil dans le front!* Se dit pour répliquer à des propos absurdes ou invraisemblables. Se dit notamment chez les jeunes. ♦ *Saoul comme un pape.* Ivre mort. ♦ *Sérieux comme un pape.* Très sérieux, impassible. ♦ *Va voir le pape!* File! Déguerpis!

1809 **PAPIER.** *Je t'en (vous en) passe un (je t'en signe un, mon) papier.* Je t'assure, tu as ma parole. *Fr.* Je t'en fiche mon billet. «Il va se r'mettre à travailler selon les normes de l'entreprise, je vous en passe un papier!» (*Le grand zèle*, téléfilm de Roger Cantin, 1992) «... T'es un homme à te remonter le sifflet dans Pointe-Lévis, je t'en signe mon papier!» (L. Fréchette, *Contes de Jos Violon*, p. 91) «Pis, quand il s'a relevé vite, il avait ça sorti de son penmans. C'était de l'outillage ben paré, j't'en passe un papier...» (Y. Thériault, *Moi, Pierre Huneau*, p. 100-101) «Tu régleras pas ça d'même, j't'en passe un papier. J'vas t'envoyer l'curé, moé, y va t'parler ça s'ra pas long.» (M. Laberge, *C'était avant la guerre...*, p. 40) «Pis quand t'allais à confesse, oh donc! Je t'en passe un papier que tu y allais pas pour des pinottes. Le curé te lavait à grande eau.» (R. Lévesque, *Le vieux du Bas-du-Fleuve*, p. 94) «Le bluff est sus le cul, t'en passes un sacré papier. Pierre replace le paquet dans botte.» (J.-M. Poupart, *Chère Touffe, c'est plein...*, p. 87) «... en tout cas, un gars qu'avait ben passé la quarantaine, et pas mal essoufflé, je t'en passe un papier.» (G. Roy, *Bonheur d'occasion*, p. 313)

1810 **PAPIERS.** *Être mêlé dans ses papiers.* Avoir l'esprit confus, embrouillé, être confus dans ses propos. «... certaine qu'a s'était pas mêlée dans ses papiers, ses flûtes pis ses pilules, qu'à s'retrouverait pas engrossée, pleine aux as, le tit mongol qui gigote déjà.» (J.-M. Poupart, *Chère Touffe, c'est plein...*, p. 110) ♦ *Faire des papiers.* Rédiger un contrat.

1811 **PÂQUES.** *Faire Pâques avant (les) Rameaux.* Avoir des relations sexuelles avant le mariage. ♦ *Fêter Pâques avant le carême.* Devenir enceinte avant le mariage. *Fr.* Emprunter un pain sur sa fournée.

1812 **PÂQUES DE RENARD.** *Faire des Pâques de renard.* Faire ses Pâques en retard, à la dernière minute.

1813 **PAQUET.** *Arriver avec un paquet.* Arriver, devenir enceinte. ♦ *Avoir le paquet.* Avoir beaucoup d'argent. Voir *motton* (n° 1676) et *palette* (n° 1796). ♦ *Faire son paquet.* Partir, faire ses bagages. *Fr.* Faire son baluchon. «... si vous m'alliez pas comme vous m'allez, eh! ben, ma foi du bon Dieu, j'ferais mon paquet et tout serait dit.» (R. Girard, *Marie Calumet*, p. 104)

1814 **PAQUETER.** *Paqueter (pacter) une réunion, une assemblée, etc.* Noyauter une réunion, une assemblée, etc.

1815 **PAQUETS.** *Porter les (des) paquets.* Moucharder. Se dit particulièrement d'enfants, et entre enfants. Voir *porteur de paquets* (n° 2108).

1816 **PAR AMONT.** *Faire qqch. par amont qqn.* Faire qqch. devant qqn. «Ou bien tu oublies la terre de Delphis et tu t'excuses pan amont moi d'avoir entraîné Gabriel là-dedans, ou bien tu pactes tes petits et tu claires le chemin! C'est clair!» (V.-L. BEAULIEU, *L'héritage /*L'automne*, p. 207)

1817 **PARADIS.** *Ne pas l'emporter en (au) paradis.* Ne pas pouvoir s'en sauver, s'en sortir. S'emploie en France. «Tu l'connais, Philias. Tu l'connais. Il va s'emporter. Pis s'il s'emporte, tu l'emporteras pas en paradis...» (J. BARBEAU, *La coupe Stainless*, p. 56) «Mais le beau notaire Bellerose, par exemple, sa crampe d'estomac, il l'emportera pas en paradis.» (*Le curé de village*, film de P. Gury Le Gouriadec, 1949)

1818 **PARDON.** *Demander pardon mon oncle.* Demander l'arrêt des hostilités en s'avouant vaincu. *Fr.* Demander l'aman.

1819 **PARESSEUX.** *Se coucher en paresseux.* Se coucher tout habillé.

1820 **PARFAIT.** *C'est dans le (très) parfait.* C'est impeccable, parfait.

1821 **PARKING.** *Faire du parking.* Se bécoter dans une voiture en stationnement (chez les jeunes).

1822 **PARLABLE.** *Ne pas être parlable (être pas parlable) / être parlable.* Ne pas être affable, aimable / être affable, aimable. «Les premières fois que j'ai pris un crayon pis un papier, j'avais peut-être onze ou douze ans, c'était pour te parler parce que t'étais pas parlable, pour te dire que je t'aimais...» (M. TREMBLAY, *Le vrai monde*, p. 99)

1823 **PARLER.** *Apprendre à qui parler.* Apprendre la politesse, donner la leçon (à qqn). *Fr.* Trouver à qui parler. «Je lui ai parlé sur le même ton effronté avec lequel il m'a abordé. Je te dis qu'il a appris à qui parler.» ♦ *Il ne parle pas pis c'est (ben, tout) juste.* Il ne lui manque que la parole, *i.e.* il a toutes les qualités, les attributs ou presque. Se dit d'un animal ou d'un appareil quelconque. ♦ *Parle, parle, jase, jase.* En parlant de qqn qui tergiverse, qui perd son temps à parler. «Parle, parle, jase, jase, et pendant ce temps les microbes font leur chemin, ronchonnait madame Gratton...» (Y. Beauchemin, *Le matou*, p. 227) ♦ *Parlons-en!* Tu blagues! Voyons donc! *Fr.* Tu parles, Charles!

1824 **PARLETTE.** *Avoir de (faire) la parlette.* Être bavard, volubile, bavarder, causer. Voir *parlote* (n° 1826). «Pourtant, quand j'veux faire un' jasette / À Saint-Joseph ou Notr'-Seigneur, /C'est curieux comm' j'ai d'la parlette...» (É. Coderre, *J'parle tout seul quand Jean Narrache*, p. 64) «... quand tu pars pour une walk qui pourrait ben finir au bout du monde, faut ben que tu fasses un peu la parlette avec ceux qui se grouillent à côté de toi.» (G. Roy, *Bonheur d'occasion*, p. 312)

1825 **PARLOTAGE.** *Faire du parlotage.* Parler pour ne rien dire.

1826 **PARLOTE.** *Avoir de la parlote (parlotte).* Être volubile. Voir *parlette* (n° 1824). «J'avais fréquenté une fille ben ména- gère aussi, la fille à Hermas Hardy, de Saint-Gélas. Une grande rousse qui avait d'la parlote, pis du bon vouloir.» (Y. Thériault, *Les vendeurs du temple*, p. 157)

1827 **PAROISSE.** *Prêcher pour sa paroisse.* Privilégier ses intérêts, ses proches. S'emploie en France. *Fr.* Avoir l'esprit de clocher.

1828 **PAROISSIEN.** *Recrinquer le paroissien à qqn.* Revigorer, ras- séréner qqn. «Nous autres, on est pas payés pour vous faire des guilisguilis ah! ah! rien que pour vous recrinquer le paroissien. On est pas un CLSC, gonnebitche!» (V.-L. Beau- lieu, *L'héritage /*L'automne*, 76) ♦ *Se réjouir le paroissien.* Trinquer, se revigorer (en buvant de l'alcool). «Rien qu'à me nourrir, et à me vêtir, me v'là riche! — Puis un trois- demiards pour te réjouir le paroissien de temps à autre?» (G. Guèvremont, *Le Survenant*, p. 176)

1829 **PAROLE.** *Avoir la parole en bouche.* Être disert, volubile, éloquent. *Fr.* Avoir la parole facile. ♦ *Casser sa parole.* Ne pas respecter sa parole, une promesse. *Fr.* Manquer à sa parole. ◆ *Dompté à la parole.* Obéir à la parole. Se dit d'un cheval.

1830 **PARQUER (SE).** *Aller se parquer chez qqn.* Voter pour un candidat politique en attendant un meilleur choix.

1831 **PARTANCE.** *Avoir (laisser) une (bonne) partance (à qqn).* Avoir (accorder) une avance (confortable) (à qqn).

1832 **PARTICULIER.** *Dans le particulier.* En privé, privément. «J'y ai d'mandé ça dans l'particulier. Elle, a dit à moé...» (M. LETELLIER, *On n'est pas des trous-de-cul*, p. 164)

1833 **PARTIE DE FESSES.** *Faire (organiser) une partie de fesses.* Organiser une partouze.

1834 **PARTIE DE SUCRE.** *Aller à (faire, organiser, etc.) une partie de sucre.* Aller (faire une sortie) à la cabane à sucre, à l'érablière. Voir *sucres* (n° 2447).

1835 **PARTY.** [Angl. fête] *Briser (casser) le party.* Interrompre le plaisir, la fête, notamment par des propos intempestifs. «Mais les Anglais sont arrivés / Ça pas mal cassé le party...» (Y. DESCHAMPS, *Monologues*, p. 162) ◆ *Être sur le party.* Être en fête. ◆ *Virer (revirer) un (méchant) party.* Partir en fête, s'amuser follement. *Fr.* Faire la bombe; faire la bringue. «... seulement tu devrais en garder un peu de c'te verdure-là pour virer un beau p'tit party avec les gars. Ça fait longtemps qu'on s'est pas amusés.» (M. RIDDEZ et L. MORISSET, *Rue des Pignons*, p. 299)

1836 **PAS À DIRE.** *Y a pas à dire.* Assurément, c'est certain, c'est évident. «Pour tomber su'l'cul, y'a pas à dire, les tenants du secret tombaient su'l'cul en varice généralisée...» (S. RIVIÈRE, *La s'maine des quat' jeudis*, p. 173)

1837 **PAS BON.** *Être (un) (faire le) pas bon (pas-bon).* Être (un) incapable, idiot. «Touchez-moi pas, bandes de pas-bons! — Bandes de quoi? On l'emmène comme complice!» (J.-J. RICHARD, *Faites-leur boire le fleuve*, p. 44) «Y avait trop d'enfants dans maison / C'est pour ça qu't'as sacré ton camp / T'as eu des "boss", c'était des pas-bons / Faque tu chômes d'l'été au printemps.» (Y. DESCHAMPS, *Monologues*,

p. 86) «Nous autres, les gars, on est des pas bons, des pas fins, des têtes croches. J'vas déserter un bon jour, j'vas sacrer le camp dans l'Ontario.» (C. Jasmin, *Pleure pas, Germaine*, p. 61)

1838 **PAS CARRÉS.** *Marcher à pas carrés.* Marcher à grands pas.

1839 **PAS D'AFFAIRE.** *Pas d'affaire!* Pas question, rien à faire. «... je t'ai prévenu... qu'on le mette au cachot! — Non, non, papa, intervint la princesse, pas d'affaire...» (R. Lalonde, *Contes de la Lièvre*, p. 63-64)

1840 **PAS D'ALLURE.** *Être (un) (faire le, son) pas d'allure.* Être imbécile, incapable. «Un pas d'allure, c'est un pas d'allure! réplique Miville. Le père t'attend en bas.» (V.-L. Beaulieu, *L'héritage /*L'automne*, p. 90)

1841 **PAS-DE-DANGER.** *Pas-de-danger a perdu sa goélette.* La témérité est punie. Aux Îles-de-la-Madeleine, mise en garde à peine voilée adressée aux pêcheurs trop téméraires.

1842 **PAS DE LA GRISE.** *Aller au pas de la grise (de la blanche).* Avancer lentement, sans précipitation. La grise, la blanche: noms affectueux du cheval de ferme.

1843 **PAS DE SOURIS.** *Faire des pas de souris.* Avancer à petits pas.

1844 **PAS FIN.** *Être (un) pas fin (pas-fin).* Avoir l'esprit lent, être (un) méchant. «Nous autres, les gars, on est des pas bons, des pas fins, des têtes croches. J'vas déserter un bon jour, j'vas sacrer le camp dans l'Ontario.» (C. Jasmin, *Pleure pas, Germaine*, p. 61) ♦ *Faire son pas fin (pas-fin).* Être (un) malcommode. Se dit notamment d'un enfant.

1845 **PAS-GRAND-CHOSE.** *Être un pas-grand-chose.* Avoir peu de valeur, d'importance. Se dit d'une personne.

1846 **PAS PIRE.** *En faire (en voir, etc.) une pas pire (des pas pires).* Une chose (des choses) assez particulière(s), assez singulière(s).

1847 **PAS POSSIBLE.** *Qqn, qqch. (de) pas possible.* Qqn, qqch. hors de l'ordinaire, d'extravagant.

1848 **PAS POUR RIRE.** *(En) pas pour rire.* Très, beaucoup, merveilleusement. «... Simone, qui touchait l'organe pas pour rire, habillée en dimanche sept jours par semaine...» (J.-M. POUPART, *Chère Touffe, c'est plein...*, p. 180) «J'la connaissais ben elle. Ça c'tait que'qu'un. Était rough en pas pour rire.» (M. LETELLIER, *On n'est pas des trous-de-cul*, p. 125) «C'est reconnu que les jerseys sont les meilleures au monde. Et puis, j'en ai soin pas pour rire.» (C.-H. GRIGNON, *Un homme et son péché*, p. 173) «Mais Beauté... elle est devenue laide pas pour rire.» (R. BAILLIE, *Des filles de Beauté*, 27) «Le pire dans tout ça, c'est qu'c'est contagieux pas-pour-rire. Y a des familles complètes qui y passent.» (S. RIVIÈRE, *La s'maine des quat' jeudis*, p. 78)

1849 **PASSAGE DES BINES.** [Angl. *beans*, haricots] *Serrer le passage des bines à qqn.* Tabasser, frapper qqn, corriger qqn.

1850 **PASSAGE DES TOASTS.** *Serrer le passage des toasts à qqn.* Frapper, corriger qqn.

1851 **PASSE.** *Ça (n') a pas de passe!* C'est révoltant, choquant! «Ça n'a pas de passe, ce qu'il nous dit là est un vrai tissu de mensonges.»

1852 **PASSE DE L'OURS.** *Faire la passe de l'ours à qqn.* Tromper, berner qqn.

1853 **PASSE DU GROS LOUIS.** *Faire la passe du gros Louis.* Mystifier, déjouer l'attention de qqn.

1854 **PASSÉ.** *Bégopper sur son passé.* Ressasser des souvenirs.

1855 **PASSÉ DATE.** *Être passé date.* Être périmé, désuet, avoir dépassé la date limite, être en retard. Voir *passé dû* (n° 1856). «Excuse-moi, y faut que je te mange, surtout que t'es presque passé date.» (*Bye-Bye 91*, texte de J.-P. Plante, SRC, 31 déc. 1991) «Il faut savoir se retirer, il faut savoir partir et ne pas être comme une pilule passée date.» (Jean Coutu à *Montréal ce soir*, SRC, Montréal, 10 sept. 2002)

1856 **PASSÉ DÛ.** *Être passé dû.* Être en retard, notamment dans ses paiements, avoir un compte en souffrance. Calque de l'anglais *past due*. «J'étais passé dû. Il était sept heures et mon rendez-vous était à six heures.»

1857 **PASSÉ FLEUR.** *Être (avoir) passé fleur.* Ne plus être jeune. «... Ombéline et Énervale, les filles à Déi Mondor, avaient passé fleur depuis longtemps: elles approchaient de la soixantaine.» (G. Guèvremont, *En pleine terre*, p. 118)

1858   **PASSER.** *Passer par là / se faire passer par là.* Passer en vitesse, filer / se faire corriger. «Ça ne me fait rien, je suis habitué. Les cousins m'ont passé par là.» (R. Baillie, *Des filles de Beauté*, p. 130)

1859   **PATARAFE.** *Lancer une patarafe à qqn.* Injurier, blesser qqn par ses propos.

1860   **PATATE.** *Avoir la patate fatiguée.* Avoir le cœur faible, fragile, être usé, fourbu. ♦ *En avoir gros sur la patate.* Avoir de nombreux motifs de récrimination. *Fr.* En avoir gros sur le cœur. ♦ *Faire patate (pétaque, sur toute la ligne).* Échouer, manquer son coup. «Quand Paul a tenté sa chance une dernière fois avec Marie-Louise, il a fait pétaque sur toute la ligne.» «Mon mariage vient de faire patate... Et dire qu'elle est enceinte...» (Y. Beauchemin, *Le matou*, p. 434) ♦ *Gelé comme une patate dans un sabot.* Transi, glacé. ♦ *Lâcher la patate.* Abandonner, se désister. Aussi: *Lâche pas la patate!* N'abandonne pas! Populaire à une certaine époque, une chanson cajun porte ce titre. ♦ *Ratatiné comme une patate.* Ridé, parcheminé, vieux.

1861   **PATATE CHAUDE.** *C'est une (se renvoyer la) patate chaude.* C'est (se renvoyer de l'un à l'autre) une question embarrassante, gênante, un irritant. Calque de l'anglais *it's a hot potato. Fr.* Se renvoyer la balle. ♦ *Parler avec une patate chaude dans la bouche.* Marmonner, mâchonner ses mots.

1862   **PATATES.** *Être dans les patates (pataques, pétaques).* Être dans l'erreur, se tromper. «Tu es complètement dans les patates: nous parlons de pommes, et toi tu parles d'oranges.» «Ah! ben là vous m'embêtez, m'sieu Lavictoire, et j'sus dans les pataques par-dessus la tête.» (Vieux Doc [E. Grignon], *En guettant les ours*, p. 77) ♦ *Les petites patates seront pas grosses (cette année).* Pour dire qu'une question est oiseuse, qu'il y a redite. ♦ *Partir (tomber, planter) dans les patates.* S'évanouir, divaguer, perdre son bon sens.

1863 **PÂTE MOLLE.** *Être une (vraie) pâte molle.* Être dénué de caractère, de volonté, être paresseux, lambin. «C'est une vraie pâte molle, depuis dix ans que sa femme le mène par le bout du nez.»

1864 **PÂTÉ CHINOIS.** *Être un (vrai) pâté chinois.* Être (tout) embrouillé, perdu (dans son comportement, ses propos).

1865 **PATÈNE.** *Baiser la patène.* Communier.

1866 **PATENTE À GOSSES.** *Une (vraie) patente à gosses.* Un objet, un outil mal fait, mal conçu, qui fonctionne plus ou moins. D'après le mot «patente», dérivé de l'anglais *patented*, breveté, que l'on voyait gravé sur les objets fabriqués. «On t'montre toutes nos patentes à gosses pis toé tu craches le frique.» (Magazine *Steak haché*, vol. 2, n° 50, 26 juin 2002, p. 13)

1867 **PÂTÉS DE BROQUETTES.** *Manger des pâtés de broquettes.* Subir des épreuves, connaître des difficultés. «Avant de conquérir Marie-Louise, j'ai dû manger pas mal de pâtés de broquettes.»

1868 **PATINAGE DE FANTAISIE.** *Faire du patinage de fantaisie.* Avancer des arguments spécieux, chercher des faux-fuyants, tergiverser. Se dit parfois des politiciens qui cherchent à se défiler. Aussi: *faire du patin de fantaisie.*

1869 **PATINER.** *Savoir patiner.* Savoir louvoyer, avoir l'art des faux-fuyants.

1870 **PATINOIRE À POUX.** *Avoir la tête comme une patinoire à poux.* Être chauve.

1871 **PATINS.** *Accrocher ses patins.* Arrêter de travailler, prendre sa retraite, démissionner. Provient du vocabulaire du hockey. «Tu penses pas, Clermont, que tu ferais mieux d'accrocher tes patins?» (*Les ordres*, film de Jacques Brault, 1974) «Pis spour ça qu't'as accroché tes patins pis qu'té rentré dans a ligue du vieux poêle!» (J.-C. GERMAIN, *Mamours et conjugat*, p. 103) «Si ce n'était de ma fille et des mes petits-fils, y'a longtemps que j'aurais accroché mes patins...» (Y. BEAUCHEMIN, *Le matou*, p. 407) ♦ *Être vite sur ses patins.* Être alerte, vif, réagir rapidement. ♦ *Perdre les* *patins*. S'embrouiller, perdre son sang-froid. *Fr.* Perdre les pédales. «S'agit de pas perdre les patins, de placer son mot à bonne place, de pas y laisser entendre trop d'affaires.» (J.-M. POUPART, *Chère Touffe, c'est plein...*, p. 167)

1872 **PÂTIRA.** *Être un pâtira.* Être une éternelle victime, souffrir. Pâtira : de *pâtir*, souffrir. «Prendre de la touée, j'comptais pas ça pocheton, mais seulement de pas vouloir être un pâtira jusqu'à sa mort...» (Y. THÉRIAULT, *Moi, Pierre Huneau*, p. 118)

1873 **PATRON.** *Être un beau (un vrai) patron.* Être une belle femme. «Je me r'vire : alle est rendue toute nue elle itou. Ah! bonne sainte viarge, si t'aurais vu ça! Un vré patron, mon gars, tournée au tour.» (R. LÉVESQUE, *Le vieux du Bas-du-Fleuve*, p. 90)

1874 **PATRONAGE.** [Angl. favoritisme, protection] *Être dans le (faire du) patronage.* Accorder des contrats, des avantages, des faveurs à des amis ou des membres d'un parti politique (au pouvoir).

1875 **PATTE.** *Avoir (toujours) la patte en l'air.* Être (toujours) euphorique, joyeux, insouciant. «Boubou, c'était un personnage toujours joyeux. Boubou, il avait toujours la patte en l'air.» (Jacques Boulanger à *Marguerite et Compagnie*, TQS, 6 février 1989) ♦ *Rester la patte en l'air.* Rester décontenancé, ne pas pouvoir terminer qqch. «On est resté un peu la patte en l'air avec notre gag.» (Marcel Béliveau, *Surprise sur prise*, 8 mars 1992) ♦ *Graisser la patte à qqn / se faire (se laisser) graisser la patte.* Corrompre, soudoyer qqn / se faire (se laisser) soudoyer (avec de l'argent, un pot-de-vin, etc.), accepter des faveurs indues. S'emploie en France. «Car le pire n'est pas seulement d'apprendre que le pétrole arrosait la caisse électorale du PRI, expédié néanmoins dans l'opposition, mais de savoir où est passé l'argent! Des politiciens, des fonctionnaires se sont-ils graissé la patte au passage ?» (B. MORRISSETTE, «Mexique : les pétrodollars finançaient les élections», *La Presse*, 2 février 2002, p. B8) ♦ *Jouer une patte (de cochon) à qqn / se faire jouer une patte* *(de cochon).* Jouer un mauvais tour à qqn, tromper qqn / se faire jouer un mauvais tour, se faire tromper. *Fr.* Jouer un sale tour. ♦ *Mettre la patte sur le corps de qqn.* Attraper, rejoindre qqn. *Fr.* Mettre la main au collet de qqn. «Moi, j'aimerais voir ça si elle en a reperdu depuis que le grand Morial lui a mis la patte sur le corps.» (V.-L. BEAULIEU, *L'héritage* /*L'automne*, p. 444) ♦ *Mettre une patte au galop.* Chasser qqn, éconduire un amoureux. ♦ *Partir (rien que) sur une patte.* partir en trombe, à toute vitesse. ♦ *Se licher [lécher] la patte.* Se consoler. Aussi: *Va te licher la patte!* Déguerpis! ♦ *Traîner (de) la patte.* Suivre, marcher difficilement en arrière, boiter, flânocher, perdre son temps. *Fr.* Traîner la patte: avoir de la difficulté à marcher. Traîner ses bottes, ses guêtres: traînasser. «Là... j'ai été déclarée en même temps apte d'un bras, inapte de l'autre... parce qu'y disaient que je traînais de la patte.» (J. DORÉ, *Si le 9-1-1 est occupé !*, p. 106) «Les p'tits vieux c'est toute de même, ça traîne la patte... Ça fait perdre du temps à tout l'monde... Ça pue... » (J. RENAUD, *Le cassé*, p. 43) «Tout ce que j'ai vu de beau dans ma vie, à traîner la patte su la rue Sainte-Catherine, ça pourrait quasiment pas se dire ! » (G. ROY, *Bonheur d'occasion*, p. 59)

1876 **PATTE DU POÊLE.** *Être attaché à (après) la patte du poêle.* Être retenu au foyer (par la famille). «Depuis que Gisèle a des enfants, elle est attachée à la patte du poêle. On ne la voit plus.»

1877 **PATTES.** *Avoir de grandes pattes (sèches, d'alouette, de quêteux, de sauterelle).* Avoir les jambes élancées. ♦ *Être monté sur pattes.* Avoir les jambes élancées. ♦ *Lever les pattes.* Mourir, partir. «Viens-t'en... On lève les pattes... — T'auras jamais choisi meilleure expression...» (J. BARBEAU, *La coupe Stainless*, p. 56) «Y sont morts tous les deux, la grand-mère, ça fait deux ans, le vieux, un tit peu plusse. Quand y ont levé les pattes, c'est le père à Clothilde qu'a hérité de la maison.» (J.-M. POUPART, *Chère Touffe, c'est plein...*, p. 18) ♦ *Se grouiller les pattes.* Se démener, se donner du mal. ♦ *C'est pas lui qui a (n'a pas) mis (posé) les pattes aux mouches (parce qu'elles auraient boité)!* Il est niais, abruti, peu éveillé. Voir *sprignes* (n° 2428). *Fr.* Ne pas avoir inventé la poudre. «Je pouvais tout de même pas lui dire que je le prends pour un génie, Conrad! — (amusé) Non... c'est certain que Conrad a pas mis les pattes aux mouches!» (M. Riddez et L. Morisset, *Rue des Pignons*, p. 76) ♦ *Si c'était lui qui avait mis les pattes aux maringouins, il en serait resté!* Se dit de qqn de niais, d'abruti.

1878 **PATTES DE MOUCHES.** *Faire des pattes de mouches.* Écrire de manière illisible. «L'ordonnance du médecin était illisible, de vraies pattes de mouches.» S'emploie aussi en France.

1879 **PAWAW.** [Algonquin *pawaw*, secouer] *Partir sur (faire) un pawaw (pow-wow).* Se mettre à fêter, s'amuser follement. Grande assemblée, grande fête, chez les Amérindiens.

1880 **PAYE.** *Ça fait une paye!* Ça fait longtemps! *Fr.* Ça fait des lustres, un bail. ♦ *Donner sa paye à qqn.* Chasser, éconduire qqn (notamment un amoureux).

1881 **PAYER.** *En payer un coup.* Payer beaucoup, dépenser largement.

1882 **PEACE AND LOVE.** [Angl. paix et amour] *Être (un) peace and love.* Être (un) hippie. «C'est un ancien peace and love, un peu granola, un peu écolo... C'est l'histoire de la femme enceinte qui se fait battre par ses deux maris peace and love.» (*Le chemin de Damas*, téléfilm de Georges Mihalka, Radio-Québec, 26 nov. 1989)

1883 **PEAU.** *Aller (jouer, s'en aller, avoir les idées, etc.) à la peau.* Se mettre en quête d'une aventure galante, faire l'amour. «Germaine sort de la cabine en me disant ça, sa robe fleurie sur le dos. Robe qui la corse pas mal serrée. Surveille ton pistolet, Ti-Gilles Bédard! T'as les idées à peau depuis que'que temps!» (C. Jasmin, *Pleure pas, Germaine*, p. 37-38) «... un vent venu de loin qui donne froid aux yeux, qui... — Ça me fait penser aux hommes qui disent qu'ils s'en vont à la peau!» (J.-J. Richard, *Faites-leur boire le fleuve*,

p. 84) ◆ *Être en peine (ne plus savoir quoi faire) de sa peau.* Être désœuvré, ne plus savoir que faire.

1884 **PEAU COURTE.** *Avoir la peau courte.* Être susceptible, irritable, à court de moyens, de ressources. «Et s'adressant au reste de la tablée, il ajouta en riant jaune: — Apparence qu'il y en a un qui a la peau courte, à soir!» (G. GUÈVREMONT, *Le Survenant*, p. 174)

1885 **PEAU DES DENTS.** *Par la peau des dents.* Par une mince marge, peu. «Monsieur Pauley a gagné, si vous me permettez l'expression, par la peau des dents.» (Bernard Derome, *Le téléjournal*, SRC, 21 nov. 1988)

1886 **PEAU DU COU.** *Aller chercher qqn par la peau du cou.* Ramener qqn par la force. Voir *chignon du cou* (n° 567). «Gilles, si tu y vas pas, tu vas voir ça, j'vas aller te la chercher par la peau du cou. — Ça y est, regarde, y l'a eue!» (C. JASMIN, *Pleure pas, Germaine*, p. 36)

1887 **PEAUX DE LIÈVRES.** *Tomber des peaux de lièvres.* Neiger abondamment. Se dit notamment en Beauce.

1888 **PÉCHÉ.** *Botter qqn (le cul de qqn) au ras le péché.* Botter le derrière, fustiger qqn. «Si j'en prends un à planter une épinette sur ma terre, j'm'en vas le botter au ras l'péché.» (Paroles rapportées par Pierre Perrault dans G. HARVEY, *Marins du Saint-Laurent*, p. 304) ◆ *Laid (lette) comme un péché capital (comme un péché mortel).* Très laid. *Fr.* Laid comme les sept péchés capitaux. «Lette comme une mi-carême? Ou be donc... comme une queue de poêlon? — Lette comme un péché... mortel.» (A. RICARD, *La gloire des filles à Magloire*, p. 70)

1889 **PÉDALE.** *Aller (mettre) la pédale au plancher (dans le tapis, le prélart, etc.).* Accélérer à fond, aller à fond de train. Allusion à la pédale d'accélérateur sur laquelle on appuie à fond. *Fr.* À plein tube.

1890 **PÉDALES.** *Perdre les pédales.* Dérailler, perdre la tête. «Mais y a faite comme si y comprenait pas! Y a faite comme si moi, j'perdais les pédales, j'm'énervais pour rien, comme si moi, j'exagérais.» (M. LABERGE, *Aurélie, ma sœur*, p. 81)

1891 **PEIGNE.** *Se battre (se chicaner) avec le peigne.* Avoir les cheveux rebelles, se peigner avec difficulté.

1892 **PEIGNE-CUL.** *Être un peigne-cul.* Être avare. *Fr.* Homme mesquin, grossier.

1893 **PEIGNE DE CORNE.** *Être (un) peigne de corne.* Être grippesou, avare.

1894 **PEINTURE.** *En peinture.* Se dit d'une ressemblance, d'une similitude parfaite. En France, ne pas pouvoir voir qqn en peinture : détester qqn. «Ne viens pas me parler de ton frère. Je connais mon fils, c'est moi en peinture. Quand y veut prendre, y prend.» (R. LEMELIN, *Au pied de la pente douce*, p. 258)

1895 **PELLE.** *À la pelle.* Beaucoup, en grand nombre. S'emploie en France. «Pourtant, s'y veulent qu'on en fasse à la pelle [des enfants], ben y va falloir qu'y fournissent les chaudières.» (J. DORÉ, *Si le 9-1-1 est occupé*, p. 54) ♦ *Avoir (attraper, recevoir) la pelle (puis le manche).* Se faire chasser, renvoyer, éconduire. Se dit notamment à propos d'un amoureux. ♦ *Casser (donner, envoyer, mettre qqn sur) la (sa) pelle.* Éconduire qqn (notamment un amoureux, par écrit). ♦ *Lâcher la pelle.* Démissionner d'un (quitter un) emploi.

1896 **PELLETÉE.** *Avoir qqch. à (la) pelletée.* Avoir qqch. en quantité, en abondance. Voir *pochetée* (no 2056).

1897 **PELLETEUX DE NUAGES.** *Être un pelleteux de nuages.* Être un rêveur, un idéaliste. Voir *téteux de nuages* (no 2522). *Fr.* Un doux dingue.

1898 **PENSÉE.** *Être comme la pensée.* Être rapide, vif.

1899 **PENSER.** *C'est un pensez-y bien!* Cela demande réflexion, c'est un problème épineux.

1900 **PEP.** [Angl. entrain] *Avoir du (être plein de, se donner du) pep.* Avoir (se donner) de l'allant, de l'entrain, du dynamisme.

1901 **PÉPÈRE.** *En pépère!* Très, beaucoup, à profusion. Superlatif. Ainsi : manger, boire en pépère, être beau en pépère.

1902 **PEPSI.** *Être (un, faire le, son) pepsi.* Être un (faire le) fanfaron, malappris, écervelé. «En tout cas, un poulet, ça pense plus qu'un pepsi.» (Jean-Marc Parent, à *Montréal ce soir*, SRC, février 1989)

1903 **PERCHE.** *Se rendre à la perche.* Aboutir difficilement, atteindre difficilement le but.

1904 **PERCHES.** *Avoir de grandes perches.* Avoir les jambes élancées.

1905 **PERDRE.** *Ne pas en avoir à perdre.* Avoir peu d'intelligence, de ressources, être un peu timbré.

1906 **PERDU.** *Chanter (crier, hurler, etc.) comme un perdu.* Chanter (crier, hurler, etc.) à tue-tête, sans retenue. *Fr.* Crier comme un aveugle qui a perdu son bâton. «Bernadette, furieuse, cria comme une perdue: — Son père! regardez votre beau Eugène, et le dégât qu'il vient de commettre. Il mériterait de manger une bonne volée. À votre place, je le battrais comme du blé.» (G. Guèvremont, *Le Survenant*, p. 178) «Nous étions là, tous les trois en arrêt au milieu du trottoir, le nez en l'air à regarder un immense chien jaune qui aboyait comme un perdu...» (J. Benoît, *Les voleurs*, p. 98)

1907 **PÈRE.** *Avoir du père dans le nez.* Ressembler à son père, agir comme son père. *Son père est venu au monde avant lui.* Il a été aidé financièrement par son père, par ses parents.

1908 **PÈRE ET MÈRE.** *Dormir comme père et mère.* Dormir profondément.

1909 **PÈRE NOËL.** *Croire au père Noël.* Croire naïvement aux miracles. Se dit en France. *Fr.* Croire au barbu.

1910 **PERMIS DE CONDUIRE.** *Avoir eu son permis de conduire dans une boîte de Cracker Jack.* Ne pas savoir conduire, conduire imprudemment sur la route. Boîte de Cracker Jack: boîte de maïs au caramel contenant une babiole-surprise. *Fr.* Avoir eu son permis de conduire dans une pochette-surprise.

1911 **PERRON.** *C'est pas le perron de l'église.* C'est un lieu désert, mal famé. «Les Forges du Saint-Maurice, les enfants, c'est pas le perron de l'église. C'est plutôt le nique du diable avec tous ses petits...» (L. Fréchette, *Contes de Jos Violon*, p. 93)

1912 **PERSONNEL.** *Prendre (qqch.) personnel.* Se sentir vexé, visé par qqch. «Arrête donc de prendre personnel; nous autres, on veut juste rire.» (*À plein temps*, Radio-Québec.) «Il y a des gens qui pêchent toute leur vie et qui n'attrapent jamais de saumon. Mon Dieu, ils doivent prendre ça personnel.» (Suzanne Lévesque, *Touche à tout*, CKAC-Télémédia, sept. 1991)

1913 **PESANT.** *Avoir le pesant.* Avoir sommeil, faire un cauchemar.

1914 **PESTE.** *Pauvre comme la peste.* Très pauvre.

1915 **PET.** *Pas un pet de travers!* Pas de faux pas, pas d'erreur! «On peut y aller mais, attention, pas un pet de travers!» ♦ *Un pet.* Rien, peu de chose. *Fr.* Une paille. «Il en demande cinq dollars; un pet...» ♦ *Laid comme un pet.* Très laid.

1916 **PÉTAGE DE BRETELLES.** *Faire du pétage de bretelles.* Se glorifier, s'enorgueillir. Voir *bretelles* (n° 357). «Fabien Roy dit que M. Pierre Elliott Trudeau ne cesse pas de faire du pétage de bretelles politique.» (*Le téléjournal*, SRC, 4 mai 1979)

1917 **PÉTARD.** *Être un (beau, vrai) pétard.* Être très (suprêmement) beau, belle, un beau brin de fille, être prétentieux.

1918 **PÉTÉ.** *Être (complètement) pété.* Être hallucinant, délirant. «Les gâteaux de ta femme? Eh bien, mon vieux, ils sont complètement pétés, bons à mourir.» ♦ *Qqch. de pété (à l'os).* Qqch. hors de l'ordinaire, d'emballant. «Plutôt que d'avoir un party platte, on va avoir un party pété à l'os.» (*Watatatow*, SRC, mars 1992)

1919 **PET-EN-L'AIR.** *Être (un) pet-en-l'air.* Être orgueilleux, méprisant. «... ce jeune homme de la ville, qui gagnait gros asteur, et pas pet-en-l'air avec cela.» (A. BESSETTE, *Le débutant*, p. 161)

1920 **PÉTER.** *Péter au frette / être pété au frette.* Mourir subitement, crever de froid, abandonner / avoir perdu la raison, être éliminé. «Vous auriez pas un calmant, madame Robidas? J'ai les nerfs qui m'pètent au frette, j'en peux pus...» (L.-M. DANSEREAU, *Chez Paul-ette, bière, vin...*, p. 83)

PÉTEUX DE BROUE. *Être (un) péteux de broue (péteuse de broue).* Être vantard, parler à tort et à travers. Voir *broue* (n° 375). «Quand les gars vont aux femmes, c'est des femmes qu'y ont envie, pas des pèteuses de broue!» (A. RICARD, *La gloire des filles à Magloire*, p. 48)

1922 **PETI-PETA.** *Avancer (marcher) peti-peta (petit[-]petan, etc).* Avancer (marcher) lentement, nonchalamment, à petits pas, de-ci, de-là. «L'hiver, avec les poules et le cheval, ça se dégourdissait dans un coin de l'écurie, en paquet petit petan, sans trop de mal.» (Y. THÉRIAULT, *Moi, Pierre Huneau*, p. 52)

1923 **PETIT.** *Acheter (chercher) un petit.* Accoucher. ♦ *Aller au petit.* Aller uriner. ♦ *Faire du p'tit.* Devenir enceinte. ♦ *Se faire faire un p'tit dans le dos.* Se faire jouer un mauvais tour, être trompé.

1924 **PETIT BANC.** *S'asseoir sur le petit banc.* Siéger comme juge de paix. «... pourvu qu'un homme eût un peu d'instruction et un assez bon jugement, fût-il pauvre comme Job, il pouvait s'asseoir sur le petit banc.» (VIEUX DOC [E. Grignon], *En guettant les ours*, p. 230)

1925 **PETIT BOIRE.** *Prendre / offrir un p'tit boire.* Prendre / offrir une consommation.

1926 **PETIT BONHEUR.** *Faire son p'tit bonheur soi-même.* Se masturber.

1927 **PETIT BOUTTE.** *Avoir (se sentir) le cœur le p'tit boutte [bout] en l'air.* Avoir le cœur gros, être triste, affligé. «Quand j'oué qu'j'ai-t été obligé d'laisser quésiment toute en foin c't'année, parce que j'avais parsonne pou m'aider, j'me sens l'cœur le p'tit boute [bout] en l'air.» (BASIBI [Joseph Charlebois] dans L. MAILHOT et D.-M. MONTPETIT, *Monologues québécois 1890-1980*, p. 66)

1928 **PETIT CHANGE.** [Angl. *change*, monnaie] *Prendre tout son p'tit change pour faire qqch.* Prendre tout son courage pour faire qqch., épuiser ses dernières ressources (physiques, intellectuelles) pour accomplir qqch. «Ça lui a pris tout son p'tit change pour atteindre le haut de la montagne.» «Ça a pris tout mon p'tit change pour le décider, mais, en fin de compte, mon Honorius, y va m'emmener au combat de Maurice.» (M. Riddez et L. Morisset, *Rue des Pignons*, p. 368) «Pis là ça t'prend toute ton p'tit change pour te plisser l'bec. / Pis tu nous lâches un beau / "Bonsoir, mesdames et messieurs." / Tu nous fais un front d'bœuf.» (Jacqueline Barrette, «Poléon le révolté», dans L. Mailhot et D.-M. Montpetit, *Monologues québécois 1890-1980*, p. 276)

1929 **PETIT CHIEN.** *Faire le p'tit chien.* Être servile.

1930 **PETIT COUP.** *S'envoyer un p'tit coup derrière la cravate.* Trinquer. *Fr.* S'en jeter un derrière la cravate.

1931 **PETIT FRÈRE.** *Dompter son p'tit frère.* Se masturber.

1932 **PETIT GARS.** *Être un p'tit gars à maman.* Avoir un comportement enfantin, puéril. Voir *petite fille* (n° 1946).

1933 **PETIT GORGEON.** *Prendre un p'tit gorgeon.* Trinquer, s'enivrer.

1934 **PETIT JÉSUS.** *Le p'tit Jésus peut bien être pauvre.* Se dit à la suite d'une plaisanterie.

1935 **PETIT MAUDIT.** *Faire son p'tit maudit.* Faire le fanfaron, être haïssable (se dit notamment d'un enfant ou d'un adolescent).

1936 **PETIT MOULIN.** *Faire marcher son p'tit moulin.* Se masturber.

1937 **PETIT PAIN.** *Être né pour un p'tit pain.* Être condamné à la pauvreté. À ce sujet, un adage populaire : Quand on est né pour un p'tit pain, on reste avec un p'tit pain.

1938 **PETIT PÉCHÉ.** *En p'tit péché.* Très, extrêmement. Superlatif. Ainsi : être laid (beau, riche, etc.) en p'tit péché.

1939 **PETIT PLAT.** *Manger dans le p'tit plat.* Pratiquer le cunnilingus.

1940 **PETIT SEAU.** *Plein comme un petit seau.* Ivre mort.

1941 **PETIT TAS.** *Travailler p'tit tas gros tas.* Remplir une tâche distraitement, à la va comme je te pousse. *Fr.* Travailler à la grosse morbleu.

1942 **PETIT TRAIN.** *Aller (faire qqch.) p'tit train (p'tit train va loin).* Aller (faire qqch.) lentement, en prenant son temps.

«Ça va toujours à la maison? — Ça va petit train, mais...
monsieur le curé, j'aurais affaire à vous privément.»
(G. Guèvremont, *Le Survenant*, p. 292) «La grande joie des
kids, ça a été le passage d'un gros paquebot venant du bout
du fleuve, du haut du golfe... Y filait, p'tit train, p'tit train,
vers Montréal.» (C. Jasmin, *Pleure pas, Germaine*, p. 57)

1943 **PETIT VIEUX.** *Sentir le p'tit vieux qui monte tranquillement
su' l' fani [fenil].* Empester, sentir le vieillard, le moisi.

1944 **PETITE BIÈRE.** *C'est / c'est pas de la p'tite bière!* C'est /ce
n'est pas négligeable! S'emploie en France à la fin du XVIIe
et au début du XVIIIe siècles au sens de: c'est important,
impressionnant. La «p'tite bière», la bière d'épinette; la
«grosse bière», la bière de houblon. «Quand t'es habitué,
un affaire de même, c'est rien, a déjà fait ben pire... c'est de
la p'tite bière.» (J.-M. Poupart, *Chère Touffe, c'est plein...*,
p. 31)

1945 **PETITE CROTTE.** *Faire petite crotte.* Être embarrassé, confus.
Voir *crotter fin* (n° 757).

1946 **PETITE FILLE.** *Être une p'tite fille à maman.* Avoir des atti-
tudes puériles, un comportement puéril. Voir *petit gars*
(n° 1932)

1947 **PETITE MESURE.** *Être de la p'tite mesure.* Se dit d'une personne sans envergure.

1948 **PETITE NATURE.** *Être une p'tite nature.* Être faiblard, de
constitution fragile. S'emploie en France. «C't'effrayant
tout l'monde est malade, on est rien qu'des p'tites natu-
res...» (Y. Deschamps, *Monologues*, p. 93)

1949 **PETITE TÊTE.** *Être une p'tite tête.* Être étourdi, écervelé.

1950 **PETITEMENT.** *Être (vivre, etc.) petitement.* Être (vivre, etc.) à
l'étroit, dans un espace restreint. «En tout cas, ça peut pas
être pire que notre autre maison, dit-elle. On était ben trop
petitement. Y aura toujours plus de place là-bas.» (G. Roy,
Bonheur d'occasion, p. 278)

1951 **PETITES OIES.** *Sentir les p'tites oies.* Empester.

1952 **PETITS.** *Paqueter (pacter, ramasser) ses p'tits.* Faire ses
bagages, partir, déguerpir. «R'garde-toé, Marianna, t'es

presquement prête à paqueter tes p'tits pis à t'en aller en ville, comme ton imbécile de frére.» (M. LABERGE, *C'était avant la guerre...*, p. 39) «Y étaient une gang, y parlaient fort... / Sont devenus les boss du pays / J'aurais donc dû paqueter mes petits...» (Y. DESCHAMPS, *Monologues*, p. 162) «Lui : en passant, faut-y toujours qu'on attende demain matin avant de paqueter nos p'tits?» (J.-M. POUPART, *Chère Touffe, c'est plein...*, p. 204) «Fanny ramasse ses petits, monte à la course à sa chambre en prendre d'autres et elle presse Nenan d'en faire autant.» (J.-J. RICHARD, *Faites-leur boire le fleuve*, p. 237) «Ou bien tu oublies la terre de Delphis et tu t'excuses par amont moi d'avoir entraîné Gabriel là-dedans, ou bien tu pactes tes petits et tu claires le chemin! C'est clair!» (V.-L. BEAULIEU, *L'héritage /*L'automne*, p. 207)

1953 **PETITS FRAIS.** *Ne pas y aller à p'tits frais.* Ne pas compter les efforts, les frais. *Fr.* Ne pas y aller de main morte.

1954 **PETITS OIGNONS.** *Soigner (traiter) qqn aux p'tits oignons.* Traiter qqn avec tous les égards. «Non seulement il prend la peine de souligner qu'il existe une série d'expressions dans lesquelles on rencontre ce mot dévoyé, mais encore, nous apprend M. Beaudry, il le traite aux petits oignons.» (Adrien THÉRIO, «Gens de mots qui ont peur des mots», *Les Lettres québécoises*, n° 4, nov. 1976) «J'vous garantis que depuis ce temps-là les criatures me soigent aux p'tits oignons, parce que c'est moé le berger du troupeau, comme dit mossieu le curé. J'aime mieux ça que d'être soldat, mais c'est une job, ôtez vos pieds de d'dans l'blé d'Inde!» (Armand LECLAIRE, «Le conscrit Baptiste», dans L. MAILHOT et D.-M. MONTPETIT, *Monologues québécois 1890-1980*, p. 111)

1955 **PETITS OISEAUX.** *Être aux p'tits oiseaux.* Être parfaitement heureux, joyeux. Voir *oiseaux* (n° 1760). *Fr.* Être aux anges ; être au septième ciel. «Élise va être aux petits oiseaux... et on partira en vacances pour la Floride...» (Y. BEAUCHEMIN, *Le matou*, p. 136) ♦ *Sentir les p'tits oiseaux.* Sentir mauvais. *Fr.* Sentir le hareng saur.

1956 **PETITS PAINS CHAUDS.** *Partir (se vendre) comme des p'tits pains chauds.* S'écouler rapidement. *Fr.* Se vendre comme des petits pains. «Y cherchent des agates. C'est pour les revendre. Les touristes en demandent tout le temps. Ça se vend comme des p'tits pains chauds.» (C. JASMIN, *Pleure pas, Germaine*, p. 172)

1957 **PEUPLE.** *Écœurer le peuple.* Dégoûter, ennuyer, inspirer de l'aversion. Aussi: *Écœure pas le peuple!* Cesse d'ennuyer, de déranger! «...mais quand même, ma grand foi du bon yeu... / C'est ben vrai: des limites à écœurer le peuple...» (J.-M. POUPART, *Chère Touffe, c'est plein...*, p. 135)

1958 **PEUR.** *C'est une peur.* Beaucoup, en grand. Superlatif. «On est dans une société de consommation qui consomme, c'est une peur!» (Jean-Luc Mongrain, *Mongrain de sel*, TVA, 23 mars 1992) ◆ *Faire peur à voir.* Être extraordinaire, effrayant. «Il y avait tellement de monde, ça faisait peur à voir.» ◆ *Partir en (belle) peur.* Prendre panique, s'emballer (se dit notamment d'un cheval), déguerpir. «Il ne faut pas partir en peur, tout n'est pas perdu.»

1959 **PEUR BLEUE.** *Avoir une peur bleue de qqch., qqn.* Avoir une grande peur de qqch., qqn. S'emploie en France. «Mais bouboule a l'habitude. Il a bien vu que Philomène avait une peur bleue de son Ti-Jean.» (J. RENAUD, *Le cassé*, p. 25)

1960 **PEURS.** *Conter (faire) des peurs.* Raconter des faussetés, tromper qqn, plaisanter. «Bon. Murielle, j'veux pas te faire des peurs, j'veux pas t'empêcher de vivre tranquille, j'te dis rien qu'une chose, faut que tu deviennes plus... plus méfiante.» (C. JASMIN, *Pleure pas, Germaine*, p. 93) ◆ *Se faire des peurs.* S'affoler, s'effrayer pour rien.

1961 **PHARMACIEN.** *Écrire comme un pharmacien.* Écrire de manière illisible. Voir *docteur* (nº 890).

1962 **PIASTRE.** *Casser une piastre.* Faire la monnaie d'un dollar. ◆ *En manquer pour sa piastre.* Manquer d'intelligence, avoir l'esprit dérangé. ◆ *Être près de la (ses) piastre(s).* Être avare, pingre. *Fr.* Être près de ses sous. ◆ *Faire la (faire la grosse, faire une, gagner une) piastre.* Faire de l'argent, faire

beaucoup d'argent. *Fr.* Faire le magot. «Verrochio, tu hypo-
théquerais le lit de ta sainte mère en Italie pour gagner une
piasse...» (R. CARRIER, *De l'amour dans la ferraille*, p. 93)
«Probable que tu vas me répondre, comme les autres, que
le temps c'est de l'argent pis que ce qui vous intéresse c'est
de faire la piasse. Mais quand vous l'aurez faite, la piasse,
vous allez faire quoi avec?» (R. LÉVESQUE, *Le vieux du Bas-
du-Fleuve*, p. 15) «Fait que quand y ont eu fourré les sauvages comme y faut, y s'sont dit: on va s'installer icitte, y a
une piasse à faire.» (Y. DESCHAMPS, *Monologues*, p. 148)
«On va faire la piastre, mon Bob!» (*Elvis Gratton*, film de
Pierre Falardeau, 1985)

1963   **PIASTRE ET QUART.** *Un (des) mot(s) d'une piastre et quart
(de deux piastres et quart).* Un (des) mot(s) recherché(s),
savant(s). «Attendez-vous pas à ce que j'utilise des mots
d'une piastre et quart.» (Maurice Cayer, motivateur, dans
une allocution, Montréal, 28 sept. 1991)

1964   **PIASTRES.** *Avoir les yeux grands comme des piastres
(piasses).* Avoir les yeux écarquillés, exorbités. «Y était pas
un peu là? Assis au ras son pére, les yeux grands comme
des piasses...» (A. RICARD, *La gloire des filles à Magloire*,
p. 15)

1965   **PIC.** *Avoir (donner, prendre, etc.) du pic.* Avoir de la force,
du piquant, de l'assurance, être tranchant. «T'nez, l'boss,
goûtez donc à mes fèves. J'les ai fait rôtir avec ane queue de
castor. Rien comme ça pour donner du pic.» (A. NANTEL, *À
la hache*, p. 90) «Il prit le pouls d'Élise et demeura immobile quelques instants. — Bon! le cœur a repris du pic.
Ça va mieux?» (Y. BEAUCHEMIN, *Le matou*, p. 231) ♦ *Être
(travailler) au pic pis à la pelle.* Être employé à de gros travaux, travailler manuellement. «Tu prends un Anglais,
maudit. Dans l'temps passé, i appelaient ça des "blokes";
ça valait pas cinq cennes... C'était bon au pic pis à la pelle.»
(P. PERRAULT *et al.*, *Le règne du jour*, p. 158) ♦ *Maigre
comme un pic.* Très maigre. «... elle s'approcha de son che-
vet. Il était maigre comme un pic. "Ouais!? fit-elle, prise de

312

pitié, vous êtes ben malade, qu'avez- vous?"» (R. LALONDE, *Contes de la Lièvre*, p. 99)

1966 **PICHOU.** *Laid comme un pichou.* Très laid. Autrefois, pichou: chausson d'étoffe grossière. «... la petite maîtresse d'école, d'une laideur de pichou, laideur que la nature, par caprice, s'était plu à accentuer en la couronnant d'une somptueuse chevelure noir-bleu.» (G. GUÈVREMONT, *Le Survenant*, p. 118) ♦ *Malin comme un pichou.* Rusé, plein de ressources. Pichou: appellation indienne du lynx. ♦ *Passer (se faire passer) le pichou.* Donner (se faire donner) un coup de pied.

1967 **PICHOUTE.** *Avoir l'air (d'une) pichoute.* Être mal habillée.

1968 **PICOSSEUX.** *Être (un) picosseux.* Être achalant, importun.

1969 **PICOTTE.** *Virer une picotte.* S'enivrer.

1970 **PICPIC.** *Ça fait picpic!* C'est déplaisant, désagréable. Ainsi: *Aïe, le picpic!* Aïe, le bizarre! en s'adressant à une personne. Dépréciatif. «Tu as remarqué peut-être, Paul, que ça faisait picpic sur le podium.» (Réjean Tremblay à *Bonjour Montréal*, CKAC-Télémédia, 12 août 2002)

1971 **PIE.** *Parler comme une (avoir de la, être une vraie) pie.* Être bavard, volubile. *Fr.* Bavard comme une pie.

1972 **PIÈCES.** *Être proche (près) de ses pièces.* Être pingre, avare.

1973 **PIED.** *Avoir le pied pesant.* Aimer la vitesse en automobile. ♦ *Avoir toujours le pied sur le perron.* Vouloir toujours sortir, partir. «Le samedi soir, Pierre avait toujours le pied sur le perron, pas moyen de le retenir.» ♦ *Baiser le pied de qqn.* Se faire botter le derrière. ♦ *Changer de pied d'ancre.* Changer son approche. *Fr.* Changer son fusil d'épaule. ♦ *Gros comme mon pied.* Très petit, minuscule. ♦ *Mettre le pied à terre.* Mettre fin brusquement à qqch., décréter l'arrêt de qqch., interrompre brusquement qqch. ♦ *Ne pas avoir le pied marin.* Tituber en état d'ivresse, ne pas pouvoir porter l'alcool. ♦ *Taper du pied puis jouer du piano.* Être sensuelle, portée sur le sexe.

1974 **PIEDS.** *Aller (partir, etc.) les deux pieds dans le tapis.* Aller (partir) en trombe, à fond de train. ♦ *Avoir les pieds mouillés*

(trempés). Être saoul. ♦ *Se mouiller les pieds*. S'enivrer.
♦ *Avoir les pieds plus pesants (plus légers) que la tête*. Être
saoul. ♦ *Avoir les pieds ronds*. Être ivre. ♦ *Bête comme ses
pieds*. Impoli, grossier, borné. S'emploie en France. «Il est
bête comme ses pieds quand il aime pas quelqu'un. Et toi,
depuis le temps que tu lui tapes sur les nerfs, il te déteste.»
(M. RIDDEZ et L. MORISSET, *Rue des Pignons*, p. 69) ♦ *On se
lave les pieds comme les oreilles!* On écoute quand quelqu'un parle! Se dit à quelqu'un qui n'écoute pas. ♦ *Penser
(raisonner) avec ses pieds*. Mal raisonner, agir de manière
irréfléchie. ♦ *Se mettre les pieds dans les plats*. Se fourvoyer,
parler, agir à contretemps. ♦ *Se placer les pieds*. Décrocher
un bon poste, une bonne situation. «Là, le jeune Labbé a
commencé à aller la voir... — Elle se place les pieds, dit
gravement la veuve.» (Y. THÉRIAULT, *Les vendeurs du
temple*, p. 101) ♦ *Sentir les (petits) pieds*. Empester. Se dit
notamment d'un enfant qui ne s'est pas lavé.

1975 **PIEDS DE BAS.** *Être (marcher) en pieds de bas*. Marcher en
chaussettes, ne pas être présentable. *Fr.* Marcher à pieds de
bas. Voir *nu-bas* (n° 1745). «Il y a aussi "nu bas": quelqu'un
qui est nu bas est quelqu'un qui a ses bas et pas de souliers,
qui se promène en pieds de bas comme on dit.» (G. GODIN,
Cantouques et Cie, p. 160)

1976 **PIERRE.** *Aller (sortir) avec Pierre, Jean, Jacques*. Avoir
de mauvaises fréquentations, fréquenter n'importe qui.
♦ *Déshabiller Pierre pour habiller Jacques*. Dépouiller l'un
pour venir en aide à l'autre, donner qqch. pour obtenir
l'équivalent en retour. *Fr.* Déshabiller (saint) Pierre pour
habiller (saint) Paul.

1977 **PIERRES.** *Un froid à fendre les pierres (roches)*. Un très grand
froid. ♦ *Vieux comme les pierres*. Très vieux, ancien.

1978 **PIEUX.** *Fumer des pieux*. Éprouver de la difficulté à allumer
sa pipe.

1979 **PIGEON.** *Jaloux comme un pigeon*. Très jaloux.

1980 **PIGOUILLE.** *Être une (vraie) pigouille (picouille)*. Être laid.
Se dit aussi d'un mauvais cheval.

1981 **PIGRAS.** *Faire du (un) pigras (pigrassage).* Faire du (un) dégât, faire un mauvais coup, accomplir un mauvais travail, un travail bâclé. Se dit notamment dans la région de Montmagny. Se dit également de la préparation d'un mets peu appétissant.

1982 **PILOTIS.** *Se coucher sur le pilotis.* Se coucher tout habillé.

1983 **PILULE.** *Donner sa pilule (à une femme).* Faire l'amour à une femme. ◆ *Prendre sa pilule.* Avaler sa leçon. *Fr.* Avaler la pilule. « J'ai pris ma pilule même si j'ai eu bien de la misère à l'avaler. Mais j'ai compris que c'est difficile d'admettre que quelque chose vient de mourir. » (V.-L. BEAULIEU, *L'héritage* / *L'automne*, p. 400)

1984 **PINCETTES.** *Prendre qqn avec des pincettes.* S'adresser à qqn avec précaution afin de ménager sa susceptibilité. S'emploie en France.

1985 **PINE.** [Angl. *pin*, goupille] *Aller (marcher, passer) à la (à pleine) pine.* Aller (marcher, passer) à fond de train, à pleine vitesse. *Fr.* À plein tube. ◆ *Donner (recevoir) une pine.* Donner (recevoir) une réprimande. ◆ *Être à la pine.* Être à bout de forces. ◆ *Faire pisser pine.* Uriner (pour un homme).

1986 **PINIÈRE.** *Faire la pinière.* Faire le commerce du bois, exploiter la forêt. « Pinière », de *pinède*.

1987 **PINOTTE.** [Angl. *peanut*, arachide] *(Juste, rien que) sur une pinotte.* À fond de train, en un rien de temps, brutalement. Voir *pinouche* (n° 1989) et *pitouche* (n° 2015). « Pierre Labrecque est descendu de Trois-Rivières juste sur une pinotte hier. » (S. COLPRON, « Les œuvres... », *La Presse*, 13 août 1988, p. A3) « Les larmes me sont immédiatement monté aux yeux et je lui ai répondu rien que sur une pinotte : "Me laissez-vous au moins..." » (M. TREMBLAY, *Des nouvelles d'Édouard*, p. 291) ◆ *(C'est) une pinotte (peanut)!* (Ce n'est) rien du tout, c'est peu, facile. Calque de l'anglais *it's peanuts!* « Ça a été une pinotte de monter chez mon oncle en Gaspésie. » « C'est sûr ça, on me demande pas ce que je pense. Qu'est-ce que je compte dans maisonnée ?

Pour rien, une peanut.» (C. JASMIN, *Pleure pas, Germaine*, p. 59) ♦ *Être sur une (belle) pinotte*. Être très affairé, exalté. «J'suis tellement souvent sur une pinotte, j'suis pas capable d'arrêter.» (*À plein temps*, Radio-Québec, 3 avril 1987) ♦ *Gros comme une pinotte*. Minuscule, de petite taille. «T'as quand même pas envie de me faire accroire que c'est ton body-guard, Jésus Christ! Y'est gros comme une pinotte!» (M. TREMBLAY, *Sainte Carmen de la Main*, p. 23) ♦ *L'affaire est pinotte!* C'est merveilleux, parfait! Voir *ketchup* (nº 1457). ♦ *Mon cœur palpite comme une pinotte sur la brique!* Se dit entre jeunes pour se moquer d'un sentimentalisme exagéré.

1988 **PINOTTES.** [Angl. *peanuts*, arachides] *Coûter des pinottes*. Coûter cher. «Ça a dû vous coûter des pinottes.» (*Salut Victor*, film de Anne-Claire Poirier, ONF, 1988) ♦ *Travailler (aller quelque part) pour (donner, payer, recevoir) des pinottes (peanuts)*. Travailler (aller quelque part) pour pas cher, pour presque rien (donner, payer, recevoir très peu). «Parce que nos projets nous tiennent à cœur, nous connaissons trop bien ces rôles de mendiants prêts-à-travailler-pour-des-pinottes qu'on nous fait jouer plus souvent qu'à notre tour!» (Marie CHICOINE, lettre ouverte, *Le Devoir*, 24 mai 1980, p. 14) «Prenons un jeune de moins de trente ans sur l'aide sociale. On lui donne des peanuts.» (J. DORÉ, *Si le 911 est occupé!*, p. 121) «Pis quand t'allais à confesse, oh donc! Je t'en passe un papier que tu y allais pas pour des pinottes. Le curé te lavait à grande eau.» (R. LÉVESQUE, *Le vieux du Bas-du-Fleuve*, p. 94)

1989 **PINOUCHE.** *(Rien que) sur une pinouche*. … Rapidement, à toute vitesse. Voir *pinotte* (nº 1987) et *pitouche* (nº 2015).

1990 **PINTADE.** *Faire sa pintade*. Se pavaner, prendre des airs.

1991 **PIOCHON.** *Être (faire le) piochon*. Faire l'entêté, le niais. Voir *niochon* (nº 1726).

1992 **PIPE.** *Attendre une pipe*. Attendre longtemps. Autrefois, la pipée servait souvent d'unité de mesure du temps, d'où l'expression. ♦ *Casser sa (se casser la) pipe (au ras le trente* *sous).* Échouer, faire une chute, mourir. ♦ *Chaud de la pipe.* Sensuel, porté sur le sexe. Se dit d'un homme. ♦ *Marcher comme une pipe neuve.* Fonctionner à merveille, à la perfection. ♦ *Mets ça dans ta pipe (et, puis fume ça)!* Avale ça! Prends-en ton parti (et tâche d'y réfléchir)! *Fr.* Mets ça dans ta poche et ton mouchoir par-dessus. ♦ *Perdre (casser) sa pipe (mais) jamais (perdre) sa blague.* Pouvoir échouer à l'occasion mais ne jamais abdiquer. *Fr.* Perdre une bataille mais jamais la guerre. ♦ *Tirer la pipe à qqn.* Taquiner qqn, raconter des mensonges à qqn.

1993 **PIPES.** *Conter des pipes.* Tromper, raconter des mensonges. *Fr.* Raconter des bobards.

1994 **PIPI.** *Faire cailler son pipi.* Se masturber.

1995 **PIQUE.** *Avoir une pique.* Se quereller. ♦ *Maigre (gros) comme un pique.* Très maigre.

1996 **PIQUÉ DES VERS.** *Pas piqué des vers!* Très bon, très bien, épatant, extraordinaire. S'emploie en France. Allusion à la pomme attaquée par les vers. Autrement dit, piquée des vers. «... savez-vous que votre gars a du talent pour travailler le bois? — Ouais! comme gosseux y est pas piqué des vers!» (RINGUET, *Trente arpents*, p. 123) «À vous entendre, personne fait des gâteaux comme moé. — Ah... sont pas piqués des vers, Marianna, Faut l'dire.» (M. LABERGE, *C'était avant la guerre...*, p. 95) «Faut dire que même si y'avait pas grand monde, ceux qui étaient là étaient pas piqués des vers: l'habit de soirée, la robe longue jusqu'à terre...» (M. TREMBLAY, *Des nouvelles d'Édouard*, p. 63) ♦ *Être piqué dans le maigre.* Être vexé, piqué au vif.

1997 **PIQUER.** *Piquer au plus court.* Prendre le plus court chemin, abréger son propos.

1998 **PIQUET.** *Droit(s) (planté[s], raide[s], etc.) comme un (des) piquet(s) (de clôture).* Immobile, interdit, au garde-à-vous, ne pas faire le moindre geste, droit. *Droit comme un piquet* est attesté en France dès le XVIIe siècle. *Fr.* Droit comme un jonc. «Qu'est-ce que vous faites là, vous autres, à rester plantés comme des piquets.» (*Race de monde*, téléroman de Victor-Lévy Beaulieu, SRC, 2 janvier 1980) «Au lieu de rester là planté comme un piquet devant la fenêtre, redonne-moi donc du café.» (V.-L. BEAULIEU, *L'héritage /*L'automne*, p. 141) «En tout cas, moi, je me trouvais au bord du trottoir, planté là comme un piquet, l'air fin comme le 'iable, ça tu peux le croire.» (G. ROY, *Bonheur d'occasion*, p. 311) «Ben assisez-vous, Honoré, restez pas là dret comme un piquette. Mettez vot' calotte sua table pis bourrez-vous une pipe.» (M. LABERGE, *C'était avant la guerre...*, p. 16) «Eux autres, ils laissaient tomber leur fusil par terre, ils le relevaient, ils l'envoyaient en avant, ils l'envoyaient en arrière, pis y s't'naient le corps raide comme des piquets de clôture.» (Armand LECLAIRE, «Le conscrit Baptiste», dans L. MAILHOT et D.-M. MONTPETIT, *Monologues québécois 1890-1980*, p. 110) ♦ *Maigre comme un piquet.* Très maigre. ♦ *Rester sur le piquet.* Rester célibataire.

1999 **PIQUETS.** *Avoir de grands (des, les jambes comme des, deux) piquets.* Avoir les jambes élancées. *Fr.* Avoir des jambes de coq. ♦ *Cogner des piquets.* Dodeliner de la tête par manque de sommeil. Voir *clous* (n° 608).

2000 **PIQUETTE.** *C'est pas de la piquette!* C'est un bon produit. Se dit particulièrement d'un bon alcool.

2001 **PIRE.** *C'est pire que pire!* C'est le comble! C'est pire que tout! *Fr.* De pire en pire. ♦ *Être à (faire de) son pire.* Se présenter sous son plus mauvais jour.

2002 **PIROCHE.** *Crier comme une piroche.* Crier à tue-tête. Piroche: femelle de l'oie.

2003 **PISSAT.** *Pauvre comme du pissat (écrémé).* Très pauvre, sans le sou. *Fr.* Pauvre comme Job.

2004 **PISSE.** *Avoir les jambes à la pisse.* Avoir les jambes arquées.

2005 **PISSER.** *(Commencer à) s'écouter pisser (sur les écopeaux [copeaux]).* Avoir conscience (prendre conscience) de sa virilité. Se dit d'un adolescent. *Fr.* S'écouter pisser (se dit d'une jeune fille). «Ces sacrés pistolets-là, c'est long comme rien et pis ça commence déjà à s'écouter pisser su l'z-écopeaux... et pis ça veut pu travailler, ça veut pu rien faire...» (BASIBI [Joseph Charlebois], dans. L. MAILHOT et D.-M. MONTPETIT, *Monologues québécois 1890-1980*, p. 65)

2006 **PISSER FIN.** *Pisser fin.* Être intimidé, gêné.

2007 **PISSE-VINAIGRE.** *Être (un) pisse-vinaigre.* Être détestable, malcommode.

2008 **PISSOU.** *Être (faire le) pissou.* Être (faire le) couard, poltron. De l'appellation anglaise *pea soup* (soupe aux pois), surnom donné aux Canadiens français en raison de leur prédilection pour ce mets.

2009 **PISTACHE.** *Avoir la face en pistache.* Avoir la figure renfrognée.

2010 **PISTE.** *Piquer une piste.* Partir, partir chasser ou trapper. Voir *trail* (n° 2599).

2011 **PISTE À PATAUD.** *Prendre la piste à pataud.* Déguerpir.

2012 **PISTES.** *Faire des pistes (de chien, de hibou, de fesses, etc.).* Déguerpir, filer. «Quand j'ai vu l'ours qui fonçait sur moi, j'ai fait des pistes, je te le garantis.»

2013 **PISTOLET.** *Avoir les yeux comme un pistolet.* Avoir un regard colérique, rempli de reproche. *Fr.* Faire les gros yeux à qqn.

2014 **PITON.** *Être (remettre qqn, se remettre, se sentir) sur le piton.* Être (remettre qqn, se remettre, se sentir) en forme, d'attaque. *Fr.* Être d'attaque. «...le beurre revole, la confiture Raymond baisse, un autre pot se vide en criant ciseau! Un café, et j'sus sur le piton, les yeux clairs.» (C. JASMIN, *Pleure pas, Germaine*, p. 153) «En ajoutant à l'Eno une bonne grosse bolée de sirop d'aspirines, y coruit vite sus le piton.» (J.-M. POUPART, *Chère Touffe, c'est plein...*, p. 94) «J'pense à ça quand j'ai l'z'idées noires, / Que j'me sens pas trop su'l'piton...» (É. CODERRE, *J'parle tout seul quand Jean Narrache*, p. 120) ♦ *Être piton.* Être idiot, imbécile. ♦ *Mettre la radio (le système de son, etc.) dans le piton.* Mettre le volume au maximum. ♦ *Vite sur le piton.* Alerte, vif, rapide à réagir, lève-tôt.

2015 **PITOUCHE.** *Faire qqch. en une pitouche.* Faire qqch. en un rien de temps. Voir *pinotte* (n° 1987) *et pinouche* (n° 1989).

2016 **PIVÉ.** *Aller au pivé.* Aller aux toilettes. Pivé: déformation probable de *privé*.

2017 **PLACE.** *Virer à la même place.* Perdre son temps.

2018 **PLACER.** *Se faire (re)placer (par qqn).* Se faire remettre à sa place, se faire corriger (par qqn).

2019 **PLAFOND.** *Sauter au plafond.* Tressaillir, jubiler (de joie, de surprise, etc.). «Quand elle a appris qu'elle venait de gagner le million à la loterie, elle a sauté au plafond.»

2020 **PLAN DE MATCH.** *Avoir un plan de match.* Avoir un projet défini, des intentions claires. Expression issue du vocabulaire sportif.

2021 **PLAN DE NÈGRE.** *Penser à (avoir, inventer) un (des) plan(s) de nègre.* Concevoir un projet irréaliste, chimérique. «Ils ont toujours dit que t'avais des plans de nègre, Ti-Gus!» (R. CARRIER, *De l'amour dans la ferraille*, p. 141) «Lui: what a bouquet! un plan pour qu'à l'automne, plan de nègre, j'soye obligé d'acheter un gallon de vin de pissenlit.» (J.-M. POUPART, *Chère Touffe, c'est plein...*, p. 57)

2022 **PLANCHE.** *À la planche.* Au maximum, très. *Fr.* À plein tube. «Castor Rivard / Faut vio'à planche / Surtout l'dimanche...» (J.-C. GERMAIN, *Les hauts et les bas dla vie d'une diva*, p. 119) «Chez Michel, le dimanche, ça marche à planche.» (Publicité pleine page, *Impact*, vol. 1, n° 5, janvier-février 1980) «Une étudiante dans le couloir, juge pour son amie l'œuvre immortelle de George Sand: "è broyard à planche!" «(François RICARD, «À suivre», *Liberté*, n° 126, nov.-déc. 1979, p. 138) ♦ *Faire la planche.* S'évanouir. En France, notamment, rester passif au passage d'un cap difficile. ♦ *Maigre comme une planche sur le cou.* Très maigre. ♦ *Manquer une planche.* Être un peu timbré. ♦ *Marcher à (la) planche.* Être une femme facile. «Vas-y, invite-la à danser... Elle marche à planche!»

2023 **PLANCHE À LAVER.** *Avoir l'estomac comme une planche à laver.* Avoir de petits seins. ♦ *Avoir les côtes (plates) comme une planche à laver.* Être très maigre. *Fr.* Plat comme une

galette. ♦ *Bombé comme une planche à laver.* Très arqué.
♦ *Plissé comme une planche à laver.* Ridé.

2024 **PLANCHE DU BORD.** *Prendre la planche du bord.* Prendre la
meilleure place.

2025 **PLANCHER.** *Avoir (prendre) le plancher.* Avoir (accaparer) la
parole, l'attention. Voir *crachoir* (n° 713). ♦ *Balayer le plancher.* Être court de taille. ♦ *Le plancher lui remonte dans la
face!* Se dit à propos d'une personne qui trébuche.

2026 **PLANCHES.** *Être (se trouver) sur les planches.* Être exposé
sur les tréteaux (d'un mort). «On ne mettait le mort dans
son cercueil qu'au deuxième glas précédant les funérailles.
Jusque-là, il était sur "les planches", posées sur des tréteaux, recouverts de draps blancs.» (R. Cliche et M. Ferron,
Quand le peuple fait la loi, p. 43) «Tout de même, c'est
pas raisonnable; quand c'te pauvre Phonsine est là, su'
les planches. On va dire un chapelet.» (Ringuet, *Trente
arpents*, p. 129)

2027 **PLANS.** *Tirer des plans.* Concevoir des projets, réfléchir.
Fr. Tirer un plan. «Au lieu de penser, de penser, de tirer des
plans, je me laisse aller à mon idée fixe de vengeance, de
plus en plus...» (C. Jasmin, *Pleure pas, Germaine*, p. 136)

2028 **PLANTÉ.** *Être (bien) planté.* Avoir une carrure imposante.
«À quatorze ans, avec les stéroïdes, ils sont plantés comme
des gars de dix-huit ans.» (*Le téléjournal*, SRC, 27 sept.
1988) «À part d'être ben planté et de parler un peu d'anglais, il avait rien, pas même une taule.» (G. Guèvremont,
En pleine terre, p. 83)

2029 **PLANTER.** *Se faire planter.* Se faire battre, supplanter,
notamment dans un match de hockey, de baseball, etc., se
faire berner, tromper. *Fr.* Se faire baiser. «...les docteurs
ont pas trouvé à solution encore, j'ai pensé longtemps que
c'était quand j'me faisais planter, ça se pourrait...» (J.-M.
Poupart, *Chère Touffe, c'est plein...*, p. 27) «Tiens, Donat
Frappier, ça, c'est en attendant que Léon se fasse planter le
jour des élections» (*Les Brillant*, TVA, 27 février 1980) ♦ *Se*

planter (avec qqch., qqn). Échouer, manquer son coup, se tromper (à propos de qqch., qqn).

2030 **PLAT.** *Rachever [achever] le plat.* Être le comble. *Fr.* C'est la goutte d'eau qui fait déborder le vase.

2031 **PLÂTRIER.** *Être à sec comme un plâtrier.* Être pauvre, sans le sou.

2032 **PLATS.** *Faire les petits plats avant les grands.* Se donner du mal pour bien recevoir des invités. *Fr.* Mettre les petits plats dans les grands. «Quand monsieur le curé est venu nous rendre visite, nous avons fait les petits plats avant les grands.»

2033 **PLEIN.** *À plein.* À fond de train, beaucoup, en abondance. ♦ *Jouer au plein.* Faire le riche, le fortuné. «Y a ben des gars qui veulent jouer au plein mais y sont des cassés.» (*Plusieurs tombent en amour,* téléfilm de Guy Simoneau, 1979)

2034 **PLEIN CUIR.** *Être gras (gros) à plein cuir.* Être très gros, obèse.

2035 **PLEIN DE BINES.** [Angl. *beans*, haricots] *Être plein de bines.* Être rustaud, mal dégrossi.

2036 **PLEIN DE SOUPE.** *Être (un gros) plein de soupe.* Être suffisant, bon à rien, dégonflé. S'emploie en France.

2037 **PLEIN TEMPS.** *À plein temps.* Beaucoup, en quantité. Superlatif. «... l'assistance laissa échapper un formidable "Ah! ben, maudit!" en le voyant tout couvert de neige. — Ça tombe à plein temps, dit-il.» (C.-H. GRIGNON, *Un homme et son péché,* p. 137)

2038 **PLEINE CEINTURE.** *Être en pleine ceinture.* Être enceinte.

2039 **PLEINE CLÔTURE.** *À pleine clôture.* Abondamment, en quantité.

2040 **PLEINE FACE.** *En pleine face.* Au nez. «... pour se faire bâiller en pleine face ou se rendre compte qu'on ne l'écoutait plus depuis longtemps.» (M. TREMBLAY, *Le premier quartier de la lune,* p. 85)

2041 **PLEINE PERCHE.** *À pleine perche.* Comble, plein, rempli.

2042 **PLEINE TÊTE.** *Parler à pleine tête.* Parler, crier fort, à tue-tête.

2043 **PLEINES CULOTTES.** *Avoir qqch. à pleines culottes.* Avoir qqch. en quantité.

2044 **PLEUMATS.** *Licher (lécher) (lisser) les pleumats.* Flatter, flagorner. De «plumeau», français populaire : lit.

2045 **PLEUMER.** *Se faire, se laisser, etc. pleumer [plumer] / pleumer (qqn) (au trognon, jusqu'au trognon).* Se faire escroquer / escroquer (à fond). *Fr.* Plumer un pigeon. «Quand on est pauvre, il faut rien dire / Mais s'laisser pleumer au trognon...» (É. CODERRE, *J'parle tout seul quand Jean Narrache*, p. 27)

2046 **PLI.** *Ça ne (me) fait pas un pli (ni une bosse) sur la différence (sur la fesse gauche, sur la poche)!* Ça m'est (c'est) parfaitement égal! Ça m'est indifférent. *Fr.* Ne pas faire un pli. «...tu m'as fait venir ici pour me raconter tes peines de cœur? — Non, non... Je sais bien que ça ne te fait pas un pli sur la poche.» (Y. BEAUCHEMIN, *Le matou*, p. 359) «Y peuvent ben r'garder tant qu'y voudront; ça me fait pas un pli sur la différence.» (*Les ordres*, film de Michel Brault, 1974)

2047 **PLOGUE.** [Angl. *plug*, bouchon] *Tirer la plogue.* Mettre un terme, arrêter. «On a constaté qu'on ne peut pas monter un projet en criant ciseaux et qu'on ne peut pas tirer la plogue en criant ciseaux.» (M. LÉGARÉ, «Le fonds jeunesse à court de temps», *Le Soleil*, 7 août 2002)

2048 **PLOMB.** *Avoir du plomb dans la tête / ne pas avoir de plomb dans la tête.* Avoir un esprit réfléchi, être éclairé / être déraisonnable, stupide. S'emploie aussi en France. ♦ *Ça met du plomb dans l'aile.* Ça assagit, ça rend plus réfléchi. En France : avoir du plomb dans l'aile, avoir des empêchements, échouer. «Les coups qu'ils portent ne sont pas mortels. "Ça met quand même du plomb dans l'aile", songea Antoine.» (M. FERRON, *La fin des loups-garous*, p. 102) ♦ *Lourd comme du plomb.* Extrêmement lourd.

2049 **PLONGE.** *Prendre une plonge.* Trébucher, échouer.

2050 **PLUIE.** *Ennuyant comme la pluie.* Très ennuyant. *Fr.* Ennuyeux comme la pluie. «Le discours du député était ennuyant comme la pluie, au point où, à la fin, il ne restait presque plus personne dans la salle.»

2051 **PLUMAS.** *Se faire aller les plumas.* Gesticuler en parlant.

2052 **PLUME.** *Aller à plume.* Faire la tournée. ♦ *Léger comme une plume.* Très léger.

2053 **PLUS.** *Être un plus.* Être avantageux, un atout. Calque de l'anglais *to be a plus.* «Si le métro vient à Laval, ça va être un plus.» (*Ici Montréal*, TVA, 30 octobre 1989)

2054 **POCHE.** *Avoir la poche à terre.* Être exténué, épuisé, vidé. ♦ *Être (se trouver, trouver qqn, une grosse) poche.* Être (se trouver, etc.) incapable, imbécile, niais. «Je me trouve un petit peu poche de ne pas connaître cela...» (Jacques Houde, *Le grand carrousel du samedi matin*, SRC, 7 sept. 1991) ♦ *Être rendu à la poche.* Être à la dernière extrémité, être ruiné. «Si v'nait qu'à v'nir ben des gourmands comme ça on s'rait betôt rendu à la poche.» (R. GIRARD, *Marie Calumet*, p. 273) ♦ *Prendre sa poche.* Partir, déguerpir. ♦ *Se prendre (se poigner) la poche.* Ne rien faire, se caresser les parties génitales. Se dit d'un homme. ♦ *Tomber comme une poche.* Tomber lourdement. «Tit-Pit Vallerand était en ballant sur la clôture pi tout à coup y est tombé comme une poche.» (L. FRÉCHETTE, *Contes de Jos Violon*, p. 53)

2055 **POCHER.** *Se faire pocher.* Se faire voler, dévaliser, tromper, berner. «J'm'suis fait pocher souvent, un deux par 'citte, un deux par là, par des plus pauvres, des gueux toujours en peine.» (C. JASMIN, *Pleure pas, Germaine*, p. 56)

2056 **POCHETÉE.** *À la pochetée.* En quantité. Autrement dit, à pleine poche. Voir *pelletée* (nº 1896). *Fr.* À la pelle.

2057 **POCHETON.** *Être pocheton.* Être bon à rien, incapable. «Prendre de la touée, j'comptais pas ça pocheton, mais seulement de pas vouloir être un pâtira jusqu'à sa mort...» (Y. THÉRIAULT, *Moi, Pierre Huneau*, p. 118)

2058 **POÊLE.** *Faire lever le poêle.* Avoir une conduite répréhensible, scandaleuse ♦ *Noir comme (dans) le poêle.* Très noir, obscur, crasseux. «L'enfant de Marie Bachand était noir comme le poêle lorsqu'il est sorti de la cheminée.»

2059 **POFFE.** [Angl. *to puff,* souffler] *Faire du poffe.* Se vanter, se pavaner. ♦ *Prendre / offrir une poffe (puff).* Prendre / offrir une bouffée de cigarette. «T'es pas comme Boisvert qui sort pour fumer tout seul plutôt que de nous donner une puff.» (G. Roy, *Bonheur d'occasion,* p. 55)

2060 **POGNÉ.** *Être (un) pogné [poigné].* Être complexé, timide. «J'veux pas que vous pensiez que tout le monde parle comme elle, on est pas toutes des pognés, chez nous!» (M. Tremblay, *Des nouvelles d'Édouard,* p. 135) ♦ *Être pogné [poigné] sur qqch., qqn.* Rester accroché à qqch., être attiré par qqch. ou qqn. «Jocelyne Beaulieu, encore poignée sur le théâtre émotif» (titre d'un article de Martial Dassylva, *La Presse,* 13 sept. 1980, p. 10)

2061 **POGNER.** *Pogner [poigner] avec qqn.* Plaire à qqn, séduire qqn. «Je pogne pas avec ce genre-là. Question de parenté, j'imagine...» (P. Foglia, « Une belle fille », *La Presse,* 24 mai 1980, p. A5) ♦ *Se faire pogner [poigner].* Se faire tromper, surprendre. ♦ *Se pogner [poigner] avec qqn.* Se quereller avec qqn, s'engueuler avec qqn.

2062 **POIGNÉE.** *J'ai-t'y (est-ce que j'ai) une poignée dans le dos?* Penses-tu pouvoir me mentir? Est-ce que tu essaies de me tromper ? Se dit à celui qui raconte des balivernes, des mensonges de façon éhontée. Allusion à la poignée d'une valise. Voir *valise* (n° 2673).

2063 **POIGNÉES D'AMOUR.** *Avoir des poignées d'amour.* Avoir des bourrelets de graisse.

2064 **POIGNET.** *Faire l'amour au poignet.* Se masturber. ♦ *Se passer un poignet.* Se masturber. ♦ *Tirer (se tirer) au (du) poignet.* Jouer au bras-de-fer. «Tirer du poignet pis la jambette, c'est la même affaire.» (R. Lavallée, *Quelques canadianismes...,* p. 92) «Des voix avinées chantaient faux. Les forts à bras tiraient au poignet et des paris s'engageaient.» (H. Bernard, *Les jours sont longs,* p. 90)

2065 **POIL.** *Comme du (un) poil.* Facilement, sans peine. Ainsi: faire de l'argent, se vendre comme du poil. ♦ *Avoir du poil aux pattes.* Avoir de la hardiesse, de l'intrépidité. À ce propos, une pièce de théâtre de Maryse Pelletier, *Du poil aux pattes comme les CWACs.* ♦ *Avoir du poil dans les oreilles.* Avoir l'expérience de la vie. ♦ *Avoir le poil.* Se dit à propos des seins qui se gonflent chez la femme enceinte. ♦ *Flatter qqn dans le sens du poil.* Flatter, amadouer qqn. «Y avait des r'mords d'avoir dit non. Ça fait que j'l'ai flatté dans l'sens du poil. Lui y marche su' l'orgueil.» (M. LETELLIER, *On n'est pas des trous-de-cul*, p. 143) «Mais est-ce une raison pour se mettre à plat ventre devant lui et le flatter dans le sens du poil? Il y a des limites quand même! (Adrien THÉRIO, «Et deux affaires à dénoncer», *Les Lettres québécoises*, n° 7, août-sept. 1977) ♦ *Mettre du poil.* Accélérer, donner de la puissance. *Fr.* Mettre la gomme. ♦ *Passer à un poil de faire qqch.* Passer près de faire qqch.

2066   **POIL DES JAMBES.** *S'exciter (s'énerver) le poil des jambes.* S'énerver, prendre panique. Souvent à l'impératif. «Excite-toi pas le poil des jambes! L'avion ne s'envole qu'à dix-huit heures.» «Akay, toé-lè, énerve-toi pas le poil des jambes!» (*Les aventures d'une jeune veuve*, film de Roger Fournier, 1974) «Voyons, tu t'énerves le poil des jambes pour rien. À cette heure-ci, il se trouve sûrement à *La Binerie*.» (Y. BEAUCHEMIN, *Le matou*, p. 535)

2067   **POILS DE CHIEN.** *Un manteau en poils de chien.* Une mauvaise fourrure, un manteau de fourrure de mauvaise qualité.

2068   **POING.** *Gros comme le (mon) poing.* Petit, de petite taille. ♦ *Mettre son poing dans la face de qqn.* Tabasser, frapper qqn. «Mets pas tes mains là iousque tu comprends pas. Si tu r'commences, j'vas t'mettre mon poing dans la face.» (R. CARRIER, *De l'amour dans la ferraille*, p. 170)

2069   **POINGS.** *Se prendre aux poings.* Se quereller.

2070   **POINTES.** *Pousser des pointes.* Taquiner, asticoter.

2071   **POINTU.** *Être (avoir le caractère) pointu.* Être susceptible, prompt. «Gladu... se plaignait à Florent de la susceptibilité de son ami. — Y'a le caractère pointu en joualvert!» (Y. BEAUCHEMIN, *Le matou*, p. 94) ♦ *Parler pointu.* Parler avec affectation. Se dit en France. «Devant les nonnes, je les connais, a vont se mettre à parler pointu, à faire des courbettes et des sourires.» (C. Jasmin, *Pleure pas, Germaine*, p. 80) «Ils sont morts les pauvres journalistes qui nous critiquaient dans le temps... parce qu'on ne parlait pas pointu!» (Félix Leclerc en entrevue, *L'actualité*, janvier 1979, p. 7)

2072 **POIREAU.** *Planter le poireau.* Trébucher, faire une chute. ♦ *Vert comme (un) poireau.* Être épouvanté, terrorisé, blême, livide. Se dit également d'une personne d'une paleur maladive, au teint blafard. *Fr.* Être blanc, vert de peur.

2073 **POIS.** *Rond comme un pois.* Ivre mort. «Ti Potte, rond comme un pois, tournait dans la place, mimant la danse de l'ours de nos montagnes.» (Vieux Doc [E. Grignon], *En guettant les ours*, p. 194)

2074 **POISSON.** *Être poisson.* Être candide, bonasse. *Fr.* Être poire. ♦ *Heureux comme un poisson dans l'eau.* Comblé. Se dit en France. ♦ *Nager comme un poisson.* Nager avec facilité, aisance. ♦ *Noyer le poisson.* Faire oublier qqch. par diversion.

2075 **POISSON POURRI.** *Engueuler qqn comme du poisson pourri.* Engueuler vertement qqn. Se dit en France. «... la police arrive... m'engueule comme du poisson pourri, pis c'est à moi qu'a donne le ticket!» (J.-M. Poupart, *Chère Touffe, c'est plein...*, p. 211) «Je me suis choquée et je l'ai engueulée comme du poisson pourri.» (S. Desrosiers, *T'as rien compris, Jacinthe...*, p. 48)

2076 **POISSONS.** *Faire rire les poissons.* Raconter des chimères, des mensonges. «Fais pas rire les poissons. Ton histoire de monstre, on n'y croit pas une seconde.»

2077 **POKER FACE.** *Qqn de poker face.* Qqn d'impassible, sans expression. «Michel faisait un personnage très poker face...» (Daniel Lemire à l'émission *Juste pour rire*, TVA, Montréal, 29 sept. 2002)

2078 **PÔLE.** *Garder le pôle.* Accaparer la parole. «Chaque fois qu'il parle avec d'autres, il s'efforce de garder le pôle.»

2079 POLICE. *La police pas d'cuisse numéro trente-six!* Se dit souvent entre amis pour se moquer de la police. «Josée a y crie, est donc excitée quand on fait une sortie, / A dit: "Police pas de cuisse numéro trente-six!" / Y'a une femme qui nous criait: "Bande de cochons!"» (J. BARRETTE, *Ça dit qu'essa à dire,* p. 23)

2080 POLITESSE. *Casser la politesse à qqn.* Fausser compagnie à qqn. *Fr.* Brûler la politesse. ♦ *Être une tante par politesse.* Être tante de nom seulement.

2081 POLOQUE. *Fumer (se rouler) une poloque (pollock).* Fumer une cigarette roulée à la main. Poloque: polonaise. Allusion aux Polonais, qui préfèrent rouler leurs cigarettes. Voir *rouleuse* (n° 2280). «Profitant d'une pose pour se rouler une "Pollock", le prédicateur improvisé précisait en continuant...» (S. RIVIÈRE, *La saison des quêteux,* p. 28)

2082 POMME. *Chanter la pomme / se faire chanter la pomme.* Flatter, faire du marivaudage, faire la cour / être courtisée, se faire flatter, tromper avec de belles paroles. «... aussitôt que j'vas avoir fini de me ramasser une petite fortune en vous chantant la pomme, j'vas sacrer mon camp, j'vas disparaître dans les airs...» (M. TREMBLAY, *Sainte Carmen de la Main,* p. 78) «Quand c'est un homme, y chante la pomme. Y fait des détours par eksiprès pour gagner du temps.» (J. RENAUD, *Le cassé,* p. 16) ♦ *Rond comme une pomme.* Gras, corpulent, ivre mort.

2083 POMMES. *Haut comme deux pommes.* De petite taille. *Fr.* Grand, haut comme trois pommes. ♦ *Tomber dans les pommes.* Perdre conscience, se pâmer. «Pis ma mère à c'moment-là a tombe dans 'es pommes mais Lynda a l'sait pas...» (M. LETELLIER, *On n'est pas des trous-de-cul,* p. 108) «Chtombbe dans 'es pommes / Cé sans mérite / Chaqu' fois qu'un homme / Va pas trop vitte» (J.-C. GERMAIN, *Les nuits de l'Indiva,* p. 45)

2084 POMPE À EAU. *Ça gèle la pompe à eau!* C'est très froid! «Des matins comme ça en janvier, ça gèle la pompe à eau.»

2085 **POMPE À STIME.** [Angl. *steam*, vapeur] *Gros comme une pompe à stime.* Très gros.

2086 **POMPÉ.** *Être pompé (dur).* Être en furie, en (dans une grande) colère. «Elle est pompée dur, celle-là, pas moyen de la calmer.» (Tex Lecor, *Les insolences d'un téléphone*, CKAC-Télémédia, 17 mai 1991)

2087 **POMPER.** *Pomper qqn.* Mettre qqn en colère, fâcher qqn. «Tu sais pourquoi qu'on l'appelle Shinto? — On va te le pomper! Chaque fois qu'on a un Japonais, y ressemble à un saint dans l'eau bénite.» (J.-J. RICHARD, *Faites-leur boire le fleuve*, p. 169)

2088 **POMPER (SE).** *Se pomper / faire pomper qqn.* Se fâcher, se mettre en colère, hors de soi / fâcher qqn, mettre qqn hors de soi.

2089 **POMPETTE.** *Être (filer, se sentir) pompette.* Être (se sentir) éméché. Se dit en France. «...au point de revenir aux petites heures du matin pompettes comme des commis-voyageurs en congrès.» (Y. BEAUCHEMIN, *Le matou*, p. 35)

2090 **POMPIER.** *Se coucher en pompier.* Se coucher tout habillé.

2091 **POMPIERS.** *Va pas dire (raconter) ça aux pompiers (ils vont t'arroser)!* C'est invraisemblable, farfelu!

2092 **POMPON.** *Calme-toi le pompon!* Calme-toi les nerfs! ♦ *En avoir ras le pompon.* En avoir assez, ne plus pouvoir en prendre. *Fr.* En avoir ras le bonbon, en avoir ras le bol.

2093 **PONCE.** [Angl. *punch*, boisson alcoolisée] *Prendre (se préparer) une ponce.* Boire (se préparer) un grog, trinquer, s'enivrer. «Ben mais... moi, c'que j'trouve de curieux, moi, vous prenez pas la ponce souvent. Quand on fait boucherie, on s'fait une ponce...» (P. PERRAULT *et al.*, *Le règne du jour*, p. 43)

2094 **PONT.** *Solide comme un pont.* Très solide, inébranlable.

2095 **POQUE.** [Angl. *puck*, rondelle] *Niaiser avec le poque (puck).* Tergiverser, perdre son temps. «Pendant que le chapon niaisait avec le poque, le loup se dirigea chez la grand-mère.» (*Bye-Bye 91*, texte de J.-P. Plante, SRC, 31 déc. 1991)

2096 **POQUÉ.** *Être (avoir l'air) poqué.* Être (avoir l'air) amoché, fourbu.

2097 **POQUER.** *Poquer une femme.* Faire du mal, violer, violenter une femme. ♦ *Se faire poquer.* Se faire violenter, se faire donner une raclée.

2098 **PORC-ÉPIC.** *Avoir la tête comme un (une tête de) porc-épic.* Avoir les cheveux en broussaille.

2099 **PORC FRAIS.** *Avoir (faire) une face de porc frais.* Prendre un air renfrogné. ♦ *Faire (lancer) un cri de porc frais.* Crier à tue-tête. ♦ *Faire des yeux de porc frais.* Faire de gros yeux, des yeux méchants, colériques. ♦ *Prendre qqn pour un porc frais.* Prendre qqn pour un menteur, un vantard. «Tu ne me crois pas? Tu me prends pour un porc frais, peut-être?» (*Six heures au plus tard*, téléfilm de Louis-Georges Carrier, dialogues de Michel Tremblay, SRC, 29 janvier 1989)

2100 **PORTAGE.** *Prendre le portage.* Emprunter un chemin, un sentier (de contournement). Évocation des sentiers de portage d'autrefois, alors qu'on contournait, en portant le canot et les bagages, les obstacles encombrant les voies de navigation.

2101 **PORTE.** *Envoyer qqn derrière la porte.* Envoyer promener qqn. ♦ *Frotter la porte du poêle (du four).* Avoir des relations sexuelles. Dit notamment pour ne pas être compris des enfants. ♦ *Large comme la porte.* Très gros, large. Se dit d'une personne obèse, corpulente. «Grand-père était large comme la porte, à tel point qu'il avait de la difficulté à se lever de sa chaise berceuse.»

2102 **PORTE-CROTTE.** *Se casser le porte-crotte.* Trébucher, tomber par terre. ♦ *Se faire aller le porte-crotte.* Se remuer, se faire aller, se trémousser (notamment en dansant), se grouiller. «Comme une siamoise "qui se branle la chatte", Esméralda se fait aller le porte-crotte sans pudeur...» (S. Rivière, *La s'maine des quat' jeudis*, p. 86)

2103 **PORTE DE DERRIÈRE.** *Ne pas avoir de porte de derrière.* Ne pas se désister, parler sans détour, être franc. «Tu sais, Belpreau, que j'ai pas de porte de darrière, moé, j'vas t'dire ce que t'es...» (Vieux Doc [E. Grignon], *En guettant les ours*, p. 136) «...à l'instar du père Lavictoire... je n'avais pas de porte de derrière et j'étais incapable de dissimuler ma pensée.» (Vieux Doc [E. Grignon], *En guettant les ours*, p. 223)

2104 **PORTE-PANIER.** *Être (un) (faire le) porte-panier.* Être (faire le) délateur, mouchard. Se dit particulièrement d'un enfant. Voir *paniers* (n° 1805).

2105 **PORTÉE DE FUSIL.** *Être (se trouver) à une portée de fusil.* Être près. Équivaut à environ un kilomètre. *Fr.* À portée de fusil.

2106 **PORTER.** *Porter à gauche (à droite).* Pour un homme, porter le sexe à gauche (à droite) dans sa culotte. «De voyeuse elle devint graphologue, sachant d'instinct qui était gaucher et qui portait à droite.» (S. Rivière, *La s'maine des quat' jeudis*, p. 67)

2107 **PORTES.** *Niaiser aux portes.* Tergiverser, perdre son temps. ◆ *Avoir les oreilles en portes de grange.* Avoir les oreilles décollées. «... moqueuses et cruelles quand il avait les oreilles en portes de grange trop importantes ou l'acné trop agressive.» (M. Tremblay, *Le premier quartier de la lune*, p. 25) ◆ *Défoncer des (les) (être [un] défonceur de) portes ouvertes.* Agir inutilement, sans raison. *Fr.* Enfonceur de portes ouvertes (celui qui dit des évidences sous prétexte de pensées profondes).

2108 **PORTEUR DE PAQUETS.** *Être (un) porteur de paquets.* Être délateur, rapporteur. Se dit particulièrement d'enfants et entre enfants. Voir *paquets* (n° 1815).

2109 **PORTION.** *Donner sa portion à qqn.* Chasser, éconduire qqn (notamment un amoureux).

2110 **PORTRAIT.** *Arranger (faire, défoncer, démolir, organiser, etc.) le portrait (à qqn) / se faire arranger, faire, etc., le portrait.* Donner une raclée à qqn / recevoir une raclée. «Moé, à ta place, je lui aurais fait le portrait, le calvaire.» (*Six heures au plus tard*, téléfilm de Louis-Georges Carrier, dialogues de Michel Tremblay, SRC, 29 janvier 1989) «Aïe, veux-tu que j't'organise le portrait comme Picasso, toé?» (*Le grand zèle*, téléfilm de Roger Cantin, 1992). «C'est peut-être une bonne idée... mais, si ça marche pas, je lui organise le portrait à ce vieux salaud!» (M. Riddez et L. Morisset, *Rue des Pignons*, p. 97) ♦ *Connaître (avoir, prendre, reconnaître, tirer) le portrait de qqn.* Avoir appris à connaître qqn, avoir qqn à l'œil. *Fr.* Avoir qqn dans le collimateur. «Inquiète-toi pas, j'ai ton portrait. Avant que tu me passes un autre Québec, les poules vont avoir des dents.» «Quant au Survenant, il lui est arrivé malheur, je l'admets et je lui ai tiré son portrait correct. De son bord il verra à ce que ça se renouvelle pas.» (G. Guèvremont, *Le Survenant*, p. 206) ♦ *Entrer dans le portrait.* Quitter accidentellement la route. *Fr.* Entrer dans le décor. ♦ *Veux-tu mon portrait?* Veux-tu bien cesser de me regarder, de m'importuner! «Elle apostropha Greta-la-vieille qui sursauta un peu: "Veux-tu mon portrait!"» (M. Tremblay, *Des nouvelles d'Édouard*, p. 21) «Puis il fixa Ignace d'un regard vide, posa sa casquette sur l'appareil. "Veux-tu mon portrait, calice! s'exclama Ignace..."» (J. Benoît, *Les voleurs*, p. 168)

2111 **POT À TABAC.** *Être un pot à tabac.* Être de petite taille.

2112 **POT DE COLLE.** *Être pot de colle.* Être suiveur, aimer suivre constamment les autres. Voir *tache de graisse* (n° 2463).

2113 **POTEAU.** *Droit comme un poteau.* Rectiligne, dressé. «Ce soldat au garde-à-vous se tient droit comme un poteau.» ♦ *Long comme un (comme des) poteau(x) de télégraphe.* Très long, grand. «Ils avaient des noms longs comme des poteaux de télégraphe.» (*Chanteclerc*, n° 10, Oka, juin 1984) ♦ *Ne pas être un poteau de balustre.* Être laid.

2114 **POTEAUX.** *Monter les poteaux à reculons.* Être niais, benêt. ♦ *N'avoir que les poteaux et la musique.* Être très maigre. *Fr.* N'avoir que la peau et les os.

2115 **POTTE.** *Faire un potte.* Réaliser une somme d'argent, constituer une caisse commune (au jeu, etc.), une cagnotte. ♦ *Sourd comme un potte [pot].* Complètement sourd. *Fr.* Sourd comme un pot.

2116 **POU.** *Être comme un pou sur une grange.* Être présomptueux, vouloir accomplir plus qu'on ne peut en faire.

♦ *Excité comme un pou.* Agité, énervé. «Je m'en vais voir un spectacle, je suis excitée comme un pou.» (Suzanne Lévesque, *Touche à tout*, CKAC-Télémédia, 6 mai 1987) ♦ *Faible comme un pou / fort comme un pou.* Très faible. ♦ *Laid comme un pou.* Très laid. ♦ *Slow* [angl. lent] *comme un pou dans la mélasse.* Très lent, lambin.

2117 **POUCE.** *Baisser le pouce.* Abaisser le prix (d'un produit, d'un article, etc.). Allusion au geste caractéristique du pouce pour signifier une baisse de prix. ♦ *Engager qqn sur le pouce.* Embaucher qqn à la hâte. ♦ *Faire du (monter sur le, voyager sur le) pouce.* Faire de l'auto-stop (voyager en auto-stop). Voir *lift* (n° 1495). «Forcé à mentir… Comme la fois qu'on faisait du pouce pis qu'on avait tombé sus un vieux cochon.» (J.-M. Poupart, *Chère Touffe, c'est plein…*, p. 120) «Sur l'avenue du Parc, elle a commencé à faire du pouce. On accroche pas toujours du premier coup. Des fois le trajet se fait pas aussi vite qu'on le voudrait.» (J. Renaud, *Le cassé*, p. 16) «Y était monté su' l'pouce de Montréal à Québec pis y avait faite les poches des gars qui l'avaient embarqué.» (M. Letellier, *On n'est pas des trous-de-cul*, p. 117) ♦ *Faire monter (prendre) qqn sur le pouce.* Faire monter un auto-stoppeur.

2118 **POUCE VERT.** *Avoir le pouce vert.* Avoir de l'habileté en jardinage, en horticulture. Calque de l'anglais *to have a green thumb. Fr.* Avoir la main verte.

2119 **POUCES.** *Avoir les mains en (plein[e]s de) pouces.* Être malhabile, maladroit de ses mains. *Fr.* Avoir des mains de beurre.

2120 **POUCHIGNE.** [Angl. *pushing*, relations] *Avoir du pouchigne.* Avoir des relations, jouir de passe-droits. ♦ *Donner du pouchigne à qqn.* Profiter de ses relations pour venir en aide à qqn.

2121 **POUDRE.** *Avoir plus de poudre que de plomb.* Avoir plus d'éclat, d'apparence, que de ressources. En France, n'avoir ni poudre ni plomb : n'avoir ni pouvoir ni moyens. ♦ *Prime (prompt) comme (de) la poudre (à fusil).* Colérique, hargneux.

Voir *prime* (n° 2148). «Ne l'achale pas trop ce soir, on dit qu'il est prime comme la poudre.»

2122 **POUDRÉE.** *Être une (faire sa) poudrée.* Être une (faire la) femme du monde, femme guindée. Aussi : prostituée, travesti.

2123 **POUDRERIE.** *Passer en poudrerie.* Passer en trombe, à toute vitesse. *Fr.* Passer comme la foudre.

2124 **POUILLE.** *Chanter pouille / se faire chanter pouille.* Enjôler / se faire enjôler, disputer, enguirlander, importuner. *Pouil* [étym.] : pou. En France, chanter pouille : injurier. «Et pour ne pas laisser s'éteindre leur belliqueuse ardeur, les deux adversaires se chantèrent pouille à qui mieux mieux.» (R. GIRARD, *Marie Calumet*, p. 153-154) «Jos était chaud, y chantait pouille à Desbiens. Monsieur Tardif a commencé à vouloir y couper le sifflette, mais Jos s'est choqué...» (R. LÉVESQUE, *Le vieux du Bas-du-Fleuve*, p. 49) «...quelques voisins s'abîment de bêtises / quelques voisines se chantent pouilles...» (G. DUPUIS, «Les poètes», *Estuaire*, n° 2, octobre 1976, p. 36)

2125 **POULAIN.** *Avoir la tête comme un poulain.* Avoir les cheveux en broussaille. ♦ *Être (encore) comme un jeune poulain.* Être (encore) plein de vigueur, d'une grande ardeur amoureuse (malgré l'âge).

2126 **POULE.** *Attendre la poule pour pouvoir déjeuner le matin.* Ne rien avoir à manger. ♦ *Donner une poule.* Décupler d'efforts. ♦ *Être un crosseux de poule au vol (de poule morte).* Être fatigant. Se dit d'une personne «collante». S'emploie notamment dans le Témiscouata.

2127 **POULE À SIMON.** *Bleu comme la poule à Simon.* Être farouchement conservateur. Par opposition aux Rouges, partisans du Parti libéral.

2128 **POULE COUVEUSE.** *Être comme une (faire sa) poule couveuse.* Se dit d'une mère qui surprotège ses enfants. Aussi : être frileux.

2129 **POULE NOIRE.** *Vendre la poule noire.* Vendre son âme au diable, se damner. Allusion à la légende populaire de la poule noire d'après laquelle il suffit, pour acquérir la richesse, de vendre son âme au diable en remettant au Malin une poule noire.

2130 **POULES.** *Gauler les poules à Tancrède.* Abattre une tâche en un rien de temps. En français ancien, gauler : voler.

2131 **POULET.** *Faible comme un poulet.* Très faible, anémique. « À l'hôpital, ma tante Alphonsine était faible comme un poulet, à tel point que nous devions la nourrir à la cuiller. » ♦ *Partir (mourir) comme un (p'tit) poulet.* Mourir tout doucement, sans tourment. « ... la tête du gars est encore chaude dedans, a s'met à trembler... Mourir comme un poulet... » (J.-M. POUPART, *Chère Touffe c'est plein...*, p. 213) « C'qui l'a rach'vé, c'est qu'il éliminait pus. Alors il est parti comme un p'tit poulet. » (C. DESROCHERS, *La grosse tête*, p. 65)

2132 **POULIE.** *Se faire huiler la poulie.* Se faire baiser. Se dit d'une femme. *Fr.* Se faire tringler. ♦ *Slaque* [angl. *to slack*, relâcher] *la poulie !* Cesse ton manège, arrête de t'énerver, calme-toi !

2133 **POUMONS HEUREUX.** *Dormir à poumons heureux.* Dormir profondément, en ronflant. « Pendant qu'elle dormait à poumons heureux, un cambrioleur est entré dans la maison. »

2134 **POURRI.** *Être pourri de...* Être plein, accablé, déborder de... (argent, dettes, etc.). « Il est pourri d'argent. S'il prive sa fille ce sera par le cœur et c'est tout. » (J.-J. RICHARD, *Faites-leur boire le fleuve*, p. 221)

2135 **POURRITE.** *En raconter (en entendre, en pousser) une pourrite [pourrie].* Raconter (entendre) une histoire invraisemblable, extraordinaire.

2136 **POUSSER.** *Pousse mais pousse égal !* Tu exagères, c'est invraisemblable !

2137 **POUSSER (SE).** *Se pousser (quelque part).* Prendre la fuite, s'en aller (quelque part). ♦ *Se pousser pour une fille.* S'enticher d'une jeune fille. « Quand un jeune homme se poussait pour une fille et qu'il n'osait pas lui dire... » (J.-C. DE

L'ORME et O. LEBLANC, *Histoire populaire des Îles de la Madeleine*, p. 63)

2138 **POUSSIÈRE.** *Brasser de la poussière (pour rien)*. Bouleverser, perturber, changer qqch. (pour rien). ♦ *Ne pas faire grand poussière*. Passer (quasi) inaperçu. *Fr.* Ne pas faire grand bruit. ♦ *Ressasser la poussière*. Revenir sur un sujet désagréable. «Écoute, Lola, ressasse pas la poussière, je reviendrai pas sur les événements passés.»

2139 **POUTRE.** *Haut comme la poutre*. De petite taille.

2140 **POUVOIR.** *Comme ça se peut pas (plus)*. Incroyable, extraordinaire, extrêmement, très. «Trente pour cent, madame, c'est un rabais comme ça se peut pas.» (Une publicité, CKAC-Télémédia, 17 mai 1991)

2141 **POUX.** *Avoir des poux mais ne pas se gratter*. Supporter son sort, les épreuves avec résignation. ♦ *Chercher des poux à qqn / se chercher des poux*. Chercher querelle à qqn / chercher des motifs, des raisons (à ses gestes). *Fr.* Chercher des pouilles ; chercher noise à qqn.

2142 **PREMIÈRE CLASSE.** *De première classe*. Excellent, extraordinaire. Calque de l'anglais *first class*. «Eh bien! comment ça va, les gars? fit-il. — O.K.! dit Boisvert, de première classe, mais t'es dans ma lumière.» (G. ROY, *Bonheur d'occasion*, p. 52)

2143 **PREMIÈRE COMMUNION.** *Avoir sa robe de première communion*. Jouir d'une bonne réputation.

2144 **PRESSÉ.** *Se marier pressé*. Se marier par obligation (parce que la femme est enceinte). Voir *obligé* (n° 1748). «Tu peux me dire madame, à moi. Oui, madame. On s'est pas mariés pressés, nous autres, Barloute!» (R. LEMELIN, *Au pied de la pente douce*, p. 84)

2145 **PRÊTÉ.** *C'est un prêté pour un rendu*. C'est égal, équivalent. En France, un prêté pour un rendu : une représaille proportionnée, juste.

2146 **PRIÈRE.** *Connaître qqn (qqch.) comme une prière*. Connaître parfaitement qqn (qqch.).

2147 **PRIÈRES.** *Marcher avec des prières.* Fonctionner on ne sait trop comment, de manière incompréhensible, par miracle. «Cette voiture fonctionne avec des prières. Elle roule, oui, mais pour combien de temps ?»

2148 **PRIME.** *Être prime.* Être colérique, prompt (à agir, se fâcher, etc.). Voir *poudre* (n° 2121).

2149 **PRINCE.** *Fier comme un prince.* Altier, suffisant. Voir *paon* (n° 1807). En France, avoir un air princier : digne d'une prince, luxueux, somptueux.

2150 **PRINTEMPS.** *Ne pas être né de ce printemps.* Avoir l'expérience de la vie. Voir *dernière pluie* (n° 830).

2151 **PRIS.** *Être (bien) pris.* Avoir une carrure imposante. «Il y a aussi Ephrem, le jeune, presquement pris comme un homme et qui a que treize ans d'âge. Lui et son père sont pas toujours d'équerre, il s'en faut.» (G. GUÈVREMONT, *En pleine terre*, p. 32) «... comme quoi il ne suffit pas d'être bien pris il faut aussi être habile. Avez-vous déjà vu un homme marcher comme ça ?» (J.- J. RICHARD, *Faites-leur boire le fleuve*, p. 128) «J'te regarde, Paulo, t'as l'air à être ben pris, toé aussi.» (L.-M. DANSEREAU, *Chez Paul-ette. bière, vin...*, p. 36)

2152 **PROMESSE.** *Être de promesse.* Être fiable, tenir sa parole. *Fr.* Tenir parole, sa parole.

2153 **PROMESSE D'ÉLECTION.** *Être (faire) une promesse d'élection.* Faire (être) une fausse promesse. Allusion aux promesses des politiciens en période d'élection. «Amance Truchon, el garagisse, c'ti-là qu'est organisateur du parti... y a faite une promesse d'élection su'le perron d'église, dimanche passé. — Beau dommage! On pogne pas e mouches, avec du vinaigre.» (A. RICARD, *La gloire des filles à Magloire*, p. 43)

2154 **PROMESSE D'IVROGNE.** *Être (faire) une promesse d'ivrogne.* Être (faire) une promesse qui ne sera jamais tenue. *Fr.* Un serment d'ivrogne.

2155 **PUCE.** *Avoir peur d'une puce qui montre les cornes.* S'effrayer pour un rien. ◆ *Noir comme une puce.* Très noir.

2156 **PUCERON.** *Avoir une tête de puceron.* Avoir une allure imbécile.

2157 **PUCES.** *Secouer les puces à qqn / se secouer les puces.* Secouer, chicaner qqn, le secouer de sa torpeur / se sortir de sa torpeur. Voir *traîneau* (n° 2601).

2158 **PUISSANTE.** *En lâcher une (des) puissante(s).* Raconter une chose invraisemblable, des choses invraisemblables.

2159 **PULL.** [Angl. tirer] *Avoir de la pull.* Avoir de l'énergie, une grande force (pour tirer).

2160 **PUNAISE.** *Sentir la punaise.* Sentir mauvais. Se dit notamment d'une habitation.

2161 **PUNCH.** [Angl. coup] *Vendre le punch.* Dire une plaisanterie à contretemps, avant le moment propice. *Fr.* Vendre la mèche.

2162 **PUNCHING-BAG.** [Angl. sac de sable] *Faire le punching-bag.* Être le souffre-douleur, se faire tabasser.

2163 **PUR.** *À pur et à plein.* Entièrement, sur tous les plans. Notamment, *céder à pur et à plein.*

2164 **PURE LAINE.** *Être un Québécois (Anglais, etc.) pure laine.* Être un Québécois (Anglais, etc.) authentique, de souche. Se dit en France. «Grand-papa était un Québécois pure laine.., papa un peu moins déjà... pis moué pantoute...» (J.-C. GERMAIN, *Les hauts et les bas dla vie d'une diva*, p. 134) «Je suis Québécois pure laine, mon vieux. Ça ne paraît pas?» (Y. BEAUCHEMIN, *Le matou*, p. 50)

2165 **PUTCH.** *Jouer à la putch.* Jouer au hockey dans la rue.

Q

2166   **QUARANTE.** *Se mettre sur son quarante (quarante-et-un, quarante-cinq, quarante-six).* Enfiler ses plus beaux vêtements. Voir *trente-six* (n° 2619). *Fr.* Se mettre sur son trente-et-un.

2167   **QUART.** *Rond comme un quart.* Très rond, arrondi. Quart : étrave, quille d'un navire. « Il n'a plus de plat de varangue... il a le genou rond comme un quart. » (P. PERRAULT, *Les voitures d'eau*, p. 50)

2168   **QUARTIERS DE TERRINE.** *Ne pas se moucher avec des quartiers de terrine.* Ne pas être pauvre, ne pas lésiner sur la dépense. Vieilli.

2169   **QUATRE.** *Manger comme quatre.* S'empiffrer. « À part ça y mange comme quatre, c'est pas pour rien qu'y est gros. » (M. LETELLIER, *On n'est pas des trous-de-cul*, p. 134) ♦ *Se fendre (le cul) en quatre.* Se donner du mal, se dépenser sans compter. *Fr.* Se mettre en quatre. « Il n'y a pas un concierge à Montréal qui va se fendre le cul en quatre pour fournir une chambre à cinq piasses. Ti-Jean le sait bien. » (J. RENAUD, *Le cassé*, p. 13)

2170   **QUATRE AS.** *Ça bat quatre as !* C'est sensationnel, formidable, mieux que tout ! Allusion à certaines donnes au jeu de cartes, où le joueur qui détient quatre as remporte la partie, d'où l'expression. « J'ai ton affaire : mamzelle Maguire, de Tréchemin. C'est une Irlandaise, mais vacarme ! ça bat quatre as, sous tous les rapports. » (L. FRÉCHETTE, *Originaux et détraqués*, p. 232)

2171   **QUATRE CHIENS.** *Habillée comme quatre chiens.* Mal habillée, qui porte des vêtements ridicules. Se dit d'une femme.

2172 **QUATRE FERS.** *Avoir (se retrouver) les quatre fers en l'air.* Être (se retrouver) sur le dos, par terre. S'emploie en France. «C'était mon Tom Caribou, sans connaissance, qui venait s'élonger en plein travers de l'ourse les quat' fers en l'air, avec un rôdeux de coup de griffe dans le fond...» (L. FRÉCHETTE, *La Noël au Canada*, p. 231) ♦ *Ne pas valoir les quatre fers d'un chien.* Ne rien valoir. Se dit en France. «...enfin je vous dirai que toute sa gueuse de carcasse, son âme avec, valait pas, sus vot' respèque, les quat' fers d'un chien. C'est mon opinion.» (L. FRÉCHETTE, *La Noël au Canada*, p. 219-220)

2173 **QUATRE PATTES.** *Se mettre à quatre pattes devant qqn.* S'avilir, s'humilier devant qqn.

2174 **QUATRE POUR CENT.** *Donner son quatre pour cent à qqn.* Congédier, licencier qqn. Au Québec, lors du licenciement d'un employé, une prime de vacances de 4% doit être versée par l'employeur, d'où l'expression.

2175 **QUATRE-SEPT.** *Se mettre sur son quatre-sept.* Enfiler ses plus beaux vêtements. Voir *trente-six* (n° 2619). *Fr.* Se mettre sur son trente-et-un.

2176 **QUATRE YEUX.** *Se parler entre quatre yeux.* Se dire franchement des vérités difficiles à admettre. En France, entre quatre-z-yeux: privément, entre deux personnes.

2177 **QUÉBEC.** *Passer / se faire passer un Québec.* Tromper, jouer un sale tour / se laisser tromper, se faire jouer un sale tour. Voir *épinette* (n° 996) et *sapin* (n° 2316). «Le vieux docker revient avec ses chapelets. Arsène trouve à dire: — Viens pas essayer de nous passer un Québec!» (J.-J. RICHARD, *Faites-leur boire le fleuve*, p. 129) «Écoutez, vous, docteur, essayez pas d'nous jouer dans les cheveux! Essayez pas d'nous passer un Québec! Des gars comme vous, ça s'rencontre souvent.» (Y. THÉRIAULT, *Les vendeurs du temple*, p. 134)

2178 **QUÉBÉCOIS.** *En bon québécois.* En clair, dit nettement. *Fr.* En bon français.

2179 **QUENOUILLES.** *Avoir de grandes quenouilles.* Avoir les jambes élancées.

2180 **QUÈQU'UN.** *Être quèqu'un [quelqu'un] (que'qu'un).* Être un phénomène, un personnage (se dit d'une personne), hors de l'ordinaire, fort, puissant (se dit d'un produit). *Fr.* Être plus grand que nature. «J'avais mis trop de sucre; ma bière... elle était quèqu'un, comme on dit!» (Martin Drainville, *Entre vous et moi*, TVA, 1er avril 1992) «J'la connaissais ben elle. Ça c'tait que'qu'un. Était rough en pas pour rire.» (M. LETELLIER, *On n'est pas des trous-de-cul*, p. 125)

2181 **QUÉTAINE.** *Être (faire) quétaine (kétaine, kétainne).* Être (faire) vieux jeu, banal, de mauvais goût (se dit d'une chose), être niais. «Y a pas dméritte à ête kétainne! Tout lmondde l'est! Mais lseul moyen dpas lrester, cé d'avôir le courage de devnir ri-di-cu-le!» (J.-C. GERMAIN, *Les nuits de l'Indiva*, p. 124-125) «J'avais 32 ans, presque pas de problèmes, c'était-tu assez quétaine, j'avais honte!» (J. DORÉ, *Si le 9-1-1 est occupé!*, p. 34)

2182 **QUÊTEUX.** *Avoir des cannes de quêteux.* Avoir les jambes minces. ♦ *Avoir plus de chance qu'un quêteux.* Être très chanceux. Le quêteux apporte la chance mais, pour que celle-ci nous favorise, il faut lui offrir le gîte et le couvert. ♦ *Chanceux comme un quêteux qui perd sa poche (puis qui en trouve deux).* Extrêmement chanceux. ♦ *Habillé comme un quêteux.* Mal habillé, porter des vêtements élimés. ♦ *Sacrer en quêteux.* Blasphémer beaucoup. *Fr.* Blasphémer comme un charretier.

2183 **QUETOUCHE.** *Prendre sa quetouche.* Prendre le sein. Se dit d'un nourrisson.

2184 **QUEUE.** *Ça se trouve pas en dessous de la queue d'une chatte!* C'est rare, peu commun! ♦ *Lâcher (tenir) la queue du chat (de la chatte).* Devenir pour la première fois parrain ou marraine. ♦ *Partir la queue sur le dash* [angl. tableau de bord]. Partir en trombe, à toute vitesse. ♦ *S'en aller la queue sur les fesses.* Déguerpir, filer en vitesse. ♦ *Se sauver (aller) la queue sur le dos.* Se défiler, déguerpir. *Fr.* S'enfuir à toutes jambes. ♦ *Traîner la queue*. Être dans les derniers de classe à l'école.

2185 **QUEUE DE CHEMISE.** *Être en queue de chemise*. Avoir le pan de la chemise hors du pantalon, être en petite tenue, ne pas être présentable.

2186 **QUEUE DE CHIEN.** *Être comme une queue de chien*. Être turbulent, inconstant (notamment en amour), agité.

2187 **QUEUE DE MORUE.** *Finir en queue de morue*. Finir à rien, s'achever lentement. *Fr.* Finir en queue de poisson.

2188 **QUEUE DE VACHE.** *Avoir les cheveux en queue de vache*. Avoir les cheveux en broussaille. *Fr.* Avoir les cheveux queue de vache (Zola).

2189 **QUEUE DE VEAU.** *Être (courir comme) une (vraie) queue de veau*. S'agiter (courir) en tout sens, en vain, être hyperactif. «... se déplaçant sans cesse, vivant un mois aux États-Unis, deux semaines à Montréal, repartant de nouveau, "jamais content, précisait-il, toujours comme une queue de veau".» (J. Benoît, *Les voleurs*, p. 45) ♦ *Faire la queue de veau*. Se placer au dernier rang, en arrière. «J'vas aller faire la queue de veau en arrière.» (*Le grand jour*, téléfilm de Jean-Yves Laforce, scénario et dialogues de Michel Tremblay, SRC, 9 oct. 1988) ♦ *Suivre qqn comme une (vraie) queue de veau*. Suivre qqn à la trace, être sur les talons de qqn.

2190 **QUILLE.** *Prendre la quille en l'air*. Être congédié, abandonner qqn précipitamment, déguerpir. Allusion à la quille en l'air d'un bateau lorsqu'il coule. *Fr.* Prendre la poudre d'escampette.

2191 **QUINE.** *Prendre une quine*. Trinquer, s'enivrer.

2192 **QUIQUEUX.** [Angl. *to kick*, frapper du pied, protester, rechigner] *Être (faire le) quiqueux (kikeux, kickeux.)*. Être (faire le) plaignard, le geignard. «Fais pas le "kikeux", bon Dieu, moé veux être ben fait, avaler le vent doucement. Veux être droit, moé.» (R. Lemelin, *Au pied de la pente douce*, p. 66)

2193 **QUOTA.** *Avoir (arriver à, atteindre) son quota*. Avoir son compte, en avoir assez, être à bout.

R

2194   **RABOTTE.** *Être en rabotte (rabette).* Être en chaleur, en rut.

2195   **RABOUDINAGE.** *Faire du raboudinage.* Faire du mauvais raccommodage, du mauvais rapiéçage, tenter de joindre des parties dépareillées, parler de manière incompréhensible.

2196   **RADOUBS.** *Faire des radoubs.* Effectuer des réparations. Dans la langue maritime, radoub : réparation, entretien de la coque d'un navire.

2197   **RAIDE.** *(Ben) raide.* Solidement, entièrement. « M'a t'la tapocher ben raide, elle. » (*Le grand jour,* film de Jean-Yves Laforce, scénario de Michel Tremblay, SRC, 9 octobre 1988) « T'as le mind jammé, jammé ben raide là, pis ça te prendrait du drano mental... pour t'en sortir. » (J. DORÉ, *Si le 9-1-1 est occupé!,* p. 35) « Quand j'ai vu que j'allais mourir, j'ai freaké ben raide. » (*Parlez-nous d'amour,* film de Jean-Claude Lord, 1976) ♦ *En avoir son raide.* En avoir assez, être exténué. *Fr.* En avoir sa claque. « J'en avais mon raide de conduire, c'est pourquoi j'ai confié le volant à Jacques. » ♦ *Être raide.* Être sévère, intransigeant, dur, direct dans ses propos. « Mon pauvre Tit-Jean. T'es ben mal amanché là ; il est ben raide, mon père, mais... » (R. LALONDE, *Contes de la Lièvre,* p. 34) ♦ *Prendre (tout) son raide pour faire qqch.* Avoir besoin de toutes ses ressources, de toute son énergie pour faire qqch. « J'étais même venu au village en plein désespoir, et ça m'avait pris mon raide pour me décider. » (Y. THÉRIAULT, *Moi, Pierre Huneau,* p. 82.) ♦ *Y aller de tout son raide.* Y aller de toute son énergie, de toute sa force.

2198   **RAISIN.** *Être (un beau) (faire le) raisin.* Être (faire le) niais.

2199   **RAISON.** *Comme de raison.* Bien entendu, évidemment. « Il a pas plus l'air d'un prêtre, celui-là... — Comme de raison, ça change d'avec celui qu'on avait avant.» (M. Riddez et L. Morisset, *Rue des Pignons*, p. 367) «Des fois, on s'plaint de pas êtr' riches, / D'pas êtr' rentiers, comm' de raison...» (É. Coderre, *J'parle tout seul quand Jean Narrache*, p. 35) «Comme de raison, le père avait la main dure, mais il nous aimait et nous le savions.» (J. Ferron, *Rosaire*, p. 147)

2200 **RALPH.** *Parler à Ralph dans le gros téléphone blanc.* Vomir dans la cuvette de la toilette. *Ralph:* onomatopée populaire.

2201 **RAMAGES.** *Faire des ramages.* Gesticuler (en parlant).

2202 **RAME.** *Bien tenir sa rame.* Défendre son point de vue, tenir à ses opinions.

2203 **RANGÉE DE BOIS.** *Chanter comme une rangée de bois qui déboule.* Chanter faux.

2204 **RANQUÉ.** *Avoir (prendre) le ranqué (rankey, rinqué...).* Avoir un tour de rein, un lumbago. «J'vous cache pas que des fois, ça m'prend le rankey... parce que y a ben au-dessus de cent criatures, pis ça en fait des champs à cultiver!» (Armand Leclaire, «Le conscrit Baptiste», dans L. Mailhot et D.-M. Montpetit, *Monologues québécois 1890-1980*, p. 111)

2205 **RAP.** *Pas rap... (pas rapport)!* Ça n'a rien à voir! Ce n'est pas pertinent, dans le vocabulaire de la jeunesse. «T'a pas rap, man, avec ton habit de cowboy pis tes patins dans une église!»

2206 **RAQUE.** *Être en raque / ne pas être en raque (rac, rack).* Être en panne / ne pas être en panne, en peine. S'emploie notamment au Lac-Saint-Jean. «On n'est pas en rack.» (Affichette pour un événement au bar *Le Cheval Blanc*, à Montréal, 19 juin 1992)

2207 **RARE.** *(Qqch. [de], sur un temps) rare.* Très, beaucoup, à l'extrême. Superlatif. Ainsi, peureux rare, malade rare, etc. «Je dis qu'il est malade rare, que ça ne se peut pas, un recherchiste comme lui.» (R. Baillie, *Des filles de Beauté*, p. 134) «Maudit Ghislain, il avait raison. Aïe, c'est des chauds lapins rares, ça!» (*Le grand zèle*, téléfilm de Roger Cantin, 1992) «Il avait l'air piteux quelque chose de rare quand il est remonté dans le bateau après être tombé à l'eau.» «J'ai rougi, je me suis gourmé et je n'ai pas rouvert la bouche du repas... Et laissez-moi vous dire que je me suis bourré, rare!» (M. TREMBLAY, *Des nouvelles d'Édouard*, p. 247) «Ouais. C'est un bel enterrement. Y a ben du monde. — M'a dire comme on dit, "Charis, y a du monde rare!"» (RINGUET, *Trente arpents*, p. 203) ♦ *Être rare de place*. Y avoir peu de place. «Il y avait tellement de bois dans la cour que c'était rare de place.»

2208 **RASE-BOL.** *Se faire donner un rase-bol (rase-bolle)*. Se faire couper les cheveux ras, en brosse. «M'as m'faire donner un rase-bolle, pense ben, pis ça sera pas ben long.» (J.-M. POUPART, *Chère Touffe, c'est plein...*, p. 177)

2209 **RASER.** *Se faire raser*. Tout perdre (notamment au jeu). *Fr.* Se faire lessiver.

2210 **RAT.** *Geler comme un rat*. Geler beaucoup. Superlatif.

2211 **RAT D'ÉGLISE.** *Pauvre comme un rat d'église*. Très pauvre, démuni. «Il leur était... difficile de jouir des mêmes avantages [que les souris], parce qu'en raison de leur plus forte corpulence, ils ne pouvaient s'introduire dans l'église aussi facilement que leurs cousines les souris. D'ailleurs, étant plus activement pourchassés par les bedeaux, ils n'avaient que les restes et vivaient dans la disette et la misère; de là probablement le proverbe: Pauvre comme un rat d'église.» (C. TRUDELLE, «Le pain bénit», *Bulletin des recherches historiques*, vol XVIII, n° 5, mai 1912, p. 163)

2212 **RAT DE GRANGE.** *Pauvre comme un rat de grange (écrémé)*. Extrêmement pauvre.

2213 **RATE.** *En avoir (gros) sur la rate*. Avoir beaucoup de ressentiment, de colère. ♦ *Tomber sur la rate*. Dégoûter, horripiler.

2214 **RÂTEAU.** *Maigre comme un râteau*. Extrêmement maigre. «Tu me fais penser à une moppe plantée sus son manche, torrieu! C'est maigre comme un râteau pis ça a la tête grosse de même...» (R. LÉVESQUE, *Le vieux du Bas-du-Fleuve*, p. 57)

2215 **RATOUREUX.** *Être ratoureux.* Être espiègle, rusé. «Mon Aurélie, tu es pas mal ratoureuse pour avoir amené ton mari à t'acheter ce manteau de vison. Pis, avec le salaire misérable qu'y gagne...»

2216 **RAVAGES.** *Piocher dans les ravages de qqn.* Chercher à ravir le (la) partenaire d'autrui, s'interposer dans les affaires d'autrui.

2217 **RAVAUD.** *Être en ravaud.* Être en rut. ♦ *Faire du (mener le) ravaud.* Faire du tapage, du désordre, se démener. Dans la langue maritime, ravaudage: réparation d'un filet de pêche. «Le fier homme se pique d'imagination et veut bien dormir en écoutant les écureuils qui mènent le "raveau" sur la couverture.» (A. Nantel, *À la hache*, p. 66) «...trois heures à écornifler, à mener le ravaud sus le terrain des morts... Les docteurs sont ben capables!» (J.-M. Poupart, *Chère Touffe, c'est plein...*, p. 133) «Dehors la tempête faisait un ravaud de plus en plus terrible.» (F.-A. Savard, *Menaud maître-draveur*, p. 178)

2218 **REBROUSSE-POIL.** *Être à rebrousse-poil.* Être d'humeur maussade.

2219 **REFUS.** *C'est pas de refus!* Volontiers! Ça ne se refuse pas. «Ah, c'est pas de r'fus... pour dire, là, j'ai ben mérité d'prendre mon resse, moi.» (M. Laberge, *C'était avant la guerre...*, p. 16)

2220 **REGAGNER.** *En regagner.* Prendre du mieux, s'améliorer.

2221 **REGARDANT.** *Être regardant à la dépense.* Être pingre, avare. ♦ *Ne pas être regardant.* Ne pas compter (ses efforts, la dépense, etc.). Voir *ouvrage* (n° 1782).

2222 **RÈGNE.** *Finir son règne / commencer son règne.* Achever ses jours / commencer sa vie.

2223 **RELAX.** [Angl. *to be relaxed*, être détendu] *Être relax.* Être détendu, calme, serein. «C'est un peu relax, comme on peut dire.» (R. Lavallée, «Quelques canadianismes...», p. 97)

2224 **RELIGION.** *Entrer en religion.* Entrer dans les ordres. «Lorraine Létourneau, ne va pas me parler d'entrer en religion,

tu me damnerais. Sais-tu ce que je ferais? Je bouterais le
feu à l'église et au presbytère.» (J. Ferron, *La chaise du
maréchal-ferrant*, p. 43)

2225 **REMÈDES.** *Laid à faire des remèdes.* Très laid.

2226 **RENARD.** *Être (fin, rusé comme un) renard.* Être rusé, prudent, perspicace, espiègle (se dit d'un enfant). *Fr.* Un fin
renard. «Fin comme un renard, Hector avait jusqu'ici fait fi
des contrats plus ou moins alléchants qui s'offraient à lui.»
(S. Rivière, *La s'maine des quat' jeudis*, p. 56) ♦ *Faire le
renard.* Faire l'école buissonnière. ♦ *Plumer (pleumer) son
(un) renard.* Vomir en état d'ivresse. Voir *veau* (n° 2677).
Fr. Écorcher, piquer le renard. ♦ *Tirer du (au) renard.* Refuser d'obéir, d'obtempérer.

2227 **RENTIER.** *Être rentier à la petite chaudière.* Vivre au-dessus
de ses moyens.

2228 **REQUIENS BEN.** *Avoir du r'quiens ben / ne pas avoir de
r'quiens ben [retiens bien].* Avoir de la retenue, de la pudeur, de la discipline / ne pas avoir de retenue, de pudeur,
de discipline. «Ben j'vous dis moé que les criatures
d'astheure ça vous a pas plus de r'quiens ben que la grise
à mon défunt (A. Bourgeois, «Ladébauche parlant de la
mode», L. Mailhot et D.-M. Montpetit, *Monologues québécois 1890-1980*, p. 138)

2229 **RESSE.** [Angl. *rest*, repos] *Prendre son resse.* Prendre du
repos. «Ah, c'est pas de r'fus… pour dire, là, j'ai ben mérité
d'prendre mon resse, moi.» (M. Laberge, *C'était avant la
guerre…*, p. 16)

2230 **RESTANT.** *C'est le restant (des écus)!* C'est le comble!
Fr. C'est la fin des haricots. «… et ben, c'est l'restant des
écus! / On a jamais eu l'moyen d'vivre, on l'a pas pour
mourir non plus!» (É. Coderre, *J'parle tout seul quand Jean
Narrache*, p. 134) «Lui: C'est le restant! Clo: J'fourre pas le
chien, moi, j'réfléchis, j'médite.» (J.-M. Poupart, *Chère
Touffe, c'est plein…*, p. 138) «Mais le bandit qui s'attaquerait au père Drapeau maintenant qu'il ne lui reste plus

que l'erre d'aller... oui, ça serait bien le restant des écus.»
(G. Guèvremont, *En pleine terre*, p. 126)

2231 **RESTE.** *Avoir tout son reste à...* Épuiser ses dernières forces, ses dernières ressources (pour faire qqch.). «Elle a eu tout son reste à l'empêcher de se jeter à l'eau.» ♦ *C'est le reste!* C'est le comble! Voir *restant* (n° 2230). ♦ *En avoir (ben) de reste.* En avoir assez, en faire assez. «Mon frère en a eu ben de reste de t'avoir fait passer... — Pas autant que tu penses. — Comment...? pas autant que tu penses...?» (R. Lalonde, *Contes de la Lièvre*, p. 56) ♦ *Jouer son reste.* Épuiser ses dernières ressources (notamment aux cartes). *Fr.* Jouer son va-tout. ♦ *Jouir de son reste.* Jouir de ses derniers moments (de plaisir, etc.). ♦ *Tirer au reste.* Tirer à sa fin. «... plus bas la glace se trouait par endroits. L'hiver tirait donc au reste.» (G. Guèvremont, *Le Survenant*, p. 189)

2232 **RETARD.** *Être en retard.* Être attardé mentalement, niais. «Lui, on peut dire qu'il est en retard. Pas moyen de lui faire comprendre le bon sens.

2233 **RETENIR.** *J'te r'tiens (toi)!* Je ne t'oublierai pas! Dans le sens de : je n'oublierai pas tout le mal que tu m'as fait, toutes les difficultés que tu m'as occasionnées. *Fr.* Je ne t'ai dans le collimateur...

2234 **RETOURNER.** *Se faire retourner.* Essuyer un refus.

2235 **REVENIR.** *En revenir.* En avoir assez, être exaspéré. *Fr.* En avoir marre. ♦ *Il (n') y a plus (pas) de r'venez-y!* C'est définitif! Aucun retour en arrière! «C'est-tu assez merveilleux, y'a pas de r'venez-y! Chus rendue trop loin pour regarder en arrière!» (M. Tremblay, *Sainte Carmen de la Main*, p. 65-66)

2236 **RÊVES.** *Faire des rêves (rêver) en couleurs.* Divaguer, inventer des chimères, s'illusionner. «Si tu penses qu'il va s'excuser, lui, tu rêves en couleurs.»

2237 **REVIRE.** *Faire une revire.* Avorter. ♦ *Parler à la revire.* Prendre la parole en dernier aux cartes.

2238 **REVIRER.** *Se faire revirer.* Essuyer un refus, un revers.

2239 **REVOLER.** *Envoyer r'voler qqn.* Chasser qqn, le repousser violemment. *Fr.* Envoyer paître qqn.

2240 RICHE. *C'est pas riche (c'est pas riche riche)!* C'est pas très bon, c'est pas extraordinaire, fameux. «Être pris avec un bazou pareil, c'est pas riche.» «Mais moi, la "bail", je l'ai reçue dans la face une couple de fois déjà, faque... Ouan, c'est pas riche riche, hein!» (J. Doré, *Si le 9-1-1 est occupé!*, p. 50) ♦ *Riche à craquer.* Extrêmement riche. Superlatif. *Fr.* Riche comme Crésus.

2241 RIDE. [Angl. tour, randonnée] *Prendre une ride.* Faire une randonnée, une promenade. «On a pris les grosses sleighs de mon père une fois pis on a pris une ride.» (R. Lavallée, «Quelques canadianismes...», p. 98)

2242 RIDEAUX. *Grimper (monter) dans les rideaux.* S'exciter, s'énerver, se mettre dans une grande colère. *Fr.* Se mettre dans tous ses états; monter sur ses grands chevaux. «J'aras envie de... de grimper dans es rideaux, de faére je sais pas quoé, de crier... Mais y a rien de ça qu'est assez pour ce que je sens.» (A. Ricard, *La gloire des filles à Magloire*, p. 139) «C'est les policiers qui m'ont fait ça... Aïe! j'étais en train de grimper dans les rideaux, moi-là!» (*Les insolences d'un téléphone*, CKAC-Télémédia, 3 janvier 1992) «Elle était fâchée; elle était montée dans les rideaux.» (*Parler pour parler*, Radio-Québec, 22 déc. 1990)

2243 RIDER. [Angl. *ride*, balade] *Se faire rider.* Être trompé, dupé.

2244 RIEN. *C'est comme rien.* Ça va de soi, c'est sûr. «Un corps comme celui de Nathalie, c'est comme rien: depuis le temps que Xavier est au sec, ça doit lui chatouiller les bijoux de famille en tabarnance.» (V.-L. Beaulieu, *L'héritage /ᵗL'automne*, p. 60) «C'est comme rien, s'extasie-t-elle, t'as dû tomber tout dret dans le nid.» (G. Guèvremont, *En pleine terre*, p. 150) «...qu'est-ce que Ti-Jean va faire tout à l'heure quand Philomène va arriver... Parce que c'est comme rien, Philomène va venir rejoindre Bouboule... L'obsession...» (J. Renaud, *Le cassé*, p. 57) ♦ *Grand (long, etc.) comme rien.* Court (de taille), minuscule. «Ces sacrés pistolets-là, c'est long comme rien et pis ça commence déjà à s'écouter pisser sur l'z-écopeaux... et pis ça veut pu travailler, ça veut pu rien faire...» (Basibi [Joseph Charlebois], dans L. Mailhot et D.-M. Montpetit, *Monologues québécois 1890-1980*, p. 65) ◆ *N'avoir rien devant soi.* Ne rien posséder. «Parce qu'il n'a rien devant lui. Ni feu, ni foyer. Parce qu'il se sauve toujours on dirait. De qui? De quoi? On le sait, pas trop. C'est une tête de pioche, Clovis, ton oncle, toujours à bourlinguer d'un bord à l'autre du monde.» (C. Jasmin, *La sablière*, p. 50) ◆ *Se vendre comme rien.* Se vendre facilement, sans difficulté. Voir *petits pains chauds* (n° 1956). *Fr.* S'écouler comme des petits pains. ◆ *Y a rien là!* C'est rien. C'est normal! Rien de plus facile! *Fr.* C'est du gâteau. «Passer cet examen? Y a rien là! Je vais réussir haut la main.»

2245 **RIGUINE.** [Angl. *rigging*, gréement] *C'est une (vraie) riguine.* C'est mauvais, peu fiable! Se dit d'un véhicule, d'un appareil quelconque. *Fr.* C'est mal foutu.

2246 **RIME.** *Ne pas avoir de rime.* Ne pas être raisonnable. *Fr.* Ne rimer à rien.

2247 **RINCE.** *Manger (attraper) une rince / donner, sacrer une rince.* Essuyer / donner une raclée. «J'y sacre une bonne rince. Au grand coton. Les yeux y roulent dans l'eau, a l'en redemande encore...» (J.-M. Poupart, *Chère Touffe, c'est plein...*, p. 246) «Ben, veux-tu pas m'achaler toé! que j'y réponds, en le regardant en plein entre les deux yeux. J'suis venu icitte pour donner une rince aux Allemands, mais si tu veux faire le vaillant avec moé, j'vas commencer par un anglish!...» (Armand Leclaire, «Le conscrit Baptiste», dans L. Mailhot et D.-M. Montpetit, *Monologues québécois 1890-1980*, p. 109)

2248 **RINCER.** [Angl. *to race*, emballer le moteur] *Rincer un moteur.* Lancer un moteur à plein régime.

2249 **RIPE.** *Partir (rien que) sur une ripe.* Faire la fête, déguerpir, partir à toute vitesse.

2250 **RIPOMPETTE.** *Partir (y aller) sur la (une) ripompette.* Se lancer dans une beuverie, aller à toute vitesse.

2251 **RIPOUSSE.** *En (tout d'une) ripousse.* Subitement, tout à coup. *Fr.* En coup de vent. «Un vrai sauvage, quoi! Ces survenants-là sont presquement pas du monde. Ils arrivent tout d'une ripousse. Ils repartent de même.» (G. GUÈVRE-MONT, *Le Survenant,* p. 273)

2252 **RIRE.** *On rit pas (on rit plus).* C'est sérieux. «Une entrée en asphalte, on rit pas, y doivent avoir voté du bon bord. (J.-M. POUPART, *Chère Touffe, c'est plein...,* p. 71)

2253 **RISÉE.** *Entendre la risée.* Entendre à rire, ne pas se froisser pour une blague.

2254 **ROBBEUR.** [Angl. *rubber,* caoutchouc, pneu] *Partir (rien que, faire qqch. rien que) sur un robbeur.* Partir en trombe, en faisant crisser les pneus. *Fr.* Démarrer sur les chapeaux de roues.

2255 **ROBINE.** [Angl. *rubbing alcohol,* alcool à friction] *Prendre (boire) de la robine.* Boire du mauvais alcool, de l'alcool frelaté.

2256 **ROBINEUX.** [Angl. *rubbing alcohol,* alcool à friction] *Un robineux.* Personne qui boit du mauvais alcool, de la *robine* (voir n° 2255).

2257 **ROCHE.** [Angl. *rush,* urgence] *Avoir un roche.* Avoir un sur-croît de travail, une urgence. «Aïe, Luc, bâtard, j'ai un roche. Il faut que j'aille aux bécosses.» (*Samedi de rire,* SRC, 17 déc. 1988)

2258 **ROCK'N'ROLL.** *C'est rock'n'roll!* C'est difficile, agité, mouve-menté! «Investir, c'est rock'n'roll? Un conseil: protégez votre capital avec l'Épargne à terme Gestion active...» (Une publicité, quotidien *La Presse,* 2 février 2002, Affaires /REER, p. 9)

2259 **RÔDEUX.** *Un rôdeux (une rôdeuse) (de...).* Gros, important, beau, fort, etc. Superlatif. «C'était mon Tom Caribou, sans connaissance, qui venait s'élonger en plein travers de l'ourse les quat' fers en l'air, avec un rôdeux de coup de griffe dans le fond...» (L. FRÉCHETTE, *La Noël au Canada,* p. 231) «L'oncle Batèche, après avoir interrogé l'horizon qui, de l'ouest au sud, était d'un noir d'encre, dit: "On va en avoir une rôdeuse." Les pêcheurs se hâtèrent de déguerpir.» (A. Bessette, *Le débutant*, p. 172) «Puis d'une voix mal assurée... il lança — Prépare-toi à une rôdeuse de surprise, Rose-Anna.» (G. Roy, *Bonheur d'occasion*, p. 370) «Il est encore à répéter à son intime, le forgeron: — Cré gué! on a eu ane rôdeuse de belle messe...» (A. Nantel, *À la hache*, p. 210) «Si j'peux te rejoindre, tu vas en manger une rôdeuse de volée!» (Vieux Doc [E. Grignon], *En guettant les ours*, p. 80)

2260 **ROFFE AND TOFFE.** [Angl. *rough and tough*, garnement, canaille] *Être (faire le, son) roffe and toffe*. Être (faire le) dur. *Fr.* Être (faire le) dur à cuire. Être pur et dur. Rouler des mécaniques. «D'une part les nonos, selon nous, les petits fifis des pères... D'autre part, les "roffes and toffes", les déniaisés, les débrouillards qui savent fuir les pièges des directeurs de conscience.» (C. Jasmin, *Pointe-Calumet boogie-woogie*, p. 65)

2261 **ROGNONS.** *Tomber sur les rognons*. Tomber sur les nerfs, agacer.

2262 **ROGNURE DE CHIEN.** *Pauvre comme de la rognure de chien*. Extrêmement pauvre.

2263 **ROI.** *Fier (heureux) comme un roi*. Très fier (heureux). Superlatif. «Jésus-Christ s'en va, le grand chien jaune dans ses bras, comme si c'était une brebis. Y nous a salué cinquante-six fois, heureux comme un roi.» (C. Jasmin, *Pleure pas, Germaine*, p. 37)

2264 **RÔLE DE CHIEN.** *Se coucher en rôle de chien*. Se coucher tout habillé.

2265 **ROMANCE.** *Conter (chanter) une (des) romance(s)*. Flatter, raconter un (des) mensonge(s), emberlificoter, faire la cour. «... pour moi, t'es la plus belle fille du quartier — Viens pas me chanter des romances.» (M. Riddez et L. Morisset, *Rue des Pignons*, p. 127) «J'l'ai dit à ma femme avant d'partir. J'vas me faire enterrer de grands mots que j'y ai dit! J'va m'faire chanter une romance!» (Y. Thériault, *Les vendeurs du temple*, p. 69) «Ch'téléphone à Saül pis j'y conte une romance: "Viens m'aider à chercher Ti-Noir à Verdun: y est saoul mort."» *(M. LETELLIER, On n'est pas des trous-de-cul*, p. 158) «Dis donc, Hector, il était temps que j'arrive. T'étais-tu en train de chanter une romance à Sylvette?» (M. RIDDEZ et L. MORISSET, *Rue des Pignons*, p. 272)

2266 **ROND DE POÊLE.** *Avoir le gosier sec comme un rond de poêle.* Être assoiffé (particulièrement d'alcool).

2267 **RONDE.** *Manger sa (se faire donner une) ronde.* Se faire donner une raclée, essuyer un revers. «Tu verrais qu'avec deux, trois bons Canayens, les Anglais se feraient donner une ronde.» (RINGUET, *Trente arpents*, p. 71) «Viens avec nous aut'es, pis on va leur donner leur ronde aux Allemands. — Comme de raison si y manque pus rien que moé pour faire gagner la guerre, que je leur ai répondu, j'suis pas pour berlander.» (Armand LECLAIRE, «Le conscrit Baptiste», dans L. MAILHOT et D.-M. MONTPETIT, *Monologues québécois 1890-1980*, p. 109)

2268 **RONGE.** *Mâcher (manger, ronger) son ronge.* Ravaler sa colère, maugréer, brûler d'impatience. *Fr.* Ronger son frein. «Seulement, je m'aperçus que Tanfan Jeannotte mangeait son ronge, et qu'il avait l'air de ruminer quèque manigance.» (L. FRÉCHETTE, *Contes de Jos Violon*, p. 18) «Mathilde Beauchemin n'est plus de ce monde pour tenter de radoucir le père Didace quand Amable ronge son ronge ou que les deux hommes ne s'entendent pas.» (G. GUÈVREMONT, *Le Survenant*, p. 156-157)

2269 **RONNE.** [Angl. *run*, tournée] *Partir sur une (des) ronne(s).* Divaguer, faire la fête. «Tiens, voilà Jean qui est parti sur une ronne. Il n'y aura pas moyen de lui parler de toute la semaine.» ♦ *Toffer la ronne.* Endurer, supporter, tenir le coup. «... y faut pas se contenter de grignoter, manger comme faut pour se faire un fond solide, être capable de toffer a run jusqu'au boutte.» (J.-M. POUPART, *Chère Touffe, c'est plein...*, p. 70) ♦ *Faire la ronne de lait.* Faire la tournée domestique, régionale. Allusion à la tournée du laitier. Se dit notamment dans l'aviation commerciale. «On rmet no-z-habits du dimanche! On rdevient in-ter-na-tio-nal et cos-mo-po-li-te! Pis on rprend l'avion qui fait a ronne de lait!» (J.-C. GERMAIN, *Les nuits de l'Indiva*, p. 152)

2270 **RONNEUR.** [Angl. *runner*, coureur] *Partir rien que sur un ronneur.* Déguerpir, partir en trombe.

2271 **ROSE NANANE.** *Rose nanane (nénane) (sucé longtemps).* Mièvre, (très) mauvais. *Fr.* À l'eau de rose. «Les bons films américains, aussi rares que les mauvais. Rose nénane sucé longtemps.» (J.-M. POUPART, *Chère Touffe, c'est plein...*, p. 132)

2272 **ROSÉE.** *Aller comme sur de la rosée.* Aller parfaitement, sans anicroche. Superlatif.

2273 **ROUE.** *Avoir le collet en roue.* Se dit d'un animal qui fait le beau. ♦ *Avoir une roue qui (ne) tourne pas rond (qui vire à l'envers).* Avoir l'esprit dérangé. ♦ *Courir le risque d'avoir une roue de trop.* Se soucier vainement d'un avenir incertain.

2274 **ROUES.** *Être sur ses dernières roues.* En être rendu à ses dernières ressources.

2275 **ROUET.** *Faire du (faire le, filer son, filer comme un) rouet.* Ronronner.

2276 **ROUGE.** *Être dans le rouge.* Être en déficit, avoir épuisé la marge de crédit disponible. Allusion à la pratique d'écrire en rouge les sommes d'un compte débiteur. Calque de l'anglais *to be in the red.* «Si on s'passait nos chars on serait pas obligé d'en acheter autant!!, VOIS-TU ÇA DEMAIN MATIN?... GM... CHRYSLER... PIS FORD... DANS L'ROUGE!!! SÛR QUE ÇA MARCHERAIT!..» (Jean-Guy MOREAU, «Monologue de Sunny Turcotte», dans L. MAILHOT et D.-M. MONTPETIT, *Monologues québécois 1890-1980*, p. 307)

2277 **ROULE.** *Prendre (être) le roule.* Vivre au quotidien, remplir ses occupations journalières, faire partie de la routine, du train-train quotidien. «C'est pour dire que si on connaissait l'avenir, souvent on lâcherait, ou ben on prendrait le roule

aisé, vous savez, la côte moins raide, l'effort moins suant.»
(Y. Thériault, *Moi, Pierre Huneau*, p. 117)

2278 **ROULEAU.** *Être (rendu) à la fin de son rouleau.* Épuiser ses dernières ressources. *Fr.* Être au bout du rouleau.

2279 **ROULETTE.** *Aller vite sur la roulette.* Agir rapidement, sans perdre de temps. Même sens que: être vite en affaires. Se dit notamment chez les jeunes.

2280 **ROULEUSE.** *Se faire (fumer) une rouleuse.* Se rouler une cigarette (fumer une cigarette roulée à la main). Voir *poloque* (n° 2081) et *taponneuses* (n° 2481).

2281 **ROYALE TAPOCHEUSE.** *Se faire une royale tapocheuse (royale taponneuse).* Se rouler une cigarette à la main. Voir *taponneuses* (n° 2481).

2282 **ROYALEMENT.** *Se tromper, se fourvoyer royalement / se laisser tromper royalement.* Se tromper, se fourvoyer complètement / se laisser tromper, duper complètement. «Il s'est trompé royalement de route, prenant la direction d'Ottawa pour se rendre à Sherbrooke.»

2283 **RUE.** *Mettre qqn dans la rue / être mis dans la rue.* Ruiner qqn / être ruiné (par qqn).

S

2284 **SABLE.** *Avoir du sable dans les yeux.* Avoir les yeux lourds de sommeil.

2285 **SABOTS.** *Se mouver* [angl. *to move*, bouger] *les sabots.* Se remuer.

2286 **SAC.** *Donner le sac (d'avoine) à qqn.* Éconduire un amoureux. ◆ *En avoir plein le (son) sac (de qqn, qqch.).* Être à bout de patience, être excédé par qqn (qqch.). *Fr.* En avoir plein le dos. ◆ *Vider le sac (à chicane).* Régler une mésentente, un différend. *Fr.* Vider son sac: dire tout ce qu'on sait. «Des réponses avec du vent d'dans, j'peux m'en passer. Quand t'auras trouvé une vraie raison, on videra le sac une fois pour toutes.» (*Le curé de village*, film de P. Gury Le Gouriadec, 1949)

2287 **SAC À CHICANE.** *Être un sac à chicane.* Être chicanier.

2288 **SACOCHES.** *Avoir de belles sacoches.* Se dit à propos d'une femme à la poitrine opulente.

2289 **SACRANT.** *Au plus sacrant.* Au plus tôt. Voir *coupant* (n° 698). «... le besoin qu'il a de se débarrasser au plus sacrant d'une terre qu'il n'a plus les moyens de se payer.» (V.-L. BEAULIEU, *L'héritage /*L'automne*, p. 290) «Va boire ton eau au plus sacrant/ Pis surtout, réveille pas môman!...» (Y. DESCHAMPS, *Monologues*, p. 168) «Une chose est sûre, si on veut pas manquer le bateau, il faut commencer au plus sacrant.» (René Lévesque, dans une allocution devant des militants péquistes, 13 juin 1980) ◆ *C'est (c'est-tu pas) sacrant.* C'est (bien) dommage, exaspérant. «J'ai presque envie de pas y aller, à la beurrerie. D'un autre côté, ça serait pas mal sacrant de laisser perdre ce lait-là.» (C.-H. GRIGNON, *Un homme et son péché*, p. 170) «Mais travailler le samedi,

(11 sacres) c'est sacrant.» (J.-J. Richard, *Faites-leur boire le fleuve*, p. 151)

2290 **SACRE.** *Être (mettre qqn, se mettre) en sacre.* Être (mettre qqn, se mettre) en colère. «J'sais ben qu'il était en sacre, mais il a pas voulu rien dire, parce qu'il voulait faire des affaires.» (G. Bessette, *Anthologie d'Albert Laberge*, p. 60) «Ça prend un gros paquet de niaiseries comme Jacky, pour mettre tout le monde en sacre! Mais, crains pas, Jacky, on se retrouvera...» (M. Riddez et L. Morisset, *Rue des Pignons*, p. 287) ♦ *Ni sacre ni branche.* Rien n'y fait. «Ni sacre ni branche, je t'en passe un papier, elle voulait plus rien faire dans la maison.» ♦ *Pas faire qqch. pour un sacre.* Refuser carrément de faire qqch. ♦ *Va (donc) au sacre!* Déguerpis! Fiche le camp! Insulte. *Fr.* Va te faire pendre! «C'est pas ben chrétien c'que vous faites là. Deux voix répondirent: — Allez au sacre! et laissez-nous tranquille!» (L. Fréchette, *La Noël au Canada*, p. 269)

2291 **SACRER.** *Sacrer (câlissser, maudire) qqn à la porte (dehors).* Chasser, évincer, congédier qqn. «Cette fois-ci, monsieur Monty ne pouvait pas redresser la situation en sacrant à la porte une centaine d'employés. L'heure était trop grave et les pertes, trop importantes.» (Richard Martineau, «The full Monty», *Voir*, du 2 au 8 mai 2002, p. 7) ♦ *Sacrer la paix à qqn.* Laisser qqn en paix, ficher la paix à qqn. «Sacrez-moé la paix, maudite gang de cochons!» (L.-M. Dansereau, *Chez Paul-ette, bière, vin...*, p. 33) ♦ *Sacrer patience (à qqn).* Laisser (qqn) en paix. S'emploie parfois à l'impératif; autrefois : quitter (larguer) patience. «On pourrait par exemple... fournir un utérus artificiel en forme de truck de pompiers à Jean-Guy Tremblay pour qu'y nous sacre patience.» (J. Doré, *Si le 9-1-1 est occupé !*, p. 28) «Il pourrait pas nous sacrer un peu patience, ton père ? — (grave) Y en est pas question.» (M. Riddez et L. Morisset, *Rue des Pignons*, p. 216) «J'ai dit non... comprenez pas ? Et sacrez-moé l'camp, si vous êtes pas capables de m'sacrer patience !» (H. Bernard, *Les jours sont longs*, p. 98)

2292 **SACRER (S'EN).** *S'en sacrer (royalement).* S'en moquer (totalement). «Nous, on s'en sacre royalement sans morgue
aucune.» (R. Baillie, *Des filles de Beauté*, p. 21) «J'enlève
ma chemise et je manque mon coup, la chemise tombe à
l'eau. Je m'en sacre. Y arrivent tous en gang. Y m'entourent.
On se donne la main.» (C. Jasmin, *Pleure pas, Germaine*,
p. 26) «Personne veut faire confiance à un petit garage de
coin de route. Je m'en sacre, je suis tout seul avec ma
vieille, je coûte pas cher à vivre.» (C. Jasmin, *Pleure pas,
Germaine*, p. 96) «Y peuvent ben me faire ce qu'y veulent,
je m'en sacre... Je m'en sacre, sac!» (M. Pelletier, *Du poil
aux pattes...*, p. 100) «Je ne l'intéresse même pas! Aïe,
a' s'en sacre-tu, rien qu'un peu, du petit vendeur de chaussures de Montréal, qui vient faire son smatte dans les vieux
pays parce que sa mère lui a laissé quequ'piasses en héritage!» (M. Tremblay, *Des nouvelles d'Édouard*, p. 237)

2293 **SAFFE.** *Être (un beau, faire le) saffe [safre].* Être (faire l')
égoïste, pingre, glouton.

2294 **SAFRAN.** *Jaune comme le safran.* Jaune intense.

2295 **SAINT.** *Faire (pouvoir faire) damner un saint.* Excéder, mettre hors de soi. «Un enfant comme celui-là, ça ferait damner un saint.» ◆ *Faire son petit saint de plâtre.* Faire
hypocritement l'innocent. «Il fait son petit saint de plâtre
mais, si on y regarde de près, il n'est pas si innocent que
ça.»

2296 **SAINT-GLIN-GLIN DES MEUS-MEUS.** *De Saint-Glin-Glin des
Meus-Meus.* D'un coin reculé, perdu, peu civilisé.

2297 **SAINT JEAN-BAPTISTE.** *Doux comme un saint Jean-Baptiste
(Saint-Jean-Baptiste).* Être candide, innocent. «J'ai ben eu
envie de lui raconter ça, à lui... Il aurait compris, il me
semble... Il m'aurait pas jugée... Y'avait l'air doux comme
un Saint-Jean-Baptiste...» (J. Barbeau, *La coupe Stainless*,
p. 141)

2298 **SAINT-JEAN-DE-DIEU.** *Être mûr (prêt) pour Saint-Jean-de-
Dieu.* Être timbré. *Saint-Jean-de-Dieu*, ancienne appellation de l'hôpital psychiatrique Louis-Hippolyte-Lafontaine.

2299 **SAINT SIMONAQUE.** *Être en (beau) saint simonaque.* Être en colère, en furie. «J'ai été voir les impressionnistes, j'sus sorti de là en saint simonaque.» (François Massicotte, *Juste pour rire*, SRC, 9 nov. 1991)

2300 **SAINTE CATHERINE.** *Coiffer (la) sainte Catherine (Sainte-Catherine).* Rester célibataire (se dit d'une femme), rester «vieille fille». «M'en vas vous dire une chose, Honoré, y a pas une fille à vingt ans qui a pas une peur terrible de coiffer la Sainte-Catherine.» (M. LABERGE, *C'était avant la guerre...*, p. 69)

2301 **SAINTS.** *Descendre tous les saints du ciel.* Blasphémer beaucoup, sacrer (jurer) comme un charretier.

2302 **SALADE.** *Donner une salade à qqn.* Frotter la figure de qqn avec de la neige. ♦ *Se faire secouer la salade.* Se faire semoncer, humilier, rudoyer.

2303 **SALIR.** *Aller se salir.* Aller uriner.

2304 **SALON.** *Faire du salon.* S'asseoir en amoureux au salon, faire sa cour au salon.

2305 **SAMEDI SOIR.** *Être crété* [angl. *crated*, emballé] *en samedi soir.* Être pomponnée (se dit d'une femme).

2306 **SAMSON.** *Être Samson / ne pas être Samson.* Être fort physiquement / ne pas être fort physiquement.

2307 **SANDWICH.** *Se trouver (être) pris (pogné [poigné]) en sandwich.* Se trouver (être) pris en porte-à-faux. *Fr.* Être assis entre deux chaises. «Toute la semaine, j'ai eu l'émotif pogné en sandwich entre ma tête pis mes fesses...» (A. BOULANGER et S. PRÉGENT, *Eh! qu'mon chum est platte!*, p. 60) «La Jordanie qui, comme on dit, se trouve prise en sandwich entre Israël et l'Irak...» (Bernard Derome, *Montréal ce soir*, SRC, 18 janvier 1991)

2308 **SANG.** *Laid à arrêter le sang.* Très laid. ♦ *Se faire du sang de punaise (de bœuf, de cochon, de nègre, etc.).* Se soucier, s'inquiéter (pour peu), broyer du noir. *Fr.* Se faire du mauvais sang. «... t'sais, on parlait de Marcel avant-hier, ben, pus besoin de s'faire du sang de punaise pour lui, y est pas impuissant.» (J.-M. POUPART, *Chère Touffe, c'est plein...*, p. 129)

2309 **SANGS.** *C'est dans les sangs!* C'est de naissance, de nature. *Fr.* Il a ça dans le sang. ◆ *Reprendre ses sangs.* Reprendre son sang-froid, ses esprits. ◆ *Se changer (se calmer, se refroidir) les sangs.* Se calmer (notamment après une colère). ◆ *Se manger (se revirer) les sangs.* S'inquiéter, se tourmenter. *Fr.* Se ronger les sangs; se faire du mauvais sang. «Mais plus elle disputait et s'mangeait les sangs, plus j'étais malade de v'nir.» (H. Bernard, *Les jours sont longs*, p. 56) «L'an dernier, à pareille date, il n'était pas à se manger les sangs ainsi puisque son amie, Alphonsine Ladouceur... avait consenti à l'accompagner à la messe de minuit.» (G. Guèvremont, *En pleine terre*, p. 13)

2310 **SANGSUE.** *Être une (vraie) sangsue.* Se dit d'un importun (notamment un enfant) qui n'arrête pas de formuler des demandes.

2311 **SANS ALLURE.** *Être (un beau) sans(-)allure.* Être idiot, dénué de bon sens.

2312 **SANS DESSEIN.** *Être (un beau) sans(-)dessein.* Être imbécile, nigaud. «Mets donc le cadenas après la porte jusqu'à sept heures si t'es trop sans dessein pour ouvrir avant!» (M. Tremblay, *Des nouvelles d'Édouard*, p. 245)

2313 **SANS GÉNIE.** *Être (un) sans(-)génie.* Être imbécile, idiot.

2314 **SANS-TALENT.** *Être un sans-talent.* Être dépensier, prodigue.

2315 **SANTÉ.** *Être pétant de santé.* Être en pleine santé. «Mais, non, toi t'es t'un artistique... Au lieu d'êtr' comm' les gens pratiques / Pétant d'santé à s'fair' du lard.» (É. Coderre, *J'parle tout seul quand Jean Narrache*, p. 26) ◆ *Prendre une santé.* Prendre une rasade (à la santé de qqn). «Ôtez vot' capot de poil p'is v'nez prendre une santé avec nous autres.» (Un monologue du père Gédéon [Doris Lussier])

2316 **SAPIN.** *Passer / se faire passer un sapin.* Tromper qqn / être trompé, dupé. Voir *épinette* (n° 996) et *Québec* (n° 2177). «Il ne faudrait pas, après la victoire du fédéralisme, que le Québec se fasse passer un sapin.» (Léon Dion, émission *Présent*, SRC, 21 mai 1980)

2317 **SARABANDE.** *Faire (toute) une sarabande.* Faire du tapage. ◆ *Manger (toute) une sarabande.* Se faire engueuler, réprimander vertement.

2318 **SASSER.** *Se faire sasser.* Subir la défaite, se faire battre (notamment au jeu). *Fr.* Prendre une culotte.

2319 **SAUCE.** *Étirer la sauce.* Abuser d'une formule, d'une situation avantageuse. ◆ *Ne pas être clair de sa sauce.* Ne pas en avoir fini de qqch., ne pas être innocenté de sitôt. «Toi, t'es pas clair de ta sauce, il te reste bien des choses à expliquer.»

2320 **SAUCER.** *Se faire saucer.* Se laisser tromper, duper.

2321 **SAUCETTE.** *Faire une (petite) saucette.* Rendre une courte visite à qqn. «Je resterai pas longtemps parce que c'est le temps où mes clients arrivent, mais j'irai faire une saucette.» (M. RIDDEZ et L. MORISSET, *Rue des Pignons*, p. 353)

2322 **SAUT.** *Arriver (rien que) sur un saut pis un pet.* Arriver en trombe.

2323 **SAUT DE CRAPAUD.** *Faire faire le saut de crapaud à qqn.* Chasser sans ménagement un gêneur.

2324 **SAUTÉ.** *Être sauté (dans la tête).* Être fou, timbré, fantasque, hors de l'ordinaire. Dans la langue des jeunes. Une publicité : «Jos Louis, c'est sauté.» «Il faut être sauté dans la tête pour faire de telles stupidités.»

2325 **SAUTOIR.** *Avoir les yeux en sautoir.* Loucher.

2326 **SAUVAGE.** *Arriver (partir) comme un (en) sauvage.* Arriver (partir) brusquement, sans saluer. *Fr.* Filer à l'anglaise. «Ne pars donc pas comme un sauvage, rien que sur une jambe. Tiens, je vais te servir une autre lampée de mon vin de rhubarbe.» (R. GIRARD, *Marie Calumet*, p. 38) «Il est arrivé par en arrière, en Sauvage...» (C. Jasmin, *La petite patrie*, SRC, 18 février 1980) ◆ *Attendre (guetter) le(s) sauvage(s).* Attendre un enfant, attendre d'accoucher. *Fr.* Attendre la cigogne. ◆ *Avoir du sauvage.* Avoir des manières frustes, peu civilisées. ◆ *Avoir (eu) la visite du (des) sauvage(s).* Accoucher (avoir accouché). ◆ *Fumer comme un sauvage.*

Fumer abondamment. ♦ *Le(s) sauvage(s) est (sont) passé(s).* Se dit d'une femme enceinte qui a accouché. « Moi, les sauvages, j'en avais entendu parler avant que mon petit frère vienne au monde. Ma mère disait : Les sauvages sont à la veille de passer. » (R. Carrier, *De l'amour dans la ferraille*, p. 117) « Pour l'accouchement, on envoie les enfants chez des parents parce que le Sauvage est passé et la mère doit rester au lit neuf jours car le Sauvage l'a blessée à une jambe. » (C. Asselin et Y. Lacasse, *Corpus... : Région de la Mauricie*, p. 214) ♦ *S'asseoir en sauvage.* S'asseoir par terre, les jambes croisées, comme les sauvages [Amérindiens].

2327 **SAUVETTE.** *Partir en sauvette [à la sauvette].* Déguerpir.

2328 **SAUVEZ-VOUS.** *Sentir le sauvez-vous.* Sentir mauvais, empester.

2329 **SAVATE.** *Avoir l'air savate.* Avoir l'air ridicule. Se dit particulièrement à propos des vêtements. En France, comme une savate : n'importe comment. *Fr.* Fagoté comme un sac.

2330 **SAVON.** *Être en (beau) savon.* Être épuisé, en écume. Se dit d'un cheval. ♦ *Passer un savon à qqn / se faire passer un savon.* Engueuler / se faire engueuler. Se dit notamment à propos d'un enfant. S'emploie en France. *Fr.* laver la tête à qqn.

2331 **SAVONNAGE.** *Passer un savonnage à qqn.* Semoncer, réprimander qqn. Voir *savon* (n° 2330).

2332 **SAVONNER.** *Se faire savonner.* Se faire réprimander, corriger. *Fr.* Recevoir un bon savon. « Paul s'est fait savonner par sa mère en raison de son mauvais bulletin mensuel. »

2333 **SCIANT.** *Être sciant.* Être direct, brusque dans ses propos. *Fr.* Ne pas y aller par quatre chemins. « ... ça valait cent piasses pour voir la figure de Tit Tome quand le pére lui a dit ça. Vous savez, il était sciant, le pére. » (S. Bessette, *Anthologie d'Albert Laberge*, p. 56)

2334 **SCIE RONDE.** *Prier comme une scie ronde.* Marmonner des prières.

2335 **SCORE.** *Petter [péter] son (un, des) score(s).* Se surpasser, dépasser son pointage, sa performance, faire mieux que ce qu'on avait escompté. «Pis ljour de l'Armstisse j'ai faitte le tour du chapeau, pis j'ai petté mon score avec la cent quatorzième dan-z-un lodeur sous une bâche !» (J.-C. GERMAIN, *Mamours et conjugat*, p. 103)

2336 **SCORE D'UN SOIR.** *Être (faire) un score d'un soir.* Être (faire) une conquête passagère, éphémère. «Ça y est, elle va me prendre pour un de ces écœurants, un score d'un soir qui ne veut rien savoir de la fille après.» (J. MESSIER, «Une femme en stainless steel», *Brèves littéraires*, vol. 6, n° 4, printemps-été 1991)

2337 **SCREW.** [Angl. vis] *Passer un screw.* Dans la langue du milieu: assassiner un gardien de prison.

2338 **SCREWS.** *Avoir des screws de lousses* [angl. *to be loose*, avoir du jeu]. Avoir l'esprit dérangé.

2339 **SEC.** *Faire sec.* Faire le fanfaron, avoir un aspect peu engageant. *Fr.* Être mal foutu.

2340 **SECONDE MAIN.** [Angl. *second hand good*, article d'occasion, usagé] *Acheter / vendre de (du) seconde main.* Acheter / vendre des produits, des articles d'occasion, usagés. «Est-ce qu'on ne pourrait pas tout acheter de seconde main? suggéra Élise. — Hum! c'est acheter les problèmes des autres...» (Y. BEAUCHEMIN, *Le matou*, p. 518)

2341 **SECRET.** *Soigner du secret.* Soigner les animaux grâce à un don.

2342 **SECRETS DE DIABLE.** *Faire des secrets de diable.* Se murmurer des mots doux (entre amoureux).

2343 **SEL.** *Pauvre comme du (comme le, comme du gros) sel.* Extrêmement pauvre. *Fr.* Pauvre comme Job.

2344 **SEMELLE DE BOTTE.** *Dur comme de la semelle de botte.* Très dur, coriace. Se dit d'une viande de mauvaise qualité. S'emploie aussi en France.

2345 **SEMENCE.** *Semer toute sa semence dans le même champ.* Dépenser toute son énergie dans une seule entreprise.

2346 **SENT-LA-MARDE.** *Être (un) sent-la-marde.* Être détestable, paresseux, sans cœur.

2347 **SENTEUX DE PET.** *Être (un) senteux de pet.* Être homosexuel.

2348 **SENTEUX DE VESSE.** *Être (un) senteux de vesse.* Être un importun, un indiscret.

2349 **SEPT.** *Trouver / ne plus trouver le sept pour saucer.* Pouvoir / ne pas pouvoir se tirer d'affaire, d'embarras.

2350 **SEPT CULS.** *Laid comme sept culs (pendus sur une corde à linge).* Extrêmement laid. *Fr.* Laid comme les sept péchés capitaux. «Des fois on se voyait pris pour donner un bec à des tantes ou à des cousines qui étaient laites comme sept culs pendus sus une corde à linge, mais un dans l'autre on aimait mieux toutes les embrasser que pas en embrasser pantoute!» (R. LÉVESQUE, *Le vieux du Bas-du-Fleuve*, p. 104)

2351 **SEPT LUNES.** *À toutes les sept lunes.* Jamais. Voir *trois jeudis* (n° 2635). *Fr.* Dans la semaine des quatre jeudis.

2352 **SÉRAPHIN.** *Être (faire le, tight* [angl. serré] *comme) Séraphin (séraphin).* Être avare. S'inspire du personnal principal du célèbre roman de Claude-Henri Grignon, *Un homme et son péché. Fr.* Être un harpagon. «Les prenez-vous pour un lot d'chiches / Ou pour un' band' de Séraphins?» (É. CODERRE, *J'parle tout seul quand Jean Narrache*, p. 50) «Non, Egon s'ennuie de sa jeunesse... Mais ne comptez pas sur ses bidous: il est plus séraphin que Séraphin lui-même!» (Y. BEAUCHEMIN, *Le matou*, p. 20) «Quand t'es chômeur, t'es séraphin. Tu grattes. Tes cennes, ta barbe pis tes cheveux longs.» (J. RENAUD, *Le cassé*, p. 113)

2353 **SERIN.** *Chanter comme un serin.* Bien chanter. ♦ *Jaune comme un serin.* Jaune vif.

2354 **SERPENT.** *Avoir du serpent dans le corps.* Être agité, ne pas pouvoir rester en place. *Fr.* Avoir le diable au corps. ♦ *Être serpent.* Être rusé, espiègle. «T'es devenu assez serpent que, des fois, j'ai peur que tu me piques mortellement.» (R. CARRIER, *De l'amour dans la ferraille*, p. 67) ♦ *Se laisser aller au serpent.* Se défouler, se débrider.

2355 **SERPENT CRU.** *Avoir mangé du serpent cru.* Être en colère, en rogne.

2356 **SERRE-LA-CENNE.** *Être serre-la-cenne* [cent]. Être avare, pingre. Voir *suce-la-cenne* (n° 2443). «Et dire qu'il est trop serre-la-cenne pour s'acheter une climatiseur, ricanait Florent derrière son comptoir.» (Y. Beauchemin, *Le matou*, p. 537)

2357 **SERRE-LA-PIASTRE.** *Être (un) serre-la-piastre [dollar].* Être pingre, avare.

2358 **SERRÉ.** *Être serré (dans ses cennes).* Être à court d'argent.

2359 **SERREMENTS DE GOSSES.** *Avoir des serrements de gosses.* Souffrir d'impuissance, être incapable d'érection, avoir des crampes, des serrements au cœur.

2360 **SERRER LA MAIN.** *Aller serrer la main de son meilleur ami.* Aller uriner.

2361 **SEXE.** *Être porté sur le sexe.* Être sensuel, avoir une sexualité débridée. *Fr.* Être porté sur la bagatelle. «Même à son âge avancé, il est encore porté sur le sexe, vieil haïssable, va.» ♦ *Relaxe ton sexe!* Calme-toi! Ne t'excite pas tant! Se dit surtout chez les jeunes.

2362 **SHAFT.** [Angl. hampe] *Se polir (se gruger) le shaft.* Se masturber.

2363 **SHAFTÉ.** *Être shafté.* Être pourvu d'une verge imposante.

2364 **SHAFTER (SE).** *Se shafter.* Se masturber.

2365 **SHAKE.** [Angl. *shake*, tremblement] *Avoir le (pogner [poigner] les) shake(s).* Se mettre à trembler (de surprise, de peur, etc.). «Chaque fois que le moteur du frigidaire part, y a un shake qui m'pogne dans les jambes...» (J.-M. Poupart, *Chère Touffe, c'est plein...*, p. 161) «J'ai jusse à tvoir la... avec ton air de somnambule traumatisé... la chienne me rpogne pis lshaque me prend... J'ai toujours peur que tu tbarres les deux pieds dans é fleurs du tapis...» (Jean-Claude Germain, «L'opéra», dans L. Mailhot et D.-M. Montpetit, *Monologues québécois 1890-1980*, p. 398)

2366 **SHOP.** [Angl. atelier] *Ça va mal à la shop!* C'est dommage! Ça va mal! «Pour c'te gars qui n'a même pas dix mille dollars en banque, ça va mal à la shop.» (Mario Tremblay, *Surprise sur prise*, TQS, 5 avril 1987)

2367 **SHORT AND SWEET.** [Angl. rapidement et en douceur] *Faire qqch. short and sweet.* Bien fait, en en un rien de temps. *Fr.* Vite fait.

2368 **SHORTS.** *Slaque* [angl. *to slack*, desserrer] *tes shorts!* Calme-toi, détends-toi! *Fr.* Pas de panique! ♦ *Tourner dans ses shorts / faire tourner qqn dans ses shorts* [caleçons]. Donner une raclée à qqn, secouer qqn / se faire donner une raclée, se faire secouer.

2369 **SHOW.** [Angl. spectacle] *Faire son show.* Se donner en spectacle, plastronner. *Fr.* Faire son (petit) numéro. ♦ *Voler le show.* Capter l'attention de tous, faire une prestation ébouissante qui ne laisse plus place à d'autres, faire qqch. qui supplante tout.

2370 **SIAU.** *Envoyer qqn sur le siau [seau].* Envoyer promener qqn.

2371 **SIAUX.** *Mouiller (pleuvoir) à siaux [seaux].* Pleuvoir à verse. *Fr.* Pleuvoir des hallebardes.

2372 **SIFFLE.** *Lâcher un siffle.* Émettre un sifflement, siffler.

2373 **SIFFLETTE.** *Couper le sifflette [sifflet] à qqn / se faire couper le sifflette.* Interrompre brusquement qqn, couper la parole à qqn / se faire interrompre brusquement, se faire couper la parole. «Mes petits maudits porcs-épics, par exemple, si j'en attrape un, je lui coupe le sifflet net!» (R. CARRIER, *De l'amour dans la ferraille*, p. 17) «Mais sans s'en rendre compte elle a pété ma balloune... Elle m'a coupé le sifflet, à un moment donné, pour me dire sur un ton très doux...» (M. TREMBLAY, *Des nouvelles d'Édouard*, p. 112) «Jos était chaud, y chantait pouille à Desbiens. Monsieur Tardif a commencé à vouloir y couper le sifflette, mais Jos s'est choqué...» (R. LÉVESQUE, *Le vieux du Bas-du-Fleuve*, p. 49)

2374 **SILLON.** *Creuser son sillon.* Faire sa vie. «J'ai l'impression que mon sillon est creusé jusqu'à temps que je pète une crise de cœur.» (*À plein temps*, Radio-Québec, 16 déc. 1988)

2375 **S'IL VOUS PLAÎT.** *En s'il vous plaît (s'il-vous-plaît).* Très, à l'extrême. Superlatif. «J'ai très bien connu monsieur Lussier: c'était un homme capable en s'il-vous-plaît!» (Y. BEAU-CHEMIN, *Le matou*, p. 62)

2376 **SIMPLE.** *Faire (avoir l'air) simple (comme nos vaches).* Avoir l'air niais, benêt. S'emploie principalement dans la région du Lac-Saint-Jean.

2377 **SINGE.** *Une mémoire de singe.* Une bonne mémoire, se souvenir de tout. ♦ *Drôle comme un singe.* Comique, rigolo, amusant. ♦ *Laid comme un singe.* Très laid, repoussant. S'emploie aussi en France.

2378 **SINGE DE COURSE.** *Être singe de course.* Être bon imitateur.

2379 **SIPHONNER.** *En siphonner un coup.* Aimer l'alcool, trinquer. «Il en siphonne un coup, ce gars-là, il n'est pas sorti de la taverne de la fin de semaine.»

2380 **SIROP.** *Passer le sirop.* Battre, donner une raclée (à qqn, à un animal). ♦ *Pauvre comme du sirop.* Très pauvre, sans le sou.

2381 **SIROP D'ÉRABLE.** *Avoir les yeux dans le sirop d'érable.* Avoir le regard pâmé.

2382 **SIROP DE POTEAU.** *Boire (prendre) du sirop de poteau.* Boire du sirop aromatisé de mauvaise qualité (par opposition au sirop d'érable pur).

2383 **SIX.** *Ne pas valoir le six (de pique).* Ne pas valoir grand-chose, être bon à rien.

2384 **SIX PIEDS SOUS TERRE.** *Avoir le moral à six pieds sous terre.* Être démoralisé, abattu. «Le visage et le corps pleins de bleus, sans parler du moral à six pieds sous terre.» (Hélène LIZOTTE, «Ç'aurait pu être moi», *La Presse*, 29 août 1987, p. A1) ♦ *Être (à) six pieds sous terre.* Être mort. «Pourvu qu'il se grouille le cul, maintenant. Je ne veux pas être six pieds sous terre quand le train va reprendre son service.» (Y. BEAUCHEMIN, *Le matou*, p. 430)

2385 **SIX POUCES.** *Avoir (prendre) un six pouces.* Subir un coup dur, un échec (notamment dans le sport).

2386 **SIX POUCES DE JAMBE.** *Avoir six pouces de jambe (puis le trou de cul tout de suite).* Être de petite taille. *Fr.* Être haut comme trois pommes.

2387 **SKIS.** *Où c'est que tu vas avec tes skis (dans le bain)?* Où vas-tu? Que fais-tu là, où tu n'as pas d'affaire? «Aïe, tit-cul, où c'est que tu t'en vas avec tes skis? Tu peux pas entrer sans payer!»

2388 **SLAQUE.** [Angl. *slack*, mou] *Avoir le ventre slaque.* Souffrir de diarrhée.

2389 **SLAQUER.** [Angl. *to slack*, congédier, relâcher] *Se faire sla-quer (slacquer).* Se faire congédier, chasser. «Si tu tiens tant que ça à savoir la vérité, soupira-t-il, eh ben! ma femme, je me suis fait slacquer.» (G. ROY, *Bonheur d'occasion*, p. 92)

2390 **SLEIGH.** [Angl. traîneau] *Avoir le dos en sleigh.* Avoir le dos voûté.

2391 **SLIDE.** *Sur la slide.* Au noir, frauduleusement. Déformation de l'anglais *on the side.* Ainsi, travailler sur la slide: acheter, vendre qqch. sur la slide. «Eh, bonhomme, veux-tu acheter du stock sur la slide? Viens dans ma voiture.» «Ils ont sorti plusieurs bidons de peinture achetés sur la slide et les ont vendus à des amis.»

2392 **SLOW MOTION.** [Angl. ralenti] *Être slow motion.* Être lent, lambin.

2393 **SMARSETTE.** *Faire une smarsette.* Faire une finasserie.

2394 **SMATTE.** [Angl. *smart*, intelligent, perspicace] *Avoir l'air smatte.* Avoir l'air penaud, fou. «Y m'a laissée, enceinte d'Éric, pour une fille de 22 ans. J'avais l'air smatte, là.» (J. DORÉ, *Si le 9-1-1 est occupé!*, p. 87) ♦ *Être (bien) smatte.* Être gentil, serviable, intelligent. «Le petit Paquette est bien smatte, chaque fois que je lui ai demandé de me rendre un service, il a accepté.» «Ton type te fait de l'œil, hein! — Moi, je le trouve smatte et ben avenant.» (G. ROY, *Bonheur d'occasion*, p. 19) ♦ *Faire le (son, son beau) smatte (smart, smat).* Faire le malin, l'intéressant, le fanfaron. «Tu sais pas lire, pauvre Murielle! Les Méchins, tu sais pas lire? Albert faut le smart.» (C. JASMIN, *Pleure pas, Germaine*, p. 113) «Ah, oui, tu veux faire le sma't? Amène-moé au poste, c'correct.» (M. LETELLIER, *On n'est pas des trous-de-cul*, p. 115) «Je ne l'intéresse même pas! Aïe, a' s'en sacre-tu, rien qu'un peu, du petit vendeur de chaussures de Mont-réal, qui vient faire son smatte dans les vieux pays parce

que sa mère lui a laissé quequ' piasses en héritage!»
(M. TREMBLAY, *Des nouvelles d'Édouard*, p. 237) ♦ *Smatte de*
la patte comme les écureux de la queue. Pour dire sur un ton
plutôt moqueur: être futé, habile.

2395 **SNIPER.** *Aller sniper qqch*. Aller chercher qqch. en vitesse, à
la sauvette.

2396 **SNORO.** *Être un (vieux, faire son) snoro (snoreau)*. Être
(faire son) coquin, malin. Se dit notamment d'un enfant ou
d'un vieillard. A parfois une connotation sexuelle.

2397 **SOIE.** *Être une (vraie) soie*. Être une jeune fille, une femme
douce, gentille. ♦ *Fin comme de la soie*. Aimable, gentil.

2398 **SOIN.** *Y a pas de soin(s)!* De rien... Bien sûr, il n'y a pas à
s'en faire. Aucune crainte... «Alignez-vous tout'le long du
trottoir pour voir passer Maurice Milot... — Ah! y a pas de
soin, j'veux voir ça, parce que j'y crois pas!» (M. RIDDEZ et
L. MORISSET, *Rue des Pignons*, p. 79) «C'est ça, Honoré, à
mercredi... — Y a pas d'soin! Bonjour Marianna, pis marci
pour le café pis la tarte.» (M. LABERGE, *C'était avant la*
guerre..., p. 24) «Ensuite, en route avec elle, elle te dira quoi
faire. Avec elle, y'a pas de soins, elle te dira quoi faire.»
(R. LALONDE, *Contes de la Lièvre*, p. 32)

2399 **SOINCE.** *Donner / prendre une soince (souince)*. Donner
/ Subir une raclée. Aussi, prendre un soince: s'enivrer,
prendre une cuite.

2400 **SOINCER.** *Soincer (souincer) qqn / se faire soincer (souincer)*.
Engueuler, réprimander qqn / se faire engueuler, réprimander.

2401 **SOLIDE.** *Boire (un coup) solide*. En grand, beaucoup. Superlatif. Se dit souvent à propos d'alcool. ♦ *Être solide sur*
pattes. Être robuste, costaud. «Il est solide sur pattes, ce
Johnny Rougeau, si tu l'avais vu subir cette prise de tête
sans broncher.»

2402 **SON.** *N'avoir ni son ni ton*. N'avoir ni rime ni raison.
♦ *Pisser dans le son*. Être peureux, prendre peur.

2403 **SONNÉ.** *Être sonné*. Ne pas avoir toute sa raison, être un
peu cinglé. «Ils ont dit: "Ti-Louis, il est sonné... Sonné,

mais pas fou."» (Louis Laberge en entrevue à TVA, Montréal, 19 juillet 2002)

2404 **SONNER.** *Se (faire) sonner.* Se heurter à qqch., se faire mal.
«Je m'étais sonné un peu mais... ça pas été long que c'était
revenu.» (R. Lavallée, «Quelques canadianismes...» p. 104)

2405 **SOPHIE.** *Ma tante Sophie est en ville.* Les menstruations
commencent.

2406 **SORCIER.** *Être en sorcier.* Être en colère. «Vous comprenez
bien, le charretier est en sorcier.» (H. Berthelot, *Veillées
du bon vieux temps*, p. 71) «Tu voulais téléphoner. — Ah!
oui, faut pas que j'oublie. Maurice serait ben en sorcier
contre moi.» (M. Riddez et L. Morisset, *Rue des Pignons*,
p. 78) ♦ *Fin comme un sorcier.* Rusé, espiègle. Se dit notamment d'un enfant. ♦ *Y avoir du sorcier...* Il y a de la magie,
du mystère, c'est bizarre. «Mais ils eurent beau chercher et
fureter dans tous les coins et racoins, tout était correct; y
avait rien de dérangé. — Y a du sorcier là-dedans! qu'y
dirent en se grattant l'oreille.» (L. Fréchette, *La Noël au
Canada*, p. 270)

2407 **SORT.** *Y avoir du sort...* Y avoir de la sorcellerie, une réalité
inexplicable dans qqch.

2408 **SOU.** *N'avoir ni le sou ni la perle.* N'avoir ni l'argent ni le
talent pour faire qqch., ne rien posséder. *Fr.* N'avoir ni sou
ni maille. ♦ *Pouvoir tondre un sou.* Être avare, pingre.

2409 **SOU FROTTÉ.** *Propre comme un sou frotté.* Très propre.
Fr. Propre comme un sou neuf.

2410 **SOUFFLE.** *Courir après son souffle.* Chercher son souffle,
être hors d'haleine.

2411 **SOUIGNE.** [Angl. *swing*, balancement, oscillation] *Se donner une (un) souigne (swing).* Se donner un allant. «Faut
que tu te donnes une bonne swing en partant, après ça t'es
correcte... Regarde!» (M. Pelletier, *Du poil aux pattes...*,
p. 20) ♦ *Sentir le souigne.* Sentir mauvais, le sur.

2412 **SOUIGNER.** *Se faire souigner (singner).* Se faire tabasser, se
faire remettre à sa place.

2413 **SOUILLON.** *Avoir l'air souillon(ne).* Avoir l'air malpropre, négligé. Se dit notamment d'une femme mal habillée.

2414 **SOULEUR.** *Avoir (une) souleur (de qqch.).* Pressentir (qqch.), avoir peur (de qqch.). En ancien français, avoir souleur : avoir peur. *Fr.* Trembler dans sa culotte. «Elle avait souleur qu'elle allait mourir et puis, elle est morte une journée plus tard.» «Souvent, la nuit, vers, la même heure, il me prend une souleur, et je me rendors rien qu'à l'aurore.» (G. Guèvremont, *En pleine terre*, p. 80)

2415 **SOULIER.** *Ça va pas dans le soulier?* Perds-tu la tête, la raison? *Fr.* Ça va (pas) la tête? ◆ *Plissé comme un soulier.* Ridé.

2416 **SOULIERS.** *Avoir les souliers ronds.* Tituber (en état d'ivresse).

2417 **SOUPANE.** *Être (rentré) dans la soupane (jusqu'aux oreilles).* Être dans une situation difficile. *Fr.* Être dans la mouise, dans le (un beau) pétrin.

2418 **SOUPE.** *Ne pas être dans sa soupe.* Ne pas être dans de bonnes dispositions, ne pas être de bonne humeur, dans son état normal.

2419 **SOURIS D'ÉGLISE.** *Pauvre comme une souris d'église.* Extrêmement pauvre.

2420 **SPAGHETTIS.** *Avoir les jambes en (comme des) spaghettis.* Avoir les jambes frêles. *Fr.* Avoir les jambes en fuseau.

2421 **SPARAGES.** *Faire des sparages.* Gesticuler, faire un esclandre, du scandale. *Fr.* Faire du boucan. «C'est Pierre, y fait des grands sparages, ben que trop grands, m'a tout l'air que ça veut dire de faire le tour.» (J.-M. Poupart, *Chère Touffe, c'est plein...*, p. 71-72) «Mais l'arbitre voulait pas comprendre ça, y a commencé à engueuler Romuald en anglais pis à faire des sparages; ça fait que Romuald a pas faite ni une ni deux, y lui a blasphèmé son poing en pleine face.» (R. Lévesque, *Le vieux du Bas-du-Fleuve*, p. 34) «Tu faisais des sparages en patinant / Tu fumais tu crachais tout l'temps.» (C. DesRochers, *La grosse tête*, p. 127)

2422 **SPARGESTES.** *Faire des spargestes.* Gesticuler en parlant.

2423 **SPEECH.** [Angl. discours] *Donner un speech à qqn / se faire donner (recevoir) un speech.* Semoncer, engueuler qqn / se faire semoncer.

2424 **SPELLO.** *Prendre un spello.* Trinquer, s'enivrer.

2425 **SPOTE À PANNEAU.** *Être un spote* [angl. *spot*, endroit] *à panneau.* Être fanfaron.

2426 **SPOTTER.** [Angl. *to spot*, reconnaître, repérer] *En spotter (à qqn).* En imposer (à qqn), faire l'important. «C'est pas parce que ton Charles est professeur de français que tu vas v'nir nous en spotter...» (L.-M. DANSEREAU, *Chez Paul-ette, bière, vin...*, p. 62-63)

2427 **SPRIGNE.** [Angl. *spring*, ressort] *Avoir du sprigne (spring).* Avoir la faculté de récupérer, de revenir rapidement, de reprendre rapidement son sang-froid. ♦ *Faire qqch. (rien que) sur un sprigne.* Faire qqch. en un rien de temps, en un instant.

2428 **SPRIGNES.** *Ne pas avoir posé les sprignes (springs) aux sauterelles.* Être un peu timbré, ne pas être d'une grande intelligence, d'une grande subtilité. Voir *pattes* (n° 1877). *Fr.* Ne pas avoir inventé la poudre à canon.

2429 **STAGS.** [Angl. savates] *Mouver* [angl. *to move*, bouger] *ses stags.* Se remuer.

2430 **STEAK.** *Assis-toi [assieds-toi] sur ton steak!* Tiens-toi assis et tais-toi! ♦ *Bleu comme un steak.* Transi. ♦ *S'asseoir (rester assis) sur son steak.* Paresser, s'abstenir d'agir, rester dans l'immobilisme. Voir *jambon* (n° 1417). «Mais qui a dit que les cégeps n'étaient plus dans le coup? Les professeurs assis sur leur steak et les étudiants partis dans les nuages? Qui a dit qu'il fallait remettre tout ça "sur la table"...» (F. PELLETIER, «Cégeps: le mythe de la médiocrité», *La Presse*, samedi 21 nov. 1992, p. B3)

2431 **STEPPETTES.** [Angl. *step*, pas, pas de danse] *Faire des steppettes.* Sautiller, sauter (de joie, de douleur, etc.).

2432 **STOCK.** *C'est du stock!* C'est beaucoup! Ce n'est pas rien! «Un alcoolique, Scorpion à part de ça, c'est du stock!» (Maurice Cayer, motivateur, dans une allocution, Montréal, 28 sept. 1991) ♦ *Du bon stock.* Un produit de qualité, de la bonne marchandise. Dans le jargon du milieu, se dit notamment de la bonne marijuana, d'une drogue de qualité. «Avec un petit soupir, elle murmure, en posant son regard sur Maurice qui est tout proche. ...Y a du bon stock là-d'dans, monsieur Berrichon.» (M. RIDDEZ et L. MORISSET, *Rue des Pignons*, p. 289)

2433 **STONE.** [Angl. *stoned*, étourdi, drogué] *Être stone.* Être étourdi, drogué. «Aïe, j'ai été stone à l'eau de javel pendant deux semaines!» (A. BOULANGER et S. PRÉGENT, *Eh! qu'mon chum est platte!*, p. 25)

2434 **STOP.** *Faire un stop américain.* Faire un demi-arrêt, ne pas immobiliser complètement son automobile (à un arrêt obligatoire).

2435 **STOQUÉ.** [Angl. *stuck*, immobilisé] *Être stoqué sur qqn.* S'enticher de qqn, avoir le béguin pour qqn, n'avoir d'yeux que pour lui ou elle.

2436 **STOULE.** [Angl. *stool pigeon*, mouchard] *Être (faire le) stoule (stool).* Être (faire le) mouchard, panier percé. «Il a rapporté ça au boss, le maudit stool.» (Yvon Deschamps, *Samedi de rire*, SRC, 7 mai 1987)

2437 **STOULER.** [Angl. *to stool*, moucharder] *Se faire stouler / stouler qqn.* Se faire moucharder, trahir / trahir, moucharder qqn. *Fr.* Jouer de la musique. «J'me suis fait stouler, ça fait que j'étais p'us bon.» (*Le point*, SRC, 7 avril 1992)

2438 **STRAIGHT.** [Angl. direct, droit] *Être straight.* Être conventionnel, rigide, peu ouvert aux nouvelles idées. «Si j'étais straight, eh ben, je vous demanderais en mariage.» (*Le soleil se lève en retard*, film d'André Brassard, 1976) ♦ *Prendre qqch. straight.* Accuser le coup sans broncher, sans sourciller; boire de l'alcool pur. «Lui: j'suppose que j'dois prendre ça *straight*? Elle: ben non, ben non...» (J.-M. POUPART, *Chère Touffe, c'est plein...*, p. 45)

2439 **STRAP.** [Angl. courroie] *Avoir la strap est à terre.* Être découragé, désœuvré. ♦ *Manger la strap.* Recevoir la fessée, une correction.

2440 **STRIKE.** [Angl. hors jeu, grève] *Être en strike.* Être éconduit, chassé. L'expression vient du vocabulaire du baseball.

2441 **STUCK-UP.** [Angl. prétentieux, guindé] *Être stuck-up.* Être gêné, mijoré. Se dit notamment d'une femme. «Elle est correcte mais... elle est pas mal stuck up!» (*À plein temps*, Radio-Québec, 5 nov. 1991)

2442 **SUCE.** *Peser sur la suce.* Appuyer sur l'accélérateur, accélérer.

2443 **SUCE-LA-CENNE.** *Être (un) suce-la-cenne.* Être pingre, avaricieux. *Voir serre-la-piastre* (n° 2357). «Si le parrain ne sonnait pas les cloches assez longtemps, on disait qu'il était un suce-la-cenne.» «Vieille suce-la-cenne, marmonna-t-il... Sept cents dollars pour s'être arraché le cœur pendant deux mois!» (Y. Beauchemin, *Le matou*, p. 328)

2444 **SUCES.** *Mettre / enlever ses suces.* Enfiler / retirer ses bottes.

2445 **SUCEUX DE CUL.** *Être (un) suceux de cul.* Être homosexuel. «Ti-noir est très catégorique: pour lui les curés sont des "suceux d'cul".» (M. Letellier, *On n'est cas des trou-de-cul*, p. 105)

2446 **SUCRÉE.** *En manger (en prendre, etc.) une sucrée.* Essuyer une forte, une grosse (raclée, taloche, etc.). Superlatif.

2447 **SUCRES.** *Aller aux (faire les) sucres.* Se rendre à la cabane à sucre. Voir *partie de sucre* (n° 1834). «Aux sucres, je crois ben. En effet, papa a parlé d'aller aux sucres à matin. Ça fait qu'ils ont dû se décider.» (G. Roy, *Bonheur d'occasion*, p. 208)

2448 **SUÉE.** *Prendre une suée.* Avoir une relation sexuelle; s'essouffler, se mettre en sueur.

2449 **SUISSE.** *Être plein comme un suisse.* Avoir la bouche remplie (de nourriture). Suisse: tamia. ♦ *Joté comme un suisse.* Joufflu.

2450 **SUIVEUX.** *Être (un) suiveux.* Imiter les autres, dépendre d'autrui.

2451 **SUPER.** *C'est super!* Être formidable, extraordinaire, dans le langage des jeunes. *Fr.* C'est géant!

2452 **SUPLINÉ.** *Être supliné.* Être assigné en cour, recevoir un subpœna (citation à comparaître).

2453 **SURVENANT.** *Arriver en survenant.* Arriver à l'improviste. D'après le nom du personnage principal et le titre du célèbre roman de Germaine Guèvremont. «L'on croyait la fête de l'été encore loin d'achever lorsque l'homme arriva en survenant.» (G. GUÈVREMONT, *En pleine terre*, p. 121) «On appelait survenant — le mot le dit — celui qui, n'ayant pas été invité, se présentait quand même — à la fin du repas généralement — pour prendre part à la sauterie qui s'organisait dans la soirée, et même dans l'après-midi.» (L. FRÉCHETTE, *Originaux et détraqués*, p. 206)

2454 **SUZANNE-CATAU.** *Être une Suzanne-Catau.* Être mal habillée. Voir *catau* (nº 468) et *Marie-Catau* (nº 1586).

2455 **SWELL.** [Angl. chic] *Être swell.* Être beau, chic. Voir *chic and swell* (nº 545). «Oh! fit-elle, échappant à sa torpeur dès le seuil du restaurant, je suis encore jamais venue ici. C'est swell, hein!» (G. ROY, *Bonheur d'occasion*, p. 51)

2456 **SWITCH.** *Dormir sur la switch.* Voir *dormir* (nº 899). Ne pas voir l'évidence, ignorer, être inconscient de la réalité. «Le gouvernement dormait sur la switch dans l'affaire de la vente des effets de Maurice Richard.» (Jean Lapierre à CKAC-Télémédia, 3 avril 2002)

T

2457 **TABAC.** *Connaître le tabac.* Avoir de l'expérience, connaître les ficelles. *Fr.* Connaître la musique. ♦ *Ne pas fumer le même tabac que qqn.* Ne pas avoir d'affinité (avec qqn), ne pas être de la même trempe que qqn.

2458 **TABARNAK.** *Être en tabarnak [tabernacle].* Être en colère, en furie. Même processus d'association d'un juron que dans : *être en maudit, en hostie,* etc. «M. Giguère s'arrête, il recommence... Je me lève pour les séparer... Monsieur Dion est en tabarnak comme on dit en bon français, il a suivi le rythme de Giguère... il lui administre des coups de pied...» (C. Desjardins, «Ranwez jette le blâme sur Dion», *La Presse,* 6 février 2002, p. F12)

2459 **TABLE.** *Faire qqch. en dessous (par en dessoure) de la table.* Faire qqch. en cachette, à la dérobée, à l'encontre des règles établies. «Va pas lui dire ce que tu as fait en dessous de la table...» (*Rira bien*, TVA, 14 avril 1991) «...pis l'autre lendemain y en a un qui accuse l'autre d'être arrangé avec le ménisse du travail par en dessoure de la table, pis envoye donc!» (R. Lévesque, *Le vieux du Bas-du-Fleuve*, p. 43) ♦ *Passer en dessous de (passer sous) la table.* Être privé de repas (en guise de punition ou pour être arrivé en retard). «Aurélie? — Passe en d'sous d'la table! — Chus en retard, han?» (M. Laberge, *Aurélie, ma sœur*, p. 117) ♦ *Travailler en dessous de la table.* Travailler au noir.

2460 **TABLETTER.** *Tabletter qqn / être tabletté, se faire tabletter.* Mettre qqn, un fonctionnaire, en disponibilité / être mis en disponibilité. «Un fonctionnaire, ça ne parlera jamais parce que ça risque de se faire tabletter.»

2461 **TABLETTES.** *Mettre qqn (qqch.) sur les tablettes / être mis sur les tablettes.* Mettre qqn en disponibilité, qqch. en attente, abandonner qqch. (notamment un projet) / être mis en attente, en disponibilité, être abandonné. *Fr.* Renvoyer qqch. aux calendes grecques. «Le ministère a dû mettre nombre de professeurs sur les tablettes, il n'y avait pas de place pour eux dans les écoles.»

2462 **TACHE.** *Être (avoir l'air) tache.* Être (avoir l'air) stupide, niais. Se dit notamment chez les jeunes.

2463 **TACHE DE GRAISSE.** *Être une tache de graisse.* Être teigne, suivre sans arrêt. Voir *pot de colle* (n° 2112). ♦ *Faire tache de graisse.* Lambiner, prendre son temps. «Quand on traversait, on faisait pas tache de graisse non plus. Pour mon pére, laisser les arriéres en plan, c'était de mauvais conseil.» (Y. Thériault, *Moi, Pierre Huneau*, p. 14)

2464 **TAGUE.** [Angl. *tag*, étiquette, jeu du chat] *Jouer à la tague.* Jouer au jeu du chat.

2465 **TAILLANT DE HACHE.** *Avoir le nez comme un taillant de hache.* Avoir le nez busqué.

2466 **TAILLANTS.** *Avoir un visage à deux taillants.* Avoir un air, une expression hypocrite.

2467 **TALLE.** *Chercher sa talle.* Chercher sa place, son destin. ♦ *Être (jouer, mettre son nez) dans la talle de qqn.* Chercher à ravir le (la) partenaire d'autrui, s'occuper des affaires d'autrui. Aussi : *Ôte-toi de (mets pas ton nez dans) ma talle!* Ne te mêle pas de mes affaires.

2468 **TALLES.** *Tomber dans les talles de qqn.* Plaire à qqn.

2469 **TALONS.** *(Avoir) les talons aux fesses.* (Aller) à toute vitesse. *Fr.* Avoir des ailes aux talons: fuir à grandes enjambées. «On s'en retournait rejoindre nos amis dans la cour d'école les talons aux fesses, comme on dit.» (Jean Lapierre, *Contact Lapierre*, CKAC-Télémédia, 2 février 1993) ♦ *Se friser sur les talons.* Faire l'important, se pavaner, se tortiller, avoir la diarrhée. «J'en ai connu des députés qui chiaient plus haut que l'trou, qu'ont été les premiers à s'friser su'les talons un lendemain d'élections...» (S. Rivière, *La s'maine des quat' jeudis*, p. 78) «Comme Six-Pintes disait, tant qu'à atteler, aussi bien atteler pour quelque chose, pas pour aller à la bécosse se friser sur les talons, comme une vache qui vêle...» (S. Rivière, *La saison des quêteux*, p. 82)

2470 **TAMBOURIN.** *Arriver comme tambourin à noces.* Surgir à propos, au moment propice. Expression vieillie.

2471 **TANNANT.** *Être tannant aux portes.* Être agité, turbulent. ♦ *Un(e) tannant(e) de...* Très, magnifique, superbe, impressionnant. Superlatif. Ainsi, un tannant de beau gars, un tannant de chandail, etc. «Ouais! éclata Sam Latour... Ouais, ça t'en fait, ça, un tannant de beau velours....» (G. Roy, *Bonheur d'occasion*, p. 46-47) ♦ *Une tannante.* Une bonne, impressionnante, considérable. «Que j'en ai donc promis une tannante à sainte Anne: tiens, dur comme ça que j'en prendrais pu.» (R. Lemelin, *Au pied de la* pente *douce*, p. 321) «Toé, 'Charis, qu'as jamais fait les chantiers, j'm'en vas t'en conter une tannante, pi c'est la vérité vraie.» (Ringuet, *Trente arpents*, p. 59-60)

2472 **TANNE.** *Raconter qqch. à la tanne.* Raconter qqch. à satiété, jusqu'à l'écœurement.

2473 **TANTE.** *Aller voir sa tante.* Aller aux toilettes. ♦ *Avoir sa tante.* Être menstruée.

2474 **TAON.** *Vite comme un taon.* Vif, rapide. «Moé je m'attendais à toute, mais pas à ce qui est arrivé. Je savais que Clophas était fort comme un joual, mais je pensais pas qu'y était vite comme un taon.» (R. Lévesque, *Le vieux du Bas-du-Fleuve*, p. 117)

2475 **TAPE.** *Sacrer (donner) une tape à qqn.* Gifler, souffleter qqn.

2476 **TAPE-CUL.** *Faire du tape-cul.* Voyager clandestinement en train. L'expression se trouve notamment dans *On the road* de Jack Kérouac. *Tape-cul*: surnom familier de wagon plat. Au temps de la Crise, il était courant de sauter sur le wagon plat d'un train en marche, d'où l'expression.

2477 **TAPER.** [Angl. *to tap*, mettre sur écoute] *Taper le téléphone (la ligne) de qqn / faire taper son téléphone.* Mettre un abonné sur écoute téléphonique / avoir son téléphone sur table d'écoute.

2478 **TAPIS.** *C'est dans le tapis.* C'est formidable, extraordinaire. Par rapprochement avec l'expression «la pédale dans le tapis». *Fr.* C'est extra! «La Super Ligne, c'est dans l'tapis!» (Une publicité, TQS, 29 octobre 1989)

2479 **TAPONNAGE.** *Y avoir (faire) du taponnage.* Y avoir du flottement, perdre son temps à des riens.

2480 **TAPONNER.** *Passer (perdre) son temps à taponner.* Perdre son temps.

2481 **TAPONNEUSES.** *Faire des taponneuses.* Rouler ses cigarettes à la main. Voir *royale tapocheuse* (n° 2281).

2482 **TAQUET.** *Avoir le taquet à terre (taquet bas).* Être abattu, déprimé. ♦ *Rabattre le taquet à qqn.* Faire taire qqn, clouer le bec de qqn. Voir *caquet* (n° 436). *Fr.* Rabattre le caquet à qqn. ♦ *Baisse le taquet (taquette)!* Baisse le ton!

2483 **TARAUD.** *Avoir un taraud de lousse* [angl. *loose*, qui a du jeu, desserré]. Être timbré. Voir *vis* (n° 2705). ♦ *Manquer un taraud à qqn.* Avoir l'esprit dérangé. Taraud: écrou. ♦ *Un (gros) taraud.* Un niais, benêt.

2484 **TARAUDER.** *Tarauder qqn.* Apostropher, faire taire qqn (notamment un importun).

2485 **TARD.** *Être équipé / ne pas être équipé pour veiller tard.* Avoir / ne pas avoir tout ce qu'il faut pour réussir, pour séduire, etc. «Allez pas voir ce spectacle-là. C'est dégueulasse. Ils ne sont pas équipés pour veiller tard.» (Nathalie Petrowski, CKAC-Télémédia, 11 juillet 2002)

2486 **TARLA.** *Avoir l'air (être, un grand, faire le) tarla.* Avoir l'air (être, faire le) niais, dadais. «Toi, maudit grand tarla, avise-toi pas de rire de moi.» (*Le grand zèle*, téléfilm de Roger Cantin, 1992)

2487 **TARTE.** *Faire une tarte (à une femme).* Faire l'amour à une femme.

2488 **TAS.** *Faire (aller faire) son (un) tas.* Déféquer. ♦ *Fonce (bûche, frappe) dans le tas!* Vas-y! Fonce! Formule d'encouragement, notamment à l'endroit d'un enfant timide. «Fonce dans le tas! C'est comme ça que tu vas arriver à quelque chose.» ♦ *Prendre sa tasse (sa tasse et demie).*

S'enivrer, trinquer. ♦ *Prendre une tasse.* Trinquer, être porté sur l'alcool.

2489 **TASSÉE.** *Prendre une tassée.* Boire beaucoup (d'alcool).

2490 **TATA.** *Être (un [grand]) tata.* Être (un [grand]) niais, benêt. «... je déteste accompagner la famille. J'arrive à l'âge où elle nous semble ridicule et où on a honte de s'y coller. Cela fait "tata".» (C. JASMIN, *Pointe-Calumet boogie-woogie*, p. 98) «Y s'prend pour Robin-des-bois, le grand tata. Albert lui arrache la branche, la casse en deux. Chiâlage encore.» (C. JASMIN, *Pleure pas, Germaine*, p. 42) ♦ *Faire (envoyer) un (des) tata(s).* Saluer de la main. Voir *bye-bye* (n° 388). «Tu vas voir, c'est bien moi, le Bonhomme Carnaval. Je vais envoyer une couple de tatas.» (*Le club des 100 watts*, Radio-Québec, 9 février 1989)

2491 **TATAOUINAGE.** *Y avoir (faire) du tataouinage.* Y avoir du tâtonnement, de la tergiversation, de l'hésitation.

2492 **TAULE.** *Ne pas avoir une taule.* Ne pas avoir un sou, être pauvre, sans le sou. *Fr.* Ne pas avoir un rond. «À part d'être ben planté et de parler un peu d'anglais, il avait rien, pas même une taule.» (G. GUÈVREMONT, *En pleine terre*, p. 83)

2493 **TAUPE.** *Dormir comme une taupe.* Dormir d'un sommeil profond. *Fr.* Dormir comme un loir. ♦ *Myope comme une taupe.* Ne rien voir, être complètement myope. S'emploie aussi en France.

2494 **TAUREAU.** *C'est taureau!* C'est formidable, extraordinaire! ♦ *Fort comme un taureau.* Très fort.

2495 **TAXI-BOTTINE.** *Faire du taxi-bottine.* S'agripper au pare-chocs et se laisser tirer par une voiture. «... s'agripper aux voitures / qui les traînent / sur la glace bleue des rues / ils appellent ça / du taxi-bottine...» (G. GODIN, *Cantouques et Cie*, p. 153)

2496 **TCHÈQUÉ.** *Être (toute) tchèqué (chèqué).* Porter de beaux vêtements, des vêtements propres. «J'me su retrouvée au A et P, la binette heureuse, toute ben chèquée, / Avec un paquet de cartes à jouer...» (J. BARRETTE, *Ça dit qu'essa à dire*, p. 19)

2497 **TCHOUPER (SE).** *Se tchouper.* Partir, s'en aller, dans la langue des jeunes.

2498 **TEA POT.** [Angl. théière] *Chaud comme un tea pot.* Brûlant.

2499 **TÉLÉGRAPHE.** *Passer un (des) télégraphe(s) (king size).* Voter illégalement en empruntant l'identité d'un électeur ou de plusieurs (télégraphes king size). «... il faut tout faire pour empêcher que des personnes tentent de fausser les résultats en votant à la place de d'autres. Il s'agit d'éviter de se faire passer des "télégraphes".» (Comité des Québécois pour le Oui, *Instructions au représentant d'un comité national dans les bureaux de votation*, mars 1980, p. 11) «Il tira ceux [les bulletins] qu'il avait dans sa poche et les fourra dans l'urne à la surprise générale... À l'époque, cette manœuvre électorale, baptisée plus tard "télégraphe king-size", était encore peu connue.» (J. BENOÎT, *Les voleurs*, p. 208)

2500 **TEMPS.** *Sur le (un) vrai (maudit, drôle de, etc.) temps (sur un temps rare, riche, etc.).* Très, beaucoup, considérablement, en trombe, en vitesse, en un rien de temps. Superlatif. «Sur les quais, y a une foule de petits gamins. Chacun a sa corde de pêche, les p'tits poéssons sortent sur un temps riche.» (C. JASMIN, *Pleure pas, Germaine*, p. 171) «Il est mieux de pas réclamer aux assurances, lui. Ça lui ferait grimper sa prime sur le vrai temps.» (M. RIDDEZ et L. MORISSET, *Rue des Pignons*, p. 28) «Des bouttes, a s'adonne à être pâmante sus le vrai temps...» (J.-M. POUPART, *Chère Touffe c'est plein...*, p. 205) «Pis tu te fais aller sur un temps rare ! T'arais dû voir les gars, à l'hôtel Lapointe...» (M. TREMBLAY, *Le vrai monde*, p. 74) ♦ *Avoir fait son temps.* Être démodé, désuet, ne plus être de son époque. ♦ *Avoir le temps dans sa poche.* Avoir tout son temps. ♦ *Dans l'temps comme dans l'temps.* En temps voulu, au moment opportun. Se dit pour inviter à la patience. *Fr.* En temps et lieu. «... je voudrais savoir ce que Miville est venu faire ici. — Dans le temps comme dans le temps, rétorque Junior. De toute façon, tu le sauras bien assez vite.» (V.-L. BEAULIEU, *L'héritage / *L'automne*, p. 431) «Laisse-lé dire tout seul. Si y a d'quoi à dire, y l'dira, pis on verra dans l'temps comme dans l'temps.» (M. LABERGE, *C'était avant la guerre...*, p. 55) ♦ *Faire du (son) temps.* Purger une (sa) peine de prison. «J'ai trente et un ans et j'ai commencé à faire du temps à vingt ans; j'en ai assez!» (*Le grand journal*, TQS, 11 mai 1991) ♦ *Prends ton temps, lâche les vents.* Formule amusante pour dire qu'il n'y a pas lieu de se hâter, autrement dit, tu as tout le temps de lâcher des pets. Vents: gaz.

2501 **TEMPS D'HOMME.** *Finir son temps d'homme.* Achever sa vie, ses jours.

2502 **TENDRE D'ENTRETIEN.** *Être tendre d'entretien.* Se dit d'une femme corpulente. Allusion à la croyance voulant qu'une femme forte soit plus affectueuse, plus tendre.

2503 **TENDRE DE GUEULE.** *Être tendre de gueule.* Être facile à guider. Se dit d'un cheval.

2504 **TERMES.** *Parler en (dans les) termes (tarmes).* Parler bien, en termes choisis, savants. «... avant que le malheureux fût à moitié chemin, elle lui avait posé, sus vot' respèque, pour parler dans les tarmes, la patte dret sur le rond-point.» (L. FRÉCHETTE, *La Noël au Canada*, p. 236) «Tu parles dans les termes tandis que moi, mon Dieu, je ne sais pas grand'chose...» (R. GIRARD, *Marie Calumet*, p. 32) «Là-dessus, v'là qu'y m'emmènent en ville, dans une grande cabane. Eux aut'es, ils appellent ça une caserne... ou ben... une drill-shed quand y parlent en tarmes.» (Armand LECLAIRE, «Le conscrit Baptiste», dans L. MAILHOT et D.-M. MONTPETIT, *Monologues québécois 1890-1980*, p. 109)

2505 **TERRE.** *Ne pas changer (qqch., qqn) pour une terre en bois deboute [debout].* Ne vouloir changer (qqch., qqn) pour rien au monde. Terre en bois debout: boisé privé. À l'époque de la colonisation, le gouvernement offrait aux futurs colons des lopins de terre non déboisés, d'où l'expression. *Fr.* Ne pas vouloir changer pour tout l'or du monde. ♦ *Pauvre comme la terre.* Extrêmement pauvre. *Fr.* Pauvre comme Job. ♦ *Boire comme une terre sèche.* Boire avec excès, s'enivrer.

2506 **TÉTAGE D'OREILLES.** *Pas de tétage d'oreilles, pas de suçage d'orteils!* Manière amusante de dire: Veux-tu cesser de me déranger, de me distraire!

2507 **TÊTE.** *Avoir une tête sur les épaules.* Être sensé, raisonnable. *Fr.* Avoir la tête sur les épaules. ♦ *Chier sur la tête de qqn.* Mépriser, ridiculiser, insulter qqn. «Méo, qui nous chie sur la tête, il l'a jamais pris que je me soye parti en affaires.» (*Elvis Gratton*, film de Pierre Falardeau, 1985) «J'ai renoncé à mes études le premier matin, parce qu'on a chié sur la tête de mon père.» (Michel Tremblay dans J. Bernard FAUCHER, «Tremblay», *Voir*, vol. 1, n° 19, du 9 au 15 avril 1987, p. 5) ♦ *Crier par la tête à qqn / se faire crier par la tête.* Engueuler, crier à tue-tête après qqn / se faire engueuler vertement. *Fr.* Crier à tue-tête. «T'arais pu attendre d'être dans' maison pour y crier par la tête comme ça, franche-ment...» (M. TREMBLAY, *Le premier quartier de la lune*, p. 244) «Tout ce temps-là, tu le savais, pis tu m'as torturé, saigné à blanc, juste pour le plaisir... — J'ai juste fait ce que tu me cries par la tête, depuis trois ans, Phil... — Moi, te crier par la tête? Jamais, voyons...» (J. BARBEAU, *La coupe Stainless*, p. 123-124) ♦ *En avoir par-dessus la tête.* En avoir assez, être à bout. S'emploie aussi en France. ♦ *Manger qqn d'une (de deux, etc.) tête(s).* Surclasser nettement qqn, être de plus grande taille que qqn. ♦ *Piquer une tête.* Tomber tête première, trébucher, observer à la dérobée. «Je l'ai vu piquer une tête dans la rivière et il n'est pas remonté à la surface.» ♦ *S'enfler la tête / enfler la tête de qqn.* Se mettre en colère, faire l'important, se convaincre de chi-mères / faire croire des médisances à qqn, tromper qqn avec des chimères. «Oui, oui, je le sais que tu l'admires, pauvre innocent. Il vous a monté la tête avec toutes ces histoires d'aventures en Orient et en Afrique. Des histoi-res incroyables qu'on peut pas vérifier. A beau mentir qui vient de loin.» (C. JASMIN, *La sablière*, p. 50) ♦ *Sortir / se faire sortir sur la tête.* Évincer qqn / se faire évincer de force. «C'est ce que j'appelle se faire sortir sur la tête, le pauvre gars n'a même pas demandé son reste au père de la fille.»

2508 TÊTE À GALILÉE. *Ne pas être la tête à Galilée.* Être peu éveillé, peu intelligent. *Fr.* Ne pas avoir inventé la poudre.

2509 TÊTE À PAPINEAU. *Ne pas être (ne pas avoir) la tête à Papineau.* Ne pas être très intelligent, très perspicace. Allusion à Louis-Joseph Papineau (1786-1871), célèbre tribun populaire, qui passait pour très intelligent. Chef du parti patriote, il a défendu les droits des Canadiens français et fut, d'après certains, l'un des instigateurs de la rébellion de 1837. «... lui qui n'a pas la tête à Papineau, un homme simple et malchanceux, à cause de son métier justement...» (J. Ferron, *Rosaire*, p. 89) ♦ *Faire sa (être, se montrer) tête à Papineau.* Faire son fanfaron, son connaissant. «Quelle sorte de plan pouvait bien hanter cet étrange Théodore à Pit qui, jusqu'à maintenant, sans se montrer tête à Papineau, avait toujours su garder son rang...» (S. Rivière, *La saison des quêteux*, p. 31)

2510 TÊTE BEIGE. *Coucher tête beige.* Déformation de tête-bêche: deux personnes, l'une couchant la tête là où l'autre a les pieds. *Fr.* Coucher tête-bêche.

2511 TÊTE CARRÉE. *Être (une) tête carrée.* Être borné. Se dit particulièrement d'un Canadien anglais.

2512 TÊTE CROCHE. *Avoir la (être, être une, faire la) tête croche.* Être désobéissant, rebelle, têtu. «Nous autres, les gars, on est des pas bons, des pas fins, des têtes croches. J'vas déserter un bon jour, j'vas sacrer le camp dans l'Ontario.» (C. Jasmin, *Pleure pas, Germaine*, p. 61) «Faut s'escompter chanceux qu'les têtes croches comme toé votent pas! — J'ai p'tête une tête croche, mais vous, vous l'avez proche du bonnet sus un maudit temps!» (M. Laberge, *C'était avant la guerre...*, p. 91)

2513 TÊTE D'EAU. *Être une tête d'eau.* Être imbécile, nigaud. ♦ *Grosse tête d'eau, les oreilles te flottent!* Formule amusante, proférée notamment entre jeunes, pour accuser en blague qqn d'être idiot. ♦ *Hé, (grosse) tête d'eau, ne sors pas* *dehors, ça va geler!* Dit pour se moquer d'une personne qu'on croit idiote.

2514 **TÊTE D'ŒUF.** *Avoir (être une vraie) tête d'œuf.* Être borné, niais.

2515 **TÊTE DE COCHON.** *Avoir une (être, être une, faire la) tête de cochon.* Être buté, (faire l') obstiné. «J'suis rien qu'un déplacé, j'ai une tête de cochon, ouais, ouais, y avaient raison les foremen, les chefs d'atelier, j'ai une tête de cochon.». (C. JASMIN, *Pleure pas, Germaine*, p. 103-104) «Plus dure encore que la tête de cochon à Bouboule. Tant pis pour lui. C'était à lui d'pas faire le chien.» (J. RENAUD, *Le cassé*, p. 70)

2516 **TÊTE DE MAILLOCHE.** *Avoir une tête de mailloche.* Être têtu, obstiné, timbré.

2517 **TÊTE DE PIOCHE.** *Avoir (être, faire sa) une tête de pioche.* Être têtu, écervelé (se dit particulièrement d'un enfant). S'emploie en France au sens d'entêté. «Parce qu'il n'a rien devant lui. Ni feu, ni foyer. Parce qu'il se sauve toujours on dirait. De qui? De quoi? On le sait pas trop. C'est une tête de pioche, Clovis, ton oncle, toujours à bourlinguer d'un bord à l'autre du monde.» (C. JASMIN, *La sablière*, p. 50)

2518 **TÊTE DURE.** *Être une (faire sa) tête dure.* Être entêté, s'entêter (se dit notamment d'un enfant).

2519 **TÊTE ENFLÉE.** *Avoir la (faire, jouer sa) tête enflée.* Être (faire l') orgueilleux, snober, se croire plus important qu'on ne l'est. «En série CART, aucun pilote ne joue les têtes enflées avec les amateurs de course. Ils se prêtent même de bonne foi à une vaste séance de signature d'autographes lors de la journée du vendredi.» (M. GIRARD, «CART: Un show relevé mais un titre déprimé», *La Presse*, samedi 12 août 2002, p. E4)

2520 **TÊTE HEUREUSE.** *Être (faire sa p'tite) tête heureuse.* Être (faire l') écervelé, idiot.

2521 **TÉTEUX.** *Être (faire le) téteux.* Être (faire le) flagorneur, éteignoir, imbécile; tergiverser. «On s'en va. Allons-nous-en! Sacrons le camp! On reviendra demain. Faites pas les téteux! Venez-vous-en!» (J.-J. RICHARD, *Faites-leur boire le* *fleuve*, p. 223) «C'est pas le temps de faire le téteux, là, Marlot, sérieusement.» (*Super sans plomb*, SRC, 26 mars 1992)

2522 **TÉTEUX DE NUAGES.** *Être un téteux de nuages.* Avoir des idées farfelues, être idéaliste. Voir *pelleteux de nuages* (n° 1897).

2523 **THÉIÈRE.** *Rattraper la théière (théiére, théquiére) avant qu'elle touche terre.* Se reprendre, réparer une bévue avant qu'il ne soit trop tard. Voir *bouteille* (n° 335).

2524 **THÈSE.** *Faire une thèse sur l'utilité du poil de vache dans le mortier.* S'occuper, se préoccuper de choses futiles.

2525 **THOMAS.** *Être (comme, faire le, son) (saint) Thomas.* Être (faire l') incrédule. Allusion évidente au personnage biblique. «Une machine qui va marcher sur la neige. — Tu veux me bourrer. — Hé, que tu es saint Thomas!» (*Bombardier*, Radio-Québec, mars 1992)

2526 **TI-CAIL.** *Être un ti-cail.* Être une personne de peu d'importance, de peu de valeur.

2527 **TICKET.** *Donner son ticket à qqn.* Chasser, éconduire qqn (notamment un amoureux).

2528 **TI-CLIN.** *Être un ti-clin.* Être une personne médiocre, peu importante.

2529 **TICTAC.** *Ne plus avoir que le tictac (tic-tac), puis l'erre d'aller.* Être épuisé, à bout de forces. *Fr.* Être au bout de son rouleau.

2530 **TI-CUL.** *Être un ti-cul.* Être peu important, peu considéré.

2531 **TIGRE.** *Malin comme un tigre.* Irascible, colérique.

2532 **TIGUIDOU.** *C'est tiguidou (diguidou, right through sur la bine).* C'est entendu, d'accord, épatant. Voir *diguidou* (n° 878). «Il fit voter ce peuple contre sa rage en l'achetant tout simplement, en lui versant une mensualité pour ses enfants, pour ses vieillards. — Mother! Mother! c'est tiguidou.» (J. FERRON, *La chaise du maréchal-ferrant*, p. 158) «Ça vous va? — Tiguidou right trou su'a bine! crie presque Miville tellement il est content...» (V.-L. BEAULIEU, *L'héritage /*L'automne*, p. 289)

2533 **TI-JEAN CREMETTE.** *Faire son Ti-Jean Cremette.* Faire son pédant, son arrogant. D'après un personnage passé dans la légende. «... tu l'as pas connu, toé, le gros Desbiens... te dis qu'y faisait son ti-Jean Cremette, avec son capot de poils pis son casse de cremeur.» (R. LÉVESQUE, *Le vieux du Bas-du-Fleuve*, p. 48)

2534 **TIME.** [Angl. *to have a good time*, s'amuser] *Avoir un (gros, un de ces) time(s).* S'amuser follement, avoir un plaisir fou. «J'comprends. On va t'avoir un de ces times, mon kid.» (*Le grand jour*, téléfilm de Jean-Yves Laforce, scénario et dialogues de Michel Tremblay, SRC, 9 oct. 1988) ♦ *Partir sur un time.* Partir en fête.

2535 **TIRE SAINTE-CATHERINE.** *Mou comme de la tire Sainte-Catherine.* Très mou, malléable. «... pi qu'y r'commençait... Jusqu'à temps que ch'soueille molle comme d'la tire sainte-catherine...» (J.-C. GERMAIN, *Les hauts et les bas dla vie d'une diva*, p. 42)

2536 **TIRE.** [Angl. pneu] *Avoir un tire.* Avoir un bourrelet de graisse, être gros, faire de l'embonpoint.

2537 **TISON DU DIABLE.** *Être le tison du diable.* Être rusé, malin.

2538 **TIT-BUS.** *Tit-Bus est arrivé.* Les menstruations ont commencé.

2539 **TITI.** *En titi!* Très, beaucoup. Superlatif. Ainsi, beau, laid, etc., en titi. «Ici, les pamplemousses, y poussent pas dans les arbres, y sont en paquets de quatre chez Métro. C'est deux mondes en titi.» (J. DORÉ, *Si le 9-1-1 est occupé!*, p. 84) ♦ *Être (se mettre) en (beau) titi.* Être (se mettre) en colère, en furie.

2540 **TIT-JIM.** *Tit-Jim est arrivé.* Les menstruations ont commencé.

2541 **TOASTS.** *Y aller (décoller) aux toasts.* Filer, passer en trombe (partir en trombe). «Pis je me suis transformée successivement en teddy bear, en pot de cheeze whizz (ça y allait aux toasts, ça), en discothèque, en barreau de chaise.» (J. DORÉ, *Si le 9-1-1 est occupé!*, p. 36)

2542 **TOBBE.** [Angl. *tub*, cuve] *Se faire parler dans la tobbe.* Se faire engueuler, réprimander. Voir *casque* (n° 454). «Il s'est fait parler dans la tobbe par le professeur à cause de son travail bâclé.»

2543 **TOFFE.** [Angl. *tough*, dur, endurci] *Faire son (p'tit) toffe.* faire son fanfaron, son dur (se dit notamment d'un enfant). Voir *roffe and toffe* (n° 2260).

2544 **TOILE.** *Faire (faire de, battre) la toile.* S'évanouir, avoir les dernières convulsions avant de mourir. Allusion au faseillement de la voile qui rappelle les convulsions d'un mourant. «La bête pousse un grognement, étend les pattes, lâche l'âbre, fait de la toile, et timbe sus le dos les reins cassés.» (L. Fréchette, *La Noël au Canada*, p. 230-231)

2545 **TOKEN.** [Angl. jeton] *Ne pas avoir une token.* Être sans le sou. Allusion aux jetons utilisés, autrefois dans les tramways. *Fr.* Ne pas avoir un rond. «J'calcule qu'est ben fière que j'aye pris amitié sus une veuve propriétaire. — Mais qui a pas une token!» (M. Laberge, *C'était avant la guerre...*, p. 97)

2546 **TÔLE.** *Ne pas (ne plus) avoir une tôle.* Être sans le sou, dans le dénuement complet. «Tu veux dire qu'il te reste plus rien? — Plus une tôle! Mais je te jure que je te remettrai ça aussitôt que je toucherai ma première paye.» (M. Riddez et L. Morisset, *Rue des Pignons*, p. 70)

2547 **TÔLÉ.** *Être tôlé.* Être frondeur, fanfaron, idiot, avoir du toupet. «Il est tôlé, aller poser en plein jour une bombe dans une banque du centre-ville.»

2548 **TÔLER.** *Se faire tôler.* Recevoir une raclée.

2549 **TOMATE.** *Rouge comme une tomate.* Très rouge, avoir le visage cramoisi (de gêne, de colère). Se dit en France. *Fr.* Rouge comme une pivoine. ♦ *Tomber sur la tomate à qqn.* Fustiger, engueuler qqn.

2550 **TOMBE.** *Avoir un pied (deux pieds, les deux pieds) dans la tombe.* Être mourant, à la veille de mourir. S'emploie en France. «... ça a déjà deux pieds dans la tombe pis ça fait encore des péchés de la gourmandise.» (R. Carrier, *De* *l'amour dans la ferraille*, p. 260) ♦ *Discret comme la tombe.* Très discret. *Fr.* Muet comme une carpe, comme la tombe. «Tu peux sans crainte te confier à lui, il est discret comme la tombe.» ♦ *Muet comme la (pas plus jasant qu'une) tombe.* Totalement muet, pouvoir garder un secret. *Muet comme la tombe* s'emploie en France. «Ça, c'est un secret pour ma prochaine conférence de presse. — À moé, tu peux ben le glisser dans le tuyau de l'oreille... J'va être muette comme la tombe.» (J. Barbeau, *La coupe Stainless*, p. 126) «Mais quand j'y parle d'la bombe, / Y vient vert comme un "cocombe" / Pis y'est pas plus jasant qu'une tombe.» (Jacqueline Barrette, «Poléon le révolté», dans L. Mailhot et D.-M. Montpetit, *Monologues québécois 1890-1980*, p. 279)

2551 **TOMBEREAU.** *Au tombereau.* À profusion, en quantité. Vieilli. ♦ *Être un (vrai) tombereau.* Être inconfortable. Se dit d'un véhicule.

2552 **TOMBOY.** [Angl. garçon manqué] *Être (un) tomboy.* Être un garçon manqué. «... Huguette commençait son monologue sur le fait qu'elle était un tomboy, c'est-à-dire quelque chose d'asexué entre un gars et une fille...» (S. Desrosiers, *T'as rien compris, Jacinthe...*, p. 18)

2553 **TONDRE.** *Se laisser tondre (comme un mouton).* Se laisser abuser, exploiter.

2554 **TONNE.** *À la tonne.* En quantité, à profusion. Superlatif: beaucoup. «Ne vous gênez pas, vous pouvez nous envoyer des lettres, vous pouvez nous en envoyer à la tonne.» (*Entre vous et moi*, TQS, 5 nov. 1991) ♦ *Gros comme une tonne.* Très gros, obèse. Tonne: tonneau de grande dimension. ♦ *Plein comme une tonne.* Ivre mort. ♦ *Sentir la (le fond de) tonne.* Empester l'alcool. «C'est lui, le voleur. Sent la tonne! — On va y voir!» (J.-J. Richard, *Faites-leur boire le fleuve*, p. 67) «Aussi, Brassard préférait-il avoir affaire à Poudrier plutôt qu'à son cousin, qui sentait souvent la tonne et la femme, et qui le faisait endêver.» (C.-H. Grignon, *Un homme et son péché*, p. 172)

2555 **TONNEAU.** *Boire comme un tonneau.* Boire beaucoup, trinquer, s'enivrer.

2556 **TOO MUCH.** [Angl. trop] *(C'est) too much!* Merveilleux! Fantastique! Dans la langue des jeunes. *Fr.* Super! «Il y a enfin "c'est au boutte" (qu'on disait dans mon temps), avec insistance sur "boutte", version québécoise de "c'est too much" (qu'on dit maintenant). Je n'ai réussi à placer "c'est au boutte" dans aucun poème.» (G. GODIN, *Cantouques et Cie*, p. 160)

2557 **TOOTHPICK.** [Angl. cure-dents] *Gros (maigre) comme un toothpick.* Extrêmement maigre. *Fr.* Maigre comme un échalas.

2558 **TOP.** [Angl. toit] *Être viré (virer) sur le top.* Perdre l'esprit, perdre tout bon sens, faire un tonneau (en voiture). «Ses voisins ont toutes r'viré su' l'top quand y nous ont vus arriver avec l'ambulance pis qu'ils nous ont vus l'abrier.» (*Being at home with Claude*, film de Jean Beaudin, 1992) ♦ *Le (être au, arriver au) top* [angl. sommet] *(du top)!* (C'est) le comble! Le (au) maximum, à l'extrême, au sommet, le fin du fin. «Tu sais dans l'Union, c'est 45 ans le top! Les assurances, tu vois! Mais tu rentres pas dans l'Union.» (J.-J. RICHARD, *Faites-leur boire le fleuve*, p. 255) «Le top, ça serait d'écouter le téléjournal pis de penser s'instruire en l'apprenant par cœur.» (J.-M. POUPART, *Chère Touffe, c'est plein...*, p. 260) «Ça me réjouissait au top, comme on dit à Trois-Rivières, d'être traité de poète vulgaire, grossier, malpoli, malvenu, mal dégrossi.» (G. GODIN, *Cantouques et Cie*, p. 173) «Même quand tu es au top, tu as toujours peur que quelqu'un vienne prendre ta place.» («La vie de mannequin», *Voir*, du 24 au 30 janvier 2002, p. 2) ♦ *Pogner son top.* Être à bout (de patience, de ressources). *Fr.* En avoir ras le bol. «Moi j'ai poigné mon top, j'en ai eu jusque-là.» (*À plein temps*, Radio-Québec, 16 déc. 1988)

2559 **TOQUER.** *Se toquer sur qqn.* S'enticher de qqn. *Fr.* Se toquer de qqn.

2560 **TORCHETTE.** *Nette comme (une) torchette.* Propre, immaculé, tranché. Vieilli. Attestée en France au XIXᵉ siècle. «Mange, mange! C'est péché en laisser. J'veux voir ton assiette nette comme torchette.» (Y. Thériault, *Moi, Pierre Huneau*, p. 59) «J'avais donc pas de remords, la maison parée comme elle l'était, lessivée, nette comme une torchette, de voir finalement à mon propre lendemain.» (Y. Thériault, *Moi, Pierre Huneau*, p. 34)

2561 **TORDAGE DE BRAS.** *Faire du tordage de bras.* Obliger qqn à céder par la persuasion ou la force.

2562 **TORD-COU.** *À tord-cou.* À plein, à fond. Ainsi, mouiller à tord-cou: pleuvoir à verse; rouler à tord-cou: rouler à tombeau ouvert. «Le propriétaire a bien rebranché l'eau chaude et le chauffage mais maintenant, ça chauffe à tord-cou, pas moyen de baisser le chauffage...» (Un témoin, *Le grand journal*, TQS, Montréal, 14 octobre 2002)

2563 **TORDEUR.** *Passer dans le tordeur / passer qqn dans le tordeur.* Expier, payer son dû, se faire plumer, exploiter / faire payer son dû à qqn, faire expier qqn.

2564 **TORQUETTE.** *Ficher la torquette.* Jouer un mauvais tour, jeter un mauvais sort. Désuet. «Je suis bien sûr que l'un d'eux n'aura pas manqué de ficher la torquette à l'autre; mais pour ma part je n'en ai plus entendu parler. (note de bas de page: *Ficher la torquette*, en langage de voyageur appliqué à la cabale sauvage, veut dire jouer un vilain tour, envoyer un sort, une maladie ou la mort même.» (J.-C. Taché, *Forestiers et voyageurs*, p. 187)

2565 **TORTUE.** *Courir comme une tortue.* Avancer lentement. *Fr.* Avancer à pas de tortue. ◆ *Lent comme une tortue.* Extrêmement lent. *Fr.* Avancer à pas de tortue.

2566 **TOTON.** *Être (avoir l'air, faire le, se sentir) toton [téton] (tôton).* Être (avoir l'air, faire le, se sentir) niais, imbécile. «Mais lui il est un peu toton.» (*Samedi de rire*, SRC, 29 octobre 1988) «Quand je parle de musique avec Gingras, je me sens tellement tôton.» (P. Foglia, «Les bungalows de Roxboro», *La Presse*, 12 avril 1980, p. A5) «C'est rare que je me dise gêné d'être Québécois. Mais quand je regarde le Stade, je me dis : ce qu'on peut être totons, des fois !» (Claude CHARRON, *La Presse*, samedi 24 nov. 2001, p. B1)

2567 **TOUCHE.** *Tirer une touche.* Prendre une bouffée de cigarette, griller une cigarette en vitesse. «Tous les deux, on va tirer une touche en se r'posant d'la vie, pendant que toé, mon p'tit verrat, tu vas sortir...» (R. CARRIER, *De l'amour dans la ferraille*, p. 304) «On rit. Sur un autre ton. On tire une touche et on rit moins. On est à l'étroit.» (J.-J. RICHARD, *Faites-leur boire le fleuve*, p. 298) «...puis couraient "tirer une touche" dans le vestibule.» (G. BESSETTE, *La bagarre*, dans W. M. MILLER, «Les canadianismes...», p. 224) «À soir, j'suis v'nu tirer un' touche / dans l'parc Lafontain', pour prendr' l'air...» (É. CODERRE, *J'parle tout seul quand Jean Narrache*, p. 123)

2568 **TOUCHE FORTE.** *Avoir la touche forte.* Donner de grands coups. Désuet. «Hé! diable! il avait la touche forte, comme on dit. À chaque coup, la proue se mâtait et, derrière, ondulait la queue du sillage...» (F.-A. SAVARD, *Menaud, maître-draveur*, p. 111)

2569 **TOUCHER.** *Ça s'appelle touches-y pas!* Interdit d'y toucher... «Ma sœur, ça s'appelle touches-y pas.»

2570 **TOUÉE.** *Avoir de la touée.* Être en avance.

2571 **TOUITTE.** [Angl. *twit*, cri d'oiseau] *Être (faire le) touitte (twit).* Être (faire l') imbécile, le niais. «L'élève faisait le touitte en classe. Alors, la maîtresse nous a tous mis en punition.»

2572 **TOUNE.** *Être une toune.* Être une traînée, une moins-que-rien. «Tu n'y penses pas? Comment la prendre, pour...? — Comment, tu serais un peu là? Je te prierais de la respecter, ce n'est pas une "toune".» (R. LEMELIN, *Au pied de la pente douce*, p. 237) ♦ *Partir sur (prendre) une toune* [angl. *tune*, mélodie, chanson]. Amorcer un refrain, partir sur une toquade, se lancer dans une beuverie, s'enivrer.

2573 **TOUR.** *Savoir (avoir) le tour de (faire) qqch.* Connaître la manière de faire (connaître les particularités de) qqch.

♦ *Tournée au tour*. Bien tournée, bien proportionnée. «Je me r'vire alle est rendue toute nue elle itou. Ah! bonne sainte viarge, si t'aurais vu ça! Un vré patron, mon gars, tournée au tour.» (R. Lévesque, *Le vieux du Bas-du-Fleuve*, p. 90)

2574 **TOUR À BABEL.** *Gros comme la tour à Babel*. Très gros, obèse.

2575 **TOUR DE BRAS.** *(Mentir, déblatérer, etc.) à tour de bras*. Continuellement, effrontément.

2576 **TOUR DE CANOT.** *Envoyer qqn faire un tour de canot*. Envoyer qqn à la noyade. Menace à peine voilée proférée notamment par la petite pègre.

2577 **TOUR DE COCHON.** *Jouer un tour de cochon*. Jouer un mauvais tour. «Ça doit être quelque v'limeux de jaloux qui m'a joué un tour de cochon. Viande à chiens! que je le poigne jamais!» (C.-H. Grignon, *Un homme et son péché*, p. 190)

2578 **TOUR DE CRASSE.** *Jouer un tour de crasse*. Jouer un mauvais tour.

2579 **TOUR DE GUEULE.** *D'un tour de gueule*. En un rien de temps. *Fr.* Faire qqch. en un tour de main.

2580 **TOUR DE MON JARDIN.** *Quand tu auras fait le tour de mon jardin...* Quand tu auras mon expérience... Se dit à celui qui manque d'expérience, notamment à un plus jeune.

2581 **TOUR DU CHAPEAU.** *Faire le tour du chapeau*. Marquer trois buts dans un match sportif (particulièrement au hockey). «Quand j'pense que ça fait trois joutes qu'y fait rien... Trois, sans un but, sans une assistance, sans une punition. Trois. Le tour du chapeau de la honte...» (J. Barbeau, *La coupe Stainless*, p. 20) «Pis ljour de l'Armistisse j'ai faitte le tour du chapeau, pis j'ai petté mon score avec la cent quatorzième dan-z-un lodeur sous une bâche! (J.-C. Germain, *Mamours et conjugat*, p. 103)

2582 **TOUR DU DIABLE.** *Avoir le tour du diable*. Pouvoir passer sans difficulté à travers toutes les épreuves, avoir beaucoup de ressources.

2583 **TOURMALINE.** *Faire de la tourmaline.* Avoir l'esprit dérangé.

2584 **TOURS DE BABEL.** *Faire des tours de Babel.* Perdre son temps à des riens.

2585 **TOURTE.** *Tomber à terre comme une tourte.* S'écraser, s'effondrer lourdement. Tourte: oiseau aujourd'hui disparu qui, à une époque, a fait l'objet d'une chasse intensive, d'où le terme *tourtière*. «Jean-Jacques lui a donné un coup de poing qui l'a fait tomber comme une tourte.»

2586 **TOUSSER.** *Faire tousser un guichet.* Dans la langue du milieu, vandaliser un guichet automatique en injectant de la mousse isolante dans les orifices.

2587 **TOUT À SOI.** *Ne pas être tout à soi.* Être un peu timbré. «C'est de sa faute! Ou la faute que chus maquereau. Ha! Ch'sais pus!... Chus pas tout à moé.» (J. RENAUD, *Le cassé*, p. 73) «... pis l'Bon Dieu permet qu'une femme honnête comme moi mette au monde un bébé qui est pas toutte à lui.» (J. BARRETTE, *Oh! Gerry oh!*, p. 77)

2588 **TOUT CHIÉ.** *Être qqn tout chié.* Ressembler beaucoup à qqn. Voir *tout craché* (n° 2589). *Fr.* Ressembler à qqn comme deux gouttes d'eau.

2589 **TOUT CRACHÉ.** *Être qqn tout craché.* Ressembler beaucoup à qqn. «Pis ça, si tu savais, si tu savais comme ça ressemble à ta mère. C'est elle tout crachée.» (M. LABERGE, *Aurélie, ma sœur*, p. 88) «*Un simple soldat* de Marcel Dubé, c'est nous autres tout crachés.» (René Lévesque, en entrevue télévisée)

2590 **TOUT CROCHE.** *Être (se sentir) tout croche.* Être (se sentir) mal, mal à l'aise, intimidé. *Fr.* Se sentir mal dans sa peau. «Y a dix ans, là, j'étais tout croche, j'savais pas c'que j'faisais.» (*Le soleil se lève en retard*, film d'André Brassard, 1976) ♦ *Faire qqch. tout croche.* Mal faire qqch., faire qqch. maladroitement. ♦ *Habillé tout croche.* Mal habillé.

2591 **TOUT DE SUITE.** *Pas (beau, rapide, etc.) tout de suite!* Nullement, aucunement. «Pauvre lui, il est pas beau tout de suite.»

2592 **TOUT FIN DRETTE.** *Faire qqch. (y aller) tout fin drette [droit].* Faire qqch. (y aller) directement, sans détour.

2593 **TOUT NU.** *Être (un, avoir l'air d'un) tout nu (dans la rue).* Être (avoir l'air) pauvre, sans le sou. *Fr.* Être pauvre comme Job. «Ça me donne le vertige. Un tout nu, sans instruction, et toutes ces vies-là accrochées après toé, qui attendent tes décisions.» (C. Jasmin, *Pleure pas, Germaine*, p. 147) «... moi qui le prenais pour un tout nu comme moi! C'était peut-être une star qui voyageait incognito!» (M. Tremblay, *Des nouvelles d'Édouard*, p. 178) «... on descendait à Trois-Rivières voir l'exposition agricole et les tentes de fille tout nues comme on disait, comme si "tout nues" était plus nu que "toutes nues". On dit aussi de quelqu'un qui n'a pas une cenne, qui est pauvre comme Job, qu'il est "tout nu".» (G. Godin, *Cantouques et Cie*, p. 162)

2594 **TOUT RECOPIÉ.** *(Qqn, qqch.) tout recopié.* Ressembler parfaitement à qqn à qqch. (par l'apparence, l'attitude). Ainsi, c'est la paresse, le courage, etc., tout recopié. C'est son père tout recopié.

2595 **TOUT ROND.** *Se coucher tout rond.* Se coucher tout habillé, sans faire sa toilette. «Y s'couché tout rond, y s'lave pas. Y arrive à quatre-cinq heures du matin pis y r'part le matin de bonne heure.» (M. Letellier, *On n'est pas des trous-de-cul*, p. 165)

2596 **TOUTE ÉREINTE.** *Courir à toute éreinte.* Courir à toutes jambes, à toute vitesse. «Partagé entre l'envie de se jeter à la nage et celle d'accompagner l'embarcation en courant à toute éreinte sur la grève, il sautait en tous sens.» (G. Guèvremont, *Le Survenant*, p. 215)

2597 **TOUT TREMPE.** *Une grosse tout trempe.* Une grosse salope. Se dit d'une femme grosse, obèse. Péjoratif. Insulte, notamment dans la région de Montréal.

2598 **TRAFIC.** *Aller (partir, repartir) dans le trafic.* Aller dans le monde, la cohue. «Son fils est sidéen et il a recommencé à se piquer. Il est reparti dans le trafic hier.» ◆ *Va jouer dans le trafic!* Déguerpis! Se dit particulièrement à un enfant.

«Va donc jouer dans le trafic, tu vois bien que tu nous dé-
ranges.»

2599 **TRAIL.** *Piquer une trail* [angl. piste]. Partir, aller, venir. Voir
piste (n° 2010). «T'es bon pour piéger, bon ben tu devrais
apprend' à piéger la députation quand a s'pique une trail
par icitte...» (S. Rivière, *La saison des quêteux*, p. 70)

2600 **TRAIN.** *Aller le train de la blanche.* Avancer lentement, sans
hâte. *La Blanche*, surnom familier donné parfois à un cheval. Autrement dit, aller au pas du cheval. ♦ *Avoir un train
d'affaires.* Être affairé, occupé. ♦ *Jomper (jumper)* [angl. *to
jump*, sauter] *un train.* Sauter dans un train de marchandises en marche. «On rêve de "jumper" des trains de marchandises, voir du pays, fuir toutes ces petitesses qui nous
étouffent.» (C. Jasmin, *Pointe-Calumet boogie-woogie*,
p. 127) ♦ *Entendre (faire, mener) du train (un train d'enfer,
du beau diable).* Entendre (faire) du bruit, du tapage. «J'ai
jamais entendu autant de train dans une église.» (*Le grand
jour*, téléfilm de Jean-Yves Laforce, scénario et dialogues de
Michel Tremblay, SRC, 9 oct. 1988) «Le train qu'ils faisaient
avec les autres enfants — ceux de c'te femme-là... Le train
c'était à devenir fou!» (G. Roy, *Bonheur d'occasion*, p. 260)
♦ *Faire le train.* Traire les vaches, accomplir l'ordinaire sur
la ferme. «Il n'y avait qu'à soigner les bestiaux: à "faire le
train", comme on dit dans le Québec, à couper sur le
coteau la provision de bois pour l'hiver, à bâcler les menus
travaux des champs et de la ferme.» (Ringuet, *Trente arpents*, p. 24) ♦ *S'en aller sur le train.* S'en aller rejoindre une
femelle. ♦ *Se mettre en train.* S'éveiller, se mettre en marche. «Le v'là rouge comme un coq. C'est jeune pour avoir
des coups de sang. Où c'est qu'on s'en va si les jeunes se
mettent en train à quinze ans à cet'heure.» (C. Jasmin,
Pleure pas, Germaine, p. 48) ♦ *Soulever le train de qqn.*
Secouer qqn de sa torpeur. Train: de «train arrière», postérieur.

2601 **TRAÎNEAU.** *Se brasser le traîneau.* Se remuer, se secouer.
Voir *puces* (n° 2157). *Fr.* Se magner le train.

2602 TRAÎNERIE. *(Ç'est) pas une traînerie!* Ça ne traîne pas! Ce n'est pas long! Rapidement. «... Y'a revolé partout, ç'a pas été une traînerie... pis là, j'ai le garde-robe à moi tu-seule... c'est bon.» (J. Doré, *Si le 9-1-1 est occupé!*, p. 74) «Le petit gars, lui, ça pas été une traînerie, hein! L'avait toutes ses dents, tous ses cheveux...» (G. Roy, *Bonheur d'occasion*, p. 315) «... pas de simagrées, pas de précautions, pas de grimaces, rien. Ça te magane un cul, pas une traînerie.» (J.-M. Poupart, *Chère Touffe, c'est plein...*, p. 34) «T'es dur de comprenure, toé. El monde disait que les journaliers allaient sacrer le feu à forat... Y l'ont pas faite encore. Moé, je te l'arais sacré ça arait pas été une traînerie.» (A. Ricard, *La gloire des filles à Magloire*, p. 81)

2603 TRAIT. *Avoir le trait sur qqn.* L'emporter, avoir l'avantage sur qqn. «C'est égal, Provençal m'a parlé le premier. J'ai le trait sur lui. À c't'heure, je chasserai tant que je voudrai.» (G. Guèvremont, *Le Survenant*, p. 90)

2604 TRAITE. *Payer la traite à qqn.* Offrir un verre, une tournée, régaler qqn, y aller à fond de train; tabasser, fustiger qqn. *Fr.* Offrir la tournée. «Car il faut payer la traite aux électeurs qui viennent au comité, pour les attirer en plus grand nombre chaque soir.» (A. Bessette, *Le débutant*, p. 195) «À propos, connais-tu un reporter de *L'Éteignoir*, du nom de Solyme Lafarce? -Comment, est-ce qu'il t'aurait déjà induit à lui payer la traite?» (A. Bessette, *Le débutant*, p. 48) ♦ *Se payer la traite / se faire payer la traite.* Se gâter, se faire plaisir / se faire gâter, subir un châtiment mérité (par ironie), se faire tabasser. «Tu pars à courir pis tu t'essouffles mais t'avances pas. / Mais pendant qu'tu cours, tu t'payes la traite au coton, / Tu manges du crédit pis des T.V. dinners.» (J. Barrette, «Poléon le révolté», dans L. Mailhot et D.-M. Montpetit, *Monologues québécois 1890-1980*, p. 281)

2605 TRAITE À LA BISAILLON. *Offrir une traite à la Bisaillon.* Offrir une tournée où chacun doit payer sa consommation.

2606 TRAÎTRE. *Ne pas être traître.* Ne pas valoir grand-chose. «Les deux autres ne sont pas traîtres...» (C.-H. Grignon,

Un homme et son péché dans W. M. Miller, «Les canadia-nismes...», p. 225)

2607 **TRÂLÉE.** *À la trâlée.* En quantité, en masse. ♦ *Une (s'occuper d'une) trâlée (d'enfants, de monde, etc.).* (S'occuper de) nombreux, plusieurs (enfants, personnes, etc.).

2608 **TRANQUILLE.** *Être tranquille aux portes.* Être paisible, calme.

2609 **TRANQUILLEMENT PAS VITE.** *(Faire qqch., avancer, etc.) tranquillement pas vite.* Progressivement, lentement, petit à petit. «Et c'est comme ça que, tranquillement pas vite, comme on dit, je me suis intéressé à la botanique.» (Guy Hains, *CBF Bonjour*, 3 sept. 1991)

2610 **TRANSPORTS.** *Modérer ses transports.* Se calmer, se modérer. «Bombardier, une entreprise qui ne ménage pas ses transports pour assurer sa croissance.» (*Québec Inc.*, Radio-Québec, 13 déc. 1989) «A fallu qu'a modère ses transports, parce que lui, y est bête en baptême quand y veut, pis y aurait jamais toléré ça.» (J.-M. Poupart, *Chère Touffe, c'est plein...*, p. 23)

2611 **TRAPPE.** [Angl. *trap*, bouche, gueule] *Ferme ta trappe!* Ferme-la! ♦ *S'ouvrir la trappe.* Dévoiler (un secret), se mettre à parler, à déblatérer. *Fr.* Se mettre à table. «À chaque fois que j'm'ouvre la trappe, y rient de moi à Paris.» (*Frédéric*, téléroman, SRC, 9 mars 1980) «Si on travaille c'est sa faute. Il a ouvert sa trappe sans finir la job.» (J.-J. Richard, *Faites-leur boire le fleuve*, p. 225) ♦ *Se fermer la trappe / fermer la trappe à qqn.* Se taire / faire taire qqn. *Fr.* Clore le bec à qqn. «Si on te l'avait demandé, t'avais juste à continuer à te fermer la trappe.» (V.-L. Beaulieu, *L'héritage /*L'automne*, p. 123) «"Envoye, Maurice! Te laisse pas faire!" Etc... — Fermez donc vos grandes trappes, espèces de sans cervelle.» (M. Riddez et L. Morisset, *Rue des Pignons*, p. 48)

2612 **TRAQUE.** [Angl. *track*, voie] *Être à côté de la traque (track).* Être dans l'erreur, se tromper, se fourvoyer. *Fr.* Être sur la mauvaise voie. «Je pense, monsieur Drouin, que vous êtes complètement à côté de la traque.» (*Les insolences d'une caméra*, SRC, 9 février 1989) «Envoie fort, dit-il. T'es intéressant quand même. À côté de la track par moments, mais t'es drôle à écouter.» (G. Roy, *Bonheur d'occasion*, p. 61) ♦ *Perdre la traque.* Perdre le cours (de la conversation, etc.), perdre l'esprit. *Fr.* Perdre le fil. ♦ *Remettre qqn sur la traque.* Faire prendre conscience à qqn de son erreur, remettre qqn sur la bonne voie. *Fr.* Remettre qqn sur le droit chemin.

2613 **TRAVAILLER.** *Faire ça ou travailler…* Boutade proférée par celui qui se plaît à paresser.

2614 **TRAVE.** *Être (avoir l'air) sur la trave.* Être (avoir l'air) mal en point, être malade après une cuite. *Fr.* Avoir la gueule de bois.

2615 **TRAVERS.** *Avoir qqn de travers.* Détester, ne pas aimer qqn. «"Gerry m'avait un peu de travers", dira Wézo, le batteur qui avait remplacé le frère de Gerry, à l'époque.» (Daniel LEMAY, «Gerry: des témoins du ciel et de l'enfer», "Télé +", *La Presse*, du 29 juin au 6 juillet 1991, p. 3) ♦ *D'un travers à l'autre.* De part en part. «J'suis mouillé quasiment d'un travers à l'autre!» (G. GUÈVREMONT, *Le Survenant*, dans W. M. MILLER, «Les canadianismes…» , p. 225)

2616 **TRÈFLE.** *Être dans le trèfle par-dessus la tête.* Être amoureux fou. ♦ *Va péter dans le trèfle!* Déguerpis! Voir *fleurs* (nº 1116).

2617 **TREMBLETTE.** *Avoir la tremblette.* Être pris de tremblements. Voir *tremblote* (nº 2618).

2618 **TREMBLOTE.** *Avoir la tremblote.* Trembloter sans arrêt. Voir *tremblette* (nº 2617).

2619 **TRENTE-SIX.** *Être (se mettre) sur son trente-six (trente-trois, trente-cinq, etc.).* S'habiller avec recherche, enfiler ses plus beaux vêtements. *Fr.* Se mettre sur son trente-et-un. «… durant le mois qui suivit le départ de la mystérieuse demoiselle au bras de Gosse sur son trente-six.» (S. RIVIÈRE, *La s'maine des quat' jeudis*, p. 19) «C'est pour l'amour d'notr' populace / qu'les dam's s'sont mis's sur leur trent'six...» (É. Coderre, *J'parle tout seul quand Jean Narrache*, p. 75) «Toujours sur son 36 et toujours au même poste, Gus fait les signaux, un œil braqué dans la cale...» (J.-J. Richard, *Faites-leur boire le fleuve*, p. 172) «Tu t'es sûrement pas mis sur ton trente-six rien que pour me dire ces niaiseries-là. Ça fait que viens-en donc à l'essentiel.» (V.-L. Beaulieu, *L'héritage /*L'automne*, p. 400) «Y'est toujours sur son trente-six, pas un cheveu qui dépasse... Un vrai monsieur! Pis tellement ben élevé! Y m'a vendu deux-trois brosses, toujours, pis y m'a montré son cataloye.» (Michel Tremblay, «Les belles-sœurs», dans L. Mailhot et D.-M. Montpetit, *Monologues québécois 1890-1980*, p. 374)

2620 **TRENTE SOUS**. *Avoir les yeux grands comme des trente sous*. Avoir les yeux exorbités. «Quand il veut quelque chose, y a personne pour le faire démordre... Il a deux yeux grands comme des trente sous. Bruns. Il beugle.» (J. Renaud, *Le cassé*, p. 21) ◆ *Changer (c'est comme changer, donner, être) quatre trente sous pour une piastre*. Être égal, équivalent, futile, n'être pas plus avantageux, conserver le statu quo. *Fr*. Ne rien gagner au change. «Ils disaient (nos grands-pères) que ramasser des trente sous avec des mitaines dans la neige, c'était pas payant!... C'est changer quatre trente sous pour une piastre, comme on peut dire en bon canayen.» (P. Perrault, *Les Voitures d'eau*, p. 25) «J'vas aller la défendre. J'vas découdre el scandale. — Pauvr' Honoré, vous allez changer quatre trente sous pour une piasse.» (M. Laberge, *C'était avant la guerre...*, p. 112) ◆ *Piler [empiler] des trente sous*. Thésauriser, économiser. ◆ *Tourner sur un trente sous*. S'adapter facilement, être souple d'esprit. Se dit notamment de la faculté d'adaptation. Voir *dix cennes* (nº 886). «Évidemment, monsieur Mulroney ne tourne pas, comment dire, sur un trente sous...» (*Montréal ce soir*, SRC, 31 octobre 1989)

2621 **TRÈS**. *Dans le très (drôle, ennuyant, etc.)*. Très... extrême-ment... Superlatif. «... mais s'comporter comme ta'l'heure les deux waiseaux, autant lui qu'elle, ça va chercher dans le

400

très fendant.» (J.-M. POUPART, *Chère Touffe, c'est plein...*, p. 142)

2622 TRÈS CELA. *Dans le très cela!* Imposant, impressionnant, formel!

2623 TRÉSOR CACHÉ. *Être un trésor caché.* Façon amusante de dire: célibataire âgé. Autrefois: vieux garçon, vieille fille.

2624 TRICOTAGE. *Se mélanger (se mêler) dans son tricotage.* Se fourvoyer dans ses propres mensonges.

2625 TRICOTÉ. *Connaître qqn comme si on l'avait tricoté.* Connaître parfaitement, intimement qqn. S'emploie en France. «Elle me parlait comme si elle m'avait tricoté.» (Louise Forestier parlant de Nana Mouskouri, à CKAC-Télémédia, 23 juillet 2002)

2626 TRICOTÉ SERRÉ. *Être (rester) tricoté serré.* Être (rester) uni, indissociable. «Il faut rester tricoté serré comme une grande famille.» (*Montréal, ville ouverte*, texte de Lise Payette, TVA, 23 janvier 1992)

2627 TRICOTER. *Savoir tricoter qqn.* Savoir manipuler, convaincre qqn.

2628 TRIMPE. [Angl. *tramp*, vagabond] *Être (un, un vrai, faire le) trimpe.* Être un (agir en) voyou.

2629 TRIP. [Angl. voyage] *Partir sur un trip.* Partir sur une tocade, céder à une lubie, un (des) fantasme(s) (notamment après avoir pris de la drogue), s'enivrer.

2630 TRIPE. *Se bourrer (se péter, se remplir) une (la) tripe.* Manger, s'empiffrer. Aussi *Ça bourre une tripe!* Ça calme la faim.

2631 TRIPES. *Avoir les tripes dans la gorge.* Se sentir mal à l'aise, intimidé. *Fr.* Avoir les foies. «Avant de le rencontrer, ah oui, j'avais peur, j'avais les tripes dans la gorge, comme on dit.» (Robert Lussier à *Contact Lapierre*, CKAC-Télémédia, 16 octobre 1992)

2632 TRIPETTE. *Ça vaut pas tripette.* Ça ne vaut rien. S'emploie aussi en France. Tripette: petite tripe. «Cette voiture ne vaut pas tripette, je devrai m'en débarrasser.»

2633 TRIQUE À PAULO. *Jouer la trique à Paulo.* Jouer un tour, une blague à qqn.

2634 **TROGNON.** *Jusqu'au trognon.* Jusqu'au bout, au maximum. Superlatif. Ainsi, gêné, craintif, etc., jusqu'au trognon. «Cet homme est vraiment pourri jusqu'au trognon: trois meurtres à son actif et aucun remords.»

2635 **TROIS JEUDIS.** *Dans la semaine des trois jeudis.* Autrement dit, jamais. Voir *sept lunes* (n° 2350). *Fr.* Dans la semaine des quatre jeudis.

2636 **TROIS PAINS.** *Manger trois pains sur la tête de qqn.* Être beaucoup plus grand que qqn. «Me vois-tu danser avec le grand Alain Turcotte; aïe! il me mange trois pains sur la tête.» (*Écoute donc quand j'te parle*, Radio-Québec, 3 octobre 1980)

2637 **TROIS X.** *Dans les trois X.* Fameux, épatant! «À c't'heur', faudrait êtr' millionnaires / Pour prendre un' bross' dans les trois X.» (É. CODERRE, *J'parle tout seul quand Jean Narrache*, p. 81)

2638 **TROISIÈME ÉTAGE.** *Pleuvoir au troisième étage.* Être timbré.

2639 **TROMPE.** *Être une trompe.* Être un mensonge, une tromperie. «... sais-tu que le foin s'est vendu quinze piastres à Montréal? — Voyons, ça doit être une trompe, Ephrem, dit Euchariste, impressionné cette fois.» (RINGUET, *Trente arpents*, p. 155)

2640 **TRÔNE.** *Être (rester) sur le (aller, se rendre au) trône.* Être (rester, aller, se rendre) aux toilettes. Trône: siège de toilette. «Dans les bécosses, à Montréal, y ont des portes qui barrent pis faut que tu mettes trente sous pour te rendre au trône.» (R. LÉVESQUE, *Le vieux du Bas-du-Fleuve*, p. 23)

2641 **TROQUE.** [Angl. *truck*, camion] *(En) avoir (plein) son troque.* En avoir assez, être exaspéré. «Avoir son troque» se dit dans le Témiscouata. Voir *voyage* (n° 2719). *Fr.* En avoir ras le bol. «A me l'avait dit: "Après quatre, j'en avais plein mon truck."» (J. DORÉ, *Si le 9-1-1 est occupé!*, p. 85)

2642 **TROTTE.** *Partir sur la (une) trotte.* Se mettre à fêter, draguer, vadrouiller. *Fr.* Partir en goguette.

2643 **TROU.** *Avoir un trou qui court dans la couverture.* Être timbré. ♦ *Boire comme un trou.* S'enivrer, être alcoolique.

S'emploie aussi en France. «Moman, a dort au cimetière...,
/Papa, lui, il boit comme un trou..., / A soir, y'est rendu
j'sais pas où...» (É. Coderre, *J'parle tout seul quand Jean
Narrache*, p. 57) ♦ *Être (arriver, se mettre) dans le trou (de
x dollars) / mettre qqn dans le trou.* Être ruiné, perdant, sans
le sou, être à court de x dollars / ruiner qqn. En France, être
dans le trou: être enterré [vieilli], mort, être en prison.
«Ben toute c'qui a trouvé d'fin à fére, el conservateur, c'est
mettre la province dans l'trou en vidant nos campagnes.»
(M. Laberge, *C'était avant la guerre...*, p. 39) «Yves prend
plaisir à rire des autres quand y sont dans l'trou ou sur le
bord du trou, c'est vrai, mais peut-être qu'il invente ça
pour se r'venger...» (J. Renaud, *Le cassé*, p. 32) «Ils ont
tell'ment un' peur bleue / qu'le mond' les pense encor dans
l'trou / puis'à tirer l'yâbl' par la queue...» (É. Coderre,
J'parle tout seul quand Jean Narrache, p. 50) «Ah! je lui ai
joué un maudit tour! Je l'ai mis dans le trou. Pis j'te dis
qu'il va aller en prison...» (G. Bessette, *Anthologie d'Albert
Laberge*, p. 233) ♦ *Faire un trou dans son contrat.* Échouer
en affaires, renier un contrat. ♦ *Manger comme un trou.*
S'empiffrer. ♦ *Péter (chier) plus haut que le trou.* Faire le
prétentieux, le vaniteux. *Fr.* Péter plus haut que le cul. «J'en
ai connu des députés qui chiaient plus haut que l'trou,
qu'ont été les premiers à s'friser su'les talons un lendemain
d'élections...» (S. Rivière, *La s'maine des quat' jeudis*, p. 78)
«J'sus pas la servante enrouée... J'tire pas du grand plusse
qu'admis, j'pète pas plus haut que le trou.» (J.-M. Poupart,
Chère Touffe, c'est plein..., p. 164) «Parmi ces touristes, un
en particulier avait le don de péter plus haut que le trou. Il
s'agissait d'un montréalisse au nez rouge et aux mains
blanches...» (S. Rivière, *La saison des quêteux*, p. 88) «Ton
mari pis toé, Françoise Guillemette, vous pètez plus haut
que l'trou, O.K.!» (L.-M. Dansereau, *Chez Paul-ette, bière,
vin...*, p. 63) ♦ *Prendre son trou.* Être mortifié, reprendre sa
place, ne pas (ne plus) protester. *Fr.* Courber le front;
ployer le genou. «C'était dur, mais c'était vrai; nous n'avions

403

pas d'autre chose à faire qu'à prendre notre trou.»
(J. Ferron, *Rosaire*, p. 125)

2644 **TROU D'CUL.** *Avoir le trou d'cul joyeux.* Lâcher des gaz en public. ♦ *Avoir le trou d'cul en dessous du (sur le) bras.* Être exténué, fourbu, épuisé. ♦ *Être (un) trou d'cul.* Être (un) salaud, une nullité. «Je suis parti sur un coup de tête, sans réfléchir... Une raison de plus d'être enragé d'être un trou de cul!» (M. Tremblay, *Des nouvelles d'Édouard*, p. 239)

2645 **TROU DU BEDEAU.** *Attendre d'être dans le trou du bedeau pour faire qqch.* Mettre trop de temps à agir. *Fr.* Attendre d'avoir un pied dans la tombe. «Il faut pas attendre d'être rendu dans le trou du bedeau pour se grouiller les fesses.»

2646 **TROU DU DIMANCHE.** *Prendre le trou du dimanche.* S'étouffer en avalant.

2647 **TROUBLE.** *Être (se mettre) dans le trouble.* Être en difficulté, affronter (s'attirer) des problèmes, subir des épreuves. Calque de l'anglais *to be in trouble.*

2648 **TROUBLÉ.** *Être troublé.* Avoir l'esprit dérangé, ne plus avoir son bon sens, perdre son sang-froid. «S'il t'a donné une claque sur la gueule, c'est qu'il était troublé, je ne vois aucune autre raison.»

2649 **TROUFIGNON.** *Retrousser le troufignon à (de) qqn.* Donner une raclée à qqn. Troufignon: derrière.

2650 **TROUS.** *Se mettre les yeux en face (vis-à-vis) des trous.* S'ouvrir les yeux, regarder la vérité en face. *Fr.* Avoir les yeux en face des trous. «... mais il faut enfin se mettre les yeux en face des trous et appeler les choses par leur nom.» (D. Latouche, «Ressusciter la Sainte-Enfance», *Le Devoir*, 13 janvier 1987, p. A17) «Les administrateurs des hôpitaux vont devoir se mettre les yeux vis-à-vis des trous.» (Jennie Skene, présidente du Syndicat des infirmières et des infirmiers du Québec, aux *Nouvelles TVA*, Montréal, 8 février 2002)

2651 **TROUS DE BEIGNE.** *Avoir les yeux en trous de beigne.* Avoir les yeux exorbités.

2652 **TROUS D'SUCE.** *Avoir les yeux en (comme des) trous d'suce.* Avoir les yeux à demi clos (en raison de la fatigue, notamment), avoir les yeux bridés, avoir les yeux ronds et petits. *Fr.* Avoir les yeux en trou de bitte. «Les yeux fermés comme des trous de suce, je me demande bien comment tu peux arriver à lire, moi!» (V.-L. BEAULIEU, *L'héritage /*L'automne*, p. 46)

2653 **TROUVAILLE.** *Faire une trouvaille.* Accoucher. ♦ *Habillé comme une trouvaille.* Mal habillé.

2654 **TUE-MONDE.** *C'est un tue-monde.* Se dit de qqch. de harassant, d'éreintant, et notamment d'une tâche, d'un travail épuisant.

2655 **TUG.** [Angl. bateau-remorqueur] *Fumer comme un tug.* Fumer beaucoup, sans arrêt.

2656 **TUQUE.** *Tiens bien (attache) ta tuque (avec de la broche)!* Attention! Prépare-toi! Tiens-toi bien! «Vous allez entendre une musique extraordinaire. Alors, tenez bien vos tuques parce que ça va chauffer...» (CIBL-FM, 24 nov. 1992)

2657 **TUYAU.** *Habillé en tuyau.* Habillé proprement, avec recherche. Allusion au chapeau haut de forme qui autrefois accompagnait couramment les beaux habits masculins. «Pas pu tard que la semaine qui vient de se tarminer y est venu des hommes habillés en tuyau pour sawoir comment qu'on avait de vaches, de poules, d'enfants pis de cochons.» (Paul COUTLÉE, «Le recensement», dans L. MAILHOT et D.-M. MONTPETIT, *Monologues québécois 1890-1980*, p. 120)

2658 **TUYAU DE L'OREILLE.** *Parler (glisser qqch.) à qqn dans le tuyau de l'oreille / se faire parler dans le tuyau de l'oreille.* Chapitrer, chicaner, dire une confidence, un secret à qqn / se faire chicaner. «... J'vous dis ça dans l'tuyau d'l'oreille: /Mon p'tit gars, c'est un bon chréquien...» (É. CODERRE, *J'parle tout seul quand Jean Narrache*, p. 73.) «Ça, c'est un secret pour ma prochaine conférençe de presse. — À moé, tu peux ben le glisser dans le tuyau de l'oreille... J'vas être muette comme la tombe.» (J. BARBEAU, *La coupe Stainless*, p. 126)

2659 **TUYAU DE POÊLE.** *En tuyau de poêle.* Se dit surtout d'un pantalon non repassé, qui a la forme d'un tuyau de poêle.
♦ *Se mettre en tuyau de poêle.* Se mettre en colère.

2660 **TWIST.** *Avoir la twist.* Avoir le tour, connaître la manière de faire qqch.

U

2661 **UN.** *(Pas faire, sans faire) ni un(e) ni deux.* Ne pas (sans) tarder, sans attendre. «Mais l'arbitre voulait pas comprendre ça, y a commencé à engueuler Romuald en anglais pis à faire des sparages; ça fait que Romuald a pas faite ni une ni deux, y lui a blasphémé son poing en pleine face.» (R. Lévesque, *Le vieux du Bas-du-Fleuve*, p. 34) «On n'a pas fait ni un ni deux. On s'est déclaré notre amour puis nos parents nous ont mariés.» (R. Carrier, *De l'amour dans la ferraille*, p. 127) «Ni une ni deux, Yaco se faufila jusqu'à un flat-car désert, et s'y glissa...» (S. Rivière, *La saison des quêteux*, p. 58) ♦ *Un dans l'autre.* Tout compte fait, somme toute. *Fr.* L'un dans l'autre. «Des fois on se voyait pris pour donner un bec à des tantes ou à des cousines qui étaient laites comme sept culs pendus sus une corde à linge, mais un dans l'autre on aimait mieux toutes les embrasser que pas en embrasser pantoute!» (R. Lévesque, *Le vieux du Bas-du-Fleuve*, p. 104)

2662 **UNE.** *En devoir une à qqn.* Être en dette envers qqn, devoir un service à qqn. ♦ *En manger (toute) une.* Essuyer un (bon) revers, subir une (bonne) raclée. «Venez dîner, ça fait un' heure qu'on vous cherche. Vous allez vous faire tuer en arrivant, vous allez en manger toute une.» (C. Jasmin, *Pleure pas, Germaine*, p. 172) «Vous en avez mangé toute une, à ce que je vois.» (*Émission Gilles Proulx*, CJMS, 11 mai 1987) ♦ *En r'virer (toute) une.* Faire la fête, faire toute une bringue, s'amuser follement.

2663 **UP AND DOWN.** [Angl. en haut et en bas] *Se donner un up and down.* Se masturber.

2664 **URINE.** *Pauvre comme de l'urine.* Extrêmement pauvre.

V

2665 **VA-VITE.** *Avoir le va-vite (vas-y vite).* Avoir la diarrhée, avoir une forte envie d'uriner.

2666 **VACHE.** *C'est trop fort pour une vache!* C'est au-dessus de mes forces ♦ *Avoir la vache sur le dos.* Être paresseux, lambin. ♦ *Brailler comme une vache (qui pisse).* Pleurer à chaudes larmes. En France, pleuvoir comme vache qui pisse: pleuvoir à verse. *Fr.* Pleurer comme une vache (Rabelais). «Mais Bouboule quand même, l'hostie! J'ai pas braillé comme une vache pour rien. Chus toujours ben pas pour m'excuser à Bouboule...» (J. RENAUD, *Le cassé*, p. 60) ♦ *Être (lâche comme une) vache.* Être paresseuse, salope. «Là ch'pensais jamais qu'a s'rait assez vache, parce que c'est l'mot, pour aller devant l'juge.» (M. LETELLIER, *On n'est pas des trous-de-cul*, p. 181) ♦ *Être à vache.* Occuper un poste subalterne. ♦ *Faire une bonne vache.* Au baseball, être habile à attraper la balle au champ. ♦ *Jouer à la vache.* Au baseball, en raison de son manque d'habileté, occuper la dernière position, tout au fond du champ (externe, où sont les pâturages).

2667 **VACHE À LAIT.** *Être une vache à lait.* Être exploité.

2668 **VACHE DE PRÊTRE.** *Enculassé comme une vache de prêtre.* Avoir une croupe ample (se dit d'une femme). Allusion aux vaches bien nourries du clergé. *Fr.* Une croupe de houri.

2669 **VACHE ENRAGÉE.** *Avoir mangé (manger) de la vache enragée.* Être d'humeur maussade, colérique, avoir subi (subir) des épreuves. En France, mener une vie de privations. «C'est pas facile, vous savez. J'en ai mangé de la misère, j'en ai mangé de la vache enragée.» (Richard Castonguay, *L'aventure du country*, SRC, 6 nov. 1991)

2670 **VACHE ESPAGNOLE.** *Parler (français, anglais, etc.) comme une vache espagnole.* Parler mal une langue. Déformation probable de la locution française (ci-après). *Fr.* Parler le français comme un Basque espagnol. «Parles-tu anglais, toé? — Comme une vache espagnole!» (*Ti-cul Tougas*, film de Jean-Guy Noël, 1975)

2671 **VACHES.** *Ça n'a pas plus de bon sens que de monter les vaches au grenier!* C'est insensé. ♦ *Ça tète les vaches!* Ça coûte cher, c'est dispendieux. «Sa maison lui a coûté les yeux de la tête, ça tète les vaches, ces bâtiments-là.» ♦ *Lever ses vaches par la queue.* Négliger ses animaux, négliger l'ordinaire de la ferme. ♦ *L'heure des vaches.* L'heure de ramener les vaches à l'étable pour les traire, soit 17 h.

2672 **VALENTIN.** *Avoir l'air d'un (habillé comme un) valentin.* S'habiller d'une manière exagérément voyante.

2673 **VALISE.** *Me prends-tu pour une valise?* Me prends-tu pour un imbécile, un niais? Voir *poignée* (n° 2062). «Me prends-tu pour une valise? Moi aussi, je lis Allô-Police.» (*Le grand jour*, SRC, téléfilm de Jean-Yves Laforce, scénario et dialogues de Michel Tremblay, 9 oct. 1988)

2674 **VALVE.** *Ouvrir la valve.* Uriner.

2675 **VARGEUX.** *C'est pas vargeux!* Ce n'est pas fameux, extraordinaire, emballant! «Tout d'un coup je me vire à haïr cette affaire-là, moi? Se marier rien que pour le plaisir de la chose, c'est pas... c'est pas vargeux.» (P. PERRAULT, *Les Voitures d'eau*, p. 61) «J'cré ben que sainte Anne, alle est pas ben vargeuse, comme y disent, pour faire des miracles.» (VIEUX DOC [E. Grignon], *En guettant les ours*, p. 144) «Ils parlaient justement du spectacle que j'ai failli aller voir, au théâtre Antoine. Ça pas l'air vargeux.» (M. TREMBLAY, *Des nouvelles d'Édouard*, p. 288)

2676 **VASE.** *Clair comme de la vase.* Flou, vague.

2677 **VEAU.** *Brailler (chialer) comme un veau.* Pleurer à chaudes larmes. *Fr.* Pleurer comme un veau. «J'ai réparé le tuyau du poêle à bois. Ronald a chiâlé comme un veau parce que j'ai allumé un feu avec ses bouts de bois pourri.» (C. JASMIN,

Pleure pas, Germaine, p. 94) «Maurice braillait comme un veau quand j'ai eu fini. Peux-tu imaginer ça, Maurice qui braille?» (M. Tremblay, *Sainte Carmen de la Main*, p. 15) ♦ *Faire un veau.* Vomir, échouer, oublier un sillon en labourant, laisser échapper qqch., laisser un travail en plan. ♦ *Foirer comme un veau.* Trébucher, tomber par terre. ♦ *Plumer (pleumer) son veau.* Vomir en état d'ivresse. Voir *renard* (nº 2226). ♦ *Une femme qui perdrait son veau.* Se dit d'une femme négligente, qui laisse tout traîner.

2678 **VELINE.** *Jeter sa veline.* Faire des folies de jeunesse. Veline (étym.): peau de veau mort-né. Jeter sa veline, c'est donc littéralement jeter son veau, c'est-à-dire faire sa vie de jeunesse, accéder à la vie adulte. «...et plusieurs fois avoit tué et affolé plusieurs de beufs bestes velines et porcines dudit Guillaume.» ([extrait] Godefroy, *Dict. de l'ancienne langue française*)

2679 **VELOURS.** *Faire un (p'tit) velours.* Flatter, faire plaisir. «D'ailleurs, tu n'es pas le premier à venir me trouver. Ça me fait un petit velours de vous voir approcher en procession.» (Y. Beauchemin, *Le matou*, p. 23) «Y savent toute quessé qu'tu vas dire / Mais ça leu' fait un p'tit v'lours / De l'entende encôre, / Ça leu' flatte la bédaine du bon bord / Pis ça leu' donne de quoi faire des cauchemars.» (Jacqueline Barrette, «Poléon le révolté», dans L. Mailhot et D.-M. Montpetit, *Monologues québécois 1890-1980*, p. 278)

2680 **VENT.** *Avoir marché le vent dans le dos.* Avoir les oreilles décollées. ♦ *Parler dans le vent.* Parler pour rien, à tort et à travers. ♦ *Reprendre (prendre) (son) vent.* Reprendre son souffle. «T'as r'pris ton vent, Desrosiers?... — Philias, Philias! ane gigue simple. Montre-nous ça, pour voir si tes jarrets sont aussi bons que ceux du bonhomme?...» (A. Nantel, *À la hache*, p. 144) «D'un geste brusque, Angélina fut debout, prête au départ. — Prends vent, je t'en prie, supplia Alphonsine pour qui la compagnie des femmes du voisinage était un régal.» (G. Guèvremont, *Le Survenant*, p. 106)

2681 **VENTS.** *Être abattu des vents.* Mal digérer. «Il y avait une femme qui souffrait de mauvaise digestion, ce qu'on appelait ici être abattu des vents.» (J.-C. DE L'ORME et O. LEBLANC, *Histoire populaire des Îles de la Madeleine*, p. 158)

2682 **VER.** *Nu comme un ver.* Flambant nu. S'emploie en France. «Le petit Georges était nu comme un ver devant les invités ahuris.»

2683 **VERRAT.** *En verrat.* Très. Superlatif. «C'est beau en verrat... ben beau... Dépareillé!» (J. BARRETTE, *Oh! Gerry oh!*, p. 105)
♦ *Être (se mettre) en (beau) verrat.* Être (se mettre) en colère, en furie.

2684 **VERRE D'EAU.** *Se noyer dans un verre d'eau.* Se troubler, perdre son sang-froid, s'énerver pour un rien. S'emploie aussi en France.

2685 **VERS.** *Avoir des vers.* Être agité. Se dit notamment d'un enfant turbulent.

2686 **VERT.** *Faire son vert.* Faire son fanfaron (notamment, devant une jeune fille).

2687 **VERTES.** *Des vertes pis des pas mûres.* Des choses pénibles, des choses difficiles. En France, en dire (en entendre, en voir) des vertes et des pas mûres: dire (entendre, voir) des choses choquantes, excessives. «Je ne pouvais même pas lâcher un wak: il m'avait bien averti que si je chialais trop fort, la bonne femme à la maison en apprendrait des vertes et des pas mûres.» (Y. BEAUCHEMIN, *Le matou*, p. 359)

2688 **VESSE DE CARÊME.** *Avoir l'air d'une (blême comme une) vesse de carême.* Avoir le teint blafard.

2689 **VEUVE À L'HERBE.** *Être une veuve à l'herbe.* Être une veuve disponible, une épouse séparée et disponible. «Belle et jeune veuve à l'herbe, comme elles disent en Mauricie.» (R. BAILLIE, *Des filles de Beauté*, p. 6)

2690 **VIE.** *Bon comme la vie.* Très bon, gentil, aimable. *Fr.* Respirer la bonté.

2691 **VIEILLE.** *Baiser (baisser) la vieille.* Échouer, manquer son coup, revenir bredouille. *Fr.* Baiser le cul à la vieille: perdre une partie dans un jeu. «"Ah! on va voir qui va la baiser la vieille!" Et brassant sa ligne, de ses longs bras, il lança au fond de la chaloupe une truite de cinq livres.» (Vieux Doc [E. Grignon], *En guettant les ours*, p. 153)

2692 **VIEILLE FILLE.** *Rester vieille fille.* Rester célibataire, ne pas trouver à se marier. «Arrange ça comme tu voudras, le mot l'dit: on resse vieille fille: on se r'trouve pas d'mari pis on s'sent pas appelée par Dieu.» (M. Laberge, *C'était avant la guerre...*, p. 36) ♦ *Sentimental comme une vieille fille.* Très sentimental. *Fr.* Fleur bleue. «Notre inspecteur maboul, Rosarien Roy, complètement saoul, et sentimental comme une vieille fille.» (Y. Beauchemin, *Le matou*, p. 243)

2693 **VIEILLES LUNES.** *S'en ficher comme des vieilles lunes.* S'en ficher éperdument. Voir *an quarante* (n° 56). «Le bail... la loi... Bah! on se fiche de tout cela comme des vieilles lunes!» (F.-A. Savard, *Menaud maître-draveur*, p. 126)

2694 **VIEUX.** *Un vieux de la vieille.* Un homme âgé et expérimenté. Se dit en France. «Alors qu'il avait été sommé de se rendre à Gascons, "graisser un vieux de la vieille", Ti-Jos avait passé outre et s'était caché...» (S. Rivière, *La s'maine des quat' jeudis*, p. 49) «Il a moins de tours dans son sac qu'un vieux de la vieille.» (*Ici Montréal*, TVA, 14 nov. 1989)

2695 **VIEUX COUP.** *Il y en a un vieux coup.* Il y en a beaucoup. Vieilli.

2696 **VIEUX GAGNÉ.** *Vivre sur (manger) le (son) vieux gagné.* Dilapider, dépenser ses économies. «Y a pas à dire, les années sont dures. — Dures! Si ça continue de même, on va manger tout le vieux gagné.» (Ringuet, *Trente arpents*, p. 213)

2697 **VIEUX GARÇON.** *Rester vieux garçon.* Rester célibataire (pour un homme), ne pas trouver à se marier.

2698 **VIEUX LÉGUMES.** *Éplucher les vieux légumes.* Ressasser de vieilles histoires, radoter.

2699 **VILAINE.** *Faire la vilaine.* Se dit à propos d'une femme qui ne désire pas d'enfant.

2700 **VIOLON.** *Aller (danser) plus vite que le violon.* Trop préjuger des événements, faire avant ce qui doit être fait après. Voir

musique (n° 1705). *Fr.* Mettre la charrue devant les bœufs. «Sacré Gaspésienne! tu as peut-être raison: je veux danser plus vite que le violon.» (Y. Beauchemin, *Le matou*, p. 414)
♦ *Jouer du violon.* Radoter.

2701 **VIPÈRE.** *Avoir une langue comme une vipère.* Aimer médire, dénigrer, colporter des ragots. *Fr.* Avoir une langue de vipère.

2702 **VIREBREQUIN.** *Croche comme un virebrequin [vilebrequin].* Tordu, recourbé, malhonnête (se dit d'une personne).

2703 **VIRE-CAPOT.** *Être (un) vire-capot.* Changer constamment d'allégeance, d'idée, être instable, inconstant, peu fiable. «... tournes-y pas l'dos en tout cas, on sait jamais, asteure qu'y a eu ton vote... — Crains pas, chus pas un vire-capot.» (S. Rivière, *La s'maine des quat' jeudis*, p. 79)

2704 **VIRE-VENT.** *Qqn de vire-vent vire-poche.* Qqn d'inconstant dans ses idées, son attitude.

2705 **VIS.** *Manquer une vis.* Manquer d'intelligence, être timbré. Voir *taraud* (n° 2483).

2706 **VISION.** *Passer comme une vision.* Passer en trombe, à toute allure. *Fr.* Passer en coup de vent.

2707 **VISOU.** *Avoir du visou.* Viser juste, avoir du flair. *Fr.* Mettre dans le mille.

2708 **VITE.** *En passer (s'en faire passer) une (p'tite) vite.* Berner, tromper / se laisser tromper en douce, mine de rien. «Laissez-moi vous dire que vous venez de vous en faire passer une vite.» (Hebdomadaire *L'Éveil*, 21 déc. 1986, p. 4)

2709 **VITESSE.** *Quand la vitesse a passé, tu n'étais pas (encore) né!* Tu es paresseux, lambin!

2710 **VITRE.** *Clair comme de la vitre.* Très évident, limpide.

2711 **VITRES.** *Ça ne casse pas les vitres!* Ça n'a rien d'extraordinaire, c'est banal!

2712 **VOILE.** *Avoir (bien) de la (plus de) voile mais pas (que) de gouvernail.* Avoir plus de volonté que de jugement, autrement dit, être porté à agir sans réfléchir. Se dit notamment en Gaspésie. «Amable pense qu'un homme vif et toujours sur les nerfs, qui se darde à l'ouvrage de même, c'est pas

naturel : il doit avoir quelque passion... — Ben de la voile !
Ben de la voile ! mais pas de gouvernail ! » (G. Guèvremont,
Le Survenant, p. 106)

2713 **VOIR.** *Ni vu ni connu.* Discrètement, en cachette, sans être
vu. Se dit en France. *Fr.* Mine de rien ; ni vu ni connu,
j't'embrouille. « ... dans l'étable où Fleurette est justement
en train de prendre ses aises, se préparant à bouser ni vu
ni connu... » (S. Rivière, *La s'maine des quat'jeudis*, p. 126)
♦ *Avoir vu.* Avoir (déjà) été menstruée. ♦ *Quand j'ai vu que
j'voyais plus, j'ai bien vu que je voyais rien.* Formule amusante pour se moquer de celui qui formule des évidences
ou qui fait preuve de son ignorance. ♦ *Rien qu'à voir, on
voit bien (qu'on n'a pas vu qu'on verra plus) !* Formule amusante pour dire, par dérision : c'est évident, limpide.

2714 **VOIX D'ANGE.** *Avoir une voix d'ange.* Avoir une voix claire,
limpide. Se dit d'un enfant qui chante admirablement.

2715 **VOLÉE.** *Sacrer (donner) une volée à qqn / manger la (une)
volée.* Donner une raclée à qqn / subir une raclée, une correction, être supplanté. « En tous cas, que j'te reprenne
jamais à embarquer comme ça avec un étranger. Tu
mangeras la volée. C'est compris ? » (C. Jasmin, *Pleure pas,
Germaine*, p. 93-94)

2716 **VOLEUR.** *Gras comme un voleur.* Très gros, obèse. « Ton
matou est gras comme un voleur, je suis sûr qu'il a mangé
une de mes poules. » ♦ *Riche comme un voleur.* Très riche,
fortuné.

2717 **VOTE.** *Faire sortir le vote.* Prendre les moyens nécessaires
pour attirer le vote de l'électorat vers son parti.

2718 **VOULOIR.** *Veux veux pas.* De gré ou de force, vouloir ou pas
(peu importe). « T'ôtes ta bague, veux veux pas, tu laisses
un peu de ta peau, une part de cœur, c'est de même. »
(J.-M. Poupart, *Chère Touffe, c'est plein...*, p. 101)

2719 **VOYAGE.** *Avoir son (gros) voyage.* Être excédé, à bout de
forces. Voir *lôde* (n° 1510) et *troque* (n° 2641). *Fr.* Être au bout
du rouleau. « Moi, je commence à en avoir mon voyage
d'attendre, juste pour un chèque en plus ! » (V.-L. Beaulieu,

*L'héritage /*L'automne*, p. 79) ◆ *J'ai mon voyage!* J'en suis estomaqué! C'est incroyable!

2720 **VRAI.** *Pis c'est vrai.* Et plus... et encore... Superlatif. «Vous dire comment qu'on en entend des capables de funny, pis c'est vrai, hein, y avait pas pensé en parler...» (J.-M. POUPART, *Chère Touffe, c'est plein...*, p. 73)

2721 **VUES.** *Aller aux (p'tites) vues.* Se rendre au cinéma. «Des fois, elles vont aux petites vues ensemble, ou ben elles font un bout de marche...» (G. ROY, *Bonheur d'occasion*, p. 292) «On a parlé d'aller aux vues mais on s'est pas rendus. On a été pris dans une bataille entre un groupe de l'âge d'or pis des fauteuils roulants.» (F. NOËL, *Chandeleur*, p. 125)

2722 **WABEL.** *Avoir le wabel.* Avoir la nausée. «Quand elle a vu le dégât qu'avait fait le chien, elle a eu le wabel.»

2723 **WATAP.** *N'avoir plus que le watap.* Être à bout de forces. Watap : mot indien désignant à la fois la quille d'une embarcation et la racine d'épinette rouge servant à coudre le canot d'écorce. *Fr.* N'être plus que l'ombre de soi-même.

2724 **WATCH OUT.** [Angl. attention, prendre garde] *Watch out!* Prenez garde! Attention! «Il n'ose parler mais on voit qu'il pense peut-être pour la majorité. Si la petite gang se met à boire, watch out!» (J.-J. RICHARD, *Faites-leur boira le fleuve*, p. 214)

2725 **WATERLOO.** *Frapper son waterloo.* Affronter un obstacle infranchissable, un empêchement insurmontable.

2726 **WILLIE.** *Se passer un willie.* Se masturber. ♦ *Se poigner le willie.* Se caresser les organes génitaux.

2727 **WILLIES.** [Angl. *wheelies*, crissements, tournoiements] *Faire des willies.* Perdre l'esprit, tournoyer, virevolter (en automobile, en fauteuil roulant, etc.).

2728 **WILLIGNE.** [Angl. *willing*, prêt, d'accord] *Être willigne.* Être prêt, consentant. «... Antoinette Beaugrand de nouveau seule (elle doit attacher sa benjamine au pied de son lit) et sûrement willing pour entamer une discussion passionnée sur le chapitre 24 de *Mont-Cinère.*» (M. TREMBLAY, *Des nouvelles d'Édouard*, p. 87) «Ça m'fait d'la peine, pis en même temps, ça me r'place : j'aurais très bien pu jusse me souvenir de l'homme amoureux, dans l'temps qu'y était willing.» (M. LABERGE, *Aurélie, ma sœur*, p. 122)

XYZ

2729 **YEUX.** *Avoir les (deux) yeux dans le même trou.* Être endormi, empêtré, loucher. *Fr.* Avoir de la brume dans les lunettes (Poitou). ♦ *Avoir les yeux plus grands que la panse.* Désirer manger davantage que l'appétit ne le permet, désirer plus qu'on ne peut en prendre. Se dit notamment à propos d'un enfant. *Fr.* Avoir les yeux plus grands que le ventre. «Y'ont tous les yeux plus grands qu'la panse; / Ils s'pass'nt mêm' des nécessités / Pour s'ac'ter du luxe et de l'aisance...» (É. CODERRE, *J'parle tout seul quand Jean Narrache*, p. 50) ♦ *Coûter les yeux de la tête.* Être coûteux, inabordable. S'emploie aussi en France. ♦ *En avoir par-dessus les yeux.* En avoir assez, être au bout de ses forces. *Fr.* En avoir par-dessus la tête. ♦ *Lancer des yeux.* Jeter des regards (langoureux, méchants, etc.).

2730 **YEUX DE CHAT.** *Avoir des yeux de chat.* Avoir les yeux écarquillés, exorbités.

2731 **YVETTE.** *Être une (faire son) Yvette.* Être une femme niaise, effacée. Terme péjoratif maladroit employé par certains péquistes durant la campagne référendaire au Québec, en 1980, et qui a été ensuite repris par le Parti libéral pour combattre avec virulence la thèse péquiste. Allusion au personnage d'Yvette présenté ainsi dans un manuel scolaire: «Guy pratique les sports, la natation, le tennis, la boxe, le plongeon. Son ambition est de devenir champion et de remporter beaucoup de trophées. Yvette, sa petite sœur, est joyeuse et gentille. Elle trouve toujours le moyen de faire plaisir à ses parents. Hier, à l'heure du repas, elle a tranché le pain, versé l'eau sur le thé dans la théière, elle a apporté le sucrier, le beurrier, le pot de lait. Elle a aussi aidé à servir le poulet rôti. Après le déjeuner, c'est avec plaisir qu'elle a essuyé la vaisselle et balayé le tapis. Yvette est une petite fille obligeante.»

2732 **ZARZA.** *Être (faire) le zarza.* Être (faire le) niais, (l') imbécile.

2733 **ZIGONNAGE.** *Faire (y avoir) du zigonnage.* Tergiverser, perdre son temps, hésiter, faire du travail inutilement. «L'offre sans intérêt de février. Y a pas de zigonnage.» (Une publicité, *Courrier Deux-Montagnes*, 12 février 1989)

2734 **ZIGOUNES.** *Faire des zigounes.* Rouler ses cigarettes à la main. Voir *taponneuses* (n° 2481).

2735 **ZOUAVE.** *Faire le zouave.* Faire le niais, l'imbécile, agir comme un idiot. S'emploie en France.

2736 **ZOUT.** *Être (avoir l'air) zout.* Être (avoir l'air) niais, imbécile.

REMERCIEMENTS

Je suis redevable aux nombreux informateurs qui, au fil des années, ont eu l'amabilité soit de me fournir des énoncés de première main, soit d'ajouter ou encore de confirmer ou d'infirmer certains détails du corpus. Sans eux, ce dictionnaire n'aurait pas pu voir le jour. Qu'ils en soient remerciés.

PDR

René ANGERS, Lucien AUBÉ, Rita BEAULIEU, Victor-Lévy BEAULIEU, Hélène BÉLANGER, Lise BÉLANGER, Carole BÉLISLE, Raymonde BÉLISLE, Alain BERGERON, Clara BERGERON, Françoise BERGERON, Michelle BERGERON, Denise BOILARD, Laurent BOUCHARD, Eudore BOUCHER, Guy BOUCHER, Johanne BOUCHER, Sylvain BOUCHER, Nicole BOULET, Michel BOURDAGE, Marjolaine BOURDEAU, Maurice BRICAULT, Paulette BRIN, Michel BROCHU, Murielle BROUSSEAU, André BRUNELLE, Réal CAOUETTE, Sylvie CARDIN, Maurice CARON, André CARPENTIER, Denis CIJANDONNET, Harold CÔTÉ, John CÔTÉ, Normand COUTLÉE, Patrick CYR, Danielle D'AMOURS, Christiane DAVIAULT, Louis DAVIAULT, Jacqueline DÉRY-MOCHON, Madeleine DESGAGNÉ, Marie-Ange DESGAGNÉ, Marie-Claire DESGAGNÉ, Marie-Émilie DESGAGNÉ, Charles DESROSIERS, Daniel DESRUISSEAUX, Gaby DESRUISSEAUX, Jean DESRUISSEAUX, Jeannette DESRUISSEAUX, Lorenzo DESRUISSEAUX, Mia DESRUISSEAUX, Yann DESRUISSEAUX, Claude DUBOIS, Francine FARLEY,

Jean-Pierre Farley, Yolande Fontaine, Madeleine Forcier, Guy Fortier, Lucie Fortier, Guy Fortin, René-Jacques Fortin, Daniel Gagné, Élaine Gamache, Cathy Gauthier, Mireille Gauthier, Michel Gauvreau, Michel Gay, Denis Girard, Martin Gobeil, François Grenier, Karine Guay, Nancy Guay, France Guérin, Réginald Hamel, Alain Hébert, Jacqueline Hogue, Léontine Houle, Jacqueline Inkel, Robert Isabelle, Robert Kegyes, Isabelle Lalonde, Gisèle Lamonde, Daniel Laplante, Laurent Laplante, André Leblanc, Sylvie Lebrun, Claire Lefebvre, Pierre Lefebvre, Marie-Claude Lefebvre, Claude Legault, Carole Lemaire, Michel Lemay, Berthe Lévesque, Raymond Martin, Richard Martineau, Claudette Mathieu, Madeleine Melançon, Johanne Mercier, Jeanne Milot, Lyane Monette, Michel Morin, Normand Nadeau, Monique Nadon, Nicole Olivier, Jeannette Ouellette, Linda Palardy, Cathy Paquette, Denis Paquette, Pierre Paquin, Daniel Petroff, Ronald Philion, Céline Pinsonnault, Lucien Poirier, Lyne Poirier, Gaétane Poitras, Daniel Racine, Nathalie Racine, Johanne Robert, Guy Rondeau, Rock Roussel, Sylvain Roy, Yves Saint-Germain, André Saint-Onge, Émile Tardif, Marie José Thériault, Michelle Thériault, Bobby Thompson, André Tremblay, René Tremblay, Laurence Trépanier, Robert Trudeau, Francine Turcotte et Alliette Turgeon.

BIBLIOGRAPHIE

Cette bibliographie ne comprend pas les très nombreux documents archivistiques, journaux, périodiques, et matériaux audiovisuels, longs métrages, téléfilms, séries télévisées, etc., qu'il m'a été donné de consulter. Cependant, on les trouvera cités dans le corps de l'ouvrage.

Anonyme, «La vente de la poule noire; anecdote canadienne», *Bulletin de la Société royale du Canada*, volume 13, n° 1, 1919, p. 77-94.

Anonyme, «Proverbes à propos de noces», *Bulletin des recherches historiques*, volume XXIX, p. 310.

Asselin, Carole et Yves Lacasse, *Corpus des faits ethnographiques québécois: Saguenay–Lac-Saint-Jean*, sous la direction de Jean-Claude Dupont, en collaboration avec Bertrand Bergeron, Québec, ministère du Loisir, de la Chasse et de la Pêche, 1982.

Asselin, Carole et Yves Lacasse, *Corpus des faits ethnographiques québécois: Région de la Mauricie*, sous la direction de Jean-Claude Dupont, Québec, ministère du Loisir, de la Chasse et de la Pêche, 1982.

Baillie, Robert, *Des filles de Beauté*, Montréal, Éditions Quinze, 1983.

Barbeau, Jean, *La coupe Stainless* suivi de *Solange*, Montréal, Leméac, 1987.

BARBEAU, Marius, *L'arbre des rêves*, Montréal, Éditions Lumen, 1948.

BARBEAU, Victor, *Le français du Canada*, Québec, Garneau, 1970 (1963).

BARBEAU, Victor, *Le ramage de mon pays*, Montréal, Éditions Bernard Valiquette, 1939.

BARRETTE, Jacqueline, *Ça dit qu'essa à dire*, Montréal, Théâtre Actuel du Québec, Les Grandes Éditions du Québec, 1972.

BARRETTE, Jacqueline, *Oh! Gerry oh!*, Montréal Théâtre/ Leméac, 1982.

BARRY, Robertine, *Chroniques du lundi de Françoise*, Montréal, s.é., 1891-1895.

BARRY, Robertine, *Fleurs champêtres*, Montréal, Desaulniers, 1895.

BEAUCHEMIN, Normand, *Dictionnaire d'expressions figurées en français parlé du Québec*, Sherbrooke, document de travail n° 18, Université de Sherbrooke, 1982.

BEAUCHEMIN, Yves, *Le matou*, collection «Littérature d'Amérique», Montréal, Québec/Amérique, 1981.

BEAULIEU, Victor-Lévy, *L'héritage /*L'automne*, Montréal, Les entreprises Radio-Canada, Stanké, 1987.

BEAULIEU, Victor-Lévy, *Manuel de la petite littérature du Québec*, Montréal, L'Aurore, 1974.

BÉLANGER, Mario, *Petit guide du parler québécois*, Montréal, Stanké, 1997.

BENOÎT, Jacques, *Les voleurs*, Montréal, Éditions Quinze, 1977.

BERGERON, Léandre, *Dictionnaire de la langue québécoise*, Montréal, VLB éditeur, 1980, et *The Québécois Dictionary*, Toronto, James Lorimer & Co., 1982.

BERNARD, Antoine, *La Gaspésie au soleil*, Montréal, Les Clercs de Saint-Viateur, 1925.

BERNARD, Harry, *Les jours sont longs*, Montréal, Cercle du livre de France, 1951.

Berthelot, Hector, *Le bon vieux temps*, compilé, revu et annoté par Édouard-Zotique Massicotte, Montréal, Beauchemin, 1924, 2 tomes.

Bessette, Arsène, *Le débutant*, Cahiers du Québec, Montréal, Hurtubise HMH, 1977 (1914).

Bessette, Gérard, *Anthologie d'Albert Laberge*, Montréal, Le Cercle du livre de France, 1962.

Bloch, Oscar et Walther von Wartburg, *Dictionnaire étymologique de la langue française*, Paris, Presses universitaires de France, 1968.

Boucher-Belleville, Jean-Baptiste, *Dictionnaire des barbarismes et des solécismes les plus ordinaires en ce pays avec le mot propre ou leur signification*, Montréal, Imprimerie de Pierre Cérat, 1855.

Boulanger, André et Sylvie Prégent, *Eh! qu'mon chum est platte!*, Montréal, Théâtre/Leméac, 1979.

Boulanger, Jean-Claude, *Dictionnaire québécois d'aujourd'hui*, Paris, Le Robert, 1993.

Bourgeois, Aldéric, «Ladébauche en Turquie», *Les voyages de Ladébauche autour du monde*, Montréal, imprimé par M. Pelletier, chez l'auteur, s.d., s.p.

Caron, Louis, *Le bonhomme Sept-heures*, Paris, Seuil, 1983 (1978).

Carrier, Roch, *De l'amour dans la ferraille*, Montréal, Stanké, 1984.

Clapin, Sylva, *Dictionnaire canadien-français ou lexique-glossaire des mots, expressions et locutions ne se trouvant pas dans les dictionnaires courants et dont l'usage appartient surtout aux Canadiens français*, Montréal, Beauchemin, 1894.

Clas, André et Émile Seutin, *J'parle en tarmes: dictionnaire de locutions et d'expressions figurées au Québec*, Montréal, Sodilis, 1989.

Cliche, Robert et Madeleine Ferron, *Quand le peuple fait la loi: la loi populaire à Saint-Joseph de Beauce*, Montréal, Hurtubise HMH, 1972.

CODERRE, Émile, *J'parle tout seul quand Jean Narrache*, Montréal, Éditions de l'Homme, 1961.

Collectif, *Soirées canadiennes*, recueil de littérature nationale, Québec, Brousseau, 1861-1865, 5 tomes.

Collectif, *Veillées du bon vieux temps à la bibliothèque Saint-Sulpice à Montréal, les 18 mars et 24 avril 1919*, Montréal, Ducharme, 1920.

CUOQ, Jean-André, abbé, *Lexique de la langue algonquine*, Montréal, J. Chapleau, 1886.

DANSEREAU, Louis-Marie, *Chez Paul-ette, bière, vin, liqueur et nouveautés*, Montréal, Théâtre/Leméac, 1981.

DE L'ORME, Jean-Claude et Oliva LEBLANC, *Histoire populaire des Îles de la Madeleine*, Montréal, L'Aurore/Univers, 1980.

DESCHAMPS, Yvon, *Monologues*, collection «Mon pays mes chansons», Montréal, Leméac, 1973.

DESROCHERS, Clémence, *La grosse tête*, collection «Mon pays mes chansons», Montréal, Leméac, 1973.

DESROSIERS, Sylvie, *T'as rien compris, Jacinthe...*, Montréal, Leméac, 1982.

DESRUISSEAUX, Pierre, *Dictionnaire des expressions québécoises*, Montréal, Bibliothèque québécoise, 1990.

DIONNE, Narcisse-Eutrope, *Le parler populaire des Canadiens français ou lexique des canadianismes, acadianismes, anglicismes, américanismes, mots anglais les plus en usage au sein des familles canadiennes et acadiennes*, Québec, Laflamme et Proulx, 1909.

DORÉ, Johanne, *Si le 9-1-1 est occupé!*, Montréal, Éditions du Remue-Ménage, 1990.

DUBÉ, Marcel, *Un simple soldat*, Montréal, Éditions de l'Homme, 1967.

DUBUC, Robert et Jean-Claude BOULANGER, *Régionalismes québécois usuels*, Paris, Conseil international de la langue française, 1983.

DUGAS, André et Bernard SOUCY, en collaboration avec Robert GERVAIS, *Le dictionnaire pratique des expressions québécoises: le français vert et bleu*, Outremont, Éditions Logique, 2000 (1991).

DULONG, Gaston et Gaston BERGERON, *Le parler populaire du Québec et de ses régions voisines: atlas linguistique de l'Est du Canada*, collection «Études et Dossiers», Québec, ministère des Communications et Office de la langue française, 1980, 10 tomes.

DUNETON, Claude, *Le bouquet des expressions imagées: encyclopédie thématique des locutions figurées de la langue française*, Paris, Seuil, 1990.

DUPONT, Jean-Claude, *L'artisan forgeron*, Québec, Éditeur officiel du Québec/Les Presses de l'Université Laval, 1979.

DUPONT, Jean-Claude, «Le forgeron et ses traditions», thèse de D.E.S., Québec, Université Laval, 1966.

DUPONT, Jean-Claude, *Le monde fantastique de la Beauce québécoise*, collection «Mercure», dossier n° 2, Ottawa, Centre canadien d'études sur la culture traditionnelle, Musée national de l'Homme, 1972.

DUPONT, Jean-Claude, *Le pain d'habitant, traditions du geste et de la parole* I, Montréal, Leméac, 1974.

DUPONT, Jean-Claude, *Le sucre du pays, traditions du geste et de la parole* II, Montréal, Leméac, 1975.

FERRON, Jacques, *La chaise du maréchal-ferrant*, Montréal, Éditions du Jour, 1972.

FERRON, Jacques, *Rosaire* précédé de *L'exécution de Maski*, Montréal, VLB éditeur, 1981.

FERRON, Madeleine, *La fin des loups-garous*, collection «Bibliothèque québécoise», Montréal, Fides, 1982.

FORCIER, André et Jacques MARCOTTE, Jacques, *Une histoire inventée*, Montréal, Du Roseau, 1990.

FRÉCHETTE, Louis, *Contes de Jos Violon*, Montréal, L'Aurore, 1974.

FRÉCHETTE, Louis, *La Noël au Canada*, Toronto, George N. Morang & Cie éditeurs, 1900.

Fréchette, Louis, *Originaux et détraqués*, Montréal, Éditions du Jour, 1972 (Montréal, Patenaude, 1892).

Geoffrion, Louis-Philippe, *Le parler des habitants de Québec*, Ottawa, Mémoires de la Société royale du Canada, 3ᵉ série, vol. XXII, 1928, p. 63-80.

Geoffrion, Louis-Philippe, *Zigzags autour de nos parlers*, Québec, chez l'auteur, 1925-1927, 3 tomes (2ᵉ édition).

Gérin-Lajoie, Antoine, *Jean Rivard*, 5ᵉ édition, Montréal, Librairie Beauchemin, 1932 (*Jean Rivard, le défricheur : récit de la vie réelle*, Montréal, J. B. Rolland & Fils, 1874 ; *Jean Rivard, le défricheur* suivi de *Jean Rivard, économiste*, Montréal, Bibliothèque québécoise, 1993).

Germa, Pierre, *Dictionnaire des expressions toutes faites*, Montréal, Libre Expression, 1987.

Germain, Jean-Claude, *Les hauts et les bas dla vie d'une diva: Sarah Ménard par eux-mêmes, une monologuerie bouffe*, Montréal, VLB éditeur, 1976.

Germain, Jean-Claude, *Mamours et conjugat: scènes de la vie amoureuse québécoise*, Montréal, VLB éditeur, 1979.

Germain, Jean-Claude, *Les nuits de l'Indiva: une mascapade*, Montréal, VLB éditeur, 1983.

Gervais, André, *Petit glossaire des «Cantouques» de Gérald Godin*, Montréal, Éditions Nota Bene, 2000.

Girard, Rodolphe, *Marie Calumet*, Montréal, Éditions Serge Brousseau, 1946 (1904).

Girard, Rodolphe, *Rédemption*, Montréal, Imprimerie Guertin, 1906.

Godefroy, Frédéric, *Dictionnaire de l'ancienne langue française*, La Haye, Kraus Reprint, 1961, 10 tomes (1881-1902).

Godin, Gérald, *Cantouques et Cie*, collection «Typo», Montréal, L'Hexagone, 1991.

Greimas, Algirdas Julien, *Dictionnaire de l'ancien français*, Paris, Larousse, 1968.

Grignon, Claude-Henri, *Un homme et son péché*, Montréal, Éditions du Vieux Chêne, 1942.

Grossois, Paul de, *Les initiés de la Pointe aux Cageux*, Montréal, Hurtubise HMH, 1986.

Guèvremont, Germaine, *En pleine terre*, collection du «Goéland», Montréal, Fides, 1976.

Guèvremont, Germaine, *Marie-Didace*, Montréal, Éditions Beauchemin, 1947 (Montréal, Bibliothèque québécoise, 1992).

Guèvremont, Germaine, *Le Survenant*, Montréal, Les Presses de l'Université de Montréal, 1989 (Montréal, Beauchemin, 1945).

Harvey, Gérard, *Marins du Saint-Laurent*, Montréal, Éditions du Jour, 1974.

Hogue, Marthe, *Un trésor dans la montagne*, Québec, Caritas, 1954.

Jasmin, Claude, *Pleure pas, Germaine* suivi de *L'homme de Germaine*, collection «Paroles», Montréal, Éditions Parti pris, 1965.

Jasmin, Claude, *Pointe-Calumet boogie-woogie*, Montréal, Éditions internationales Alain Stanké, 1973.

Jasmin, Claude, *La sablière*, Montréal, Leméac, 1979.

Laberge, Albert, *La Scouine*, édition critique par Paul Wyczynski, «Bibliothèque du Nouveau Monde», Montréal, Les Presses de l'Université de Montréal, 1986 (Montréal, Albert Laberge, 1918).

Laberge, Marie, *Aurélie, ma sœur*, théâtre, Montréal, VLB éditeur, 1988.

Laberge, Marie, *C'était avant la guerre à l'Anse à Gilles*, théâtre, Montréal, VLB éditeur, 1981.

Lacroix, Benoît, *Les cloches*, Saint-Lambert, Éditions du Noroît, 1974.

Lafleur, Bruno, *Dictionnaire des locutions idiomatiques françaises*, Montréal, Éditions du Renouveau pédagogique, 1991 (1979).

Lafleur, Normand, *La vie traditionnelle du coureur de bois aux XIXe et XXe siècles*, Montréal, Leméac, 1973.

LALONDE, Robert, *Contes de la Lièvre*, Montréal, L'Aurore, 1974.

LAMONTAGNE, Roland, «Fais pas ton p'tit Jean Lévesque», *Revue d'histoire de la Gaspésie*, vol. III, nº 1, janvier-mars 1967.

LANGEVIN, Gilbert, *Les écrits de Zéro Legel*, collection «Prose du jour», Montréal, Éditions du Jour, 1972.

LAPOINTE, Ghislain, *Les mamelles et ma grand-mère, les mamelles de mon grand-frère: petit lexique québécois incomplet*, Montréal, Éditions Québécoises, 1974.

LAPOINTE, Raoul, *Des mots pittoresques et savoureux: dictionnaire du parler populaire du Saguenay—Lac-Saint-Jean*, Fédération des sociétés d'histoire du Québec, s.l., 1988 (nouvelle édition: *Des mots pittoresques et savoureux: dictionnaire du parler populaire au Québec*, Montréal, Lidec, 1990).

LAROSE, Wilfrid, *Variétés canadiennes*, Montréal, Institution des sourds-muets, 1898.

LAVALLÉE, Richard, «Quelques canadianismes en langue parlée en Estrie: étude lexicale et statistique», mémoire de maîtrise ès arts (linguistique), Sherbrooke, Université de Sherbrooke, département d'études françaises, faculté des arts, août 1978.

LEMAY, Pamphile, «La dernière nuit du Père Rasoy», *Le Monde illustré*, vol. 18, nº 932, mars 1902, p. 754-755.

LEMELIN, Roger, *Au pied de la pente douce*, collection «roman 10/10», Montréal, Stanké, 1988 (1944).

LETELLIER, Marie, *On n'est pas des trous-de-cul*, Montréal, Parti Pris, 1971.

LÉVESQUE, Richard, *Le vieux du Bas-du-Fleuve*, s.l., Castelriand, 1979.

LITTRÉ, Émile, *Dictionnaire de la langue française*, Paris, Gallimard/Hachette, 1967, 7 tomes (1863-1872).

LORANGER, Françoise, *Jour après jour*, Montréal, Leméac, 1972.

LORENT, Maurice, *Le parler populaire de la Beauce*, Montréal, Leméac, 1977.

MAILHOT, Laurent et Doris-Michel MONTPETIT, *Monologues québécois 1890-1980*, Montréal, Leméac, 1980.

MANSEAU, Joseph-Amable, *Dictionnaire des locution vicieuses du Canada*, Québec, J. A. Langlois, 1881.

MARIE-URSULE (C.S.J.), sœur, *Civilisation traditionnelle des Lavalois*, Archives de folklore, nos 5-6, Presses universitaires de Laval, 1951, « Proverbes et métaphores », p. 158-162.

MARTIN, Ernest, *Le français des Canadiens est-il un patois?* Québec, L'Action catholique, 1934.

MASSICOTTE, Édouard-Zotique, « La vie des chantiers », *Mémoires et comptes rendus de la Société royale du Canada*, série V, 1922, p. 1-25.

MENEY, Lionel, *Dictionnaire québécois français: mieux se comprendre entre francophones*, Montréal, Guérin, 1999.

MILLER, Willard M., « Les canadianismes dans le roman canadien-français contemporain », thèse de maîtrise ès arts, département de français, Université McGill, août 1962.

MONTIGNY, Louvigny de, *Au pays du Québec*, Montréal, Pascal, 1945.

MORENCY, Pierre, *Torrentiel*, Montréal, L'Hexagone, 1978.

MORIN, Louis, « Les étapes de la vie des paroissiens de Saint-François », travail du cours Histoire 101, Collège Sainte-Anne-de-la-Pocatière, mars 1966.

NANTEL, Adolphe, *À la hache*, Montréal, Éditions Albert Lévesque, 1932.

NOËL, Bernard, *Les fleurs noires*, Montréal, Éditions Pierre Tisseyre, 1977.

NOËL, Francine, *Chandeleur: cantate parlée pour cinq voix et un mort*, Montréal, VLB éditeur, 1985.

ORSONNENS, Eraste d'Odet d', *Une apparition: épisode de l'émigration irlandaise au Canada*, Montréal, Imprimé par Cérat et Bourguignon, 1860.

PELLETIER, Maryse, *Du poil aux pattes comme les CWAC's*, théâtre, Montréal, VLB éditeur, 1983.

PÉLOQUIN, Claude, *Mets tes raquettes*, Montréal, Éditions La Presse, 1972.

PERRAULT, Pierre *et al.*, *Un pays sans bon sens*, Montréal, Lidec, 1970.

PERRAULT, Pierre, *Le règne du jour*, Montréal, Lidec, 1968.

PERRAULT, Pierre, *Les voitures d'eau*, Montréal, Lidec, 1969.

POIRIER, Claude, *Dictionnaire du français québécois*, volume de présentation, coll. «Trésor de la langue française au Québec», Québec, Presses de l'Université Laval, 1985.

POTHIER, Pierre, «Façons de parler proverbiales, triviales, figurées... des Canadiens au XVIIIᵉ siècle [1743-1752]», *Revue d'ethnologie du Québec*, vol. 6, nº 12, 1980, p. 39-113.

POUPART, Jean-Marie, *Chère Touffe, c'est plein plein de fautes dans ta lettre d'amour*, Montréal, Éditions du Jour, 1973.

PROTEAU, Lorenzo, *Le français populaire au Québec et au Canada*, Boucherville, Publications Proteau, 1991.

PROTEAU, Lorenzo, *La parlure québécoise*, Boucherville, Proteau inc., 1982.

RAT, Maurice, *Dictionnaire des locutions françaises*, Paris, Larousse, 1957.

RAYMOND, Gilles, *Pour sortir de nos cages*, Montréal, Les Gens d'en bas, 1979.

RENAUD, Jacques, *Le cassé et autres nouvelles*, nouvelle édition revue et augmentée de quatre nouvelles inédites suivi du *Journal du cassé*, Montréal, Parti Pris, 1977.

REY, Alain et Sophie CHANTREAU, *Dictionnaire des expressions et locutions*, «Les usuels du Robert», Paris, Dictionnaires Le Robert, 1989.

RICARD, André, *La gloire des filles à Magloire*, Montréal, Théâtre/Leméac, 1975.

RICHARD, Jean-Jules, *Faites-leur boire le fleuve*, Montréal, Le Cercle du livre de France, 1970.

RICHLER, Mordecai, *Rue Saint-Urbain*, traduit par René Chicoine, Montréal, Hurtubise HMH, 1969.

RIDDEZ-MORISSET, Mia et Louis MORISSET, *Rue des pignons*, Montréal, Éditions Quebecor, 1978.

RINGUET, *Trente arpents*, Paris, Éditions J'ai Lu, 1980 (Montréal, Fides, 1938).

RIOUX, Marcel, *Description de la culture de l'Île Verte*, Bulletin n° 133, n° 35 de la série anthropologique, Ottawa, Musée national du Canada, 1954.

RIVARD, Adjutor, *Études sur les parlers de France au Canada*, Québec, Garneau, 1914.

RIVIÈRE, Sylvain, *La s'maine des quat' jeudis*, collection «Roman», Montréal, Guérin littérature, 1989.

RIVIÈRE, Sylvain, *La saison des quêteux*, Montréal, Leméac, 1986.

ROBINSON, Sinclair et Donald SMITH, *Manuel pratique du français québécois / Practical Hartdbook of Québec and Acadian French*, Toronto, Anansi, 1984; et *Dictionary of Canadian French / Dictionnaire du français canadien*, Toronto, Stoddart, 1990.

ROGERS, David, *Dictionnaire de la langue québécoise rurale*, Montréal, VLB éditeur, 1977.

ROY, Carmen, *La littérature orale en Gaspésie*, Bulletin n° 134, Musée national du Canada, 1955.

ROY, Gabrielle, *Bonheur d'occasion*, collection «Québec 10/10», Montréal, Stanké, 1977 (Montréal, Thérien Frères, 1945).

ROY, Pierre-Georges, «Nos coutumes et traditions françaises», *Les Cahiers des Dix*, n° 4, 1939, p. 59-118.

SAVARD, Félix-Antoine, *Menaud maître-draveur*, collection «Bibliothèque canadienne-française», Montréal, Fides, 1978 (1937).

SIMARD, Guy, *Vocabulaire du Bas-Saint-Laurent et de la Gaspésie*, Rimouski, Université du Québec à Rimouski, avril 1978.

Société du parler français au Canada, *Glossaire du parler français au Canada*, Québec, Presses de l'Université Laval, 1968 (1930).

Taché, Joseph-Charles, *Forestiers et voyageurs*, Montréal, Fides, 1946 (Montréal, Librairie Saint-Joseph, 1884).

Thériault, Yves, *Moi, Pierre Huneau*, collection «L'arbre», Montréal, Hurtubise HMH, 1976.

Thériault, Yves, *Les vendeurs du temple*, Montréal, Éditions de l'Homme, 1964.

Tremblay, Michel, *À toi, pour toujours, ta Marie-Lou*, collection «Théâtre canadien», Montréal, Leméac, 1971.

Tremblay, Michel, *Des nouvelles d'Édouard*, Montréal, Leméac, 1988.

Tremblay, Michel, *Le premier quartier de la lune*, Montréal, Leméac, 1989.

Tremblay, Michel, *Sainte Carmen de la Main*, Montréal, Théâtre/Leméac, 1976.

Tremblay, Michel, *Le vrai monde*, Montréal, Leméac, 1987.

Trudelle, Charles, abbé, «Le pain bénit», *Bulletin des recherches historiques*, vol. XVII, n° 5, mai 1912, p. 151-172.

Turcot, Marie-Rose, *Le carrousel*, Montréal, Beauchemin, 1928.

Vachon, Herman, *Corpus des faits ethnographiques québécois: Région de Beauce-Dorchester*, sous la direction de Jean-Claude Dupont, Québec, ministère du Loisir, de la Chasse et de la Pêche, 1982.

Vieux Doc (docteur Edmond Grignon), *En guettant les ours: mémoires d'un médecin des Laurentides*, Montréal, Éditions Édouard Garand, 1930.

Watier, Maurice, *La ronde des idées et des mots anciens et nouveaux*, Saint-Hippolyte, Éditions Franqué, 1988.

INDEX

AMIS : a. comme cochons 613

AMONT : par a. 1816

AMOUR : pour l'a. du bon Dieu 876 ; faire l'a. à sa grand-mère 1290 ; faire l'a. à son lièvre 1494 ; poignées d'a 2063 ; a. au poignet 2064

ANCHE : de crique et d'a. 737

ANCRE : pied d'a. 1973

ANDRÉ : ne pas être le frère A. 1180

ANGE : voix d'a. 2714

ANGLAIS : A. pur laine 2164

ANNE : chandelle à sainte Anne 489 ; enfant de sainte A. 981

ANNÉE : bonne a., gros nez 1328 ; les petites patates seront pas grosses cette a. 1862

ANNÉES : comme dans les bonnes a. 290

ANNONCER : a. la misère 1641

ANS : jamais dans cent a. 1412

ANTENNES : j'ai deux a. 1808

APPELLE : ça s'a. 392 ; je m'a. mange-d'la-pelle 1564 ; ça s'a. touches-y pas 2569

APPRENDRE : a. par oreille 1766 ; a. à qui parler 1823

APRÈS-MIDI : savoir quoi faire l'a.-m. 816

ARAIGNÉE : avoir des fils d'a. 1087

ARGENT : coup d'a. 685 ; de l'a. comme de l'eau 923

ARGUMENTS : gros a. 1321

ARMÉ : en béton a. 212

ARPENT : voir d'un a. 675

ARRACHER : froid à a. les clous 608 ; s'a. le cœur 619 ; a. le crin 734 ; a. la face 1025

ARRANGÉ : a. avec le gars des vues 1223

ARRANGER : a. à la mode 1649 ; a. le portrait 2110

ARRÊTE : a. de catiner 471

ARRÊTER : a. le sang 2308

ARRIVE : tchèque tes claques puis a. en ville 600 ; mets tes culot-tes puis a. en ville 777 ; allume tes lumières puis a. en ville 1527 ; ça a. dans les meilleures familles 1611

ARRIVÉ : Tit-Bus est a. 2538 ; Tit-Jim est a. 2540

ARRIVER : a. comme une boule dans un jeu de quilles 318 ; a. en bouledogue 322 ; a. à la cenne près 474 ; a. comme un cheveu sur la soupe 538 ; a. avec une claque puis une bot-tine 599 ; a. sur un flat car 1111 ; a. en gang. 1215 ; a. sur une gosse 1264 ; a. comme des mou-ches 1683 ; a. avec un paquet 1813 ; a. sur un saut pis un pet 2322 ; a. comme un sauvage 2326 ; a. en survenant 2453 ; a. comme un tambourin à noces 2470 ; a. au top 2558 ; a. dans le trou 2643

ARROSER : les pompiers vont t'a. 2091

AS : ça bat quatre a. 2170

ASSEOIR : s'a. à cul plat 775 ; s'a. sur un nid de guêpes 1725 ; s'a. sur le petit banc 1924 ; s'a. sur son steak 2430

ASSIS : haut comme un chien a. 551 ; a. sur son jambon 1417

ASSOIS : a.-toi dessus puis tourne 845

ASSURANCE : a. mur à mur 1702

ATTACHE : a. ta tuque 2656

ATTACHÉ : a. à la patte du poêle 1876

ATTEINDRE : a. son quota 2193

ATTELÉ : a. sur une bretelle 356 ; a. au dernier trou 829

ATTELER : a. le chariot avant les bœufs 500

ATTENDRE : a. l'adon 19 ; a. les ap-points 69 ; a. une beurrée 216 ; a. avec une brique et un fanal 367 ; a. le chien jaune 555 ;

434

a. une escousse 1007; a. une lune 1529; a. une mèche 1610; a. le messie 1625; ne pas a. midi à quatorze heures 1630; a. une pipe 1992; a. la poule 2126; a. le sauvage 2326; a. d'être dans le trou du bedeau 2645

ATTERRIR : a. sur un dix cennes 886

ATTRAPER : a. la bibite 222; a. par le carcan du cou 438; a. une claque 599; a. son coup de mort 689; a. une dégelée 814; a. une gratte 1306; a. les maux qui courent 1608; a. la morfondure 1661; a. sa niaise 1722; a. la pelle puis le manche 1895

ATTRIQUÉE : a. comme catau 468; a. comme la chienne à grand temps 558

AUGE : être un dort-dans-l'a. 900

AUTOMNE : faire des labours d'. 1461

AUTOUR : gosser a. 1265

AUTRE : un dans l'a. 2661

AVALER : a. le bouchon 313

AVANCER : a. petit-peta 1922

AVANT-MIDI : ne pas regarder dehors l'a.-m. 816

AVENIR : bel a. 197

AVENTS : lièvre dans les a. 1494

AVIDE : a. d'air 30

AVOINE : donner le sac d'a. 2286

AVOIR : a. pour son dire 882; a. son nombre 1737; a. son troque 2641; a. la twist 2660; a. son voyage 2719

B

BABEL : tour à B. 2574; tours de B. 2584

BABINES : dents dans les b. 823

BAIN : dans le b. 2387

BAISER : se b. le cul 769; b. le cul de la vieille 771; b. le cul du diable 773; se b. le dos 902; b. la main 1541; b. la patène 1865; b. le pied 1973; b. la vieille 2691

BAISSE : b. ta jupe 1452; b. le taquet 2482

BAISSÉES : culottes b. 777

BAISSER : b. le nez 1720; b. les oreilles 1767; b. le pouce 2117

BALAI : cannes à b. 422; manche à b. 1556; manches à b. 1560

BALANCER : b. le cash 453

BALAYER : b. le plancher 2025

BALUSTRE : poteau de b. 2114

BANANE : épelures de b. 993

BANC : petit b. 1924

BANQUE : bon comme la b. 139

BAPTISER : b. à la bière 227

BARBOUILLER : se b. la face 1025

BARGE : un char puis une b. 497

BARRE : de l'or en b. 1764

BARRER : b. sur la liste 1505; se b. les mâchoires 1535

BAS : balai b. 127; caquet b. 436; par en haut et par en b. 963; taquet b. 2482

BAS *(vêtement)* : marcher nu-b. 1745; en pieds de b. 1975

BASEBALL : b. de ligue de garage 1498

BASSE : clanche b. 597; fale b. 1047

BAT : le diable b. sa femme 869; ça b. quatre as 2170

BATAILLEUR : b. comme un coq 650

BÂTI : b. comme une armoire à glace 77; b. comme un frigidaire 1185; b. comme un pan de mur 1801

BÂTON : c'est final b. 1092; moyenne au b. 1698

BATTRE : b. la vieille année 63; b. un ban 136; b. comme du blé 248; b. le fer 1065; se b. la gueule 1346; moulin à b. 1688; se b. avec le peigne 1891; b. de la toile 2544

BEAU : b. comme un ange 60; en b. calvaire 411; un b. chiart 543; b.

comme un cœur 619 ; b. démon 820 ; b. diable 869 ; en b. fusil 1201 ; en b. fifarlagne 1080 ; en b. fifre 1082 ; en b. gériboire 1236 ; l'air d'un b. joual 1441 ; en b. joual vert 1443 ; b. limoneux 1502 ; en b. maudit 1597 ; b. merle 1622 ; b. comme la messe 1624 ; au b. mitan 1646 ; b. moineau 1652 ; b. patron 1873 ; b. pétard 1917 ; b. raisin 2198 ; b. saffe 2293 ; en b. saint simonaque 2299 ; beau sans-allure 2311 ; beau sans-dessein 2312 ; en b. savon 2330 ; b. smatte 2394 ; pas b. tout de suite 2591 ; train du b. diable 2600 ; en b. verrat 2683

BÉCOSSES : bosse de b. 298

BECQUER : b. bobo 257

BEDEAU : cinq cennes au b. 586 ; trou du b. 2645

BÉGOPPER : b. sur son passé 1854

BEIGE : tête b. 2510

BELLE : b. façon 1034 ; b. pinotte 1987

BELLES : b. sacoches 2288

BEN : ça pue pis on est b. 514 ; c'est b. de valeur 792 ; du requiens b. 2228

BÉNISSE : que le diable le b. 869 ; que le bon Dieu nous b. 876

BÉNIT : pain b. 1788

BÉNITE : chien dans l'eau b. 551 ; diable dans l'eau b. 869

BÊTE : b. comme ses pieds 1974

BEUGLER : b. comme un enragé 987

BEURRER : b. épais 990

BIEN : c'est b. le diable 869

BIÈRE : pas de la p'tite b. 1944

BINE : right through sur la b. 2532

BINES : graisse de b. 1279 ; passage des b. 1849 ; plein de b. 2035

BISAILLON : traite à la B. 2605

BLAGUE : perdre sa pipe jamais sa b. 1992

BLANC : à b. 1 ; b. comme un drap 911 ; face de bois b. 1032 ; b. comme une feuille de papier 1075 ; b. comme de la fleur 1115 ; b. comme du lait 1466 ; b. comme un lièvre 1494 ; b. comme neige 1711 ; manger son pain b. 1789 ; gros téléphone b. 2200

BLANCHE : au pas de la b. 1842 ; aller le train de la b. 2600

BLÉ D'INDE : cotons de b. d'I. 677 ; b. d'I. resté garçon 1218

BLÊME : b. comme un déterré 848 ; b. comme une vesse de carême 2688

BLEU : diable b. 871 ; fun b. 1195 ; b. comme la poule à Simon 2127 ; b. comme un steak 2430

BLEUE : peur b. 1959

BLOQUÉ : b. dans le coude 681

BŒUF : air de b. 31 ; face de b. 1030 ; front de b. 1191 ; sang de b. 2308

BŒUFS : chariot avant les b. 500

BOIRE : b. de la bagosse 121 ; b. comme un biberon 220 ; b. de la bibite 222 ; b. sur les brakes 342 ; b. son butin 386 ; b. son chien de saoul 553 ; b. une chotte 577 ; b. comme un cochon 612 ; b. son content 643 ; b. comme une éponge 999 ; b. du fort 1144 ; b. sa maison 1544 ; b. comme une morue 1668 ; un p'tit b. 1925 ; b. de la robine 2255 ; b. solide 2401 ; b. comme une terre sèche 2505 ; b. comme un tonneau 2555 ; b. comme un trou 2643

BOIS : avoir son bout de b. 330 ; cataplasme sur une jambe de b. 466 ; chanter comme une corde de b. 658 ; face de b. 1031 ; face de b. blanc 1032 ; dans le b. sans hache 1357 ; rangée de b. 2203 ; terre en b. debout 2505

BOÎTE : b. de Cracker Jack 1910

BOL : rase-b. 2208

BOLLE : câler l'orignal à côté de la b. 1771

BOMBÉ : b. comme une planche à laver 2023

BON : b. à faire la belle 199 ; b. comme du beurre 215 ; b. deal 793 ; b. Dieu 876 ; b. comme le jour 1446 ; b. en ketchup 1457 ; b. comme du pain 1787 ; b. comme du pain bénit 1788 ; pas b. 1837 ; en b. québécois 2178 ; b. stock 2432 ; b. comme la vie 2690

BONHEUR : faire son p'tit b. 1926

BONNE : b. année, gros nez 1328 ; b. vache 2666

BORD : l'autre b. 101 ; du bon b. 278 ; virer son capot de b. 433 ; tirer la couverte de son b. 709 ; virer son manteau de b. 1567 ; mauvais b. du lit 1599 ; planche du b. 2024

BOSSE : une b. sur la différence 2046

BOTTE : semelle de b. 2344

BOTTER : b. au ras le péché 1888

BOTTES : du foin dans ses b. 1128 ; mentir plus que ses b. 1619

BOTTINE : avec une claque puis une b. 599 ; esprit de b. 1008 ; taxi-b. 2495

BOTTINES : ne pas être gros dans ses b. 1320 ; mange pas tes lacets de b. 1462

BOUCANÉ : hareng b. 1361

BOUCHE : ôter le pain de la b. 1787 ; parole en b. 1829 ; patate chaude dans la b. 1861

BOUCHÉ : b. des deux bouts 853 ; b. comme une huître 1391

BOUCHER : en b. un coin 620

BOUE : manger de la b. 560

BOULOT : culottes de b. 778

BOURRÉ : b. aux as 85

BOURRER : se b. la fraise 1170 ; se b. comme un ours 1781 ; se b. la tripe 2630

BOUT : au b. de la cenne 474 ; au b. de sa corde 656 ; au b. de sa fusée 1200 ; gros b. 1322 ; mauvais b. du lit 1600 ; ne pas voir l'ombre du b. 1761

BOUTEILLE : yeux grands comme des culs de b. 780 ; verres en fond de b. 1131

BOUTONNER : se b. en jaloux 1411

BOUTONS : les b. l'écœurent 1503

BOUTS : bouché par les deux b. 311 ; bouché des deux b. 853

BOUTTE : capoter au b. 435 ; crampé au b. 714 ; crinqué au b. 735 ; lôdé au b. 1511 ; au b. du fouette 1640 ; le p'tit b. en l'air 1927

BRAILLER : à faire b. un veau 207 ; b. comme une Madeleine 1536 ; b. comme une vache 2666 ; b. comme un veau 2677

BRANCHE : de grippe et de b. 1318 ; oiseau sur une b. 1759

BRANLER : b. dans le manche 1555

BRAQUETTES : poignée de b. 751

BRAS : gang sur les b. 1215 ; gros comme le b. 1320 ; infirme avec ses deux b. 1399 ; job de b. 1434 ; sa journée dans le b. 1448 ; tordage de b. 2561 ; à tour de b. 2575 ; trou d'cul en dessous du b. 2644

BRASSER : b. le cadran 401 ; b. la cage 403 ; b. le canayen 418 ; b. la canisse 420 ; se b. les chnolles 573 ; b. de la marde 1576 ; b. de la poussière 2138 ; se b. le traîneau 2601

BRETELLES : une autre paire de b. 1795 ; pétage de b. 1916

BRIQUE : pinotte sur la b. 1987

BRISER : b. le party 1835

BROCHE : tiens ta tuque avec de la b. 2656

BROQUETTES : pâtés de b. 1867

BROUE : péteux de b. 1921

BROUETTE : faire l'amour en b. 54; jambes en guidons de b. 1352

BRÛLÉ : b. par les caresses 441

BRÛLER : ne pas savoir b. l'eau 923

BRUME : b. à couper au couteau 707

BÛCHE *(verbe)* : b. dans le tas 2488

Bus : Tit-B. est arrivé 2538

C

CABANE : bois de c. 266; chicane dans la c. 546; diable dans la c. 869

Caca : Marie C. 1585

CACHÉ : trésor c. 2623

CAILLER : ne pas c. sur l'estomac 1011; faire c. le lait 1466; c. son pipi 1994

CALÈCHE : diable en c. 873

CALEÇON : mousse de c. 1692

CÂLER : c. l'orignal 1771

CALL : last c. 1481

CALME : c.-toi les hormones 1384

CALMER : c. le pompon 2092

CALVAIRE : bois de c. 267

CAMPAGNE : plus frette l'hiver qu'en c. 1183

CANARD : sentir le petit c. 416

CANISSE : sonner le fond de c. 1132

CANNER : c. devant la bouteille 316

CANNES : c. de quêteux 2182

CANOT : tour de c. 2576

CANTER : c. les oreilles 1767

CAPABLE : c. comme un cheval 537; c. comme un ours 1781

CAPITAL : laid comme un péché c. 1888

CAPOT : vire-c. 2703

CAR : flat c. 1111

CARÊME : mars en c. 1590; mélasse en c. 1614; face de mi-c. 1628;

Pâques avant le c. 1811; vesse de c. 2688

CARRÉ : bec c. 190; coupé c. 699; chaud c. 514

CARRÉE : tête c. 2511

CARRÉES : épaules c. 991

CARRÉS : mots c. 1674; pas c. 1838

CARRIOLE : débiffé de la c. 797

CARTE : bout de la c. 332

CARTES : joual de c. 1442

CASQUE : gros c. 1323

CASSE : ça ne c. pas les vitres 2711

CASSÉ : c. comme un clou 607

CASSÉE : petit canard à la patte c. 416

CASSER : se c. une assiette 90; c. son bouton 337; c. ses boutons 338; c. le carême 440; c. les chemins 526; se c. les cornes 665; se c. une cuisse 768; c. le fun 1195; c. la gueule 1346; se c. une jambe 1413; ne pas se c. les jambes 1414; c. maison 1544; c. la margoulette 1584; c. sa parole 1829; c. le party 1835; c. la pelle 1895; c. une piastre 1962; c. la pipe 1992; c. la politesse 2080; se c. le porte-crotte 2102

CASTOR : chapeau de c. 495

Catau : Marie-C. 1586; Suzanne-C. 2454

Catherine : coiffer sainte C. 2300; tire Sainte-C. 2535

CAVE : eau dans la c. 923

CÉDER : c. à pur et à plein 2163

CEINTURE : en pleine c. 2038

CELA : dans le très c. 2622

CENNE : serre-la-c. 2356; suce-la-c. 2443

CENNES : devoir cinq c. au bedeau 586; pour deux c. 854; atterrir sur un dix c. 886; serré dans ses c. 2358

CENT : jamais dans c. ans 1412

CERCUEIL : clous de c. 609

CERTAIN : c. ma catin 470

CERVEAU : craque au c. 718 ; c. fêlé 1061

CHAISE : raide comme un barreau de c. 157 ; tomber en bas de sa c. 483 ; faire de la c. longue 1596

CHALEUR : chaude comme une chatte en ch. 513

CHAMP : semence dans un même c. 2345

CHANCE : plus de c. qu'un quêteux 2182

CHANCEUX : c. comme un bossu 300 ; c. comme un quêteux 2182

CHANGE : son p'tit c. 1928

CHANGER : c. son capot de bord 433 ; c. l'eau 923 ; c. son poisson d'eau 923 ; c. son fusil d'épaule 1201 ; c. de gomme 1257 ; c. d'idée comme de chemise 1394 ; c. de pied d'ancre 1973 ; se c. les sangs 2309 ; ne pas c. pour une terre en bois debout 2505 ; c. quatre trente sous pour une piastre 2620

CHANSON : l'air mais pas la c. 30

CHANTER : c. des bêtises 210 ; c. une chanson 492 ; c. le coq 650 ; c. comme une corde de bois 658 ; c. comme une corneille 664 ; c. son Libera 1490 ; c. comme un perdu 1906 ; c. la pomme 2082 ; c. pouille 2124 ; c. comme une rangée de bois 2203 ; c. des romances 2265 ; c. comme un serin 2353

CHAPEAU : tour du c. 2581

CHAPELET : c. en bardeaux 150

CHAR : c. de marde 1576

CHARITÉ : vivre sur la c. publique 501

CHARRISSE : que le diable le c. 869 ; que le diable les c. 876

CHARS : gros c. 1324

CHASSE : à la c. avec un fusil pas de plaque 1201

CHÂSSIS : barreaux de c. 158

CHAT : fait comme un frame de c. 1172 ; langue au c. 1468 ; yeux de c. 2730

CHATOUILLER : c. la queue du diable 73

CHATS : de la bouillie pour les c. 316

CHATTE : la c. t'a mangé la langue 1468 ; queue d'une c. 2184

CHAUD : battre le fer tandis qu'il est c. 1065 ; c. comme une grive 1319 ; c. comme un lapin 1475 ; comme du pain c. 1790 ; c. de la pipe 1992

CHAUDE : c. comme une chatte en chaleur 513 ; dans l'eau c. 924 ; c. comme une lapine 1476 ; patate c. 1861

CHAUDIÈRE : rousselé comme un fond de c. 1133 ; à la petite c. 2227

CHAUDS : p'tits pains c. 1956

CHAUFFER : c. le casque 454 ; c. la couenne 682 ; le diable va te c. le cul 869 ; c. le four 1158 ; se c. le gorgoton 1261 ; se c. la guerloute 1343 ; c. les oreilles 1767

CHAUSSÉE : c. en mille vingt 1634

CHAUVE : c. comme un genou 1233

CHEMIN : politique de bout de c. 331 ; clairer le c. 596 ; son godendard a du c. 1252

CHEMISE : deux culs dans la même c. 779 ; changer d'idée comme de c. 1394 ; en queue de c. 2185

CHÈQUÉ : v. tchèqué 2496

CHERCHER : c. une aiguille dans un voyage de foin 25 ; c. la bête noire 209 ; c. la corde à tourner le vent 656 ; c. des poux 2141 ; c. sa talle 2467

CHEVAL : à c. entre 2 ; charrue avant le c. 506 ; fou comme un c. 537 ; crampé comme un c. 714

439

CHEVAUX : parler aux c. 1142 ; sur ses grands c. 1298

CHEVEUX : c. en queue de vache 2188

CHIALER : c. comme un veau 2677

CHIANT : c. en culotte 554

CHICANE : sac à c. 2287

CHICANER : se c. avec le peigne 1891

CHIE : c. en culotte 554

CHIÉ : avoir c. ses plus belles crottes 758 ; tout c. 2588

CHIEN : vivre dans une cabane à c. 394 ; en jeu de c. 1430 ; noces de c. 1730 ; faire le p'tit c. 1929 ; pistes de c. 2012 ; manteau en poils de c. 2067 ; quatre fers d'un c. 2172 ; queue de c. 2186 ; rognure de c. 2262 ; rôle de c. 2264

CHIENNE : un chien de sa c. 551 ; enfant de c. 976

CHIENS : habillée comme quatre c. 2171

CHIER : c. de l'argent 72 ; c. sur le bacul 116 ; c. dans ses bottes 306 ; c. des briques 368 ; se c. le cœur 619 ; c. dans ses culottes 777 ; c. dans le dos 902 ; c. dans les mains 1542 ; c. sur la tête 2507 ; c. plus haut que le trou 2643

CHIEUX : c. en culotte 554

CHINOIS : pâté c. 1864

CHIQUER : c. la guenille 1341

CHŒUR : enfant de c. 977

CHRÉTIEN : devoir de c. 867

CHROMÉES : oreilles c. 1767

CIEL : descendre tous les saints du c. 2301

CINQ : minuit moins c. 1638

CINQUANTE-SIX : c.-s. détours 851 ; c.-s. façons 1035

CIRE : Enfant Jésus de c. 982

CIRER : c. ses bottes 306

CLAQUES : face à c. 1026

CLAQUETTE : cœur qui danse la c. 619

CLAIR : c. comme de l'eau de roche 925 ; c. comme le jour 1446 ; ne pas être c. de sa sauce 2319 ; c. comme de la vase 2676 ; c. comme de la vitre 2710

CLASSE : enterrement de première c. 988 ; funérailles de première c. 1197 ; première c. 2142

CLÔTURE : chicane de c. 547 ; piquet de c. 1998 ; à pleine c. 2039

COAT : mots en c. à queue 1356

COCHON : dans l'auge à c. 97 ; pas d'cochon dans mon salon 546 ; coup de c. 686 ; jouer une patte de c. 1875 ; sang de c. 2308 ; tête de c. 2515 ; tour de c. 2577

COCHONS : porter les c. 1491

CŒUR : c. allège 38 ; c. qui lui débat comme une cloche 603 ; cordon du c. slaque 662 ; donner un coup de c. 687 ; crotte sur le c. 754 ; c. au diable 869 ; le c. le p'tit boutte en l'air 1927 ; mon c. palpite comme une pinotte 1987

COGNÉE : le manche au ras la c. 1555

COGNER : c. des clous 608 ; c. des piquets 1999

COIFFER : c. sainte Catherine 2300

Coke : en fond de bouteille de C. 1131

COLLANT : c. comme une mouche à marde 1678

COLLE : être pot de c. 2112

COLLECTER : c. la cabiche 396

COLLER : c. les mouches au plafond 1683

COLLET : c. en roue 2273

COLLIER : franc du c. 1174

COMBINE : mousse de c. 1692

COMMENCER : c. à fouetter 1151 ; c. son règne 2222

COMMUNION : première c. 2143

COMPAGNIE : bonjour la c. 286

COMPARER : c. des choux et des navets 579

COMPRESSER : c. dans la basse 166

COMPTER : c. le cash 453

CONDUIRE : c. en cowboy 711; c. en fou 1149; permis de c. 1910

CONFESSION : bon Dieu sans c. 280

CONNAISSANT : Jos c. 1439

CONNAÎTRE : c. la gaffe 1205; c. la game 1213; c. la gamique 1214; c. comme sa main 1541; c. le portrait 2110; c. comme une prière 2146; c. le tabac 2457; c. comme si on l'avait tricoté 2625

CONNU : c. comme Barabbas 142; ni vu ni c. 2713

CONTER : c. son faitte 1044; c. des menteries 1618; c. des peurs 1900; c. des pipes 1993; c. des romances 2265

CONTRAT : méchant c. 1609; trou dans son c. 2643

COPEAUX : pisser sur les c. 2005

CORDE : long de c. 1516; du lousse dans la c. 1522; pendus sur une c. à linge 2349

CORDEAU : faux c. 1059

CORNE : peigne de c. 1893

CORNES : bête à c. 208; : mal de c. 1548; puce qui montre les c. 2155

CORPS : c. barré 156; du chien dans le c. 551; coup de trop dans le c. 684; le diable dans le c. 869; dur à son c. 918; du gripette dans le c. 1317; sa journée dans le c. 1448; levée du c. 1488; mettre la patte sur le c. 1875; serpent dans le c. 2354

CORSÉE : c. comme une maîtresse d'école 1545

CORSER : c. les frémilles 1179

CÔTÉ : l'autre c. 102; à c. de la carte 446; à c. de la coche 611; à c. de la traque 2612

CÔTES : épais sur les c. 990; c. sur le long 1515; c. plates comme une planche à laver 2023

COTON : au c. 95; mauvais c. 1601

COU : par le carcan du c. 438; par le chignon du c. 567; par la peau du c. 1886; maigre comme une planche sur le c. 2022; à tord-c. 2562

COUCHER : à c. dehors 207; se c. comme Castagne 463; se c. comme un cochon 612; se c. tout dételé 846; c. sur le dur 918; c. les fesses nu-tête 1070; se c. à l'heure des poules 1372; c. sur son mal 1546; se c. en mouton 1693; c. au noir 1733; se c. en oignon 1757; c. les oreilles 1767; se c. en paresseux 1819; se c. sur le pilotis 1982; se c. en pompier 2090; se c. en rôle de chien 2264; se c. tout rond 2595

COUDE : doigt dans l'œil jusqu'au c. 892; huile de c. 1390

COUDRE : machine à c. 1534; moulin à c. 1689

COULÉ : c. dans le béton 211

COULEUR : diable c. de rose 872

COULEURS : rêves en c. 2236

COUP : c. de la corde à linge 657; en payer un c. 1881; en siphonner un c. 2379; boire un c. solide 2401; vieux c. 2695

COUPER : c. un cheveu en quatre 538; brume à c. au couteau 707; ne pas c. plus que des genoux de veuve 1235; c. dans le gras 1304; c. comme un manche de hache 1558; c. la motte 1675; c. le sifflette 2373

COUPS : deux c. dans son fusil 856

COUR : tes bébelles pis dans ta c. 187; de fond de c. 1134

COURAILLER : c. les jupons 1454

COURIR : c. comme une belette

198 ; c. à bride abattue 362 ; c. les châssis 510 ; c. la chèvre 541 ; c. les érables 1004 ; c. la galipotte 1211 ; c. les jupons 1454 ; c. son mille 1633 ; c. comme une queue de veau 2189 ; c. le risque d'avoir une roue de trop 2273 ; c. après son souffle 2410 ; c. comme une tortue 2565 ; c. à toute éreinte 2596

COURSE : à la fine c. 1093 ; singe de c. 2378

COURT : piquer au plus c. 1997

COURTE : mèche c. 1610 ; peau c. 1884

COURTS : ongles c. 1762

COUSU : c. de gros fil 1326

COÛTER : c. une beurrée 216 ; c. un bras 349 ; c. des pinottes 1988 ; c. les yeux de la tête 2729

COUVENT : enfant de c. 978

COUVERCLE : v. couvert 708

COUVERTE : tenir son bout de la c. 328

COUVERTURE : craque dans la c. 718 ; faire jour par la c. 1446 ; trou qui court dans la c. 2643

COUVEUSE : poule c. 2128

CRABES : panier de c. 1803

CRACHÉ : le diable tout c. 869 ; juré c. 1455 ; tout c. 2589

CRACHER : c. court 712 ; c. dans la fourche 1159

CRACKER JACK : boîte de C. J. 1910

CRAPAUD : saut de c. 2323

CRAQUER : riche à c. 2240

CRASSE : tour de c. 2578

CRAVATE : se mouiller le derrière de la c. 835 ; un p'tit coup derrière la c. 1930

CRAYON : mine dans le c. 1635

CRÈCHE : revirer le cul à la c. 769 ; se lever le derrière à la c. 834

CRÈME : le caramel sur la c. glacée 437

CREMETTE : Ti-Jean C. 2533

CRÉTÉ : c. en samedi soir 2305

CRÊPER : c. le chignon 566

CRÊPES : le diable bat sa femme pour avoir des c. 869

CRETON : v. corton 672

CREUSER : c. sa fosse 1148 ; c. son sillon 2374

CREVER : c. le ballon 131

CRIANT : en c. ciseau 591 ; en c. lapin 1475

CRI : c. de porc frais 2099

CRIER : c. comme une démone 821 ; c. à démonter les horloges 1383 ; le temps de c. moineau 1652 ; c. des noms 1739 ; c. comme un perdu 1906 ; c. comme une piroche 2002 ; c. par la tête 2507

CRIN : oreilles dans le c. 1767

CRINQUÉ : c. comme un lapin 1475

CRISSE : un œil qui se c. de l'autre 1750

CRISSER : c. le camp 415

CRISSES : un char de c. 498

CROCHE : attelé c. 92 ; tête c. 2512 ; tout c. 2590 ; c. comme un virebrequin 2702

CROCHES : doigts c. 893

CROCODILE : larmes de c. 1480

CROIRE : c. aux contes de fées 644 ; ne c. ni à Dieu ni à diable 876 ; se c. le nombril du monde 1738 ; c. au père Noël 1909

CROIX : suer comme un crisse en c. 741

CROQUER : c. marmotte 1589

CROQUIGNOLE : v. croquecignole 748

CROTTE : faire petite c. 1945 ; porte-c. 2102

CRU : serpent c. 2355

CRUCHE : orteils en anse de c. 65

CUIR : à plein cuir 2034

CUISSE : police pas d'c. 2079

CUITE : perdre un pain de sa c. 1787

CUL : boutte du c. 339 ; le diable va te chauffer le c. 869 ; doigt dans le cul 892 ; feu au c. 1072 ; finir gros c.1325 ; c. sur la paille 1786 ; botter le c. 1888 ; peigne-c. 1892 ; se fendre le c. en quatre 2169 ; suceux de c. 2445 ; tape-c. 2476 ; trou d'c. 2644 ; ti-c. 2530

CULOTTE : arranger en petite c. 82 ; chien en c. 554

CULOTTES : mal dans ses c. 1546 ; c. à marée haute 1582 ; à pleines c. 2043

CULS : mouche à trois c. 1681 ; sept c. 2349

CURÉ : bedaine du c. 193

CURIEUX : c. comme une belette 198

D

DAMNER : d. un saint 2295

DANGER : pas-de-d. 1841

DANSER : d. la gigue 1240 ; d. la gigue de l'ours 1241 ; d. sur la gueule 1346 ; d. comme une marionnette 1588 ; d. plus vite que le violon 2700

DASH : queue sur le d. 2184

DATE : blind d. 252 ; passé d. 1855

DATER : d. de la guerre de quatorze 1344

DÉBARRASSER : d. le camp 415

DÉBATTRE : se d. comme un diable dans l'eau bénite 869

DÉBOULE : rangée de bois qui d. 2203

DEBOUT : à boire d. 263 ; terre en bois d. 2505

DEBOUTE : être un dort-d. 901

DÉCOLLER : d. aux toasts 2541

DÉCULOTTÉ : juif d. 1450

DÉCULOTTER : d. un nègre 1709

DEDANS : femme de dehors puis de d. 816 ; mouiller d. 1684 ; mettre le nez d. 1720

DÉFONCER : d. les portes ouvertes 2107 ; d. le portrait 2110

DÉGOURDIR : se d. le canayen 418

DEGRÉ : au dernier d. 828

DÉGUISER : se d. en coup de vent 697 ; se d. en courant d'air 704 ; se d. en Mardi gras 1580 ; se d. en monde 1655

DEHORS : froid à ne pas mettre un chien d. 551 ; mettre la chienne d. 556 ; d. les chiens pas de médaille 560 ; à coucher d. 679 ; sacrer d. 2291 ; ne sors pas d. 2513

DÉJEUNER : attendre la poule pour pouvoir d. 2126

DEMAIN : aujourd'hui pour d. 98 ; d'ici à d. 1393

DEMANDE : grande d. 1294

DEMANDÉ : on t'a pas d. l'heure 1371

DEMANDER : d. pardon mon oncle 1818

DÉMÉNAGER : d. ses bottines 308

DÉMENCE : être à la d. 817

DÉMENER : se d. comme un diable dans l'eau bénite 869

DÉMOLIR : d. le portrait 2110

DÉMONTER : crier à d. les horloges 1383

DENT : assez pour sa grosse d. 1332

DENTS : arracheur de d. 80 ; pareillement, grandes d. 1328 ; mors aux d. 1665 ; par la peau des d. 1885

DÉPENSE : être de d. 788 ; regardant à la d. 2221

DÉPENSER : d. de l'huile de coude 1390

DERNIÈRES : sur ses d. roues 2274

DERRIÈRE : ne pas avoir de porte de d. 2103 ; le d. sur la paille 1786

DESCENDRE : d. d'en bas 959 ; d. comme une masse 1591 ; d. tous les saints du ciel 2301

DÉSHABILLER : d. Pierre pour habiller Jacques 1976

DESSEIN : sans d. 2312

DESSOUS : en d. de la table 2459

DEUX : c'est d. 389 ; fendre les cennes en d. 475 ; à couper les chiens en d. 560 ; d. culs dans la même chemise 779 ; manger comme d. hommes 1379 ; infirme avec ses d. bras 1399 ; logique à d. mains 1513 ; entre les d. oreilles 1767 ; haut comme d. pommes 2083 ; visage à d. taillants 2466 ; ni un ni d. 2661 ; d. yeux dans le même trou 2729

DESSUS : s'asseoir d. 89

DEVENIR : d. orignal 1771

DÉVISSER : se d. le canayen 418

DEVOIR : d. une chandelle à sainte Anne 489 ; d. cinq cennes au bedeau 586 ; ne pas d. une coppe 649 ; se d. le cul 769 ; se d. le derrière 834 ; en d. une 2662

DIA : à hue et à d. 1388

DIABLE : chatouiller la queue du d. 73 ; aria du beau d. 75 ; beauté du d. 185 ; bon d. 279 ; n'avoir peur ni de Dieu ni du d. 876 ; ne croire ni à Dieu ni à d. 876 ; secrets de d. 2342 ; tison du d. 2537 ; tour du d. 2582 ; train du beau d. 2600

DIEU : b. Dieu 280 ; bon D. en cache 399

DIFFÉRENCE : pass un pli sur la d. 2046

DIGUIDOU : v. tiguidou 2532

DIMANCHE : trou du d. 2646

DINDE : œuf de d. 1753

DIRE : d. carré 444 ; d. comme c'te gars 1221 ; d. des niaiseries 1724 ; y a pas à dire 1836

DISCRET : d. comme la tombe 2550

DISPARAÎTRE : d. de la mappe 1568

DOCTEUR : écrire comme un d. 890

DOIGT : d. sur le bobo 257

DOIGTS : habile de ses dix d. 887

DOMMAGE : beau d. 180

DOMPTÉ : d. comme les bœufs 261 ; d. au cordeau 660 ; d. à la guide 1350 ; d. à la parole 1829

DOMPTER : d. son p'tit frère 1931

DONNER : d. une attisée 94 ; d. une beurrée 216 ; d. pour des chandelles 490 ; d. son change 491 ; d. son chapeau 494 ; d. un chèque 531 ; d. une claque 599 ; d. une croûte de pain 761 ; d. une dégelée 814 ; se d. de l'eau 923 ; d. son fiat 1077 ; d. du gaz 1225 ; d. son G.B. 1227 ; se d. une go 1251 ; d. une gratte 1306 ; d. l'heure 1371 ; d. l'heure juste 1373 ; d. une jambette 1416 ; se d. un kick 1458 ; d. sa langue au chat 1468 ; d. un lift 1495 ; d. de la marde 1576 ; d. sa notice 1741 ; d. un œuf 1752 ; d. sa paye 1880 ; d. la pelle 1895 ; se d. du pep 1900 ; d. du pic 1965 ; d. sa pilule 1983 ; d. une pine 1985 ; d. sa portion 2109 ; d. du pouchigne 2120 ; d. son quatre pour cent 2174 ; d. un rase-bol 2208 ; d. une rince 2247 ; d. le sac d'avoine 2286 ; d. une salade 2302 ; d. une soince 2399 ; se d. une souigne 2411 ; d. un speech 2423 ; d. une tape 2475 ; d. son ticket 2527 ; se d. un up and down 2663

DONNES : d.-y des œufs 1754

DORMIR : d. comme un as de pique 86 ; d. comme une bûche 380 ; d. comme un chérubin 535 ; d. sur son mal 1546 ; d. comme une marmotte 1589 ; d. comme un ours 1781 ; d. comme père et mère 1908 ; d. à poumons heureux 2133 ; d. sur le switch 2456 ; d. comme une taupe 2493

DOS : d. rond comme un chat 512 ;
chienne qui grimpe sur le d.
556 ; d. rond comme un forgeron 1142 ; manger la laine sur le
d. 1465 ; main dans le d. 1541 ;
faire un p'tit dans le d. 1923 ;
poignée dans le d. 2062 ; queue
sur le d. 2184 ; d. en sleigh 2390 ;
vache sur le d. 2666 ; vent dans
le d. 2680

DOUBLES : porter des châssis d. 511

DOUX : d. comme un agneau 24 ; d.
comme un ange 60 ; d. comme
des fesses de sœur 1071 ; d.
comme un mouton 1693 ; d.
comme saint Jean-Baptiste
2297

DOWN : up and d. 2663

DRETTE : tout fin d. 2592

DROIT : d. comme une flèche 1114 ;
d. comme un I 1392 ; d. comme
des oreilles de lapin 1768 ; se
tenir d. et avoir les oreilles
molles 1767 ; d. comme un piquet de clôture 1998 ; d. comme
un poteau 2113

DROITE : de la cuisse d. 766 ; porter
à d. 2106

DRÔLE : d. de bette 213 ; d. de numéro 1746 ; d. comme un singe
2377 ; sur un d. de temps 2500

DRU : tomber d. comme mouche
1677 ; tomber d. comme paille
1786

DÛ : passé d. 1856

DUR : d. comme du bois 264 ; d.
comme du cheval 537 ; d. de
comprenure 636 ; d. de la
feuille 1074 ; gras d. 1305 ; d.
comme du mastic 1593 ; d. sur
le nerf 1713 ; pompé d. 2086 ; d.
comme de la semelle de botte
2344

DURE : couenne d. 682 ; main d.
1541

E

EAU : bec à l'e. 189 ; comme un
chien dans l'e. bénite 551 ; cul à
l'e. 770 ; entre deux e. 858 ;
comme deux gouttes d'e. 861 ;
comme un diable dans l'e. bénite 869 ; à grande e. 1295 ; gros
bout dans l'e. 1322 ; comme un
poisson dans l'e. 2074 ; pompe
à e. 2084 ; tête d'e. 2513 ; se
noyer dans un verre d'e. 2684

ÉCARTÉS : discours é. 885

ÉCHARDES : v. écharpes 936

ÉCŒURENT : les boutons l'é. 1503

ÉCŒURER : é. le peuple 1957

ÉCOLE : pas un enfant d'é. 975 ;
foxer l'é. 1166 ; maîtresse d'é.
1545

ÉCORNER : vent à é. les bœufs 261

ÉCOUTE : é. ta mère 1620

ÉCOUTER : é. à travers les branches
344 ; s'é. pisser 2005

ÉCRÉMÉ : pissat é. 2003 ; rat de
grange é. 2212

ÉCRIRE : é. comme un docteur
890 ; é. comme un pharmacien
1961

ÉCUREUX : smatte comme les é.
2394

ÉCUS : restant des é. 2230

EFFRONTÉ : e. comme un bœuf
maigre 260

ÉGAL : pousse é. 2136

ÉGLISE : c'est pas le perron de l'é.
1911 ; rat d'é. 2211 ; souris d'é.
2419

ÉLECTION : promesse d'é. 2153

ÉLECTRIQUE : moulin é. 1690

ÉLÉPHANT : fun d'é. 1196

ÉLEVÉ : é. dans la ouate 1778

ÉLEVER : é. à la broche 370

EMMANCHÉ : v. amanché 48

EMMANCHER : v. amancher 49

EMPÊCHER : e. la famille 1048

EMPILER : e. des trente sous 2620

EMPORTE : e.-les les marbres 1571

EMPORTER : ne pas l'e. en paradis 1817

ENCULAGE : e. de mouche 1677

ENCULASSÉ : e. comme une vache de prêtre 2668

ENDORMIR : s'e. sur le manchon 1562

ÉNERVER : s'é. le poil des jambes 2066

ENFANTS : trâlée d'e. 2607

ENFARGER : s'e. dans la catalogne 465 ; s'e. dans les fleurs du tapis 1116 ; s'e. dans ses idées 1395

ENFER : train d'e. 2600

ENFLÉE : tête e. 2519

ENFLER : e. la tête 2507

ENFIROUAPER : e. ses overalls 1783

ENFOURNER : e. le pain 1787

ENGAGER : e. sur le pouce 2117

ENGUEULÉ : mal e. 1550

ENGUEULER : e. comme du poisson pourri 2075

ENLEVER : e. ses suces 2444

ENNUYANT : e. comme la mort 1666 ; e. comme la pluie 2050

ENNUYER : s'e. comme un crapaud 717 ; s'e. de sa mère 1620

ENRAGÉ : e. comme un blé d'Inde 249

ENRAGÉE : vache e. 2669

ENTENDRE : en e. des capables 430 ; e. des niaiseries 1724 ; en e. une pourrite 2135 ; e. la risée 2253 ; e. du train 2600

ENTERRER : e. le Mardi gras 1580

ENTERREMENT : face d'. 1029

ENTÊTÉ : e. comme un cran 716

ENTRER : e. un coin 620 ; e. dans la ligue du vieux poêle 1499 ; e. dans le portrait 2110 ; e. en religion 2224

ENTRETIEN : tendre d'e. 2502

ENVERS : à l'e. 3

ENVOYER : e. chez le beau-père 182 ; e. des bye-bye 388 ; e. chier 562 ; e. chez le diable 869 ; e.

sous le four 1158 ; e. péter dans les fleurs 1116 ; e. les garcettes en l'air 1217 ; e. à la gomme 1257 ; s'e. les masses en l'air 1592 ; e. la pelle 1895 ; s'e. un p'tit coup 1930 ; e. derrière la porte 2101 ; e. revoler 2239 ; e. sur le siau 2370 ; e. des tatas 2490 ; e. faire un tour de canot 2576

ÉPAIS : é. comme un livre 1508

ÉPAISSE : couenne é. 682

ÉPAULE : changer son fusil d'é. 1201

ÉPAULES : tête sur les é. 2507

ÉPICERIE : comme un Éthiopien dans une é. 1016

ÉPINGLES : du lard sur les é. 1477

ÉPLUCHER : é. les vieux légumes 2698

ÉPOUVANTE : à la file é. 1084

ÉQUIPE : é. de baseball 165 ; é. de football 1139

ÉQUIPÉ : é. pour veiller tard 2485

ÉRABLE : franc comme du bois d'. 265 ; yeux dans le sirop d'é. 2381

ÉREINTE : à toute é. 2596

ERGOTS : v. argots 74

ERRE : le tictac puis l'e. d'aller 2529

ESPAGNOLE : vache e. 2670

ESPRIT : e. élastique 951

ESQUIMAUX : frigidaires aux E. 1186

ESTOMAC : e. comme un crusher 764 ; e. de fer 1065 ; e. comme une planche à laver 2023

ÉTAGE : pleuvoir au troisième é. 2638

ÉTAT : devoir d'É. 867

ÉTEINDRE : pas assez fin pour é. le feu 1072

ÉTIRER : é. la sauce 2319

ÉTOUFFER : é. dans sa graisse 1278

ÉTOUPES : feu aux é. 1072

ÉVEILLÉ : é. comme un foutreau 1165 ; é. comme une marmotte 1589

ÉVENTER : é. des cris 738

EXCITÉ : e. comme un pou 2116

EXCITÉE : e. comme une chatte en chaleur 513

EXCITER : s'e. le poil des jambes 2066

EXPLIQUER : e. sur le long 1515

EYE : my e. 1706

F

FACE : f. de carême 440; claque dans la f. 599; f. comme une forçure 1141; f. comme une fressure 1181; f. à grimaces 1316; f. de mi-carême 1628; f. à la musique 1705; f. comme un œuf de dinde 1753; f. en pistache 2009; le plancher lui remonte dans la f. 2025; en pleine f. 2040; poing dans la f. 2060; poker f. 2077; f. de porc frais 2099

FACES : visage à deux f. 859

FACILE : f. de comprenure 636; malheur f. 1554

FAIBLE : f. comme un pou 2116; f. comme un poulet 2131

FAIM : f. de canayen 418; avoir f. comme un enragé 987; f. comme un ours 1781

FAIRE : f. chantier 493; f. du chapeau 494; f. le coq 650; f. un deal 793; f. une défaite 811; f. dur 918; f. l'eau 923; f. ses œufs 1754; f. des papiers 1010; f. son paquet 1813; f. patate 1860; f. du pouce 2117; f. simple 2376; f. des tatas 2490; f. du temps 2500; f. sa tête à Papineau 2509; f. le téteux 2521; f. son Ti-Jean Cremette 2533; f. le touitte 2571; f. du train 2600; f. un veau 2677

FAISEUR : petit f. 181

FAIT : f. comme un frame de chat 1172

FAMILLE : bête noire de la f. 209; bijoux de f. 231; crème de la f. 729

FAMILLES : dans les meilleures f. 1611

FANAL : de la barre du jour jusqu'au f. 155; avec une brique et un f. 367; grand f. 1284

FANTAISIE : patinage de f. 1868

FARDER : f. une minoune 1637

FARINE : mettre sous f. 1056

FATALE : beauté f. 184

FATIGUÉ : f. du boghei 262

FATIGUÉE : patate f. 1860

FÉE : doigts de f. 894

FÉES : croire aux contes de f. 644

FÊLÉE : tête f. 1061

FEMME : canter une f. 427; le diable bat sa f. 869; f. équipée 1002; mal d'une f. 1546; f. mettable 1626; poquer une f. 2097; une f. qui perdrait son veau 2677

FEMMES : bon des f. 276

FENDRE : froid à f. les bûches 382; f. les cennes en deux 475; f. un cheveu en quatre 538; se f. le cul 769; f. la face 1025; gras à f. avec l'ongle 1304; froid à f. les pierres 1977; se f. le cul en quatre 2169

FENDU : du bois f. 268; califourchon f. long 407

FENDUE : gueule f. jusqu'aux oreilles 1346

FENIL : monter sur le f. 1943

FERME : f. ta gueule 1346

FERMER : f. le bec 188; f. la boîte 270; se f. le mâche-patates 1532; f. la trappe 2611

FERS : quatre f. en l'air 2172

FESSE *(nom)* **:** pas un pli sur la f. gauche 2046

FESSE *(verbe)* **:** ça f. dans le dash 787

FESSER : face à f. dedans 1028

FESSES : couche aux f. 678 ; de mes deux f. 860 ; le maigre des f. 1540 ; partie de f. 1833 ; piste de f. 2012 ; queue sur les f. 2184 ; talons aux f. 2469

FESSIER : des épingles dans le f. 997

FÊTE : jour de sa f. 1447

FICHER : s'en f. comme de l'an quarante 56 ; se f. noir 1733 ; f. la torquette 2564 ; s'en f. comme les veilles lunes 2693

FIEL : se ronger le f. 1078

FIER : f. comme un bossu 300 ; f. comme un paon 1807 ; f. comme un prince 2149 ; f. comme un roi 2263

FIGÉ : f. comme un as de pique. 86

FIL : brin de f. 365 ; cousu de gros f. 1326

FILER : f. cheap 522 ; f. doux 908 ; f. en étoile 1018 ; f. le grand train 1292 ; ; f. de la laine 1465 ; f. un mauvais coton 1601 ; f. pompette 2089 ; f. comme un rouet 2275

FILLE : crocheter une f. 744 ; f. équipée 1002 ; p'tite f. à maman 1946 ; se pousser pour une f. 2137 ; vieille f. 2692

FILLES : le diable bat sa femme pour marier ses f. 869 ; farauder les f. 1051

FIN : bec f. 188 ; crotter f. 757 ; pas assez f. pour éteindre le feu 1072 ; dans le f. fil 1083 ; grain f. 1274 ; f. comme un merle 1622 ; f. comme une mouche 1677 ; pas f. 1844 ; pisser f. 2006 ; f. comme un renard 2226 ; f. de son rouleau 2278 ; f. comme la soie 2397 ; tout f. drette 2592

FINIR : f. en basse messe 167 ; f. ses crêpes 732 ; f. gros cul 1325 ; f. en queue de morue 2187 ; f. son règne 2222 ; f. son temps d'homme 2501

FITTE : partir sur une f. 1101

FLAFLAS : v. faflas 1037

FLANQUER : f. une mornifle 1662

FLATTER : f. la bedaine 192 ; se f. le nombril 1738 ; f. dans le sens du poil 2065

FLAUBER : f. sur le dos 902

FLEUR : passé f. 1857

FLOTTENT : les oreilles te f. 2513

FOIN : aiguille dans un voyage de f. 25 ; tête en botte de f. 305 ; broche à f. 371 ; grand f. 1285

FOIRER : f. comme un veau 2677

FONCE : fonce dans le tas 2488

FOND : f. de canisse 1132 ; f. de tonne 2554

FONDRE : f. comme du beurre dans la poêle 215

FORCE : dans la f. du mot 1671

FORGE : être grosse f. 1333

FOQUER : f. le chien 551

FORT : f. comme un bœuf 258 ; f. comme une paire de bœufs 261 ; capoter f. 435 ; f. comme un cheval 537 ; pas f. sur le Coran 654 ; f. comme le diable 869 ; f. comme un forgeron 1142 ; f. en ketchup 1457 ; f. comme un lion 1504 ; f. comme un matamore 1594 ; f. comme la mort 1666 ; f. comme un ours 1781 ; f. comme un pou 2116 ; f. comme un taureau 2494 ; trop f. pour une vache 2666

FORTE : touche f. 2568

FORTS : ça fait pas des enfants f. 984

FORTUNE : bon visage contre mauvaise f. 283

FOU : f. comme un balai 127 ; f. comme braque 348 ; f. comme un cheval 537 ; pas assez f. pour mettre le feu 1072 ; foin f. 1128 ; f. comme un foin 1128 ; f. comme un lièvre 1494 ; f. à mener aux loges 1512 ; f. comme de la marde 1576

FOUETTE : au boutte du f. 1640

FOUR : porte du f. 2101

FOURCHE : au bout de la f. 333

FOURCHUE : langue f. 1470

FOURMIS : *v.* frémilles 1179

FOURNÉE : pain de sa f. 1787

FOURNIR : f. son effort de guerre 946

FOURRER : f. les chiens 560 ; se le f. dans le cul 769

FOURVOYER : se f. royalement 2282

FOUS : pour les fins pis les f. 1097

FRAGILE : f. comme une assiette 90

FRAIS : à p'tits f. 1953 ; porc f. 2099

FRANC : f. comme du bois d'érable 265 ; f. comme l'épée du roi 992

FRAPPE : ça f. dans le dash 787 ; f. dans le tas 2488

FRAPPER : f. de l'air 30 ; f. son homme 1378 ; f. le jackpot 1408 ; f. un nœud 1732 ; f. un numéro 1746 ; f. son waterloo 2725

FREINER : f. sur une fesse 1069

FRÈRE : dompter son p'tit f. 1931

FRÈRES : présenter ses cinq f. 587

FRET : net f. sec 1715

FRETTE : ni chaud ni f. 514 ; cul du diable quand il est f. 773 ; estomac f. 1012 ; péter au f. 1920

FRIEND : fuck f. 1192

FRILEUX : f. comme un lièvre 1494

FRIMOUSSE : avoir une faillie f. 1039

FRISÉ : f. comme un mouton 1693

FRISER : se f. sur les talons 2469

FROID : f. à fendre les bûches 382 ; f. à couper un cheveu 538 ; un f. à ne pas mettre un chien dehors 551 ; f. à couper les chiens en deux 560 ; si f. que les chiens 560 ; f. à arracher les clous 608 ; f. comme de la glace 1246 ; f. à fendre les pierres 1977

FRONT : croix dans le f. 745 ; comme un œil dans le f. 1750 ;

deux antennes puis un œil dans le f. 1808

FROTTÉ : sou f. 2409

FROTTER : f. la porte du poêle 2101

FUMER : f. comme une cheminée 525 ; f. des dopes 898 ; f. un joint 1438 ; f. des pieux 1978 ; f. une poloque 2081 ; f. une rouleuse 2280 ; f. comme un sauvage 2326 ; ne pas f. le même tabac 2457 ; f. comme un tug 2655

FUMIER : mouches sur le f. 1683

FUN : gars de f. 1222

FUSIL : à la chasse pas de f. 509 ; partir en coup de f. 688 ; deux coups dans son f. 856 ; portée de f. 2105 ; poudre à f. 2122

G

GAGER : g. sa chemise 527

GAGNÉ : vieux g. 2696

GAGNER : g. des bidous 225 ; g. dans les Grands Prix 1300 ; g. une piastre 1962

GAI : g. comme aux noces 1729

GALETTE : lune pour une g. de sarrasin 560 ; pour avoir de la g. 1521

GALILÉE : tête à G. 2508

GALOP : patte au g. 1875

GAMES : free g. 1178

GARAGE : ligue de g. 1498

GARANTIE : g. mur à mur 1702

GARÇON : vieux g. 2697

GARDER : g. sa cerise 480 ; g. les cochons ensemble 613 ; g. les cordeaux 661 ; g. le pôle 2078

GARROCHER : se g. d'un bord à l'autre 296

GARS : méchant g. 1609 ; p'tit g. à maman 1932

GÂTEAU : cerise sur le g. 480 ; crémage sur le g. 728 ; crémer le g. 730 ; glaçage sur le g. 1245

GAUCHE : de la cuisse g. 766 ; porter à g. 2106

GAULER : g. les poules à Tancrède 2130

GAZ : dormir au g. 899

GÈLE : ça g. la pompe à eau 2084

GELÉ : gelé comme une balle 129 ; g. comme un corton 672 ; g. comme une crotte de poule 755 ; g. comme une grenouille 1312 ; g. comme une patate 1860

GÈLENT : les jambes te g. 1452

GELER : g. comme un rat 2210 ; ne sors pas dehors ça va g. 2513

GÉNIE : sans g. 2313

GENOU : palette du g. 1797

GIGUÈRE : chienne à G. 557

GIN : balle de g. 130

GLACE : armoire à g. 77 ; cochon sur la g. 612 ; Louis-Philippe sur la g. 1518

GLIN-GLIN : Saint-G.-G. des Meus-Meus 2296

GNOCHON : *v.* niochon 1726

GOÉLAND : œil de g. 1751

GOÉLETTE : pas-de-danger a perdu sa g. 1841

GOMME : haute g. 1365

GORGE : chat dans la g. 512 ; motton dans la g. 1676 ; tripes dans la g. 2631

GORGEON : prendre un p'tit g. 1933

GOSIER : g. sec comme un rond de poêle 2266

GOSSES : patente à g. 1866 ; serrements de g. 2359

GOÛTER : g. l'amande 50

GOUTTES : comme deux g. d'eau 861

GOUVERNAIL : de la voile mais pas de g. 2712

GRAINS : catholique à gros g. 469

GRAISSE : tache de g. 2463

GRAISSER : g. ses bottes 306 ; se g. le gorgoton 1261 ; se g. le gosier 1263 ; g. la patte 1875

GRAND : g. parleur 181 ; g. sur la branche 343 ; g. comme une girafe 1244 ; au g. jamais 1412 ; g. comme rien 2244 ; g. tarla 2486 ; g. tata 2490

GRAND-CHOSE : pas g.-c. 1845

GRANDES : g. gigues 1242 ; g. dents 1328 ; g. pattes sèches 1877 ; g. perches 1904 ; g. quenouilles 2179

GRANDS : g. chicots 550 ; yeux g. comme des culs de bouteille 780 ; yeux g. comme des fonds de soucoupe 1137 ; g. gigots 1239 ; g. jarrets 1420 ; yeux g. comme la panse 1806 ; yeux g. comme des piastres 1964 ; avoir de g. piquets 1999 ; petits plats avant les g. 2032 ; yeux g. comme des trente sous 2620 ; yeux plus g. que la panse 2729

GRANGE : oreilles en portes de g. 2107 ; pou sur une g. 2116 ; rat de g. 2212

GRAPPE : de grippe et de g. 1318

GRAS : jours g. 1449 ; Mardi g. 1580 ; jeter ses os g. 1773 ; g. à plein cuir 2034 ; g. comme un voleur 2716

GRASSE : g. comme une loutre 1523

GRASSES : jeter ses eaux g. 928

GRATTER : g. la démangeaison 818 ; g. une écale d'œuf 930 ; se g. la fourche 1159 ; se g. le gorgoton 1261 ; se g. le gosier 1263 ; se g. la palette du genou 1797 ; avoir des poux mais ne pas se g. 2141

GRENIER : monter les vaches au g. 2671

GREYÉ : g. de char 497

GRIMACES : face à g. 1316

GRIMPE : la famille nous g. 1048

GRIMPER : g. sur ses argots 74 ; g. dans les rideaux 2242

GRISE : matière g. 1596 ; au pas de la g. 1842

GROS : g. comme une allumette 44 ; g. comme une balloune 132 ; g. comme un baril 151 ; faire le g. bec 188 ; g. comme ma botte 304 ; g. comme le bras 349 ; catholique à g. grains 469 ; g. comme ma cenne 474 ; pas les g. chars 508 ; g. comme un cheval 537 ; g. sur le cœur 619 ; cœur plus g. qu'ont est g. 619 ; g. comme un cure-dents 782 ; g. comme mon doigt 892 ; g. kit 1459 ; g. kick 1450 ; g. lard 1477 ; g. livre 1508 ; g. motton 1676 ; sur le g. nerf 1713 ; frapper un g. nœud 1732 ; tomber g. comme un œuf 1752 ; passe du g. Louis 1853 ; g. sur la patate 1860 ; p'tit tas g. tas 1941 ; g. comme mon pied 1973 ; g. comme une pinotte 1987 ; g. plein de soupe 2036 ; g. comme mon poing 2068 ; g. comme une pompe à stime 2085 ; g. téléphone blanc 2200 ; g. sur la rate 2213 ; g. sel 2343 ; g. taraud 2483 ; g. time 2534 ; g. comme une tonne 2554 ; g. comme un toothpick 2557 ; g. comme la tour à Babel 2574 ; son g. voyage 2719

GROSSE : g. misère 1641 ; g. palette 1796 ; g. piastre 1962 ; g. poche 2054 ; g. tête d'eau 2513 ; g. tout trempe 2597

GROSSES : g. gosses 1266 ; les petites patates seront pas g. 1862

GROUILLER : se g. le cul 769 ; se g. les pattes 1877

GRUGER : se g. le shaft 2362

GUÊPES : nid de g. 1725

GUERRE : effort de g. 946

GUÉTORSES : v. catarses 467

GUETTER : g. l'adon 19 ; g. les ours 1781

GUEULE : claque sur la g. 599 ; g. en cul de poule 772 ; dur de g. 921 ; fort en g. 1145 ; grand-g. 1286 ; tendre de g. 2503 ; tour de g. 2579

GUEULER : g. comme un bœuf 258

GUICHET : faire tousser un g. 2586

H

HABILE : h. de ses dix doigts 887

HABILLÉ : h. comme un cheval 537 ; h. sur un coin 620 ; h. en corde de poche 659 ; h. en dimanche 879 ; h. comme une épinglette 998 ; h. fouledresse 1155 ; h. comme un grêlou 1310 ; h. comme un oignon 1757 ; h. comme un quêteux 2182 ; h. tout croche 2590 ; h. comme une trouvaille 2653 ; h. en tuyau 2657 ; h. comme un valentin 2672

HABILLÉE : h. comme catau 468 ; h. comme la chienne à Giguère 557 ; h. comme la chienne à Jacques 559 ; h. comme une laveuse 1485 ; h. comme Marie Caca 1585 ; h. comme Marie-Catau 1586 ; h. comme Marie-quat'poches 1587, h. comme quatre chiens 2171

HABILLER : s'h. catin 470 ; s'h. à la fraîche 1167 ; s'h. en mi-carême 1628 ; s'h en monsieur 1657 ; déshabiller Pierre pour h. Jacques 1976

HACHE : équarri à la h. 1000 ; manche de h. 1558 ; taillant de h. 2465

HA HA : des diguidi h. h. 877

HÂLER : se h. la broche 370 ; h. sa crasse 721

HAUT : h. comme un chien assis 551 ; par en bas et par en h. 959 ; h. comme deux pommes 2083 ; h. comme la poutre 2139 ; péter plus h. que le trou 2643

453

LANGUE : l. comme un bardeau 149 ; grand-l. 1288 ; l. comme une vipère 2701

LAPIN : chaud l. 515 ; oreilles de l. 1768

LARGE : pas en faucher l. 1057 ; sur le long puis sur le l. 1515 ; l. comme la porte 2101

LAVE : on se l. les pieds comme les oreilles 1974

LAVER : l. son cochon 612 ; l. à grande eau 1295 ; planche à laver 2023

LÉCHER (LICHER) : l. le cul 769 ; se l. les lèvres 1489 ; se l. la palette 1796 ; se l. la palette du genou 1797 ; se l. la patte 1875 ; l. les pleumats 2044

LÉGER : l. de croyance 763 ; l. comme une plume 2052

LÉGUMES : vieux l. 2698

LENT : l. comme une barouche 152 ; l. comme la mort 1666 ; l. comme l'ombre du midi 1761 ; l. comme une tortue 2565

LETTRE : l. de bêtises 210

LEVER : l. le camp 415 ; se l. de chaud matin 516 ; l. le cœur 619 ; se l. le derrière à la crèche 834 ; l. les feutres 1076 ; l. le flye 1124 ; l. godille 1253 ; se l. le gros bout 1322 ; se l. le gros orteil 1329 ; se l. du mauvais bord du lit 1599 ; se l. du mauvais bout 1600 ; l. les pattes 1877 ; faire l. le poêle 2058 ; l. ses vaches par la queue 2671

LIBRE : l. comme l'oiseau 1759

LIÈVRES : peaux de l. 1887

LIGNE : fermer la l. 1496 ; faire patate sur toute la l. 1860 ; taper la l. 2477

LINE : bottom l. 309

LINGE : faire la corde à l. 657 ; culs pendus sur une corde à l. 2350

LIST : black l. 242

LIT : mauvais bord du l. 1599

LIVRE : parler comme un grand l. 1289

LIVRER : l. la marchandise 1572

LOIN : chier l. 563 ; p'tit train va l. 1942

LONG : l. sur la branche 343 ; l. comme le bras 349 ; le bras 350 ; l. de corde 656 ; côtes en l. 675 ; l. de décousu 807 ; gros comme il est l. 1320 ; l. comme d'ici à demain 1393 ; l. comme un poteau 2113 ; l. comme rien 2244

LONGS : flancs l. 1106

LONGTEMPS : sucé l. 2271

LOUCHER : l. du bord de 296

LOUIS : passe du gros L. 1853

LOURD : l. comme du plomb 2048

LOUSSE : air l. 33 ; gear de l. 1229 ; taraud de l. 2483

LOUSSES : screws de l. 2338

LOVE : peace and l. 1882

LUNE : les chiens jappent après la l. 560 ; les loups jappent après la l. 1521

LUNES : sept l. 2351 ; vielles l. 2693

M

MÂCHER : m. son ronge 2268

MAGANÉ : m. de la charrette 504

MAGANER : m. le canayen 418

MAIGRE : m. comme un bardeau 149 ; bœuf m. 260 ; m. comme un capelan 431 ; m. comme un cassot 460 ; m. comme un chicot 549 ; m. comme un clou 607 ; m. comme un coin 620 ; m. comme un crisse 741 ; m. comme un cure-dents 782 ; m. comme mon doigt 892 ; m. comme une échalote 933 ; m. comme une feuille de papier 1075 ; m. comme un foin 1128 ; m. comme un hareng 1361 ; m. comme une hart 1363 ; m.

MANQUER : m. un alluchon 43 ; m. un bardeau 149 ; m. des bardeaux 150 ; m. le bateau 170 ; m. un brin 364 ; m. un clou 607 ; m. de cocologie 615 ; m. un morceau de couverture 710 ; m. de guts 1354 ; m. d'huile 1389 ; en m. pour sa piastre 1962 ; m. une planche 2022 ; m. un taraud 2483 ; m. une vis 2705

MANTEAU : m. en poils de chien 2067

MARCHÉ : avoir m. le vent dans le dos 2680

MARCHER : m. sur le beurre 215 ; m. de bric et de brac 360 ; faire m. la castonguette 464 ; m. en chevreuil 542 ; m. comme un chien aux vêpres 551 ; m. en deux 852 ; m. comme un éléphant 952 ; m. sur les fentes 1064 ; m. comme une invention 1401 ; m. sur la languette 1473 ; m. nu-bas 1745 ; m. comme si on avait perdu un pain de sa fournée 1787 ; m. à pas carrés 1838 ; m. peti-peta 1922 ; faire m. son p'tit moulin 1936 ; m. en pieds de bas 1975 ; m. comme une pipe neuve 1992 ; m. à planche 2022 ; m. avec des prières 2147

MARDE : boutte de la m. 339 ; cordon du cœur qui traîne dans la m. 662 ; mangeux de m. 1565 ; mouche à m. 1678 ; sent-la-m. 2346

MARIE : enfant de M. 979

MARIÉ : m. en face de bœufs 261 ; m. en face de la couchette 680

MARIER : se m. enfant de Marie 979 ; se m. obligé 1748 ; se m. pressé 2144

MARIN : pied m. 1973

MARINGOUINS : mettre les pattes aux m. 1877

MATCH : plan de m. 2020

MATIN : de chaud m. 516 ; déjeuner le m. 2126

MATINAL : m. comme un coq 650

MAUDIRE : m. le camp 415

MAUDIT : m. boutte 339 ; faire son p'tit m. 1935 ; en m. 2458 ; sur un m. temps 2500

MÉCHANT : m. party 1835

MÉCHANTE : m. débarque 796

MÉDAILLE : chiens pas de m. 560

MÉLANGER : se m. dans son tricotage 2624

MÉLASSE : pou dans la m. 2116

MÊLE : m.-toi de tes oignons 1758

MÊLÉ : m. dans ses papiers 1810

MÊLÉES : dents m. 823

MÊLER : m. les cartes 451 ; se m. dans ses flûtes 1122 ; se m. de ses grains 1277 ; se m. dans son tricotage 2624

MÉMOIRE : m. de chatte 513 ; m. de chien 551

MENER : m. le carillon 442 ; m. le diable 869 ; m. le fun 1195 ; en m. large 1478 ; m. aux loges 1512 ; m. le ravaud 2217 ; m. du train 2600

MENTEUR : m. comme un arracheur de dents 80 ; m. comme un cheval 537

MENTIR : m. à tour de bras 2575

MÈRE : g.-mère 1290 ; sous les jupes de sa m. 1453 ; dormir comme père et m. 1908

MERLE : moyen m. 1695

MESURE : p'tite m. 1947

MESSE : argent de la m. 73 ; finir en basse m. 167 ; du monde à la m. 1655

METS : m. ça dans ta pipe 1992

METTRE : se m. au blanc 244 ; m. le doigt sur le bobo 257 ; se m. sur le bœuf 258 ; m. les bois 264 ; se m. en boisson 269 ; m. le chariot avant les bœufs 500 ; m. la charrue avant le cheval 506 ; y

m. du chien 551; se m. sur son cinquante-six 589; m. un contrat 645; m. ses culottes 777; se m. sur son dix-huit 888; se m. un doigt dans l'œil 892; se m. les doigts dans la porte 893; se m. les doigts dans le tordeur 893; m. sur les épines 995; m. sur son plus fin 1098; m. son fion 1099; se m. sur son forty-five 1147; se m. à la galette 1209; m. dans la glacière 1248; se m. en grande 1293; m. les grappins 1303; se m. en gribouille 1314; m. la hache 1357; m. à l'herbe 1368; m. le holà 1377; se m. en joual vert 1443; m. du lard sur les épingles 1477; m. sur la mappe 1568; m. dans la marde 1576; se m. au mauvais 1598; m. les mouches 1683; se m. sur le neutre 1718; se m. sur son quarante 2166; se m. à quatre pattes 2173; se m. sur son quarante-sept 2175; m. dans la rue 2283; m. ses suces 2444; se m. en train 2600; se m. sur son trente-six 2619; m. dans le trou 2643; se m. dans le trouble 2647; se m. les yeux en face des trous 2650; se m. en tuyau de poêle 2659; se m. en verrat 2683

MIDI : ombre du m. 1761

MIEL : mouche à m. 1679

MILLES : cent m. à l'heure 476; sur ses derniers m. 831

MINCE : épais dans le plus m. 990

MINEURES : ligues m. 1501

MINOT : passer le m. à la baguette 122

MISÈRE : de la misère à porter sa chienne 556; dur à la m. 920

MITAINES : vent du côté des m. 674

MITES : argent dans les m. 72

MODE : carte de m. 447

MODÉRER : m. ses transports 2610

MOI : dans mon livre à m. 1508

MOLLE : pâte m. 1863

MOLLES : oreilles m. 667; dents m. 823; oreilles m. 1767

MOLLETS : navets dans les m. 1708

MOLSON : v. mosselle 1669

MONDE : boutte du m. 339; damner le m. 785; pas la fin du m. 1089; au m. le jour de sa fête 1447; misère sur le pauvre m. 1641; noir de m. 1734; nombril du m. 1738; père venu au m. avant lui 1907; trâlée de m. 2607; tue-m. 2654

MONTÉ : m. en broche 370; m. sur des cannes à pêche 423; collet m. 626; m. sur des échasses 937; m. sur pattes 1877

MONTER : m. une balloune 132; m. dans les bouleaux 319; m. sur le dos 902; m. à la graine 1276; m. sur ses grands chevaux 1298; m. en orgueil 1770; m. les poteaux à reculons 2114; m. sur le pouce 2117; m. les vaches au grenier 2671

MONTRE : m.-leur où la chatte a mis ça 513

MONTRER : se m. la face 1025; se m. la fraise 1170; se m. tête à Papineau 2509

MORAL : m. six pieds sous terre 2384

MORCEAU : manquer un m. dans sa couverture 710

MORT : de sa belle m. 200; son chien est m. 551; coup de m. 689; cris de m. 738; crotte à m. 754; lit de m. 1507

MORTEL : laid comme un péché m. 1888

MORTES : crosseur de poules m. 753

MORTIER : poil de vache dans le m. 2524

MORUE : queue de m. 2187

MOT : pas un m. sur la game 1213 ; m. d'une piastre et quart 1963

MOTEUR : rincer un m. 2248

MOTION : slow m. 2392

MOTS : grands m. 1299 ; m. en habit à queue 1356

MOU : m. comme de la guenille 1341 ; m. comme de la tire Sainte-Catherine 2535

MOUCHER : se m. en charniole 503 ; ne pas se m. avec des épelures d'oignon 993 ; se m. sur la manche 1555 ; ne pas se m. avec des quartiers de terrine 2168

MOUCHES : mettre les pattes aux m. 1877 ; pattes de m. 1878

MOUILLE : il m. dans son grenier 1311

MOUILLÉ : le bois est m. 264 ; être un chien m. 551 ; m. en lavette 1484

MOUILLER : se m. le canayen 418 ; m. comme des chaudières 518 ; m. dans sa couverture 710 ; se m. le derrière de la cravate 835 ; prendre sa douche sans se m. les pieds 906 ; se m. le gorgoton 1261 ; se m. le gosier 1263 ; m. dans sa grange 1301 ; se m. la luette 1525 ; se m. les pieds 1974 ; m. à siaux 2371

MOUILLÉS : pieds m. 1974

MOULIN : rabattre ses ailes de m. 27 ; de l'eau au m. 923 ; faire marcher son p'tit m. 1936

MOURIR : m. à pic 6 ; m. de sa belle mort 200 ; m. d'un coup de sang 693 ; m. le derrière sur la paille 1786 ; m. comme un poulet 2131

MOUSSE : moyen m. 1696

MOUTON : fumier de m. 1194 ; tondre comme un m. 2553

MOUVER : se m. les cannes 422 ; se m. les catarses 467 ; se m. les fesses 1070 ; se m. les galoches 1212 ; m. ses guenilles 1342 ; se m. les nippes 1727 ; se m. les sabots 2285 ; m. ses stags 2429

MOYEN : m. numéro 1746

MOYENNE : m. débarque 796

MOX : moyen m. 1697

MUCH : too m. 2556

MUET : m. comme la tombe 2550

MUR : pan de m. 1801

MÛR : nombril m. 1738 ; m. pour Saint-Jean-de-Dieu 2298

MÛRES : des vertes pis des pas m. 2687

MUSIQUE : que les poteaux et la m. 2114

MYOPE : m. comme une taupe 2493

N

NAGER : n. comme un caillou 404 ; n. comme un fer à repasser 1066 ; n. comme un poisson 2074

NANANE : enfant de n. 980 ; rose n. 2271

NARINES : amygdales par les n. 55

NATURE : vraie n. de Bernadette 204 ; p'tite n. 1948

NAVETS : comparer des choux et des n. 579

NAVETTE : *v.* lavette 1484

NÉ : pas n. de la dernière pluie 830 ; n. pour un p'tit pain 1937 ; pas n. de ce printemps 2150 ; quand la vitesse a passé, tu n'étais pas n. 2709

NÈGRE : plan de n. 2021 ; sang de n. 2308

NEIGER : n. à pleins camions 413 ; n. comme des guenilles 1342

NERF : sur le gros n. 1327

NERFS : n. en bicycle 224 ; crise de n. 740

NETTE : n. comme torchette 2560

NEUF : au Champ-de-Mars après n. heures 486

NEUVE : propre comme une cenne n. 474 ; pipe n. 1992

NEZ : chien dans le n. 551 ; doigt dans le n. 892 ; doigts dans le n. 893 ; n. qui coule comme un érable 1003 ; bonne année gros n. 1328 ; guédille au n. 1337 ; fermer la ligne au n. 1496 ; du père dans le n. 1907 ; n. comme un taillant de hache 2465 ; n. dans la talle 2467

NIAISER : n. avec le poque 2095 ; n. aux portes 2107

NOCES : le pain des n. dure encore 1791 ; tambourin à n. 2470

NOËL : l'air d'un arbre de N. 71 ; bas de N. sur la tête 163 ; croire au père N. 1909

NŒUDS : pas clair de n. 595

NOIR : n. comme dans une botte 304 ; n. comme du charbon 499 ; n. comme chez le chien 551 ; n. comme un corbeau 655 ; n. comme une corneille 664 ; n. comme chez le diable 869 ; enragé n. 987 ; fun n. 1195 ; n. comme un geai 1228 ; n. comme chez le loup 1519 ; n. comme une mûre 1703 ; nègre n. 1710 ; n. comme le poêle 2058 ; n. comme une puce 2155

NOIRE : bête n. 209 ; pas une cenne n. 474 ; sur la liste n. 1506 ; poule n. 2129

NORD : gros orteil au n. 1329

NOURRI : pas n. les jours gras 1449

NOYER : assez d'eau pour n. le poisson 923 ; n. le poisson 2074 ; se n. dans un verre d'eau 2684

NU : tout n. 2593 ; n. comme un ver 2682

NUAGES : pelleteux de n. 1897 ; téteux de n. 2522

NUIT : n. sur la corde à linge 657 ; le jour et la n. 1446

NUMÉRO : police pas d'cuisse n. trente-six 2079

NU-TÊTE : fesses nu-tête 1070

O

OBSTINEUR : v. ostineux 1775

OCCUPE : o.-toi de tes oignons 1758

OCCUPER : s'o. d'une trâlée d'enfants 2607

ODEUR : foin d'o. 1129

ŒIL : compas dans l'o. 634 ; coquetterie dans l'o. 652 ; doigt dans l'o. 892 ; un o. dans le front 1808

ŒUF : l'air d'un blanc d'o. 245 ; le cœur où les poules ont l'o. 619 ; gratter une écale d'o. 930 ; tête d'o. 2514

OFFRIR : o. un lift 1495 ; o. une poffe 2059 ; o. une traite à la Bisaillon 2605

OIES : sentir les p'tites o. 1951

OIGNON : épelures d'o. 993

OIGNONS : aux p'tits o. 1954

OISEAU : cervelle d'o. 482

OISEAUX : aux p'tits o. 1955

ONCLE : tasse-toi, mon o. 1654 ; pardon mon o. 1818

ONGLE : à fendre avec l'o. 1304

ONGUENT : c'est pas de l'o. 1627

OPÉRATION : grande o. 1296

OREILLE : tuyau de l'o. 2658

OREILLES : arthrite derrière les o. 84 ; o. molles 667 ; o. en choux-fleurs 580 ; gueule fendue jusqu'aux o. 1346 ; on se lave les pieds comme les o. 1974 ; poil dans les o. 2065 ; o. en portes de grange 2107 ; soupane jusqu'aux o. 2417 ; tétage d'o. 2506 ; les o. te flottent 2513

ORGANISER : o. une partie de fesses 1833 ; o. une partie de sucre 1834 ; o. le portrait 2110

459

ORGUEILLEUX : o. comme un paon 1807

ORTEIL : piler sur le gros o. 1329

ORTEILS : o. en anse de cruche 65 ; suçage d'o. 2506

OS : faite à l'o. 1043 ; vider l'o. de sa moelle 1650 ; pété à l'o. 1918

ÔTER : ô. le pain de la bouche 1787

OUATCHER : se o. le cul 769

OURS : gigue de l'o. 1241 ; l'homme qui a vu l'o. 1378 ; passe de l'o. 1852

OUVERTES : défoncer les portes o. 2107

OUVRAGE : se tuer l'âme à l'o. 51 ; d'avance à l'o. 105 ; du bœuf à l'o. 258 ; bon à l'o. 277 ; dur à l'o. 919 ; pas un génie d'o. 1232

OUVRIR : o. la boîte 270 ; o. les cuisses 767 ; s'o. le mâche-patates 1532 ; o. la machine 1533 ; o. le panier de crabes 1803 ; o. les yeux grands comme la panse 1806 ; o. la valve 2674

P

PACTÉ : p. aux as 85 ; p. comme un œuf 1752

PACTER : se p. la fraise 1170

PAILLE : cul sur la p. 769

PAIN : bon comme du bon p. 281 ; donner une croûte de p. 761 ; manger sa cuite de p. 768 ; né pour un p'tit p. 1937

PAINS : dans le cul les p. de sucre 769 ; trois p. 2636

PAIRE : belle p. 201

PAIX : sacrer la p. 2291

PÂLE : p. comme la mort 1666

PALPITE : mon cœur p. comme une pinotte 1987

PÂMÉE : être une carte p. 449

PANIER : porte-p. 2104

PANSE : yeux plus grands que la p. 2729

PAPE : plus catholique que le p. 469 ; le p. a pas de chapelet 496 ; marde de p. 1577

PAPIER : blanc comme une feuille de p. 1075

PAPIERS : noces de p. 1731

Papineau : tête à P. 2509

PAQUETER : p. ses p'tits 1952

PAQUETS : porteur de p. 2108

PARAPLUIE : manches de p. 1561

PAR-DESSUS : en avoir p.-d. la tête 2507 ; en avoir p.-d. les yeux 2729

PAREIL : du même et du p. 1615

PARLE : ça p. au crisse 741 ; ça p. au diable 869

PARLER : p. algonquin 37 ; se p. dans le blanc des yeux 246 ; p. dans le casque 454 ; p. catholique 469 ; p. à travers son chapeau 494 ; au chapeau 494 ; p. la gueule en cul de poule 772 ; p. comme un curé 781 ; p. comme un dévidoi 865 ; se p. dans la face 1025 ; p. aux chevaux 1142 ; p. à la française 1176 ; p. de la gorge 1260 ; p. comme un grand livre 1289 ; p. gras 1304 ; p. instruit 1400 ; p. joual 1441 ; p. comme un livre 1508 ; p. comme une machine à coudre 1534 ; p. comme un moulin à battre 1688 ; p. comme un moulin à coudre 1689 ; p. dans les narines 1707 ; p. dans le nez 1720 ; p. avec une patate chaude 1861 ; p. comme une pie 1971 ; p. à pleine tête 2042 ; p. pointu 2071 ; se p. entre quatre yeux 2176 ; p. à Ralph 2200 ; p. à la revire 2237 ; p. en termes 2504 ; p. dans la tobbe 2542 ; p. dans le tuyau de l'oreille 2658 ; p. comme une vache espagnole 2670 ; p. dans le vent 2680

PARLEUR : beau p. 181

PAROISSE : esprit de p. 1009

PARTIE : p. de cul 769

PARTIR : p. de l'autre bord 101; p. de l'autre côté 102; p. sur la bomme 275; p. sur une chire 572; p. à son compte 637; p. en coup de fusil 688; p. sur la crouse 759; p. en découverte 808; p. à la file épouvante 1084; p. sur un flatte 1112; p. sur un flat car 1111; p. sur la fripe 1189; p. en fun 1195; p. en gang 1215; p. en garouage 1220; p. pour la gloire 1249; p. sur un go 1250; p. sur une gosse 1264; p. en grande 1293; p. sur ses grands chevaux 1298; p. sur une jambe 1413; p. magasin 1538; p. en mitraille 1647; p. comme un mouton 1693; p. dans les patates 1862; p. sur une patte 1875; p. comme des p'tits pains chauds 1956; p. comme un poulet 2131; p. la queue sur le dash 2184; p. sur une ripe 2249; p. sur la ripompette 2250; p. sur un robbeur 2254; p. sur une ronne 2269; p. sur un ronneur 2270; p. en sauvage 2326; p. en sauvette 2327; p. sur un time 2534; p. sur une toune 2572; p. dans le trafic 2598; p. sur un trip 2629; p. sur la trotte 2642

PARTY : casseux de p. 457

PAS : p. à peu près 5 ; p. catholique 469; p. pour une cenne 474; p. un chat 512; p. dans ma cour 703; c'est p. de valeur 792; p. l'diable 869; p. disable 884; p. un mot sur la game 1213

PASSAGE : avoir le feu au p. 1072

PASSE (nom) : mauvaise p. 1606

PASSE (verbe) : p.-toi ça entre les dents 823; p. cent pieds par-dessus la tête 477; je t'en p. un papier 1809

PASSÉ (nom) : bégopper sur son p. 194;

PASSÉ (verbe) : quand la vitesse a p., tu n'étais pas né 2709

PASSER : p. au batte 171; p. aux beignes 196; p. en belette 198; p. au bob 255; p. la brosse 373; p. au cash 453; p. en chapeau de castor 495; p. contre à contre 646; p. la nuit sur la corde à linge 657; p. par le couteau 707; p. le crachoir 713; p. pour une dinde 880; se p. un doigt 892; p. l'efface 945; p. une épinette 996; p. sur la peau des fesses 1070; p. au feu 1072; p. son fou 1149; voir p. les gros chars 1324; pas p. l'hivor 1976; se p. un jack 1405; p. la lèche 1406; p. les lignes 1497; se p. un Louis-Philippe 1518; p. par-dessus la palissade 1798; p. le pichou 1966; p. en poudrerie 2123; p. un Québec 2177; p. un sapin 2316; p. un savon 2330; p. un savonnage 2331; p. un screw 2337; p. le sirop 2380; p. son temps à taponner 2480; p. un télégraphe 2499; p. dans le tordeur 2563; p. comme une vision 2706; en p. une vite 2708; se p. un willie 2726

PASSÉS : les sauvages sont p. 2326

PATACLAN : v. bataclan 168

PATATES : changer l'eau des p. 923; gravy sur les p. 1309

PATAUD : piste à p. 2011

PATIENCE : p. qui sonne comme un fond de canisse 1132; sacrer p. 2291

PATINS : bon Dieu en p. à roulettes 280

PATTE : petit canard à la p. cassée 416; smatte comme un écureuil de la p. 944; smatte de la p. 2394

PATTES : haut sur p. 1364; mélasse sur les p. 1613; poil aux p. 2065; à quatre p. 2173; solide sur p. 2401

PAULO : trique à P. 2633

PAUVRE : p. comme un chien 551; si que les chiens jappent après la lune 560; p. comme la gale 1208; p. comme un gueux 1349; p. comme Job 1435; p. monde 1641; p. comme la peste 1914; le p'tit Jésus peut bien être p. 1934; p. comme du pissat 2003; p. comme un rat d'église 2211; p. comme un rat de grange 2212; p. comme de la rognure de chien 2262; p. comme du sel 2343; p. comme du sirop 2380; p. comme une souris d'église 2419; p. comme la terre 2505; p. comme de l'urine 2664

PAYE : dur de p. 922

PAYER : en p. une coche 611; p. sur la finance 1092; p. en fricassée 1184; p. des pinottes 1988; p. la traite 2604

PAYS : de l'étoffe du p. 1017

PEANUT : *v.* pinotte 1987

PEAU : sur la p. des fesses 1070

PÊCHE : monté sur des cannes à p. 423

PÉCHÉ : en p'tit p. 1938

PEINE : en p. de sa peau 1883

PEINTURE : être le diable en p. 869; être qqn en p. 966;

PEINTURER : p. les lumières 1527

PELLE : manche de p. 1559; mange-d'la-p. 1564; travailler au pic pis à la p. 1965

PELLETER : p. de l'air 30; p. de la boucane 310; p. dans la cour du voisin 703

PELOUSE : bouillir sous la p. 317

PELURES : *v.* épelures 993

PENDABLE : coup p. 684

PENDANTE : gueule p. 1346

PENDUS : culs p. sur une corde à linge 2350

PENOUILLE : fond de p. 1135

PENSE : mets-toi-le où je p. 1627

PENSÉES : mauvaises p. 1607

PENSER : p. croche 742; ne pas p. à mal 1546; se p. le nombril du monde 1738; p. avec ses pieds 1974; p. à un plan de nègre 2021

PER : faire son p. 1794

PERCÉ : panier p. 1804

PERCHE : à pleine p. 2041

PERDRE : p. la belette 198; p. dans la brume 377; p. la carte 446; p. sa cerise 480; p. ses culottes 777; p. son dépôt 827; p. sa gomme 1257; p. sa josephté 1440; p. un joueur 1444; p. le kick 1458; p. la lumière 1526; p. les nerfs 1714; p. un pain de sa cuite 1787; p. les patins 1871; p. les pédales 1890; ne pas en avoir à p. 1905; p. sa pipe 1992; p. son temps à taponner 2480; p. la traque 2612

PERDU : p. aux as 85

PÈRE : écoute ta mère quand ton p. te parle 1620

PERLE : ni le sou ni la p. 2408

PERRON : pied sur le p. 1973

PESANT : pied p. 1973

PESANTS : pieds plus p. que la tête 1974

PESER : p. sur le gaz 1225; p. sur la suce 2442

PET : face de p. 1033; fier p. 1079; sur un saut puis un p. 2322; senteux de p. 2347

PÉTANT : p. de santé 2315

PÉTER : p. la balloune 132; se p. les bretelles 357; p. de la broue 375; p. la cerise 480; p. la coche 611; p. le feu 1072; p. la fiole

1098; p. la fraise 1170; p. dans les fleurs 1116; p. la gueule 1346; p. le nez 1720; p. son score 2335; p. dans le trèfle 2616; se p. la tripe 2630; p. plus haut que le trou 2643

PETIT : p. canard 416; p. crapaud 717; son p. Jean Lévesque 1426; p. méné 1616; p. petan 1922; p. poulet 2131; p. saint de plâtre 2295; un p. velours 2679

PETITE : à la p. chaudière 2227; p. saucette 2321; p. tête heureuse 2520; une p. vite 2708

PETITES : des p. nouvelles 1743; les p. patates seront pas grosses 1862; aller aux p. vues 2721

PETITS : une chatte n'y retrouverait pas ses p. 513; la chienne à Jacques en perdrait ses p. 559; trop chienne pour avoir des p. 556; p. plats avant les grands 2032

PEU : pas à p. près 5

PEUR : faire p. au diable 869; n'avoir p. ni de Dieu ni du diable 876; p. d'une puce 2155

PEUREUX : p. comme un lièvre 1494

PEUT : ça se p. pas 393; comme ça se p. pas 2140

PIANO : taper du pied puis jouer du p. 1973

PIASTRE : liche-la-p. 1492; serre-la-p. 2357; quatre trente sous pour une p. 2620

PIASTRES : cheval de quatre p. 537

PIC : à p. 6

PICARD : mouche à P. 1680

PICOUILLE : v. pigouille 1980

PIED : ne pas être à p. 7; coup de p. 690; à coups de p. 701; p. détors 849; un p. dans la tombe 2550

PIEDS : bête comme ses p. 207; p. dans le blé d'Inde 249; deux p. dans la même bottine 307;

cent p. par-dessus la tête 477; sa douche sans se mouiller les p. 906; six p. sous terre 2383

PIÉTER : p. comme un croqueci-gnole 748

PILE : p.-toi pas sur le gros nerf 1327

PILER : p. sur le gros orteil 1329; p. des trente sous 2620

PINCÉ : bec p. 188

PINCETTE : bec en p. 188

PIOCHE : tête de p. 2517

PIOCHER : p. dans les ravages 2216

PIPE : chaud de la p. 514

PIQUE : as de p. 86; deux de p. 857; six de p. 2383

PIQUER : p. à travers 9; p. au plus court 706; p. une crise 739; p. une crise de nerfs 740; p. une jase 1423; p. dans le maigre 1539; p. une piste 2010; p. une tête 2507; p. une trail 2599

PIRE : le diable est pas p. 869; une pas p. 1846

PIS : faire son p. 1794

PISSE : chatte qui p. dans le son 513; vache qui p. 2666

PISSER : p. une bolt 274; p. dans ses bottes 306; se p. sur les bottines 308; p. dans ses culottes 777; p. des lames de rasoir 1467; p. par-dessus la lune 1529; faire p. mine 1635; faire p. pine 1985; p. dans le son 2402

PITCHER : se p. sur les murs 1704

PLACE : virer la p. à l'envers 3; clairer la p. 596; cœur à la bonne p. 619; rare de p. 2207

PLACER : p. son fion 1099; se p. les pieds 1974

PLAFOND : craque au p. 718; craqué au p. 719; coller les mouches au p. 1683

PLAÎT : s'il vous p. 2375

PLANCHE : p. comme une cenne 474

PLANCHER : pédale au p. 1889

PLANTÉ : p. là comme un as de pique. 86 ; p. comme un piquet de clôture 1998

PLANTER : se p. des écharpes 936 ; p. dans les patates 1862 ; p. le poireau 2072

PLAQUE : fusil pas de p. 1201

PLAT *(nom)* **:** manger dans le p'tit p. 1939

PLAT *(adjectif)* **:** à cul p. 775

PLATE : p. comme une galette 1209 ; palette du genou p. 1797

PLATES : farces p. 1053 ; côtes p. comme une planche à laver 2023

PLÂTRE : gueule de p. 1348 ; saint de p. 2295

PLATS *(nom)* **:** pieds dans les p. 1974

PLEIN : p. la boîte à poux 271 ; p. comme une botte 304 ; p. les bottes 306 ; p. comme un boudin 314 ; p. son capot 433 ; p. son casque 454 ; p. comme la chienne à Jaques 559 ; p. son collet 625 ; son crédit p. 726 ; p. le cul 769 ; p. l'échine 938 ; p. de jasette 1424 ; p. de marde 1576 ; p. comme un œuf 1752 ; p. de pep 1900 ; p. comme un petit seau 1940 ; à pur et à p. 2163 ; p. son sac 2286 ; p. comme un suisse 2449 ; p. comme une tonne 2554 ; p. son troque 2641

PLEINE : la cour est p. 703 ; en p. face 1025

PLEINES : mains p. de pouces 2119

PLEURER : p. comme un enfant 974 ; p. comme une fontaine 1138 ; faire p. Jeannette 1428

PLEUVOIR : p. des clous 608 ; p. à siaux 2371 ; p. au troisième étage 2638

PLISSÉ : p. comme une planche à laver 2023 ; p. comme un soulier 2415

PLOMB : moule à p. 1687 ; plus de poudre que de p. 2121

PLUIE : pas né de la dernière p. 830

PLUMER (PLEUMER) : une corneille à p. 664 ; p. son lièvre 1494 ; p. son renard 2226

POCHE : chien de p. 552 ; yeux en corde de p. 659 ; coup de p. 691 ; pas un pli sur la p. 2046 ; quêteux qui perd sa p. 2182 ; temps dans sa p. 2500 ; vire-p. 2704

POÊLE : comme du beurre dans la p. 215 ; porter les cordons du p. 663 ; ligue du vieux p. 1499 ; attaché à la patte du p. 1876 ; porte du p. 2101 ; rond de poêle 2266 ; tuyau de p. 2659

POGNÉ (POIGNÉ) : p. par la bouteille 335 ; p. après ses cennes 475 ; p. en sandwich 2307

POGNER (POIGNER) : p. un assaut 87 ; p. à brasse-corps 353 ; p. le casque 454 ; se p. aux cheveux 539 ; p. la chienne 556 ; p. par le chignon du cou 567 ; se p. le cul 769 ; p. le diable 869 ; p. une dose 903 ; p. le fixe 1103 ; p. par les gosses 1266 ; p. le kick 1458 ; se p. le moine 1651 ; p. les nerfs 1714 ; se p. la poche 2054 ; p. les shakes 2365 ; p. son top 2558

POIGNÉES : prendre le beurre à p. 215

POIL : p. à pic 6 ; sur le p. des yeux 30 ; d'un beau p. 183 ; p. de rebours 789 ; griche-p. 1315 ; jambes de p. 1415 ; à rebousse-p. 2218 ; p. de vache 2524

POING : tirer au coup de p. 692

POINTU : caractère p. 2071

POISSON : changer son p. d'eau 923 ; assez d'eau pour noyer le p. 923

POLI : p. comme un curé 781

POLIR : se p. le shaft 2362

POLITIQUE : p. de bout de chemin 331

PORT : Anglais au p. 61

PORTE : taureau dans p. de grange 54 ; doigts dans la p. 893 ; sacrer à la p. 2291

PORTÉ : p. sur la boisson 269 ; p. sur la bouteille 335 ; p. à la main 1541 ; p. sur le sexe 2361

PORTER : p. du beau 179 ; p. la capine 432 ; p. des châssis doubles 511 ; p. sa chienne 556 ; p. les cordons du poêle 663 ; p. des cornes 665 ; p. les cochons 1491 ; p. le lunch 1528 ; p. le panier 1802 ; p. les paniers 1805 ; p. les paquets 1815

PORTES : grave aux p. 1308 ; tannant aux p. 2471

POSÉ : pas avoir p. les sprignes aux sauterelles 2428

POSSIBLE : pas p. 1847

POT : tea p. 2498

POTEAU : sirop de p. 2382

POUCES : six p. de jambe 2386 ; avoir un six p. 2385

POUDRER : p. à ne voir ni ciel ni terre 1721

POULE : gelé comme une crotte de p. 755 ; gueule en cul de p. 772

POULES : le cœur où les p. ont l'œuf 619 ; crosseur de p. mortes 753 ; heure des p. 1372

POULET : jeune p. du printemps 1431

POURRI : poisson p. 2075

POUSSE : p. mais p. égal 947

POUSSER : p. un blé d'Inde 249 ; p. une cheville 540 ; p. des cris de mort 738 ; p. dans le cul 769 ; p. dru 916 ; se p. la fessaille 1068 ; p. son fion 1099 ; p. au large 1478 ; p. sa luck 1524 ; p. comme de la mauvaise herbe 1605 ; p. des

pointes 2070 ; en p. une pourrite 2135 ; se p. 2137

POUX : boîte à p. 271 ; patinoire à p. 1870

POW-WOW : *v.* pawaw 1879

PRAGUE : Enfant Jésus de P. 983

PRÊCHER : p. pour sa paroisse 1827

PRÉLART : pédale dans le p. 1889

PREMIER : gros bout le p. 1322

PREMIÈRE : enterrement de p. classe 988 ; funérailles de p. classe 1197

PRENDRE : se p. pour un autre 100 ; p. le beurre à poignées 215 ; p. une bine 233 ; p une bine saignante 234 ; p. son biscuit 238 ; p. le bois 264 ; p. sa botte 304 ; p. à brasse-corps 353 ; p. une brosse 373 ; p. par le carcan du cou 438 ; p. pour du cash 453 ; p. le casque pour 454 ; p. le champ 485 ; p. un charlot 502 ; p. une claque 599 ; p. ses cliques et ses claques 602 ; p. le collier 627 ; se faire p. les culottes à terre 777 ; p. ça cool 648 ; p. sa débarque 796 ; p. sa décampe 802 ; p. pour une dinde 880 ; p. sa douche sans se mouiller 906 ; p. ça dur 918 ; p. le feu 1072 ; p. une fouille 1152 ; p. la fraîche 1167 ; p. une frime 1188 ; p. par la ganse 1216 ; p. une gorge 1260 ; pas p. goût de tinette 1271 ; p. un hit 1375 ; p. le large 1478 ; p. un lift 1495 ; p. du lousse 1522 ; p. dans les marchés 1575 ; p. le mors aux dents 1665 ; p. mouche 1677 ; p. les nerfs 1714 ; se p. pour le nombril du monde 1738 ; p. en pain 1787 ; p. personnel 1912 ; p. tout son p'tit change 1928 ; p. un p'tit gorgeon 1933 ; p. sa pilule 1983 ; p. le plancher 2025 ; p. une plonge 2049 ; se p. la poche

465

2054; p. une poffe 2059; se p. aux poings 2069; p. une ponce 2093; p. pour un porc frais 2099; p. le portrait 2110; p. la quille en l'air 2190; p. une quine 2191; p. son raide 2197; p. son resse 2229, p. une ride 2241; p. le roule 2277; p. une santé 2315; p. une suée 2448; p. sa tasse 2488; p. une tassée 2489; p. le trou du dimanche 2646; p. son trou 2643; p. son vent 2680

PRENDS : p. ta logique à deux mains 1513; p. ça mollo 1653; p. ton temps 2500; me p.-tu pour une valise 2673

PRÉPARER : p. ses flûtes 1122; se p. une ponce 2093

PRÈS : pas à peu p. 5; p. de la piastre 1962; p. de ses pièces 1972

PRÉSENTER : p. ses cinq frères 587

PRESSE (LA) : pas une cenne pour s'acheter La P. 474

PRÊTRE : vache de p. 2668

PRIER : p. comme une scie ronde 2334

PRIME : p. comme de la poudre 2121

PRINTEMPS : jeune poulet du p. 1431

PRIS : p. comme une île 1396; p. en sandwich 2307

PRIX : gagner dans les Grands P. 1300

PROCHAINE : à la p. chicane 546

PROCHE : p. de ses cennes 475

PROMESSE : p. en l'air 964

PROMPT : p. comme l'éclair 940; p. comme de la poudre 2121

PROPRE : p. comme un avocat 107; p. comme une cenne neuve 474; p. comme un enfant de couvent 978; p. comme un sou frotté 2409

PUCE : aimer comme une p. à l'agonie 28

PUCK : *v.* poque 2095

PUE : ça p. pis on est ben 514

PUER : p. le diable 869; p. au nez 1720

PUNAISE : sang de p. 2308

PUR : diable tout p. 869

PUSHING : *v.* pouchigne 2120

Q

QUARANTE : s'en ficher comme de l'an q. 56

QUART : une minute et q. 1639; ombre du bout du q. 1761; mot d'une piastre et q. 1963

QUATORZE : dater de la guerre de q. 1344; midi à q. heures 1630

QUAT'POCHES : Marie-q. 1587

QUATRE : cheval de q. piastres 537; cheveu en q. 538; cul en q. 769; en deux q. 863; diable à q. 870; face en q. 1025; q. trente sous 2620

QUE : que l'diable 869

QUÉBÉCOIS : Q. pure laine 2164

QUELQUE PART : jouqué q. p. 1445

QUÊTEUX : cannes de q. 424; pattes de q. 1877

QUEUE : chatouiller la q. du diable 73; tirer son chien par la q. 551; coat à q. 610; tirer le diable par la q. 869; en habit à q. 1356; comme les écureux de la q. 2394; lever ses vaches par la q. 2671

QUILLES : boule dans un jeu de q. 318

R

RABATTRE : r. ses ailes de moulin 27; r. le canayen 418; r. le caquet 436

RACHEVER : r. le plat 2030

RACONTER : va pas r. ça aux pompiers 2091; en r. une pourrite 2135; r. à la tanne 2472

RADIO : radio dans le piton 2014

RAIDE : bandé r. 138 ; r. comme une barre 154 ; r. comme un barreau de chaise 157 ; ben r. 202 ; chèque r. 532 ; r. comme de la corde de poche 659 ; corps r. puis les oreilles molles 667 ; langue r. 1471 ; niaiser ben r. 1723 ; r. comme un piquet de clôture 1998

RAISONNER : r. avec ses pieds 1974

RAMASSER : r. à la cuiller 765 ; r. des trente sous 1645 ; r. ses petits 1952

RAME : ta gueule pis r. 1346

RAMEAUX : Pâques avant les R. 1811

RAPPORT : pas r. 2205

RARE : r. comme de la marde de pape 1577 ; sur un temps r. 2500

RAS : r. le pompon 2092

RASER : r. les murs 1704

RASOIR : lames de r. 1467

RATATINÉ : r. comme une patate 1860

RATTRAPER : r. la bouteille 335 ; r. la théière 2523

REBONDIR : r. comme une balle 129

REBOURS : poil de r. 789

RECEVOIR : r. son biscuit 238 ; r. un blé d'Inde 249 ; r. à bride abattue 362 ; r. ses cinq frères 587 ; r. un coton 676 ; r. la pelle puis le manche 1895 ; r. une pine 1985

RECONNAÎTRAIT : le diable n'y r. pas les siens 869

RECOPIÉ : le diable tout r. 869 ; tout r. 2594

RECRINQUER : r. le paroissien 1828

REÇU : r. sur la main 1541 ; r. comme de la mélasse en carême 1614 ; r. comme un paon 1807

RECULONS : monter les poteaux à r. 2114

REFROIDIR : se r. les sangs 2309

REGARDER : r. comme un chien regarde son maître 551 ; r. croche 742 ; ; ne pas r. dehors l'avant-midi 816 ; ne pas r. l'ouvrage 1782

RÉGULIER : r. comme une horloge 1382

REINS : détour dans les r. 850

REJOINDRE : r. les deux bouts 853

RELAXE : r. tes hormones 1384 ; r. ton sexe 2361

RELEVER : r. d'une brosse 373

REMÈDE : r. de cheval 537

REMETTRE : r. sur le piton 2014 ; r. sur la traque 2612

REMONTE : le plancher lui r. dans la face 2025

REMONTER : r. la côte 673

REMPLIR : se r. la tripe 2630

RENARD : Pâques de r. 1812

RENCONTRER : se r. bride à bride 361 ; r. son homme 1378

RENDRE : r. son change 491 ; r. à sa grosseur 1336 ; se r. à la perche 1903

RENDU *(verbe)* : r. au coton 95 ; r. à la poche 2054 ; r. à la fin de son rouleau 2278

RENDU *(nom)* : un prêté pour un r. 2145

RENIPPER : r. son linge 1503

RENVOYER : r. comme un cochon 612 ; se r. la patate chaude 1861

REPASSER : nager comme un fer à r. 1066

RÉPONDRE : r. à un call 408

REPRENDRE : r. ses sangs 2309 ; r. son vent 2680

RESPIRE : mentir comme on r. 1619 ; r. par le nez 1720

RESSASSER : r. la poussière 2138

RESSEMBLER : r. à une carte de mode 447 ; se r. comme deux gouttes d'eau 861

RESTER : r. frette 1183 ; r. à la graine 1276 ; r. sous le jupes de sa mère 1453 ; r. la patte en l'air

1875; r. sur le trône 2640; r. vieille fille 2692; r. vieux garçon 2697

RETENIR : r. son lait 1466

RETROUSSER : r. les oreilles 1767; r. le troufignon 2649

RETROUVER : se r. dans les câbles 397; se r. le cul à l'eau 770; se r. les quatre fers en l'air 2172

RÉUNION : paqueter une r. 1814

REVENIR : r. chercher son étoupe 1020

REVIRER : se r. de bord 296; r. bord pour bord 297; r. le cul à la crèche 769; r. sur la doublure 905; r. loin 1514; r. un party 1835; se r. les sangs 2309; en r. une 2662

RICHE : r. comme un voleur 2716

RIEN : r. de trop beau 179; r. que d'une bourrée 326; r. que d'une claque 599; r. que sur une pinotte 1987; r. que sur une pinouche 1989; r. que sur une ripe 2249; r. que sur un roffeur 2254; r. que sur un ronneur 2270; r. que sur un saut 2322; r. que sur un sprigne 2427; r. q. à voir, on voit ben 2713

RIGHT THROUGH : tiguidou r. t. 2532

RINCER : se r. le bec 188; se r. le dalot 784; se r. le gau 1224; se r. le gorgoton 1261; se r. le goulot 1269; se r. la luette 1525

RIRE : r. dans sa barbe 144; r. barré 156; bleu de r. 250; r. comme un bossu 300; r. comme un cœur 619; mort de r. 1667; noir de r. 1735; pas pour r. 1848; faire r. les poissons 2076

RISQUE : r. d'avoir une roue de trop 2273

RIVIÈRE : jeter de l'eau à la r. 923

ROBE : r. de première communion 2143

ROCHE : anguille sous r. 62; clair comme de l'eau de r. 925

ROCHES : froid à fendre les r. 1977

ROI : franc comme l'épée du r. 992

ROND : r. comme une bine 233; dos r. comme un chat 512; r. comme une citrouille 593; dos r. comme un forgeron 1142; r. comme un œuf 1752; r. comme un pois 2073; comme une pomme 2082; r. comme un quart 2167; roue qui tourne pas r. 2273; tout r. 2595

RONDE : scie r. 2334

RONDS : tourner les coins r. 622; r. comme un pois 2073; pieds r. 1974; souliers r. 2416

RONFLER : r. comme un moulin électrique 1690

RONGER : r. son mors 1664; r. son ronge 2268

ROSE : diable couleur de r. 872

ROUES : du bois dans les r. 264

ROUGE : r. comme une bette 213; r. comme un coq 650; avoir le feu r. 1073; r. comme de la flanelle 1107; r. comme de la flanellette 1108; r. comme de la forçure 1141; général r. en ville 1230; r. comme une tomate 2549

ROUGH : v. roffe and toffe 2260

ROUILLÉ : cassé comme un clou r. 607

ROUILLÉE : comme un fond de chaudière r. 1133

ROULE : ça r. dans l'huile 1389

ROULER : r. en malade 1551; se r. une poloque 2081

ROULETTES : bon Dieu en patins à r. 280

ROUSSELÉ : r. comme un fond de chaudière 1133; r. comme un haddock 1358; r. comme un Irlandais 1402; r. comme un moule à plomb 1687; r. comme un œuf de dinde 1753

ROYALEMENT : s'en sacrer r. 2292

RUE : visage comme un coin de r. 621

RUER : r. dans le bacul 116

RUN : *v.* ronne 2269

RUSÉ : r. comme un renard 2226

RUSH : *v.* roche 2257

S

SABOT : patate dans un s. 1860

SAC : chat dans un s. 512 ; cochon dans un s. 612

SACRANT : au plus s. 96

SACRÉ : s. moineau 1652

SACRÉE : s. grappe 1302

SACRER : s. le camp 415 ; s. comme un déchaîné 803 ; s. comme un loup-garou 1520 ; s. en quêteux 2182 ; s. une rince 2247 ; s. une tape 2475 ; s. une volée 2715

SAFFE : s. comme un cochon 612

SAGE : s. comme un ange 60 ; s. comme une image 1397

SAIGNANTE : bine s. 234

SAIGNER : s. le cochon 612

SAIN : s. comme une balle 129

SAINT : s. en cache 399

Saint-André : pas une croix de S.-A. 746

Saint-Guy : danse de S.-G. 786

Saint-Louis : pas une croix de S.-L. 747

SAINT Thomas : être s. T. 2525

SAINTE Anne : chandelle à s. A. 489 ; enfant de s. A. 981

Sainte-Catherine : coiffer S.-C. 2300

SAINTETÉ : odeur de s. 1749

SALADE : se manger les cheveux en s. 539

SALE : chien s. 551 ; s. comme un cochon 612 ; langue s. 1472

SALÉ : l'air d'un cornichon s. 666

SALÉE : teint dans l'eau s. 927

SALON : pas d'cochon dans mon s. 546

SANG : coup de s. 693

SANGS : les s. en eau de vaisselle 926

SANTÉ : va-t'en ma s. 72 ; s. de fer 1065

SAOUL (SOÛL) : s. aux as 85 ; s. comme dans les bonnes années 290 ; s. comme une botte 304 ; s. comme des boules 323 ; boire son chien de s. 553 ; s. comme un cochon 612 ; s. comme un pape 1808

SAPRÉ : s. moineau 1652

SARRASIN : la lune pour une galette de s. 560 ; vivre à la galette de s. 1210

SASSER : se s. les gosses 1266

SAUCER : le sept pour s. 2349

SAUTER : s. la balustrade 134 ; s. la barrière 160 ; s. la cerise 480 ; s. comme un chevreuil 542 ; s. la clôture 605 ; s. le coco 614 ; s. dans la face 1025 ; s. la fiole 1098 ; s. un fret 1182 ; s. le gabarot 1202 ; s. au plafond 2019

SAUTERELLE : grandes pattes de s. 1877

SAUTERELLES : sprignes aux s. 2428

SAUVÉ : s. par la cloche 603

SAUVER : se s. la queue sur le dos 2184

SAVANT : s. comme un avocat 107 ; s. comme une maîtresse d'école 1545

SAVOIR : s. patiner 1869 ; ne plus s. quoi faire de sa peau 1883 ; s. le tour 2573 ; s. tricoter 2627

SCRAPPER : s. un char 497

SEAU : plein comme un petit s. 1940

SEC : s. comme un bardeau 149 ; s. comme un casseau 456 ; s. comme un clou 607 ; s. comme un éclat 941 ; net fret s. 1715 ; nombril s. 1738 ; à s. comme un plâtrier 2031; gosier s. comme un rond de poêle 2266

sèche : maladie s. 1553; boire comme une terre s. 2505

sécher : s. le nombril 1738

sèches : grandes pattes s. 1877

secouer : s. les puces 2157

secousse : *v.* escousse 1007

sel : tondre sur un grain de s. 1275

semaine : s. off 1755; s. des trois jeudis 2635

semer : s. toute sa semence 2345

sens : dans son bon s. 282; s. du poil 2065

senteuse : s. comme une jument 1451

senteux : s. comme une belette 198

sentimental : s. comme une vieille fille 2692

sentir : s. la B. O. 109; s. la bibite 222; s. le petit canard 416; s. le cani 419; s. le cash 453; s. le diable 869; se s. down 910; se s. d'équerre 1001; s. le fond de tonne 1136; se s. high 1374; s. le juif déculotté 1450; s. le maudit 1597; ne plus s'en s. le jour de ses noces 1729; s. le ouistiti 1780; se s. le cœur le p'tit boutte en l'air 1927; s. le p'tit vieux 1943; s. les p'tites oies 1951; s. les p'tits oiseaux 1955; se s. pompette 2089; s. la punaise 2160; se s. le sauvez-vous 2328; s. la tonne 2554; se s. to-ton 2566; se s. tout croche 2590

sept : s. culs 2350; s. lunes 2351; le s. pour saucer 2349

sérieux : s. comme un pape 1808

serré : grain s. 1274; tricoté s. 2626

serrée : graine s. 1276

serrées : fesses s. 1070

serrer : se s. la babiche 111; s. la gaine 1276; s. les osselets 1774; s. les ouïes 1779; s. le passage des bines 1849; s. le passage des toasts 1850; s. la main 2360

servante : manger les cheveux de la s. 539

service : ne pas être de s. 790

servirai : je te s. le jour de tes no-ces 1729

seul : s. comme un codinde 618

shot : *v.* chotte 577

siau : s. de marde 1576

siège : année du s. 64

signe : je t'en s. mon papier 1809

Simon : poule à S. 2127

simonaque : saint s. 2299

simple : s. comme bonjour 286

simples : gestes 1237

singe : mémoire de s. 2377

slaque *(adjectif)* : cordon du cœur s. 662

slaque *(nom)* : grand s. 1291

slaque *(verbe)* : s. la poulie 2132; s. tes shorts 2368

slaquer : s. les cordeaux 661

slow : s. comme un pou 2116

smat : s. comme un écureuil 944

sœur : doux comme des fesses de s. 1071

soi : rien devant s. 2244; ne pas être tout à s. 2587

soigner : s. aux p'tits oignons 1954; s. du secret 2341

soincer : s. les ouïes 1779; se faire s. 2400

soir : samedi s. 2305; score d'un s. 2336

soleil : couenne au s. 682; coups de pieds au s. 701

solide : s. comme un pont 2094

son : chatte qui pisse dans le s. 513

sonner : s. comme une tonne de briques 368; s. le fond de ca-nisse 1132; s. la mitaine 1643; s. les oreilles 1767

sors : ne s. pas dehors 2513

sort : ça s. par les oreilles 1767

SORTI : ne pas être s. du bois 264

SORTIR : en s. des capables 430 ; s. de sa coquille 653 ; s. de la garde-robe 1219 ; s. après neuf heures 1716 ; s. avec Pierre, Jean, Jacques 1976 ; s. sur la tête 2507 ; faire s. le vote 2717

SOUCOUPE : yeux grands comme des fonds de s. 1137

SOUFFLER : s. dans la balloune 132

SOUPE : comme un cheveu sur la s. 538 ; trop de monde pour faire la s. 1655 ; plein de s. 2036

SOUPLE : main s. 1541

SOURD : s. comme un potte 2115

SOURIRE : le sourire en enfant de c. 976

SOURIS : des pas de s. 1843

SOURNOIS : s. comme un chat 512

SOUS : ramasser des trente s. 1645 ; au ras le trente s. 1992 ; trente s. 2620

SPRINGE : du bœuf à s. 259

STIME : pompe à s. 2085

STOOL : v. stoule 2436

SUBIR : s. la grande opération 1296

SUÇAGE : s. d'orteils 2506

SUCE : yeux en trous d's. 2652

SUCÉ : rose nanane s. longtemps 2271

SUCRE : dans le cul les pains de s. 769 ; partie de s. 1834

SUCRER : se s. la fraise 1170

SUER : se s. la cervelle 481 ; s. comme un crisse 741

SUITE : tout de s. 2591

SUIVRE : s. comme un chien de poche 552 ; s. comme une queue de veau 2189

SUNDAE : la cerise sur le s. 480

SWEET : short and s. 2367

SWELL : chic and s. 545

SWING : v. souigne 2411

SYNDICAL : breaks s. 354

T

T : barres sur les t 159

TABAC : pot à t. 2111

TAILLANTS : face à deux t. 1027

TAILLÉ : t. au couteau 707

TAILLÉE : t. en fourchette 1160

TAIRE : t. son bec 188

TALENT : sans-t. 2314

TANCRÈDE : poules à T. 2130

TANTE : t. par politesse 2080 ; ma t. Sophie 2405

TAPE : ça t. dans la mitt 1648

TAPER : t. sur la gueule 1346 ; t. du pied 1973

TAPIS : dans les fleurs du t. 1116 ; pédale dans le t. 1889 ; deux pieds dans le t. 1974

TAPOCHEUSE : royale t. 2281

TARD : veiller t. 2485

TASSE *(nom)* : prendre un coup de t. 694

TASSE *(verbe)* : t.-toi, mon oncle 1654

TASSER : t. dans le coin 620

TÂTER : se t. de joie 1436

TAUREAU : t. dans une porte de grange 54

TCHÈQUE : t. tes claques 600

TCHÉQUER : t. la gaffe 1205

TEINT : t. dans l'eau salée 927

TÉLÉGRAPHE : poteau de t. 2113

TÉLÉPHONE : coup de t. 695 ; gros t. blanc 2200 ; taper le t. 2477

TEMPS : t. pour les canards 417 ; t. de chien 551 ; comme la chienne à grand t. 558 ; chieux de t. 565 ; t. écho 939 ; sur un vrai t. 1126 ; le t. de crier moineau 1652 ; le t. se morpionne 1663 ; pas le t. de travailler 1782 ; à plein t. 2037 ; sur un t. rare 2207

TENIR : t. son bout 328 ; t. par les chnolles 573 ; t. le crachoir 713 ; ne pas t. épicerie 994 ; se t. les fesses serrées 1070 ; t. la ganse

1216; t. par les gosses 1266; t. les guides 1351; se t. les oreilles molles 1767; t. la queue du chat 2184; t. sa rame 2202

TERRAIN : t. comme du fumier de mouton 1194

TERRE : à t. 8; se bougrer à t. 315; le coq à t. 650; la cravate à t. 723; les culottes à t. 777; à ne voir ni ciel ni t. 1721; mettre le pied à t. 1973; poche à t. 2054; six pieds sous t. 2384; strap à t. 2439; taquet à t. 2482; avant que la théière touche t. 2523; tomber à t. comme une tourte 2585

TERRINE : quartiers de t. 2168

TÈTE : ça t. les vaches 2671

TÊTE : bas de Noël sur la t. 163; t. en botte de foin 305; cent pieds par-dessus la t. 477; couronne sur la t. 705; cul par-dessus t. 774; se manger le derrière de la t. 836; t. à deux jaunes 862; écharogner la t. 935; t. comme une fesse 1069; front tout le tour de la t. 1191; marde de t. 1578; manger un pain sur la t. 1787; t. comme une patinoire à poux 1870; p'tite t. 1949; pieds plus pesants que la t. 1974; à pleine t. 2042; plomb dans la t. 2048; t. de porc-épic 2098; t. comme un poulain 2125; t. de puceron 2156; sauté dans la t. 2324; dans le trèfle par-dessus la t. 2616; manger trois pains sur la t. 2636; coûter les yeux de la t. 2729

TÊTU : t. comme un branco 345

TIENS : t. ça mort 1666; t. bien ta tuque 2656

TIGHT : t. comme une grenouille 1312; t. comme séraphin 2352

TIME : good t. 1259

TINETTE : bout de t. 334; goût de t. 1271

TIRE : chaud sur sa t. 514

TIRER : t. son aiguille du jeu 25; t. dans les attelles 93; se t. une bûche 380; t. sur le camp 415; t. comme un canon 425; t. son chien par la queue 551; t. au coup de poing 692; t. la couverte de son bord 709; t. au crochet 743; t. le diable par la queue 869; t. les oreilles 1767; t. du grand 1282; t. l'horoscope 1385; t. de la jambette 1416; t. la pipe 1992; t. des plans 2027; t. la plogue 2047; t. au poignet 2064; t. le portrait 2110; t. du renard 2226; t. au reste 2231; t. une touche 2567

TIRES *(pneus)* : une marche à ses t. 1573

TOASTS : passage des t. 1850

TOFFER : t. la ronne 2269

TOIT : faire jour par le t. 1446

TÔLÉES : culottes t. 777

TOMBE : le maigre des fesses lui en t. 1540

TOMBER : t. sur la bine 233; t. dans les bleus 251; t. des clous 608; t. en compote 635; t. dans les confusions 639; t. dans les convulsions 647; t. sur la couenne 682; t. comme un crapaud 717; t. sur le cul 769; t. dans la dèche 804; t. fer 1065; t. sur la fripe 1189; t. sur le gros nerf 1327; t. de son jack 1405; t. dans la lune 1529; t. d'un mal 1546; t. comme des marbles 1570; t. dru comme des mouches 1677; t. comme des mouches 1683; t. sur les nerfs 1714; t. sur le neutre 1718; t. sur la noix 1736; t. gros comme un œuf 1752; t. dru comme paille 1786; t. dans les patates 1862; t. des peaux de lièvres 1887; t. comme une poche 2054; t. dans les pommes

2083; t. sur les roignons 2261; t. dans les talles 2468; t. à terre comme une tourte 2585

TON : ni son ni t. 2402

TONDRE : t. sur un grain de sel 1275; t. un sou 2408

TONNE : comme une t. de briques 368; ne pas valoir cher la t. 533; sentir le fond de t. 1136

TORCHE : grosse t. 1334

TORDEUR : doigts dans le t. 893

TORDRE : t. un bras 349; t. le nez 1720

TOUCHE : rattraper la théière avant qu'elle t. terre 2523

TOUCHERS : mauvais t. 1603

TOUCHÉS : les fils se sont t. 1086

TOUGH : v. roffe and toffe 2260; v. toffe 2543

TOUNE : ne pas valoir cher la t. 533

TOUPET : broue au t. 375

TOUR : faire le t. du chat 512; tout le t. de la tête 1191

TOURNE : assois-toi dessus puis t. 845; roue qui t. pas rond 2273

TOURNÉE : t. au tour 2573

TOURNER : t. dans le beurre 215; t. de côté dans ses caleçons 405; t. les coins ronds 622; corde à t. le vent 656; t. la corde avant d'avoir le veau 656; t. le dos à la crèche 725; t. en eau de vaisselle 926; t. en jeu de chien 1430; t. comme un moine 1651; t. dans ses shorts 2368; t. sur un trente sous 2620

TRACES : t. de brakes 342

TRAIN : grand t. 1292; p'tit t. 1942

TRAÎNANTE : fonçure t. 1130

TRAÎNER : se t. le cul 769; t. la patte 1875; t. la queue 2184

TRAITER : t. au bout de la fourche 333; t. aux p'tits oignons 1954

TRAÎTRE : t. comme un bœuf maigre 260

TRAMP : v. trImpe 2628

TRANQUILLE : t. comme la mort 1666

TRANSPLANTER : t. ses oignons 1758

TRAVAIL : t. de niochon 1726

TRAVAILLER : t. à la bauche 176; t. comme un bourreau 325; t. par bourrées 327; t. à bras 349; t. à la bunch 383; t. du chapeau 494; t. d'arrache-poil 783; t. d'un fanal à l'autre 1049; se casser les jambes à t. 1414; t. à la job 1434; t. comme un nègre noir 1710; pas le temps de t. 1782; t. p'tit tas gros tas 1941; t. au pic pis à la pelle 1965; t. pour des pinottes 1988

TRAVERS : à t. 9; être de t. 791; pas un pet de t. 1915

TRAVERSER : t. les lignes 1497; t. une mauvaise passe 1606

TREMBLER : t. comme une feuille 1074

TREMPE : honteux tout t. 1381; tout t. 2597

TREMPÉ : t. en lavette 1484

TREMPER : t. ses bottes 306

TRENTE : ramasser des t. sous 1645; au ras le t. sous 1992

TRENTE-SIX : t.-s. détours 851; police numéro t.-s. 2079

TRIPPER : t. dur 918

TROGNON : se faire plumer au t. 2045

TROIS : mouche à t. culs 1681

TROMPER : se t. royalement 2282

TROP : un coup de t. dans le corps 684; prendre un coup de t. 696; roue de t. 2273

TROTTE : que le diable te t. 869

TROU : attelé au dernier t. 829; péter plus haut que le t. 2643; yeux dans le même t. 2729

TROUS : boutons à quatre t. 338

TROUVER : se t. sur les planches 2026; t. poche 2054; t. le sept pour saucer 2351

TRUCK : *v.* troque 2641

TUER : se t. l'âme à l'ouvrage 51 ; t. son chien 551

TWIT : *v.* touitte 2571

U

UN : c'est numéro u. 1747

USÉ : u. par les caresses 441

USÉE : gear d'u. 1229

USER : ne pas s'u. les genoux 1234

UTILITÉ : u. du poil de vache 2524

V

VA : v. chez le diable 869 ; v. au sacre 2290 ; ça v. mal à la shop 2366 ; ça v. pas dans le soulier 2415 ; v. jouer dans le trafic 2598

VACANCES : comme un mort en v. 1666

VACHE : queue de v. 2188 ; poil de v. 2524

VACHES : diable aux v. 869 ; simple comme nos v. 2376

VAISSELLE : tourner en eau de v. 926

VALEUR : c'est de v. 792

VALOIR : ne pas v. de la blague 243 ; ne pas v. une cenne 474 ; ne pas v. cher la toune (tonne) 533 ; ne pas v. une chique 570 ; ne pas v. de la chnoute 574 ; ne pas v. cinq cennes 586 ; ne pas v. un clou 607 ; ne pas v. de la colle 623 ; ne pas v. le cul 769 ; ne pas v. une guedine 1338 ; ne pas v. de la marde 1576 ; ne pas v. les quatre fers d'un chien 2172 ; ne pas v. le six 2383

VAS : où est-ce que tu v. avec tes skis 2387

VAUT : ça v. pas tripette 2632

VEAU : à faire brailler un v. 207 ; tourner la corde avant d'avoir le v. 656 ; graisse de v. 1280 ; queue de v. 2189

VEILLE : lendemain de la v. 1487

VEILLÉE : casseux de v. 458

VEILLER : équipé pour v. tard 2485

VENANT : aller de v. 41

VENDRE : v. ses bouteilles 336 ; au diable 869 ; du foin à v. 1128 ; v. des frigidaires aux Esquimaux 1186 ; se v. comme des p'tits pains chauds 1956 ; v. la poule noire 2129 ; v. le punch 2161 ; se v. comme rien 2244 ; v. de seconde main 2340

VENIR : v. d'en bas 959 ; v. comme des mouches 1683

VENT : air de v. 32 ; aires de v. 34 ; v. à écorner les bœufs 261 ; v. à couper les chiens en deux 560 ; v. du côté des mitaines 674 ; se déguiser en coup de v. 697 ; vire-v. 2704

VENTRE : v. comme une barouche 152 ; fourmis dans le v. 1161 ; comme une loche 1509 ; mal de v. 1549 ; v. slaque 2388

VENTS : lâche les v. 2500

VENU : v. au monde le jour de sa fête 1447

VÊPRES : chien qui s'en va aux v. 551 ; messe après les v. 1624

VERRES : v. en fond de bouteille 1131

VERS : pas piqué des v. 1996

VERSER : v. des larmes de crocodile 1480

VERT : le bois est v. 264 ; au diable au v. 869 ; fun v. 1195 ; en joual v. 1443 ; nombril v. 1738 ; v. comme un poireau 2072 ; pouce v. 2118

VESSE : senteur de v. 2348

VEUVE : plus que des genoux de v. 1235

VEUX : v.-tu mon portrait 2110

VIDANGES : faire bien dans les v. 226

VIDER : v. l'os de sa moelle 1650 ; v. le sac 2286

VIE : grande v. 1297 ; grosse v. 1335

VIEILLE : baiser le cul de la v. 771 ; vieux de la v. 2694

VIEUX : ligue du v. poêle 1499 ; sentir le p'tit v. 1943 ; v. snoro 2396

VIF : v. comme un chat 512 ; v. comme une mouche 1677

VILEBREQUIN : *v.* virebrequin 2702

VILLE : Allemands en v. 39 ; Armée rouge en v. 76 ; tchèque tes claques puis arrive en v. 600 ; mets tes culottes puis arrive en v. 777 ; général rouge en v. 1230 ; allume tes lumières puis arrive en v. 1527 ; ma tante Sophie est en v. 2405

VINAIGRE : cornichon sans v. 666 ; pisse-v. 2007

VIOLETTE : se pâmer v. 1800

VIPÈRE : langue de v. 1489

VIRE : roue qui v. à l'envers 2273

VIRÉ : v. sur le couvert 708 ; v. sur le top 2558

VIRER : v. la place à l'envers 3 ; v. en basse messe 167 ; v. boutte pour boutte 339 ; v. une brosse 373 ; v. son capot de bord 433 ; v. casaque 452 ; v. ses culottes à l'envers 777 ; v. en dessoure 843 ; v. son manteau de bord 1567 ; v. un party 1835 ; v. une picotte 1969 ; v. à la même place 2017

VISAGE : faire bon v. 283 ; v. comme un coin de rue 621 ; v. à deux faces 859 ; v. à deux taillants 2466

VISITE : bonjour la v. 287 ; carte de v. 448 ; v. du sauvage 2326

VISSER : v. dans le mur 1701

VITAM ÆTERNAM : ad v. a. 18

VITE : v. en business 384 ; il faut le dire v. 882 ; plus v. que la musique 1705 ; v. sur ses patins 1871 ; v. sur le piton 2014 ; v. sur la roulette 2279 ; v. comme un taon 2474 ; tranquillement pas v. 2609 ; avoir le va-v. 2665 ; plus v. que le violon 2700 ; en passer une v. 2708

VIVRE : v. dans une balloune 132 ; v. dans une cabane à chien 394 ; v. sur la charité publique 501 ; v. un doigt dans l'œil 892 ; v. à la galette de sarrasin 1210 ; v. petitement 1950 ; v. son vieux gagné 2696

V'LÀ : en veux-tu, en v. 968

VOILE : à l'ancre comme à la v. 57

VOIR : v. la bette 213 ; v. la bine 233 ; v. la binette 237 ; va v. dehors si j'y suis 816 ; v. la fraise 1170 ; v. le lieutenant-gouverneur 1493 ; ne pas v. l'ombre du bout 1761 ; v. l'ours 1781 ; va v. le pape 1808 ; en v. une pas pire 1846 ; faire peur à v. 1958 ; aller v. sa tante 2473

VOISIN : pelleter dans la cour du v. 703

VOIT : ça se v. comme un œil dans le front 1750

VOLER : v. en herse 1370 ; v. le show 2369

VOTER : v. du bon bord 278

VOYAGER : v. sur le pouce 2117

VOYAGEUSE : main v. 1541

VRAI : v. comme la bedaine du curé 193 ; v. forgeron 1142 ; comme un v. livre 1508 ; v. pâté chinois 1864 ; v. patron 1873 ; v. pétard 1917 ; sur le v. temps 2500 ; v. tombereau 2551 ; v. trimpe 2628

VRAIE : v. nature de Bernadette 204 ; v. pâte molle 1863 ; v. patente à gosses 1866 ; v. pie 1971 ; v. pigouille 1980 ; v. queue de veau 2189 ; v. riguine 2245 ; v. sangsue 2310 ; v. soie 2397 ; v. tête d'œuf 2514

Croyances et pratiques populaires au Canada français, essai, Montréal, Éditions du Jour, 1973.

Le livre des proverbes québécois, essai, Montréal, Éditions de l'Aurore, coll. «Connaissance des pays québécois», 1974.

Le p'tit almanach illustré de l'habitant, Montréal, Éditions de l'Aurore, coll. «Connaissance des pays québécois», 1974.

Le noyau, roman, Montréal, Éditions de l'Aurore, coll. «L'amélanchier», 1975.

Dictionnaire de la météorologie populaire au Québec, Montréal, Éditions de l'Aurore, coll. «Connaissance des pays québécois», 1976.

Magie et sorcellerie populaires au Québec, essai, Montréal, Éditions Triptyque, 1976.

Le livre des proverbes québécois, 2e édition revue et augmentée, Montréal, Éditions Hurtubise HMH, 1978.

Le livre des expressions québécoises, Montréal/Paris, Éditions Hurtubise HMH/Éditions Hatier, 1979.

Lettres, poésie, Montréal, Éditions de l'Hexagone, 1979.

Ici la parole jusqu'à mes yeux, poésie, Trois-Rivières, Écrits des Forges, 1980.

Soliloques, aphorismes, Montréal, Éditions Triptyque/Moebius, 1981.

Le livre des pronostics, essai, Montréal, Éditions Hurtubise HMH, 1982.

Travaux ralentis, poésie, Montréal, Éditions de l'Hexagone, 1983.

Présence empourprée, poésie, Montréal, Éditions Parti Pris, 1984.

Storyboard, poésie, Montréal, Éditions de l'Hexagone, 1986.

Monème, poésie, Montréal, Éditions de l'Hexagone, 1989 (Prix du Gouverneur général 1989).

Dictionnaire des croyances et des superstitions, Montréal, Éditions Triptyque, 1989.

Dictionnaire des proverbes québécois, Montréal, Éditions de l'Hexagone, coll. «Typo», 1991. Nouvelle édition revue et augmentée, 1997.

Lisières, poésie, Montréal, Éditions de l'Hexagone, 1994.

Noms composés, poésie, Montréal, Éditions Triptyque, 1995.

Contre-taille : poèmes choisis de vingt-cinq auteurs canadiens-anglais, anthologie bilingue, Montréal, Éditions Triptyque, 1996 (ouvrage en lice pour le Prix du Gouverneur général 1996, catégorie traduction).

Hymnes à la Grande Terre : rythmes, chants et poèmes des Indiens d'Amérique du nord-est, textes choisis, présentés et traduits par Pierre DesRuisseaux, Montréal/Paris, Éditions Triptyque/Éditions du Castor Astral, 1997.

Dudek, l'essentiel : anthologie portative de textes de Louis Dudek, choisis et traduits de l'anglais par Pierre DesRuisseaux, présentation par Michael Gnarowski, Montréal, Éditions Triptyque, 1997.

Le petit proverbier, proverbes français, québécois et anglais, choisis et présentés par Pierre DesRuisseaux, Montréal, BQ, 1997.

Trésor des expressions populaires : petit dictionnaire de la langue imagée dans la littérature québécoise, Montréal, Éditions Fides, 1998.

Mots de passe, poésie, Montréal, Éditions du Noroît, 1998.

Graffites ou le rasoir d'Occam, Montréal, Éditions de l'Hexagone, 1999.

Co-incidences : poètes anglophones du Québec, 31 poètes anglo-québécois, Montréal, Éditions Triptyque, 2000.

Journal du dedans, poésie, Montréal, Éditions de l'Hexagone, 2002.

Traductions

George Woodcock, *Gabriel Dumont : le chef des Métis et sa patrie perdue*, en collaboration avec François Lanctôt, Montréal, VLB éditeur, 1986 (Prix de traduction du Conseil des arts du Canada 1986).

Mary Meigs, *La tête de Méduse*, Montréal, VLB éditeur, 1987.

Adrian I. Chávez, *Popol Vuh, le livre des événements : bible américaine des Mayas-Quichés*, traduit de l'espagnol (guatémaltèque) en collaboration avec Daisy Amaya, Montréal/Paris, VLB éditeur/Éditions du Castor astral, 1987.

Audrey Thomas, *Marée*, Montréal, Éditions Hurtubise HMH, coll. «L'arbre», 1990.

Jorge FAJARDO, *La zone*, roman, traduit de l'espagnol (chilien) en collaboration avec Daisy Amaya, Montréal, VLB éditeur, 1990.

George MONRO GRANT, *Le Québec pittoresque*, Montréal, Éditions Hurtubise HMH, 1991.

Peter CHARLEBOIS, *La vie de Louis Riel*, en collaboration avec François Lanctôt, Montréal, VLB éditeur, 1991.

Alain-G. GAGNON et Mary Beth MONTCALM, *Québec: au-delà de la Révolution tranquille*, Montréal, VLB éditeur, coll. «Études québécoises», 1992.

Ludmilla BERESHKO (Francine PONOMARENKO), *Le colis*, Montréal, Éditions Triptyque, 1996.

Dorothy W. WILLIAMS, *Les Noirs à Montréal: essai de démographie urbaine*, Montréal, VLB éditeur, 1998.

Carol SHIELDS et Blanche HOWARD, *Une saison de célibat*, roman épistolaire, traduit de l'anglais en collaboration avec Émile et Nicole Martel, Montréal, Éditions Fides, 2002.

Anonyme, *Pop Wooh (Popol Vuh ou Le livre du temps): histoire sacrée des Mayas-Quichés*, nouvelle traduction de l'espagnol (guatémaltèque) par Pierre DesRuisseaux en collaboration avec Daisy Amaya, texte présenté par Pierre DesRuisseaux, Montréal/Paris, Éditions Triptyque/Éditions du Castor Astral, 2002.

Ken NORRIS, *La route des limbes*, poésie, Trois-Rivières, Écrits des Forges, 2002.